Herder Taschenbuch 1546

Über das Buch

In den letzten Lebensjahren hat sich Gustaf Gründgens immer wieder mit dem Gedanken beschäftigt, über sein Leben zu schreiben, doch er ist über die ersten Seiten nicht hinausgekommen. So ist diese Aufgabe schließlich an seinem Freund Curt Riess „hängengeblieben", dem nach dem Tod des Künstlers der gesamte Privatnachlaß zur Verfügung stand. 120 intensive Gespräche mit Schauspielern, Regisseuren, Technikern, Sekretärinnen und Kultursenatoren haben diese intime Information abgerundet. Vor allem aber konnte der Autor auf seine persönlichen Theatereindrücke und auf vertrauliche Gespräche mit Gustaf Gründgens selbst zurückgreifen.
So entstand diese klassische Biographie eines Künstlers, der in der modernen Theaterwelt Maßstäbe gesetzt hat. Sie führt von den mühevollen Anfängen in Düsseldorf über die Hamburger Kammerspiele und die Glanzjahre in Berlin, den schöpferischen Neuanfang 1947 in Düsseldorf, den letzten Höhepunkt in Hamburg bis zu dem jähen Ende in Manila. In dem für diese Ausgabe eigens geschriebenen neuen Vorwort setzt sich der Autor kritisch mit dem Gründgens-Bild auseinander, das Klaus Mann in seinem Buch „Mephisto" von seinem Schwager gezeichnet hat. Hat Gustaf Gründgens im Dritten Reich wirklich eine so erbärmliche Rolle gespielt?

Curt Riess

GUSTAF GRÜNDGENS

Die klassische Biographie des großen Künstlers

Herder Taschenbuch Verlag

Veröffentlicht als Herder-Taschenbuch
Umschlagfoto: Ullstein Bilderdienst

Herder Freiburg · Basel · Wien
Herstellung: Freiburger Graphische Betriebe 1988
ISBN 3-451-08546-1

VORWORT ZUR TASCHENBUCH-AUSGABE

Als dieses Buch im Herbst 1965, also zwei Jahre nach dem Tod von Gründgens erschien, wurde es ein großer Erfolg. Ich möchte fast sagen, ein Sensationserfolg. Der galt natürlich dem großen verstorbenen Künstler, über den man bisher eigentlich nicht sehr viel mehr erfahren hatte, als daß er ein bedeutender Schauspieler und ein vielleicht noch bedeutenderer Regisseur gewesen war. Aber das war schon alles.

Heute, mehr als zwanzig Jahre später, lese ich das Buch wieder und stelle fest, daß keine Zeile zu ändern ist. Allerhöchstens, daß das eine oder andere, das ich damals verschwieg, hinzuzufügen wäre. Warum verschwieg ich einiges? Weil ich wußte, daß es meinem Freund Gustaf Gründgens vielleicht nicht gefallen würde. Aber nach so langer Zeit ...

Marcel Reich-Ranicki fragte mich einmal oder besser, machte mir den Vorwurf: „Wie konnten Sie über Gründgens schreiben? Da Sie ja in den Jahren 1933 bis 1945, also in den vom Künstlerischen gesehen für ihn entscheidenden Jahren ihn nicht gesehen haben konnten?"

Das ist wahr, ich war in den Hitler-Jahren nicht in Deutschland. Und dafür, daß ich mich schließlich doch daran machte, ein Buch über GG – wie ich ihn von jetzt an nennen will – zu schreiben, war sein persönlicher Wunsch entscheidend.

Ursprünglich hatte er selbst ein Buch über sich schreiben wollen. Jedenfalls hatte er es gesagt. Aber er verschob es immer wieder und dann kam ziemlich plötzlich sein Entschluß, die Intendantur in Hamburg aufzugeben und eine Weltreise zu unternehmen. Auf meine Frage, ob er denn nun auf dieser Weltreise vielleicht an das Buch gehen würde, schüttelte er den Kopf. Nein, während dieser Reise wolle er sich nur erholen und amüsieren!

Dann zeigte er mir noch die Anzüge, die er sich hatte machen lassen – eben für diese Reise, besonders für die Zeiten in heißeren Gegenden.

Und das war das letzte Mal, daß ich ihn sah.

Und dann kam jener Anruf aus Hamburg, ob ich nicht den Nachruf schreiben würde. Es war Axel Springer selbst, der die Frage stellte und von dem ich erfuhr, daß ich einen Nachruf für meinen Freund GG verfassen sollte.

Ich schrieb. Und nun das Gespenstische: Zwei Tage, nachdem ich diesen Nachruf durchtelephoniert hatte, kam eine Postkarte. Ich kannte die Handschrift, ich werde sie mein Leben lang erkennen. Es war die von GG. „Ich glaube, es wird nun langsam Zeit, daß Du das Buch beginnst ..."

Und das war vielleicht der Grund, warum ich sofort daran ging, es zu schreiben.

Habe ich etwas vergessen? Etwas, was zu erfahren für diejenigen, die sich heute noch für Gründgens interessieren, wissenswert wäre?

Ach, da gibt es vieles. Ich hatte sehr früh, nachdem er aus der vorübergehenden sowjetischen Haft nach Berlin zurückgekehrt war, eine seltsame Unterhaltung mit ihm, die mir eine Zeitlang als ziemlich grotesk erschien. Bis ich, aber das war Jahre später, begriff, was dahintersteckte. Er machte einen verstörten Eindruck, fast einen verzweifelten. „Ich muß mich von Marianne scheiden lassen!" stöhnte er.

Marianne – das war die Schauspielerin Marianne Hoppe, die er vor rund zehn Jahren geheiratet hatte. Ich verstand nicht recht, warum er sich von ihr scheiden lassen „mußte". Die Hoppe war, von dem Augenblick an, da ihn die Russen festnahmen und in ein Lager sperrten, als sei er ein Kriegsverbrecher, Tag und Nacht auf den Beinen gewesen, um alle nur denkbaren Personen dazu aufzufordern, irgend etwas für ihn zu tun. Daß er überhaupt aus dem Lager lebendig herauskam und auch das nach relativ kurzer Zeit – es waren alles in allem nur ein paar Monate, aber ihm waren sie wie eine Ewigkeit vorgekommen – war vor allem ihr zu verdanken. Warum also Scheidung?

Die Ehe mußte früher oder später scheitern. Aber warum gerade in diesem Augenblick? Nun ja, Marianne hatte einen Frankfurter Jugendfreund wieder getroffen, einen Juden, der nach England emigriert war, als die Nazis an die Macht kamen und der nun als britischer Offizier in Berlin wieder auftauchte. Sie hatte nie die Absicht, ihn zu heiraten, obwohl sie ein Kind von ihm erwartete.

Nun erzählte mir GG mit der unschuldigsten Miene von der Welt: „Als ich im Lager war, hatte ich immer gedacht, ich würde später, wenn man mich wieder freiließe, eine kleine Wohnung nehmen, Marianne und ich würden Kinder haben und wir würden unter dem Christbaum sitzen ..."

Wörtlich. Unglaublich, aber wörtlich.

Ich starrte GG ungläubig an. Und dann stellte ich ihm eine Frage, die ich in ihrer Gänze nicht wiedergeben möchte. Sie begann mit den Worten: „Soll ich wirklich der einzige sein, der nicht wissen darf ...". Ich rechnete damit, daß GG entweder verstehen oder mir einen großen Krach machen würde. Er verstand. Er begann zu lachen.

Die Scheidung rollte über die Bühne wegen gegenseitiger „unüberwindlicher Abneigung", was natürlich überhaupt nicht stimmte.

Ich habe mich dann oft gefragt, warum GG mir diese Geschichte vom Christbaum erzählt hatte. Es dauerte Jahre, bis ich begriff. Er hatte gar nicht gelogen. Er hatte sich das wirklich in seiner Lagerzeit eingeredet.

Und der Grund dafür war, daß er immer den Wunsch gehabt hatte, normal zu sein. „Normal“ – in jedem Sinne des Wortes. Natürlich wußte er, daß ein Teil seiner Wirkung auf der Bühne darin bestand, daß er eben gar nicht wie ein gewöhnlicher Bürger wirkte, sondern wie eine ... wie soll man es nennen? wie eine Ausnahme. Aber im Leben wäre er zu gerne nicht eine Ausnahme, sondern ein Durchschnittsbürger gewesen. Und genau das blieb ihm versagt.

Vielleicht hätte ich in dem Buch ausführlicher von seiner Angst sprechen sollen, von der Angst, alt zu werden. Nein, er wollte nicht alt sein, er wollte vor allem auf die Menschen, mit denen er zu tun hatte, auch auf das Publikum, vor das er treten mußte, jung wirken.

Er wußte natürlich – das weiß ja jeder von uns –, daß er älter wurde. Aber er wollte unter gar keinen Umständen alt wirken. Das ist wohl auch der Grund dafür, daß er niemals in seiner Laufbahn, das heißt, in keiner Rolle, mit seinem Glatzkopf auftrat. Selbst dort, wo die Glatze durchaus am Platz gewesen wäre.

Ich schrieb ja davon, daß er den „Wallenstein“ spielte. Aber nicht, wie lange er zögerte, bevor er ihn spielte. Immer wieder rief er mich an, meist mitten in der Nacht, das war so seine Zeit für Gespräche. Als ich ihm immer wieder sagte, ich sähe keinen Grund dafür, warum er den „Wallenstein“ nicht spielen sollte, kam er endlich damit heraus: „Das ist doch die Rolle eines älteren Mannes!“

Natürlich war es das. Aber ich beruhigte ihn, und ich erzählte ihm von Werner Krauss, der mit ungefähr 34 Jahren den Vater von Rose Bernd gespielt hatte, mit einer weißen Perücke und einem weißen Bart. Ich erinnere mich noch genau daran, daß ihn das aufatmen ließ. Am nächsten Tag stellte ich eine Liste von alten Rollen zusammen, die von bekannten jungen Schauspielern gespielt worden waren und gab sie ihm telefonisch durch. Aber er hatte sich schon entschlossen, den „Wallenstein“ zu spielen.

Oder da wäre eine andere Geschichte. Ich fragte ihn einmal – so zwischen 1950 und 1952 etwa, jedenfalls war er noch Intendant in Düsseldorf –, ob er während der Nazi-Zeit nie Angst gehabt habe. Er hatte doch Grund genug dazu und wäre es auch nur der, daß er immer wieder Schauspieler beschäftigte, die eigentlich nicht mehr hätten auftreten sollen, sei es, daß sie nicht zu hundert Prozent „arisch“ waren oder eine Jüdin zur Frau hatten, oder sonst mit einem Makel behaftet waren, wenigstens in den Augen der Regierenden.

Und GG: „Ich habe eigentlich vor den Großen nie Angst gehabt. Nicht einmal vor Göring oder vor Goebbels.“ Und nach einer Pause fügte er hinzu: „Ich habe nur Angst vor Minetti gehabt!“

Vor Bernhard Minetti?

Er nickte, aber er wollte nicht sagen, warum.

Um diese Zeit wußte ich nicht viel über Bernhard Minetti, ich wußte nur, daß er unter Gründgens am Staatstheater gespielt hatte, und damals, als Gründgens seinen Namen aussprach, irgendwo in der Provinz spielte. Später, aber das war nach dem Tod von Gründgens, erfuhr ich aus einem Programmheft, daß Minetti Widerstand – natürlich gegen die Nazis – geleistet habe. Seine eigenen Worte.

Damals konnte ich mir überhaupt nicht vorstellen, warum man Angst vor Minetti haben sollte. Was konnte der schon tun?

Ich erzählte die Geschichte Gustav Knuth und der sagte: „Ja, vor dem hatten wir alle ein bißchen Angst. Wenn der ins Konversationszimmer kam, brachen alle Gespräche ab!"

Und alle Gründgens-Schauspieler von damals bestätigten mir das: Käthe Gold, Marianne Hoppe, Heidemarie Hatheyer, Paul Hartmann. Nun, Bernhard Minetti hatte vielleicht doch nicht so kräftig Widerstand geleistet, wie er später behauptete.

Oder da war die Sache mit dem Telegramm.

Das Telegramm von GG an Heidemarie Hatheyer, die an seinem Düsseldorfer Theater spielte, Mitte der fünfziger Jahre.

Man hatte Heidemarie Hatheyer, der gastierenden Schauspielerin, die Privatgarderobe von GG zugewiesen, denn GG war um diese Zeit nicht in Düsseldorf. Er hatte sich am Genfersee eine Frischzellen-Spritze geben lassen, die ihn verjüngen sollte, die aber zu einem Geschwür führte, das er sich in Zürich operieren ließ. In der Klinik war er so schwierig – das konnte er sein –, daß man ihn kurzerhand hinaussetzte. Er landete in einem Hotel am Zürichsee, aber das Zimmer war winzig, es war Hochsaison.

Wir, Heide und ich, wohnten damals in einem Haus in Küsnacht, ebenfalls am Zürichsee. Sie war in Düsseldorf, und ich war im Begriff, eine Erholungsreise anzutreten. Ich schlug GG vor, in unser Haus zu ziehen, und er nahm dankend an.

Eines Abends, als Heidemarie Hatheyer sich in der Garderobe zurechtmachte, klingelte das Telephon. Jawohl, in der Privatgarderobe von GG gab es ein Telephon. Es meldete sich das Telegraphenamt. Man wollte nicht recht mit der Sprache heraus, fragte aber schließlich, ob Frau Hatheyer einen Herrn Gründgens kenne. Ja, natürlich, sie kenne ihn.

Herr Gründgens habe ihr nämlich ein Telegramm geschickt.

Ob er es ihr nicht vorlesen wolle?

Nein, das wolle er nicht, er wolle es lieber persönlich überbringen, es sei nicht ausgeschlossen, daß es da eine Verwechslung gebe ...

Die Hatheyer sagte, sie müsse jetzt auf die Bühne. In der Pause könne er ihr ja das Telegramm überreichen.

Und so geschah es. Der Mann war sichtlich verlegen, als er das Telegramm überreichte. Und Heidemarie Hatheyer las: „Ich wünschte, Sie lägen mit mir in Ihrem herrlichen Bett, Ihr Gründgens."

Der Herr – er wußte wohl das Eine oder Andere über GG – wollte wissen, ob wirklich keine Verwechslung vorläge.

Die Hatheyer lachte. Nein, das habe schon seine Richtigkeit. Er wohne im Augenblick in ihrem Haus.

Der Mann zog ziemlich erleichtert ab.

Da wir gerade bei der Hatheyer sind: Als er 1954 von Düsseldorf nach Hamburg ging, wollte er die Hatheyer im Ensemble haben. Ich erkundigte mich, an welche Termine er gedacht habe, denn sie spielte ja auch an der Wiener Burg und vor allem am Züricher Schauspielhaus, ganz abgesehen von ihren Filmen und von gelegentlichen Tourneen.

GG sagte, er wolle sie fest im Ensemble haben.

Und da kam es zu dem einzigen Krach, der je zwischen uns stattfand. Ich erklärte, das käme gar nicht in Frage. Er verstand nicht, nein, ich glaube, er verstand, aber er wollte nicht verstehen. Mein Grund war der: Wenn meine Frau das ganze Jahr in Hamburg unter ihm gespielt hätte, wäre es ohne Zweifel zu gewissen Differenzen zwischen ihnen gekommen. Das ist nun mal meistens so im Bühnenleben. Und dann hätte ich sozusagen in der Mitte gestanden. Ich hätte, wäre ich auf GGs Seite, Krach mit meiner Frau gehabt, ich hätte, wäre ich hinter ihr gestanden, Krach mit GG bekommen. Und dann wäre entweder meine Ehe kaputt gegangen oder meine Freundschaft mit GG.

Wir einigten uns schließlich auf gelegentliche Gastspiele, die dann auch stattfanden und Erfolg hatten.

Oder da war – damals leitete er schon das Hamburger Theater – die Sache mit dem „Entertainer". Das ist ein Theaterstück, das für Laurence Olivier geschrieben worden war, die Tragödie oder die Komödie eines alternden schlechten Komödianten. Olivier hatte damit einen Riesenerfolg gehabt, in London und später auch im Film, was im Buch beschrieben wird.

GG hatte sich die deutschen Erstaufführungsrechte gesichert. Er wollte die Rolle spielen.

Ungefähr vierzehn Tage lang rief er mich jede Nacht an, immer so um drei, um mich zu fragen, welchen deutschen Titel man dem Werk geben könne? Ich kam mit mindestens einem Dutzend Vorschlägen, aber sie alle gefielen ihm nicht, und in der Tat, sie waren auch nicht sehr gut. Entertainer – das ist ein fast unübersetzbares Wort. Er blieb denn auch bei dem englischen Titel. Er spielte den Entertainer, mit großem Erfolg, aber er war nicht annähernd so gut wie Olivier in London oder später Martin Held in Berlin. Der Grund: Er hatte einfach nicht den Mut, den ein guter Schauspieler braucht, um einen schlechten Schauspieler zu spielen, er hatte nicht den Mut, dem Publikum auf die Nerven zu gehen.

Übrigens habe ich ihm das nie gesagt. Aber ich bin sicher, er wußte es, obwohl er es immer wieder bestritt.

Oder da war die Geschichte mit „Caesar und Cleopatra“ von Bernard Shaw. Irgendwann stand in einer Zeitung, Gründgens beabsichtige, dieses Stück zu spielen, mit sich selbst als Caesar.

Ingrid Andrée rief aus Hamburg an. Sie habe von diesem Plan gehört und sie verlangte von mir, dafür zu sorgen, daß sie die Cleopatra spielen würde. Ich sagte ihr, sie sei doch am Konkurrenz-Unternehmen engagiert, am Thalia-Theater. Sie könne doch gar nicht bei Gründgens spielen. Das wollte sie gar nicht hören. Sie erklärte mir, falls eine andere Schauspielerin die Rolle bekäme, würde sie nie wieder ein Wort mit mir sprechen! Das war natürlich nicht ganz so ernst gemeint.

Ich rief Gründgens an. Der sagte, die Sache sei noch gar nicht spruchreif, aber ganz sicher könne er nicht der Konkurrenz eine Schauspielerin wegengagieren. Und dann hörte ich nichts mehr von dem Projekt. Aber eines nachts, immer nachts, ging das Telephon und Gustaf sagte: „Nächste Wochen beginnen die Proben zu „Caesar und Cleopatra“. Ich wollte es Dir nur gesagt haben!“ Ich erkundigte mich vorsichtig, wer denn nun die Cleopatra spielen würde?

Und er – und das war ganz typisch für seine Reaktionen: „Glaubst Du, ich würde es wagen, Dich anzurufen, wenn es nicht die Andrée wäre?“ Aber so war er. Immer hatte der andere „Schuld“.

Ich sah dann die Aufführung. Die Andrée war wirklich bezaubernd und goldrichtig, und auch er war recht gut. Aber irgendetwas störte mich. Und als er mich nach der Generalprobe fragte, was es denn wäre, sagte ich ihm: „Weißt Du, ich habe den jungen Werner Krauss in der Rolle des Caesar in Berlin gesehen. Der hatte damals einen Schopf blonder Haare. Die hat er sich abrasieren lassen, weil Caesar ja glatzköpfig war. Du hast eine Glatze, aber Du setzest Dir eine Lockenperücke auf!“

Er war tief gekränkt und sprach ein paar Tage lang nicht mit mir. Hätte ich ihm gesagt, er sei nicht gut, er hätte es sofort verstanden. Aber daß ich seine Glatze erwähnte, verärgerte ihn tief. Er war eben auch sehr eitel.

Und nun muß ich die Geschichte von „Mephisto“ erzählen, die sich ja erst nach seinem Tod abspielte. Wie ich in dem Buch erzähle, hatte er gehört, daß Klaus Mann, sein ehemaliger Schwager, ein Buch „Mephisto“ geschrieben hatte, in dem er ihn, GG, porträtierte und als einen Mitläufer der Nazis hinstellte. Das Buch war 1936, als sowohl Klaus Mann als auch ich uns in der Emigration befanden, natürlich nicht in Deutschland, erschienen; sondern in einem holländischen Verlag, aber GG hatte wohl davon erfahren.

Und nach dem Krieg hörte er, daß „Mephisto" auch in Deutschland erscheinen sollte. Er war ein bißchen verärgert, aber wirklich nur ein bißchen. Auf meine Frage, ob er etwas unternehmen wolle, schüttelte er den Kopf. Auf den Rat anderer, gegen das Erscheinen des ihn beleidigenden Buches zu prozessieren, gab er nur vage Antworten. Ich glaubte damals und ich glaube heute noch, er hätte nie etwas dergleichen unternommen. Ich sprach damals mit Klaus Mann, der den Krieg als US-Soldat mitgemacht hatte und jetzt nach Deutschland zurückkehrte, auch nach Berlin, wo ich stationiert war und wo GG spielte – allerdings im Osten der Stadt.

Klaus Mann wohnte in meiner requirierten Villa in Zehlendorf, im Gästezimmer im oberen Stock. Ich sagte ihm, er solle doch nicht auf dem Erscheinen des „Mephisto" in der Bundesrepublik bestehen, GG habe in der Nazi-Zeit so viel Gutes getan. Ich hatte damals, als er das Buch schrieb, volles Verständnis dafür, daß er es so schrieb, wie er GG sah, nämlich als einen Verräter an uns allen, aber nun wußte ich es besser.

Am selben Abend kam GG vom Deutschen Theater – mein Auto hatte ihn dort abgeholt – zu mir zu einem späten Abendessen. Ich sagte ihm, Klaus sei im Hause, GG war sofort bereit zu dieser Aussprache.

Ich stieg in den ersten Stock und fragte Klaus, ob er bereit sei, herunterzukommen. Klaus überlegte lange und verneinte dann. Er wollte lieber nicht. Seine Schwester Erika, die ja einmal mit Gründgens verheiratet gewesen war, würde es ihm nicht verzeihen.

Aber es kam zu keiner Veröffentlichung in Deutschland, jedenfalls vorläufig nicht. Es fand sich kein Verlag, der bereit gewesen wäre, ein Buch gegen Gründgens zu veröffentlichen, nachdem man so viel von dem, was Gründgens unter den Nazis riskierte, erfahren hatte.

1948 beging Klaus Selbstmord. Und zwei oder drei Jahre später – es kommt ja jetzt nicht auf den genauen Zeitpunkt an – fand seine Schwester Erika, die GG glühend haßte, die eigentlich alle Deutschen glühend haßte, einen Verleger für die Memoiren von Klaus. Sie waren noch während des Krieges oder vielleicht schon vor dem Krieg in den USA unter dem Titel „The Turning Point" erschienen – in Deutschland erschienen sie nun unter dem Titel „Der Wendepunkt".

Ich besorgte mir ein Exemplar und blätterte es durch. Und mein Erstaunen wurde immer größer. Da fanden sich eine Menge Stellen in diesen Memoiren, die im Original nicht gestanden hatten, unter anderem auch Angriffe gegen mich, seinen Freund bis ganz zuletzt.

Das hätte Klaus nie geschrieben.

Aber das Entscheidende, was mich sofort stutzig machte: Im amerikanischen Original hatte Klaus der Wahrheit entsprechend bekannt, in seinem Roman „Mephisto“ habe er seinen Ex-Schwager GG porträtiert. Wörtlich. In der neuen deutschen Ausgabe stand, das Gerücht, er habe in dem „Mephisto“ seinen Ex-Schwager porträtiert, sei falsch, im Gegenteil, er habe nur einen Typ geschildert, nicht eine Person. Einen charakterlosen Mitläufer, keineswegs seinen Ex-Schwager.

Mir war sofort klar: Dies sollte einen Brücke sein für das Erscheinen des „Mephisto“. Nun würde sich doch wohl ein deutscher Verlag finden, der ihn herausbringen würde. Es fand sich auch einer.

Der Adoptivsohn und jahrelange Freund von GG, Peter Gorski, war entschlossen, die Publikation zu verhindern. Er strebte einen Prozeß an. Dieser Prozeß schien anfangs ganz aussichtslos zu sein. Da entschloß ich mich, im Gedenken an GG, Gorski die entscheidende Waffe in die Hand zu spielen, nämlich die amerikanische Originalausgabe der Memoiren.

Und das Buch wurde verboten – für die Bundesrepublik. In der Schweiz, wohl auch in Österreich, in der DDR konnte man es kaufen.

Und darüber vergingen wieder viele, viele Jahre.

Und dann plötzlich kam der Verlag Rowohlt mit einer Taschenbuchausgabe des Romans „Mephisto“ heraus. Unter völliger Geheimhaltung, es hatte keine Vorpropaganda gegeben, es war sozusagen ein Theatercoup. Erste Auflage: hunderttausend Stück, wenn ich nicht irre.

Man wollte die Auflage verkauft haben, bevor ein Verbot erfolgen konnte. Man verkaufte die Auflage auch sehr schnell, denn der Name Gründgens sagte immer noch etwas, wenn auch der Name von Klaus Mann – übrigens ungerechterweise – kaum noch jemandem etwas sagte. Das Verbot erfolgte nicht.

Ironie der Geschichte: So kam Klaus Mann zu dem einzigen Bucherfolg, den er je hatte, nach seinem Tod und nach dem Tode von GG.

Es war ein Erfolg, aber ein sehr vorübergehender. Was an diesem Buch erfolgreich war? Die angeblichen Enthüllungen des Autors über GG. Er konnte ihm nicht gut vorwerfen, daß er homosexuell veranlagt war – das war er, der Autor, ja selbst. Also warf er ihm vor, es gebe da eine Negerin, von der er sich auspeitschen ließ. Nur, die Negerin gab es gar nicht. Und vieles gab es auch nicht, was in dem Buch vorkam.

Eine Fälschung? Natürlich, eine Fälschung. Aber wen kümmerte das?

Der einzige, der sich wirklich über das Buch geärgert hätte, wäre GG selbst gewesen, und der lebte ja schon lange nicht mehr. Nein, er lebt weiter, er lebt weiter in der Erinnerung derer, die ihn noch gekannt haben und die um seine künstlerische und menschliche Größe wußten.

Und zu denen gehöre auch ich. Und deshalb sollte das Buch noch einmal erscheinen.

Erster Teil

ALLER ANFANG

ERSTES KAPITEL
Frühe Sehnsucht

GG im Jahre 1928, als er, an der Schwelle des Ruhmes stehend, über seine Jugend befragt wurde, erzählte sofort von seiner ersten ›Rolle‹: »Das war im Elternhaus. Hauptsache war damals die Gardine, die war Vorhang, ohne die wäre es nicht gegangen . . .«
Das bedeutete wohl schon zu der Zeit für ihn, wenn auch sicher nicht bewußt, die strenge Trennung von Leben und Theater. Was sich zutrug, wenn die Gardine beiseite geschoben wurde, hatte mit der Realität nichts zu tun. Das hatte mit dem Wunsch des Knaben zu tun, etwas zu zeigen, sich zu produzieren.
In allen Erinnerungen an seine Kindheit, im Briefwechsel mit den Seinen, in Briefen an die Mutter, die sie gesammelt hatte und die er sorgsam aufbewahrte, macht sich immer wieder dieser leidenschaftliche Wunsch bemerkbar, und ein Gespräch mit der Schwester nach seinem Tode bestätigt ihn: Er war etwa elf oder zwölf Jahre, als er einmal das Treppengeländer hinunterrutschte, sich ganz plötzlich fallen ließ, wobei er einen gellenden Schrei ausstieß und dann verstummte. »Ich konnte ihn kitzeln, kneifen, puffen, schlagen – er rührte sich nicht mehr. Erst als ich zu heulen begann, stand er langsam auf, sagte: ›Dumme Gans!‹ und verschwand sichtlich verärgert.«
Weil sie seine Vorstellung gestört hatte.
Er spielte mit ihr, wie das bei den Kindern im Rheinland üblich war, »Kirche«: »Die Mutter besaß ein wunderbares Meßgewand, das auf einer alten Truhe lag. Wenn niemand im Hause war, warf sich Gustav – er hieß damals noch Gustav mit ›v‹ – dieses Meßgewand über, postierte sich auf dem Wäschepuff und begann zu predigen.« Marita schwang als Meßdiener das »Weihrauchfaß«.
Selbst wenn er krank war und im Bett liegen mußte, spielte er noch Theater – keine anderen Requisiten dabei als ein Kissen und eine große Schachtel Stecknadeln mit verschiedenfarbigen Glasköpfen: damit »arrangierte« er Hochzeiten, Krönungszüge, mit besonderer Vorliebe auch seine eigene Beerdigung.
Besonders gern mimten die beiden Geschwister »feinen Besuch« – nämlich das, was sie beobachtet hatten, wenn die Eltern solchen empfingen. Die

Hausmädchen mußten dann mitspielen. Marita war der Besucher im Zylinderhut, gab die Visitenkarte ab, begrüßte, nachdem sie vom Mädchen angemeldet war, Gustav mit Handkuß, und es folgte dann eine ungemein geschwollene Unterhaltung.
Ein anderes Spiel: Konzert. Marita gab eine berühmte Klavierspielerin, etwa Elly Ney, oder Gustav einen bekannten Sänger. Es störte sie gar nicht, daß immer nur einer sich produzieren und der andere Publikum spielen mußte. Dann ging jeder in sein Zimmer und schrieb die Kritik. Das gehörte dazu.
Überhaupt spielte Musik eine bedeutende Rolle in Gustavs Jugend. Die angebetete schöne Mutter war sehr musikalisch; sie hatte in ihrer Jugend bei Lilli Lehmann Gesang studiert und trat gelegentlich noch bei Wohltätigkeitsveranstaltungen auf.
Das Schönste für den kleinen Gustav war – er hat es später oft erzählt –, die Mutter im Abendkleid bewundern zu dürfen, bevor sie zu solchen Soireen fuhr.
Darauf, daß man lernen muß, um etwas zu können, verfiel Gustav schlechterdings nicht. Warum sollte schwer sein, was so schön war? Als der Lehrer in der Schule im Musikunterricht etwas auf der Geige vorspielte und dann fragte: »Wer von euch kann auch Geige spielen?« meldeten sich einige, darunter Gustav. Er wurde ans Katheder gerufen. Ach, er konnte nicht Geige spielen, aber nie wäre er auf den Gedanken gekommen, daß nicht jeder so etwas kann. Es war seine Phantasie, die ihm da einen Streich spielte. Der Lehrer hielt ihn für frech und vorlaut und erteilte ihm einen Verweis.
Um diese Zeit reifte in ihm der Wunsch, Sänger zu werden. Seltsamerweise Oratoriensänger. »Ich hatte schon die ›Johannes-Passion‹ und den ›Messias‹ gehört, konnte bereits ganze Opernrollen singen, zum Beispiel den Grafen Almaviva aus dem ›Figaro‹, und sang auch manchmal Duette mit meiner Mutter ... Ein mäßiger Schüler, war ich ständig dabei, mit meinem Klavierlehrer Operntextbücher zu studieren. Hierfür fehlte mir freilich das Wichtigste: die Stimme. Künstlerisches Talent? Davon wußte ich nichts ...«
In der Schule hatte er einmal »mit Zittern und Zagen« die Ballade ›Des Sängers Fluch‹ von Uhland vorgetragen. Er glaubte, daß es schon gehen würde, wie er ja auch das Gefühl gehabt hatte, Geige spielen zu können, nur, weil er es wünschte. Er wollte sich eben zeigen, er wollte sich produzieren, er wollte gefallen.
Nicht zuletzt der schönen Mutter zuliebe, die ihren Stolz auf den hübschen Sohn – er war auf eine zarte, fast mädchenhafte Art ungemein anziehend – nicht verbergen konnte. Ihr zuliebe hätte er überhaupt alles getan – und tat es später auch.
Im übrigen hatte er eine unbeschwerte Kindheit, vielleicht war das die ein-

zige Zeit in seinem Leben, die man glücklich nennen kann. Die Familie lebte in einem schönen Haus oder vielmehr in verschiedenen schönen Häusern – warum es immer wieder zu Umzügen kam, die den Kindern natürlich Spaß machten, sollte Gustav erst später erfahren. Über diese Jugend hat er oft gesprochen. In der Erinnerung war sie ihm das Paradies, aus dem er nicht vertrieben werden konnte. Wichtig festzustellen, daß er, der seine Selbstbiographie mit der lapidaren Feststellung begann, die Jugend in Lebensbeschreibungen überschlage er immer, die seine weder überschlug noch unterschlug.

Die sorglosen Tage des Glücks waren nur zu kurz. Denn früh, viel zu früh begriff er, daß nicht alles so war, wie es auf den ersten Blick aussah.

Einmal sah er mit der Schwester zusammen ein Weihnachtsmärchen im Theater und war von den herunterschwebenden Engeln und überhaupt der vielen Zauberei ganz entzückt. Die Schwester, eingedenk der ›Vorstellungen‹, die sie selbst daheim gaben, fragte: »Gustav, hast du die Drähte gesehen?« Die Drähte, an denen die Engel herabschwebten, natürlich.

Rund vierzig Jahre später kommentierte GG das folgendermaßen: »Ich wollte sie nicht gesehen haben ...«

Er wollte nicht alles sehen, wie es war, aber er konnte auf die Dauer an der Wirklichkeit nicht vorbei.

Der Vater war nicht der erfolgreiche Industrielle, für den er sich ausgab. Er hatte zwar eine Zeitlang eine leitende Position in einer Fabrik für Isoliermaterialien gehabt, mußte sie aber dann aufgeben, eine andere annehmen und wieder eine andere – und es bedeutete Umzug von Düsseldorf nach Köln und wieder nach Düsseldorf zurück.

Als seine Mutter – sie hieß übrigens Emmy – einmal weinte, weil der Vater abgereist war, ohne Haushaltsgeld zu hinterlassen – Gustav war acht Jahre alt –, schickte er ihr durch das Dienstmädchen einen Pfennig mit folgenden Zeilen:

»Meine liebe, liebe Mutter! Es ist zwar nicht viel, aber immerhin etwas. Sei stark – es werden bessere Zeiten kommen. Also: Verzage nicht! Gustav.«

Aber da gab es noch »Häßlicheres«. Die Folge davon war die fristlose Entlassung hübscher Dienstmädchen. Arnold Gründgens war wohl das, was man damals einen Schürzenjäger nannte. Der Sohn sah nur die oft verweinten Augen der Mutter und spürte undeutlich, daß es an ihm sei, ihr beizustehen, ihr zu helfen, sie für allen Kummer zu entschädigen.

Um diese Zeit – Gustav, geboren am 22. Dezember 1899, mochte fünfzehn Jahre alt sein – kam er in ein katholisches Internat in Mayen. Dort sah er manches, was ihn entsetzte. Später sagte er: »Wenn sie einem wenigstens etwas beigebracht hätten, diese Geistlichen! Wenn ich erzählen würde, was sie uns beibrachten ...« Er war auch kein guter Schüler. Aus einem Brief an die Mutter entnehmen wir, daß das Zeugnis dem Fünfzehnjährigen bescheinigte: Betragen: gut; Fleiß: genügend; Aufmerksamkeit: genügend; Ordnung: genügend; Religion: genügend; Deutsch: genügend; Griechisch: genügend; Lateinisch: genügend; Französisch: gut; Mathematik: genügend; Erdkunde: genügend.

Außer im Französischen war er nur noch im Turnen gut.

Aus dem gleichen Brief: »Mutter, glaubst Du auch so was Furchtbares von mir? Das könnte ich nicht ertragen ...« In dieser Zeit schrieb er überhaupt häufig an die Mutter, die sich um ihn Sorgen machte, nicht zuletzt auch über seine Ernährung, man befand sich ja bereits im zweiten Kriegswinter: »Liebe Mutter, heißen Dank für das Paket mit seinen vielen verborgenen Schätzen und besonders mit dem Brief. Ich weiß gar nicht mehr, was ich alles sagen will, mir ist das Herz so voll ... Die Suppe, von der Dir Vater sicher schon erzählt hat, ist ganz vorzüglich, zehn Pfennig der halbe Liter. Heute war es Grießmehl ...

Für die beiden leckeren Büchsen vielen Dank. Was ist denn das für ein köstlicher Kuchen? Sowas habe ich noch nie gegessen.«

In allen Briefen immer wieder der Gedanke, der Mutter zu helfen: »Jedenfalls beherrscht mich der Gedanke, daß ich Dir helfen möchte, ganz und gar. Ich will und ich muß Dir Freude machen. Wenn doch diese Stimmung andauern wollte! Ich fürchte das jetzt zwar wenig, denn Deinen ersten Brief will ich immer vor Augen halten. Sieh mal, wenn ich bei einer Klassenarbeit mal wieder der alte Leichtfuß sein will, dann steht auf jedem Löschblatt versteckt: Denk an Mutter! und das gibt mir dann wieder die Besinnung. Die Mathematikarbeit, die habe ich mit Deiner Hilfe so schon gut gemacht. Ein Fall, der mir in Mathematik noch nie vorgekommen ist. Siehst Du, so hilfst Du mir immer, auch ohne daß Du es weißt.«

Der Vater verfügte dann, er solle in eine kaufmännische Lehre gehen. Sie dauerte genau drei Monate – und auch das nur in der Theorie. In Wirklichkeit ging der Junge selten ins Geschäft, sondern bummelte lieber am Rhein entlang, verzehrte sein Frühstück und studierte Theaterstücke. Das gleichaltrige Dienstmädchen, das damals bei den Gründgens angestellt war, wußte um sein Geheimnis, desgleichen die Schwester, die ihn auf einem kleinen Buckel an den Rheinwiesen aufstöberte, den sie beide das ›Siebengebirge‹ getauft hatten, als er, sich die Ohren zuhaltend, ein Heine-Gedicht in die Gegend »brüllte«. Wenn die Mutter etwas davon wußte, so schwieg sie. Der Vater erfuhr es, als sich sein Chef erkundigte, ob der Junge noch nicht gesund sei. Er hielt wohl nicht allzuviel von dem Lehrling. In den Personalakten der Firma Schieß de Fries finden sich die lapidaren Sätze:

»Besondere Bemerkungen: wurde eingezogen und kam nachher nicht wieder. Mit dem jungen Mann war nicht viel los, er ist Schauspieler geworden in Düsseldorf, Schauspielhaus.«

Ja, er wurde eingezogen im Juli 1917 und kam nach Saarlautern zum Infanterieregiment Nr. 30, Maschinengewehrkompanie. Er meldete sich keineswegs, wie später behauptet wurde, freiwillig an die Front. Obwohl er an keinem Kampf mehr teilnahm, gelang es ihm, verwundet zu werden, und zwar von einem Kameraden mit einem Gewehrkolben, der ganz unvorschriftsmäßig auf seinem Kopf landete.

Lazarett. Wiederum stand sein Bett unvorschriftsmäßig in der Abteilung für Ruhrkranke. Folge: er bekam die Ruhr. Langsame Genesung. Zahlreiche Briefe an die Mutter: »Nun sitze ich wieder in meinem Zimmer und bin so ein bissel traurig und ein bissel froh. D.h. ein bissel viel traurig und ein bissel wenig froh. Traurig natürlich, weil Du weg bist, und froh, weil ich wieder in der Falle bin, ich war doch ziemlich müde ...« Manchmal wurde er geradezu überschwenglich patriotisch: »Ich glaube, wenn ein Mensch einem anderen eine deutsche Mutter zeigen will, dann muß seine Wahl auf Dich fallen. Es gibt ja keinen Menschen, der so unter Verleugnung seines eigenen Besten und Nutzen sich so ganz in einen anderen hineinfügt wie Du.«

Dann wieder »dichterisch«:

Geliebte meiner Seele,
Ich mich Dir empfehle.
Vierzehn Tage sind vergangen,
Hab keinen Brief von Dir empfangen.

Was soll ich denn nur denken,
Du tust mich bitter kränken!
Ich glaub ja, daß Du an mich denkst,
weiß aber nicht, was Du anfängst.

Mein Rheumatismus ist im Schwinden,
Schon besser wieder mein Befinden.
Ich habe nur noch etwas Fieber,
Wenn ich's nicht hätte, wär mir's lieber.

Viel Neues kann ich nicht berichten,
Vor lange Weile tu ich dichten.

Ich grüße herzlich den Papa
und küsse Dich und Marita.
Und schreibst Du mir nicht balde, pfui,
Bin ich Dir bös. Mit Kuß Dein Gui.

Noch im Lazarett in Kreuznach, las er im Armee-Verordnungsblatt, daß neue Fronttheater eingerichtet würden. Die Bataillone wurden gebeten, geeignete Talente ausfindig zu machen. »Ich schrieb ein Gesuch, behauptete keck, Erfahrung zu besitzen, und man schickte mich nach Saarbrücken. Von Saarbrücken ging es nach Saarlouis. Ich wollte den Rodrigo im ›Othello‹ spielen. Dazu kam es nicht, weil der Soldat, der den ›Othello‹ spielen sollte, sich nicht allabendlich schwarz zu schminken wünschte.« Statt dessen wurde ein harmloses Lustspiel von Ludwig Fulda, ›Jugendfreunde‹, einstudiert und am 2. Oktober 1918 in Friedrichsthal, im Kreis Saarbrücken, erstaufgeführt. GG spielte einen älteren Gelehrten mit Vollbart. »Ob ich gefallen habe, weiß ich nicht. Kritiker saßen, Gottseidank, nicht im Gasthofsparkett. Spielend zogen wir dann von Ort zu Ort. Eine herrliche Zeit! Ich spielte auch den Schüler in ›Faust I‹.«

Und dann wurde GG, so unwahrscheinlich es klingen mag, Theaterdirektor. Er übernahm nämlich die Theaterkanzlei des Soldatentheaters, das sein Truppenteil in Thale (Harz) unterhielt. Es war aber nicht so, daß er durch einen Vorgesetzten an diese Stelle beordert wurde, wie es in manchen Biographien heißt, sondern er bewarb sich um sie. Theaterkanzlei. Buchhalterarbeiten. Organisation. Wer von den jungen Schauspielern in Feldgrau wollte schon an so etwas heran? Sie hatten sich zum Fronttheater gemeldet in der verständlichen Absicht, so dem Kugelregen zu entgehen, manche auch, weil sie eben Theater spielen wollten. Aber welcher junge Schauspieler will in einer Kanzlei sitzen?

GG wollte – schon damals. »Mich interessierte eben alles, was mit Theater zusammenhing. Fast mehr das, was hinter den Kulissen vorging, als das, was sich im Rampenlicht abspielte.« Seine Arbeit bestand keineswegs nur darin, Weihnachtsfeiern, Volks-, Unterhaltungs- und Tanzabende zu organisieren – »das alles machte mir unbändigen Spaß!« –, er mußte auch kassieren und dafür sorgen, daß keiner der Gäste sich davor drückte, den Eintrittspreis zu erlegen.

Er hielt das Ganze zusammen. Und darüber liegt ein Dokument vor, ein Schreibheft mit dem Titel ›Buch der Theatergesellschaft‹. Natürlich handelt es sich dabei – vergleichsweise – um Lappalien. Ein Mitglied der Theatergesellschaft, zum Beispiel ein Gefreiter, erschien nicht zu einer Besprechung – und Gründgens diktierte ihm zwanzig Pfennig Strafgeld zu. Die Textbücher – für jedes zu produzierende Stück eines – kamen nicht rechtzeitig

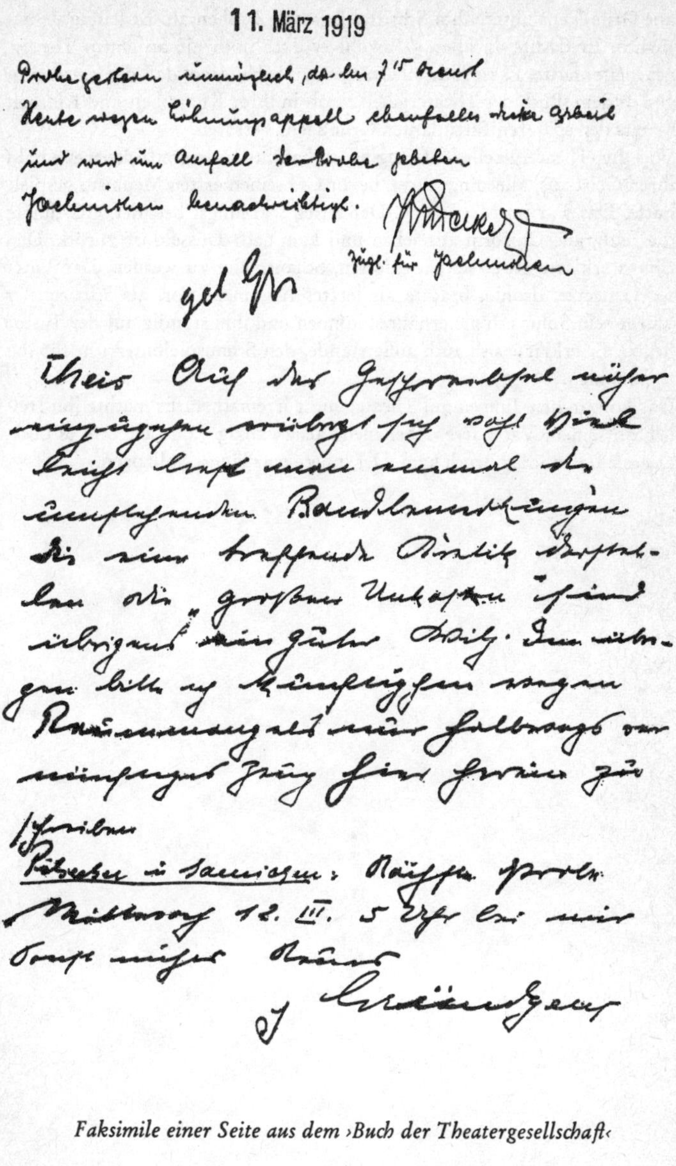

Faksimile einer Seite aus dem ›Buch der Theatergesellschaft‹

an: Gründgens unternahm Schritte. Er setzte Proben an. Er leitete sie natürlich. Er dachte an alles – obwohl er doch noch nie an einem Theater gearbeitet hatte. Es ist nicht übertrieben zu behaupten, daß die Eintragungen in dem ›Buch der Theatergesellschaft‹ in ihrer Knappheit und Klarheit bereits den späteren Intendanten Gründgens verraten.

Was die ›Theatergesellschaft‹ anging, so hauchte sie begreiflicherweise bald ihren Geist aus, allerdings nicht, bevor GG seinen ersten Mephisto gespielt hatte. Das war im März 1919. Der Krieg war längst beendet. GG durfte die feldgraue Uniform ausziehen und kam nach Düsseldorf zurück. Den Eltern erklärte er, er sei entschlossen, Schauspieler zu werden. Der Vater war entsetzt, drohte, brachte als letztes Argument vor, als Schauspieler würde sein Sohn sich nie ernähren können und ihm ständig auf der Tasche liegen. Er erklärte sich auch außerstande, den Schauspielunterricht für ihn zu bezahlen.

Das konnte den Jungen am Theater nicht irremachen. Es machte ihn freilich an seinem Vater irre. Aber mehr als zwanzig Jahre dauerte es noch, ehe es zum äußeren Bruch kam. Der innere war längst vollzogen.

ZWEITES KAPITEL

Lehr- und Wanderjahre

1919. In Deutschland hatte eine Revolution stattgefunden, die auch aufs Theater übergriff. Nicht nur, daß die Königlichen Bühnen jetzt ›Staatstheater‹ wurden; zumindest das Schauspielhaus, bisher künstlerisch nicht existent, erlebte eine radikale Verwandlung. In Berlin übernahm Leopold Jeßner aus Königsberg das Theater am Gendarmenmarkt, machte Schluß mit den überalterten, pathetischen Hoftheater-Inszenierungen, spielte auf Treppen, vor weißen und schwarzen Vorhängen, versuchte, die Klassiker »aktuell« zu gestalten. Der Expressionismus setzte sich auch auf den Bühnen durch. Max Reinhardt, der herrliche Zauberer der deutschsprachigen Bühnen, eröffnete das Große Schauspielhaus, einen ehemaligen Zirkus, wo er zunächst in einer Manege spielen ließ, also inmitten der Zuschauer. Junge Kräfte drängten nach vorn und wurden Stars: vor allem Werner Krauss, Helene Thimig, Agnes Straub, Fritz Kortner und bald darauf Käthe Dorsch und Elisabeth Bergner.

Gustav Gründgens trat am 1. April 1919 als »zahlender Schüler« in die Hochschule für Bühnenkunst des Düsseldorfer Schauspielhauses ein.

Das Düsseldorfer Schauspielhaus war damals nicht irgendein Provinztheater oder gar Stadttheater; es war im Kreise der deutschen Bühnen etwas Besonderes und galt – mit Recht – als eines der wenigen Institute, das sich, unter der Leitung der Schauspielerin Louise Dumont und ihres Gatten Gustav Lindemann, kompromißlos für reine Kunst einsetzte, was sich finanziell recht ungünstig auswirkte. GG schrieb viel später einmal darüber an Lindemann: »Düsseldorf ... scheint den Künsten und Künstlern gegenüber oft spröde, ja, manchmal unverständlich hart und grausam zu sein.« Von einer städtischen Subvention konnte man kaum reden. Man mußte mit den Einnahmen durchkommen. Daher waren die Gagen gering – die Dumont und ihr Mann bekamen allerdings 75 000 Goldmark pro Jahr – und überall waltete eine manchmal fast ins Groteske gehende Sparsamkeit. Hierzu noch einmal GG: »Es wurde jede Stecknadel vom Boden aufgehoben, man warf nichts weg, jedes Restchen wurde verwendet.«

Lindemann kümmerte sich vor allen Dingen um das Geschäftliche – die Dumont um das Künstlerische. Sie war selbst Schauspielerin, und eine vorzügliche dazu, hatte aber alle Schwächen einer solchen. Sie jagte nach großen

Rollen, und die Tatsache, daß sie nicht mehr jung war, älter übrigens als ihr Mann, hinderte sie nicht, die klassischen Jungfrauen zu spielen, während junge Schauspielerinnen, die in Düsseldorf erst begannen, ihre Mütter darzustellen hatten. Das Erstaunliche, man darf wohl sagen Paradoxe: die Dumont war im Grunde genommen Repräsentantin gerade jenes Darstellungsstils, der, mit Recht, schon damals als überaltert galt. Sie war pathetisch, sie deklamierte, sie machte sich Auftritte und Abgänge. Sie geriet oft in Gefahr, zu zelebrieren. Entscheidendes erstarrte, weil es nur noch von außen her geformt war: kurz, altes, überlebtes Theater – das freilich alles mit immerhin erstaunlichem Können. Ihr Theater aber führte sie nach modernen, ja geradezu extrem modernen Ideen. Nicht nur, daß sie sich mit sicherem Blick junge, oft noch blutjunge Kräfte nach Düsseldorf holte, die später große Karriere machen sollten, sie hatte schon immer moderne Werke gespielt, zum Teil revolutionäre und zum Teil, was für ein Privattheater nicht leicht war, Stücke, bei denen man von vornherein wußte, daß sie allenfalls zwei- oder dreimal über die Bühne gehen würden, wie etwa die Ernst Barlachs, den ›Kain‹ von Byron, die Nebenwerke von Hugo von Hofmannsthal zu einer Zeit, da er noch völlig unbekannt war, die von Maeterlinck, Heinrich Mann, Hans Sachs, Rabindranath Tagore und Wedekind, als es noch riskant war, ihn zu bringen. Ein Stück, das zehnmal lief, war ein Erfolg, zwanzig Aufführungen galten als sensationell, nur einige wenige Autoren, meist diejenigen, die man spielte, um die leeren Kassen zu füllen, erreichten höhere Ziffern.

Das konnte auf die Dauer nicht gut gehen und ging auch nicht gut, und noch bevor die Inflation zu Ende war, mußte das Institut vorübergehend seine Pforten schließen. Aber das geschah erst, nachdem Gründgens Düsseldorf verlassen hatte.

Nun trat er also, noch nicht zwanzig Jahre alt, in die dem Hause angeschlossene Schauspielschule ein, um sich vor allem einmal die Grundlagen seines Berufs zu erarbeiten. Der junge Mann – sie sagten von ihm, daß er »eigentlich nie jung aussah« –, der so schnell sprach, daß die Worte übereinanderpurzelten, der selten ging, sondern meist lief, wußte sehr wohl, daß dies alles forciert, zufällig und erkünstelt war.

Er fiel nicht besonders auf – darüber sind sich alle einig, die ihn kannten oder mit ihm arbeiteten –, er war nur einer von vielen. Er selbst später: »In der Schule war Hochbetrieb ... Mir ist heute allein die Quantität unserer Arbeit unfaßbar. Wir haben alle geschuftet wie die Wilden. Aus reinem Vergnügen, aus lauter Überschwang, ohne Aufforderung. Unfaßbar die Geduld, mit der Frau Dumont alle diese Temperamentsausbrüche über sich ergehen ließ. Viermal Balkonszene aus ›Romeo und Julia‹, dreimal Faust und Mephisto, zehnmal Gretchen in einer Unterrichtsstunde gehörten zur Tagesordnung. Von Strindberg und Wedekind ist kein Satz ungesprochen geblieben. Ich glaube, jeder hat jede Rolle probiert und vorgesprochen.«

Für ihn und andere Schüler war jede Unterrichtsstunde der Dumont wie ein Gottesdienst. Sie legten ein Brokatdeckchen auf ihren Tisch, holten Weihrauchkerzen und erhoben sich, wenn sie den Raum betrat, in dem die Probebühne stand. Es herrschte Stille wie in einer Kirche. Schauspieler, die später den Lebensweg von Gründgens noch kreuzen sollten, vor allen Dingen Paul Henckels und Peter Esser, waren damals seine Lehrer. Henckels meinte, er sei vor allem »tänzerisch besonders begabt«. Niemandem entging, daß er gelegentlich entsetzlich affektiert war. So trug er, eine Sensation in Düsseldorf, ein Monokel. Und niemandem blieb es verborgen, daß er schon damals seine eigenen Ideen hatte und nicht mit allem einverstanden war, was die Lehrer vortrugen. Er war besessen. Er lernte ununterbrochen. Zu Hause mußten ihn die Dienstmädchen abhören. Sie waren beeindruckt. Eine sagte zu der Mutter: »Der junge Herr ist so begabt, daß man seine Stimme noch auf der nächsten Straße hört . . .« Eine andere, die ihm eine Rolle abhören sollte, in der er zu sagen hatte: »Ach, du bist schon da, Axel ist draußen in der Küche...«, unterbrach ihn nach der ersten Hälfte des Satzes mit den Worten: »Das sehen Sie doch, Herr Gründgens!«

Für die Bühne war ihm keine Arbeit zu gering, und wann immer sich die Gelegenheit bot, mitzuspielen, spielte er mit. Schon am 30. April 1919 – also nur vier Wochen nach seinem Eintritt in die Schule – prangte sein Name auf dem Theaterzettel, im ›Lebenden Leichnam‹ von Leo Tolstoi, allerdings nur als »Lakai bei Afremow«.

Wenn er nicht mitspielen durfte, stand er in der Kulisse und sah zu. Er konnte einfach vom Theater nicht genug bekommen. Nach Schluß der Vorstellung blieben die jungen Leute noch im Haus, Paul Kemp, der später als Bühnen- und vor allem Filmschauspieler in die erste Reihe aufrücken sollte, spielte Klavier, und Gründgens sang oder tanzte dazu.

In dieser Zeit war das Rheinland noch von den Franzosen besetzt, und wer abends nach zehn Uhr über die Rheinbrücke nach Oberkassel wollte, mußte einen Passierschein haben. Für Gründgens bedeutete jede solche Kontrolle einen Alptraum.

Überhaupt war das Leben damals nicht leicht. Henckels erinnert sich, daß er Gründgens einmal vorspielte, wie er sich in einer Rolle als Mörder zu benehmen habe. Er entriß ihm seinen Degen und stieß zu. Das Resultat war ein Loch im Mantel des Schülers, eine Katastrophe – denn es gab keinen Stoff für den kostbaren Mantel, den die Mutter aus einer alten Pferdedecke gefertigt hatte.

Er litt unter vielem – und der Verdacht liegt nicht fern, daß er nicht un-

gern litt. Einmal improvisierte er während einer Nachtvorstellung einen Tanz, wobei er das Publikum mit einem aus der elterlichen Wohnung entwendeten Obstmesser bedrohte. Alles barst vor Lachen. Qualvolle Minuten für den Nichtsahnenden. Erst viel später erfuhr er, daß seine Tanzschritte auf dem Podest so viel Staub aufgewirbelt hatten, daß die übrigen Mitspielenden unter dem Podest ganz grau und schließlich weiß wurden.
Dann litt er wieder darunter, daß die Leute nicht lachten, wenn sie hätten lachen sollen. Einmal spielte er eine winzige Rolle in einem Schwank – ›Die drei Zwillinge‹ –, und am nächsten Tag, als er die Straßenbahn bestieg, war er tief verwundert, daß ihn niemand erkannte. Als er endlich einen älteren Herrn seine Zeitung entfalten und schmunzeln sah, stand er auf und fragte ihn hoffnungsvoll, ob er über ihn lache. Nein, der Herr hatte sich über etwas in der Zeitung amüsiert.
GG war enttäuscht.
Und doch war er glücklich wie nie zuvor in seinem Leben. Über jeden Satz, den er auf der Bühne sprechen, über jeden Schritt, den er im Rampenlicht machen durfte. »Freude, endlich spielen zu dürfen ... Vergessen waren alle Widerstände, alle häuslichen Streitereien und Spannungen, die ihn umgaben«, bemerkte Gustav Lindemann später über ihn.
Trotzdem hielt er es nur ein Jahr in Düsseldorf aus. Dem Zeugnis vom 28. Mai 1920 ist zu entnehmen: »Herr Gustav Gründgens, Schüler der Hochschule für Bühnenkunst in Düsseldorf, besitzt ein ungewöhnliches Talent für die sinnfällige Ausformung der seelischen Struktur problematischer Naturen; seine starken Ausdrucksmittel sind mit energischem Willen gepaart und gut diszipliniert. Das nervöse Temperament, das der leisesten Anregung folgt, weist zunächst auf erfolgreiche Gestaltungen aus der modernen Literatur, ohne Beschränkung auf die Verkörperung nur jugendlicher Personen. Bei einem ungestörten Verlauf der Entwicklung dürfte der Gestaltungskraft Herrn Gründgens das ganze Gebiet kompliziertester Charakterrollen in der klassischen dramatischen Literatur offenstehen.«
Ein wahrlich prophetisches Zeugnis.
Warum er ging? Adolf Dell, damals Schauspieler in Düsseldorf, meinte: »Es war ihm zu langweilig.« Sicher wollte er nun auch bedeutende Rollen spielen, sich bewähren, zeigen, was er gelernt und was er für sich selbst herausgefunden hatte.
Der Aufbruch von Düsseldorf bedeutete die Trennung von dem Mädchen, das seine erste große Liebe war: Renée Stobrawa.

Während der Düsseldorfer Zeit, ja schon vorher, hatte GG immer wieder »getingelt«, wie man das im Bühnenjargon nennt: er hatte keine Gelegen-

Das Zeugnis der Hochschule für Bühnenkunst in Düsseldorf

HOCHSCHULE FÜR
BÜHNENKUNST
DÜSSELDORF

Düsseldorf, den 28. Mai 192o

Herr Gustav Gründgens, Schüler der Hochschule für Bühnenkunst in Düsseldorf besitzt ein ungewöhnliches Talent für die sinnfällige Ausformung der seelischen Struktur problematischer Naturen; seine starken Ausdrucksmittel sind mit energischem Willen gepaart und gut diszipliniert. Das nervöse Temperament, das der leisesten Anregung folgt weisst zunächst auf erfolgreiche Gestaltungen aus der modernen Literatur, ohne Beschränkung auf die Verkörperung nur jugendlicher Personen. Bei einem ungestörten Verlauf der Entwicklung dürfte der Gestaltungskraft Herrn Gründgens das ganze Gebiet kompliziertester Charakterrollen in der klassischen dramatischen Literatur offen stehen.

heit versäumt, in irgendeinem winzigen Theater oder auch Wirtshaussaal der Umgebung aufzutreten, um ein wenig Geld zu verdienen. Das Programm des ersten derartigen Auftritts ist noch erhalten: »Vortragsabend von Gustav Gründgens, Mitglied der Volksbühne Saarbrücken (!), unter Mitwirkung von Herrn Kapellmeister G. Klette, Dienstag, den 18. Februar 1919, 8 Uhr, im Saale des Hotels Ritter Bodo.« Das Publikum wurde gewarnt: »Es kommen nur hundertfünfzig Saalkarten zum Verkauf.« Freilich wurden nicht einmal fünfzig verkauft, obwohl Gründgens den Orest-Monolog aus ›Iphigenie auf Tauris‹ und einige Mephisto-Szenen sprach, dazu die Szene des Riccaut de la Marlinière aus der ›Minna‹, und im zweiten, heiteren Teil eine Menge Gedichte und Prosastücke vortrug. Vielleicht hatte das mangelnde Interesse seinen Grund in den Geigenkünsten des Kapellmeisters.
Man »tingelte« nie allein. Eine beliebte Partnerin des jungen Schauspielers war dabei die kleine Stobrawa. Eines Tages erschien er in Rheinbreitbach, wo ihre Eltern ein Landgut besaßen, und erkundigte sich, mit einem Köfferchen von Tür zu Tür gehend: »Wohnt hier die Renée?« Er hatte versprochen, sie zu besuchen. Nun wollte er das Angenehme mit dem Nützlichen verbinden, und so geschah es, daß er mit ihr einen Bunten Abend im Dorf gab, bei dem er unter anderem den damals bereits etwas überalterten Schlager von Paul Lincke ›Glühwürmchen, Glühwürmchen flimmre‹ zum besten gab. Sie dachten sich das als Parodie. Die Dorfbewohner aber klatschten begeistert. Sie fanden es so schön rührend.
Es war kein Zufall, daß GG gerade mit der jungen Renée gern und oft »tingelte«. Sie war, wie er, auf der Schauspielschule. Und die Dumont zeigte ein besonderes Interesse für sie. Als sie etwas aus der ›Jungfrau von Orleans‹ vorsprach, wurde sie belehrt, daß sie alles falsch mache, sie müsse ganz von vorn anfangen: »Am besten, Sie sprechen zuerst ein Märchen, das heißt, Sie müssen es dramatisch auflösen. Wenn ein Huhn auftritt, so muß es gackern, ein Hahn muß krähen, ein Wolf muß heulen ...« Die kleine Stobrawa fand so etwas albern, machte es aber und machte es so, daß die Schauspielschule Tränen lachte.
Jeder hatte das junge blonde Mädchen mit dem herb-interessanten Gesicht gern, das man so schnell nicht vergaß. Von allen Schülern, die sich um sie bemühten, machte nun wiederum GG den größten Eindruck auf sie. Sie begriff, was er hinter seiner lässig-eleganten und oft schnoddrigen Fassade – hinter dem Monokel – zu verbergen trachtete, nämlich, wie unsicher er noch war und sich seiner Ideale ein wenig schämte, daß er ein Träumer war oder, wie sie es später nannte, ein »Idealist«. Während die meisten – mit Ausnahme Lindemanns – glaubten, er würde allenfalls einen guten Schauspieler für moderne Stücke abgeben, hielt sie sich an seinen Ausspruch

Vortragsabend

von

Gustav Gründgens

Mitgl. der Volksbühne Saarbrücken

unter Mitwirkung

von Herrn Kapellmeister G. Klette

(Geige).

Dienstag, den 18. Februar 1919

abends 8 Uhr

im Saale des Hotels Ritter Bodo

nach einer ›Hamlet‹-Aufführung, er müsse und er werde eines Tages den Hamlet spielen. Sie war auch die erste, die verstand, daß ihn trotz seiner Jugend, trotz seiner Spielwut, Regie eigentlich noch mehr interessierte, als selbst auf der Bühne zu stehen.

Er wiederum machte sich weniger Gedanken über ihr Talent, das sie später unter Beweis stellen sollte, als über sie selbst. Oder mit anderen Worten: er verliebte sich Hals über Kopf in sie. Die erste, die es merkte, war die Schwester Marita, an deren Hals er eines Tages eine Holzperlenkette in vielen Farben sah. »Sie war mein ganzer Stolz. Da kam Gustav und fragte mich, ob ich die Kette unbedingt brauche, er würde fünfzehn Mark dafür zahlen. Das Geld war mir noch lieber als die Kette.«

Er wollte die Kette für Renée. Die fünfzehn Mark allerdings hat die Schwester nie bekommen.

Ob GG der Angebeteten seine Liebe mit Worten gestand, wird nie festzustellen sein. Sie machte sich später oft darüber Gedanken, ob sie vielleicht nicht alles verstanden hatte, was er ihr sagte. Sie machte sich auch darüber Gedanken, ob sie den bewußten Schritt hätte wagen sollen, den in jenen Zeiten ein Mädchen aus gut bürgerlichem Hause, selbst wenn sie bereit war, Schauspielerin zu werden, nicht tat. Nach seinem Tod: »Ich glaube heute, daß er damals einen Halt suchte, daß er glaubte, ich könne dieser Halt sein. Damals war ich einfach zu unwissend, es zu begreifen ... Ich frage mich, wie sein Leben geworden wäre, wenn ich begriffen hätte ...«

Jedenfalls richtete er eine Anzahl Gedichte an sie, die er ihr allerdings erst viel später schickte, am 20. Juni 1921, also ein Jahr, nachdem er Düsseldorf verlassen, zu einer Zeit, da er sich innerlich bereits von ihr gelöst hatte.

Aus einem Brief an seine Mutter vom 20. April 1921 aus Halberstadt: »Und Renée. Ich habe nie darüber schreiben mögen; sie ist so anders als ich; vielleicht besser. Wir haben viel korrespondiert im Anfang und dann konnte ich nicht mehr schreiben; eben weil ich mußte, nicht.

Ich mußte mich nach Erhalt eines Briefes hinsetzen und antworten, sonst kam den nächsten Tag ein Telegramm (ich meine das nicht buchstäblich). Und dann kam eine Zeit, in der hier in mir alles drunter und drüber ging, und dann schrieb ich noch weniger.

Und dann fand Renée, daß wir nicht zueinander paßten. Vielleicht fand sie es damals nur aus Koketterie und wartete auf meine Gegenteilbezeugung. Aber ich hatte auch nachgedacht und war zu dem gleichen Resultat gekommen (nicht wegen des Unterschieds im Briefeschreiben). Aber ich bin nicht der Mann, der Renée zufriedenstellen kann. Ich setze zum Beispiel einen großen Teil meiner Erotik in künstlerisches Schaffen um. Und Renée schafft nur aus einer Erotik heraus, die dauernd nach einer Befriedigung

verlangen muß. Ich kann entweder nur ihr Mann oder nur ein guter Schauspieler werden.
Ich weiß nicht, ob Du mich verstehst. Es ist das erste Mal, daß ich mir selbst in Worten Rechenschaft darüber ablege. Ich kann, glaube ich, weder mit der Frau als Herrin noch mit dem ›Käthchen von Heilbronn‹ etwas anfangen. Für eine rein physische Erotik ohne starkes geistig-seelisches Band werde ich nie Verständnis haben.«
In der Widmung zu diesen handschriftlichen Gedichten heißt es: »Meiner lieben Renée, Altes und Neues. Du batest mich mal darum, also nimm sie bitte. Ich wälze die Schuld an dem Verbrechen an der Dichtkunst auf Deine Schultern.«
Übrigens, es war kein Verbrechen. Der Jüngling, der seine Mutter aus dem Lazarett noch so holprig angedichtet hatte, fand jetzt starke und tiefe Töne, und man darf sagen, daß zu jener Zeit Gedichte veröffentlicht wurden, mit denen seine Verse sich durchaus hätten messen können; im übrigen waren sie im expressionistischen Stil jener Zeit geschrieben. Ich lasse hier einige folgen:

Jubel

Kommt her! Kommt alle her zu mir!
Ich bin so stark,
so voll von Liebe,
so reich an Güte
Und an Geben-können.
Nehmt hin! Nehmt alle hin von mir!
Ich möchte mich zerreißen
Für euch alle,
Ihr Menschen, ihr
Seht, einer hier
ist unter euch,
den eine Liebe beschwingt.
Tief unter ihm
Abgrund des Alltags.
Kommt her!
Nehmt mir von meinem Überfluß,
Damit ich nicht zerbreche
an dem Schrei meines Glücks.

Erlebnis

Die Frage legtest du in mich hinein,
Ob meine Liebe stark wie deine sei.
Und ich, zerrissen selbst von Zweifeln,
Schrie mir zu – nein – nein –
Du gingst,
Und ich zertrat dich in mir,
Wo du groß und rein standst,
Und baute mich auf
Und war mir groß – und war mir rein
Und war mir weh – und weinte.
Dann aber fühlte ich – und hell und klar,
Daß du nicht fort warst
Und daß auf meine selbst geschlagenen Wunden
Du deine gütigen Hände legtest.
Und in mir sang es.

Solveig

Als ich das Leuchten sah,
Das Leuchten,
Das von dir kam
Und zu mir klang,
Da jauchzte es in mir:
Da ist ja alles,
Alles, was du suchst,
Reinheit und Klarheit,
Güte.
Und etwas sprengte mir die Brust,
Das keinen Ausweg fand aus mir,
Weil alles:
Blick und Wort und Handdruck,
so klein und so zerstörend war.
O Leuchten!
O nun ward alles in mir hell,
in jedem Winkel meiner Schuld
klang es so gläubig und so
selbstverständlich,
Daß da nur Irrtum war,

wo früher Sünde.
Und klang und klang und klang mir Mut
und ließ mich finden
dich
und
mich

An R . . . .

Wie eine Glocke
schwebt deine Liebe über mir.
Sie lastet nicht,
sie ist nur da.
Nur dann, wenn man ihr weh tut,
klingt sie leise
wie (gesprungenes) zerspringend Glas.
O Du Kling-Fessel,
ich erschauere unter dir
Wie ein Blatt im Frühlingswind.

Schon während der letzten Monate in Düsseldorf hatte er sich überall um ein Engagement beworben. Einige der Antworten hat er sich aufgehoben. So schrieb der Intendant Sioli vom Stadttheater in Halberstadt am 9. Juni 1920:
»Sehr geehrter Herr! Da ich einige Tage auf Reisen bin, wurde mir Ihre Zuschrift nachgesandt. Aus derselben ersehe ich aber, daß Sie mehr Charakterliebhaber sind; ich suche mehr einen jungen Schauspieler, der aufs Charakter- und Väterfach hinaus will und natürlich jedwede Charge mit übernehmen muß. Auch bedauere ich, nicht mehr als 400 Mark Gage zahlen zu können.
Wenn Sie unter solchen Voraussetzungen Ihr Angebot aufrechterhalten wollen, bitte ich um Ihre Nachricht nach Halberstadt (ab Freitag werde ich wieder dort sein). Da ich nur Schauspiel im Spielplan habe, wird Ihr Wunsch nach viel Arbeit sich sicherlich erfüllen lassen.«
Der junge Schauspieler schrieb nicht zurück, sondern telegraphierte. Die Antwort ließ nicht auf sich warten:
»Sehr geehrter Herr! Auf Ihr Telegramm hin übersende ich Ihnen einliegend den Vertrag, den ich mit Ihrer Unterschrift zurückerbitte. Der ›Sänger‹ braucht Sie nicht zu erschrecken; ich gebe weder Oper noch Operette.

Und ab und zu (in vergangener Spielzeit war es dreimal) kommt eine Posse heraus, in der dann die Gesangskunst (!) aufleuchten soll! Es soll mich freuen, wenn unser Zusammenarbeiten für beide Teile ersprießlich werde.«

In dem Vertrag, mit dem Gründgens für Charakterfach und Chargen engagiert wurde, heißt es zusätzlich: »Das Mitglied verpflichtet sich nachdrücklich auch zur Übernahme kleiner Rollen und zur Komparserie. Das Mitglied ist zu eventuellen Abstechern verpflichtet. Die hierfür zu zahlenden Diäten müssen von Fall zu Fall vereinbart werden. Damenkostüme sind nicht vorhanden. Die Damen müssen sich selbst mit Kostümen beliefern.«

Es ist nicht recht ersichtlich, warum der Intendant diesen Absatz eigens in den ›Normalvertrag‹ tippen ließ.

Was tat's? Gründgens durfte spielen, endlich spielen. Er spielte kleine und kleinste Rollen, er spielte vor allem Rollen von Männern, die seine Väter oder seine Großväter hätten sein können, er mußte sich falsche Bäuche umhängen und Vollbärte kleben. Er war etwa Hagens älterer Bruder Dankwart in Hebbels ›Nibelungen‹. Er war der – stumme – Henker in ›Dantons Tod‹. Er durfte aber auch schon den Geßler im ›Tell‹ darstellen und den mindestens fünfzigjährigen Pastor Manders in Ibsens ›Gespenster‹.

Bald war er eine Art Sensation, nicht so sehr auf der Bühne als in Halberstadt selbst, schon wegen seines Monokels. Man sagte von ihm, er sei einer, mit dem man Pferde stehlen könne. Sicher hätte er Pferde gestohlen, wenn es möglich gewesen wäre, denn Geld brauchte er immer. Nebenbei verdiente er sich etwas mit rhythmischer Gymnastik oder, wie man es damals nannte, mit Tanzunterricht. Er trat dem ›Vaterländischen Frauenverein‹ bei und arrangierte für diesen Kaffeekränzchen und Unterhaltungsabende.

Auch bei Laienspielen, in alten Totentanz-Spektakeln, betätigte er sich, die in Nachbarstädten aufgeführt wurden, vor allem in Kirchen; oft kam er im letzten Moment, der Erschöpfung nahe, mit dem Rad angefahren, auch wenn es regnete und stürmte, um die Vorstellung nicht zu versäumen.

Die Kritik von Halberstadt ging trotz allem nicht liebevoll mit ihm um. Sie verschwieg seine Mitwirkung oder tat ihn mit wenigen Worten ab. Sein eigener Intendant hielt überhaupt nichts von ihm. »Er ist technisch brillant, aber seelisch ein Embryo«, erklärte er, als man ihn einmal fragte, warum er Gründgens so schlecht beschäftige. Als die Saison zu Ende ging, sagte er ihm, er sei bereit, ihn wieder zu engagieren, aber erst in einigen Jahren: »Kommen Sie zurück, wenn Sie dick geworden sind und sich einen Bart haben stehen lassen. Dann engagiere ich Sie als Komiker. Dazu langt es.«

GG folgte diesem Rat glücklicherweise nicht, und so sollte ihn weder Sioli noch Halberstadt jemals wiedersehen.

Normalvertrag.

(Deutscher Bühnen-Verein und Genossenschaft Deutscher Bühnenangehörigen.)
(Tarifvertrag vom 12. Mai 1919.)

Vertrag,

welcher zwischen der Stadt Halberstadt vertreten durch den Intendanten Fr. Sioli (Bühnenleiter) einerseits

und Herrn ~~Frau Fräulein~~ Gustav Gründgens (Bühnenmitglied) andererseits abgeschlossen worden ist.

§ 1.

Herr ~~Frau Fräulein~~ Gründgens ist

Bei der Ausfertigung der Verträge muss entweder Fassung I oder Fassung II gewählt und ausgefüllt werden.

I.*) für die Kunstgattung als Schauspieler ~~und Sänger~~
und für das Kunstfach als Charakterfach & Chargen

II.**) für die Kunstgattung als
auf der Grundlage des angeschlossenen Rollenverzeichnisses und für das aus dem Rollenverzeichnis sich ergebende Rollengebiet und für das folgende Rollengebiet:

für das Stadt- Theater in Halberstadt angestellt.

§ 2.

Der Vertrag beginnt ~~am~~ 2.(zweiten September 2019 und endigt mit Ablauf des 1. (ersten) Mai 2020

§ 3.

Das Mitglied verpflichtet sich, alle Anordnungen der Leitung, die der künstlerische Betrieb des vorgenannten Theaters erfordert, zu erfüllen.

Das Mitglied hat die nach billigem Ermessen zu bestimmenden Dienste zu leisten.

Besondere Vereinbarungen über die Art und den Umfang der Dienstleistungen:

Das Mitglied verpflichtet sich ausdrücklich auch zur Uebernahme kleiner Rollen und zur Komparserie. Das Mitglied ist zu evtl. Abstechern verpflichtet; die hierfür zu zahlenden Diäten müssen von Fall zu Fall vereinbart werden. Damenkostüme sinde nicht vorhanden. Die Damen müssen sich selbst mit Kostümen beliefern.

*) Sowohl bei Fassung I wie bei Fassung II muß die Kunstgattung (z. B. Schauspieler, Sänger) unbedingt benannt werden. Bei Fassung I ist außerdem das Kunstfach genau zu bezeichnen (z. B. jugendlicher Held, Operettentenor).

**) Bei Fassung II ist neben der Bezeichnung der Kunstgattung ein genaues Rollenverzeichnis dem Vertrag anzuheften.

Die Legende berichtet, daß der Intendant des Kieler Stadttheaters zufällig in Halberstadt seinen Zug versäumte und, da er nichts Besseres zu tun hatte, ins Stadttheater ging, Gründgens sah und ihn engagierte. Aber die Sache war anders. Der Herr aus Kiel, er nannte sich übrigens Alberty, war aber Dr. Max Poensgen aus Düsseldorf, kam nicht zufällig nach Halberstadt: er wollte den besten Freund von GG, Hanns Böhmer, engagieren. GG an die Eltern: »Ich lernte ihn kennen, da er im selben Hotel wie ich wohnte; ich hatte ihm sehr gut gefallen und im Gespräch stellte sich dann heraus, daß er gerade eine Individualität wie meine suchte. Ich sprach ihm am nächsten Morgen noch verschiedenes vor und er machte dann mit mir Vertrag.

Ich hatte mir noch zwei Tage Bedenkzeit ausgebeten, um mir vorher mit Böhmer klarzuwerden und fand, daß er auf demselben Standpunkt stand wie ich, nämlich, daß es zwar besser für uns beide wäre, wenn wir endlich einmal getrennt arbeiteten, man aber unter den gegenwärtigen Verhältnissen es nicht verantworten könne, sich eine solche Chance entgehen zu lassen. Wir haben also beide vorläufig abgeschlossen, nachdem uns Alberty im Laufe der Unterhaltung (natürlich nur im allgemeinen) erklärte, daß er sich zum Prinzip gemacht hätte, niemanden bei sich zu behalten, der nicht gern käme.«

Letzten Endes mußte er froh sein, daß Kiel perfekt wurde. Denn finanziell ging es ihm miserabel. Alle Briefe an die Mutter sind voll von seinen Alltagssorgen. Er mußte jetzt auch Gymnastikstunden für Kinder geben. »...Ich placke mich hier mit neunjährigen Kindern ab. Sonst könnte ich überhaupt hier nicht leben. Mein Hotelzimmer kostet ohne Frühstück pro Nacht 12 Mark. Ein möbliertes Zimmer war für den Moment nicht zu bekommen. Und billigere Hotels gibt es hier nicht. Ich zittere vor dem Gedanken, daß aus unserer Teuerungszulage nichts wird ...

Am 25. entscheidet sich die Sache. Ihr nähmt mir einen Stein vom Herzen, wenn Ihr mir das Geld noch schicktet; wenn ich es nicht brauchen sollte, bringe ich es wieder mit. Und von meinen Sachen was verkloppen, tue ich so ungern. Sprich mal mit Vater. Ich kann es ihm bestimmt zurückgeben, denn am 1. Juli kommen aus Kiel die 1 000 Mark Gage für Juli. (Juli habe ich gleich erst mal vier Wochen Ferien – und davon kann Vater das Geld zurück haben). Außerdem denke ich, im Sommer durch Rezitationen und Gastspiele zu verdienen.

Also tut mir den Gefallen möglichst vor dem 23., denn dann brauche ich keinen Vorschuß zu nehmen und kann meine Gage zum Hotelbezahlen und zur Reise verwenden.

Meine Finger sind lahm vom Schreiben.«

Er hätte nicht nach Kiel gehen sollen. Daß er sich mit dem Freund Hanns auseinandergelebt hatte, wäre erträglich gewesen; nicht aber, daß ihm ständig unter die Nase gerieben wurde, er sei ja nur seinethalben sozusagen mitengagiert worden. GG hat später so viel und so oft darüber gesprochen, daß jeder Zweifel, wie schwer er diese Dinge nahm, unerlaubt ist. Er erzählte, daß er selbst mit einem Pappkarton nach Kiel kam, Hanns aber bereits mit fünf oder sechs Lederkoffern. Es kam so weit, daß GG überhaupt daran zweifelte, ob er Schauspieler bleiben solle. Das völlige Zerwürfnis zwischen den beiden jungen Menschen, die steile Karriere, die er selbst machte, während Hanns es niemals besonders weit brachte, hatte später die nicht unverständliche Folge, daß Hanns nun wiederum gegen Gustav die heftigsten Ressentiments verspürte und während der nächsten dreißig Jahre nur selten eine Gelegenheit vorübergehen ließ, ihm Schwierigkeiten zu bereiten, allerdings auch keine, von ihm finanzielle Hilfe oder künstlerische Protektion zu fordern. Aus einem letzten Brief an ihn – vom 4. September 1950 – einem der wenigen heftigen Briefe, die GG in seinem Leben schrieb, geht das alles deutlich hervor. Er endet mit den Worten: »Vielleicht kommt dieser Brief fünfundzwanzig Jahre zu spät. Aber immer war es Deine äußere Situation und die Erinnerung an unsere gemeinsamen Anfänge, die mich diesen Brief jetzt erst schreiben lassen. Ich wünsche Dir wahrhaftig ein gutes Leben, aber ich kann nichts mehr damit zu tun haben.«

Übrigens bekam er in Kiel wenigstens Rollen zu spielen: den Schüler in ›Faust‹, den Waldschratt in der ›Versunkenen Glocke‹, den Weislingen in ›Götz‹. Die Kritik in der Kieler Zeitung: »Ein in Schuld Verstrickter, kein Schuft, war Herrn Gründgens' Weislingen. Er wußte dem Zusammenbruch starke tragische Akzente zu geben.« Den Atalus in ›Weh dem, der lügt!‹ – Kritik: »Ein Versuch, den albernen und den netten Jungen, als den ihn der zerstreute Dichter abwechselnd schildert, in *einer* Gestalt zusammenwachsen zu lassen, ein Ding der Unmöglichkeit, und so wurde etwas wie ein siamesischer Zwilling aus dieser Figur.«

Gelegentlich eines Gastspiels des Kieler Theaters im kleinen Eckernförde gegen Ende der Saison schrieb er an die Mutter: »Nun ist mit einem Male der herrlichste Frühling. Ich habe einen ganzen Arm voll Blumen und kein Mittagessen mehr. Und das ruft von allen Seiten! Butterblumen und Birkenzweige, Schneeglöckchen und Stiefmütterchen; und ein Likörglas voll Veilchen tut so aufdringlich, wie alle anderen zusammen.

Meine süße Mui, ich bin mal wieder ganz verrückt. Wo hast Du, liebes Wesen, bloß diesen sehnsüchtigen Phantasten her! So viel ›e‹s gibt es gar nicht, die ausdrücken könnten, wie viel Se-e-e-hnsucht ich im Leibe habe. Und

Bericht
über das fünfte Schuljahr (1918/19) der Höheren Bildungsanstalt für Bühnenkunst

Beginn und Verlauf des Unterrichts	Der Unterricht des fünften Schuljahres der Höheren Bildungsanstalt für Bühnenkunst begann am 1. September. Infolge des Krieges war auch in diesem Schuljahr die Möglichkeit des endgültigen Ausbaues noch nicht gegeben. Wo sich aber die Gelegenheit zu Erweiterungen und notwendigen Abänderungen bot, wurde sie, wie der nachfolgende Bericht zeigt, vielfach ergriffen. Der Abschluß des Waffenstillstandes führte der Schule wieder männliche junge Talente zu, die sie in den ersten Jahren hatte schmerzlich entbehren müssen. Dadurch ergab sich eine größere Möglichkeit in dem Ausbau des Ensemblespiels. Die Leitung der Schule ging im Oktober infolge des Ausscheidens Hans Francks an Fritz Holl über.
Schüler	An dem Unterricht der Höheren Bildungsanstalt für Bühnenkunst nahmen im fünften Schuljahr folgende Schülerinnen und Schüler teil: 1. Dela Behren, 2. Carl Beierling, 3. Else Berns. 4. Hans Böhmer, 5. Erich Braun, 6. Heinz Fohrmann, 7. Marion Rainer, 8. Ellinor Gronau, 9. Gustav Gründgens, 10. August Herten, 11. Ly Kaufmann, 12. Paul Kemp, 13. Margarete Köppke, 14. Maria Krahn 15. Fritz Kranz, 16. Angela Krause, 17. Raoul Laporte, 18. Lisette Lehr, 19. Grete Löschhorn, 20. Ella Müsse, 21. Lia Nolden, 22. Walter Ohmichen, 23. Else Reininghaus, 24. Paul Rosen, 25. Hedwig Sparrer, 26. Hilde Schewior, 27. Margot Schlieper, 28. Lore Schubert, 29. Elfriede Schulz, 30. Toni Steinborn, 31. Heinz Stermann, 32. Renée Stobrawa, 33. Carola Trarbach, 34. Mona Varges, 35. Albert Venohr, 36. Hans Völker, 37. Wilhelm Wenner, 38. Erwin Wilking.
Mitglieder des Lehrerkollegiums	An der Schule für Bühnenkunst unterrichteten folgende Lehrkräfte: 1. Mathilde Buhr, 2. Elsa Dalands, 3 Else Dröll-Pfaff, 4. Louise Dumont, 5. Dr. Albert Esser, 6. Dr. Peter Esser, 7. Karl Ernst, 8. Hans Franck, 9. Karl Gottgetreu, 10. F. C. Hempel, 11. Paul Henckels, 12. Fritz Holl, 13. Eugen Keller, 14. Magda Menn de Lasaulx.

Auszug aus dem Jahresbericht (1918/19) der Düsseldorfer Schauspielschule

nun erst im Frühling! Und wohin! Wo überall hin! Nach Norden und Süden und zu Euch, da geht selbst das solideste Herz langsam bei in Stücke. Jetzt ist hier mit dem Frühling auch alles andere Licht geworden. Oder meine ich das nur? Gestern spielte ich zum ersten Male den Oswald in ›Gespenster‹ von Ibsen, es war einer meiner schönsten Theaterabende. (Und ich war auch sehr gut, wie man mir schriftlich und mündlich versicherte.) Die Veilchen! Mutter, die Veilchen! Da hast Du eins!«

Seine Stimmung in jener Zeit war, nachdem er den Bruch mit dem Freund überwunden hatte, besser als je zuvor im letzten Jahr. Er führte ein buntes, oft erregendes, für die Kieler geradezu »unfaßbares« Leben. Andere Bühnen wurden auf ihn aufmerksam, auch Kollegen. Gelegentlich schrieb er Gedichte und Chansons, besonders hübsch ›Ein grün kariertes Pony‹, das er Hans Reimann – damals einer der beliebtesten Kabarettisten und Literaten – für seinen Almanach zum Hamburger Künstlerfest schickte:

Ein grün kariertes Pony hüpft im Takt
der Jazzband über laute Treppenstufen,
ein Övelgönner Backfisch tanzt kompakt
mit amourösen Schenkeln zwischen seinen Hufen.

Ich aale mich der Barmaid in die Arme
und kitzle Senatoren an dem Bart,
ich blühe auf mit nie geahntem Charme
und trete heut mit Nurmi an den Start.

Ihr seid ja gar nicht Professoren
und Käsehändler und Barbier,
heut habt ihr euren Pfusch verloren
und seid dieselben Armleuchter wie wir.

Wie die Erkenntnis mich beflügelt!
für heute nacht gehöre ich euch ganz,
schon morgen seid ihr wieder aufgebügelt
und auch ich selbst bin für Distanz.

Doch heute wachs ich rosenrot gen Himmel,
die blonden Sterne küssen lüstern mich,
ich sehe selig weiße Schimmel
(denn weiße Mäuse reimt sich nicht!).

Und dann hatte er noch eine Idee zu einem Couplet oder, genauer genommen, zu einem Sketch: einer Parodie auf die in den zwanziger Jahren vielen Menschen schwer auf die Nerven gehenden ›Wandervögel‹. Das Werkchen war gerade beendet, als er nach Berlin geholt wurde.

Das war eine merkwürdige Geschichte. Da gab es in der Kommandantenstraße ein Theater, das früher nach seinem Besitzer Herrnfeld genannt wurde, in dem ausschließlich jüdische Jargonstücke aufgeführt wurden. Nun hieß es schlicht ›Theater in der Kommandantenstraße‹, und sein Direktor war ein ehemaliger Zahnarzt aus Innsbruck, der viel Geld besaß und sich von Direktor Max Alberty in Kiel einreden ließ, er sei der richtige Mann für ihn. Alberty kam also und brachte seinen Oberregisseur Clemens Schubert mit, der, mit Gründgens befreundet, diesen ebenfalls mit von der Partie sein ließ. In dem ›Normalvertrag‹, der ihn vom 15. Juli 1922 bis zum 31. Mai 1923 als jugendlichen Bonvivant und Charakterspieler verpflichtete, war eine Gage von fünftausend Mark monatlich vorgesehen, nicht viel bei der herrschenden Inflation. Laut Brief an die Eltern zahlte er allein für sein Zimmer – Augsburgerstraße 54/IV bei Frau Architekt Langer – tausend Mark. Er rechnete mit fünfunddreißig bis fünfundvierzig Mark für Mittag- und Abendessen und glaubte optimistisch, dennoch mit seiner Gage auskommen zu können, was sich bald als Illusion erwies. Noch bevor die Proben begannen, wurde die erste Teuerungszulage von zweitausend Mark bewilligt. Trotzdem war er schon jetzt finanziell wieder einmal am Ende. Auch die Tatsache, daß die Mutter ihm immer wieder Pakete schickte, außerdem mit Bettwäsche aushalf, daß er schließlich bei der Zimmervermieterin zum Selbstkostenpreis zu Mittag essen konnte, machte die Situation nur vorübergehend erträglicher. Etwas Entscheidendes mußte geschehen – und es geschah. GG erinnerte sich seiner Parodie auf die Wandervögel, holte sie hervor, ging damit hausieren und landete schließlich im Kabarett ›Größenwahn‹.

Das am Kurfürstendamm Ecke Joachimsthalerstraße gelegene Kabarett hatte seinen Namen von dem berühmten Café des Westens, vor dem ersten Weltkrieg von den Literaten besucht, die es ›Café Größenwahn‹ genannt hatten. Von der Schauspielerin Rosa Valetti gegründet, hatten hier Friedrich Hollaender und seine Frau Blandine Ebinger Lorbeeren errungen.

Es gelang der Direktion, die damals schon bekannte Schauspielerin Else Ehser als Partnerin für GG zu gewinnen. Die beiden traten in Kniehosen, Hemden mit Schillerkragen, mit Botanisiertrommel, Schmetterlingsnetz, Rucksack und Kochgeschirr auf und spielten seinen Wandervogel-Sketch, der mit dem Wandervogellied endete:

Auf zum Kampf! Wir wollen's wagen,
Allen Menschen Krieg zu sagen,
die noch reine Kragen tragen,
die beleckt von der Kultur –
alle sind Attrappen nur.
Wir geben mit Fleiß
unsere Ideale preis,
Kochtopf und Rucksack,
Am Arme die Maid,
Hab Sonne im Herzen –
ob's stürmt oder schneit!
Valeri, valera . . .

Die Musik war übrigens von Theo Mackeben. Zwischen den einzelnen Strophen des Chansons hatten sich die beiden Wandervögel auf der Bühne etabliert, ihre Kochgeschirre aufgestellt, ihre Stullen geschmiert und ließen es sich schmecken.

Das Ganze hieß ›Der neue Mensch‹ oder ›Hab' Sonne im Herzen!‹. Der Verlag Alberti erwarb sofort die Rechte an dem Sketch für insgesamt fünfzehnhundert Mark, weitere zweihundert Mark erhielt GG pro Abend Auftrittshonorar (Proben wurden nicht honoriert).

Die Sache wurde ein durchschlagender Erfolg, der Berliner Westen wollte sich über die ›Wandervögel‹ totlachen, die Kritiken waren glänzend, die in der ›BZ am Mittag‹ räumte dem Gag sogar kulturhistorische Bedeutung ein: »Der bekannte Führer der Jugendbewegung, Hans Blüher, der sich einst unter der Mimikry begabter psychoanalytischer Philosophie das Vertrauen einer großen Anhängerschaft erschlich, war, nachdem er die Maske lüftete und sich als pseudowissenschaftlicher Antisemit und ›Entlarver der jüdischen Mimikry‹ entpuppte, längst reif zur Verwertung als komisch-traurige Figur für das intellektuell interessierte Kabarett. Das ›Größenwahn‹ hat ein unbestreitbares literarisches Verdienst dadurch erworben, daß es jetzt in einer erquickend-komischen Szene Blüher, den Begriffsmystiker, Flaischlen, den Sonnen-Naivling, und die ganze lautenklimpernde, wadenstrumpfbedeckte teutsche Wandervogelei verspottete. Gustav Gründgens hat diesen witzigen Dialog verfaßt und spielt ihn grotesk-parodistisch mit Else Ehser.«

Der Theaterverlag hatte ob solchen Erfolges ein Einsehen und gab Gründgens einen neuen Vertrag. Er bekam jetzt zwanzig Prozent von den Bruttoeinnahmen aus anderen Aufführungen. Es ist nicht bekannt, ob es je zu solchen gekommen ist.

Am 4. Oktober war die Premiere im Kabarett ›Größenwahn‹, am 5. spielte GG zum ersten Mal im ›Theater in der Kommandantenstraße‹ in einem Stück ›Die Sprache der Vögel‹, das völlig durchfiel. In den Kritiken wurde von ihm und den anderen Darstellern nur gesagt, sie seien des Werkes würdig.
Später wirkte er, von der Kritik unerwähnt, in dem Stück ›Schlemihl‹ von Alexander Zinn mit, das ebenfalls erfolglos blieb. Im Dezember folgte Rolf Lauckners ›Schrei aus der Straße‹, drei Einakter: in einem spielte GG einen Blinden.
Sodann spielte er in Hermann Burtes Drama ›Katte‹ den Kronprinzen Friedrich. Der »Papst« der Berliner Kritiker, Alfred Kerr, erwähnte ihn immerhin als einen ›Unbekannten‹. Ein anderer Berliner Kritiker war weniger freundlich, tadelte seinen ›holprigen Moissi-Ton‹ und nannte ihn einen ›Conrad Veidt des Ostens‹.
Gründgens hatte in seinem ersten Brief nach der Ankunft an die Eltern geschrieben: »Berlin ist eine unbarmherzige, kalte, grausame Stadt; aber trotz allem faszinierend.« Nun mußte er feststellen, wie recht er gehabt hatte. Berlin war in der Tat kalt, grausam und unbarmherzig ihm gegenüber.
Es war noch zu früh. Also – zurück in die Provinz.

DRITTES KAPITEL
Hamburg

So hieß die nächste Station, 1923. Ein Rückschritt gegen Berlin, sicher, aber im Grunde war er ja in Berlin nicht mehr als ein Gast aus Kiel gewesen, der übrigens nach Ansicht der künftigen Kritiker dorthin gehörte. Und gegen Kiel bedeutete Hamburg einen enormen Schritt nach vorn.

Es war der damals in Deutschland mit Recht beliebte und geschätzte Theaterdirektor Erich Ziegel, der ihn an seine Hamburger Kammerspiele holte. Ziegel liebte es, in Provinztheatern und bei Agenturen nach neuen Talenten zu suchen. Als Gründgens ihm vorsprechen wollte, sagte er: »Nehmen Sie doch mal das Monokel raus, das stört!«

Gründgens sträubte sich dagegen, aber Ziegel bestand darauf, daß das Einglas verschwände. Gründgens fügte sich resigniert, und Ziegel platzte sofort heraus: »Ach so, Sie schielen.« Als er sah, wie verzweifelt der junge Schauspieler über dieses anscheinende Todesurteil war, fügte er hastig hinzu: »Das macht gar nichts, ich schiele auch.« Und nahm zum Beweis die Brille ab: »Na, sehen Sie, wir schielen beide. Dann haben wir beide eben den berühmten Silberblick.«

Wie Ziegel später erzählte, sprach Gründgens dann viel freier und natürlicher vor und wurde vom Fleck weg als jugendlicher Charakterdarsteller engagiert.

Ziegel trat damals nur noch selten selbst auf; einst war er einer der beliebtesten Schauspieler des Hamburger Thaliatheaters gewesen, dann an das Deutsche Schauspielhaus quasi gegangen worden; es hatte da einige finstere Intrigen gegeben. Dort begegnete er seiner späteren Frau Mirjam Horwitz, einer der bedeutendsten Schauspielerinnen Deutschlands. Beiden gefiel der etwas überalterte, wenn nicht geradezu verkalkte Betrieb an dem großen Theater nicht, und so beschlossen sie, ihre eigene Bühne zu gründen – in Hamburg natürlich, wo sie sich beide bedeutender Popularität erfreuten.

Mirjam Horwitz, in Rückerinnerung: »Wir haben uns die entsetzlichsten Spelunken angesehen, bis wir schließlich in einem obskuren Theater landeten, wo bisher nur Possen gespielt worden waren. Ich fand dieses Theater, am Besenbinderhof gelegen, unmöglich, aber Ziegel meinte, das könne man schon herrichten.« Seine Frau versuchte, ihre wohlhabenden Verwandten

für das Projekt zu interessieren. Sie schlugen zunächst die Hände über dem Kopf zusammen, weil sie davon überzeugt waren, daß die »guten« Hamburger in diese Gegend niemals zu bringen wären, von den mondänen und versnobten, die ja schließlich das Geld brachten, ganz zu schweigen. Aber Ziegel war so beredt, daß sie schließlich Geld vorschossen. Es war, wie Mirjam Horwitz später bitter feststellen mußte, im wesentlichen »jüdisches Geld«, und mit diesem Geld wurde ein Theater gemacht, auf das ganz Hamburg und darüber hinaus ganz Deutschland stolz sein durfte.
Aus den Notizen Gustav Gründgens' zu einem Vortrag, den er rund dreißig Jahre später im Hamburger Presseclub hielt: »Wir spielten Brecht, Bronnen, Rehfisch, Hanns Henny Jahnn, Hasenclever, Werfel, Kornfeld, Angermayer, Otto Zoff, Wedekind, Sternheim und vor allem die Klassiker.«
Finanziell freilich ... Aus einem der ersten Hamburger Briefe von GG an seine Mutter:
»Ich sitze hier aber in einer unbeschreiblichen Klemme. (Da das Geld nicht abgesandt wurde.)
Denn denk' mal die Reise, der Koffertransport, Hotel (1 Tag) etc. Jetzt logiere ich auf einer Chaiselongue.
Heute fand ich eine Wohnung! Endlich! Doch für mich allein vorläufig. Pro Tag 500 M!!!. Und das ist für Hamburg nicht viel. Dabei fast am Theater, so daß ich kein Fahrgeld ausgeben muß. Nun kann ich aber nicht umziehen, weil ich kein Geld habe. Denn ich muß vierzehn Tage vorauszahlen.
Die Kammerspiele sind (ein trauriges Zeichen der Zeit, als literarisches Privattheater) nicht in der Lage, einen größeren Vorschuß zu gewähren. Es klingt unglaublich, aber es ist so! (Es handelt sich um die Existenz des Theaters.)
Ich werde in einer glänzenden Rolle am 8. September vorgeführt ›Der Clown Gottes‹.
(Wenn ich nicht im Bett liegen muß; ich habe nämlich ein Furunkel am Pops, verbunden mit Drüsenschwellung.)
Also um Gottes willen schickt Geld, sonst ist alles aus, und zwar telegraphisch (bitte, bitte umgehend) und möglichst noch mehr als zehn Millionen. Ich hoffe, Euch einstmals alles vergelten zu können, aber helft mir jetzt! Ich muß wenigstens bei meiner ersten Rolle ein Dach überm Kopf haben. Schickt also bitte Geld telegraphisch an:
Carl Lehmann, Hamburg, Lübeckerstr. 131. (Das ist Clemens Schuberts Schwager.)«
Der Brief war unterschrieben mit Gustaf. Seit Hamburg hatte sich der Gustav mit v in einen Gustaf mit f verwandelt und nahm es von jetzt ab je-

dem tödlich übel, der ihn noch mit v schrieb. Als wieder einmal sich die Rechnungen bei ihm anhäuften, sagte er zu seiner Schwester: »Rechnungen, auf denen mein Name mit v geschrieben wird, werden grundsätzlich nicht bezahlt.«

Es war das Jahr 1923, die Inflation eilte ihrem Höhepunkt entgegen. Was bedeuteten Gagen, die doch einen Monat, nein, einen Tag, nachdem sie festgelegt worden waren, ihren Wert verloren hatten! Ziegel zahlte damals täglich morgens zwischen acht und zehn aus, was am Abend vorher verdient worden war. Es kamen nicht nur die Schauspieler, es kamen auch ihre Frauen oder Kinder und holten das Geld und versuchten, es möglichst schnell in Lebensmittel oder andere notwendige Waren umzusetzen.

Übrigens stand Gustafs Debüt unter keinem guten Stern. Eines seiner ersten Stücke hieß ›Palme oder der Gekränkte‹ von Kornfeld. Ziegel gefiel es bei der Generalprobe so wenig, daß er am liebsten den ganzen letzten Akt gestrichen hätte, besonders weil er Gründgens schlecht fand. Der kaufmännische Direktor Goldberg versprach GG für den Fall, daß es doch noch zu einem Erfolg käme, die Erfüllung eines Wunsches. Gründgens wünschte sich ein seidenes Hemd. Er bekam es.

Für ihn selbst war es wohl nie zweifelhaft, daß er sich in Hamburg durchsetzen würde. Aber das war ihm nicht so wichtig wie der Umstand, daß er sich endlich an einem Theater befand, zu dem er mit vollem Herzen ja sagen konnte. Er hat sich auch später immer wieder als Schüler Ziegels bezeichnet, der für ihn die »Verkörperung des künstlerischen Menschen schlechthin« war, der bereits alles machte, was viele, viele Jahre später als avantgardistisch bezeichnet wurde, bei dem es vor allem nicht das gab, was Gründgens verächtlich als »klugschnacken« bezeichnete: fruchtlose Diskussionen über die sogenannte Aussage eines Stückes. Ziegel ging mit der gleichen Unbefangenheit und der gleichen Achtung an eine Inszenierung heran wie später GG selbst. Oder, um Gründgens' Lieblingswort aus kommenden Jahren schon hier zu zitieren: »Er spielte die Partitur.«

Gründgens sah so gar nicht aus, sprach und bewegte sich so gar nicht, wie man es damals von einem jungen Schauspieler erwartete. Mehr als einmal weigerten sich Gastregisseure, ihn einzusetzen. Manchmal versagte sogar die Überredungskunst des Direktors, der an den jungen Schauspieler glaubte. GG, später so leicht verletzlich, hatte damals noch keine Hemmungen. Mehr als einmal ließ er so einem ablehnenden Spielleiter gegenüber Worte vernehmen wie: »Versuchen Sie es doch einmal mit mir!« Wenn der Regisseur es »versuchte«, dann bekam Gustaf die Rolle.

Es war ihm nicht aus purer Karrieresucht so wichtig, zu spielen, immer wieder, unter allen Umständen zu spielen. Er hatte erkannt – vielleicht unbewußt, in der Rückerinnerung sollte es ihm dann sehr bewußt werden

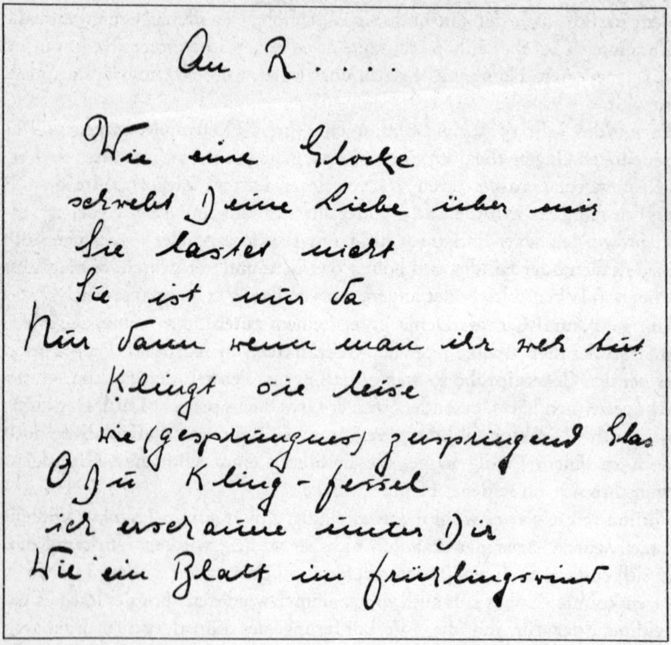

An R....

Wie eine Glocke
schwebt Deine Liebe über mir
Sie lastet nicht
Sie ist nur da
Nur dann wenn man ihr weh tut
Klingt sie leise
wie (gesprungnes) zerspringend Glas
O Du Kling-fessel
ich verträume unter Dir
Wie ein Blatt im Frühlingswind

Faksimile eines Gedichtes von Gustaf Gründgens (zu Seite 33)

–, daß das Theater seine eigentliche Heimat war. Hierher gehörte er. Wohin sonst?
Gegen Ende seines Lebens schrieb er: »Im Hamburg der zwanziger Jahre hatte ich ein Erlebnis, das mich umzuwerfen drohte ... Da wurde mir die Bühne zur Rettung. Während um mich herum nichts mehr stimmte, wurde mir die Bühne zur Welt, in der ich mich einzig noch zurechtfand.«

Alles konnte auf den Brettern der Kammerspiele gesagt werden, aber wie schmucklos waren diese Bretter! Nur eine kleine Bühne mit wenig Umbaumöglichkeiten stand zur Verfügung. Neue Dekorationen wurden selten angefertigt. Gründgens erinnerte sich später daran, daß für die Inszenierungen nur wenige Innendekorationen vorhanden waren – vor allem der sogenannte »blaue« und der »grüne« Salon, und es entbrannte immer wieder ein Kampf darum, wer welches Zimmer benutzen durfte. Der Glanz, die Erregung, das, worauf es ankam, mußte eben vom Wort, von der Geste, kurz, vom Schauspieler selbst kommen. Man konnte durch Ausstattung, durch Musik, durch Zauberei mit Licht nichts zudecken. Ein Fehdehandschuh also, den Schauspielern vor die Füße geworfen. Und niemand nahm diese Herausforderung mit größerer Selbstverständlichkeit, ja, geradezu mit Beglückung an als GG.
Kritiken: »Der neue Mann führte sich verheißungsvoll ein ...« Jedoch: »Gustaf Gründgens, der salonbolschewistische Gegenspieler (der Hauptrolle), war nicht gerade überwältigend, sprach auch hervorragend undeutlich.«

Anfang 1924 aber schon – also noch in der ersten Saison – »Gründgens entwickelt sich immer mehr zum ausgezeichneten Schauspieler.« Dann kam der bereits erwähnte ›Palme‹, der ihm neben dem Hemd eine vorzügliche Kritik einbrachte – »Gründgens als Palme ließ munter alle Künste seines expressionistischen Stils spielen und erwies sich wiederum als bedeutender Schauspieler ...« Als Junker Bleichenwang in ›Was Ihr wollt‹ war er laut Kritik »etwas reichlich Hauptperson des Stückes, aber niemand wird ihm darum böse sein. Er war auch allzu sehr ›Zeitgenosse‹, man wird ihm auch das verzeihen. Dieser Schauspieler hat in einem Jahr einen rühmlichen Aufstieg gemacht«.
In der zweiten Spielzeit, im Herbst 1924, führte Gründgens auch zum ersten Mal Regie, und zwar in dem französischen Boulevardstück ›Geschäft ist Geschäft‹. Er sollte diese Arbeit nie vergessen. Viele Jahre später schrieb er an Peter Gorski, seinen Adoptivsohn, als dieser ebenfalls zum ersten Male Regie führte: »Eine gewisse Unsicherheit (mein Gott, wie gut kenne ich die!) läßt einen ständig auf der Lauer liegen, und man zieht die Zügel

zu stramm. Zu meiner ersten Regie bei Ziegel spielte der berühmte Albert Steinrück die Hauptrolle, die er anderswo schon hundertmal gespielt hatte. Er war sehr geduldig; aber als ich im letzten Akt immer wieder unterbrach oder korrigierte, fiel der dicke schwere Mann von seinem Sessel in die Knie und brüllte: ›Lieber Junge, nun lassen Sie mich auch mal einen Satz allein reden!‹
Und eine Stunde später rief derselbe Mann herunter: ›Warum sagen Sie mir denn gar nichts mehr? Ich denke, Sie sind der Regisseur!‹ . . . Man muß hart im Nehmen werden.«

Gründgens, der sich immer ein wenig als Fremdling gefühlt hatte – in Halberstadt, in Kiel, sicher in dem »unbarmherzigen« Berlin und wohl nicht zuletzt im heimatlichen Düsseldorf –, war in Hamburg sehr schnell zu Hause. Das lag wohl mit an den jungen Kollegen, die mit ihm zusammen am Theater wirkten. Sie wurden seine Freunde. Vor allem der ungemein lustige und komische Paul Kemp, der etwa zur gleichen Zeit wie er Star des Theaters wurde. Dann Victor de Kowa, ein gut aussehender junger Mann, der übrigens damals noch Kowalski hieß, ursprünglich Maler werden wollte und erst später zur Schauspielerei umsattelte. Auch Gustav von Wangenheim, der Sohn des bekannten Max Reinhardt–Schauspielers Eduard von Winterstein, der schon damals vor allem politisch interessiert war und so weit links wie nur möglich stand; und endlich die bezaubernde Ruth Hellberg, die bereits in Königsberg Theater gespielt hatte und sehr oft die Partnerin von GG sein sollte.
Natürlich steckte Gründgens auch in Hamburg ständig in Schulden. Aber da alle seine Freunde sich in keiner anderen Lage befanden, war ihm das ziemlich gleichgültig. Gelegentlich gab er Schauspielstunden oder trat im Kabarett auf. Übrigens: wenn er auch Schulden machte (nachdem die Inflation beendet war), denn wer konnte schon von fünf- bis sechshundert Mark Gage leben, hungern mußte er nie, selbst wenn er am Morgen sehr oft nicht wußte, wovon er sein Abendessen bezahlen sollte. Das regte ihn nie besonders auf.
Schlimmstenfalls gab es immer noch das H. K., ein Lokal neben den Hamburger Kammerspielen und nach ihnen benannt, dessen Wirtin, Tante Rosa, den Schauspielern auch Kredit für eine Flasche Wein oder ein anständiges Essen einräumte.
Dort saßen die jungen Schauspieler und hatten ihren Spaß. Um diese Zeit dichtete GG mit großer Leidenschaft Schlager, obwohl er fast nie außerhalb des H.K. Gelegenheit hatte, sie vorzutragen. Einer begann mit den Worten: »Ich, der Ärmste von euch allen, bin dem Omnibus verfallen . . .« Der Re-

frain: »Ich kauf' mir kein Billett, ich kauf mir kein Billett, man fährt ja noch mal so nett, drückt man sich ums Billett!« Das Ende war die soziale Anklage: »Warum soll ich denn, gerade ich denn meinen Obolus entrichten?«

Gustaf sang solche Chansons im Hinterzimmer, wo ein altes Klavier stand, begleitet von einem blonden, sehr unterernährten jungen Mann, namens Peter Kreuder.

Gründgens versäumte nie, die Direktion finanziell hochzunehmen, wenn er plötzlich für jemanden einspringen mußte, der krank oder gerade abwesend war. Dann gab es wilde Debatten zwischen ihm und dem bereits erwähnten kaufmännischen Direktor Goldberg, und diese Debatten spielten sich meist auf der Treppe zwischen den Kammerspielen und dem H.K. ab. Was immer man Gustaf bot, ihm war nichts genug. Besonders aufregend waren solche Auseinandersetzungen, wenn es sich um die Rolle in einem Stück handelte, das bereits vorbereitet wurde. Dann wußte Gründgens, daß ihm die Direktion ausgeliefert war.

Einmal fragte ihn der kaufmännische Direktor, warum er immer ein Monokel trage.

Die verblüffende Antwort: »Aus Armut... Eigentlich bin ich auf beiden Augen kurzsichtig, aber eine Brille kann ich mir nicht leisten!« Damals hatten alle in den Kammerspielen ein Monokel, auch Kowalski, ja selbst die Hellberg. Später, als es GG etwas besser ging, trug er zwei Monokel – aber der Gedanke, eine Brille aufzusetzen, wäre ihm damals nie gekommen.

Sein Garderobier Willi Struck meinte, er habe sechs oder sieben Monokel besessen, aber sie waren nie dort, wo er sie gerade brauchte. »Und dann war immer ein großes Gesuche, weil er ja so schlecht sah...«

Etwas anderes, was sich die »armen« Schauspieler leisteten, waren die damals modischen und »ungeheuer schicken« Ledermäntel. Wenn Kowalskis Ledermantel zu schäbig wurde, kaufte ihm Gründgens einen neuen. Im umgekehrten Falle tat Kowalski dasselbe für Gründgens. Und keiner bezahlte. Wovon hätten sie auch bezahlen sollen?

Willi Struck war ursprünglich Kaufmann, hatte aber dann, da er nicht genug verdiente, eine Stellung bei den Kammerspielen angenommen. Tagsüber arbeitete er in einem Büro, abends als Statist. Dann wurde er Garderobier. Von diesem Augenblick an war er Gründgens verfallen und Gründgens ihm. Undenkbar, daß Gründgens auftrat, ohne daß Struck zur Stelle war. Eine andere wichtige Sache: Struck, der natürlich viel weniger Geld verdiente als Gründgens, hatte immer welches, der Schauspieler nie. Sein Horror vor öffentlichen Verkehrsmitteln (siehe das Omnibus-Chanson) war bekannt. Er erschien oft vor dem Theater in einem Taxi, obwohl er nicht die Mark besaß, um den Fahrer zu bezahlen, und rief dann Struck zu, die Kleinigkeit zu erledigen. Wenn es gar nicht anders ging, wurde dem verblüfften Taxifahrer vorgeschlagen, ein Bild mit Autogramm als Vorschuß entgegenzunehmen. Einige ließen sich auch darauf ein. Und die konnten zwei Jahre später das unterschriebene Photo mit hübschem Profit veräußern.

Hauptverkehrsmittel für GG war damals das Motorrad Paul Kemps, das für ihn unentbehrlich war. Es handelte sich um eine gebrauchte Zündapp-Maschine, auf Ratenzahlungen erworben. Während Paul Kemp das Motorrad fuhr oder, was meist notwendig war, es schob, thronte Gustaf, monokelbewaffnet, auf dem Soziussitz.

Eines Tages fanden die beiden Freunde, es sei ihrer unwürdig, gemeinsam nur eine Garderobe zu besitzen. Sie ließen sich durch die ihnen ergebenen Bühnenarbeiter um ihre Plätze herum eine Art Holzverschlag anbringen. So hatten sie ihre »Privatgarderobe«. Die Kollegen schäumten. Dies seien »reine Starallüren«, die nicht geduldet werden dürften. Sie wurden schließlich aber doch hingenommen.

Da sie fast nie über Geld verfügten und wenn, über viel zu wenig, um sich etwas anzuschaffen, hatten sie den Sport der imaginären Einkäufe ausgebildet. Wie das etwa aussah, hat Gründgens so beschrieben:

» . . . ich hielt es nicht mehr aus, ich brauchte was Lebendiges um mich. Aber trau einer den Menschen.

Man muß viel Zeit haben, wenn man sich einen Menschen leisten will. Ich habe keine Zeit . . .

Ich gehe müde und ausgepumpt nach einer langen Probe mit meinem Freunde Paul Kemp durch die Straßen.

Wir sind sehr befreundet und meinen es gut miteinander. Wir schlendern ein bißchen vertrottelt an den Läden vorbei.

›Soll ich dir diese hübsche Wringmaschine schenken?‹ fragt er.

Ich bin undankbar, ich möchte keine Wringmaschine.

Aber ich möchte auch nett zu ihm sein und biete ihm eine wunderschöne lächelnde Schaufensterdame zum Geschenk an.

Aber er will keine Schaufensterdame. Er ist müde.

›Wir kaufen uns einen Regenmantel‹, erkläre ich in einer leisen Anwandlung von unangebrachter Entschlußkraft.

›Guten Tag! Ich möchte gern einen Regenmantel für meinen Sohn‹, sage ich.

Und Paulchen muß alle Regenmäntel des großen Geschäfts anprobieren.

Er ist ein bißchen traurig darüber. Aber er zieht alle an.

Mir gefallen sie alle nicht.

›Nein‹, sage ich. ›Nein und nein, mein Sohn muß einen besonderen Regenmantel haben. Einen durchsichtigen. Einen bunten.‹

Aber Paulchen wird störrisch. Er will keinen durchsichtigen Regenmantel. Er will überhaupt keinen Regenmantel. Er will nach Hause.
Aber ich bin unerbittlich.
Da sagt der Unglücksjunge: diesen Regenmantel – den er gerade anhat, ein fieses gelbes Ding – diesen Regenmantel wolle er haben! Er sagt es nur, um fortzukommen. Oh, da bin ich nun sehr beleidigt.
›Gut‹, sage ich. ›Gut, wenn du es besser wissen willst als dein Vater, was dir steht und was dir nicht steht, dann bin ich ja überflüssig. Dann kann ich ja gehen.‹ Und ich bin sehr aufgebracht und grüße den Inhaber und gehe hinaus. So! Und Paulchen bleibt unter einem Berg von Regenmänteln zurück.
Ich setze mich unten auf die Treppe und warte. Es dauert lange. Aber ich warte geduldig. Einmal muß er ja kommen. Und er kommt. Er lächelt. Er sagt mir nicht, wie er herausgekommen ist, ohne Geld und müde und unfähig, sich zu verteidigen.
Aber ich frage auch nicht.
Erst als am nächsten Tag ein gelber, häßlicher Regenmantel in meinem Zimmer liegt und mein Mädchen sagt: ›Ich hab's derweil schon ausgelegt‹, weiß ich, daß der Schuft heimlich meinen Namen und meine Adresse im Geschäft angegeben hat.
Aber das war erst am anderen Tage, wie gesagt, und wir gehen weiter.
Und da sind wir schon bei Fockelmann. Und Fockelmann ist ein Vogelgeschäft.
Und ich fühle, ich muß einen Vogel haben. Jetzt sofort. Und weil ich so einsam bin, sage ich es Paulchen.
Und er weint ein bißchen und sagt: ›Ja, ich dachte, einer genügte dir. Aber wenn du noch einen willst, dann kaufen wir dir einen.‹
Und wir gehen hinein.
Fockelmann hat viele, viele bunte Vögel. Aber wenn man müde ist und traurig, soll man nicht zu Fockelmann gehen. Es ist laut bei Fockelmann. Viele Vögel schreien durcheinander, und der Laden ist nur klein.
Aber ich wollte meinen Vogel, und wir waren auch zu müde, um gleich wieder zu gehen. Und alle Vögel wurden uns gezeigt. Viel mehr als Regenmäntel. Aber wir brauchten sie ja auch nicht alle anzuprobieren. Immer neue, immer andere, große und kleine, rote und grüne, singende und schreiende, Kardinäle und Dompfaffen. Aber alle waren gleich laut.
Ich war sehr traurig darüber. Ich habe damals sehr viele Haare verloren. Alle fielen aus, weil mein Kopf so weh tat.
Und Paulchen war auch traurig und kniff ein bißchen die Verkäuferin. Aber das war auch nicht so lustig, wie er sich's wohl gedacht hatte.
Uns fiel nicht ein, daß wir ja hätten weggehen können. Da sah Paulchen

ein Glas mit Fischen stehen. Still und abgeklärt schwamm ein Schleierschwanz im Glasviereck um die Algen, und Paulchen fällt das erlösende Wort ein. In den großen Lärm hinein sagt er nachdenklich: ›Nimm doch Fische, die sind nicht so laut.‹

Aber da hatte ich schon vier Silberfasänchen gekauft.

Und ich trug sie nach Hause.

Und weil wir schon drei Katzen hatten – und einen Hund Bella – habe ich die Vögel Mirjam Horwitz geschenkt, die auch schon einen und einen Papagei hat.

›Anbei Danaergeschenk‹, habe ich dazugeschrieben. Und Mirjam soll auch sehr traurig darüber gewesen sein.

Aber nun sind sie ja alle vier tot.«

Gustav von Wangenheim glaubte, sein Freund Gründgens tendiere nach links. Er hatte dafür verschiedene sogenannte Beweise. Einmal, daß er so menschlich mit den Bühnenarbeitern sprach. Aber das hatte mit Politik nichts zu tun. GG war nun einmal ein netter Kerl, besonders wenn es sich um von ihm abhängige Leute handelte. Sodann war da die Russenbluse. Eine solche trug Gründgens damals wirklich. Die hielt er für ebenso schick wie den Ledermantel. Schließlich und endlich hatten Gründgens und Kemp eine Vorliebe, Hafenkneipen zu besuchen. Aber nicht, um mit den politisch meist linksgerichteten Matrosen zu konspirieren, sondern um sich etwas von den internationalen Seeleuten erzählen zu lassen. Dies war überhaupt eine Schwäche von GG – oder, wenn man will, seine Stärke: er spürte sehr deutlich, daß er, der in Hamburg ja kaum aus dem Theater herauskam, sich ein bißchen die Luft der weiten Welt um die Nase wehen lassen mußte. Wo wäre das leichter gewesen als in den Hafenkneipen!

Dies wurde gelegentlich auch in anderer Weise mißverstanden, besonders, wenn man an seinem Tisch jüngere und gut aussehende Schiffer fand. GG geriet in den Ruf, nicht nur »links«, sondern auch »verrucht« zu sein. Dazu trug vielleicht nicht zuletzt die Freundschaft mit Jan Kurzke bei, der etwas jünger war als GG, nicht sehr groß, einen blonden Wuschelkopf und blaue Augen hatte und ein großer Maler werden wollte. Jan Kurzke gab sich betont unbürgerlich, dachte wohl auch, er sei wunder wie radikal, zum Schmerz seines Vaters, der bei der Polizei arbeitete. Aber mit Jans politischen und auch sonstigen Ansichten und Einstellungen war es nur halb so schlimm. Später verliebte er sich in eines der zahlreichen jungen Mädchen, die sich in ihn verliebten. Er heiratete es, verschwand aus Hamburg und aus Gustafs Leben. Als dieser ihn viele Jahre später einmal in London aufsuchte, war er ein wenig erstaunt. Jan Kurzke hatte nichts mehr von dem radikalen und etwas wilden Jungen. Er war ein guter Bürger geworden – vermutlich wie sein Vater einmal gewesen war.

In jener Zeit war Gustaf entschlossen, zu heiraten.
Das war nicht ganz verständlich. Er wußte von der Problematik jeder Ehe, wußte vor allem, daß die Ehe der Eltern recht schwierig gewesen war, wenn es sich überhaupt noch um eine Ehe handelte. Schon in Berlin hatte er die Mutter trösten müssen und keinen schlechten Grund für das Auseinanderleben seiner Eltern gefunden: nämlich, daß sie, die Mutter, jung geblieben sei, während der Vater alt geworden war. Aber – und dies war typisch für den Gustaf der damaligen Zeit – er wollte nicht wahrhaben, was er wußte, er wollte vergessen, was er klarer gesehen hatte als die Eltern selbst. Das geht deutlich aus den ersten Briefen der Hamburger Zeit hervor.
»Ihr lieben guten
Erspart mir alle Phrasendrescherei und laßt mir auch heute wie immer die eigene Note.
Ich bin oft in Gedanken mit Euch und will heute besonders an Euch denken.
Und deshalb schreibe ich auch erst heute am Tag selbst (und nicht, weil ich es vergaß).
Vergessen: da sind wir gleich mitten drin im pater peccavi: ich habe Vaters Geburtstag am 1. Januar und Mutters am 2. Februar vergessen, d. h. eigentlich nur vergessen zu schreiben.
Aber dann hatte ich auch so viel um die Ohren.
Ich bin so mitten drin im Leben, atme Leben mit jedem Pulsschlag und durch jede Pore meines Körpers – Leute mich zerreißt's noch mal in der Luft –
Woher hab' ich das nur (auch eine dumme Frage zur Silberhochzeit).
Ja, nun kommt was: schlagt mich nicht tot, aber ich finde es komisch, daß Ihr beiden Füllen (denn Ihr seid welche!), Gott sei Dank seid Ihr welche! Seriöse, kluge, gereifte, – aber Füllen, daß Ihr – Ihr seid doch keine Silberbräute!
Wißt Ihr, daß Euer ›erwachsener‹ Sohn Euch beide für ganz herrlich unvernünftige Leute hält? Nicht nach außen, nein! Innen: Jung innen! Füllen innen! Ausgewachsene Kinder innen! Daß Ihr gar nicht würdig seid! O! (und deshalb schenk ich Euch auch keine ›Silberinnigkeit‹, Kaffeetasse der Silberbraut.)
Und daß Ihr so jung seid und immer jung wart und nie würdig und nie ›sedat‹, nie (trockener kann ich nicht schreiben), ja, nur deshalb konnten alle die Möglichkeiten, die in Kindern liegen, in mir sich entwickeln.

Ich bin sicher gar nicht so anders wie andere Menschen, ich hab' nur andre und beßre Eltern gehabt.
Ich bin nicht unter Heiligenbildern von Vätern und Müttern aufgewachsen und nicht zwischen geistigen Stoffpalmen!
Und das Gefühl, nur durch Euer ›So wie Ihr seidsein‹ das geworden zu sein, was ich bin, und die Aussichten zu haben, die ich habe, hat mich nie verlassen.
Und deshalb ist meine Anhänglichkeit auch keine gedankenlose, selbstverständliche (weil Ihr ›Eltern‹ seid), sondern eine ehrlich erworbene und ehrlich verdiente und ehrlich empfundene. Ich danke Euch!
Ja!
Dafür, daß ich lebe, dafür daß ich so lebe, und dafür, daß ich so leben kann.
Denn es gehört schon Fond dazu, so zu leben.
Mich packen alle Erschütterungen und alle Jubel stärker.
Ich liebe schmerzlicher und bekomme tiefer Liebe.
Ich lebe mein Leben in den Extremen.
Die Mitte bietet keine Luft, in der ich atmen kann.
Mein Glück ist tiefer, reiner und schöner, und mein Unglück ist verzweifelter, hoffnungsloser und qualvoller.
Ich erlebe in einer Stunde mehr als mancher in seinem Leben. Dabei stürze ich mich nicht herein, es drängt sich an mich. Und so bin ich in meinem Glück unglücklich und in meinem Unglück glücklich.
Doch das wesentliche ist:
Ich bin zufrieden!
(zufrieden damit, daß ich ewig unzufrieden bin),
es lebe die Unlogik des Denkens,
es lebe die Logik des Gefühls,
es lebe die Individualität des Einzelnen,
es leben die grünen Silberbräute!
Ihr saht mich ganz!
Ist das ein Brief, den man seinen Eltern zur Silberhochzeit schreibt?

G.«

Woraufhin er sich verlobte. Und er wollte so schnell wie möglich heiraten. Warum? Weil ihm die Ehe trotz allem der einzige Ausweg erschien aus der ewigen Unordnung, in die sein Leben geraten war, aus dem Bohemeleben, das er führte, aus den Schulden, die er vor allem infolge der sich rasend beschleunigenden Inflation machen mußte.
An die Mutter:
»Liebe süße Mui!
Nun hast Du bald meinen Brief;

Und nun bist du bald ›Schwiegermama‹. Immer neue Würden!
Mein liebes, süßes Muttchen,
Du glaubst gar nicht, wie lieb ich Dich seit Deinem letzten Brief habe. Ja – also nun haben wir uns doch entschlossen, zu heiraten. Glaub' mir, es ist schon das Beste. Seit ich mich dazu entschlossen habe, bin ich wie verwandelt; ruhig und zufrieden.
Ich schicke Dir bald viele Bilder vom Heikchen. Ich wollte, Du hättest sie schon bei Dir; Du wirst sie sehr lieb haben, weil sie so ein herrlicher natürlicher Kerl ist. Und viel Schweres hat das liebe Ding schon mitgemacht. Und jetzt wollen wir uns aneinander ruhig und gesund machen. Du prophezeitest mir ja immer eine rabenschwarze Jüdin – aber nun ist es doch ein dunkelblondes Geschöpfchen geworden und so zierlich, daß man meinen könnte, man brauche bloß zu pusten, dann fiele sie um; aber die sind ja bekanntlich die stärksten. Geld hat sie soviel wie ich, nämlich nichts, aber jung ist sie und Talent hat sie für zehn. Ich will sie in Hamburg schon unterbringen.
Also pekuniär stehen wir uns besser, wenn wir zusammen sind, als getrennt, denn sie verdient ja genau soviel wie ich. Ich habe nun wirklich Sehnsucht nach Dir und möchte Dir das Heikchen zeigen. Komm' also bald!
Wir wollen nun auch mit der Hochzeit nicht mehr zögern; wir kennen uns ja nun über zwei Jahre.
Besorge mir doch umgehend meinen Geburtsschein, den brauche ich nämlich beim Standesamt.
Wir wollen in Hamburg drei Zimmer mieten und mittags auswärts und sonst zu Hause essen. Die Heikefrau ist so praktisch und gewohnt, für mich zu sorgen, denn sie ist ja schon drei Jahre von Haus weg.
Wir wohnen natürlich möbliert und brauchen somit ja gar keinen ›Haushalt‹. Wir wollen nur Kissen und Vasen, Bilder und Blumen noch haben. (Und Messer, Gabel, Zahnbürste und Teller.)
Mach Dir also keine unnützen Sorgen über unsere ›ärmlichen Verhältnisse‹. Es ist doch bei uns, wo beide arbeiten und beide verdienen, was ganz anderes, wie wenn sonst ein armer junger Mann ein armes junges Mädchen heiratet.
Nun hast Du viel Post von mir. Schreib' mir und meinem Kerlchen ein paar liebe Worte.
Ich habe Dich sehr lieb, süße Schwiegermama.
Dein alter Gustaf.«

Zweiter Teil

ERFOLG

VIERTES KAPITEL
Umwerfendes Erlebnis

Aber Heike verschwand bald im Hintergrund. Wie die Sache weiter – und zu Ende – gegangen ist, hat Gustaf nie erzählt. Stattdessen trat eine Reihe von neuen Freunden in sein Leben, die es viel stärker bevölkerten, als das Kowalski oder Paul Kemp hatten tun können. Sie trieben die Unordnung, die ihm so verhaßt war, auf die Spitze, freilich ohne eigne Schuld. Da war zunächst Pamela Wedekind, die Tochter des bedeutenden und umstrittenen Dramatikers, der wenige Jahre vorher gestorben war, eine Schauspielerin, die bereits in Königsberg und Leipzig ihr Können gezeigt hatte, ein äußerst interessantes apartes Geschöpf; noch spät in der Nacht sang sie zur Laute die provokanten Lieder ihres Vaters. Sie sollte Gustafs guter Kamerad für lange Zeit bleiben.
Es tauchten – und das war bedeutend sensationeller – die »Mann-Kinder« auf. Das waren die beiden Ältesten von Thomas Mann, Erika und Klaus, die, obwohl noch nicht einmal zwanzig, schon einen gewissen Ruf in Deutschland besaßen. Natürlich hing das mit ihrem berühmten Namen zusammen – Thomas Mann war gerade Nobelpreisträger geworden. Es lag aber auch an dem großen Charme Erikas, die kein schönes, aber ein ungemein anziehendes Wesen war, und an der zwielichtigen Intelligenz des ein knappes Jahr jüngeren Klaus, der ein recht problematisches oder, wenn man will, »verruchtes« Leben führte. Das darf gesagt werden, weil er, fern davon, es zu verheimlichen, alles tat, damit die Leute gerade darüber sprachen. Eines seiner Hauptanliegen war, die Bourgeois zu erschrecken. Er war Schriftsteller. Erika glaubte, Schauspielerin zu sein – späterhin sollte sie glauben, noch dies und das zu sein –, jedenfalls wurde sie bei Ziegel engagiert, während Klaus einfach mitkam, um gelegentlich wieder zu verschwinden, nach Berlin, nach München, irgendwohin ins Ausland – er reiste leidenschaftlich gern.
Es besteht kein Zweifel, daß Klaus es war, der sich zuerst für GG interessierte. In seinen Memoiren ›Der Wendepunkt‹, die er später in Amerika schrieb und die, allerdings stark verändert, erst nach seinem Tod in Deutschland erschienen – es ist wichtig, dies festzustellen, weil namentlich der ursprünglich von ihm so geschätzte Gründgens bei dieser deutschen Neuausgabe so schlecht wegkam –, ließ er sich wie folgt vernehmen: »Gustaf war

brillant, witzig, blasiert, mondän. Mit welch nachlässiger Eleganz servierte er die Pointen ... Gustaf war ein düsterer Dämon. Gustaf war müde und dekadent, Gustaf war von überströmender Lebendigkeit.«

Das Ensemble war recht geteilter Meinung über Erika. Man fand sie reizend – aber war sie eine Schauspielerin? Sie kam nur über die Rampe, wenn sie Rollen hatte, die sich mit ihrem Wesen deckten, etwa die Lavinia in dem von Gründgens inszenierten ›Androklus und der Löwe‹ von George Bernard Shaw, wobei Paul Kemp den Androklus spielte, Herbert Grünbaum den Löwen, der dicke Hans Stiebner den Kaiser – eines der großen Hamburger Theaterereignisse jener Zeit. Alle diejenigen Kollegen, die heute noch leben, sind sich einig darüber, daß Erika zuerst kein Interesse für Gustaf zeigte, ja, nicht einmal besonders dankbar für seine unermüdlichen Bemühungen war, sie herauszustellen, sie zu einer brauchbaren Schauspielerin zu machen. Indessen konnte kein Zweifel bestehen, daß GG sich in einem Maße mit ihr beschäftigte wie bisher noch mit keinem jungen Mädchen. Dies war um so erstaunlicher, als er ja eben erst den Entschluß gefaßt hatte, die blonde Heike zu heiraten, und als, zur gleichen Zeit mit den Mann-Kindern, noch ein junges Mädchen bei Ziegel erschien, das alle jungen Männer des Ensembles und darüber hinaus viele aus der Hamburger Gesellschaft in Ekstase versetzte: Grete Walter, die reizvolle Tochter des großen Dirigenten Bruno Walter, die nicht nur viel schauspielerisches Talent besaß – ein bedeutend stärkeres als Erika –, sondern auch über eine schöne Stimme verfügte.

Übrigens wurde Gustafs Interesse an Erika im Theater selbst verschieden ausgelegt. Erika und Klaus erzählten mir später – während der Emigrationszeit in New York –, GG habe sich überhaupt nicht für das Mädchen interessiert, sondern nur daran gedacht, der Schwiegersohn Thomas Manns zu werden. Aber um diese Zeit war ihr Urteil über Gründgens wohl keineswegs mehr unparteiisch, und was mehr ist, sie wollten es ihm gegenüber auch nicht sein.

Pamela Wedekind wiederum, die Gründgens sowohl wie Erika Mann gerade aus jener Zeit gut kannte, ist davon überzeugt, daß Gustaf sich Hals über Kopf in die junge Dame verliebt hatte. Dafür sprach vor allem, daß er, der damals in Fragen der Kunst schon recht unduldsam war und Kollegen und Kolleginnen, die nach seiner Ansicht das Ziel der Klasse nicht erreichten, mit einer gewissen, wenn auch liebenswürdigen Verachtung strafte, stets in der Kulisse stand, wenn sie auftrat, keinen Blick von ihr ließ, was sie tat schlechthin herrlich fand, obwohl nicht alles, was sie auf der Bühne leistete, bewundert werden konnte. Erika strahlte für ihn etwas aus, das ihm bis dahin unbekannt gewesen war: Weltoffenheit. Sie war – im Gegensatz zu ihm – seit frühester Jugend gewohnt, für voll genommen zu werden. Sie und ihr Bruder hatten – nicht zuletzt dank dem Namen ihres Vaters – überallhin Beziehungen. Sie nannte Berühmtheiten, die für ihn auf einem hohen Piedestal standen, beim Vornamen. Sie sprach perfekt französisch und englisch, zumindest glaubte er es, der keine fremde Sprache beherrschte. Er hatte nicht gewußt, daß es eine Welt gab wie die ihre, daß es Mädchen gab wie sie.

Über ihre Einstellung zu ihm gab es nur eine Stimme unter den Kollegen: sie wollte Theaterkarriere machen, ihrem zumindest in dieser Beziehung skeptischen Vater beweisen, daß sie es schaffen würde. Und so gab es keinen Grund für sie, Gustaf zu entmutigen, zumal ja vorläufig weder von intimeren Beziehungen geschweige denn von Heirat die Rede war.

GG war um diese Zeit bereits sehr klar und unbestechlich in seinem Urteil über alles, das Theater betraf. Er hatte, natürlich ohne sich dessen bewußt zu sein, längst die Entscheidung für sein Leben getroffen, er war durch und durch ein Professioneller geworden.

Theaterspielen galt ihm nicht als amüsanter Zeitvertreib. Der junge Mann, außerhalb des Theaters zu jedem Unfug bereit, duldete nicht die geringste Unsachlichkeit, wenn er ans Theaterspielen oder ans Regieführen ging.

Um diese Zeit – es war das Jahr 1925, und GG ging in seine dritte Saison – war er bereits als Schauspieler und Regisseur verpflichtet, erhielt eine Gage von sechshundertfünfzig Mark, wurde für Doppelvorstellungen besonders bezahlt, und in seinem Vertrag fand sich der Passus: »Falls ›Hamlet‹ zur Aufführung kommen sollte, hat Herr G. das Recht, den Hamlet in der Premiere zu spielen.«

Ziegel hatte ihn gefragt: »Was, du willst den Hamlet spielen? Ja, traust du dir das zu? Gratuliere! Gratuliere!«

Es gab einen weiteren Passus in dem Vertrag, der ihm eine halbe Tagesgage als Entschädigung für den Fall zusicherte, daß die Ruhepausen zwischen den Aufführungen und Proben, die gewerkschaftlich garantiert waren, nicht eingehalten werden konnten. GG später: »Von dem Geld habe ich freilich nie etwas gesehen!« Die Kammerspiele hätten es auch nicht zahlen können, denn so wie GG eingesetzt war und eingesetzt werden wollte, konnte von Ruhepausen keine Rede sein.

Er spielte sehr viel und führte Regie, oft genug auch mit dem Schauspieler GG in der Hauptrolle.

Ein Wort über den eben erst geborenen Regisseur Gustaf Gründgens: Erstaunlich ist, daß er, der noch Jahre benötigen sollte, bis er sich schauspielerisch ganz entwickelt hatte, als Regisseur schon fertig war. Von Ziegel lernte er, daß es vor allen Dingen darauf ankam, das Stück zu spielen, die Partitur, nicht seine »Auffassung« – ein Modewort jener Zeit. Gründgens hatte sehr früh begriffen und sollte es nie mehr vergessen: jedes Theater-

stück ist letzten Endes die Darstellung menschlicher Beziehungen. Wenn er ein Stück inszenierte, ließ er es sich erst einmal von den Schauspielern vorspielen, erst dann versuchte er sich darüber klarzuwerden, wie wer zu wem stand. Diese Erkenntnis vermittelte er seinen Schauspielern, oft in kurz angebundenem Ton, recht burschikos, wie etwa: »Mensch, du liebst ihn doch!« Oder: »Kind, im nächsten Akt, das heißt in einer halben Stunde, versuchst du doch, ihn umzubringen!« Und das war eigentlich das Entscheidende. Man kann das analytische Regie nennen, wobei freilich hinzuzufügen ist, daß er ein Maß an Phantasie bei dieser Analyse entwickelte, um das ihn manche Autoren hätten beneiden dürfen. Er ahnte, wie Menschen sich in gewissen Situationen – inneren wie äußeren – benahmen, obwohl er selbst so viel noch nicht erlebt hatte. Er skizzierte es seinen Schauspielern mit ein paar Worten, spielte die eine oder andere Szene auch vor – und sie begriffen sofort. Das vermochte er kraft einer Eigenschaft, die man heute »Ausstrahlung« nennt. In der Tat, Gründgens strahlte etwas aus, viel mehr noch als Regisseur denn als Schauspieler. Man möchte sagen, er strahlte das Richtige aus. Es gab für ihn eigentlich immer nur eine Art, eine Rolle, eine Situation zu spielen, nämlich die richtige. Daß er von Anfang an wisse, was richtig oder was falsch sei, hat er nie behauptet, und er war immer bereit, sich von einem Schauspieler etwas vorspielen zu lassen und dann zu erklären: ja, so sei es richtig, so und nicht anders solle es gemacht werden. Es kam ihm gar nicht in den Sinn, sein Ensemble aus Prestigegründen davon zu überzeugen, daß jeder einzelne ohne ihn nichts sei. Im Gegenteil, er versuchte eher, sie zu ermutigen, er war darin ganz uneitel – schon damals.
Sein oberster Grundsatz lautete: »Bühne ist Ordnung.« Er führte dazu später aus: »Wenn ich auf der Bühne stehe, dann weiß ich, bei einem bestimmten Stichwort geht die Tür auf, und eine Frau kommt herein, die hat ein grünes Kleid an und sagt ›Guten Abend!‹ Was weiß man schon im Leben?«
Aber das Entscheidende war, daß er selbst diese Ordnung herstellte, daß er, vorläufig noch unfähig, in seinem Leben Ordnung zu machen – vielleicht auch nicht so sehr dazu entschlossen –, diese Ordnung auf der Bühne ohne weiteres schaffen konnte, nicht zuletzt, weil er sich ganz und gar allein auf die Bühne konzentrierte.

Gründgens: »Im ersten Jahr spielte ich sechzehn Rollen, davon vier große ... Im zweiten Jahr einundzwanzig Rollen und machte fünf Inszenierungen ... Im dritten Jahr – vierzehn Rollen, davon dreizehn Hauptrollen und sechs Inszenierungen ...«

An die Eltern: »Ich bin wirklich ein über Gebühr gehetztes Wild.«
Am 3. Januar 1925: ›Der Kreidekreis‹ von Klabund. Regie hatte Ziegel, die Prinzessin, die Hauptrolle, spielte Ruth Hellberg, Gründgens den Prinzen Pao, der ihm eigentlich nicht lag. Die Hellberg: »Er hatte sich um die Rolle gerissen – weil er endlich einmal schön sein wollte, auf der Bühne natürlich.«
Ruth Hellberg berichtet noch eine bezeichnende Geschichte von dieser Arbeit am ›Kreidekreis‹: »Eines Tages erzählte mir Gustaf, daß heute ein Schüler und eine Schülerin aus der Schauspielschule kämen, die den ›Kreidekreis‹ einstudierten und denen wir die große Liebesszene vorspielen müßten. Ich wollte nicht, aber er sagte, daß wir da gar nicht nein sagen könnten. Wir mußten also die Szene, die wir weiß Gott wie viele Male auf der Bühne gespielt hatten, in meinem Zimmer vor den Kindern darstellen, und er hat geradezu geschlottert vor Angst, viel mehr als in einer Vorstellung. Und vielleicht ist er nie so gut gewesen wie an jenem Nachmittag.«
Er war eben Künstler durch und durch und nahm alles, was mit Theaterspielen zusammenhing, sehr ernst.
9. April 1925: ›Oscar Wilde‹ von Carl Sternheim. Gründgens mochte dieses Stück mit seiner gequälten Sternheimschen Prosa nicht besonders. Die Kritik stellte denn auch fest, es sei zu bedauern, daß »dieser bedeutende Schauspieler im ersten Akt so salopp sprach«. Übrigens ging Gründgens das ganze Stück gegen den Strich. An die Eltern, etwas später: »Im ›Stachelschwein‹, der Zeitung Hans Reimanns, erscheint ein Artikel von mir über Wilde – *gegen* Sternheim, der, wie ich annehme, einigen Stunk machen wird. Es ist neu, daß ein Schauspieler eine Kritik über seine Rolle schreibt, obwohl er ja der Nächste dazu wäre.«
Der Garderobier Willi Struck erinnert sich, daß Gründgens einmal kurz vor seinem Auftritt im Frack als Oscar Wilde merkte, daß er seine Lackschuhe zu Hause gelassen hatte. Er entschied: »Ich werde in braunen Schuhen auftreten.« Struck schlug die Hände über dem Kopf zusammen, aber GG winkte ab: »Ach, ich mache das schon. Die Leute haben auf mein Gesicht zu sehen und nicht auf meine Schuhe!« Und in der Tat, niemand blickte auf die Schuhe. So souverän war Gründgens schon damals; er wußte immer genau, worauf es ankam.
Zu Weihnachten inszenierte er ›Orpheus in der Unterwelt‹ von Offenbach und spielte dabei den Pluto. Der Erfolg der Aufführung war so, daß die Bühne, die gerade um jene Zeit in arger Misere steckte, sich finanziell sanieren konnte.
Es war ein Unterfangen, diese Operette, die schließlich für Sänger geschrieben ist, mit Schauspielern herauszubringen. Gründgens ersetzte das unzulängliche Singen durch ungemein intensives Spielen. Er war auf der einen

Seite sehr geduldig auf den Proben, verlangte aber auf der anderen Seite fast Unmögliches. Von der Hellberg etwa, daß sie als ›Cupido‹ einen Can-Can tanze und dabei ein Couplet singe. Und zwar sollte sie auch noch beim ersten Ton des Couplets von der Spitze einer ziemlich hohen Treppe dem Jupiter auf die Schulter springen. Ihre Verzweiflungsausbrüche ließen Gründgens ungerührt: »Ja, das kannst du schon!« – und sie konnte es schließlich auch.

Freilich, er selbst konnte die hohen Töne, die in Plutos Rolle standen, nicht singen. Er half sich damit, daß er, wann immer ein hoher Ton kommen sollte, den Mund öffnete, eine resignierte Geste nach oben machte – und siehe da, vom Schnürboden herunter kam ein Plakat mit der entsprechenden Note, die er schuldig geblieben war in glitzernder Goldschrift. Als das hohe »C« einmal nicht genügend funkelte, wischte er schnell mit dem Arm darüber weg und griff sich darauf leicht wie indisponiert an den Hals. So konnte Gründgens sich im Rahmen des Theaters über das Theater lustig machen – aber bei Offenbach war das ja erlaubt, wenn nicht erwünscht.

Am 22. Oktober 1925 – also mehr als ein Jahr vor der Premiere von ›Orpheus‹ – war es zu einer Uraufführung gekommen, die im Leben Gustaf Gründgens eine entscheidende Rolle spielen sollte. Es handelte sich um ›Anja und Esther‹, den dramatischen Erstling von Klaus Mann. Die Hauptrolle spielte Erika Mann, für die das Stück geschrieben war, daneben Pamela Wedekind und Klaus Mann, der niemals in seinem Leben auf einer Bühne gestanden, nie auch nur eine Stunde Schauspielunterricht genommen hatte. Gründgens inszenierte und begnügte sich mit einer relativ kleinen Rolle. Das ›romantische Stück in sieben Bildern‹ besaß ohne Zweifel gewisse dichterische Werte, entbehrte aber der Dramatik. Aus einer Kritik: »Es fehlte die dem Theater gerechte Handlung, da die erörterten Pläne durchaus gefühlsmäßig oder gedanklich gelagert sind ... die ungewöhnlich heftigen Beifallskundgebungen Sensationslustiger ... der edle Brauch, Töchter und Söhne berühmter Dichter in Gastrollen zu beschäftigen .... sensationelles Mäntelchen ...«

Um diese Zeit hatte Gründgens finanziell noch immer stark zu kämpfen. Aus einem Brief an seine Eltern: »Nun bin ich schon wieder mitten in der Arbeit.

Ich hatte mit ›Konzert‹ einen großen Erfolg; ich war aber auch endlich mal wieder ganz gesund.

Die vier Wochen Hiddensee haben mir sooooo gut getan. Nun ist alles leichter zu tragen.

Hamburger Kammerspiele

Mittwoch, den 16. Februar — Nachmittags 4 Uhr

Geschl. Vorstellung für die Gesellschaft der Freunde

Orpheus in der Unterwelt

Ein galantes Spiel in 4 Bildern nach dem Französischen des Hector Gremieux, bearbeitet von Gustaf Gründgens

Musik von Jacques Offenbach

Spielleitung: Gustaf Gründgens

Musikalische Leitung: Karl Salomon

Polyhymnia, Muse der Musik... Erika Mann

Orpheus .... Paul Kemp

Eurydike........................ Marianne Mewes

Jupiter......................... Hermann Bräuer

Aristeus / Pluto .... Gustaf Gründgens

Mars .... Joseph Dahmen

Bachus .... Ernst Reinsburg

Merkur.......................... Hans Stiebner

Juno .... Anni Reiter

Diana .... Maria Loja

Venus .... Dorothea Albrecht

Cupido.......................... Ruth Hellberg

Hans Styx....................... Viktor Kowarzik

Dekorative Ausstattung: Johannes Schröder

Pause nach dem 2. Bild

Mit meinem Herkommen ist das so eine Sache. Denn ich habe wohl Zeit, für drei oder vier Tage zu kommen, aber die Kosten, die mir dadurch entstehen, sind genau doppelt so groß, wie ich mit Jan in der Zeit brauchte. Und *das* kann ich einfach nicht auftreiben.

Meine Gage ist bis auf den letzten Pfennig genau eingeteilt. Und wenn ich jetzt grade durch meine literarische Betätigung nebenher verdiene, so ist das eben für unvermeidliche Nebenausgaben. Im Herbst – wenn ich die größere Gage habe – kann ich das dann alles leichter. Ich bin vorläufig, um zu sparen, umgezogen; es gefällt mir aber nicht recht, so suche ich weiter.

Schreibt also an die Kammerspiele. Und nun auf Wiedersehen im September. Nicht?

Es ist schon besser so, selbst wenn Ihr mir die Reise zahlen *könntet*, es lohnt sich nicht für die vier Tage.«

Und dann verlobte er sich mit Erika Mann.

Die Eltern waren natürlich die ersten, die von der Verlobung erfuhren.

»Liebe, liebe Leute! Damit Ihr nun nicht ganz ohne Sensation seid, was die Familie angeht, will ich Euch ein freudiges Ereignis keinen Tag vorenthalten.

Es wird ja nun bitter ernst. *Erika Mann und ich, wir haben* uns verlobt und werden in Bälde heiraten. Erika fährt heute nach München und bespricht das Nähere mit den Eltern. Hochzeiten tun wir in München, wo Ihr ja nun hinkommen müßt. Es wird wohl sehr offiziell werden, aber sicher auch hübsch.

Erika wird Euch wohl von München aus schreiben ... An Thomas und seine Frau schreibt Ihr vielleicht auch – tut man das? – *Aber bitte erst, wenn ich Euch nochmal drum bitte.* Ich hoffe, Ihr seid ein wenig froh, daß alles so kam ...«

Und gegen Ende des Briefes wiederholte er noch einmal: »Ich bin sehr glücklich ...«, als wollte er es sich selbst suggerieren.

War er es wirklich? Pamela Wedekind, die mit beiden befreundet war, in Rückerinnerung: »Er heiratete nicht sie, sie heiratete ihn. Er war der Geheiratete.«

Keiner der Kollegen war besonders überrascht, als die Nachricht von der Verlobung die Runde machte. Der einzige, der wirklich überrascht schien, war Gustaf selbst.

Aber er nahm alles bitter ernst, was nun zu geschehen hatte. Ehe war ja für ihn Ordnung, und daran wollte er festhalten. Er veranstaltete ein Autodafé vor der Heirat, indem er alle Briefe verbrannte, die ihn noch mit einer Vergangenheit verbanden, die ihm jetzt problematisch erschien und

von der er loskommen wollte. Vielen seiner Freunde sagte er, er würde ein anderer Mensch werden. Er wollte es jedenfalls.
In den letzten Jahren war das Bürgerkind aus Düsseldorf ein rechter Bohemien geworden. Jetzt wollte er mit aller Macht ins Bürgertum zurück. Er fuhr nach München – übrigens von Wien aus, wo er um diese Zeit weilte und etwas erlebte, von dem später noch zu sprechen sein wird –, er hielt in bewußt konventioneller Weise bei Thomas Mann um die Hand der Tochter an. Das dürfte Thomas Mann, der ja auf Formen hielt, erfreut, die junge Erika, von Klaus ganz zu schweigen, eher amüsiert haben. Trotzdem machte sie – Briefe aus jener Zeit beweisen das – alles brav mit. Sie fuhr mit Gustaf kurz vor der Hochzeit zu den Eltern nach Düsseldorf. Sie ließ sich von der Schwester Kinderbilder Gustafs zeigen; sie ließ eine Reihe von rührenden Familienszenen über sich ergehen, die ihr keineswegs besonders gelegen haben können.
Das war, wie die Schwester Marita sich erinnert, etwa drei Tage vor der Hochzeit. Und da geschah etwas Seltsames. Während die Eltern sich in den Erker zurückgezogen hatten und Erika mit ihnen höflich Konversation machte, setzte sich Marita an den Flügel und spielte den damals populären Schlager ›Johnny, wenn du Geburtstag hast ...‹; GG, neben ihr auf der Klavierbank sitzend, ließ sich – das war eine Angewohnheit aus seiner Kindheit – unter den Flügel gleiten und legte sich auf den Bauch. Marita, von ihm gemahnt, weiterzuspielen, sah plötzlich, daß seine Schultern zuckten. Sie brach ab, kroch zu ihm unter den Flügel und hörte, wie er die ihr unfaßlichen Worte sprach: »Kannst du mir mal sagen, warum ich Idiot heirate?«
Aber zu einem Zurück war es viel zu spät.
Die Hochzeit – zu der übrigens von Gustafs Seite nur die Mutter erschien, der Vater und Marita waren infolge eines Autounfalls nicht reisefähig – verlief stimmungsvoll. Thomas Mann hielt eine Rede, bei der er die Schauspieler mit Leuchtkäfern verglich, die während des Tages unscheinbar wirken und erst des Abends leuchten. Am Ende der Rede bot er, für ihn war das schon etwas Besonderes, seinem Schwiegersohn das Du an. Bei dieser Gelegenheit flüsterte die Schwiegermutter Thomas Manns, Frau Geheimrat Pringsheim aus München, ihrem Mann zu, hier biete sich doch nun die Gelegenheit, auch seinem Schwiegersohn das Du anzubieten. Aber der winkte ab und meinte auf lateinisch, solche neumodischen Gepflogenheiten lägen ihm nicht.
Es folgte eine Hochzeitsreise – ausgerechnet nach Friedrichshafen, weil Klaus Mann einen Bekannten am Bodensee treffen wollte. Denn Klaus kam nämlich auf diese seltsame Hochzeitsreise mit, die dadurch nicht weniger originell wurde, daß sich auch Pamela Wedekind dem jungen Paar an-

schloß. Hier muß gesagt werden, daß ursprünglich eine Doppelhochzeit beabsichtigt war, daß auch, unglaublich wie es klingen mag, Pamela und Klaus ein Paar werden sollten. Da Klaus nicht mündig war, hätte ihn der bayrische Justizminister für volljährig erklären müssen. Trocken lehnte dieser ab: »Wenn einer nicht mündig ist, dann ist es Klaus Mann.«

In Friedrichshafen lernten die jungen Leute den Leichtathleten Hermann Kleinhuber kennen, der auf 800 m trainierte. Kleinhuber war ein gutaussehender Bursche, der weder etwas vom Theater noch von Literatur wissen wollte. Den Namen Thomas Mann kannte er natürlich und war geradezu erschüttert, daß er nun Tochter und Sohn des Großen kennenlernen durfte. Aber im übrigen war er eher erstaunt darüber, wie wenig die junge Frau sich um ihren Mann kümmerte, wie distanziert sie schien. Mehr als dreißig Jahre später sagte er mir darüber: »Sie kam mir vor, als experimentiere sie. Im übrigen schien sie auch jetzt noch mehr an ihren Bruder gebunden als an ihren jungen Ehemann.« Der junge Mann, GG nämlich, gefiel Kleinhuber auf Anhieb. »Er war natürlich.«

Die seltsame Hochzeitsreise zu viert oder, wenn man will, zu fünft, währte nur kurze Zeit. GG mußte nach Hamburg ins Engagement zurück. Für die Tage am Bodensee gilt, was er später oft sagte: »Ferien habe ich nicht gekannt.«

Und dann begann eine Ehe, die nicht gut ausgehen konnte. Denn die Partner waren zu ungleich: Gründgens wollte – endlich – die Ordnung auch im Alltag. Erika suchte das Abenteuer.

Sogleich meldeten sich Geldsorgen. Der junge Ehemann hatte sie bereits auf der Hochzeitsreise kommen sehen und von dort an die Eltern geschrieben: »Unsere Geldverhältnisse sind so, daß Eri zwar einen Teil beisteuert, aber daß im Grunde ich es bin, der die Kosten trägt. Dafür werden meine Hamburger Verpflichtungen (Wohnungsmiete zweihundertfünfzig Mark und Pension für die ersten zehn Tage, wo wir nicht im Hause wohnen können) von Erika erledigt. Nun kommen wir mit dem, was wir haben, hier nicht ganz aus. Ich brauche, inclusive Rückreise nach München, noch hundertfünfzig Mark. Das ist hart, nicht?

Das Geld aus Hamburg will ich zu unserer Reise dahin benützen und nach München schicken lassen. Wenn Ihr diese hundertfünfzig Mark auf irgendeine Weise bis zum 5. August auftreiben könnt, wäre mein Glück hier vollkommen. Eri ist herrlich gelöst und lustig, und sie soll diese drei Wochen nichts Unangenehmes haben. Es wäre auch *bestimmt* das Allerletzte, was ich noch von Euch brauchte. Ich sehe im Moment keine andere Möglichkeit, weil ja Eris Eltern, wenn wir zurückkommen, das ganze Geld für die Möbel geben und dazu meine Hamburger Verpflichtungen für den Anfang erledigen (Ich vergaß noch die hundert Mark für den Badeofen).«

I. Dienstvertrag.

Zwischen

dem Hamburger Kammerspiele G. m. b. H.

vertreten durch Herrn Direktor Erich Ziegel

und

Herrn, ~~Frau, Fräulein~~ Gustaf Gründgens

ist folgender Vertrag abgeschlossen worden:

§ 1

Das Mitglied ist für die Kunstgattung als Schauspieler und Regisseur

und für das Kunstfach ~~als~~ Beschäftigung im Rahmen des Vorjahres.

für ~~das~~ — die Erich Ziegel-Bühnen-Theater in Hamburg angestellt.

Die Bezeichnung des Kunstfachs wird durch das in der Anlage bezeichnete Rollengebiet ersetzt — ergänzt.

(Dieser Satz kann auch gestrichen werden, wenn das Kunstfach ausgefüllt wird.)

§ 2.

Der Vertrag beginnt am 1. September 1925

und endigt am 31 August 1926

§ 3.

Das Mitglied hat zu beanspruchen:

1. ein Gehalt von monatlich 650.— M. (in Worten sechshundertfünfzig M.)
   jährlich /. M. (in Worten /. M.)
2. Ein Spielgeld für jede Vorstellung, in welcher das Mitglied beschäftigt ist, gleichviel ob in einer oder mehreren Rollen im Betrag von /. M. (in Worten /. M.)
   Dieses Spielgeld wird monatlich / mal, jährlich /. mal, für die Dauer der Spielzeit /. mal gewährleistet.
3. Für die Mitwirkung in einer zweiten oder dritten am gleichen Tag stattfindenden Vorstellung eine Vergütung von 50 % M.
   der Tagesgage

§ 4.

Besondere Vereinbarungen über die Art und den Umfang der Leistungen:

Falls „Hamlet" zur Aufführung kommen sollte, hat Herr G. das Recht den „Hamlet" in der Premiere zu spielen.

»Eben kam die betrübliche Absage vom Vater, die ich ja auch leider voraussah.
Er kann es ja wohl sicher nicht, und es tut mir leid, daß ich ihn so presse.
Aber es ist zu dumm, nicht? Ich soll scheinbar nicht dazu kommen, ma ganz unbefangen zu genießen.
Da Du ja aber bisher immer noch einen Ausweg gefunden hast, schreibe icl Dir noch einmal.
Abgesehen davon, daß es eben sehr auf mir lastet, jetzt hier weg zu müssen und den erstaunten Schwiegereltern, die so viel für uns tun, weit vor der Zeit auf dem Hals zu sitzen, ist es auch von der psychologischen Seite der Sache sehr unglücklich; es ist zu schade für Eri, so die Ehe anzufangen, nicht? Gewiß wird sie sich darein finden, sie ist ja so vernünftig.«

Die möblierte Wohnung in Hamburg, in der auch die Wirtin hauste, war so unpersönlich, daß Struck, der oft erschien, um Gustafs Garderobe in Ordnung zu halten, noch dreißig Jahre später glaubte, das junge Paar sei nie aus der Pension ausgezogen. Mirjam Horwitz erinnert sich an ein riesengroßes Hindenburgbild, das eine halbe Wand einnahm; ebenso an einen Toilettenpapier-Behälter, der, wenn man das Papier abriß, ›Üb immer Treu und Redlichkeit!‹ zum besten gab.
Die erste Zeit in der Wohnung ließ sich gleich wenig gemütlich an. Erika war keine Hausfrau und fand auch nichts vor, um einen Haushalt zu führen. Gustaf hatte zwar ein Dienstmädchen engagiert, aber es mußte fast sofort ausscheiden, weil es ein Kind erwartete.
GG hatte jetzt ein Gehalt von achthundert Mark, laut Vertrag die Höchstgage, die sich automatisch erhöhen würde, wenn ein anderes Mitglied des Hauses mehr Geld bekam.
Aber die junge Frau Gründgens hatte immer ein wenig extravagant gelebt, das gehörte zu ihr, und das war bis dahin auch kein Problem gewesen: Thomas Mann zahlte. Hinzu kam, daß sie fand, Gründgens müsse froh sein, sie bekommen zu haben – eine Einstellung, von der sie sich um so weniger freimachen konnte, als er ihr das in seiner Verliebtheit täglich selbst beteuerte. Gemeinsame Freunde haben übereinstimmend ausgesagt, sie habe ihn in jener Zeit niemals vergessen lassen, daß sie die Tochter des großen Thomas Mann sei. Sie leitete daraus einen Anspruch auf Rollen her, die sie nach seiner und der Direktion Ansicht noch nicht spielen konnte, wie etwa die ›Turandot‹. Ruth Hellberg wurde dafür eingesetzt, worauf Erika kurzerhand um Urlaub einkam und abdampfte. GG war außer sich. Schließlich war sie doch engagiert, erhielt doch eine Gage!
Thomas Mann bewahrte ein Faible für Gründgens. Der junge Schauspieler

interessierte, ja faszinierte ihn, und er hat das noch in späteren Jahren gelegentlich geäußert. Dafür zeugen auch Briefe, wie jener an Erika zu Weihnachten 1926, in dem des Schwiegersohns besonders liebevoll gedacht wird und in dem sich auch der Satz befindet: »Ich hoffe, er hat Augen gemacht angesichts des Schlafrocks.«
Des Schlafrocks, den er ihm geschenkt hatte.

Beruflich war GG jetzt anerkannt, konnte spielen und inszenieren, was er wollte. So spielte er – schon im Herbst 1927 – den Cäsar in Shaws ›Cäsar und Cleopatra‹, eine Rolle, für die er zu jung war, und endlich, endlich, den ›Hamlet‹, was er sich so lange gewünscht hatte.
Aus der Kritik der ›Hamburger Nachrichten‹:
»Den *Hamlet* spielte Gustaf Gründgens. Wunder über Wunder: er spielte ihn einfach, schlicht, ohne jede Überreizung, ja, wenn ich nicht fürchtete, in seinem Busen wiederum stechende Dornen zu erwecken, würde ich sagen: er spielt ihn beinahe konventionell. Möge er nur bei dieser Konvention bleiben! Seine Leistung ist im höchsten Maße erfreulich; er hat vielleicht nicht die Leidensseligkeit, die Weichheit der Nuancen wie Moissi, dafür ist aber auch das Ganze weniger feminin. Das Organ gibt anscheinend heute nach so arger Überstrapazierung noch nicht alles wieder her. Aber das stellt sich schon wieder ein; ein paar der großen Monologe berechtigen zu den allerbesten Hoffnungen. Also Glückauf!«
GG war ein Star geworden, bewundert vor allen Dingen von seinen Kollegen. So etwa von Werner Hinz, der eben erst Mitglied des Ensembles geworden und von der Souveränität seiner Inszenierungen begeistert war. Oder vom jungen Hans Schalla, damals noch in Bremen engagiert. Er sprach in Hamburg vor und sah an einem Sonntag zwei Aufführungen, nämlich ›Dantons Tod‹ am Nachmittag und ›Die schöne Helena‹ am Abend, Gründgens als Danton und als Paris: »Eine Leistung, die mir ganz unglaublich erschien und die auch unglaublich war. Wo kommt es schon vor, daß der Oberregisseur eines immerhin ersten Theaters an einem Tag zwei so verschiedene Inszenierungen laufen läßt und zwei so grundsätzlich verschiedene Rollen spielt?«
Und endlich von Axel von Ambesser, zu der Zeit noch Schüler, aber ein fleißiger Besucher der Kammerspiele: »Gründgens war ein Grund dafür, daß ich mich für die Theaterlaufbahn entschied. Er war immer irgendwie sensationell, man hatte jedesmal, wenn er auf der Bühne stand, das Gefühl, einem außerordentlichen Ereignis beizuwohnen.«
Ambesser konnte noch nach fünfunddreißig Jahren über jede einzelne Gründgens-Rolle aus der damaligen Zeit berichten.

In der Zeit dieses außerordentlichen und wohl einmaligen Aufstiegs ereignete sich ein schlimmes Malheur.
Klaus Mann wollte damals ein zweites Theaterstück schreiben, und zwar eines, das Sensation machen und ihm viel Geld einbringen sollte – Geld brauchte er immer, darin glich er seinem Schwager. Die Sensation: seine Schwester, er und Pamela Wedekind sollten die Hauptrollen spielen, ein weiteres Dichterkind, Thea (genannt Mops) Sternheim, Dekoration und Kostüme entwerfen. Noch bevor die erste Zeile geschrieben war, bat er Pamela Wedekind, eine Tournee durch Deutschland und möglichst auch durch die Nachbarländer zu organisieren; dann fuhr er an die Riviera.
Pamela Wedekind bekam das Stück erst zu sehen, als die Proben beginnen sollten. Sie war entgeistert. »Klaus hatte da etwas heruntergeschmiert, was kaum spielbar war.«
Zumindest sie hatte ihren Ruf als Künstlerin aufs Spiel zu setzen. »Klaus war leichtsinnig, aber nicht unvernünftig. Man hätte ihm die Sache ausreden oder ihn zumindest veranlassen können, das Stück umzuschreiben. Aber Erika bestärkte ihn. Alles, was Klaus schrieb oder schreiben wollte, war für sie wundervoll.«
Es gab auch noch eine vierte Rolle. Erika wünschte, Gründgens solle sie spielen. Er war aber, wenn möglich, über das Machwerk noch entsetzter als Pamela. Er weigerte sich, mitzutun, ja, er versuchte, seiner Frau und seinem Schwager die Sache auszureden. Vergebens. Erika war in solchen Augenblicken unansprechbar. Sie drohte, so erzählte Gründgens später, mit sofortiger Trennung, wenn er den Spielverderber mache.
Es folgten schlimme Tage für Gründgens, denn er war ja ein von seiner Verantwortung erfüllter Künstler, und dieses Theaterstück war Dilettantenarbeit. Dadurch, daß sie die Aufführung erzwang, entpuppte sich seine Frau für ihn als Dilettantin. Es spricht für seine starke Zuneigung zu ihr, daß ihm das erst damals zum Bewußtsein kam.
Das Schlimmste war, daß diese ›Revue zu vieren‹ – so hieß das Stück – einen rein privaten Inhalt hatte. Klaus Mann versuchte hier, den Umstand, daß das Publikum immer begierig war, zu erfahren, was die Kinder Thomas Manns nun wieder angestellt hatten, auszuschlachten. Er steuerte schnurstracks und mit einer für ihn erstaunlichen Schamlosigkeit auf die pure Sensation als Selbstzweck zu. Besondere Pikanterie: Pamela Wedekind und Klaus Mann galten ja als verlobt.
Das einzige, was Gründgens zu erreichen vermochte, war, daß nicht er Regie führte – das übernahm Pamela Wedekind – und daß er nur die Uraufführung in Leipzig sowie die Aufführungen in Hamburg und Berlin spielte, während er auf der übrigen Tournee ersetzt werden mußte. Für diesen

Kompromiß diente ihm sein Kontrakt mit den Hamburger Kammerspielen als Vorwand.
Die Uraufführung in Leipzig, Anfang April 1927, wurde zum Skandal. In Hamburg, wo die Revue in der letzten Aprilwoche gespielt wurde, waren die Zuschauer und Kritiker gleichermaßen entgeistert. Der Kritiker des ›Hamburger Fremdenblatts‹, der von »ästhetischer Inzucht« sprach, billigte Erika »am ehesten echte Töne trotz unverkennbarem Dilettantismus« zu, Pamela Wedekind »Temperament ohne Mittel«, Klaus »nichts als Autopose ... Beim Ewigweiblichen hilft sich wohl die Natur selbst, aber der Junge! Bleibe dabei: Raus aus der Literatur! Sonst stehe ich, wie gesagt, für nichts!« Die Kritik endete mit der dreimaligen Forderung: »Raus aus der Literatur!«
GG wurde eingedenk seiner früheren Leistungen kaum erwähnt.
In Berlin, wo die Revue eine Woche lang in Reinhardts Kammerspielen gastierte, schrieb Werner Krauss mit Kreide an die Bühnentür: »Hier können Familien Theater spielen ...«
Die Kritiker fanden, sie könnten oder dürften es nicht. Herbert Ihering im ›Börsencourier‹: »... geschwätzige glatte Zeitschlagworte um Kunst. Keine Vokabel, die hier nicht vorgekommen wäre. Keine Tendenz, die Klaus Mann nicht streifte, manchmal ernst, manchmal ironisch – eine Abiturientenzeitung über Schullektüre ... Und schauspielerisch? Erika Mann wirkt damenhaft und distinguiert. Man wundert sich, daß sie diesen Betrieb mitmacht. Gustaf Gründgens ist ein glatter, undifferenzierter Schauspieler, Pamela Wedekind kann Worte darlegen, nicht eine Rolle spielen. Sie grimassiert körperlich und sprachlich. Von denen, die nicht zur Familie gehören – doch wer weiß es? – ähnelt einer einem Schauspieler: Hans Deppe als Photograph.«
Monty Jacobs schrieb in der ›Vossischen Zeitung‹: »Klaus Mann, Thomas Manns Sohn, zwanzig Jahre alt, hat für sich, seine Schwester Erika, seine Braut Pamela Wedekind und seinen Schwager Gustaf Gründgens eine Komödie geschrieben. Nur das Publikum, das zu dieser Überschreitung des Familiensinns eingeladen wurde, schien fehl am Platze. In Leipzig hat es gepfiffen. Bei uns wurde geklatscht. Retter waren also die Berliner, aus erzieherischen Gründen ist aber das Leipziger Verfahren vorzuziehen.«
Nur Gustaf Gründgens ließ er ungeschoren. »... den einzigen Schauspieler des Abends, trotzdem oder weil er nicht der Sohn, sondern nur der Schwiegersohn des Berühmten ist. Seine Kunst erfüllt die Hoffnungen, die der Anfänger einstmals im Theater in der Kommandantenstraße erweckt hat.«
Rückblickend stellte Klaus Mann später in seinen Memoiren fest: »Manchmal waren unsere Vorstellungen eher ein Kampf mit dem Publikum als eine zivilisierte Lustbarkeit. Wir ließen's uns nicht anfechten.«

Portugiesische Stadt

Von Gustaf Gründgens

Im weißen Dunst verschwätzter Nichtigkeiten
liegt heiß und steilgetürmt die bunte Stadt.
Im Schoß der vielen Worte, die sie hat,
versinken wir mit unsern Wichtigkeiten.

Und die auf ihren schmalen Treppen schreiten
umspielen uns verfiebert und doch matt
Wie Vögel, die man frech gefangen hat,
mit weiten Augen voller Seltsamkeiten.

Wie schmal und eilig sie vorübergleiten.
Ihr Abend kommt, bevor der Mittag naht.
Im Sommer fällt vom Baum das Blatt.
Mit Hell und Dunkel schwinden die Gezeiten.

Dieses Gedicht von Gustaf Gründgens
wurde in den ›Blättern der Hamburger Kammerspiele, Der Freihafen‹,
veröffentlicht. (Jahrgang 10, Heft 2)

GG ließ es sich anfechten. Die Kluft zwischen ihm und seiner Frau wurde unüberbrückbar, weil für ihn Theaterspielen ein Beruf war.
Eines Tages, es war nach Weihnachten 1927, reiste sie ab und kam nie wieder. Die Scheidung fand erst viel später statt, sie war aber schon damals unvermeidlich geworden. GG schrieb seiner Schwester Marita, die um diese Zeit auch in ihrem Privatleben Schwierigkeiten zu überwinden hatte: »Wir sind für alles begabt, nur nicht für *love affairs*.«
Nach der Abreise Erikas stellte sich heraus, daß Schulden vorhanden waren in einer Höhe, die selbst den in dieser Beziehung abgehärteten GG zur Verzweiflung brachten. Er sprach darüber mit Mirjam Horwitz, seiner Direktorin. Die hätte ihm gern geholfen, aber soviel Geld konnte das Theater nicht vorschießen. Es handelte sich, soweit sich Frau Horwitz später noch erinnerte, um mehrere tausend Mark – ein Vermögen für einen jungen Schauspieler. Wie vollständig das finanzielle Debakel war, geht unter anderem aus Briefen hervor, die eine Speditionsfirma noch bis in das Jahr 1930 hinein hinter Gustaf Gründgens herschickte, um eine monatliche Zahlung von zwei Mark anzumahnen für einen bei ihr eingestellten Schreibtisch, der schließlich, als die Gesamtrückstände von 29,75 Mark nicht bezahlt werden konnten, zur Versteigerung gelangte.
Gründgens rettete sich vor dem Drängen seiner Gläubiger auf verschiedene Weise. Da die Wohnung im Parterre lag und von draußen eingesehen werden konnte, kroch er manchmal, wenn sie nahten, unter einen Tisch. Um diese Zeit lernte er den jungen Erich Zacharias-Langhans kennen, der in einem winzigen Haus aus dem achtzehnten Jahrhundert an der Elbchaussee lebte, besser in einem der beiden Zimmer dieses Hauses – im anderen hauste das alte Ehepaar Krause, dem das Haus gehörte. Irgendwie brachte es GG fertig, die Krauses zum Umzug zu bewegen – die alten Leute konnten wohl seinem Charme nicht widerstehen –, und er zog in ihre Wohnung. Der Wohnungswechsel wirkte sich günstig aus. Die Beklemmungen der letzten Monate wichen von ihm, er zeigte sich zu allerhand Streichen und Scherzen aufgelegt, er lernte durch Langhans eine Anzahl von jungen Mädchen und jungen Männern kennen, tanzte, sang, schwatzte die Nächte durch, es war eine gute Zeit.
Im Sommer traf er Hermann Kleinhuber in Innsbruck, um mit ihm eine Fahrt mit dem Faltboot, den Inn hinunter, zu unternehmen. Es erregte einiges Aufsehen unter den anderen Faltbootfahrern, als er im piekfeinen Bademantel aus dem Hotel herauskam. Faltbootfahrer pflegten Buschhemden und Shorts zu tragen und, wenn sie ins Boot stiegen, eine Badehose. Sie begrüßten sich auch, wenn sie aneinander vorbeifuhren, mit »Heil!«. Gustaf fiel dieses damals noch ganz unpolitische »Heil!« entsetzlich auf die Nerven. Überhaupt war der Ausflug in die Natur, von dem er sich so viel

versprochen hatte, wenig erfolgreich. Er wurde, wann immer sie anlegten, entsetzlich von Mücken zerstochen und mußte sich sofort in den Bademantel hüllen. Die Fahrt sollte drei Tage währen und in Passau enden. Am ersten Abend aber, in Rosenheim, hatte GG schon genug, verabschiedete sich und nahm den nächsten Zug nach München.

Kleinhuber später: »Er hatte wohl keine richtige Beziehung zur Natur.«

Um diese Zeit hatte sich Gründgens bereits von Hamburg gelöst. Die Schulden, die ihm dort über den Kopf gewachsen waren, spielten dabei sicher eine Rolle, aber entscheidender war, daß Hamburg ihm nichts mehr bieten konnte. Die Presse bedauerte einmütig sein Fortgehen. Aus einem der vielen Abschiedsartikel: »Die Kammerspiele und Gustaf Gründgens waren eins in ihren Tugenden, in ihren Schwächen. Und man kann wirklich sagen, daß selten in der Welt des Theaters der Charakter einer Bühne und der Charakter ihres ersten Spielers sich so gedeckt haben. Das ernsthafte und gediegene, etwas altmodische Hamburg hat für die Kammerspiele und Gustaf Gründgens nie viel übrig gehabt. Was aber in Hamburgs Jugend an Rebellen, auch an Außenseitertum, an Ungebundenheit, an Fortschrittsbegeisterung existiert, das hatte seinen Kontakt mit den Kammerspielen und mit Gründgens, einen nicht immer ganz festen Kontakt, aber die Verbindung hielt, hielt viele Jahre hindurch.«

Die Rolle, mit der er sich verabschiedete, war seinem eigenen Wunsch zufolge der Hamlet. Das war keine zufällige Wahl. Noch bis kurz vor seinem Tode pflegte er zu sagen: »Wenn es eine Rolle gibt, in der ich erinnert werden will, ist es der Hamlet.«

Und nun? Es gab nur einen Weg, den nach Berlin. Es gab nur eine Stadt, die für ihn in Frage kam: Berlin. Er war überzeugt davon, daß die Triumphe von Hamburg sich in der Metropole des europäischen Theaters fortsetzen würden.

Es sollte ein wenig anders kommen.

FÜNFTES KAPITEL
Berlin

Später wurde immer erzählt, Gustaf Gründgens habe zwischen 1923 und 1928 nur in Hamburg gespielt. Dies war nicht der Fall. Er hatte Hamburg auch in der Zeit seiner größten Erfolge an den Kammerspielen nur als ein Provisorium, als ein Sprungbrett angesehen, oft die Fühler in andere Richtungen ausgestreckt, er hatte korrespondiert und gelegentlich Reisen unternommen, um über Engagements an andere Bühnen zu verhandeln. Freilich, es klappte nie.

Da erreichte ihn im März 1926 ein Telegramm von Max Reinhardt, der ihn bat, er möge ihn in seinem Salzburger Schloß Leopoldskron besuchen. Reinhardt war damals immer noch der unbestritten erste Mann des deutschen, ja, des europäischen Theaters, wenn auch freilich nicht mehr in erster Linie an Berlin interessiert, das er zur Theatermetropole gemacht hatte.

GG sah seine große Chance und fuhr nach Salzburg. Das Fahrgeld mußte erst durch Freunde aufgetrieben werden. Es kam zu einer ersten Unterhaltung mit Reinhardt, die mit einer großen Enttäuschung für GG begann: Reinhardt hatte ihn nie auf der Bühne gesehen. Das wäre für alle, die Reinhardt kannten und wußten, daß er Theater nicht gern besuchte, schon gar nicht fremde Theater, nicht weiter erstaunlich gewesen. Aber Gründgens kannte Reinhardt ja auch nicht, wußte nicht, daß dieser sich seine Schauspieler oft aus der finstersten Provinz – und das war Hamburg keineswegs – auf Rat von ofterprobten Agenten, manchmal auch gastierenden Schauspielern seines Theaters nach Berlin holte, um sie dann allerdings mit einem geradezu unheimlich sicheren Blick einzusetzen und zu entwickeln.

Reinhardt war von dem jungen Mann aus Hamburg – und das will etwas heißen – sogleich fasziniert. Er erkannte in ihm einen möglichen Nachfolger für den alternden Alexander Moissi und verpflichtete ihn an sein Theater in der Josefstadt in Wien für die männliche Hauptrolle, einer Art Casanova-Gestalt in Hofmannsthals ›Christinas Heimreise‹.

Dies war die Zeit, in der Gründgens und Erika Mann sich verlobt hatten, und so fuhr er denn mit ihr nach Wien. In dem gleichen Brief, in dem er von dort aus den Eltern seine Verlobung mitteilte, bemerkte er: »Hier geht alles seinen Gang. Reinhardt ist bezaubernd zu mir; er hat tolle Pläne; wenn er und ich nur die Hälfte halten, wackelt die Wand ...«

Reinhardt inszenierte indessen das Stück nicht selbst, und es war Gründgens bald klar, daß es sich vor allem darum handelte, Helene Thimig herauszustellen, seit vielen Jahren Reinhardts Lieblingsschauspielerin und Freundin, später seine Frau.
Die Premiere, am 23. April 1926, war kein Erfolg, und ganz gewiß keiner für Gründgens.
Vielleicht lag das an der Rolle, die allzu italienisch-romantisch angelegt war, vielleicht auch daran, daß der junge Schauspieler sich in einem Ensemble von Stars befangen fühlen mußte: neben ihm spielten außer der Thimig Gustav Waldau und Hans Moser, Adrienne Gessner und Oskar Homolka. Der Kritiker im ›Neuen Wiener Journal‹ meinte von Gründgens: »Bald sieht er alt aus, bald jung; bald gibt er sich kalt, bald warm; bald gibt er sich männlich, bald feminin; bald ist er anmutig, bald affektiert. Er hat irgendwo Linie und irgendwo Temperament, ist manchmal sehr schmeichelnd, das nächste Mal mehr lockend. Ein beflissener Redner, nicht immer ein Sprecher, dennoch interessant, aber nie packend.«
›Der Tag‹: »Gründgens als Florindo tat noch das Seinige, um den Sinn des Stückes umzukehren.« Die ›Neue Freie Presse‹: »Es stecken sicher viele Möglichkeiten in diesem begabten Schauspieler, ohne daß diesmal etwas Besonderes oder Endgültiges zum Vorschein gekommen wäre. Man muß abwarten.«
Gründgens später: »Am Ende des ersten Aktes mußte ich auf ein eben abfahrendes Schiff springen – auf dem sich Christina befindet. Dabei verfing ich mich in meinem langen, wallenden Mantel, ein bis dahin für mich sehr dekoratives Requisit. Jedenfalls fiel ich zu Boden, während das Schiff ohne mich abfuhr. Und das am Ende des ersten Aktes!«
Er sollte das lange nicht verwinden. Hier begann seine lebenslange Scheu vor komplizierten Kleidungsstücken, vor Requisiten, die im entscheidenden Moment möglicherweise nicht zur Hand waren oder die man fallen ließ.

Tief enttäuscht fuhr GG nach Hamburg zurück. Im September des gleichen Jahres führte er Verhandlungen mit dem Sächsischen Staatstheater in Dresden, dessen künstlerischer Leiter ihn unter anderem wissen ließ: »Was wir brauchen, ist vor allem jener Typus, der durch die alte Fachbezeichnung Bonvivant zwar nicht erschöpfend erfaßt, aber doch hinlänglich charakterisiert wird, wobei ich ausdrücklich betone, daß es sich nicht nur um den modernen, sondern auch um den klassischen Bonvivant handelt. Der Grundzug des Schauspielers, den wir suchen, müßte jedenfalls Liebenswürdigkeit, Charme, Leichtigkeit, Anmut und Geist sein, und er muß im modernen Salon- wie im Kostümstück gut aussehen und sich mit Sicherheit und Eleganz zu bewegen wissen ...« Aber: »Auf dem Gebiet des Liebhabers, des

Charakter-Liebhabers, des jugendlichen Helden oder des sogenannten Charakterspielers würde hier wenig für Sie zu erwarten sein.«
Gründgens sagte ab.
Ein halbes Jahr später hörte er vom Deutschen Theater in Berlin, Reinhardt wolle ihn wieder haben. Er fuhr Hals über Kopf in die Hauptstadt.
Am ersten Abend ging er in ein Revuetheater in der Friedrichstraße. Dort brachte Hubert von Meyerinck, in Frack und Zylinder lässig gegen die Balustrade gelehnt, ein Chanson zum Vortrag. Gründgens verließ das Theater tief deprimiert. »Einmal in meinem Leben möchte ich so elegant und leger wirken wie dieser Meyerinck«, sagte er.
Um diese Zeit war Meyerinck vor allem bei den Reinhardt-Bühnen verpflichtet, er wollte aber weg, weil er das Gefühl hatte, dort nicht recht zum Zuge zu kommen. Reinhardts rechte Hand, Gustl Mayer, warnte ihn: »Du glaubst, du bist unersetzlich! Aber ich sage dir nur das eine: Gustaf Gründgens aus Hamburg kommt zu uns!« Sie sagte es in einem Ton, der Meyerinck noch lange im Ohr bleiben sollte, er hörte darin die unausgesprochene Prophezeiung, GG werde ihn bald überflügeln. Mit dem ihm eigenen Freimut hat er später zugegeben: »Das hat Gustaf ja dann auch getan ...«
Gründgens hatte Gustl Mayer noch nicht gesehen, aber desto mehr von ihr gehört. Er traf sie nun, da er die ausdrückliche Weisung bekommen hatte, sich sofort mit ihr in Verbindung zu setzen. Dieses, man muß wohl sagen, historische Treffen fand in der alten Konditorei Rumpelmayer am Kurfürstendamm statt. Gründgens am Telefon: »Sie werden mich gleich erkennen, ich habe mir das Bein verstaucht.« Der Kontakt – das hat Gründgens oft erzählt – war sogleich da. Die Unterredung, die eine halbe Stunde dauern sollte, erstreckte sich über viele Stunden. Am Ende meinte GG mit einem entwaffnenden Lächeln, man sei ja nun eigentlich schon befreundet und er dürfe gestehen, daß er gänzlich abgebrannt sei. Ob sie ihm wohl mit zwanzig Mark aushelfen könne?
Sie konnte.

Berlin 1927: Täglich spielten rund vierzig Theater, drei Opernhäuser, zwanzig Varietés und Kabaretts. Es traten auf die Thimig und Werner Krauss, Max Adalbert und Peter Lorre, Fritz Kortner und Agnes Straub, Adele Sandrock und Renate Müller, Lucie Mannheim und Käthe Dorsch, Hans Albers und Fritzi Massary, Tilla Durieux und Alexander Granach, Elisabeth Bergner und Carola Neher, Paul Bildt und Max Hansen – Stars, Stars, Stars. Und Gründgens?

Man stellte ihm einen Vertrag mit den Reinhardt-Bühnen in Aussicht, aber er kam noch nicht zum Abschluß. Man hatte offenbar keine Verwendung für ihn. Zurück nach Hamburg. Glücklicherweise meldeten sich die Münchner Kammerspiele; er sollte dort den ›Liebestrank‹ von Frank Wedekind inszenieren und spielen, für eine Gesamtgage von zwölfhundert Mark, Reisekosten eingeschlossen. Der Vertrag lief auf zwei Monate. Die Aufführung wurde ein Mißerfolg, vielleicht, weil sich der Hauptdarsteller wieder einmal den Fuß verknackst hatte. Oder war dieser kleine Unfall eine unbewußte Fehlleistung aus Angst vor einem Mißerfolg?
Aber noch bevor das Gastspiel in München sein unrühmliches Ende fand, kam ein Brief vom Deutschen Theater in Berlin. GG wurde am 4. Juli, also zwei Tage nach Ablauf seines Münchner Kontrakts, in Berlin erwartet zu Proben für ein schon laufendes Stück, ›Der Prozeß der Mary Dugan‹, in dem er ab 8. Juli in zweiter Besetzung mitspielen sollte. Abendgage vierzig Mark, Probentage fünfundzwanzig Mark.
Dies war der nicht gerade rühmliche Beginn des Schauspielers Gründgens in Berlin, wenn man von den nun schon vergessenen Vorstellungen im ›Theater in der Kommandantenstraße‹ absieht.
Als Max Reinhardt am 6. September des gleichen Jahres auch noch das Berliner Theater übernahm und den ›Lebenden Leichnam‹ neu inszenierte, mit dem er um die Welt gereist war, wieder mit Alexander Moissi, *dem* Star des deutschsprachigen Theaters, der inzwischen längst aus dem Reinhardt-Ensemble ausgeschieden und nur noch gelegentlich in Berlin zu sehen war, durfte GG mitspielen. Das Programm verzeichnet ihn als »Afremow, ein Lebemann«. Er hatte eine Szene, vielmehr er trat innerhalb dieser einen Szene auf, und die Worte, die er zu sprechen hatte, wären auf einer Postkarte unterzubringen gewesen.
Tiefste Depression. Wie weit war es mit ihm gekommen? Aber während der Proben lebte er auf. Er sah Reinhardt inszenieren, und dies sollte für ihn ein unvergeßliches Erlebnis werden. Er erklärte sich sofort bereit, bei den Ensemble-Szenen, deren es viele in dem Stück gibt, als eine Art Regie-Assistent mitzuhelfen. Er hing an den Augen Reinhardts, er erriet jede seiner Intentionen und begann, sie in die Tat umzusetzen. Der große Regisseur hatte ihn völlig in seinen Bann geschlagen. »Für Reinhardt mache ich alles«, sagte er damals, »für ihn würde ich Bier holen.«
Reinhardt war stärker beeindruckt von Gründgens, als er zugeben wollte. Das große Publikum sah GG allerdings überhaupt nicht, die Kritiker schrieben über Moissi, daß er seit Jahren nicht mehr so gut gewesen sei, flehten Reinhardt an, für immer in Berlin zu bleiben, das ihn so notwendig brauche. Nur die ›Voss‹, immerhin eine der renommierten Zeitungen, bemerkte: »Das scharfe Profil der Nebengestalten gewinnt der Lebemann

Gustaf Gründgens.« Aber wie wenig war das, wenn GG an die Hamburger Triumphe zurückdachte.

Bitter mußte er feststellen: »In der Provinz geleistete Arbeit war bedeutungslos ... Nichts nützte mir meine fachliche Bewährung: es ging nicht weiter, es fing von vorn an ... Nach dem Abitur zurück in die Sexta.«

Dann bekam er eine wirkliche Chance, deren er freilich nicht froh wurde. Das Stück hieß ›Die Verbrecher‹. Wer sich hinter dem Autor Ferdinand Bruckner verbarg, wußte damals noch niemand – es war der in Berlin viele Jahre erfolglos wirkende Theaterdirektor Theodor Tagger –, und daß man das nicht herausfinden konnte, insbesondere da ›Bruckner‹ schon vorher einen Theatererfolg errungen hatte, machte die Sache geradezu sensationell.

Die zweite Sensation: Die Geschichte spielte im wesentlichen in sieben verschiedenen Räumen eines Berliner Hauses, die Bühne war also siebenfach geteilt; wenn eine Szene zu Ende ging, versank der Schauplatz in Dunkelheit, ein anderer leuchtete auf – damals war das ganz neu.

Die dritte und vielleicht entscheidende Sensation: Für die männliche Hauptrolle des Kellners Tunichtgut war Oskar Homolka verpflichtet worden, der in letzter Minute absagte. Man holte sich nun einen gewissen Hans Albers. Der war auf Revuebühnen und in zweitklassigen Operettentheatern bereits seit Jahren eine Art Berühmtheit, kam aber, so meinte man, als ernsthafter Schauspieler kaum in Frage. Hans Albers im Deutschen Theater! Die hohe Kritik vermochte es kaum zu glauben. Und er war es dann, der die Aufführung zum Erfolg führte. Hans Albers, der schon seit zehn Jahren an Berliner Bühnen gespielt hatte, war plötzlich »entdeckt«. Neben ihm eine Schar erlesener Schauspieler und Schauspielerinnen, vor allem Lucie Höflich, Mathias Wieman, Maria Fein – und Gustaf Gründgens.

GG war nicht glücklich in diesem Stück. Einmal, weil Max Reinhardt, der es inszenieren sollte, die Regie niedergelegt hatte, und zwar aus einem für ihn typischen Grund. Er hatte vorgehabt, das ganze Haus auf eine Art Lift zu stellen und es versinken und wieder emporkommen zu lassen. Bei den Vorbereitungen dazu wurde entdeckt, daß unterhalb des Deutschen Theaters ein kleines unbekanntes Flüßchen dahinplätscherte. Dieses Flüßchen hätte man umleiten müssen, was die Kleinigkeit von fünfzig- bis siebzigtausend Mark kosten sollte, ein Vermögen! Das Deutsche Theater war ein Privattheater, das Geld für solche Extravaganzen war einfach nicht zu bekommen. Also trat Reinhardt zurück, der noch relativ unbekannte Heinz Hilpert führte Regie. Er setzte sich mit dieser Inszenierung in Berlin völlig durch und sollte später nicht nur der Nachfolger Max Reinhardts, sondern auch ein Freund von Gründgens werden. Aber das konnte er damals noch nicht wissen.

Ein anderer entscheidender Grund für sein Mißbehagen war, daß er die Rolle eines sexuellen Verführers und Erpressers spielen mußte. Im Deutschen Theater fand man, er sei der rechte Typ. Und er war es wohl auch, und darüber hinaus vorzüglich in der Rolle, die freilich nicht allzu wichtig war. Er bekam auch vorzügliche Kritiken. Sie stellten fest, »daß Gustaf Gründgens unheimlich echt in der perversen bunten Seidenjacke wirkt«. Der um diese Zeit allerdings ungemein überschätzte Herbert Ihering meinte, der homosexuelle Otfried sei »zu bewußt charakterisiert«.
Aber die Tatsache, daß man nun in Berlin von ihm zu reden begann, befriedigte Gründgens gerade deshalb so wenig, weil er die Gefahr witterte, künftighin nicht als Schauspieler, sondern als Typ eingesetzt zu werden. Er sagte: »Ich habe ein Gesicht bekommen ... Aber ich habe nicht mein Gesicht.« Mit erstaunlicher Weitsicht ahnte er schon damals, was an Rollen auf ihn zukam: Herren in gut sitzenden Anzügen, Lebemänner oder auch Ganoven. Da er im Leben ein Monokel trug, würde man versuchen, ihn für Monokel-Rollen einzusetzen.
Aber war er nicht Hamlet gewesen? Hatte er nicht moderne Stücke und längst bewährte Klassiker gespielt? Sollte er von nun an nur noch nach seinem Gesicht eingesetzt werden, das heißt in Rollen, die nach Ansicht von nicht unbedingt phantasiebegabten Regisseuren oder Theaterdirektoren ein Gesicht wie das seine brauchten?
War er darum Schauspieler geworden?
Er sah sich um. Da war das Theater am Schiffbauerdamm, das gelegentlich Wagnisse unternahm – in Studioaufführungen am Sonntagvormittag. Man plante dort eine solche Aufführung von ›Orpheus‹ des in Deutschland noch unbekannten Jean Cocteau. Er bewarb sich um die Regie und erhielt sie. Aus dem Bestätigungsschreiben: »Auf ein Honorar haben Sie ebenso wie alle anderen Mitwirkenden keinen Anspruch, sondern nur auf eine Beteiligung an den Einnahmen.«
Lothar Müthel, ein junger Schauspieler, der sich schon durchgesetzt hatte, sollte die Hauptrolle spielen. Er war recht erstaunt, als er seinen Regisseur kennenlernte. Denn Gründgens, weit davon entfernt, sich äußerlich seriös zu geben, um vielleicht an seriöse Aufgaben heranzukommen, trug bei der ersten Verständigungsprobe – zwei Monokel.

Etwas später inszenierte und spielte er an den Kammerspielen des Deutschen Theaters ein unbedeutendes Gesellschaftsstück von Paul Geraldy, ›Der Unwiderstehliche‹, dann andere Gesellschaftslustspiele. Das waren alles Aufgaben, von denen er fühlte, daß sie seiner nicht würdig waren – und damit hatte er recht.

Dabei war es erstaunlich, daß GG, der so lange brauchte, um sich in Berlin als Schauspieler durchzusetzen, als Regisseur fast vom ersten Tag an akzeptiert wurde. Dies hatte viele Gründe. Der entscheidende war, daß es in Berlin kaum Regisseure gab für die kleinen, eleganten, ich möchte sagen lässigen Gesellschaftsstücke – jene, in denen er zu seinem Leidwesen auch immer wieder auftreten mußte; die großen Regisseure gaben sich mit derlei nicht ab. Der Gedanke lag nahe, daß Gründgens, wenn er in einer seichten Komödie, eine gewisse Eleganz entfaltend, auftrat, auch die anderen Mitspieler dazu bringen würde, nicht so zu wirken, als hätten sie ihre Fracks und Abendkleider von einem Kostümverleiher ausgeborgt.
Max Reinhardt war es, der immer wieder auf die Regiebegabung des jungen Schauspielers hinwies – er hatte sie ja im ›Lebenden Leichnam‹ beobachten können. Was GG als Regisseur sofort beliebt machte, war die Kunst seiner Menschenbehandlung. In jenen Jahren galt es als modern, daß die Regisseure ihre Schauspieler anschrien oder, wie man in Berlin sagte, »am Boden zerstörten«. Gründgens aber sah im Regisseur – zumindest in dieser ersten Zeit – vor allem den Kollegen. Hubert von Meyerinck sagte: »Er war einer von uns. Wir alle haben wunderbar mit ihm gearbeitet. Er hatte Einfälle über Einfälle.«
Ganz besonders verstand er sich darauf, Schauspielern oder Schauspielerinnen Rollen auszureden, die ihnen nicht lagen. Die bekannte Wiener Schauspielerin Ida Roland wollte in einer seiner Inszenierungen eine Rolle spielen, für die sie zu alt war. Er ließ sich bei ihr melden, wartete geduldig, während sie sich zurechtmachte, um ihn zu empfangen, stürzte, einen Blumenstrauß in der Hand, auf sie zu und erklärte: »Die Rolle können Sie nicht spielen, gnädige Frau, dazu sind Sie einfach zu jung!«
Die Roland spielte die Rolle nicht.
Die erste große Inszenierung von Gründgens fand im Januar 1930 im Theater am Nollendorfplatz statt, als ›Gastspiel des Deutschen Theaters‹. Es handelte sich um die Uraufführung von ›Menschen im Hotel‹ nach dem populären Roman von Vicki Baum. Vicki Baum erzählte später darüber, Gründgens habe sie darum gebeten, daß einer seiner Freunde in einer stummen Rolle mitwirken dürfe, und zwar in einer von ihm ausgebauten Szene, in der ein sympathischer adliger Hochstapler sein ganzes Geld beim Spiel verliert. Bei der Generalprobe habe dann besagter junger Mann sich plötzlich höchst unvorschriftsmäßig vom Spieltisch erhoben und sei mit einem Schrei an die Rampe getreten. Was er geschrien hatte, konnten weder Vicki Baum noch andere verstehen. Der junge Mann wurde entfernt. Es war GGs Jugendfreund aus Kiel, Hanns Böhmer, dem er eine Chance geben wollte.
Bei dieser Aufführung ereignete sich noch etwas sehr Bezeichnendes: Re-

gieassistent war ein Freund Gustafs, Charlie Forcht, ein reizender Kerl, der später nach Hollywood auswanderte. Er durfte auch eine kleine Rolle spielen. Zwischen seinen Szenen, wenn man sie so nennen kann, langweilte er sich und begann ein Techtelmechtel mit einer Schauspielerin. Dem hellhörigen Gründgens entging das nicht. Wütend brach er die Probe ab und schrie: »Im Theater nicht! Überall – aber nicht im Theater!«
Typisch für ihn. Das Theater war sozusagen geheiligter Boden.
Vicki Baums Stück spielte ausschließlich im Hotel. Doch wie Gründgens, die ganze Tiefe der Bühne und den Mechanismus der Drehbühne ausnützend, aus diesem Hotel eine Welt machte, war einzigartig. Vicki Baum: »Ich wußte gar nicht, daß ich das geschrieben hatte ...« Und die Schauspieler spielten unter ihm besser, präziser, auch erschütternder, als man sie je vorher gesehen hatte. Das galt für den bezaubernden Oskar Karlweis als Hochstapler, das galt für die bildschöne Margarethe Köppke, die bald darauf aus dem Leben schied, das galt in noch stärkerem Maße für die unbeschreiblich schöne Sybille Binder als alternde Tänzerin – es war die Rolle, die ein wenig später von der Garbo im Film gespielt werden sollte. Und dann war da noch der kleine Buchhalter aus Fredersdorf, der weiß, daß er in wenigen Wochen an Krebs zugrunde gehen wird und einmal ein paar schöne Tage in einem eleganten Hotel verleben will. Den spielte Paul Kemp, mit dem GG in Hamburg so oft gearbeitet hatte. Es wurde sein Durchbruchserfolg in Berlin.
Aber der entscheidende Erfolg gehörte doch der Regie. Die brachte es fertig, die alltäglichen Vorgänge – bewußt alltäglich – in einem Grandhotel zu erschütternden einmaligen Ereignissen hinaufzuzaubern. Es war kein Hotel mehr – sondern die Welt, die Schauplatz wurde. Es waren keine zufälligen Gäste, sondern Menschen, die da agierten, Repräsentanten der Menschheit mit ihren Wünschen, Sehnsüchten, Hoffnungen und Verzweiflungen.
GG war als Regisseur aus Berlin nicht mehr fortzudenken.
Genau zwei Monate nach ›Menschen im Hotel‹ gab es in den Kammerspielen eine neue Inszenierung von Gustaf Gründgens: ›Die liebe Feindin‹, eine Pariser Erfolgs-Komödie von A. P. Antoine, die auf einem Friedhof spielt. Dort unterhalten sich drei Männer, die um einer Frau willen ums Leben kamen. Einer hat sich erschossen, einer ist vom Schlag gerührt worden, der dritte hat sich für sie körperlich ruiniert. Man vermutete, die Sensation des Abends würde der eben erst entdeckte Hans Albers sein. Er war vorzüglich, aber die anderen Schauspieler waren es nicht minder, und die schöne Lily Darvas, die Frau Franz Molnars, hatte man so gelöst, so charmant kaum je gesehen. Da gab es noch eine kleine Rolle, die Tochter der liebenswürdigen Mörderin – und die wurde von Erika Mann gespielt, die zufällig im gleichen Haus engagiert war.

Sie war bezaubernd, alle Kritiker bestätigten es ihr, und obwohl ihre Rolle winzig war, hatte sie einen ganz persönlichen Erfolg. Um so verblüffter war GG, als sie ihm ganz nebenbei nach wenigen Tagen mitteilte, sie würde nur noch zwei Wochen spielen und dann mit ihrem Bruder Klaus in die Winterferien gehen. GG war fassungslos. Wußte sie denn nicht, daß dies ein Erfolg war, der vier Monate laufen würde? Ja, sie wußte es, aber sie hatte keine Lust, weiter zu spielen, und im übrigen solle er sich keine Sorgen machen, ihr Vater werde das schon mit dem Professor – das war Max Reinhardt – in Ordnung bringen.
Der vielgeplagte Thomas Mann sprach denn auch mit Max Reinhardt, und der erklärte sich bereit, die Rolle umbesetzen zu lassen.
GG später: »Von diesem Augenblick an wußte ich, daß Erika niemals ernsthaft eine Schauspielerin werden würde.«
Auch Reinhardt schien dieser Ansicht zu sein. Jedenfalls wurde das talentierte junge Mädchen – oder besser die junge Frau – nie mehr nach Berlin geholt.
Wenige Tage, nachdem Erika Mann ihren Entschluß bekanntgegeben hatte, erhielt GG einen Brief der Direktion, in dem man ihn bat, obwohl er viel zu tun hatte, wenigstens einige kurze Proben mit der jungen Schauspielerin abzuhalten, die für seine Frau einspringen wollte. Nur mit Widerstreben erklärte er sich dazu bereit. Der Name dieser jungen Schauspielerin, die ihm damals völlig unbekannt war und es noch eine Weile bleiben sollte, war Marianne Hoppe.

Niemand wußte besser als GG, daß er ein vorzüglicher Regisseur war. In dem gleichen Jahr 1930, in dem er seine beiden großen Inszenierungen machte, richtete eine Zeitung Umfragen an große Schauspieler, wer ihre Lieblingsregisseure seien. Werner Krauss schrieb über den Regisseur Max Reinhardt, Eugen Klöpfer über Karl Heinz Martin, Fritz Kortner über Leopold Jeßner, Heinrich George über Jürgen Fehling. Gründgens erklärte, der Regisseur, mit dem er am liebsten arbeite, sei er selbst.
»Zunächst ist er der Regisseur, mit dem ich am reibungslosesten arbeite, es gibt zwischen uns keine Meinungsverschiedenheiten. Probleme werden nicht erörtert, Auffassungen nicht diskutiert, Zwistigkeiten wissen wir zu vermeiden. Auf den Proben einigt man sich schnell und leicht auf der Basis der deutschen Grammatik. Man verliert auch bei der gesteigertsten Arbeit ungern den Boden unter den Füßen. Ein Fanatiker der Präzision, ist man ein geschworener Feind alles Zufälligen, Unklaren, Unkontrollierbaren.
Der Zuschauer soll verstehen, was der Schauspieler sagt. Der Schauspieler soll verstehen, was der Dichter sagt, und der Dichter soll verstehen, was

er selber sagt. Es ist die Zeit der Mißverständnisse, und manchmal schon hat jeder jeden so gründlich mißverstanden, daß am Ende ein Erfolg daraus geworden ist. Eindeutigkeit ist heute das Wichtigste. Eindeutig wird eine Sache, wenn an ihr alle Beteiligten einer Meinung sind. Das Erzielen dieser Eindeutigkeit betrachtet man als Hauptaufgabe. Man ist bestrebt, aus Stück und Schauspielern alles herauszuholen, was darin ist; um das zu erreichen, ist einem jedes Mittel recht, auch das der Verstellung. Beißt einer nur nach vorheriger Komplizierung an, erklärt man ihm seine Rolle bereitwilligst auch an Hand des Pythagoreischen Lehrsatzes.
Wenn man die einfachen und direkt zu Herz und Sinn sprechenden Schauspieler vorzieht, weil man mit ihnen reden kann, wie einem der Schnabel gewachsen ist, so findet man auch zu den vertrackteren und komplizierteren den richtigen Ton.«

Endlich, endlich durfte er eine große Rolle spielen: in dem Schauspiel ›Haus Danieli‹ von Alfred Neumann, und zwar den Großherzog, dessen Gemahlin – von der Dorsch dargestellt – ein Verhältnis mit seinem jüdischen Minister hat, den Fritz Kortner gab. Für den war das Stück eigentlich geschrieben. Aber er war mit dieser Bombenrolle nicht zufrieden. Jeden Tag wurde das Stück geändert, der Autor, der Regisseur Erich Engel und Kortner selbst bildeten eine unzertrennliche Gemeinschaft – Käthe Dorsch hat das oft erzählt – Kortners Rolle wurde immer größer und, wie zumindest die Dorsch fand, »immer schlechter«. Als man Gründgens seine Hauptszene streichen wollte, erklärte er: »Streichen? Sehr gut, aber dann bitte gleich auch meinen Namen aus dem Programm«. Soviel durfte er in Berlin immerhin schon riskieren.
Die Aufführung wurde ein katastrophaler Mißerfolg, erstaunlich, wenn man bedenkt, daß die Schauspielerin Käthe Dorsch bisher eigentlich jedes Stück über die Runden gebracht hatte; aber trotz des Durchfalls hatte Gründgens einen ganz großen persönlichen Erfolg als dekadenter, ängstlicher, nervöser Monarch. Er war, wie die Kritiker schrieben, sehr nervös und ängstlich – und das hatte einen besonderen Grund jenseits der Rolle. Bei seinem Auftreten fiel nämlich ein Sandsack vom Schnürboden herunter, direkt vor seine Füße. Wäre dieser ein paar Zentimeter näher gefallen, hätte er ihn erschlagen.
Gründgens spielte seine Szene zu Ende, aber ein Freund, der alles beobachtet hatte, wußte, welche Mühe ihn das kostete. Er stürzte hinter die Bühne, und als er die Garderobe von Gründgens betrat, fand er einen Trümmerhaufen. In seiner Empörung hatte Gründgens alle Lampen zerschlagen, alle Kleider von den Haken gerissen, den Spiegel demoliert. Ein Arzt, der

herbeigeeilt war, um ihm eine Beruhigungsspritze zu geben, wurde höchst unsanft hinausgeworfen. Zehn Minuten später war GG wieder ganz ruhig – aber eben doch nicht beruhigt; das Bewußtsein, daß er eben am Tod vorbeigegangen war, hatte ihn aus dem Gleichgewicht geworfen, das private Erlebnis wirkte sich in diesem Fall zum Vorteil der Rolle aus.

Zwei Monate nach ›Haus Danieli‹ durfte GG endlich eine der Rollen spielen, deretwegen er zum Theater gegangen war: die des Orest in ›Iphigenie‹. Es mußte einiges zusammenkommen, damit das möglich wurde. Helene Thimig hatte schon immer die Iphigenie spielen wollen, Max Reinhardt, ihr Freund, meinte, das sei unmöglich, hatte aber schließlich nachgegeben, sich allerdings geweigert, Regie zu führen. Da trat an seine Stelle der Wiener Dichter Richard Beer-Hofmann. Und der wollte nun ausgerechnet Gründgens als Orest. Da Reinhardt die Aufführung ohnehin als ein verfehltes Unternehmen abschrieb, gab er sein Einverständnis.

Es wurde ein ganz untheatralischer, dichterischer Abend, ganz leise, zart, behutsam. Indessen hatte von den Schauspielern nur die Darstellerin der Titelrolle Erfolg, Gründgens wurde von der Kritik als zu kühl und klar abgetan, und einer schrieb: »Er hat nie eine Mutter gemordet, noch weniger eine Erinnye gesehen.«

Anfang November: ›Elisabeth von England‹, das neue Stück von Ferdinand Bruckner, dessen Identität man jetzt kannte, wieder ein Stück mit geteilter Bühne. Auf der einen Seite sah man Elisabeth, von Agnes Straub brillant gespielt, auf der anderen Philipp II., den Werner Krauss so erschütternd gestaltete, daß die Nebenhandlung fast zur Haupthandlung wurde. Regie führte wieder Heinz Hilpert, der sich, neben Adolf Wohlbrück als jungem bildhübschem Liebhaber der Königin, Gustaf Gründgens als Francis Bacon holte.

Die Rolle des kalten, intriganten, unendlich klugen Höflings lag GG. Bis zuletzt, bis nach der Generalprobe beschäftigte er sich mit der Rolle, suchte den Dichter noch zwei Stunden vor der Premiere auf, schlug ihm minimale Änderungen vor, nicht etwa im Arrangement, dazu war er viel zu sehr Fachmann, nicht im Text, nur glaubte er, anders betonen, lauter oder leiser sein zu müssen. Bruckner wehrte sich, war aber schließlich überzeugt. Indessen gewaltige Aufregung im Deutschen Theater, weil Gründgens nicht erschienen war: niemand wußte, wo er steckte, bis jemand auf die Idee kam, den Autor anzurufen, der die erregten Gemüter beruhigte, Gründgens sei bei ihm und werde rechtzeitig im Theater sein.

Die Premiere fand am 3. November statt. Großer Erfolg. Schon am 10. November kam Gründgens mit einer eigenen Inszenierung in den Kammerspielen heraus, und noch vor Jahresschluß spielte er in einer Nelson-Revue am Kurfüstendamm mit.

Gleiche Überbeschäftigung im Jahre 1931: Ein neues Stück von Vicki Baum in den Kammerspielen, ein Film, die Inszenierung der Oper ›Figaros Hochzeit‹, die Hauptrolle in ›Dompteur‹ von Alfred Savoir im Theater am Schiffbauerdamm und dann eine große Rolle in dem berühmten Fritz Lang-Film ›M‹.

Der Film ›M‹ machte schon, noch bevor er im Mai 1931 uraufgeführt wurde, Sensation. Einmal, weil es sich um den ersten Tonfilm des damals unumstritten bedeutendsten europäischen Filmregisseurs Fritz Lang handelte, der mehr als zwei Jahre gezögert hatte, sich des neuen Mediums zu bedienen. Dann, weil allerhand Erschreckliches über das Thema des Films durchgesickert war. Es sollte sich um die Geschichte eines Mörders handeln. Wie grausam diese Geschichte war – es ging um einen perversen Kindermörder –, erfuhr man allerdings erst bei der Uraufführung.

Schließlich und endlich wurde ein junger Schauspieler dabei herausgestellt, der noch nie gefilmt hatte: Peter Lorre war von Wien nach Berlin gegangen und hatte bereits in einigen Rollen Aufsehen erregt, aber doch nur in kleinerem Kreis. Man hielt es für einen typisch Langschen Wahnsinn, einen relativ unbekannten Schauspieler mit der Hauptrolle eines Millionenfilms zu betrauen. Lang sollte recht behalten. Innerhalb von zwei Jahren war Lorre internationale Sonderklasse und wurde nach Hollywood geholt.

Neben dem Kindesmörder gab es eine Reihe von guten und ergiebigen Rollen, vor allem die der Führer der Berliner Unterwelt. Denn nicht die Polizei, die Unterwelt ist es, die den Mörder zur Strecke bringt, weil sie weiß, daß sie nicht ruhig »arbeiten« kann, ehe nicht dieser Mann aus der Welt geschafft ist. Für die Rolle des Führers der Unterwelt wurde der bekannte Schauspieler Hans Peppler engagiert, der aber noch vor Beginn der Aufnahmen starb.

Fritz Lang: »Die Umbesetzung mit Gründgens verlangte, obwohl keine Zeile Dialog geändert wurde, eine völlige Neuauffassung dieser Figur. Als ich die Rolle mit Peppler besetzte, schwebte mir eine typische Berliner Figur vor Augen, ein Geldschrankknacker, wie ich sie persönlich sehr gut kannte, ein typischer Berliner Junge, der in jeder Beziehung zu den anderen Berliner Verbrechertypen paßte.

Gründgens' Stil, seine Sprechtechnik, seine ganze Erscheinung stach so sehr von den anderen ›organisierten‹ Verbrechertypen (Fritz Gnaß als Einbrecher, Fritz Odemar als Falschspieler, Paul Kemp als Taschendieb, Theo Lingen als Bauernfänger) ab, daß unwiderstehlich und zwangsläufig die Idee, aus ihm einen internationalen Verbrechertyp zu machen, mehr und mehr Form annahm.

Abgesehen von seinem dominierenden Auftreten, seinem eleganten Äußeren und seinen schwarzen Handschuhen, welche im Zuschauer sofort die

Gedankenassoziation hochkommen ließen, daß dieser Mann nirgends einen Fingerabdruck hinterlassen würde, war nur ein Satz notwendig, um ihn von den anderen Verbrechertypen abzusetzen. Der Satz, der mir einfiel und den ich dem ursprünglichen Dialog zufügte, war: ›Der beste Mann zwischen Berlin und Frisco.‹«
Gründgens hatte nur eine allerdings große Szene, in der aber hauptsächlich die anderen sprachen, nur ganz zuletzt hatte er einzugreifen; aber er war als kalter Gangsterhäuptling mit steifem Hut, mit den bereits erwähnten schwarzen Handschuhen, mit dunklem Ledermantel, mit versteinertem Gesicht, atemberaubend, schreckenerregend – und unvergeßlich.

Am 22. September wieder einmal – zum letzten Mal – eine Rolle in einer Reinhardt-Inszenierung, in ›Kabale und Liebe‹.
Reinhardt hatte dieses sein Lieblingsstück schon sehr oft herausgebracht, immer mit anderen Schauspielern. Gründgens bekam die nicht unwichtige, aber keineswegs dominierende Rolle des Hofmarschalls Kalb zugewiesen.
Er hatte seine eigenen Ideen über diese Rolle. Der Kalb wird gemeinhin als ein alberner, um nicht zu sagen vertrottelter Höfling gespielt. Gründgens sagte sich nun, auf einen solchen Dummkopf könne die Residenz doch nicht jahrelang hereingefallen sein, ganz zu schweigen von Ferdinand, der unmöglich auf ihn hätte eifersüchtig werden können. Er entschloß sich daher zu einer Darstellung des Kalb als Lebemann, als einen weder dummen noch unfähigen jungen Mann, sondern einen, der sich vor allen Dingen amüsieren will, der nicht unattraktiv und dem durchaus zuzutrauen ist, daß er auf Frauen Wirkung ausübt.
Reinhardt, der die ersten Proben einem Stellvertreter überlassen und sich sodann mit den anderen Schauspielern beschäftigt hatte, war verblüfft, einen völlig neuartigen Kalb zu sehen, lächelte, begann dann zu lachen und fand die neue Auffassung der Rolle köstlich. Gründgens, irritiert, von Reinhardt nicht kritisiert zu werden, erkundigte sich bei denen, die den großen Regisseur besser kannten als er, ob er denn so schlecht gewesen sei? Der Rat der Reinhardt-Mitarbeiter: »Nichts anders machen, genau so bleiben.«
Die Aufführung war ein Riesenerfolg. Das Publikum klatschte noch eine halbe Stunde nach dem letzten Vorhang. Kein Wunder bei der Besetzung: Eugen Klöpfer als alter Miller, Lucie Höflich, vor nicht allzu langer Zeit noch die Luise Berlins, als seine Frau, ihre Tochter Ursula als Luise, die schöne Lily Darvas als Lady Milford, Rudolf Forster als Präsident, Wladimir Sokoloff als Wurm, Paul Hartmann als Ferdinand, Paul Hörbiger in der Episodenrolle des Kammerdieners. Aber keiner schlug so durch wie Gustaf Gründgens. Der Hofmarschall von Kalb war plötzlich eine Haupt-

rolle geworden. Man begriff, daß er am Hof ein Mann von entscheidender Bedeutung war und verstand, daß Ferdinand auf ihn eifersüchtig werden mußte.
Man hätte glauben sollen – und Gründgens glaubte es wohl auch –, daß er nun in Berlin durchgesetzt war. Er war es nicht, vor allen Dingen nicht, was Reinhardt selbst anging. Dieser große Zauberer, dieser Entdecker von Talenten war nach wie vor interessiert an dem jungen Mann aus Hamburg, hielt ihn aber für nicht geeignet, tragende Rollen zu spielen, geschweige denn große tragische Rollen. Er äußerte das auch gelegentlich, und Gründgens muß es erfahren haben.
Trotz seiner Erfolge wurde GG bei Reinhardt weiterhin aufs schlimmste vernachlässigt.

SECHSTES KAPITEL
Arbeit, Arbeit

GG hatte in Berlin ein neues Leben beginnen wollen. Los von der Boheme-Wirtschaft, geordnete Verhältnisse um jeden Preis.
Aber wie dies anstellen? Er lebte beständig von Vorschüssen. Der Bruder Reinhardts und Leiter seiner Geschäfte, Edmund, begann schon zu lachen, wenn seine Sekretärin von Gründgens sprach. Ganz automatisch kam die Frage: »Wieviel Vorschuß will er diesmal?« Um Edmund Reinhardt von seinem guten Willen zu überzeugen, unternahm GG etwas Ungewöhnliches. Er nahm eine Lebensversicherung in Höhe von zehntausend Reichsmark zugunsten des Deutschen Theaters auf, auszuzahlen im Falle seines Todes. Damit niemand Schaden erleide, falls er plötzlich stürbe, bevor er seine Schulden zurückgezahlt hatte.
Es sah allerdings so aus, als würde er sie nie zurückzahlen. Er verdiente viel, aber er gab viel aus. Schon zu Beginn seines Engagements bei Reinhardt kaufte er sich ein Auto. Die Anzahlung von zehn Prozent des Preises konnte er allerdings nicht leisten. Was tat's? Er verpfändete seine Gage. Die Folge davon: er hatte – zumindest vorübergehend – weder Wohnung noch das nötige Geld, um sich zu beköstigen. So ging er zu seinem Freund Herbert Grünbaum, den er schon aus Hamburg kannte, und fragte, ob er bei ihm schlafen könne. Selbstverständlich konnte er dort schlafen und auch essen.
Das Auto besaß er, aber den Führerschein noch nicht. Er hatte Todesangst vor der Fahrprüfung und erkundigte sich bei Wieman, was man alles gefragt werde. Wieman erzählte es ihm und fügte hinzu, daß nach allem Fragen, nach der Untersuchung auf Farbenblindheit und Schwerhörigkeit noch eine Untersuchung auf die Reaktionsfähigkeit folge: der Arzt schieße nämlich plötzlich eine Pistole ab und beobachte dann, ob der Aspirant erschrocken sei oder nicht. Gründgens war betreten. Er ging zur Fahrprüfung, und alles lief programmäßig ab. Nur, bevor der Prüfende überhaupt daran dachte, seine Pistole zu betätigen, rief GG gereizt: »Und nun schießen Sie doch endlich!«
Der Arzt mußte so lachen, daß er nicht mehr schießen konnte.
Die erste Berliner Wohnung war eine Mansarde in der Winterfeldstraße, ein Maleratelier. Schon nach wenigen Wochen spürte Gustaf, daß er es dort

nicht aushalten könne, und daß er es vor allen Dingen allein nirgends würde aushalten können. Er telegraphierte an Willi Struck, seinen Hamburger Garderobier, der alles stehen und liegen ließ und nach Berlin eilte, um dort sein Diener, seine Köchin, sein Mädchen für alles zu sein.
Man zog in die Bredtschneiderstraße am Bahnhof Witzleben in Charlottenburg. Aber Gründgens' Geld – meist zusammengepumptes Geld – reichte nicht annähernd aus, um diese Wohnung, bestehend aus einem großen Zimmer, einem Schlafzimmer und einem ganz kleinen Zimmer, in dem Struck wohnte, zu möblieren. Die paar Möbel, die herumstanden, schienen ganz zufällig hierher gelangt zu sein. In den fast leeren Räumen lagen Bücher auf dem Boden. Gründgens brauchte übrigens nur das Schlafzimmer und die Küche, in der er meist in Gesellschaft von Struck aß. Denn er war ja von früh bis spät beschäftigt.
Proben. Filmaufnahmen. Neue Proben. Auftreten. Kabarett. Dann nach Hause. Neue Stücke lesen. Neue Rollen lernen. Ein paar Stunden Schlaf. Am nächsten Morgen ging es wieder von vorn los.
Wenn er nach einem Probenvormittag oder aus dem Filmatelier nach Hause kam, war er völlig benommen. Willi Struck: »Da wurde alles dicht gemacht, da mußte er wenigstens eine oder zwei Stunden schlafen. Da durfte ihn nichts und niemand stören. Ich mußte ihn abschirmen.«
Natürlich ging das Telefon ununterbrochen. Irgend jemand wollte ja immer irgend etwas von GG, sei es, daß er hier oder dort auftrete oder inszeniere – »hier oder dort« bezog sich nicht nur auf Berlin, sondern auch auf München, Dresden und Hamburg. Trotzdem – Geld war nie vorhanden.
Willi Struck: »Es gab viel Arbeit, aber das Geld kam recht langsam herein.«
Infolgedessen kam der Gerichtsvollzieher recht häufig in die Bredtschneiderstraße. Es waren vor allem Hamburger Schulden, die er einkassieren wollte. Struck mußte den Mann »beruhigen«.
Der erste Vertrag mit dem Deutschen Theater vom 1. September 1929 bis zum 30. Juni 1932 sah eine Abendgage von fünfundsiebzig Mark vor. Im nächsten Jahr sollte die Gage auf achtzig Mark und im dritten Vertragsjahr auf neunzig Mark steigen, aber – dies ist nicht uninteressant – in diesem Vertrag befand sich bereits der Passus, daß die Vorschüsse im ersten Vertragsjahr mit monatlich hundert Mark zurückgezahlt werden müßten, im zweiten und dritten mit hundertzwanzig, bis sie abgegolten waren. Sie mußten also recht beträchtlich sein, und das, bevor der Vertrag überhaupt anlief.
Hinzu kamen Schwierigkeiten und Schreibereien mit der Hausverwaltung. Aus einem Brief des Hausverwalters vom Mai 1930: »Ich habe Ihnen seinerzeit stillschweigend gestattet, daß Sie in Ihrer Wohnung in meinem

Haus Bredtschneiderstraße 12 einen Hund halten. Dieser Hund hat jetzt verschiedentlich stundenlang gebellt, sodaß sich die Mieter, die mit ihren Wohnungen sowohl an der Vordertreppe als auch an der Hintertreppe Bredtschneiderstraße 12 liegen, bei mir andauernd beschwert haben. Außerdem hat Ihr Hund des öfteren die Hintertreppe beschmutzt, was einwandfrei festgestellt ist...«

Mit dem Schreiber dieses Briefes, einem Architekten, gab es bis in das Jahr 1932 hinein Unannehmlichkeiten. Gründgens schrieb etwa: »Ich wohne nun beinahe drei Jahre in Ihrem Haus und bin bestimmt unter Ihren Mietern der, von dem Sie am wenigsten gehört haben... Ich habe mich schon öfters über den Ton, in dem Sie Ihre Wünsche übermitteln lassen, geärgert und will es jetzt nicht mehr tun. Ich überweise Ihnen gleichzeitig die Februarmiete und bitte Sie, davon Kenntnis zu nehmen, daß vom heutigen Tage ab in allen schriftlichen, telefonischen und mündlichen Besprechungen mein Vertreter für Sie mein ständiger Anwalt... ist.«

Eine unerquickliche Korrespondenz mußte Gründgens auch mit Herrmann Hoffmann führen, einem der führenden Herrenmodengeschäfte Berlins.

Hierzu muß gesagt werden, daß GG sehr gern und sehr häufig neue Anzüge bestellte und sich darin zeigte. So zum Beispiel geschah es, daß ein Regieassistent der ›Komödie‹ oder des Theaters am Kurfürstendamm aufgeregt in eine Probe platzte und erklärte: »Alle müssen sofort ins Café Bristol hinüber! Herr Gründgens trägt einen neuen Fresko-Anzug!« Und in der Tat lief alles hinüber, um den neuen Anzug, der natürlich noch nicht bezahlt war, zu bewundern und daraufhin zu begießen.

Besagte Korrespondenz begann damit, daß GG gemahnt wurde, eine Zahlung von 2.122 Mark – wie viele Anzüge und Mäntel konnte man damals dafür kaufen? – zu leisten. Das war gegen Ende 1930. Wenig später mußte die Firma schmerzerfüllt feststellen, daß GG in einem Gesellschaftsstück Anzüge trug, die nicht von ihr geliefert waren. Warum? Sie hatte doch alles Menschenmögliche getan, um ihm dienlich zu sein!

Von nun an kam jeweils ein Brief an, in dem GG gemahnt wurde, eine nicht unbeträchtliche noch nicht bezahlte Summe doch nun endlich zu zahlen, und gleich darauf ein anderer Brief, in dem sich ein Prokurist der Firma darüber beklagte, daß Gustaf in einem neuen Stück in einem Anzug oder mehreren Anzügen aufgetreten sei, die nicht von der Firma Herrmann Hoffmann geliefert worden waren.

Die Firma Knize, zu der GG dann übergegangen war, die auch in London, Paris, Wien und Karlsbad Filialen unterhielt, hatte freilich ebensowenig Freude an dem neuen Kunden. Bereits am 4. September 1931 mußte sie monieren, daß 3.590,90 Mark nicht bezahlt worden seien. Kurz, Gründgens steckte in argen Schulden.

Das hinderte ihn aber nicht daran, Kollegen, denen es schlechter ging, zu helfen. Ein Brief vom Dezember 1930 bezeugt dies:
»Lieber Herr Gründgens! Sie waren so liebenswürdig und liehen mir in vergangener Woche fünfzig Mark. Ich war im guten Glauben, das heißt, die Vertrauensmänner des inzwischen geschlossenen Berliner Theaters versicherten uns, in den nächsten Tagen die Kaution vom Polizeipräsidenten zur Auszahlung zu bringen. Bis heute ist dies noch nicht erfolgt, da täglich dem Polizeipräsidenten neue Forderungen zugehen. Jetzt hat man uns bis Ende der Woche vertröstet, und zwar mit 25 % von der restlichen Gage meines Mannes. Ich traue mich infolge meiner Schuld bei Ihnen schon nicht mehr ins Theater, obgleich Sie mir momentan sehr viel geholfen haben, denn hätte ich die Summe von fünfzig Mark nicht bezahlt, so wären meine verpfändeten Möbel zur Versteigerung gegangen. Durch zwei empfindliche Pleiten in diesem Jahr (Renaissance-Theater und Berliner Theater) bin ich mit meinen Verpflichtungen in Rückstand gekommen und kann mich schwer erholen.
Ich bitte Sie, lieber Herr Gründgens, mir zu gestatten, daß ich Ihnen die Summe in Raten zahle, und zwar ab 15. Dezember.«
Der Brief zeigt, daß die allgemeine Krise längst auch die Theater erfaßt hatte.
Nicht nur den Kameraden mußte Gründgens helfen, sondern auch den Eltern, denen es um diese Zeit schon sehr schlecht ging. Die Schwester schreibt am 4. August 1931:
»Lieber Gui, wir hatten schon große Sorge um Dich, weil hier in der Zeitung stand, daß drei junge Herren im Auto in der Nähe von Paris verbrannt wären, und es hat nicht viel gefehlt, dann hätte Mutter ans Theater telegraphiert: drahtet ob Gründgens verbrannt. Ich hab' mir schon gedacht, daß Du unter den jetzigen miesen Geldverhältnissen leiden würdest, es steht ja wirklich lieblich in unserem ›herrlichen Staat‹. Vater hat seit Anfang Juli keinen Fetzen Geld mehr bekommen, und wenn Mutter ihre Stunden nicht hätte, würden wir am Flügel knabbern. Ich hab' mich aufgeschwungen und dem Rundfunk unsere Verhältnisse klargelegt, weil ich wußte, daß man sagte, die Gründgens hat's nicht nötig, Geld zu verdienen, und der Erfolg meines Briefes sind zwei Engagements, die mich in die Lage versetzen, die Augustmiete zu zahlen. Es ist zum Kotzen, daß ich niemals die Möglichkeit habe, hier rauszukommen, seit Jahren immer den miesen Dreh, aber froh macht mich nur, daß es mir möglich ist, Mutter durch mein Hiersein den ganzen Kram erträglich zu machen. Eigentlich warst Du Muis ganze Hoffnung, und sie war die ganze Zeit so glücklich über Deine nette Art, Dich mit ihr auszusprechen, und sie war so ruhig geworden, weil Du ihr helfen wolltest. Wie doppelt schade nun, daß es

Dir zunächst doch unmöglich sein wird, und wie gut, daß gerade jetzt ich einspringen kann ... Es ist so schade, daß man nur Unerquickliches berichten kann, aber Du darfst Dir unsere Lage ruhig so schwarz ausmalen, wie es eben geht. Übertreibungen sind unmöglich ... Wir hatten uns immer noch auf Deine Rückkehr hierher gefreut, na, vielleicht zu Weihnachten machst Du uns die Freude.«

Gründgens arbeitete wie ein Pferd, er arbeitete mehr, als er gedurft hätte. Das Resultat: er war ständig am Rand eines nervösen Zusammenbruchs. Er hätte mehr schlafen sollen, aber er war so erregt, daß er überhaupt nicht mehr schlafen konnte. So griff er zu Schlafmitteln, vorerst zu leichten, unschädlichen. Aber er mußte die Dosis vergrößern, um wenigstens schnell einschlafen zu können, denn er hatte ja so wenig Zeit. Von den letzten Kabarett-Vorführungen kam er kaum vor eins oder zwei zurück, und um acht mußte er wieder aufstehen, oder vielleicht schon früher, um eine Rolle zu lernen. Dann brauchte er starken schwarzen Kaffee, um wieder arbeitsfähig und rechtzeitig auf der Probe zu sein. Und obwohl er mehr und mehr Geld verdiente, stiegen die Schulden ständig.

Kollegen beneideten ihn. Hubert von Meyerinck, mit dem er sich schon längst angefreundet hatte, hielt ihm einmal vor, wie schnell er vorwärtsgekommen sei. Gründgens antwortete: »Ja, ich verdiene eine Menge Geld! Aber ich möchte fünfzehnhundert Mark auf einmal haben. Und das erreiche ich wohl nie!«

Er hatte das Gefühl, daß da irgend etwas nicht stimmte. Es war ein sehr richtiges Gefühl, Deutschland steckte ja in einer Wirtschaftskrise, und nicht nur Deutschland, sondern die Welt; die Zahl der Arbeitslosen stieg beständig. GG, kein Nationalökonom und politisch völlig desinteressiert, ahnte nur instinktiv, daß die Welt aus den Fugen war. Und je stärker sich dieses Gefühl – es war nicht mehr – in ihm vertiefte, um so größer war sein Wunsch, sich aus dem Leben mit seinen Realitäten in das Scheinleben der Bühne zu flüchten, denn dort stimmte ja alles. Auf das vorgesehene Stichwort öffnete sich die Tür, und herein kam die Person, die hereinkommen sollte. Das wirkliche Leben hingegen war voller Überraschungen, und die meisten davon waren unangenehm.

Die Bühne wurde ihm zur Rettung in doppeltem Sinn. Als Einnahmequelle und als die einzige Welt, in der es noch so etwas wie Ordnung gab. Ordnung aber war für ihn, der immer ein guter Bürger sein wollte – und diese Sehnsucht sollte ihn nie verlassen – das Allerwichtigste auf der Welt.

Die deutsche Filmindustrie – damals war sie noch eine, die gelegentlich gute, manchmal sogar große Filme produzierte – legte ihn in viel stärkerem Maße als das Theater auf einen Typ, den sie fälschlicherweise als den seinen ansah, fest. Er sollte nach Möglichkeit elegant, blasiert, verlebt sein, obwohl er knapp dreißig war, gleichgültig, ob er einen Ganoven darstellte oder einen Staatsanwalt.
Über seine Rollen im Theater, von denen schon die Rede war, ist dasselbe zu sagen: auch hier war er elegant, blasiert, meist mit Monokel bewaffnet, nur eben – ein bezeichnender Unterschied zum Film! – weniger kriminell denn albern. Nicht einmal in den kleinen Salonkomödien, in denen er so oft spielen mußte, durfte er die entscheidende Figur sein: immer war er derjenige, der ein bißchen gefoppt wird, der Betrogene, Hintergangene. In dem französischen Lustspiel ›Der Unwiderstehliche‹, in dem er 1929 mitwirkte, war er keineswegs die Titelfigur, sondern eben jener, dem der Unwiderstehliche, von Harald Paulsen unwiderstehlich gespielt, die Frau respektive die Frauen wegnimmt. Im ›Dompteur‹ von Alfred Savoir, der im März 1931 herauskam und in dem er zum ersten Mal mit Theo Lingen spielte, stellte er zwar einen Lord dar, der einem anderen die Frau wegnimmt, mußte dafür aber die gerechte Strafe erleiden: er wurde von einer Löwin gefressen. Es war alles ziemlich schrecklich.
Den einzigen Lichtblick jener Jahre, abgesehen von den erwähnten wenigen klassischen Rollen, brachte für den Schauspieler GG das Kabarett. Jawohl, das Kabarett holte ihn, überzeugt, daß ein junger, eleganter, blendend aussehender Herr Erfolg haben und bringen müßte. Und Gründgens sagte sich sehr richtig, wenn er schon nicht den Hamlet spielen durfte, wenn er schon dazu verurteilt war, stets elegant, blasiert und arrogant zu wirken, liege kein Grund vor, diese Rolle nicht auch mit einem Chanson abzutun. Das brachte nicht nur Geld, das sparte Zeit, denn in einem Chanson oder einem kurzen Sketch konnte er schärfer pointieren als in Theaterstükken, nicht zuletzt, weil die Kabarett-Revuen, die es damals am Kurfürstendamm oder in dessen Umgegend gab, geschrieben von Marcellus Schiffer, von Kurt Tucholsky, von Friedrich Hollaender, komponiert ebenfalls von Hollaender und von Rudolf Nelson und vor allem von dem jungen Mischa Spoliansky, diese kleinen amüsanten Werke, mochten sie nun ›Glück muß man haben‹ heißen oder ›Alles Schwindel‹, sehr viel amüsanter und vor allem ätzender und zeitkritischer waren als die albernen importierten Lustspiele.
Hier ging der Wunsch von Gründgens, so elegant wie Hubert von Meyerinck zu sein, endlich in Erfüllung und mehr als das. Er war tatsächlich für die Bevölkerung von Berlin W der letzte Schrei, wenn er im untadeligen Frack oder Smoking auftrat, das Monokel ins Auge geklemmt, oder

wenn er den Prinzen von Wales mit ein paar Worten, ein paar Gesten zeichnete und karikierte. Hinzu kam, daß er hochmusikalisch war und – für das Kabarett – über genügend Stimmittel verfügte.

Sein Leben war kaum noch ein Leben zu nennen, er hatte einfach keine Zeit und keine Kraft mehr zu etwas anderem als zu spielen, zu probieren, Regie zu führen, zu filmen, Kabarettnummern abzuziehen.

Dann wieder schien er sich darauf zu besinnen, daß er doch noch jung war, daß er überhaupt noch nicht gelebt hatte, und er begann zu bummeln wie in den Hamburger Zeiten, die schon so weit zurückzuliegen schienen. Man sah ihn in den bekannten Berliner Nachtlokalen, auch in Schauspielerkneipen. Man sah ihn mit Hubert von Meyerinck, auch mit Marlene Dietrich, die um diese Zeit stark im Kommen, aber noch nicht durchgesetzt war. Man sah ihn am Kurfürstendamm und in den Lokalen, die Hubert von Meyerinck rückblickend als ›Verbrecherkneipen‹ bezeichnete, was wohl eine Übertreibung sein dürfte. Immerhin, es handelte sich um einfache Lokale, ähnlich denen im Hamburger Hafen, wo er Leute aus allen Kreisen antraf.

Im Deutschen Theater und überhaupt überall dort, wo Gustaf Gründgens auftrat, machte man sich nicht geringe Sorgen ob solcher Eskapaden; man hatte die nie ausgesprochene Angst, er würde »verlorengehen«, das heißt eines Tages einfach nicht wiederkommen. Er kam aber immer wieder.

Es ist unmöglich, das turbulente Leben, das GG in den zwanziger Jahren führte, zu rekonstruieren. Er ging mit berühmten Kollegen aus und gesellte sich zu anrüchigen Existenzen in dunklen Kneipen. Er traf sich oft mit seinem Hamburger Freund Erich Zacharias-Langhans und mit ganz jungen Mädchen und Jungen, in deren Kreis es auf das unschuldigste zuging.

Und dann kam seine Bekanntschaft mit der großen, der ganz großen Welt, durch Vermittlung eines jungen Mannes, der jahrelang sein guter Freund sein sollte, Francesco von Mendelssohn, einem Abkömmling der berühmten Familie Mendelssohn, einem gut und ungewöhnlich intelligent aussehenden Jungen, der nicht nur unendlich reich war, sondern auch unendlich begabt – vielleicht zu begabt. Er spielte Cello und hätte eine große Konzertkarriere machen können. Aber eines Tages verging ihm die Lust dazu, weil es ihm nicht gelungen war, einen Platz in einem der damals besten Quartette zu erobern.

Außerdem verstand er viel von Kunst und besaß in dem Haus, das er zusammen mit seiner Schwester Eleonora bewohnte – im Grunewald, unweit der Stelle, an der Walther Rathenau erschossen worden war –, die schönsten Impressionisten. Er hatte Gründgens durch Max Reinhardt kennenge-

lernt, den er sehr bewunderte. Seine Sehnsucht war, Regisseur zu werden, und überhaupt war für ihn die Welt des Theaters eine Traumwelt, die ihn stärker fesselte als die Welt der Musik, obwohl er gerade in der Musik so Erstaunliches leistete.
Der junge Gründgens faszinierte ihn wohl vor allem, weil er das personifizierte Theater war. Und er beschloß, bewußt oder unbewußt, Gründgens zu »machen«.
Was Francesco nicht wissen konnte, war, daß GG zu den Menschen gehörte, die niemandem etwas verdanken wollen, am wenigsten einem Freund.
Schlimmer noch: Francesco hatte die Idee, den relativ Unbekannten zu lancieren, indem er ihn mit Berühmtheiten zusammenbrachte. Seine Parties im Grunewald waren berühmt und von Prominenten oder solchen, die es sein wollten, überlaufen. GG war entzückt, als er zum ersten Male das Haus des neu gewonnenen Freundes betrat, als er die mit den herrlichsten Bildern bedeckten Wände sah, die unbeschreiblich kostbaren und mit unfehlbarem Geschmack ausgesuchten Möbel. Später sagte er, seinen Hang zum Ästhetischen persiflierend: »Selbst auf der Toilette hing noch ein Toulouse-Lautrec.«
Aber es war eine Sache, den Freund zu besuchen, die erstaunlichen Reichtümer zu bewundern – dergleichen hatte GG in seinem Leben noch nie gesehen, er war bis zu dieser Zeit nie in ein so prächtiges Haus eingeladen worden –, und es war eine andere Sache, dieses Haus voller Leute zu finden. Selbst in jenen kurzen Perioden, da er gern mit Menschen zusammen war, verabscheute Gründgens nichts so sehr wie Parties, wie dieses zufällige Zusammentreffen von Menschen, die einander nichts zu sagen haben.
Immer wieder lud Francesco GG ein, immer wieder fragte dieser, ob man auch allein sein werde, bekam die entsprechende Zusicherung und fand später das Haus voller Leute, die sich auf den interessanten Gustaf Gründgens stürzten. Eiligst machte er kehrt. Als sich das ein paarmal wiederholt hatte, kam es zu einem Zerwürfnis zwischen den Freunden. Francesco beendete es auf die ihm eigene unendlich großzügige Art und Weise. Gründgens fuhr damals einen Talbot-Wagen, und er ging in des Wortes wahrster Bedeutung auf einer südlichen Bergstraße in die Büsche. Die Garagenbesitzer im nächsten Ort erklärten, es würde Wochen, wenn nicht Monate dauern, ihn zu reparieren, die Ersatzteile seien weder in Berlin noch anderswo in Deutschland erhältlich. Das war sehr schlimm.
Nach seiner nächsten Premiere erhielt Gründgens von Francesco, mit dem er damals gar nicht mehr so gut stand, ein kurzes Schreiben, er möge, wenn er aus dem Bühnenausgang trete, sich ein wenig umsehen. Es erwarte ihn eine Überraschung. GG war in der Tat überrascht, seinen reparierten Wa-

gen zu finden. Francesco hatte seine ausländischen Beziehungen spielen lassen, hatte – damals noch eine Seltenheit – dafür gesorgt, daß die Ersatzteile per Flugzeug nach Berlin kamen, was ein kleines Vermögen gekostet haben mußte; er konnte sich das leisten. GG war gerührt, daß er überhaupt daran gedacht hatte. Die alte Freundschaft war wiederhergestellt.
Ein dritter Kumpan gesellte sich zu den beiden, Christoph Bernoulli aus Basel, der in Berlin studiert hatte und sich mit Kunsthandel beschäftigte, ehe er Innenarchitekt wurde. Er sollte in den dreißiger Jahren eine entscheidende Rolle in GGs Leben spielen.
GG war nicht besonders interessiert an bildender Kunst und auch nicht kunstverständig, zumindest damals nicht. Francesco beschloß, dem abzuhelfen, und lud ihn zu einer Reise nach Italien ein. Sie wohnten eine Zeitlang in der kleinen, aber kostbar eingerichteten Wohnung Francescos in Venedig, deren Fenster auf den Markusplatz gingen. Francesco führte den Freund in Kirchen und Museen. Da er viel von Kunst verstand und es vermochte, Wissen und Eindrücke andern zu vermitteln, lernte GG in wenigen Wochen mehr über Kunst als die meisten nach einem Studium von Jahren. Natürlich kam ihm dabei zugute, daß er ein untrügliches Gefühl für Stil und Geschmack besaß und seine Tätigkeit auf der Bühne einen Sinn für Farben geradezu voraussetzte.
Schneller, als der Lehrer es vermutete, entwickelte der Schüler eine gewisse Eigenwilligkeit. Francesco erzählt, daß die Klassiker GG langweilten, daß er mit Raffael zum Beispiel überhaupt nichts anfangen konnte, hingegen die Maler um die Jahrhundertwende ihm viel mehr lagen. Und dies äußerte er auch offen und mit einer gewissen Erbitterung.
Immer wieder muß daran erinnert werden, daß GG anderen nichts verdanken wollte, auch wenn sie ihm gut gesonnen waren; dieser Komplex war in jungen Jahren entstanden, als der Vater, wenn er ihn um Hilfe bat, so oft versagt hatte.
Es kam dann zu einer regelrechten Szene, als Francesco, der nicht begriff, daß jemand ein schönes Bild, eine schöne Kirche, einen herrlichen Palazzo nicht begeisternd finden konnte, ihn zu immer neuen Besichtigungen anspornte. Eines Tages blieb, als das Boot vor einem Museum hielt, GG in der Gondel sitzen und schrie, wobei er die Augen schloß und die Daumen in die Ohren steckte: »Ich will nichts mehr sehen! Ich will nichts mehr sehen! Ich gehe in kein Museum mehr, ich gehe in keine Kirche mehr, ich will auch nichts mehr hören . . .!«
Dies war das Ende seiner ersten Italienreise.
Auch andere Reisen, von denen sich der überarbeitete GG eine gewisse Erholung erhoffte, verliefen nicht erfolgreicher. Er traf zum Beispiel seinen Freund Hermann Kleinhuber 1930 in Lindau – Zacharias-Langhans war

auch dabei – man fuhr ins Gebirge. Kleinhuber nannte die Berge beim Namen, und GG ärgerte sich. Er wollte die Namen nicht wissen, er haßte die Berge – zumindest behauptete er es: »Das soll die Zugspitze sein! Na wenn schon, mir nimmt sie nur die Aussicht weg!« Er haßte die heroische Landschaft. Er wollte in die Weite sehen. Für die Landschaften, die die meisten naturbegeisterten Menschen gering achten, für Wiesen, für Weideflächen konnte er sich begeistern. Er wünschte sich keine Erregung von der Natur, er wollte sich in ihr ausruhen, und es schien ihm, als wollten die anderen das nicht zulassen.

Ausruhen ... Ausruhen ... Berlin war so aufregend, Berlin war so anstrengend. Privat und beruflich. Es kam immer etwas Unerwartetes, womit niemand gerechnet hatte. Da erschien ein Mädchen aus Hamburg in Berlin, eine ehemalige Verehrerin, und warf sich nachts um zwei vor ein Auto. Glücklicherweise wurde sie nicht überfahren, aber der Polizei, die den Grund ihres sonderbaren Benehmens erfahren wollte, erklärte sie, sie liebe Gustaf Gründgens und sei, da er sich nicht um sie kümmere, in Verzweiflung geraten. Willi Struck mußte aufs Revier, ging mit dem Mädchen, das er von Hamburg aus kannte, die halbe Nacht spazieren, kaufte ihr Frühstück und setzte sie dann wieder in den Zug nach Hamburg.
Es konnte auch vorkommen, daß Mädchen auftauchten, von denen GG überhaupt nichts wußte, zum Beispiel eine Verehrerin aus Leipzig, die einige seiner Filme gesehen hatte und eines Tages nach Berlin fuhr, vor seiner Tür stand und dem perplexen Gründgens mitteilte, sie habe die Absicht, ihr Leben mit dem seinen zu vereinen. Auch diesmal gelang es Struck, die Dame abzuschieben.
Der junge Teo Otto, damals bereits am Berliner Staatstheater ein führender Bühnenbildner, der Gründgens anläßlich der Inszenierung des ›Figaro‹ kennenlernte, meinte, nur wenige Menschen hätten damals gewußt, wie es in Wahrheit um GG bestellt war, daß das Monokel, die Blasiertheit, »die Verworfenheit« – um Otto zu zitieren, der hinzufügte: »Aber das gehörte damals zum guten Ton« –, das »Ohrfeigengesicht« nur Maske gewesen sei, um sich die Menschen vom Leibe zu halten. Zuerst sei er, Otto, abgestoßen gewesen, er habe Gründgens für einen Snob gehalten – wohl die unsympathischste Eigenschaft für einen so sozialistisch eingestellten Mann, wie Otto es damals war –, bis er begriff, wie einsam Gründgens in jener Zeit war und wohl sein ganzes Leben lang blieb.
Überhaupt war GG damals voller innerer Widersprüche. Auf der einen Seite wußte er sehr wohl, was er konnte und wie man ihn unterschätzte. Auf der anderen Seite fieberte er bei jeder seiner zahlreichen Premieren

nach den Kritiken. Struck mußte ihm die Zeitungen holen und die entsprechenden Stellen anstreichen. Wenn die Kritiken schlecht waren, ärgerte er sich. Durch die Quantität seiner Arbeit, meinte er, den Erfolg erzwingen zu können. Er begriff nicht, was er später so genau wußte: daß man sich rar machen muß, um Erfolg zu haben. Wie gefährdet er war – künstlerisch gefährdet –, merkte er überhaupt nicht. Denn die schnellebige Stadt Berlin hatte sich schon oft sehr rasch eine Begabung übergesehen. Er hatte Glück, daß Berlin begriff, wer er war, bevor es sich GG »über-sah«.
Noch von einer anderen Gefährdung muß gesprochen werden. Schon damals begannen die Kopfschmerzen, die GG bis in die letzten Jahre seines Lebens begleiten sollten. Er dachte, sie seien die Folge ständiger Überarbeitung – daß sie mit seiner Konstitution zusammenhingen, konnten die Ärzte erst in den fünfziger Jahren feststellen – aber er hatte ja keine Wahl, er mußte zuviel arbeiten. Wenn er mehr schlafe, glaubte er, würden die Kopfschmerzen schon nachlassen. Infolgedessen begann er mehr Schlafmittel zu nehmen; bald verging keine Nacht, in der er, nach Hause gekommen, nicht Pillen schluckte – meist irgendein unschuldiges Zeug.
Aber die Kopfschmerzen waren am anderen Morgen wieder da.
Je mehr er arbeitete, um so verzweifelter versuchte er, wenigstens in der freien Zeit Ruhe zu finden. Die Eskapaden mit Freunden wurden immer seltener, die Schar der Freunde lichtete sich. Manchmal floh er vorübergehend aus Berlin, mietete etwa ein Haus am nahen Stölpchensee, hielt seine Telefonnummer geheim. Aber auch in der Freizeit hatte er Arbeit zu leisten: die Stücke, die man ihm schickte, die Rollen seiner Neuaufführungen zu lesen – zu lernen. Es gab Tage, ja Wochen, in denen er nur noch mit dem getreuen Struck sprach. Wenn GG in der Badewanne saß, setzte sich der auf den Toilettensitz und hörte ihm seine Rollen ab.
Schon kam es – er war knapp dreißig Jahre alt – zu den ersten Nervenzusammenbrüchen. Sie begannen mit entsetzlichen Kopfschmerzen, mit Migräneanfällen, die Erbrechen verursachten. Das einzige, was dann nützte, war, das Schlafzimmer abzudunkeln und völlig ruhig liegen zu bleiben. Aber konnte er ruhig liegen bleiben? Er wußte ja, in wenigen Stunden – und oft waren es nicht einmal Stunden – würde er ins Theater oder ins Filmatelier fahren und auftreten müssen. Also Mittel her, um den Schmerz zu betäuben. Mittel, um die Wirkung der Beruhigungsmittel, die er eben noch genommen hatte, aufzuheben.
Es war kein schönes Leben. Und das Schlimmste: er hatte es noch nicht einmal geschafft, war noch nicht an dem Ziel, wohin er gelangen mußte.
Freilich war er im Kommen. Er war längst nicht mehr der Geheimtip Max Reinhardts, er war der Geheimtip aller, die vom Theater und Film etwas verstanden. Er war umworben. Und wollte und brauchte doch Ruhe.

Zu Weihnachten nahm er keine der zahllosen Einladungen an, mit denen er überhäuft wurde. Er blieb zu Hause und beantwortete keinen Telefonanruf. Willi Struck mußte ihm kochen, was er gern hatte, und gemeinsam aßen sie in der Küche. Dann öffneten sie eine Flasche Schnaps, begannen zu trinken und Karten zu spielen.

SIEBENTES KAPITEL
Durchbruch

Lange bevor ihn Berlin als Schauspieler und Regisseur entdeckte, hatte er sich dort als Opernregisseur durchgesetzt. Schon Ende September 1929, also in seinem ersten Berliner Jahr, wurden drei Einakter in der Krolloper von ihm betreut: ›Spanische Stunde‹ mit der Musik von Maurice Ravel, ›Der arme Matrose‹, Text von Jean Cocteau, Musik von Darius Milhaud, und ›Angélique‹, Musik von Jacques Ibert.
Es war kein Zufall, daß es sich um drei streng moderne Werke handelte, die er inszenieren mußte, und auch keiner, daß die Krolloper ihm diese erste Chance gab. Sie war ein Institut mit einer langen Geschichte, hatte aber während der letzten Jahre brachgelegen. Der preußische Kultusminister entschloß sich erst 1927, den Bau im Tiergarten renovieren zu lassen und in ihm eine Volksoper einzurichten. Otto Klemperer, aus der Oper Unter den Linden verdrängt, wurde zum Leiter berufen. Er dachte nicht daran, Lortzing und Flotow zu spielen, wollte große moderne Oper machen – und holte sich Alexander von Zemlinsky aus Prag, einen sehr aufgeschlossenen Dirigenten, holte sich Gründgens und Legal als Regisseure und später Arthur Maria Rabenalt – für die Oper unbeschriebene Blätter. Als Bühnenbildner wurden Teo Otto und Caspar Neher verpflichtet. Der Erfolg: Innerhalb von zwei Jahren war die Krolloper die erste Oper Berlins. Damit war ihr Untergang besiegelt. Nach sechs Jahren gelang es den intrigierenden Bürokraten, ihre Schließung zu erreichen.
GGs erste Operninszenierung hatte Aufsehen erregt. Seine zweite Premiere, im Januar 1931, ›Figaros Hochzeit‹, zum hundertfünfundsiebzigsten Geburtstag von Mozart, machte Sensation.
Wie hatte Gründgens plötzlich so enge Beziehungen zur Oper gefunden? Nun, so plötzlich war das nicht. Wir erinnern uns: schon in frühester Jugend hatte er mit dem Gedanken gespielt, Sänger zu werden, war von der Mutter mit guter Musik sozusagen gefüttert worden. Mozart war immer sein großer Favorit. Das einzige, was er bedauerte, war, daß er nur inszenieren und nicht singen durfte. Aber während einer Probe übermannte es ihn, er übernahm für einige Minuten die Rolle des Grafen und sang, vielleicht nicht sehr schön und nicht sehr laut, aber vollkommen richtig das berühmte Rezitativ mit nachfolgender Arie aus dem dritten Akt: »Der

Prozeß schon gewonnen? Ha, was hör ich? Also war dies ein Fallstrick?« Und: »Ich soll ein Glück entbehren, das mir ein Knecht entziehet, die Wonne, die mich fliehet, er soll sich ihrer freu'n?«

Die Oper bot ihm eine willkommene Chance, sich als Regisseur zu beweisen. Hier waren keine sogenannten Auffassungen möglich, hier war nichts der Willkür anheimgestellt, hier gab es eine Partitur, die alles festlegte, vor allem das Zeitmaß: die Sänger konnten nicht, wie Schauspieler es zu tun beliebten, unkontrollierbar lange Gänge unternehmen, Pausen einschalten, hier – gegen den Sinn des Stückes – ganz schnell werden, dort – wiederum gegen seinen Sinn – zu langsam, gar nicht zu reden vom Zu-laut und Zu-leise.

Der Opernregisseur hatte einfach eine vernünftige und der Musik entsprechende Ausdeutung vorzunehmen, was aber nicht besagte, daß er im Klischee steckenbleiben mußte. Ein Beispiel, wie es bis dahin auf Opernbühnen zuging und welche Schwierigkeiten er auch bei Sängern zu überwinden hatte, weil er entschlossen war, daß es bei ihm anders werden sollte, berichtete Gründgens später in einem Artikel über jene Figaroinszenierung:

Sänger: Herr Regisseur, bitte sagen Sie mir für den f Dur-Teil noch ein paar Bewegungen.

Regisseur: Ich weiß nicht, welches der f Dur-Teil ist.

Sänger: (er wird schon überlegen) Oben auf Seite hundertfünfzehn.

Regisseur: Meinen Sie die Stelle, wo Sie die Untreue Ihrer Frau erfahren?

Sänger: (obstinat) Ja, von dem a ab.

Regisseur: (gibt es auf) Kreuzen Sie die Arme über der Brust!

Sänger: (sehr überlegen) Die Arme über der Brust? Herr Regisseur, das ist doch der Pizarro!

Regisseur: (erschreckt) Pizarro? was soll das?

Sänger: (heiter) Ach, Sie kennen Fidelio nicht?

Chor: (lacht) Der Regisseur kennt den Fidelio nicht.

Also: er weiß nicht, daß Arme verschränken das angestammte Recht des Pizarro ist.

Gründgens konnte keine Partituren lesen, was in den Augen der ihm anvertrauten Sänger wesentlich schlimmer war als die Unfähigkeit der meisten Opernregisseure, Regie zu führen. Aber er hatte Ideen und setzte sie durch. Sein ›Figaro‹ war nicht ein lieblich-sentimentales Singspiel, sondern eine Begebenheit, die sich gewissermaßen fünf Minuten vor zwölf abspielte, ein Tanz auf dem Vulkan. Das wollte er inszenieren.

Es gab auch für ihn keine Partien, es gab für ihn nur Menschen, und schließlich imponierte er seinen Künstlern noch durch seine frappierende Fähigkeit, eine Figur zu zerlegen, zu erklären, verständlich zu machen. Er hatte einen guten Mitstreiter in dem blutjungen Bühnenbildner Teo Otto; die

Zusammenarbeit war freilich technisch schwierig, weil GG jeden Abend spielte. Otto erinnerte sich später daran, daß er Gründgens in seiner Garderobe im Deutschen Theater aufsuchen mußte, um, während der sich schminkte und umzog, das Grundsätzliche mit ihm zu besprechen.

»Es war leicht zu verstehen, was er wollte. Er wünschte, daß die Oper von der realistischen Seite her angepackt wurde, also keine idealisierte Rokokoangelegenheit. Wir gingen von der Frage aus: Wer ist der Graf? Ein heruntergekommener, nicht mehr sonderlich potenter und aktiver Mann, der im Grunde genommen das Erbe seiner Väter vertut. Alles ist leicht verkommen. Die Kulissen mußten also ein vernachlässigtes Schloß darstellen, die Kostüme ein bißchen schmuddelig sein, ein wenig aus der Mode gekommen.«

Was GG mit dem Chor trieb, war neuartig und frappierend. Ausgehend von der Feststellung, es handele sich ja hier um Bauernmädchen, ließ er sie unbeholfen auftreten, unbeholfen oder auch gegen den Takt tanzen. Ja, er setzte sogar durch, daß sie ein wenig mit dem Ton ausrutschen durften. Das war noch niemandem eingefallen, das hatte noch niemand gewagt.

Die Aufführung wurde ein Sensationserfolg. Ganz Berlin sprach von diesem neuen ›Figaro‹ und von einer jungen Sängerin, die Gründgens bereits in den Einaktern beschäftigt hatte. Die Tschechin Jarmila Novotna sang und spielte den Cherubin. Bis dahin hatten auf den großen Opernbühnen meist nicht mehr ganz junge und füllige Damen den Pagen dargestellt – nun stand vor dem Publikum ein Mädchen, das nicht nur sehr hübsch sang, sondern bezaubernd aussah, eine rassige Schönheit und von knabenhafter Schlankheit.

Die Zuschauer verliebten sich Hals über Kopf in sie. Auch GG tat es. Er wollte überhaupt nur noch mit ihr arbeiten, er wollte überhaupt nur noch mit ihr zusammen sein. Er deutete seinen nahen Freunden Heiratsabsichten an.

Aber es kam zu keiner Zusammenarbeit mehr. Als die Novotna ihre große Rolle, die Marie in der ›Verkauften Braut‹ von Smetana, spielte, führte nicht Gründgens Regie. Dann inszenierte Max Reinhardt mit ihr die ›Schöne Helena‹ am Kurfürstendamm ... Es war eine seiner großen Offenbach-Aufführungen mit Hans Moser, damals noch recht unbekannt, als Menelaos und Egon Friedell als Kalchas – er sprach fast nur griechisch –, mit Hubert von Meyerinck und einer seiner persönlichen Entdeckungen, Friedel Schuster, als die beiden Ajaxe, und, natürlich, mit der Novotna in der Hauptrolle. Erst damals ließ GG der schönen Frau gegenüber seine Absichten durchblicken. Es war zu spät. Sie stand dicht vor der Verlobung mit einem anderen. Als Hitler kam, ging sie sofort in die Emigration – aus politischen wie aus rassischen Gründen.

Die Oper hatte Gründgens entdeckt. Er hatte die Oper entdeckt. In den nächsten Jahren ging er, wann immer er Zeit fand – viel Zeit hatte er ja nicht –, in die Oper. Manchmal nur zu Proben. Er setzte sich, auch später, als er bereits Generalintendant war, in den zweiten Rang und hörte sich wenigstens einen Akt an, um dann wieder zu verschwinden. In dem grundsätzlichen Artikel nach dem ›Figaro‹ schrieb er: »Die schon so oft totgesagte Oper trat im letzten Jahr immer mehr in den Mittelpunkt des deutschen Kunstlebens. Während die Schauspielhäuser veröden, gewinnt die Oper von Premiere zu Premiere ein größeres Publikum. Dieser eigentlich überraschende Erfolg liegt tief in unserer Zeit begründet.

Die Oper ist heute der reinste Ausdruck des l'art pour l'art, hinter dem sich der größte Teil der Menschen vor dem Alltag zu verstecken sucht. Sie lenkt ihn ab, sie erschüttert ihn, sie erhebt ihn – außerhalb seines realen Lebens. Er, der den ganzen Tag gezwungen ist, Stellung zu nehmen, darf hier ungestört seiner Phantasie und seinen Sehnsüchten freien Lauf lassen.

Der Theaterabend soll heute keine Fortsetzung eines von Sorgen zerrissenen Tages sein, er soll in eine andere, bessere Welt entführen, deren Sorgen und Kümmernisse den unseren nicht gleichen und zu ihnen wunderbarerweise in gar keiner Beziehung stehen.

Vor solchen Assoziationen sind wir in der Oper geschützt. Hier lassen sich keinerlei Parallelen ziehen, hier drängen sich keine unliebsamen Vergleiche mit dem Alltag auf, hier wird man nicht eher in die Wirklichkeit zurückgerissen, als bis der Vorhang fällt.

Die Oper ist völlig irreal und der Urform des Theaters am nächsten.

Zu dieser für die Oper glücklichen Konstellation kommt noch, daß die Oper aus ihrer *splendid isolation,* ihrem publikumsfremden Konservatismus heraustrat und neben dem Hörer auch an den theaterkundigen Zuschauer zu appellieren versuchte.

Die einseitige Überbetonung des Musikalischen ist im Laufe der Zeit immer mehr ins Hintertreffen geraten. Der Kapellmeister war bisher nicht nur Herr des Orchesters, auch der Szene. Der Erfolg war eine immer intensivere Ausbildung des rein Gesanglichen, während die Vorgänge auf der Bühne immer dilatorischer behandelt wurden.

Während so mit Werktreue musiziert wurde, behalf man sich im Szenarischen mit für den heutigen Bühnenmenschen geradezu kindlichen Mitteln. Man übersah eines: daß der musikalisch nicht so gebildete Durchschnittsbesucher zunächst sich primitiv an die Vorgänge auf der Bühne hält. Werden sie ihm undeutlich, erlahmt sein Interesse. Er gibt es auf, sich anhand der Musik zurechtzufinden und langweilt sich respektvoll bis zum Schluß durch.

Die neue Oper setzte mit der Wiederbelebung des Szenarischen ein. Man

redete sich, was Opernregie angeht, bisher auf einen dekorativen *Al fresco*-Stil heraus. Man belebte die Szene von außen, statt aus ihrem inneren Verlauf. Man versuchte, Milieu zu geben, gab Rokoko statt Mozart.
Man sah also gesungene lebende Bilder.
Der Sinn für das Darstellerische wurde beim Sänger nicht geweckt, und wo äußerliche Ansätze vorhanden waren, wurden sie nicht gefördert. Das ging so weit, daß die Sänger nicht mehr die Situation, die Rolle spielten, sondern nur noch ihre musikalischen Einsätze.«
In der Folgezeit nahm er jeden Auftrag einer Operninszenierung an. Man hat rückblickend fast das Gefühl, daß eine Flucht in die Oper stattfand, deren Partitur die Möglichkeit ausschloß, auf Irrwege zu geraten.
Im Dezember 1931 ›Cosi fan tutte‹, musikalischer Leiter Klemperer, Kostüme und Dekorationen abermals Teo Otto. ›Cosi fan tutte‹ war damals sozusagen abgeschrieben. Eine Kritik, die immerhin in der ›Vossischen Zeitung‹ erschien, lautete: »Die Akten über ›Cosi fan tutte‹ sind längst geschlossen. Aber es reizt unsere Opernmenschen immer wieder, zu versuchen, dem Werk einen ins Breite gehenden Erfolg zu sichern – was der Kritiker für unmöglich hielt. Gründgens reizte es ebenfalls und es gelang ihm auch, das in Musik gesetzte Lustspiel zu zeigen.« Er war – mit Hilfe Ottos – ganz

realistisch. So spielte zum Beispiel die erste Szene, in der die Männer beschließen, ihre Freundinnen auf die Probe zu stellen, in einem verrauchten Café, die Stühle waren bereits aufeinandergestellt, es herrschte Aufbruchstimmung.
Wenige Wochen später, Ende Januar 1932, diesmal Unter den Linden, ›Die Hugenotten‹. Diese Oper war längst als sogenannter »großer Schinken« aufgegeben worden. Gründgens ging an die Inszenierung dieses Schinkens heran, als sei er überhaupt noch nie aufgeführt worden. Er war wieder ganz realistisch. Beim Festmahl wurden dampfende Schüsseln hereingebracht – feierlich im Takt. Während der berühmten Koloraturarie der Königin spielten zwei Damen Federball, ebenfalls im Takt der Arie, was hübsch war und ganz im Stil blieb. Die Szenen wurden aus der Musik heraus entwickelt. Niemals trat der Chor auf, sondern immer einzelne Menschen.
Ein paar Monate später der ›Rosenkavalier‹. Gründgens: »Man suchte einen Regisseur, der den ›Rosenkavalier‹ nicht kannte ...«
Lotte Lehmann spielte ihre damals bereits berühmte Marschallin. Aber so eindringlich, so erschütternd war sie in der Rolle noch nie gewesen. Und überhaupt war alles ganz anders als sonst.
Gustav Brecher, Operndirektor in Leipzig, schrieb nachher einen Brief an GG, in dem es unter anderem hieß: »Ich kann Ihnen nur sagen, daß sehr vieles, nämlich das, was mit den vorhandenen Mitteln eben zu erreichen war, mir ganz außerordentlich gefallen hat: Charakter der 1. Dekoration z. B., Anordnung des Levers, Ankunft des Rosenkavaliers im 2. Akt, das sind alles Dinge, die man fortan gar nicht mehr anders gestellt sehen möchte. Vollends aber, als endgültig beste Lösung überzeugend, der ganze dritte Akt. Ich muß sagen, daß ich mich sonst im dritten Rosenkavalier-Akt immer herzlich langweile. In Ihrer Aufführung bedeutet er den Höhepunkt des Ganzen; die nicht gerade sehr präzise, sondern etwas flüchtige, auseinanderfallende Behandlung dieses dritten Aktes durch den Autor hat durch Sie eine glänzende Revision erfahren. So etwas ist nun wirklich, um das viel mißbrauchte Wort anzuwenden, ›selbstschöpferische, neuschaffende Tätigkeit des Regisseurs‹.«

Um diese Zeit war GG bereits ein Star – und hatte sich von Reinhardt gelöst. Das geschah Ende 1931. Die Legende sprach später von einem Bruch, von einem Brief, in dem GG Reinhardt geschrieben haben sollte: »Ich löse meinen Vertrag, dessen Erfolge mich diskreditieren.«
Nun, dieser Brief ist nie geschrieben worden. So sprach man nicht mit Max Reinhardt, und dazu lag in GGs Falle auch nicht die geringste Veranlassung vor. Er hatte im Grunde genommen auch nichts gegen Reinhardt,

den er als großen Regisseur verehrte. Was ihn in jener Zeit bestürzte, war die Weltfremdheit des Theaters im allgemeinen, etwa die Tatsache, daß ein Kommunist, wie Piscator, mit dem Geld von Kapitalisten, wie etwa dem des Brauereidirektors Ludwig Katzenellenbogen, seine zur Revolution auffordernden Inszenierungen liefern durfte, daß Heinrich Mann es Rudolf Nelson – einem verdienten Mann der Kleinkunstbühne – erlaubte, eines seiner Stücke aufzuführen; daß überhaupt niemand begriff, welchen Zeiten man entgegenging.

Die Lösung von Reinhardt erfolgte letzten Endes, weil dieser Gründgens keine echte Chance gab, weil GG nach den Erfahrungen in Wien nicht mehr an ihn glaubte. Sie fand nach einer besonders verunglückten Reinhardtinszenierung von ›Hoffmanns Erzählungen‹ im Großen Schauspielhaus statt, ungefähr das Billigste und Schlechteste, was Reinhardt je gemacht hatte. Er nahm übrigens den Wunsch des jungen Schauspielers, sich von ihm zu trennen, mit dem ihm eigenen liebenswürdigen Gleichmut auf. Später sagte er: »Es war wohl eine Generationenfrage ...«

Gründgens aber ging auf die Suche nach anderen Möglichkeiten. Ironie des Schicksals, daß ihm der Durchbruch ausgerechnet in einer Operette gelang, vier Wochen nach der Premiere der ›Hugenotten‹, im Februar 1932. Es handelte sich um das Werkchen ›Liselott von der Pfalz‹, das für Käthe Dorsch geschrieben worden war.

Die erste Schauspielerin Berlins ging von Zeit zu Zeit zur Operette zurück, von der sie ursprünglich gekommen war, teils, weil es ihr Spaß machte, teils, weil sie damit sehr viel Geld verdiente. Sie spielte fast immer in einem der zahlreichen Theater der Gebrüder Rotter. Die waren ein Kapitel für sich, ein trübes Kapitel, diese Brüder Rotter, die Theater um Theater aufkauften und sie dadurch zu füllen suchten, daß sie ein paar große Stars, die Dorsch oder Richard Tauber, Fritzi Massary, Max Hansen oder Gitta Alpar, herausstellten. Ihre Vorliebe galt den sogenannten historischen Operetten. Sie meinten, und sie hatten nicht einmal unrecht damit, das würde die Leute noch am meisten interessieren. Und so hatten sie nun bei dem vorzüglichen Operettenkomponisten Eduard Künnecke eine Operette über die bekannte deutsche Prinzessin bestellt, die am Hofe Ludwigs XIV. eine so interessante Rolle spielte. Gründgens sollte ihren Mann spielen, den Herzog Philipp von Orléans, Monsieur genannt, der – das ist historisch verbürgt – sehr zum Kummer seiner Frau fast nur mit Knaben lebte. In der Operette war es natürlich anders, er betrog seine Frau mit anderen Damen, kam aber schließlich zu ihr zurück.

Gründgens las das Libretto, schauderte und schrieb sich zwei neue Chansons. Als er sie auf der Probe vortrug, war das Entzücken allgemein. Die Dorsch verlangte von ihm, daß er unbedingt auch ihr ein Chanson schreiben solle, was geschah. Gründgens erfuhr erst kurz vor der Premiere, daß er gelegentlich von der Bühne herunter auf einen Laufsteg treten solle, um von dort seine Chansons oder seine Aperçus anzubringen. Entsetzt erklärte er, so etwas mache er nicht, niemals, er sei doch schließlich ein seriöser Schauspieler. Und dann ließ er sich doch überreden, es einmal zu versuchen – und war begeistert. Seinem Freunde Langhans und anderen berichtete er, nur so gewinne man Kontakt mit dem Publikum. Am liebsten wäre er gar nicht mehr vom Laufsteg heruntergegangen.

Als sich die Premiere näherte, kam GG mit einer seltsamen Bitte zur Dorsch. Sie hatte kontraktlich ausgemacht, daß längs der Hauptfront des Admiralpalastes eine Lichtreklame anzeigen würde: ›Käthe Dorsch in Liselott von der Pfalz‹. Ob es nicht heißen könne: ›Käthe Dorsch und Gustaf Gründgens in Liselott von der Pfalz‹? Die Dorsch überlegte nicht lange, sie fand, der Kollege habe eine solche Auszeichnung verdient. Sie fuhr zu den Brüdern Rotter. Die wollten erst nicht. Dann stimmten sie zu, aber nur, wenn Gründgens mit der Gage heruntergehe. Die Dorsch mußte eine Szene machen – darin war sie Meisterin –, um für GG die gewünschte Reklame zu erreichen. Übrigens sollte sie es nicht bedauern. Gründgens war seit dieser Premiere ein ebenso großer Erfolg wie die Dorsch. Sein berühmtes Chanson »Es ist ja nicht zu fassen, ich liebe meine eigene Frau ...« wurde bald von ganz Berlin gesungen.

Es war der große Durchbruch für GG. Nicht so sehr als Schauspieler denn als Kassenmagnet. Von diesem Tage an bis zu seinem Tod war er eine Publikumsattraktion.

Er fühlte sich schon vorher als Star. Sein Diener Willi Struck erzählt, daß ihn zwar GG in die Generalprobe bestellte, er aber wie alle übrigen hinausgeschickt worden war, da die Brüder Rotter letzte Umstellungen vornehmen wollten. Er kehrte also in die Garderobe zu Gründgens zurück. Gründgens stürzte auf die Bühne, unterbrach die gerade laufende Szene und schrie: »Wenn Struck nicht hereinkommt, trete ich nicht auf!«

Struck durfte wieder in den Zuschauerraum.

Da Gründgens im ersten Akt nicht auf der Bühne stand, hatte es sich eingebürgert, daß man wartete, bis er das Theater betrat, und dann erst begann die Vorstellung. Einmal geschah es, daß er während der Hinfahrt einen schrecklichen Migräneanfall erlitt, in der Garderobe zusammenbrach und es aussah, als werde er nicht spielen können – nicht an diesem Abend und nicht an den folgenden. Ein Arzt wurde geholt. Injektionen. Schließlich stand GG wieder auf den Beinen. Rochus Gliese, sein Freund, der die Dekorationen entworfen hatte, wurde vom Arzt dahin informiert, daß Gründgens auf keinen Fall allein nach Hause fahren dürfe. Er selbst müsse sich ans Steuer setzen. Gliese aber konnte gar nicht fahren. Gründgens,

mehr tot als lebendig, erklärte dem Freund, was er zu tun habe; Gliese schloß: »Irgendwie sind wir dann doch nach Hause gekommen ...!«
Nach Hause: das war jetzt nicht mehr die Mansarde, nicht mehr die unmöblierte Wohnung in der Bredtschneiderstraße, auch nicht die von GG vorübergehend bezogene Wohnung am Kaiserdamm, sondern eine Villa, ein ganzes Haus in der Hagenstraße 31a, in Berlins bester Gegend, im Grunewald. Wenig später zogen die Eltern mit zu ihm, da der Vater ohne alle Einkünfte war.
Ein Chauffeur wurde engagiert, der gleichzeitig Hauswart war. Geldsorgen gab es nicht mehr. Die Gagen kletterten beständig, hinzu kamen die Regiehonorare und die Filmgagen. Gründgens konnte nun in dem Stil leben, den er als ihm gemäß empfand.
Elegante Möbel wurden angeschafft, Gründgens gab Einladungen, »empfing«, wie er es ironisch nannte, und Struck, der mit ihm schlimme Tage durchgemacht hatte, stellte sich völlig um. Er begriff, daß nun repräsentiert werden mußte, daß GG zu Hause alles so perfekt inszeniert sehen wollte wie auf der Bühne. Da war auch der bereits erwähnte Hund, übrigens ein Schäferhund, und da Gründgens nicht wünschte, daß das Tier in einer gewöhnlichen Hundehütte wohnte, wurde ihm ein kleines Zimmer reserviert.

Seit 1930 wuchs in Deutschland die schleichende Theaterkrise bedrohlich an, und insbesondere die Staatstheater, das heißt die vom Staat subventionierten Theater, wurden von ihr erfaßt. Schlimmer als die Oper, die aus Prestigegründen erhalten bleiben mußte – das sahen selbst verzweifelte Finanzminister ein –, war das Schauspielhaus am Gendarmenmarkt betroffen. Auch künstlerisch. Das zeigte sich, als der von den Sozialdemokraten unterstützte Leopold Jeßner, den man nach der Revolution von 1918 nach Berlin geholt hatte, im Zuge der immer radikaleren Orientierung nach rechts gestürzt wurde. Seitdem gehörte das Theater in den Verantwortlichkeitsbereich von Heinz Tietjen, dem außerordentlich geschickten Leiter des Opernhauses, der als preußischer Beamter unabsetzbar und nur dem Kultusminister unterstellt war.
Als er eines Tages von seiner Sekretärin erfuhr, die Einnahmen des vorhergehenden Abends im Schauspielhaus beliefen sich auf zweihundertsechzig Mark, wußte er, daß etwas geschehen müsse. Man bot Max Reinhardt an, dieses Theater und die Dependance, das Schillertheater in Charlottenburg, zu übernehmen. Er sollte eine Mark Pacht pro Jahr zahlen; man war darüber hinaus bereit, ihm Zuschüsse zu gewähren – aber er lehnte ab, er hatte keine Lust, nachdem er so viele Jahre sein eigener Herr gewesen war, jetzt abhängig von Behörden zu werden. Die Situation wurde immer brenzliger,

das Schillertheater mußte geschlossen werden, bald auch die Krolloper, und der Preußische Finanzminister forderte sogar die Schließung der ebenfalls von ihm subventionierten Theater von Kassel und Wiesbaden.
Da Tietjen keine Chance sah, einen Direktor zu gewinnen, von dessen Namen bereits ein Aufschwung hätte erwartet werden können, versuchte er, wenigstens Attraktionen an das Theater zu holen. Werner Krauss hatte schon unter Jeßner am Staatstheater gespielt und war nun bereit, soweit es seine anderen Verpflichtungen zuließen, zurückzukehren. Gelegentlich einer Vorstellung am Deutschen Theater hatte Tietjen Gründgens gesehen und bewundert und schlug ihm einen Vertrag mit dem Staatstheater vor.
Gründgens sagte zu, obwohl Tietjen nicht annähernd das zahlen konnte, was Privattheater ihm bewilligten. »Ich arbeite bei Ihnen bereits um hundert Prozent billiger als in meinem festen Vertrag bei Reinhardt . . .«, ließ er ihn in seinem ersten Schreiben wissen, das übrigens noch vor der ›Figaro‹-Inszenierung verfaßt wurde. Am 9. Juni 1932, also fast anderthalb Jahre später, war es schließlich so weit, und Tietjen durfte veröffentlichen: »Herr Gründgens ist für die erste Hälfte der kommenden Spielzeit als Regisseur und Darsteller an das Staatliche Schauspielhaus und die Staatsoper verpflichtet worden. Für die zweite Hälfte ist zunächst je eine Oper- und Schauspielregie in Aussicht genommen.« Im gleichen Brief stellte Tietjen fest, es sei noch nicht sicher, ob Gründgens im ›Faust‹ als Hauptdarsteller oder als Regisseur fungieren würde.
Erstaunlich schnell ergab sich ein enger persönlicher Kontakt zwischen den beiden Männern, was um so bemerkenswerter war, da Tietjen als unnahbar korrekter Beamter galt und Gründgens, der nun gar nicht »seriös« wirkte, ihm also nicht liegen konnte. Aber er fühlte die eminente künstlerische Potenz des anderen. Gründgens wieder spürte, daß er mit dem Mann offen reden konnte. Er brauchte damals – der große Erfolg von ›Liselott‹ hatte sich noch nicht ausgewirkt – wieder einmal dringend Geld. Tietjen entriß dem fassungslosen Finanzminister zehntausend Mark und fügte in einem Schreiben, wie es damals wohl für einen Beamten einzigartig gewesen sein dürfte, hinzu, selbst ein Vorschuß von fünfzigtausend Mark bedeute bei einem Manne wie Gründgens kein Risiko.
GG, der wohl nie ernstlich daran geglaubt hatte, gerade von dieser Seite Geld zu erhalten, begann sich nun für Tietjen und darüber hinaus für das Räderwerk der Staatstheaterbetriebe zu interessieren. Er erschien des öfteren in den Büros, ließ sich von den Sekretärinnen das eine oder das andere erklären, war zu einer Zeit, da er vor Filmverpflichtungen nicht wußte, was er zuerst tun sollte, auf Wochen und Monate hinaus alle paar Tage einige Stunden gelehriger Schüler. Dies wiederum erstaunte Tietjen, der nur zu gut wußte, daß Schauspieler und Sänger sich für das, was sie »Bürokram«

nennen, nicht interessieren. Er begriff nicht, warum Gründgens, der doch viel Geld verdiente, nie welches hatte, wollte die Gründe wissen, erfuhr sie zwar nie, ahnte aber das eine oder andere und riet dem viel Jüngeren: »Sie müssen Ihr Leben ändern!«
Den wahren Grund dafür, daß GG schließlich mit dem Staatstheater abschloß, ahnte auch er nicht. Gründgens kränkte sich ganz einfach darüber, daß er in Berlin noch nicht dazu gekommen war, klassische Rollen zu spielen. Und eigentlich nur die erwartete er von einer Übersiedlung an den Gendarmenmarkt.
Gleich die erste Sache ging schief. Die Hauptrolle in ›Gabriel Schillings Flucht‹ von Gerhart Hauptmann, die ihm versprochen war, spielte ihm Werner Krauss weg. Dafür erreichte er nun definitiv, daß er den ›Faust‹ nicht zu inszenieren brauchte, wohl aber den Mephisto spielen durfte. Ja, in dem endgültigen Vertrag hieß es sogar, daß ›Faust II‹ für späterhin in Aussicht genommen sei.

Im Spätherbst 1932 begannen die Proben zu ›Faust I‹. Den Faust sollte Werner Krauss spielen, das Gretchen eine in Berlin unbekannte Schauspielerin, die sich in München einen gewissen Namen gemacht hatte, Käthe Gold, von Krauss vorgeschlagen. Die Regie übernahm Lothar Müthel, der bis dahin im wesentlichen als Schauspieler gewirkt hatte.
Keiner begriff so früh wie Gründgens, daß jetzt die Entscheidung seines Lebens gekommen war. Und er reagierte auf eine für ihn typische Art. Ungefähr zehn Tage vor der Premiere erklärte er plötzlich, daß er angesichts einer so großen Sache nicht einfach sein gewohntes Leben fortsetzen könne. Er zog kurz entschlossen aus seiner Villa aus und nahm sich ein Appartement im Adlon. »Wenn man den Mephisto spielt, muß man auch groß wohnen«, sagte er später.
Die Theaterwelt Berlins sah die Sensation natürlich nicht darin, daß er den Mephisto, sondern daß der große Werner Krauss die Hauptrolle spielte. Während der letzten Probe saßen dessen Frau, die Schauspielerin Maria Bard, und Elisabeth Bergner, mit der er befreundet war, im Parkett und berieten ihn. Niemand schien Gründgens besonders zu beachten, mit Ausnahme der Bergner, die Krauss schließlich warnte, er müsse sich zusammenreißen, sonst würde ihn dieser junge Bursche da an die Wand spielen.
Krauss, damals unbestritten der erste deutsche Schauspieler, hatte keine derartigen Bedenken. Er benahm sich Gründgens gegenüber geradezu väterlich. Er hatte den Mephisto unendlich oft bei Reinhardt gespielt, als den eleganten Ritter der Hölle, als hinkenden Teufel, als Clown. Freimütig erzählte er Gründgens von seinen Erfahrungen, erteilte ihm Ratschläge.

Bis kurz vor der Premiere. Da irritierten ihn die Kritiken der beiden ihm nahestehenden Damen in solchem Maß, daß er seine Rolle zurückgeben wollte. Natürlich war es dazu zu spät. Und warum auch? Krauss war auf den Proben ein herrlicher Faust, er spielte nicht den üblichen deutschen Faust, den man schon oft gesehen hatte, sondern den völlig verzweifelten Wissenschaftler, der sich selbst aufgibt und bewußt eine Marionette in den Händen Mephistos wird. In jener Szene, da er von Mephisto eingeschläfert wird, blieb er völlig leblos. Dies baute die Brücke zu den meist prekären Liebeszenen in der zweiten Hälfte des Stückes. Der alternde Faust war nicht äußerlich jung geworden, er wirkte wie hypnotisiert. Er wußte nicht – und mit ihm wußten auch die wenigen Zuschauer im Parkett nicht –, ob er das Gretchenerlebnis wirklich hatte oder ob er nur träumte. Auf den Proben erschütterte er. So einen Faust hatte man noch nie gesehen, so einen völlig unpathetischen, menschlichen, dem Teufel ausgelieferten Faust.

Aber bei der Premiere war alles ganz anders. Krauss hatte Angst vor seiner eigenen Courage bekommen. Er spielte einen zumindest für seine Verhältnisse recht konventionellen Faust. Gründgens aber spielte alles, was er sich auf den Proben zurechtgelegt hatte, und spielte es so intensiv, daß Regisseur Müthel noch Jahre später sagte, er habe das Empfinden gehabt, als improvisiere Gründgens. Er war interessant, er war amüsant. Er hatte nichts Menschliches mehr, war ganz Geist – in jedem Sinne des Wortes –, der die Menschen nach seiner Pfeife tanzen ließ, ein überlegener Regisseur derer, die sich mit ihm eingelassen hatten. Seine Stimme war gläsern, seine Sätze kamen stakkatohaft, er wirbelte über die Bühne wie ein Tänzer. Man glaubte ihm, daß er alles vermochte, daß er aus seinem Holztisch Wein fließen lassen, Faust innerhalb kürzester Frist um zwanzig Jahre verjüngen konnte.

Aber da war noch etwas, was damals keiner erkannte – und es lag doch so nahe: Gründgens spielte, vielleicht zum ersten Mal, sich selbst. Die unerlöste Kreatur, den vom Leben Betrogenen, in diesem Falle vom Himmel Betrogenen, den Engel von Hamburg, der zum Teufel von Berlin herabgesunken war, den, der den anderen zum Vergnügen verhilft und selbst nie etwas davon hat.

Die letzte resignierte Geste nach oben, bevor das Spiel endet, sagte alles.

Die Kritiken waren Hymnen. Die Kritiker versagten es sich, darauf hinzuweisen, daß doch der Schauspieler, der eben noch im Kabarett aufgetreten und in einer Operette Triumphe gefeiert hatte, kein »richtiger« Mephisto sein könne. Für sie war GG endgültig in die Reihe der ersten Berliner Schauspieler aufgerückt. Die Besprechungen waren für ihn so viel günstiger als für Krauss, daß Gründgens Hemmungen empfand, dem älteren, bisher so angebeteten Kollegen entgegenzutreten. Vor der zweiten Aufführung

benutzte er nicht den Bühneneingang, sondern schlich sich durch den Zuschauerraum in seine Garderobe. Krauss mußte gespürt haben, daß Gründgens Angst davor hatte, ihm in die Augen zu sehen. Diese Angst wollte er ihm nehmen. Und bei der dritten oder vierten Aufführung geschah es, daß er seinen berühmten zweiten Monolog unterbrach, einige Sekunden den Blicken der Zuschauer entschwand, weil er hinter den Ofen ging, wo Gründgens-Mephisto seinen Auftritt erwartete. Er wollte ihm sagen, daß er ihm den Sieg verzeihe. Ein Händedruck genügte, dann stand Krauss wieder im Scheinwerferlicht und beendete seinen Monolog.
Nach einer der ersten Aufführungen traf es sich, daß Elsa Wagner, die als Marthe Schwerdtlein mitspielte, Gründgens vor dem Bühneneingang traf und er sich erbot, sie im Auto nach Hause zu fahren. Während der Fahrt konnte sie sich nicht enthalten, ihm zu sagen, wie herrlich sie ihn fand, wie einzigartig, wie wundervoll er gewesen sei. Nach einer langen Tirade – der Wagen näherte sich bereits dem Grunewald – brach sie ab, ein wenig geniert, meinte, sie sei zu weit gegangen, das hätten ihm sicher auch schon andere gesagt und vermutlich besser, und es hänge ihm sicher alles schon zum Halse heraus.
Gründgens erwiderte nur: »Nein, nein! Mehr . . . mehr . . .!«
Dies war eine glückliche Zeit für ihn. Wie viele Jahre hatte er darum kämpfen müssen, in Berlin nicht nur als Schauspieler angesehen zu werden, der einen Frack oder Smoking zu tragen oder ein Chanson amüsant zu bringen vermochte. Jetzt hatte er bewiesen, was nicht einmal Max Reinhardt für möglich gehalten hatte, daß er das große klassische Fach beherrschte. Jetzt würden Rollen kommen, viele schöne, große Rollen. Jetzt würde er nur noch für diese Rollen leben.
Es war Anfang Dezember 1932, sieben Wochen bevor Hitler an die Macht kam und sich alles, alles änderte.

ACHTES KAPITEL
Der Intendant

Als das schicksalhafte Jahr 1933 begann, stand GG im Atelier. Der junge Max Ophüls drehte einen Film nach Schnitzlers ›Liebelei‹, der ihn weit über die Grenzen Deutschlands, ja, des deutschen Sprachraums bekannt machen sollte, einen Film mit sehr jungen Menschen, mit der zauberhaften Magda Schneider, der noch völlig unbekannten und unroutinierten Luise Ullrich, mit Wolfgang Liebeneiner, der noch nicht in Berlin Theater gespielt hatte.

Es ist die Geschichte des Leutnants, der irgendwann einmal ein Verhältnis mit einer verheirateten Frau gehabt hat, deren Mann aber erst später darauf kommt und ihn stellt, gerade als der junge Mann seine wirklich große Liebe erlebt. Folge: Duell mit tödlichem Ausgang für den Leutnant.

Den betrogenen Ehemann, Baron Eggersdorf – im Stück hat er zehn Minuten, im Film drei –, spielte Gründgens. Im Vertrag waren achthundert Mark pro Drehtag vorgesehen, aber es war nur ein Drehtag notwendig. Beinahe allerdings wären es mehr geworden. Gründgens erzählte nämlich einen Witz im Atelier, befand sich gerade vor der Pointe, als der Kameramann mit seinen Vorbereitungen fertig war, und der Regisseur die Schauspieler auf ihre Plätze bat. Gustaf Gründgens, dergestalt unterbrochen, sah Ophüls einen Augenblick tief verwundet an und verließ das Atelier. Konsternation. Man klärte den mit Berliner Verhältnissen noch nicht vertrauten Ophüls dahin auf, es sei durchaus zu erwarten, daß Gründgens beleidigt nach Hause fahre. Man beratschlagte, wie man ihn zurückhalten könne, als die Tür aufging und GG wieder erschien. Er sagte: »Ich habe auf die Uhr gesehen. Es ist genau die Zeit vergangen, die nötig gewesen wäre, um meine Pointe anzubringen.«

Es kam noch zu einem zweiten Vorfall. Der Baron sucht den Leutnant auf und erhält von ihm die Versicherung, er kenne seine Frau gar nicht. Im letzten Augenblick zieht er einen Schlüssel aus der Tasche – es ist klar, daß er ihn bei seiner Frau gefunden hat –, steckt ihn ins Türschloß, schließt drei-, viermal nervös auf und zu – und nun gibt es keinen Zweifel mehr: das ist der Schlüssel zu der Wohnung des Leutnants. Eggersdorf wirft ihm den Schlüssel vor die Füße, der Leutnant stammelt, daß er ihm zur Verfügung stehe, und der Baron verläßt die Wohnung.

Das wurde zwei-, dreimal geprobt, dann Aufnahme. Alles lief wie geschmiert, nur als GG die Tür öffnen wollte, stockte er. Er hatte aus Versehen zuletzt nicht auf-, sondern zugeschlossen. Oder war es kein Versehen? Donnerndes Gelächter der gesamten Belegschaft. Die Szene noch einmal – mit gleichem Resultat. Die Szene mußte vier- oder fünfmal gedreht werden, bis es dem betrogenen Ehemann gelang, sich programmgemäß zu entfernen. Sie wurde im ganzen vierzehn- oder sechzehnmal gedreht, bis Ophüls befriedigt war.

Die Kritik äußerte sich nachher begeistert. Man schrieb, diese drei Minuten des Baron Eggersdorf seien Filmgeschichte gewesen.

Um diese Zeit stand Gründgens täglich auf der Bühne des Schauspielhauses, um ›Faust II‹ zu proben oder ›Faust I‹ zu spielen.

Aus einem Brief: »Ich probiere seit Monaten jeden Tag von elf bis drei und spiele fast täglich von sieben bis zwölf Uhr.« Hinzu kamen noch Besprechungen über neue Filmprojekte, denn er war nun entschlossen, nicht nur in Filmen zu spielen, sondern sie auch zu inszenieren, ja, zu schreiben.

Die Regie von ›Faust II‹ war Gustav Lindemann anvertraut worden, in dessen Schauspielschule in Düsseldorf Gründgens das Handwerk gelernt hatte. Die Inszenierung war nicht ganz nach dem Geschmack des Mephisto. Sie schien ihm ein bißchen altmodisch mit ihren Schleiervorhängen und anderen Tricks vergangener Jahre. Aber sie erwies sich als fast ebenso starker Erfolg wie der erste Teil der Tragödie bei der Premiere am 22. Januar. Die Kritik jauchzte. Tietjen atmete auf. Man würde wieder auf lange Sicht planen können. Man begann zu planen. GG drang darauf, mehr klassische Rollen zu spielen; Tietjen und seine Berater waren nur zu froh, seine Wünsche zu erfüllen.

Zum ersten Mal in seinem Leben sah es so aus, als würde nun alles so verlaufen, wie er es sich immer erträumt hatte. Was konnte noch geschehen?

Es konnte geschehen, daß Adolf Hitler am 30. Januar 1933 Reichskanzler wurde. Die Schauspieler und Filmleute maßen diesem Regierungswechsel – dem letzten nach zahllosen vorangegangenen – keine besondere Bedeutung bei. Hubert von Meyerinck erinnerte sich später, daß kurz danach ein geselliges Beisammensein bei Gustl Mayer stattgefunden hatte – anwesend außer ihr und ihm waren der junge Schauspieler Hans Brausewetter, Grete Mosheim und GG. Plötzlich sagte GG zu Meyerinck: »Weißt du übrigens, daß Goebbels eine Rede gehalten hat, daß von jetzt ab aller Klatsch und Tratsch bei den Schauspielern verboten wird?«

Und Meyerinck: »Dann gehe ich sofort von der Bühne ab!«

So wenig ernst nahmen sie damals Hitler und Goebbels.

In den nächsten Wochen ereignete sich sehr viel, was jeden denkenden Menschen in Deutschland zu der Auffassung hätte bringen müssen, daß die Dinge nicht einfach so weitergehen würden wie bisher – auch nicht im Theater und beim Film. Goebbels ließ, sobald er Propagandaminister geworden war, wissen, daß er, und er allein, für Theater und Film zuständig sei. Göring erklärte, die Staatlichen Theater in Berlin, Kassel und Wiesbaden, die Krolloper eingeschlossen, die freilich nie wieder Oper werden sollte, weil sie nach dem Reichstagsbrand als Ersatz-Reichstag dienen mußte, unterständen nur ihm als Preußischem Ministerpräsidenten. Goebbels grollte, konnte aber nichts dagegen unternehmen. Göring holte sich alsbald den Schriftsteller Hanns Johst, um ihm die Leitung des Staatstheaters anzuvertrauen, einen problematischen Dramatiker, der früher einmal ziemlich weit links gestanden hatte, aber seit vielen Jahren der Partei angehörte. Er wurde aber schließlich doch nur Dramaturg – Intendant ein gewisser Dr. Franz Ulbrich, bisher Theaterleiter in Weimar, ein sächselnder Schmierendirektor mit einfältigen Regie-Ideen, über den sich die Berliner Schauspieler totlachen wollten. Der tiefere Grund für sein Engagement war, daß bei ihm die Schauspielerin Emmy Sonnemann engagiert war, die spätere Frau Görings, der es für selbstverständlich hielt, daß Ulbrich sie nach Berlin mitbringen würde. Aber zu Görings nicht geringer Verblüffung – darüber sprach er später oft und von Lachkrämpfen geschüttelt – glaubte Ulbrich allen Ernstes, er sei wegen seiner großen Begabung und Parteizugehörigkeit engagiert, und ließ die Sonnemann in Weimar. Göring mußte erst nachhelfen, bis sie, die übrigens als Schauspielerin wesentlich mehr Format besaß als ihr Intendant als Regisseur, nach Berlin kam.

Der Gerechtigkeit halber muß festgestellt werden, daß sie nichts dazu tat. Im Gegenteil, sie litt darunter, daß die Kollegen glauben mußten, sie sei nur durch Görings Protektion aufgerückt.

Mit Begeisterung berichtete die gleichgeschaltete Presse, daß Max Reinhardt die künstlerische Leitung des Deutschen Theaters niedergelegt habe. Die schnell von fremden Elementen gereinigten Feuilletons der Berliner Presse brachten Artikel darüber, daß das Deutsche Theater von nun an deutsch sein müsse, das heißt »artgemäß, die dargebotenen Werke müßten in ihrer geistigen Haltung, in ihren Menschen und deren Schicksalen deutschem Empfinden, deutschen Anschauungen, deutschem Wollen und Sehnen, deutscher Lebensart und deutschem Humor entsprechen. Da das Werk des Dichters nicht von seiner Persönlichkeit und seiner blutgebundenen Wesensart zu trennen ist, dürfen auf einer solchen Bühne in erster Linie nur deutschblütige Dichter zu Wort kommen ... Insbesondere ist Schluß zu machen mit der einseitigen Pflege jüdischer und halbjüdischer Autoren.«

Der Leitartikler des Hugenberg-Konzerns, Friedrich Hussong, schrieb:

»Für jeden, der seit so vielen Jahren gegen die Verlotterung und Verluderung der deutschen Bühne in Kulturbolschewismus, in Sittenfäulnis, in Ganovenehre und Verbrecherverklärung, in Charité-Luft und Halb- und Unterwelt, in Zeittheaterei ohne jede zeitliche Gültigkeit kämpft, für ihn ist es natürlich ein Glück, zu erleben, wie die Regierung, eine nationale auf- und umgewandelte deutsche, sich mit der ganzen Kraft, die sie zur Verfügung hat, einer Sache annimmt, für die man diese Jahre her nichts tun konnte, als immer wieder gegen diese Sünde wider den Geist Einspruch zu tun ...«

In so schlechtem Deutsch wurde die angeblich deutsche Sache vertreten.

Goebbels hielt im Hotel Kaiserhof eine Pressekonferenz ab und sprach über ›Die Aufgabe des deutschen Theaters‹. Er verlangte, »daß an die Stelle der Vergottung der Einzelperson die Vergottung des Volkes« trete ... »Wir möchten, daß der große Pendelschlag der Zeit an den Toren des Theaters nicht haltmacht, sondern in die Theaterräume hineinschlägt.« Wörtlich.

Kunst sollte international sein? »Das liegt heute weit hinter uns ... Ich glaube, man braucht den Juden aus der deutschen Kunst nicht gesetzmäßig herauszusetzen, ich meine, daß das Volk ihn von selbst ausscheiden wird.«

Als das »Volk« in dieser Beziehung versagte, wurden die so bitter notwendigen Gesetze gemacht.

Von alledem erfuhr GG nicht viel, denn er war um diese Zeit auf Reisen. Zuerst fuhr er mit dem Filmautor Curt Alexander Rosenbaum, der unter anderem das Drehbuch zu ›Liebelei‹ geschrieben hatte, nach Spanien und Teneriffa im Auftrag einer keineswegs »arischen« Filmgesellschaft, um einen Film für Gustav Fröhlich und seine Gattin, die gefeierte Sängerin Gitta Alpar, zu schreiben. Diese, die Tochter eines ungarischen Rabbiners, hat diesen Film allerdings nicht mehr gedreht; sie verließ Deutschland, während ihr Mann dort zurückblieb.

Den ersten Eindruck vom Stand der Dinge erhielt GG, als er von dem ihm befreundeten Direktor der Filmgesellschaft nach Berlin zurückbeordert wurde, der ihm am Telefon sagte, es sei wohl besser, wenn Rosenbaum im Ausland bliebe. Aber auch Gründgens selbst wollte, da er die Atmosphäre in Berlin als recht ungemütlich empfand – und in der Annahme, in wenigen Wochen, spätestens Monaten, würde schon alles wieder ins rechte Gleis kommen –, ins Ausland und nahm mit Freuden ein Engagement an, wieder einmal einen Filmschurken zu spielen, und zwar in ›Die schönen Tage von Aranjuez‹, dessen Außenaufnahmen in Spanien gemacht werden sollten. Die weibliche Hauptrolle lag in den Händen Brigitte Helms, die männliche spielte Wolfgang Liebeneiner, das heißt, in der deutschen Version, in der französischen Jean Gabin.

Diese Wochen in Spanien sollten Gründgens' letzte echte Ferien sein – für fünfzehn oder sechzehn Jahre. Natürlich diskutierten die deutschen Schauspieler viel über die Vorgänge in Deutschland, über die man nichts Genaues erfuhr, denn Nachrichten waren spärlich und meist falsch. Wieviel interessanter und amüsanter war es doch, zu einem Stierkampf zu gehen, um so mehr, als es da einen jungen Stierkämpfer gab, einen zauberhaften kleinen Jungen. GG wußte alles über ihn, auch daß sein Bruder erst vor kurzem von einem Stier umgebracht worden war. »Ich will ein Autogramm von ihm!« rief er mit Selbstironie. »Der Stierkämpfer ist nämlich der Vetter von einem Mann, der einen Bekannten hat, und dieser Bekannte ist befreundet mit einem Friseur, von dem ich mir die Haare schneiden lasse. Und sie sind alle von mir bestochen worden, damit ich von dem Jungen ein Autogramm bekomme.«

Alle Schauspieler gingen zu dem Kampf und erschraken gewaltig, als der Stier den jungen Kämpfer auf seine Hörner nahm und in die Luft warf; Gründgens geriet geradezu außer sich. Schließlich wurde aber doch der Stier das Opfer des Kampfes, und der Torero überreichte Brigitte Helm, die immerhin ein internationaler Filmstar war, das abgeschnittene Ohr. Die Helm bekam sogar ein Photo mit einer Widmung: »Meiner verehrten Kollegin Brigitte Helm.«

Gründgens bekam sein Autogramm nicht.

Das war in Sevilla. Ein kleiner Junge erbot sich, GG und Liebeneiner das Zigeunerviertel zu zeigen, und sie folgten ihm. Plötzlich öffnete er eine Tür, bat sie hereinzukommen. Und dann standen sie in einem Zimmer mit einem großen Bett. Der Junge war Schlepper für ein Freudenhaus.

Als die Madame erschien, um sich nach den Wünschen von Gründgens und Liebeneiner zu erkundigen, erklärte Gründgens: »Ich will einen Kaffee trinken.« Sie wurden in einen größeren Raum gebeten, wo viele schöne Mädchen ihnen Gesellschaft leisteten, während sie Kaffee tranken. GG war in seinem Element. Er schäkerte auf spanisch, das er nur spärlich beherrschte, und auf französisch, das er nicht gut sprach, und dann zu Liebeneiner auf deutsch: »Ja, mein Lieber, die Damen wollen nun Taten sehen!« Aber er hatte keine Lust zu diesen Taten und Liebeneiner noch weniger. Sie zahlten für den genossenen Kaffee und für das, was sie nicht genossen hatten, und verschwanden, zur Verblüffung der Mädchen, die nun keine Taten gesehen hatten.

Gründgens mußten spätestens um diese Zeit, die noch eine gute war und so sorglos wie alle Filmexpeditionen bisher, die ersten nachhaltigen Zweifel kommen. Max Ophüls war nach Paris gegangen, um die französische Version von ›Liebelei‹ fertigzustellen, und Liebeneiner, der ihn dort besuchte, erzählte, nach Sevilla zurückgekehrt, Ophüls werde nicht mehr nach Deutschland zurückgehen, dürfe es wohl auch nicht. Paris sei voll von

guten Berliner Bekannten, die ebenfalls erklärt hätten, sie könnten nicht zurück. Übrigens befänden sich auch Erika und Klaus Mann dort.
Gründgens rief bei der UFA an – sie produzierte ›Die schönen Tage von Aranjuez‹ –, um die Daten für die Atelieraufnahmen zu erfahren. Er bekam den Mann, mit dem er bis dahin verhandelt hatte, nicht ans Telefon. Ein anderer meldete sich, den er nicht kannte, und der nichts zu wissen schien. Gründgens sagte ihm, er werde ihn am nächsten Tag wieder anrufen, und tat es auch. Nun war auch dieser zweite Mann nicht mehr zu erreichen. Gründgens wurde stutzig. Dies konnte kein Zufall sein. Er hatte sich bisher nie über die Rassenzugehörigkeit seiner Bekannten, seiner Mitarbeiter, seiner Produzenten oder Regisseure den Kopf zerbrochen. Aber vielleicht lag sonst etwas gegen diese Leute vor? Und wie stand es um ihn? Schließlich war er doch der Schwiegersohn Thomas Manns gewesen, in den Augen der neuen Herrscher »belastet«. Auch über ihn selbst hatte man gelegentlich geschrieben, er sei Kommunist – wohl im Zusammenhang mit seiner Vorliebe für Hafenkneipen und Unterhaltungen mit Matrosen oder Arbeitern. Drohte auch ihm Gefahr? War es besser, nicht zurückzufahren?
Später wurde ihm oft der Vorwurf gemacht, er hätte draußen bleiben müssen, diese Monate des Jahres 1933 seien »Prüfungen« gewesen. Aus einem Brief, den er siebzehn Jahre später schrieb: »Warum mußte ich zurückfahren? Weil ich zu diesem Zeitpunkt für das Wohl und Wehe von fünf Menschen verantwortlich war: das waren zunächst meine Eltern und dann ein Freund von mir, der sich kommunistisch stark exponiert hatte (Jan), eine jüdische Freundin Ida Liebmann und als fünfter ein Freund, dem ich noch 1944 nach Schweden verhalf und der heute in Amerika lebt. Diese fünf Menschen lebten in meinem Haus in der Hagenstraße. Sie gehörten zu meinem Haushalt.«
Übrigens erkannten ja gerade viele der Betroffenen die Gefahr damals auch nicht. Der große Schauspieler Albert Bassermann, mit einer Jüdin verheiratet, der später emigrierte, spielte noch im April in dem abscheulichen Machwerk ›Schlageter‹ von Hanns Johst eine Rolle. Ida Liebmann, ein hübsches, intelligentes Mädchen, sehr links, wenn nicht gar kommunistisch eingestellt, dachte gar nicht daran, sich abzusetzen. Gründgens mußte sie später förmlich zwingen, nach Paris zu gehen, wo sie zuerst bei Léon Blum Dienstmädchen wurde, bis sie später nach New York ging und einen kommunistischen Schriftsteller heiratete. Jan Kurzke wiederum wollte Hitler in Deutschland bekämpfen, was Gründgens zunächst einmal Haussuchungen eintrug, bis der Freund sich entschloß, nach Spanien zu gehen und im Bürgerkrieg auf republikanischer Seite mitzukämpfen.
Wenn alle diese Menschen – und natürlich noch viele andere – nicht erfaßten, daß sie Deutschland schleunigst den Rücken hätten kehren sollen, war-

um gerade Gründgens? Und wohin hätte er gehen sollen? »Sollte ich das Elend der Emigranten noch um einen unnützen Esser vermehren? Ich war weder Jude noch Kommunist, und meines Wissens war wenigstens für diese beide Typen von Emigranten bescheidene Hilfestellung im Anfang möglich. Wer hätte sich um mich gekümmert? Etwa Klaus oder Erika Mann?«
Er sah keine Verpflichtung zur Emigration. Aber er zweifelte nicht daran, daß er gefährdet war. Er kehrte also nach Berlin zurück.

Göring, der ursprünglich nicht besonders gern ins Schauspiel ging – er zog die Oper vor –, begriff immerhin, obwohl er fast nichts davon verstand, daß Ulbrich und Johst als Theaterdirektoren unmöglich waren. Es lag ihm jedoch viel daran, daß »sein« Theater hohes Niveau hatte, schon um Goebbels willen und um ihm auch jeden künstlerischen Vorwand zu nehmen, in sein Machtgebiet einzubrechen. Aber dazu brauchte er einen tüchtigen Mann an der Spitze.
Er beriet sich mit Tietjen. Es war nicht die erste Unterredung mit diesem Mann, den er schon, bevor er Ministerpräsident geworden war, zu einer Rücksprache in den Reichstag bestellt hatte, dessen Präsident er schon war, damals, als die Machtergreifung nur noch eine Frage von Tagen oder Wochen sein konnte. Er hatte wissen wollen, ob Tietjen auf seinem Posten zu bleiben gedenke. Tietjen hatte schroff abgelehnt, Rede und Antwort zu stehen; er sei preußischer Beamter und könne daher Göring, der um diese Zeit nur Präsident des Reichstags war, aber keine Regierungsfunktion hatte, keinerlei Auskünfte erteilen. Die Berufung auf seine Beamteneigenschaft imponierte Göring. Nach der Machtergreifung beließ er Tietjen auf seinem Posten und teilte ihm mit, er habe nichts vom »Doktor« zu befürchten. Tietjen war damals politisch noch so unorientiert, daß er nicht einmal wußte, um welchen »Doktor« es sich handelte, und erst aufgeklärt werden mußte, daß es Dr. Goebbels war. In der Folge hat Goebbels nicht weniger als elfmal versucht, Tietjen zu stürzen. Als Göring ihn wieder bestellte und fragte, wen er für den geeigneten Mann zur Leitung des Staatstheaters ansehe, wies er sofort auf Gründgens hin. Es ist interessant, festzustellen, daß Tietjen sich auch nach der Übernahme der Regierung durch Hitler so sehr als unabsetzbarer preußischer Beamter sah, daß er erklärte, es sei ja nicht die Aufgabe Görings, einen neuen Intendanten zu bestellen, sondern die seine.
Natürlich hätte sich Göring darüber hinweggesetzt, wenn ihm daran gelegen hätte; Menschen kamen damals wegen geringerer Vergehen, sprich Widerstandleistung, ins Konzentrationslager. Aber Göring hatte Gründgens bereits gesehen und zumindest der Schauspieler interessierte ihn. Und

dann war da noch Emmy Sonnemann, die bei jeder Gelegenheit Göring gegenüber Gründgens lobend erwähnt hatte, auch als es noch gar nicht um den Posten des Intendanten ging.

Sie war neununddreißig, als sie das Gretchen in Berlin spielte, und obwohl sie wesentlich jünger aussah, war sie eben doch zu alt. Gründgens: »Sie wußte, daß sie zu alt war, und versuchte, auf jung zu spielen. Ich stand in der Kulisse, schaute zu und sagte ihr dann, sie solle doch ganz einfach sich selbst spielen.«

Damals gerade aus Spanien zurückgekehrt, wußte er noch nicht, wer sie war – es handelte sich um die erste Probe zur Übernahme der Rolle. Er wollte sich vorstellen. Sie wehrte ab: »Das müssen Sie nicht, Herr Gründgens, denn ich weiß natürlich, wer Sie sind. Aber ich möchte mich vorstellen.« Als er ihren Namen erfuhr, sagte er: »Ach du lieber Gott, da haben Sie es aber nicht leicht!«

Und sie erwiderte: »Nein, das habe ich auch nicht.«

Eine Freundschaft entwickelte sich, die seltsame Früchte tragen sollte. Das war um so bemerkenswerter, als Gründgens' Persönlichkeit Göring ursprünglich kaum sympathisch gewesen sein dürfte – er war so ganz der Typ, den die Nationalsozialisten als dekadent, verworfen, ja, als verjudet anprangerten. Und als sich herausstellte, daß der von ihm aus Weimar berufene Intendant unmöglich war, mag er nicht gerade erfreut darüber gewesen sein, daß Tietjen GG als den einzig möglichen Nachfolger vorschlug. Er fragte seine Freundin um Rat. Die sagte: »Für mich ist Gründgens der beste Schauspieler, den wir haben, und ein großartiger Regisseur, aber Intendant mit all dem Kleinkram und Büroarbeiten und was er sonst alles zu tun hat – nein, das ist er sicher nicht!«

Und Göring, wie Emmy Sonnemann später oft bestätigte: »Ich will dir einmal etwas sagen: Jemand der auf einem Gebiet so großartig ist, kann auf einem anderen nicht gänzlich versagen, das gibt es einfach nicht. Ein Mensch, der sich in jeden Menschen hineinzuversetzen vermag, der so fleißig ist, der so gründlich alles anpackt – ich habe das Gefühl, der wird ein guter Intendant.« Er rief Gründgens also an.

Nichts kam GG unerwarteter. Er hatte niemals mit dem Gedanken gespielt, Intendant zu werden. Er bat sich vier Wochen Bedenkzeit aus, obwohl er entschlossen war, abzusagen. Etwas anderes wäre auch nach Lage der Dinge gar nicht logisch gewesen. Denn was immer er, als Hitler an die Macht kam, nicht gewußt, was immer er während der ersten Monate des Regimes, die er im wesentlichen im Ausland verbrachte, nicht begriffen hatte, jetzt – man schrieb bereits den Januar 1934 – war schon zuviel geschehen, als daß sich Gründgens noch über den Charakter des Nationalsozialismus hätte Illusionen hingeben können. Die meisten jüdischen Schauspieler und Regisseure

– und natürlich auch die politisch nicht genehmen »arischen« – hatten entweder verschwinden müssen, saßen in Lagern oder, noch schlimmer, in Gestapokellern. Der sympathische Hans Otto vom Staatstheater, ein Kommunist, der niemals aus seiner Gesinnung den geringsten Hehl gemacht hatte, war verhaftet und von der Gestapo so zugerichtet worden, daß er sich, um weiteren Folterungen zu entgehen und wohl auch, um Genossen nicht zu verraten, aus einem Fenster im dritten oder vierten Stock des Gestapo-Gefängnisses stürzte. Es stellte sich heraus, daß nicht einmal Geld da war, um ihn zu beerdigen – Gründgens gab es.

Er fuhr schließlich nach Hamburg zu seinen alten Freunden Erich Ziegel und Mirjam Horwitz. Ziegel war noch Theaterdirektor, aber bereits in Bedrängnis geraten, weil er sich von seiner jüdischen Frau nicht trennen wollte. Die neuen Herren arbeiteten mit allen Schikanen. Daß sie nicht mehr spielen durfte, war selbstverständlich. Diese Frau, die mehr als jede andere getan hatte, um das Theaterniveau Hamburgs zu heben, durfte nicht einmal mehr zu den Premieren ihres Theaters erscheinen. Der Gauleiter, der in der Loge gegenüber saß, hätte Anstoß nehmen können! Begreiflich, daß Ziegel und seine Frau wenig entzückt vom neuen Regime waren. Trotzdem rieten sie GG, das Angebot anzunehmen. Er könnte in einer solchen Stellung sicher viel Schlimmes verhindern. Andere Freunde äußerten sich ähnlich. Trotzdem zögerte GG noch. Aber Göring, der eine schnelle Lösung brauchte, um das Theater vor Goebbels zu retten, drängte auf Entscheidung. Noch vor Beendigung der vier ausbedungenen Wochen rief er Gründgens bei seinem Zahnarzt an – und es störte ihn nicht im geringsten, daß es sich um einen bekannten jüdischen Zahnarzt handelte. Der brach fast zusammen, als er den Hörer abgenommen hatte. »Göring ist am Telefon.« Er hielt sich bereits für verloren.

Göring verlangte eine Entscheidung innerhalb von vierundzwanzig Stunden. Gründgens fuhr zu Göring und erklärte sich bereit, den Posten vorläufig anzunehmen – aber nur als stellvertretender Intendant. Seine offizielle Begründung: er habe keine Ahnung, welche Stücke angenommen, welche Schauspieler und Regisseure engagiert worden seien, und wolle keine Verantwortung übernehmen für das, was er nicht geplant habe.

In Wahrheit wußte er sehr wohl, daß Ulbrich und Johst eine Anzahl von ganz unmöglichen Nazistücken angenommen hatten. Sein Plan war: bevor er offiziell Chef wurde, mußten diese Machwerke abgespielt worden sein. So kam es, daß alle zwei, drei Wochen eine Premiere stattfand, die prompt mit einem Durchfall des betreffenden Stückes endete. GG wohnte diesen Aufführungen mit Augurenlächeln in einer der letzten Parkettreihen bei, was zur Folge hatte, daß die Berliner mehr nach hinten als nach vorn auf die Bühne blickten, wobei sie allerdings wenig versäumten.

Und eines Morgens saß Gründgens zum ersten Mal im Büro des Intendanten. Auf dem Schreibtisch standen nur zwei Telefone, sonst war es leer. Ein Schauspieler kam herein und fragte, was er im Augenblick täte.
Die Antwort: »Ich warte auf Schwierigkeiten.«
Die Verwunderung über seine Ernennung war allgemein. Die Schauspieler, die Regisseure, die mit ihm gearbeitet hatten, schüttelten die Köpfe. Niemand konnte ihn sich so recht als Leiter eines Theaters vorstellen. Er wirkte so verspielt, so unseriös und vor allem: er war so gar nicht das, was man sich unter einem preußischen Beamten vorstellte.
Die Beamten in der Oberwallstraße, wo die Intendanten der Oper und des Schauspielhauses residierten, waren samt und sonders seit vielen Jahren im Dienst und nicht mehr die Jüngsten – und der neue Mann war knapp vierunddreißig. Sie waren überzeugt, er würde sie vor die Tür setzen; aber er dachte nicht daran. Schon in den ersten Wochen zeigte es sich, daß dieser Bohemien ein vorzüglicher Beamter sein konnte, daß er sich darauf verstand, einen Etat zu verwalten, und – persönlich immer verschuldet – als öffentlicher Diener ungewöhnlich sparsam sein konnte; daß er seine Entscheidungen schnell traf, daß er solche vor allem dort fällte, wo sie andere immer von sich weggeschoben hatten. GG hatte eine neue Rolle übernommen. Er spielte sie vollendet.
Mit besonderer Sorge hatte die Sekretärin des letzten Intendanten, Margarete Peppel, erfahren, daß nun Gründgens ihr Chef werden sollte. Sie war überzeugt, seinen Anforderungen nicht genügen zu können.
Gründgens ließ sie kommen, erklärte, er habe gehört, sie sei eine tüchtige Sekretärin. »Eigentlich wollte ich einen Sekretär...« Und dann: hatte sie nicht gut mit seinem Vorgänger gestanden und mußte er nicht befürchten, daß alles, was in seinem Büro vorging, diesem und durch ihn seinen Parteifreunden bekannt werden würde? Er sprach diese Besorgnis nicht aus. Sie lag sozusagen in der Luft. Die Peppel oder, wie Gründgens sie bald darauf nennen sollte, die Peppeline: »Wenn ich für Sie arbeite, arbeite ich nur für Sie, Herr Gründgens.«
Einer der ersten, die Gründgens engagierte, war der Hamburger Freund Erich Zacharias-Langhans. Der war schon in die Schweiz emigriert, dann zurückgekommen, um sich noch einmal mit seiner Familie zu treffen und später nach Griechenland zu fahren, als ihn Gründgens am Telefon erreichte. Er sagte, er brauche ihn. Langhans, wie es damals hieß, »rassisch untragbar«, hielt das Angebot für nicht ernst. Gründgens versicherte, Göring ließe ihm völlig freie Hand, und Goebbels habe ihm nichts dreinzureden. Langhans ließ sich überreden, erklärte, in einer Woche könne er kommen. Gründgens: »Du mußt morgen kommen!«
Er kam am nächsten Tag aus Hamburg angereist. Übrigens wurde er auf

der Liste der Angestellten nicht geführt. Er war von Gründgens privat angestellt und wurde von ihm aus eigener Tasche bezahlt. So kam es, daß die offiziellen Stellen relativ spät von seiner Existenz erfuhren. Dann schaltete sich Emmy Sonnemann ein, stopfte die Papiere des Untragbaren in ihre Handtasche und erschien zwei Tage später mit der Meldung, Göring habe nichts gegen ihn einzuwenden.

Das erste künstlerische Engagement galt Hermine Körner.

Diese außerordentliche Schauspielerin hatte in Dresden Karriere gemacht, und war von Max Reinhardt während des ersten Weltkrieges nach Berlin geholt worden, um am Deutschen Theater die Elisabeth in ›Maria Stuart‹ zu spielen. Und dieses Engagement war ihr so wichtig, daß sie ihren Dresdner Vertrag brach. Eigentlich hätte Reinhardt sie nicht auftreten lassen dürfen. Er tat es trotzdem und trat aus Protest dagegen, daß sie damals auf die schwarze Liste gesetzt wurde, aus dem Deutschen Bühnenverein aus.

Dies wäre Sensation genug gewesen, um eine Schauspielerin von einem Tag zum anderen in Berlin zu »machen«. Dazu kam, daß ihre Elisabeth wirklich außerordentlich war. In den folgenden Jahren spielte sie bei Reinhardt die großen klassischen Rollen, unter anderen die Beatrice in ›Viel Lärm um nichts‹ und die Lady Macbeth. Sie trennte sich von Reinhardt und übernahm das Münchner Schauspielhaus, weil sie eben nicht nur spielen, sondern auch Regie führen wollte, was am Deutschen Theater undenkbar gewesen wäre. In München erlebte sie große Triumphe, ging dann nach Dresden zurück ans Albert-Theater, konnte sich aber dort nicht halten, weniger aus künstlerischen denn aus finanziellen Gründen – sie wurde wohl arg betrogen, und schließlich war es die Zeit der großen Wirtschaftskrisen und der nicht minder furchtbaren Theaterkrise. Nun kam eine schlimme Zeit für sie. Sie gastierte bald hier, bald dort, sie hatte nicht mehr genug Geld, um zu leben, geschweige denn sich richtig anzuziehen. Ihre Freunde fürchteten, sie habe sich selbst aufgegeben.

GG hatte sie während seiner Hamburger Zeit gesehen, als sie in der ›Kameliendame‹ gastierte – sie mußte damals schon weit über vierzig sein –, und war hingerissen. Als sie dann vor ihm stand, erschrak er über die Frau, die so unwahrscheinlich schnell gealtert, die viel zu dick geworden war, der nichts mehr am Leben zu liegen schien. Er erklärte, er würde sie sofort engagieren, aber: »Sie müssen wieder werden, wie Sie gewesen sind. Zuerst einmal gehen Sie zu einem Zahnarzt...«

Sie hatte kein Geld dafür. Er ließ ihr, eine seltene Ausnahme, einen größeren Vorschuß überweisen.

Es ist symptomatisch, daß er mit diesem Engagement begann. Schon damals schwebte ihm dunkel vor, was ihm später bewußt wurde, nämlich, daß es seine Aufgabe war, das zu erhalten, was in der großen Berliner Theaterzeit hatte wachsen dürfen. Es ist kein Zufall, daß er in den nächsten Jahren seine großen Aufführungen mit Werner Krauss und Paul Hartmann machte, mit Jannings und Müthel, mit Elsa Wagner und Paul Bildt, mit Kayßler, die alle von Reinhardt kamen.

Später, in einer Art Rechenschaftsbericht: »Als ich 1934 die Leitung des Berliner Schauspielhauses übernahm, habe ich mir nicht einen Augenblick lang eingebildet, eine neue Ära der Kunst einleiten zu können. Ich habe mich nicht als Prophet einer neuen Zeit gefühlt, sondern ich hoffte, es könnte mir gelingen, ein Bewahrer und Hüter künstlerischer deutscher Theater-Tradition zu werden.

In einem Buch über Schauspieler, Regisseure und Intendanten, das um 1942 herum erschien, bezeichnete mich der Kultur-Schriftsteller des Völkischen Beobachters als ›Meister des Interregnums‹. Ich habe diese Registrierung akzeptiert, wenn ich auch glaube, daß wir beide den Begriff Interregnum verschieden auffaßten.«

Sein zweites Engagement war Käthe Gold, die in München spielte. Er rief sie an: »Ich bin jetzt Leiter des Staatstheaters. Mein erstes Engagement war Hermine Körner, mein zweites sind Sie!« Sie kam im nächsten Jahr, übrigens nicht als Star und durchaus nicht mit einer Stargage. Es wurden überhaupt keine Stargagen gezahlt; Ausnahmen bildeten der Regisseur Jürgen Fehling, Werner Krauss und ein wenig später Käthe Dorsch und Marianne Hoppe. Gründgens wollte auch kein Startheater machen, sondern ein Ensemble-Theater.

Und vor allem kein Hoftheater. Um diese Zeit schenkte er dem Regisseur Lothar Müthel ein Buch und schrieb als Widmung hinein: »In keinem Fall Hoftheater – alle Türen offen!«

Noch spürte er nicht die Last der Verantwortung, obwohl er wußte, daß er eine hatte: die Verantwortung, zu erhalten. Die Verantwortung dafür, daß diejenigen, die ihn auf seinen Posten gesetzt hatten, daran gehindert würden, das zugrunde zu richten, was die großen Theatermänner in den Jahren zuvor, die Brahm, Reinhardt, Jeßner, aufgebaut hatten. Er wußte noch nicht, konnte noch nicht wissen, daß er nicht nur künstlerisches Niveau erhalten mußte, sondern auch das Leben seiner Künstler – im wörtlichsten, gefährlichsten Sinn. Er konnte noch nicht wissen, daß sie geistig-künstlerisch in Gefahr schwebten – hatte doch Hanns Johst seinen Helden Schlageter ausrufen lassen: »Wenn ich das Wort Kultur höre, entsichere ich meinen Revolver!« –, und daß er sie vor diesen Revolvern und später vor den Lagern und Gaskammern schützen mußte.

Noch war er guten Mutes. Als Elsa Wagner einmal in sein Büro kam, tanzte

er mit ihr durchs Zimmer und sang dazu: »Es ist ja so leicht, Intendant zu sein!«
Seltsam: es fiel ihm wirklich leicht, es war ihm, der nie daran gedacht hatte, Theaterdirektor zu werden, eine Erfüllung.
Immer hatte er nach Ordnung auf der Bühne gesucht, Ordnung im Gegensatz zu der Unordnung seines privaten Lebens. Immer hatte er diese Sehnsucht gehabt, ein guter Bürger zu werden, einer, der seine Rechnungen, seine Steuern pünktlich zahlt – alles das, was der Vater vorgegeben hatte, zu sein, und niemals gewesen war; alles das, was er als junger Schauspieler nicht hatte sein können, ursprünglich wohl auch nicht hatte sein wollen – damals, als er von einem Tag zum anderen lebte, oft ohne eine Mark in der Tasche. Aber im Unterbewußtsein war die Sehnsucht nach der Bürgerlichkeit in ihm nie geschwunden, im Gegenteil, sie war gewachsen, wie auch die Angst, zu versumpfen, und die Angst vor gewissen Kapriolen, bei einem Künstler durchaus verzeihlich, nicht aber bei einem Bürger.
Nun war er also Beamter. Und das bedeutete für ihn ein Korsett. Er mußte gewisse Dinge tun und durfte andere nicht tun. Er hatte Geld zu verwalten und durfte es sich nicht gestatten – vor sich selbst nicht –, seine Subventionen zu verschleudern. Daher die eher mageren Gagen. Daher war es schwierig, ihm höhere Bezüge herauszulocken, daher das, was die Kollegen zuweilen als »befremdlichen Geiz« empfanden. Dies alles war nichts anderes als die Erfüllung einer Sehnsucht, die er seit seiner Kindheit in sich getragen hatte: die Sehnsucht nach Ordnung – und infolgedessen war alles leicht.

Ja, es war leicht, Intendant zu sein und daneben fast der meistbeschäftigte Schauspieler seines Ensembles und einer der ersten Regisseure seines Theaters – kurz, drei Stellungen gleichzeitig innezuhaben. Er inszenierte im gleichen Jahre, 1934, noch ›Minna von Barnhelm‹ und spielte den Riccaut, neben der Sonnemann und Paul Hartmann; er spielte den Bolingbroke in Jürgen Fehlings Inszenierung von ›Das Glas Wasser‹ mit Hermine Körner, Käthe Gold und dem jungen Liebeneiner; er inszenierte gegen Jahresschluß den ›König Lear‹ mit Werner Krauss, Friedrich Kayßler, Eugen Klöpfer, Paul Hartmann, Walter Franck, Bernhard Minetti, der Körner, der Koppenhöfer und der Gold. Trotz dieser Bombenbesetzung eine erstaunlich verfehlte Aufführung, in der sich alle überschrien, besonders Klöpfer und Minetti, die in dieser Beziehung geradezu Rekorde schlugen. GG lag nun einmal das Heroische nicht.
Alles in allem ein erstaunliches Arbeitsjahr. Fazit: »Man« ging wieder ins Staatstheater. Im Oktober wurde der stellvertretende Intendant Gustaf

Gründgens verantwortlicher Intendant, also erst nachdem die Stücke, die aus politischen Gründen gespielt werden mußten, abgespielt waren.
Sein Arbeitstag begann pünktlich um neun Uhr, wenn er mit seinem Wagen in der Oberwallstraße ankam. Er betrat sein Büro, warf den Hut in den Papierkorb, den Mantel anderswohin und fragte: »Was gibt es Neues?«
Er sah, ohne auf Antwort zu warten, die vorgearbeitete Post durch, dann das Buch mit den Telefonaten, ließ sich die Kritiken geben, konferierte mit dem Referenten – das war Freund Langhans –, diktierte der Peppeline einige Briefe, auf die er manchmal unbändig stolz war – »Nun haben wir wieder einen sehr schicken Brief diktiert!« pflegte er zu sagen. Dann kamen die Besucher.
Alles ging sehr formell zu. Aber nicht immer. Gustav Knuth: »Für mich war er doch immerhin der Generalintendant und eben mein Chef. Und dann wurde ich einmal ins Büro bestellt, geriet aber unterwegs in einen derartigen Platzregen, daß ich völlig durchnäßt da ankam.
Gustaf saß hinter einem großen Diplomatenschreibtisch. Er war sogar festlich angezogen, weil er noch irgendwo eine Besprechung oder eine Sitzung hatte, und dann stand er plötzlich auf – und war in Unterhosen. Er war nämlich auch in den Platzregen hineingekommen, und die Hose war inzwischen zum Bügeln geschickt worden. Stell dir vor, du kommst da rein und begrüßt deinen Chef, einen sehr eleganten Chef ... und dann steht er auf – in Unterhosen! Das hat er natürlich mit Absicht verkauft. In solchen Dingen war er ganz groß. Das machte ihm einen Bärenspaß ...«
Wenn keine Proben stattfanden, arbeitete er bis gegen ein Uhr mittags,

---

Zum 60. Male:

Das Glas Wasser

Lustspiel von Scribe

Königin .... Käthe Gold
Herzogin .... Hermine Körner
Bolingbroke.......................... Gustaf Gründgens

Spielleitung: Jürgen Fehling

dann aß er meist ein mitgebrachtes Butterbrot und ließ sich von der Peppeline Tee oder Kaffee dazu machen. Er hatte schon damals Angst, dick zu werden.

Manchmal bekam er auch Lust, auswärts zu essen. Dann mußte Langhans mit, sie fuhren etwa ins Hotel Esplanade. Es konnte geschehen, daß ihm plötzlich das Gesicht des Oberkellners nicht gefiel, und sie gingen in ein anderes Restaurant. Da paßte ihm das Gesicht des Kellners noch weniger, und so dauerte es manchmal bis drei oder vier Uhr, bevor zu Mittag gegessen wurde.

Wenn er Proben hatte, sei es als Regisseur, sei es als Schauspieler, mußte die ganze Belegschaft mit allem Bürokram in das Theater am Gendarmenmarkt kommen oder später auch in das sogenannte Kleine Haus in der Nürnberger Straße, das er dazugenommen hatte; die Peppel hatte oft schweres Gepäck zu schleppen, denn ein Auto kam natürlich nicht in Frage. Seine Briefe diktierte er während der Probenpausen.

Auch wenn er abends spielte, und das bedeutete, daß er selten vor elf Uhr aus dem Theater kam, fand er sich am nächsten Morgen pünktlich im Büro ein.

Natürlich gab es viele Schwierigkeiten. Einer, mit dem GG anfangs gar nicht auskam, war Karl Rupprecht, der bereits unendlich lange am Staatstheater war. Ursprünglich hatte er dort Kinderrollen gespielt – noch im Kaiserreich –, seit 1919 leitete er das Betriebsbüro, dem es oblag, den Spielplan festzusetzen. Den ersten Krach gab es, als Gründgens, noch nicht Intendant, eine Spielplanänderung wünschte, um einen Urlaub anzutreten. Sie wurde abgelehnt. Denn: »Herr Rupprecht sagt, es geht nicht.«

Als GG Chef wurde, glaubte Rupprecht, er würde gleich hinausfliegen, aber GG sagte nur: »Ich möchte gern, daß Sie das, was Sie bis jetzt getan haben, weitermachen!«

Trotzdem konnte es Rupprecht kaum entgehen, daß Gründgens nicht gerade entzückt von ihm war. Einmal sagte er, ganz ohne Zusammenhang: »Glauben Sie ja nicht, daß Sie mich hier überleben werden! Ich will's wissen!«

Wenn Gründgens nach Ansicht von Rupprecht besonders unangenehm war, verließ dieser sein Zimmer mit dem Wort »Heil!«. Dieses Wort oder gar der Gruß »Heil Hitler!« fielen nämlich nie in dem Göring unterstellten Hause. Gründgens konnte dann nicht ernst bleiben.

Wenn man später diejenigen fragte, die damals mit ihm arbeiteten, bekam man die verschiedensten Auskünfte. Und sicher sagten sie alle die Wahrheit. Gründgens gab sich eben zu verschiedenen Menschen oder in verschiedenen Situationen jeweils anders. Wenn er einen Schauspieler nicht sprechen wollte oder doch jedenfalls nur kurz, fand ihn dieser hinter einem von

Büchern, Akten und Briefen übersäten Tisch. Der Schauspieler entschuldigte sich, ging hinaus und teilte dem, der als Nächster drankommen sollte, mit, daß der Chef sicher bald vor Überarbeitung zusammenbrechen würde.
Wenn der nächste dann das Zimmer betrat, war der Schreibtisch glattgefegt wie eine Eisbahn. Was sich soeben darauf befunden hatte, waren nur Requisiten.
Vielleicht das Erstaunlichste: GG konnte zur gleichen Zeit an allen nur denkbaren Stellen sein. Er wußte über alles Bescheid, was in seinem Theater vorging: Er wußte, daß die Frau des dritten Beleuchters erkrankt war und daß der Hausmeister irgendwelche begeisterten Jünglinge oder Jungfrauen, die auf Schauspieler warteten, zu barsch abgefertigt hatte. Er wußte, daß die Schneiderei mit bestimmten Kostümen im Rückstand war, obwohl man versucht hatte, es vor ihm zu verbergen. Er kannte die Einnahmen des vorherigen Abends bis auf Dezimalstellen. Wenn ein Schauspieler zu ihm kam, ahnte er, was er wollte, noch bevor jener den Mund aufgetan hatte, und erteilte seine Antwort, noch bevor die Frage gestellt worden war. Käthe Gold überlegte sich wochenlang, wie sie es fertigbringen sollte, eine höhere Gage zu erlangen. Just an dem Tag, zu der Stunde, da sie ihn um einen neuen Vertrag bitten wollte, rief er sie an und bot ihr eine Gehaltserhöhung an.
Er dachte um sieben Ecken.
Wenn man ihn auf Proben beobachtete, hatte man das Gefühl, daß er nur im Theater denkbar sei; wenn er im Büro saß, hätte man nicht sagen können, ob er nicht der Direktor einer Bank oder eines Verlages war. Er wußte in dem Augenblick, in dem es darauf ankam, den Preis jedes Stoffes für Kostüme oder den Preis der Farben, die für die Dekoration notwendig waren. Er hatte im Kopf, wann die Verträge des einen oder anderen Schauspielers abliefen, wann sie filmten, wo sie filmten.
Natürlich machte auch er einmal Fehler. Bei den letzten Proben zu ›Das Glas Wasser‹ ließ der für die Kostüme verantwortliche Kurt Palm Schutzstreifen an die langen Röcke der Damen nähen, damit sie nicht vorzeitig schmutzig würden. Gründgens erkundigte sich irritiert: »Welcher Idiot hat das denn nun wieder gemacht?«
Palm: »Der Idiot war ich.«
Gründgens ging, ohne ein Wort zu sagen, hinaus. Aber ein paar Tage später kam er zu Palm und sagte: »Du könntest jetzt Arschloch zu mir sagen, ich würde dich nicht entlassen ...«
Palm mußte lachen. Die Sache war vergessen und vergeben.
Nachdem er ein halbes Jahr Intendant gewesen war, hatte jeder das Gefühl, er sei es schon seit fünfzehn Jahren. Kollegen, die ihn als Schauspieler

oder als Regisseur bewunderten, gaben zu, als Theaterleiter sei er noch eine Klasse besser.
Und er? In einem Rundschreiben vom 2. Januar 1935 an die Kollegen hieß es: »Wenn ich heute beginne, dieses Amt zu lieben, so ist es in erster Linie Ihrer Zuneigung zu mir zu danken, die mir einen Posten, zu dem ich nie gestrebt hatte, immer wertvoller macht.«

Später wurde Gründgens oft vorgeworfen, er habe dadurch, daß er großes Theater machte, den Nationalsozialisten geholfen. Dies ist nicht ganz abzustreiten. Indessen: als er 1934 seinen Posten übernahm, war er ein Mann ohne Namen. Während im Ausland das Verbleiben im Lande von Persönlichkeiten wie Richard Strauß, Wilhelm Furtwängler oder Franz Lehár den Eindruck erwecken mußte, so schlimm könnten die Nazis doch wohl nicht wirtschaften, sonst wären solche Männer längst aus Deutschland emigriert, stellte man bei Gründgens eine solche Frage nicht. Jenseits der deutschen Grenzen, zumindest der Grenzen der deutschen Sprache, wußte noch niemand, wer er war.
Auf der anderen Seite ließ Gründgens der Gedanke nicht los: jemand mußte doch bleiben, mußte erhalten, was andere vor ihm in den Bezirken des Deutschen Theaters geschaffen hatten. Theater war nicht zuletzt auf Tradition aufgebaut. Hätte das deutsche Theater nach 1933 sich normal weiterentwickeln können, es wäre mit Sicherheit innerhalb dieses festen Rahmens seine eigenen experimentellen, vielleicht auch revolutionären Wege gegangen. Darauf mußte er – eben um des Erhaltens willen – verzichten. Er wußte, dies alles war nur ein Interregnum. Aber wie lange würde es dauern? Vielleicht sein ganzes Leben lang? Um nicht vor den Machthabern resignieren zu müssen, mußte er für sich selbst resignieren. Das begriff er schon damals – und nicht ohne Schmerz.
Das Publikum wiederum begriff sehr bald – und das lag wieder an der schnellen Auffassungsgabe gerade der Berliner –, daß am Gendarmenmarkt etwas geschah, was mit den neuen Verhältnissen nichts zu tun hatte; jedenfalls paßte es nicht in den Rahmen des Dritten Reiches, denn hier wurde eine Tradition fortgesetzt, die gerade die Nationalsozialisten verdammt hatten.
So wurde denn das Theater am Gendarmenmarkt unter Gründgens bald von den Zuschauern, ja, auch von denen, die nur von seiner Existenz wußten, als eine Insel angesehen, auf die sich die Gegner des Regimes retten konnten.
Goebbels verhielt sich vorläufig passiv. Nur einmal, am 9. April 1934, hatte er Gründgens zu einer Unterredung gebeten, sich von ihm aus seinem Le-

ben erzählen lassen, sich angehört, wie GG sich die Zukunft des Staatstheaters vorstellte, eingewandt, das Staatstheater »bleibe ja doch im wesentlichen repräsentatives Theater, in das der kleine Mann sich ungern traue ...«
Interessant ist ein Passus in dem Memorandum, das Gründgens sofort nach seiner Rückkehr diktierte: »Ich betonte im Laufe der Unterhaltung auch, daß die mit dem Liberalismus unzufriedenen Künstler auf der Suche nach besseren Wegen zwangsläufig auf Sowjet-Rußland stoßen müßten (ich erwähnte Brecht und den ›Panzerkreuzer Potemkin‹), weil hier tatsächlich neue Kunstformen geschaffen würden, welche die Aufmerksamkeit jedes künstlerisch interessierten Menschen erregten. Eine nationalsozialistische Kunst habe es bis jetzt nicht gegeben und gäbe es auch heute noch nicht. Ich hielte es für propagandistisch richtig, daß man so täte, als ob es sie gäbe, aber es sei für mich eine ungeheure Beruhigung, feststellen zu können, daß er, innerhalb seiner vier Wände, es auch nicht glaubte.«
Am Ende des Memorandums: »Ich hatte den Eindruck, als sei die Unterredung auf Wachsplatten festgehalten worden.«
Übrigens bestand für GG nie ein Zweifel daran, daß Goebbels in dem Augenblick, da er das Staatstheater in die Hand bekäme, ihn ins nächste Konzentrationslager schicken würde.

Dritter Teil

DIE INSEL

NEUNTES KAPITEL

In tyrannos

Später schrieb Gründgens einmal: »Ich habe zehn Jahre Kunst gegen etwas gemacht ...«

Von Anfang an stand er auf Kriegsfuß mit den Nationalsozialisten, fest entschlossen, auch in Kleinigkeiten nicht nachzugeben.

Das zeigte sich zum Beispiel 1934 beim Engagement eines neuen Chauffeurs. Der Freund Erich Zacharias-Langhans hatte einige aus den vielen, die sich meldeten – noch herrschte Arbeitslosigkeit in Deutschland –, ausgewählt und als ersten Max Gebhardt, einen typischen, allerdings nicht in Berlin geborenen Berliner zu GG geschickt. Gebhardt war einigermaßen beeindruckt von den Vorzimmern, durch die er gehen mußte, von dem Mann hinter dem Schreibtisch, von dem er nur wußte, daß er der Intendant Görings war. Er war nicht weiter erstaunt über die Frage, ob er in der Partei sei. Nein, er sei nicht in der Partei, erwiderte er.

»Und in der SA?«

»Nein.«

»Und in der SS?«

»Nein.«

Gebhardt war überzeugt, daß er die Stellung nie bekommen würde.

Gründgens: »Kommen Sie morgen in mein Haus, dann zeige ich Ihnen Ihr Zimmer und erkläre Ihnen, was Sie zu tun haben. Sie sind engagiert.«

Ein andermal, viel später, wollte er den großen Charakterschauspieler Paul Wegener engagieren. Auf seine Frage, was Wegener gern spielen wollte, antwortete der: »Den Nathan«.

Und GG: »Ich gebe Ihnen die Hand darauf, Herr Wegener, daß wir das noch gemeinsam erleben.«

Aus seinem Nachlaß ergibt sich, daß GG Anfragen des Präsidenten der Reichstheaterkammer oder ähnlicher Herren, die bei ihm immer wieder monierten, er habe noch keine Fragebogen ausgefüllt, unbeantwortet ließ. Diese Fragebogen, die unter anderem darüber Auskunft geben sollten, ob er Mitglied der Partei sei und seit wann, wie es mit seinem Vater, seiner Mutter, seinen Großmüttern und Großvätern bestellt sei und dergleichen mehr, wurden kommentarlos abgelegt.

Mehrere Mahnungen der 80. SS-Standarte, seinen Beitrag als »Förderndes

Mitglied« zu zahlen, beantwortete er dahingehend, er sei nicht förderndes Mitglied und gedenke auch nicht, es zu werden. Die »Peppeline« war in die Partei eingetreten, vermutlich weil die anderen Mitarbeiter GGs beschlossen hatten, daß wenigstens einer aus dem Büro eintreten müsse. Eines Tages erschien sie mit dem Parteiabzeichen am Jackett. Gründgens ließ sie wissen, daß sie mit diesem Parteiabzeichen sein Büro nicht betreten dürfe. Natürlich wußte er, daß sie keine echte Anhängerin Hitlers war, sonst hätte er nicht wagen können, ihr die zahllosen Briefe betreffend jüdische Künstler und Künstlerinnen zu diktieren, und sie hätte diese Briefe wohl auch nicht geschrieben.

Aber er war von einer erstaunlichen Offenheit – sprich Waghalsigkeit – auch denen gegenüber, von deren Einstellung er zu Anfang nichts wissen konnte. So verhielt er sich etwa zu Utz Utermann, einem jungen Journalisten, der ihn für ein Naziblatt, die ›Nationalzeitung in Essen‹, interviewen wollte. Natürlich war Utermann Parteimitglied. GG erklärte ihm ohne viel Umschweife, er verstände sehr wohl, daß junge Leute auf diesen Unfug hereinfielen. Aber offenbar sei Utermann doch nicht mit den anderen in einen Topf zu werfen, denn er komme immer zu ihm im Zivilanzug anstatt in Uniform und ohne Parteiabzeichen. Er wollte wissen: »Wie sind denn eigentlich diese jungen Leute, die sich für Hitler den Hals wund schreien?« Und als sie etwas besser befreundet waren, kam der ärgerliche Ausruf: »Sowas wie du läuft ausgerechnet dort herum!«

Später schrieb übrigens Utermann ein Stück für Gründgens. Der wollte es gleich sehen. »Warum erst tippen lassen, deine Handschrift ist doch recht hübsch.« Am Abend nach der Vorstellung bekam er das Manuskript. Um drei Uhr nachts erfolgte ein Anruf mit der Mitteilung, wann die Premiere des Stückes stattfinden werde. Es handelte sich um ›Kollege kommt gleich!‹, in dem Viktor de Kowa einen außerordentlichen Erfolg buchen konnte.

Bezeichnend war der Fall von Alfred Mühr, der in der ›Deutschen Zeitung‹ herabsetzende Artikel über das Staatstheater schrieb. Gründgens ärgerte sich, schwieg aber, während Göring platzte und am 29. Mai 1934 einen Brief an die ›Deutsche Zeitung‹ verfaßte, in dem es unter anderem hieß:

»Wenn man seit Monaten, besonders seit unserer Machtübernahme, die Kritiken und Besprechungen des mit A.Mü. bezeichneten Verfassers liest, so wird man merken, daß es eine fortlaufende unberechtigte Kritik an der Führung der Staatstheater ist, insonderheit an der Führung des Schauspielhauses. Ich halte speziell den Beruf des nur negativen Theaterkritikers für den unanständigsten und unmoralischsten aller Berufe und scheue mich nicht, dies demnächst in einer Versammlung öffentlich auszusprechen. Es handelt sich hier meistens um Leute, die selber nichts verstehen und doch oft große Könner schlecht kritisieren. Das Recht zur öffentlichen Zeitungs-

kritik besitzt nur der Mensch, der jederzeit beweisen kann, daß er das, was er kritisiert, auch besser machen kann und besser versteht. Das spreche ich aber dem Herren A.Mü. ab. Ich vermag dies auch nicht mehr länger als berechtigte Kritik anzusehen, sondern erblicke vielmehr darin eine fortlaufende Sabotage an meinem Aufbauwerk, denn es ist auch dem Herrn A.Mü. bekannt, daß ich persönlich die beiden Staatstheater leite . . .
Wenn heute die Bewegung gegen Kritikaster und Hetzer am nationalsozialistischen Aufbau vorgeht, dann werde ich mich keinesfalls scheuen, dort, wo ich solche Sabotage vermute, rücksichtslos durchzugreifen . . .«
Was er darunter verstand, war klar, denn in dem gleichen Brief ließ er wissen, daß er einen anderen Theaterkritiker habe verhaften lassen.
Er fuhr dann fort: »Ich habe zunächst verfügt, daß Ihrer Zeitung der Presseplatz in beiden Häusern, Oper und Schauspielhaus, entzogen wird und habe weiter verfügt, daß der Kritiker Mühr beim Betreten der Häuser auszuweisen und festzunehmen ist. Ich bin dann wenigstens in der Lage, in der Öffentlichkeit feststellen zu können, daß Herr Mühr meine Theater nicht mehr kritisieren kann, weil er sie nicht mehr zu sehen bekommt. Ich habe ferner verfügt, daß Herr Mühr von der Staatspolizei als systematischer Hetzer und Saboteur am nationalsozialistischen Aufbau in Zukunft zu beobachten ist.«
Da schritt Gründgens ein. Die Entziehung der Pressekarten schien ihm eine unwürdige Geste. Göring gab grollend nach, und Gründgens konnte der Zeitung mitteilen, sie dürfe wieder über ihre Pressekarten verfügen. Am gleichen Abend, während eines Empfanges, nahm Göring Gründgens beiseite und fragte ihn: »Also was machen wir nun mit diesem Kerl? Sollen wir ihn verhaften? Eine Woche KZ oder sowas?«
Worauf Gründgens antwortete: »Das dürfte leider nicht mehr möglich sein. Er ist nämlich seit heute an Ihrem Theater engagiert.« Er hatte in der Tat Mühr zu sich bestellt und ihm den Vorschlag gemacht, in seine Dienste zu treten, er brauche Dramaturgen, und vielleicht könne Mühr an dieser Stelle das durchsetzen, was er für richtig halte und was bisher angeblich nicht gemacht worden sei.
Als ihn etwa zwei Jahre später, während der Olympischen Spiele, Frau Bernoulli, die Frau des Schweizer Innenarchitekten, den er in den zwanziger Jahren kennengelernt und mit dem er sich angefreundet hatte, gelegentlich eines Empfangs im Frack, den Pour le mérite umgehängt, entdeckte und fragte: »Gustaf, wofür hast du denn diesen Orden bekommen?« erwiderte er strahlend: »Für Spiegelfechterei!«
Aber wenn es notwendig war, konnte er auch bitter ernst werden. Wenige Monate nach seinem Amtsantritt, vorerst als Stellvertretender Intendant, ereignete sich der sogenannte Röhm-»Putsch«, in dessen Folge Hitler eine

große Zahl ihm unbequemer Männer umbringen ließ. Hitler erklärte in einer scheinheiligen Rede am Radio, erst jetzt sei ihm die homosexuelle Veranlagung seines einstigen Freundes Röhm bekannt geworden, und wandte sich mit scharfen Worten gegen Verräter und Homosexuelle schlechthin. GG fuhr schnurstracks zu Göring, der um diese Zeit ein vielbeschäftigter Mann war – er mußte ja zahlreiche Ermordungen anordnen –, und erklärte ihm: »Melde mich als Ihr nächstes Opfer zur Stelle!« Dazu gehörte enormer Mut, denn GG konnte ja nicht wissen, daß der Vorwurf der Homosexualität nur ein Vorwand gewesen war, um Röhm und seine Clique aus dem Weg zu räumen.

Göring dachte nicht daran, Gründgens fallen zu lassen, und fauchte ihn nur an: »Gehen Sie nach Hause! Ich habe mehr zu tun! Ich bin kein Sittenrichter, sondern Politiker!«

GG beruhigte sich jedoch keineswegs damit, daß Göring ihn auch künftig zu schützen gedachte. Die weiteren Angriffe gegen die Homosexuellen, ihre Überführung in Konzentrationslager sowie das ständig genährte Gerücht, Gründgens gehöre zu ihnen – was in dieser Form und ohne Einschränkungen unter keinen Umständen der Fall war oder je gewesen war –, ließen ihm keine Ruhe und brachten ihn schließlich zu dem Entschluß, von seinem Posten zurückzutreten. Das war Ende 1934. An den ihm damals noch vorgesetzten Tietjen – erst 1936 sollte er als Generalintendant ihm gleichgestellt werden – schrieb er sein Rücktrittsgesuch. Der Brief soll ganz abgedruckt werden. Er war und bleibt ein Dokument des Mutes und der Konsequenz:

28. 12. 34

»Ich kann der Einladung des Herrn Ministerpräsidenten heute nicht Folge leisten; ich kann nicht sein Gast sein, wenn ich weiß, daß Sie ihm nur Stunden später eine Nachricht bringen müssen, die ihn in seiner Gradheit und Großherzigkeit verwundern, erschrecken oder vielleicht sogar kränken muß.

Mir ist seit gestern alles noch viel klarer, nachdem ich in Worte faßte, was ich seit langem mit mir herumtrug; und es formuliert sich zwangsläufig zu einem ausgesprochenen Rücktrittsgesuch.

Sie wissen, daß es sich dabei nicht um die berühmte Kabinettsfrage handelt. Ich habe keinen Grund, der im Haus, im Betrieb oder gar in der Einstellung des Chefs zu mir läge. Nie habe ich seine Zuneigung so stark empfunden als in diesen Tagen, wo ich sein Gast sein durfte. Ich habe auch keine künstlerischen Gründe; im Gegenteil: ich bewundere seine Einsicht und seinen Takt, seine Hilfe, da wo es not tut, und seine betonte Zurückhaltung in allen rein künstlerischen Fragen.

Der einzige zwingende Grund sind die wiederholten Aktionen gegen eine bestimmte Gruppe von Menschen, mit denen *ich* mich keineswegs identifiziere, mit denen man mich aber identifiziert.
Und ich würde mich eher in Stücke hauen lassen, ehe ich in dieser Sache ein Wort zu meiner Verteidigung über die Lippen brächte.
Zehn Jahre meines Lebens – in denen die Kunst nur die Hilfe und der Ausgleich war – galten der Meisterung und Beherrschung meines privaten Menschen; und daß ein Mensch wie ich durch alles durch muß, um es zu erkennen, ist klar.
Und nur die Tatsache, daß heute alles in meinem Leben strengsten persönlichsten Gesetzen unterworfen ist, befähigt mich, auch auf meinen Beruf diese Gesetzmäßigkeit und Zucht alles Künstlerischen auszudehnen. Nur die Erkenntnis, die ich im Privaten gewann: Erwirb es, um es zu besitzen, macht mich brauchbar zur Mitarbeit am Wiederaufbau einer gesetz- und planlos gewordenen Kunst.
Wird aber dieses Private, auf dessen Führung ich stolzer bin als auf alle äußeren Erfolge, angetastet, so werden damit die Quellen verstopft, aus denen ich alle Kraft für meine künstlerischen Aufgaben ziehe.
Ich habe mich im vorigen Februar – schwer genug, wie Sie wissen – entschlossen, mit aller Intensität einzuspringen und ein Kunst-Institut zu retten, das auf dem Wege war sich zu verlieren. Schon damals habe ich Konflikte wie diese vorausgesehen; auch das wissen Sie.
Da aber diese Konflikte *in mir* nicht bestanden oder bestehen, habe ich zunächst gearbeitet und meinen Teil am Wiederaufbau des deutschen Theaters geleistet. Ich hatte keine andere Triebkraft als meinen Willen, der Sache zu dienen, denn dem Menschen brachte dieses neue Amt zunächst nur Negatives.
Ich habe heute die mir gestellte Aufgabe gelöst, mit Hilfe des ständigen Einsatzes des Ministerpräsidenten. Das Staatliche Schauspielhaus ist da, wo es hingehört: an der Spitze der deutschen Bühnen.
Das soll mich nicht zu Forderungen berechtigen, sondern nur zu der Frage: Darf ich jetzt gehen? Darf ich jetzt von einem Amt zurücktreten, das mir eine kaum zu leistende Arbeitslast aufbürdet und als Ausgleich dafür mich und das Leben meiner Angehörigen immer schwerer gefährdet?
Ich bin uninteressant als Schauspieler und Regisseur, doppelt uninteressant, wenn Sie bedenken wollen, daß Tatsachen gegen mich kaum vorliegen.
Der Intendant des Staatlichen Schauspielhauses aber ist ein Begriff; ein Begriff, der immer fester umrissen wird, je führender das Haus, das er leitet, wird.
Und der immer angreifbarer wird! Angreifbarer da, wo er sich *nie* wird verteidigen können und wollen.

Bei der heute herrschenden Strömung, die, wie unsichtbar auch immer, doch an mich herangetragen wird, bin ich für das Haus und die Stellung nicht tragbar. Ich sehe das ganz hart und klar.
Und ich habe vielleicht mit meiner Arbeit eins verdient: daß man mich in *Ehren* gehen läßt.
Was ich Ihnen gestern von einer Nachfolge Lothar Müthels sagte, ist mein vollster Ernst.
Er ist alter Nationalsozialist und künstlerisch durchaus auf dem richtigen Wege. Wird er insoweit beraten, daß er einen Spielplan macht, der nicht nur avant-gardistisch ist, sondern auch dem tatsächlichen Bedürfnis des Publikums entspricht, so ist er der richtige Mann, der auch das Vertrauen seiner Kollegen besitzt.
Bitte übermitteln Sie dem Herrn Ministerpräsidenten meine verehrungsvollsten Grüße: ich weiß, daß es zwischen ihm, Ihnen oder mir keine Dinge gibt, die einer Klärung bedürften.
Aber ebenso glaube ich, daß das andere, das Äußerliche, auf die Dauer stärker sein wird.
Und so lassen Sie mich dem Haus und seinem Herrn meinen Rücktritt anbieten, der nach meiner Auffassung der größte Dienst ist, den ich im Augenblick leisten kann.«

Seinem Gesuch wurde nicht entsprochen. Göring brauchte ihn.

Übrigens wurde GG die Zusammenarbeit mit diesem so seltsamen Menschen – dieser gewissermaßen gutmütigen Verbrechernatur – meist nicht allzu schwer. Geduldig ließ er sich von ihm seine »altgermanische« Schwertersammlung zeigen, sie waren für ihn nichts als Requisiten. Oder seine neuen Uniformen – sie waren für ihn Kostüme, wie man sie auf der Bühne trägt. Nur einmal, als er, im Vorzimmer wartend, einen jungen Löwen hereinspazieren sah, den sich Göring als Haustier hielt und den GG mit zahlreichen Kissen, die er ihm entgegenwarf, im Zaum zu halten hoffte, seufzte er: »Generalfeldmarschall gut – aber Generalfeldmarschall und Löwe – das ist zuviel!«
Sein Kampf gegen das Regime mußte sich notwendigerweise auf einen Einsatz für die Opfer oder die mutmaßlichen Opfer beschränken. Dabei half ihm vor allem eine Frau, deren Charakter spater oft völlig falsch eingeschätzt worden ist: Emmy Sonnemann. Sie war nicht in die Partei eingetreten, sie liebte zwar ihren Mann und hielt schon deshalb alles, was er tat – zumindest alle seine Taten, von denen sie erfuhr –, für gut und

richtig. Sie schätzte Hitler, aber sie verabscheute Goebbels und Himmler. Sie verstand überhaupt nicht, was man gegen die Juden haben konnte, und zögerte nie, wenn es galt, sich schützend vor ihre jüdischen Kollegen zu stellen.

Zwei Jahre, nachdem sie ans Staatstheater gekommen war, verließ sie es, weil sie Göring heiratete. Sie spielte nach der Heirat ein letztes Mal die ›Minna‹, es gab noch ein Abschiedsfest, und als Gründgens die in solchen Fällen übliche Rede hielt, brach sie in Tränen aus. Auch späterhin blieben die beiden fast unzertrennlich. Alle paar Wochen erschien GG bei ihr zu Gast. Später sagte sie: »Es gab zwei Themen: das Theater und die Verfolgten. Gustaf war unbeirrbar, wenn es darum ging, zu helfen.« Manchmal war es geradezu grotesk. So etwa mit Jürgen Fehling. Dieser höchst eigenwillige Regisseur hatte sich mit GG gleich zu Beginn seiner Theaterleitung gestritten und war nach Hamburg gegangen, um dort den ›Don Carlos‹ zu inszenieren. Bei dem Wort »Sire, geben Sie Gedankenfreiheit!« brach ein Begeisterungssturm im Publikum aus. Die Folge war, daß Goebbels Fehling als asozial in Acht und Bann tat und ihm den Paß abnehmen ließ. Es sah so aus, als wäre er erledigt. Gründgens fuhr nach Hamburg, brachte alles wieder halbwegs in Ordnung, besänftigte den ebenfalls aufgebrachten Göring – Fehling durfte wieder inszenieren.

Bedeutend schwieriger war die Hilfe für die sogenannten Jüdisch-Versippten, die Schauspieler mit jüdischen Frauen, die nach den von Goebbels erlassenen Gesetzen nicht mehr spielen durften. GG holte sie alle an sein Theater: Theo Lingen, Otto Wernicke, Paul Bildt, Paul Henckels, Erich Ziegel und andere.

Manche befanden sich in akuter Gefahr und mußten schnell verschwinden, sei es für einige Zeit, sei es die ganzen zwölf Jahre, sie mußten verborgen gehalten werden oder ins Ausland fliehen. Hier griff Gründgens in jedem einzelnen Falle persönlich ein. Es gibt nicht einen einzigen der damals Bedrängten, die sich direkt oder indirekt an ihn wandten, für den er nicht etwas unternommen hätte. Und er durfte später, viel später, ehrlich sagen, daß er alle Menschen, von deren Gefährdung er wußte, in Sicherheit gebracht habe.

Von deren Gefährdung er wußte... Mit den Jahren wurde es immer schwieriger, in Erfahrung zu bringen, wer in Gefahr war und wer nicht. Aber die schwierigste Aufgabe für Gründgens bestand zweifellos darin, diejenigen zu warnen, die noch gar nicht wußten, daß sie verhaftet oder verschleppt werden sollten. Dazu bedurfte er natürlich der entsprechenden Informationen. Woher bekam er sie? Ich habe ihn später oft danach gefragt, und er hat lange dazu geschwiegen. Mag sein, daß es Informanten gab, mit denen er unter einigermaßen normalen Umständen nie ein Wort gewechselt, geschweige ihnen die Hand geschüttelt hätte; mag sein, daß einige von ihnen ihm das Wort abgenommen hatten, nie, auch später nicht, darüber mit Dritten zu reden; vielleicht auch waren sie nicht mehr am Leben.

Viele, die ich befragte, konnten nur mit Mutmaßungen aufwarten. Das Interessanteste ist, daß die meisten seiner Freunde es für viel zu selbstverständlich hielten, daß GG allwissend war, als daß sie sich den Kopf darüber zerbrochen hätten, woher er sein Wissen bezog. In der letzten Zeit erst gab er mir einen Namen preis. Es handelte sich um eine Schauspielerin, die mit einem sehr hohen Gestapomann befreundet gewesen war.

Natürlich gab es diesen oder jenen Polizeibeamten von früher, mit dem er irgendwann einmal Kontakt gehabt hatte. Natürlich gab es auch SA- und SS-Leute, die sich ihm gegenüber mit ihrer Kenntnis höchst geheimer Dinge großtun wollten. Hinzu kam, daß der Parteiapparat wohl von Anfang an mit Leuten durchsetzt war, die gegen das Naziregime arbeiten wollten und es begrüßten, Gründgens und durch ihn andere warnen zu können. Daß Göring, der ja bald die Gestapo abgegeben hatte, von geplanten Morden oder Entführungen erfuhr, geschah selten, und seltener noch, daß er mit seiner Frau darüber sprach. Eher schon mit einem seiner Adjutanten, von denen wiederum einige mit GG gut standen. Dann gab es ganz ohne Zweifel eine Querverbindung ins Hauptquartier des Gegners, das Propagandaministerium. Wenn es gefährdete Juden betraf, trat eine Art Stafettendienst in Aktion, denn dann ging es jeweils um Stunden, manchmal sogar um Minuten.

Wie dem auch sei: In dieser Zeit mit ihren Befehlen und Gegenbefehlen, Verordnungen und Gegenverordnungen, Verhaftungen und Folterungen, Entführungen und Morden, die jedermann mit Entsetzen erfüllten, wußte Gustaf Gründgens immer alles, wußte es rechtzeitig. Und sprang immer rechtzeitig ein, immer verläßlich.

Göring liebte seine Schauspieler, nicht zuletzt, weil es »seine« waren. Sie bedeuteten ihm so etwas wie Hofnarren. GG erinnerte sich später eines Osterfestes, das Göring für sie veranstaltete. Dabei mußten sie in seinem Garten Eier suchen, die er persönlich versteckt hatte. Wenn sie mit den Eiern kamen, nahm er sie ihnen ab, sie mußten ein zweites Mal auf die Suche gehen und dann noch ein drittes Mal. GG, der es für sich strikt ablehnte, dergleichen mitzumachen, fühlte sich für seine Schauspieler gedemütigt. Aber dieser seltsame Göring, dem Raub und Mord um einer Idee willen selbstverständlich waren, hatte Augenblicke, in denen er ein ganz netter Kerl war. Seine Frau erinnerte sich, daß er bei einem Parteitag eine Proklamation

gegen die Juden vorgelesen habe. Hitler war zu erkältet, um selbst die neuen Verordnungen zu verkünden, und schob Göring das Manuskript hin, der es, ohne seinen Inhalt zu kennen, mit Schwung deklamierte. Sie machte ihm nachher schwere Vorwürfe, es sei doch furchtbar, so über die Juden zu reden, nachdem man sie schon aus ihren Berufen gedrängt habe. Und er gab zu: »Ja, mich hat das auch rasend geärgert, während ich es vorgelesen habe ...«
Ein andermal kam GG noch spät abends zu Emmy, um etwas Unaufschiebbares zu besprechen. Die Unterhaltung fand in ihrem Schlafzimmer statt. Da öffnete sich die Schiebetür, und Göring rief herein: »Könnt ihr das nicht am Nachmittag besprechen? Ich komme ja nicht zum Schlafen!«
Sie erwiderte: »Aber es geht doch um vier Juden!«
Darauf Göring: »Das habe ich mir gedacht. Ich höre ja nichts anderes mehr ...«
Nur ein einziges Mal sagte er zu ihr: »Emmy, was du da für die Juden tust, wird schon ein bißchen schwierig für mich. Ich möchte dir ja gerne helfen, aber kannst du nicht ein bißchen Pause machen?«
Ein wenig später, am Ende seiner Geduld: »Jetzt sag mir schon endlich alle deine Juden, und dann ist es gut.«
Und sie: »Hermann, ich habe gar keine Juden, ich höre nur immer wieder von ihnen. Zu wem soll ich denn gehen, wenn nicht zu dir?«
Und zu wem sollte GG gehen, wenn nicht zu ihr?

Das war auch so bei Erich Ziegel. Ziegel hatte sich mit seiner jüdischen Frau in Hamburg nicht halten können und war nach Wien gegangen. Doch Österreich war um diese Zeit zwar noch nicht nationalsozialistisch, wohl aber mindestens so antisemitisch wie das Dritte Reich und überdies von Schauspielern und Schauspielerinnen überfüllt, die in Deutschland nicht mehr auftreten durften. Ziegel hielt sich gelegentlich in Berlin auf, um zu filmen. Das durfte er noch, Theater spielen durfte er aber nicht mehr. Schließlich machte ihm Gründgens den Vorschlag, an sein Theater zu kommen, er würde das schon ermöglichen. Ziegel wurde verständigt, an einem Abend hinter der Bühne zu sein, an dem GG Emmy zu einem Theaterbesuch überredet hatte. In der Pause wollte Göring gern in seiner Loge bleiben, aber seine Frau bat ihn, sie hinter die Bühne zu begleiten, sie habe ein wenig Sehnsucht nach ihrer alten Umgebung. Er folgte also. Und wer trat ihnen, scheinbar zufällig, in den Weg? Kein anderer als Erich Ziegel. Sie kannte ihn zwar gar nicht, tat aber, als seien sie alte Freunde, war entzückt, ihn nach so langer Zeit wiederzusehen, stellte ihn ihrem Mann vor und gab der Hoffnung Ausdruck, ihn bald wieder als Schauspieler bewundern zu dürfen. Ziegel murmelte etwas von Verhandlungen, worauf Göring hoffte, die Verhandlungen würden günstig ausgehen.

Das war alles, was Gründgens brauchte. In die Loge zurückgekehrt, fragte dann Göring seine Frau: »Nun sag schon ... was ist mit dem Mann? Ist er Jude?«

»Nein, seine Frau ist Jüdin.«

»Das ist mir doch so schnuppe wie nur irgend etwas«, erklärte Göring.

Ziegel wurde engagiert. Mirjam Horwitz, die später nachkam, traute sich erst nicht ins Theater. Gründgens, der ihr eine kleine Wohnung hergerichtet hatte, mit Blumen geschmückt und einem Schild »Herzlich willkommen«, tat beleidigt: »Du sitzt selbstverständlich in meiner Loge!« Von diesem Augenblick an saß sie bei jeder Premiere in seiner Loge.

Bei Paul Henckels lagen die Verhältnisse so: Er war schon ein bekannter Schauspieler in Düsseldorf, als Gründgens noch dort auf die Schauspielschule ging, er hatte ihm Stunden gegeben und ihm gesagt, daß er an seine Zukunft glaube. Später war Henckels hier und dort aufgetaucht, hatte sogar bei Reinhardt gespielt, gehörte nicht gerade zu den Stars der deutschen Bühne, aber zu jener Kategorie, die man die »ersten zweiten Schauspieler« nennt. Erst als Hitler zur Macht kam, erfuhr Henckels, der Sproß einer bekannten rheinischen Großindustriellenfamilie, daß er eine jüdische Mutter hatte, auch seine Frau war Jüdin, die Situation daher zumindest prekär. GG engagierte ihn trotzdem. Zuerst ging alles ganz gut. Später wurde es schwieriger. Zumal seit ein gewisser Hans Hinkel, der Leiter der Reichstheaterkammer, ein besonders skrupelloser Nazi, auftauchte. Er war es, der den mit einer Jüdin verheirateten Schauspieler Gottschalk in den Selbstmord trieb. Am nächsten Tag ließ GG Henckels kommen. »Du hast wohl schon davon gehört ... Wenn du aufgefordert wirst, zu Herrn Hinkel zu kommen, so geh nicht hin, sondern benachrichtige mich sofort.«

Die Aufforderung erreichte Henckels übrigens nie, obwohl Hinkel versprochen hatte, bis zu einem bestimmten Zeitpunkt seinem Führer zu melden, das deutsche Kunstleben sei nunmehr judenrein.

Einmal hatten die Henckels Schwierigkeiten wegen der Flagge. An einem bestimmten Tag, so lautete ein Befehl, hätten alle zu flaggen. Worum es ging, ist heute nebensächlich. Henckels wohnten im Vorort Klein-Machnow. Sie durften nicht flaggen, weil Frau Henckels Jüdin war, eine Kontrolle hätte die schlimmsten Folgen gehabt. Wenn sie aber nicht flaggten, wußte die Bevölkerung über sie Bescheid, und sie hätten sich in Klein-Machnow kaum noch halten können. Henckels ging also zu Gründgens, um Rat einzuholen. Er telefonierte mit der Kanzlei Görings und ließ sich von dort den Befehl bestätigen, alle Schauspieler des Staatstheaters hätten zu flaggen.

Freilich mußte Henckels etwas Schriftliches in Händen haben. GG bestellte ihn für spät abends zu sich nach Hause. Er formulierte einen Brief, den sollte Henckels tippen – außer ihm und seiner Frau Marianne war sonst niemand anwesend. Nach einer halben Stunde kam Henckels verzweifelt zu ihm hinüber, nein, er könne diesen Brief nicht schreiben, er habe es zwanzigmal versucht – die zerknüllten Briefbögen auf dem Fußboden gaben Zeugnis davon – er könne es ganz einfach nicht.
Gründgens, leicht enerviert, bat Marianne, den Brief zu schreiben. »Du bist ja schließlich auf die Handelsschule gegangen.« Die Herren verzogen sich. Marianne tippte einen wundervollen Brief, der alles enthielt, was notwendig war, nur nicht den Befehl, Henckels müsse flaggen.
Jetzt schickte Gründgens beide hinaus und erklärte, den Brief selbst schreiben zu wollen, obwohl er nur mit zwei Fingern tippte. Sein Brief war dann auch ein Meisterstück – mit einer kleinen Einschränkung: am Schluß des Briefes hieß es »Heil Hiller«.
Darauf lachten sie erst einmal alle drei ausgiebig, teils aus Vergnügen, teils aus Nervosität. Was hätte Freud dazu gesagt, hätte man ihm die Geschichte erzählt!
Eines Tages wurde der Schauspieler Schönfelder verhaftet. Er konnte gerade noch das Theater anrufen, um Mitteilung zu machen, denn am Abend hätte er im ›Hamlet‹ eine kleine Rolle spielen müssen. Schönfelder gehörte zu den jungen Schauspielern, die GG besonders schätzte. Überzeugt davon, daß der Schlag ihm galt, sagte er erschüttert: »Wenn ich denken sollte, daß meinetwegen jemand ins KZ kommt ... Ich könnte kein Auge mehr zutun.«
Dann setzte er sich ans Telefon. Am Abend mußte ein anderer Schauspieler einspringen, am nächsten Morgen war Schönfelder frei.
Im Falle des Schauspielers Wolfgang Kühne und seiner Frau ging es um Tod oder Leben; die Frau war Jüdin. Kühne, zuvor in der Provinz als Schauspieler und Spielleiter beschäftigt, war von Direktor Horak, einem noblen Mann, der sich um die Nazi-Gesetze keinen Deut kümmerte, als Dramaturg an die Komische Oper geholt worden. Als die Komische Oper von Göring Gründgens als dritte Bühne unterstellt wurde – es wurde staatliches Lustspielhaus –, erklärte sich dieser sofort bereit, Kühne zu übernehmen. Dabei gab es gar keine rechte Beschäftigung für ihn; er machte den Abendregisseur, einige Wochen später sprang er für einen erkrankten Schauspieler ein – mit großem Erfolg.
Gründgens hörte davon und sprach Kühne an. Er habe leider nicht der betreffenden Vorstellung beiwohnen können und bitte dafür um Entschuldigung – er gehörte zu den Intendanten, die sich sogar bei den Schauspielern entschuldigten, wenn sie eine Umbesetzung versäumt hatten – und bestellte

ihn für den nächsten Tag in sein Büro. Vor seinen Augen zerriß er den Vertrag, der nach seiner Ansicht unter falschen Voraussetzungen geschlossen worden sei, und gab ihm einen anderen mit einer wesentlich besseren Gage.

Dann geschah es, daß Gestapoleute zu Kühne kamen und erklärten, seine Frau solle sich morgen mit einem Koffer an einer bestimmten Stelle einfinden. Kühne stürmte ins Theater. An diesem Abend wurde ›Iphigenie‹ gespielt. GG empfing ihn ungnädig. »Ich bin doch weiß Gott für jeden von euch zu sprechen. Aber ihr wißt doch, wenn ich spiele ...«

Kühne sagte ihm mit wenigen Worten, was sich ereignet hatte. Gründgens läutete nach seinem Garderobier. »Sagen Sie oben Bescheid. Die Pause ist erst zu Ende, wenn ich das Signal gebe.« Dann ließ er sich die Geschichte noch einmal von vorn erzählen. Schließlich: »Das ist ja ein ernster Fall, das müssen wir in Ruhe besprechen. Das ist viel wichtiger, als Theater spielen.« GG ging in seiner Garderobe auf und ab, und am Ende sagte er: »Irgend etwas muß mir doch einfallen ...« Er wandte sich an den Schauspieler: »Jetzt fahr nach Hause und grüße deine Frau schön von mir, und tut mir den einzigen Gefallen und schlaft die Nacht ruhig. Mir wird schon was einfallen!«

Das Erstaunliche war – so erzählte mir Kühne viel später –, daß man auf ein solches Wort von Gründgens hin wirklich ruhig nach Hause fuhr und sich schlafen legte, überzeugt, alles würde in Ordnung kommen. Am nächsten Morgen bestellte ihn Gründgens zu sich in die Wohnung, erklärte ihm, er habe einige Telefongespräche geführt, die Leute würden nicht wiederkommen; falls sie aber wiederkämen, solle Kühne erklären: »Ich bin ein Angestellter der Preußischen Staatstheater, ich habe nur von meinem Intendanten Befehle entgegenzunehmen. Bitte wenden Sie sich an ihn!«

Aber offenbar war Gründgens etwas Gewichtiges eingefallen, denn die Gestapoleute kamen nicht wieder, und die Worte mußten nicht gesprochen werden.

Der bedeutende Schauspieler Paul Bildt war bereits am Staatstheater, als GG dorthin kam. Er besaß zuviel Prestige, als daß man es gewagt hätte, ihn wegen seiner jüdischen Frau zu belästigen. Aber als er ausgebombt wurde, ergab sich ein neues Problem. Gerade die kleinen Beamten, die die Zuteilung von Wohnungen bearbeiteten, waren oft besonders fanatisch. Gründgens zerschnitt den Gordischen Knoten. »Ihr zieht nicht um – ihr zieht zu mir!«

Schwierig lag die Geschichte mit Arnold Marlé, einem bekannten Schauspieler, der als Jude aus Deutschland emigrieren mußte und in Prag spielte, wo er nach der Tschechenkrise eines Tages plötzlich verhaftet wurde. Die Frau alarmierte Emmy Göring, von der sie wußte, daß sie Marlé seit langem kannte und schätzte. Die ging zu ihrem Mann. Göring sträubte sich erst eine Weile. Innerhalb von vierundzwanzig Stunden war Marlé dann frei und auf dem Wege nach England – zu seinem Sohn.

Viele Jahre später, als der Spuk längst zu Ende war und Gründgens in Edinburgh als Mephisto gastierte, sollte er vorher am Radio ein paar einführende Sätze sagen. GG war bereit, vorausgesetzt, daß er einige persönliche Worte an jemanden richten dürfe. Die B.B.C. wollte wissen, ob es sich um etwas Politisches handele, und als GG zugab, das könne man wohl so nennen, lehnte die Gesellschaft ab. Darauf erklärte GG, er werde abends nicht spielen. Man ließ ihn also reden. Und er begann: »Wenn in London ein Herr Arnold Marlé ist, so möchte ich ihm nur sagen, daß ich mich wundere, daß er nicht erschienen ist, um bei dem Entnazifizierungsverfahren von Frau Göring auszusagen. Denn ohne sie wäre er nicht mehr am Leben!«

Den Schauspieler Ernst Busch hat Gründgens ebenfalls den NS-Gefängnissen entrissen. Der hatte einst gleichzeitig mit ihm am Stadttheater in Kiel gewirkt. Später trennten sich ihre Wege. Busch war vor allen Dingen in Revuen aufgetreten, wo er flotte Chansons sang; politisch stand er ganz links, war bis zuletzt Mitglied der Kommunistischen Partei. Als Hitler kam, emigrierte er, war da und dort, in Holland, Belgien, Paris, London, der Schweiz, in Moskau, wo er am Deutschen Freiheitssender wirkte, nahm in Spanien am Bürgerkrieg teil, ging schließlich wieder nach Frankreich, wurde dort nach dem Einmarsch geschnappt und nach Berlin ins Untersuchungsgefängnis Moabit gebracht. Die Anklage lautete auf Hochverrat. Aus dem Gefängnis schrieb er zwei Postkarten, in denen er um Hilfe bat, vor allen Dingen aber um warme Decken und Lebensmittel. Eine Postkarte an einen Regisseur mit gleicher Gesinnung blieb unbeantwortet. Die andere Karte war an GG gerichtet. Der gab sofort eine wahrheitswidrige Erklärung ab, in der er Busch als völlig unpolitisch hinstellte, engagierte einen Anwalt für ihn und bezahlte diesen. Der Anwalt kam auf die grandiose Idee, daß Ernst Busch, von den Nationalsozialisten bereits 1937 ausgebürgert, nicht nach den Bestimmungen für Hoch- und Landesverrat, die erst später in Kraft traten, verurteilt werden könne. Er wurde also nicht zum Tode, sondern zu zehn Jahren Zuchthaus verurteilt; später ermäßigte man die Strafe auf sieben Jahre, weil er sich bei einem Bombenangriff im Moabiter Untersuchungsgefängnis einen schweren Schädelbruch zugezogen hatte. Im April 1945 befreiten ihn schließlich die Russen aus dem Zuchthaus, als sie die Stadt Brandenburg besetzten.

Einmal kam Pamela Wedekind zu Gründgens und bat, er möge sich für einen bekannten Sozialisten einsetzen. An Göring konnte er sich damit nicht wenden, denn gerade diesen Mann haßte er besonders. GG wußte nicht recht, was er tun sollte. Er überlegte lange und bemerkte dann in klagendem Ton: »Und dabei hatte ich mir doch Himmler für mich selbst aufgespart ...«

ZEHNTES KAPITEL
»Mephisto«

GG sah genau, wie notwendig er in Berlin gebraucht wurde, daß nun für das Leben von weit mehr Menschen seine Anwesenheit wichtig war als damals bei seiner Rückkehr aus Spanien. Und doch gab es kaum einen Tag, an dem er nicht mit dem Gedanken spielte, Deutschland zu verlassen. Die Freunde, die darum wußten, versuchten, es ihm auszureden. Was konnte er draußen tun, wem konnte er draußen helfen? Er ließ sich nur zu gern zum Bleiben überreden. Und einer, der ihn damals gut kannte, glaubte, daß sein Hauptmotiv war: »Diese Nazis, die legen mich nicht hinein! Die überstehe ich!« Und das ist ja auch geschehen.
Trotzdem: daß er nicht sagen durfte, was er mochte, daß er nicht unternehmen konnte, was er unternehmen wollte, brachte ihn manchmal zur Raserei.
Und dann war es wirklich so weit. Am 28. Februar 1935 kam es zu einem Gespräch mit Hitler, und zwar hatte er selbst dazu gedrängt – es blieb übrigens sein einziges. Er wollte endlich wissen, woran er war, er versprach sich einen gewissen Schutz für seine Schauspieler, für sein Theater und wohl auch für sich selbst davon, wenn Hitler sich mit ihm und dem Staatstheater, das er nur ein einziges Mal betreten hatte, einverstanden erklärte. Vielleicht würde dann Goebbels seine versteckten und nicht immer nur versteckten Angriffe einstellen.
Als Göring alles Nötige arrangiert hatte, wurde es GG doch etwas ungemütlich. Wie um Himmels willen sollte er Hitler anreden? Das Wort »Führer« wäre ihm nicht über die Lippen gekommen. Ein ihm bekannter ausländischer Diplomat gab ihm den richtigen Tip: »Wir nennen ihn immer Herr Reichskanzler.« Gründgens machte sich eine Notiz über diese Unterredung: »Nun, ich in den dunklen Anzug und hin. Er war anders, als ich dachte, sehr ruhig, höflich ... Ich sagte, ich könne unter der Gefahr des ständigen Angriffs (wohl durch Goebbels) nicht länger Intendant sein, ich sei ja sowieso eine anfechtbare, nichtpolitische Erscheinung ... Er hatte volles Verständnis, redete profan so über Kunst mit einigen nicht ausgesprochen neuen Formulierungen und ›Ach, die paar Hosenscheißer da!‹ ›Pardon, Sie sagen Hosenscheißer, ich muß Reichsleiter sagen, Herr Reichskanzler.‹ Da wars also raus. Ich sagte Herr Reichskanzler, und er zuckte nicht mit der Wimper.«

GG hatte gedacht, Hitler würde ein »zäher Gesprächspartner« sein, dabei war der Gesprächston eher freundlich.
Göring publizierte die Kunde von der Unterhaltung triumphierend als einen persönlichen Erfolg – über Goebbels natürlich – in der Presse, nachdem Gründgens für vier Wochen nach Sizilien abgereist war, um sich zu erholen. Goebbels lancierte daraufhin sogleich das Gerücht, Gründgens, von Hitler in Ungnade entlassen, habe Deutschland für immer verlassen. Alle Welt glaubte es – besonders diejenigen, die GG gut kannten und wußten, mit welchen Skrupeln er sein Amt verwaltete.
Um so größer das Erstaunen, als er im April zurückkehrte. Vor seinem ersten Auftreten als Hamlet applaudierte das Berliner Publikum demonstrativ beim Aufgehen des Vorhangs. Dies war genau das, was Goebbels nicht brauchen und nicht dulden konnte. Aber nicht er war es, der zur Gegendemonstration ansetzte, sondern der ›Völkische Beobachter‹. Dort erschien am übernächsten Tag im Rahmen eines Artikels »Was ist uns Hamlet?« ein scharfer Angriff gegen GG, obwohl sein Name nicht genannt wurde. Sein Hamlet sei »bewußt antifaschistisch« angelegt, er habe das Stück nur »nordisch« inszeniert, um sich von dieser nordischen Welt um so stärker zu kontrastieren.
Natürlich war dies eine Attacke gegen Göring, was aber Gründgens in diesem Augenblick entging, oder vielleicht wollte er es gar nicht sehen. Jedenfalls empfand er es als eine Schmälerung seiner Autorität, nach der er unmöglich im Amt verbleiben konnte. Er schrieb einen Brief an Göring, den er seinem Fahrer Max Gebhardt übergab mit der ausdrücklichen Anweisung, ihn erst am nächsten Morgen zu überbringen, und nahm den Nachtzug in die Schweiz. Er war also bereits über die Grenze und bei seinen Freunden Bernoulli in Basel, als Göring den Brief erhielt.
Die innere Situation, in der er sich damals befand, seine Unsicherheiten und Skrupel erhellt eine Anekdote aus späterer Zeit, die er berichtet hat: »Als ich einmal zu einer Besprechung zu Goebbels bestellt war, saß im Vorzimmer ein Mann, der mich ins Gespräch zog. Ich wußte nicht, wer er war. Er fragte mich, was ich gerade spiele, und ich erkundigte mich nach der Art seiner Tätigkeit. Er antwortete mir in unverfälschtem Sächsisch: ›Ich habe jetzt die Kultur in Paris unter mir.‹
Nachdem ich mich einigermaßen erholt hatte, erkundigte ich mich nach einigen französischen Schauspielern, die ich kannte, unter anderem nach Sascha Guitry, ob er in Paris sei, ob er spiele und so weiter.
Der Mann antwortete mir: ›Ach, der Guitry, ja, der spielt da irgendein Stück. Das habe ich mir kommen lassen, habe es durchgelesen, dann habe ich am Schluß ein paar Stellen weggestrichen, die mir nicht gefielen, und habe es ihm so zurückgesandt. Da hätten Sie mal sehen sollen, wie der

Mann sich aufgeregt hat und mir sagen ließ: Wenn er das Stück nicht so spielen könne, wie er es geschrieben habe und wie er es vor dem König von England und dem Präsidenten Roosevelt gespielt habe, dann müsse er eben weggehen aus Paris und müsse nach Nizza gehen. Da habe ich ihm geantwortet: ›Herr Guitry, gehen Sie nach Nizza!‹
Das hätte er meiner Meinung nach mit demselben Recht zum Eiffelturm sagen können. Jedenfalls war diese Unterhaltung für mich ein Grund mehr, über die Wichtigkeit des einzelnen Schauspielers sehr bescheiden zu denken. Wir werden immer nach Nizza gehen müssen, wenn die Macht es will, und wir haben – welch erschütternde Demonstration – nur die eine Möglichkeit, nie mehr zu spielen. Der Erfolg wird dann aber zweifellos nicht der Zusammenbruch eines Regimes sein, sondern der Zusammenbruch des Theaters.«

Nun war er zwar nicht in Nizza, aber immerhin in Basel. Göring setzte Himmel und Hölle in Bewegung, um Adresse und Telefonnummer von Gründgens zu erfahren, und rief ihn an. Das Gespräch, von den Bernoullis mit angehört, war geradezu grotesk. Göring begriff einfach nicht, warum Gründgens gegangen war. Wollte er Staatsrat werden? Wollte er ein Gut geschenkt bekommen? Strebte er eine Gagenerhöhung an? Was konnte er, Göring, tun, um ihn zurückzuholen?

GG war sehr ruhig, sehr bestimmt, sehr abweisend. Er erklärte, nichts könne ihn nach Berlin zurückbringen. Göring, dem es um sein Prestige gegenüber Goebbels ging, war nun in der Klemme. Und deshalb begann er zu erpressen, was er vorher nicht getan hatte. Er teilte schlicht mit, falls Gründgens nicht zurückkehre, könne er nichts mehr für die zahlreichen Schützlinge des Intendanten tun. Dies und nur dies war für Gründgens ausschlaggebend. Er versprach, zurückzukehren. Vorläufig aber fuhr er erst einmal mit Frau Bernoulli ins Engadin nach Maloja, um sich zu erholen. Er war sehr nervös. Hinter jedem Spaziergänger vermutete er einen Spitzel, befürchtete sogar, man plane seine Entführung. Langsam gewann er in Sonne und Schnee seine Kräfte wieder, stand früh auf, ging nicht allzu spät zu Bett; nach einer Kartenpartie mit dem Besitzer des Hotels und anderen Einheimischen, bei der er sie schamlos betrog, erreichte er es, daß ein bezauberndes Zimmermädchen von sechzehn Jahren sich so in ihn verliebte, daß es in Schluchzen ausbrach, als er schließlich abreisen mußte.

Er wurde sofort zu Göring bestellt. Der hatte inzwischen richtig kombiniert, daß der ›Hamlet‹-Artikel den Anstoß zu seiner Flucht in die Schweiz gegeben hatte, und führte ihm triumphierend die inzwischen verhafteten beiden Schuldigen vor, den Verfasser des Artikels und den verantwortlichen Redakteur. Die behaupteten, sie hätten nicht ihn gemeint, sie hätten ihn überhaupt nicht gesehen, sondern den großen Hamlet Max Reinhardts,

Alexander Moissi. Gustaf Gründgens, angewidert, bat Göring, die beiden Männer laufen zu lassen.
Die nächste Etappe war ein Brief Görings, der ihm seine Ernennung zum Preußischen Staatsrat mitteilte.
Schon im Juli 1933 hatte Göring diesen Titel wieder eingeführt, und neben einer Anzahl von Größen der NSDAP, der SA und der SS waren auch Leute Staatsräte geworden, die niemals die geringste Lust nach dieser Ehrung verspürten, so zum Beispiel der Dirigent Wilhelm Furtwängler. Übrigens tagte der »Staatsrat« nur ein einziges Mal und nach Gründgens' Ernennung überhaupt nicht mehr.
Noch ehe Gründgens protestieren und den Titel zurückweisen konnte, war die Nachricht bereits publiziert. Nun konnte er Göring nur noch von Mann zu Mann Vorwürfe machen. Der war tief gekränkt. Verstand Gründgens denn die Situation nicht? Als Staatsrat war er doch immun! Jetzt konnte ihn niemand mehr verhaften, ohne vom preußischen Ministerpräsidenten, also von Göring selbst, die Bewilligung einzuholen. Jetzt sei er endgültig vor Goebbels sicher.
Gründgens später: »Daraufhin allerdings hätte ich nach Hollywood auswandern können. Diese Geschichte, daß mir meine Flucht den Staatsrat-Titel einbrachte, hätte eine gute Filmstory abgegeben. Aber ich mußte ja bleiben, um die Menschen zu schützen, deren Wohl und Wehe von mir abhing.«

Übrigens wäre es fraglich gewesen, wie man GG in Amerika empfangen hätte. Viele Emigranten und gerade diejenigen, zu denen sich zu bekennen er niemals aufgehört hatte, hielten ihn für einen Verräter, für den »Intendanten des Teufels«. Das ist ja die Tragik jedes inneren Widerstandes, daß er geheim und anonym bleiben muß.
Die ihn am besten hätten kennen müssen, wüteten am meisten gegen ihn: so erzählte Erika Mann jedem, der es hören, oder auch dem, der es nicht hören wollte, er sei Nazi geworden, und Klaus stimmte nach einigem Zögern ein. In Wien trafen sie die Ziegels, die sich vergeblich bemühten, ihnen zu erklären, was Gustaf für Verfolgte getan hätte und noch tat. Gründgens, der damals nichts davon ahnte, sprach später, lange nach dem Krieg, von dem »krankhaften Haß, den diese beiden Menschen« gegen ihn empfanden, »vielleicht weil sie sonst zu wenig Lebensinhalt hatten«.
Jedenfalls setzte sich Klaus Mann hin und schrieb einen Schlüsselroman, »Mephisto«, gegen GG.
Kein Zweifel, daß es sich bei der Hauptfigur um Gründgens handelte. Sein ganzes Leben wurde dargestellt, seine Hamburger Zeit, seine Karriere

in Berlin, erst als Künstler, dann als Intendant. Er selbst wurde geradezu photographisch getreu geschildert. Neben ihm tauchte eine Unmenge anderer Figuren auf, die in seinem Leben kleinere oder größere Rollen gespielt hatten, wie zum Beispiel Max Reinhardt, die Bergner, Gustl Mayer, Pamela Wedekind, Ruth Hellberg, das Personal der Hamburger Kammerspiele, schließlich auch Thomas Mann persönlich, Erika und Klaus.

Klaus machte, als er diesen Roman schrieb, und später, als er veröffentlicht wurde, nicht den geringsten Hehl daraus, wen er in der Hauptfigur porträtiert hatte. Er erzählte es vielen seiner Freunde. Er berichtete davon in seinen Memoiren, die unter dem Titel ›The Turning Point‹ in Amerika erschienen. Freilich, als viele Jahre später, schon nach seinem Tod, diese Memoiren in Deutschland gedruckt wurden, war manches verändert, nicht zuletzt die Feststellung des Autors, er habe seinen ehemaligen Schwager Gustaf Gründgens beschreiben wollen.

Hier wie auch bei anderen geänderten Stellen der deutschen Ausgabe handelt es sich um eine Drehung von hundertachtzig Grad. Wem soll man glauben? Dem Klaus Mann, der in New York englisch behauptete, er habe seinen ehemaligen Schwager porträtiert, oder dem Klaus Mann, der nun auf deutsch behauptete, er habe gerade das nicht getan? Ist es nicht klar, daß diese zweite Behauptung nur deshalb aufgestellt wurde, um Gründgens der Möglichkeit zu berauben, gegen die Publikation des Buches in Westdeutschland Einspruch zu erheben? Er war entschlossen, es zu tun, als der Verlag, dem das Buch angeboten war, es von sich aus ablehnte.

Immerhin: damals, als Klaus Mann seinen Roman konzipierte und schrieb, hatte er jedes Recht, empört über einen Mann zu sein, von dem er wußte, daß er, obwohl kein Nationalsozialist, dennoch Görings Intendant geworden war; er durfte ihn für einen Verräter halten, und viele, die mit ihm in dieser Zeit darüber sprachen, auch ich, teilten seinen Standpunkt.

Aber spätestens im Herbst 1945 mußten wir, die zurückgekehrt waren, es besser wissen, auch Klaus Mann: wir waren von über jeden Verdacht erhabenen Künstlern darüber aufgeklärt worden, wie GG sein Amt gegen die Nationalsozialisten »mißbraucht« hatte. Kurz, Klaus Mann mußte feststellen, daß der Schlüsselroman unter falschen Voraussetzungen geschrieben worden war. Wenn er es nicht früher erfuhr, dann im Herbst 1945 durch mich, der damals sein Freund war. Danach hätte eine Neuauflage des Buches – jenseits aller rechtlichen Bedenken – für ihn nicht mehr in Frage kommen sollen.

Daß das Buch dann doch erschien, allerdings in Mitteldeutschland, ist eine andere Geschichte. Wie behauptet wird, war das nur möglich, weil Erika Mann dem betreffenden Verlag in Aussicht stellte, daß er gewisse Bücher von Thomas Mann drucken dürfe, falls der »Mephisto« erschiene. Das würde die Ansicht von Gründgens bestätigen, daß »sie zu wenig Lebensinhalt« hatte.

Das Erscheinen von Klaus Manns »Mephisto« in der Mitte der dreißiger Jahre hatte eine schlimme Folge. Die Person von Erich Zacharias-Langhans, der bis dahin unbehelligt geblieben war, gelangte durch diesen Roman ins Scheinwerferlicht der Gestapo. Er wurde beschattet und schließlich verhaftet. Als GG hörte, daß der langjährige Freund und Mitarbeiter bereits in einer Gestapo-Zelle saß, stellte er Göring folgendes Ultimatum: wenn Langhans nicht frei käme, sähe er, Gründgens, sich außerstande, weiterzuspielen. Dies war nun wahrlich keine einfache Situation für Göring. Zwar war ihm Langhans und sein weiteres Schicksal völlig gleichgültig, aber Gründgens wollte er nicht verlieren. Er ließ sich also Langhans vorführen, der, von zwei Gestapo-Beamten begleitet, erschien. Auch GG war bei dieser Vorführung anwesend. Göring hielt eine große Rede – er schrie so sehr, daß GG das Schlimmste befürchten mußte –, in der er ausführte, Menschen wie Langhans seien nicht wert, in Deutschland zu leben, und er verweise ihn daher sofort des Landes. Wenn er nicht innerhalb von vierundzwanzig Stunden die Grenze überschritten habe, würde er verhaftet und für immer eingesperrt werden.
Welche Strafe für einen »rassisch nicht Einwandfreien«! Er wurde hinausgeworfen, während andere Juden händeringend versuchten, auswandern zu dürfen. Himmler ließ es sich nicht nehmen, Langhans zu verwarnen, etwas gegen das Regime im Ausland zu verbreiten, er hätte auch in Spitzbergen seine Leute, die ihm darüber berichten würden.
GG, in Langhans' Wohnung wartend, konnte ihn nicht mehr allein sprechen, die beiden Gestapo-Leute wichen nicht von seiner Seite. Es war ein furchtbarer Schlag für GG, den langjährigen Freund zu verlieren. Wer wußte, ob man sich wiedersehen würde?
Langhans fuhr nach Basel zu den Bernoullis, wo er mehr tot als lebendig ankam. Er fiel in das Gastbett und schlief erst einmal drei Tage und drei Nächte durch.
Es gelang GG bald darauf, ihn zu besuchen. Eine letzte Unterhaltung – ein Abschied vielleicht für immer? Denn der Freund wanderte bald darauf nach Chile aus.

GG mußte sich nun dauernd in unmittelbarer Nähe der Macht bewegen und hatte daher auch zahlreiche offizielle Pflichten. Er weigerte sich indes ständig, ihnen zu genügen. Sein Chauffeur Max Gebhardt mußte

ihn dazu überreden, sich wenigstens bei den wichtigsten Anlässen zu zeigen.
Es war schon schwer genug, allen Ehrungen zu entgehen, die Göring in bester Absicht über ihn »verhängte«. So hatte Göring nach dem Anschluß Österreichs nichts Eiligeres zu tun, als Gründgens das Burgtheater anzutragen. »Ohne daß ich einen Ton gesagt habe, hat die österreichische Regierung mich bereits gebeten, die Reorganisation des Burgtheaters in Wien durch die Staatsschauspiele in Berlin und durch Sie vorzunehmen . . .«
Es folgten einige detaillierte Anweisungen. »Wenn Sie etwas Großartiges miterleben wollen, würde ich Ihnen vorschlagen, am 26. des Monats bereits früh in Wien einzutreffen, dann zu mir zu stoßen, um meinen Einzug in Wien mitzumachen.«
Gründgens wollte durchaus nichts Großartiges miterleben, er wollte auch das Burgtheater nicht, das schließlich seinem Regisseur Lothar Müthel angeboten wurde.
Müthel nahm mit Begeisterung an, obwohl ihm Gründgens abriet. Er machte kein schlechtes Theater, wenn man von dem schamlosen ›Kaufmann von Venedig‹ absieht, den Herbert Ihering eigens für ihn umschrieb. Jessica, die Tochter des Juden, war darin gar nicht mehr dessen Tochter, weil ihre Mutter ihren Mann mit einem Christen betrogen hatte, sodaß einer Heirat mit dem venezianischen »Arier« Lorenzo nichts im Wege stand; und Krauss stellte einen zwar grandiosen, aber ungemein antisemitischen Shylock auf die Bühne.
Die Klippe Wien hatte Gründgens also glücklich umschifft, an einer anderen, läppischen, zerschellte er fast. Da hatte er mit sehr jungen Schauspielern – darunter Antje Weisgerber und Max Eckard – ausgerechnet einen Film über die Landhilfe machen müssen, eine ziemlich platte, wenn auch politisch nicht anrüchige Sache. Man spürte dabei, daß er nicht die geringste Beziehung zu Nazi-Institutionen hatte.
Dieser Film wurde zuerst in der Reichskanzlei vorgeführt, und am nächsten Tag teilte man Gründgens mit, Hitler habe sich nach einer halben Stunde auf die Schenkel geschlagen und sei einfach hinausgegangen. Sofort machte das Gerücht die Runde, der »Führer« sei empört über den Film und er dürfe nicht öffentlich gezeigt werden. GG sei erledigt.
Göring hörte davon, forschte nach und stellte fest, der Film habe Hitler keineswegs mißfallen, er habe sich lediglich auf die Schenkel geschlagen und sei hinausgegangen, weil er ein wichtiges Telefonat vergessen hatte.
Der Film wurde schließlich gezeigt, und damit war alles gerettet.
Ein andermal, als GG, aus Italien zurückkehrend, bei Göring erschien, stand dieser ganz verstört am Fenster und sagte: »Haben Sie den Duce nicht ge-

sehen? Dieser Mussolini ist schrecklich nervös geworden. Wir müssen Verständnis dafür haben, denn, wissen Sie, er führt in diesen Tagen seine erste Seeschlacht.«

Später erinnerte sich Gründgens nicht mehr daran, wann und bei welcher Gelegenheit dieses Gespräch stattgefunden hatte, dennoch blieb es ihm unvergeßlich. Göring hatte über Mussolinis erste Seeschlacht geradeso gesprochen, wie er von einem Schauspieler hätte reden können, der vor seinem ersten Auftreten Lampenfieber hat. So sahen also die Machthaber aus der Nähe aus.

Eines Tages – es war vor der Besetzung Prags – war GG bei Göring, als Hitler gemeldet wurde. Göring schob ihn schnell zur Tür hinaus und verschloß sie. Es handelte sich um eine Doppeltür, und GG mußte feststellen, daß auch die andere Seite abgeschlossen war, so daß er wie in einem Käfig gefangen saß. Er hörte die ganze Unterhaltung mit an. »Diese Leute machten also Weltgeschichte. Aber sie sprachen darüber wie Bierkutscher. Ich erinnere mich noch, daß Hitler sagte: ›Denen werden wir es geben . . .‹ Kein Wort von der wichtigen politischen Entscheidung, die jetzt fiel, von den möglichen Folgen, die sich ja auch bald einstellten. Nur die kindische Freude am Augenblickserfolg.«

Nach dem England-Flug von Rudolf Heß sagte GG zu dem ihm befreundeten Schauspieler Franz Niklisch: »Das ist doch eine reichlich unseriöse Bande! Die könnte ich ja nicht einmal richtig besetzen – vielleicht mit Ausnahme von Göring.«

Er vermochte eben alles nicht nur, aber auch durch die Brille des Theaters zu sehen.

Eine Quelle ständigen Verdrusses waren die entsetzlichen Dramen, die Nazi-Dichterlinge schrieben. Gründgens schickte sie, nachdem er sie ein halbes Jahr im Büro der Dramaturgen hatte schmoren lassen, mitleidslos zurück. Er fand sie abgeschmackt und künstlerisch indiskutabel. Seine Ausrede Parteistellen gegenüber lautete immer: Dramatiker müßten erst an kleinen Bühnen die Feuerprobe bestehen, weil eine mit viel Aufwand inszenierte Aufführung am Staatstheater, wenn sie nicht erfolgreich war, ihnen mehr schaden, ja, sie vielleicht vernichten würde.

Einmal freilich wäre er fast gestolpert. Das war Ende 1938, nach der berühmten Kristallnacht, als Goebbels sämtliche Berliner Bühnenleiter zu einer Konferenz berief, die er eröffnete, indem er den neben ihm sitzenden Gründgens fragte: »Was sagen Sie dazu, Herr Staatsrat, daß wir noch immer keine nationalsozialistischen Stücke haben? Ich bin gern bereit, Geldbeträge oder Prämien auszusetzen, wenn es dadurch gelingt, zu neuen Stükken anzureizen.«

GG war sichtlich in Verlegenheit und gab eine Antwort um sieben Ecken:

»Ja, es ist in der Tat merkwürdig. Wenn heute einer im Theater auftritt, dann sagt er ›Guten Tag‹ und nicht ›Heil Hitler‹ ...«
Goebbels: »Das ist doch nicht Ihr Ernst. Kein Mensch muß auf der Bühne ›Heil Hitler‹ sagen.«
Gründgens dachte gar nicht daran, Goebbels' Wunsch zu erfüllen; er beabsichtigte vielmehr, Thornton Wilders Theaterstück ›Unsere kleine Stadt‹ aufzuführen, das soeben im Züricher Schauspielhaus, das durch seine Nazifeindschaft bekannt war, seine deutschsprachige Erstaufführung erlebt hatte. Obwohl er wußte, daß Wilder ein ausgesprochener Gegner des Faschismus war, ließ er doch in Zürich anrufen, wie es um die Rechte stände. Wilder erklärte sich mit allem einverstanden, vorausgesetzt, daß die deutschen Tantiemen in einen Fonds zugunsten der emigrierten antifaschistischen Schriftsteller eingezahlt würden. Damit war die Sache natürlich erledigt.
Manchmal ging GG auch zur Offensive über; so gegen den bereits erwähnten Hans Hinkel, der in einer Rede in einem Postschulungsheim Abträgliches über das Staatstheater und ihn selbst geäußert hatte; später waren diese Angriffe auch noch in einem Bericht der ›Deutschen Verkehrszeitung‹ nachgedruckt worden. Hinkel, kein Held und von Göring gerüffelt, trat auf der ganzen Linie den Rückzug an. Er schlug vor, Folgendes im Druck erscheinen zu lassen: »Erklärung. Die Veröffentlichung eines Teiles meiner Rede in der ›Deutschen Verkehrszeitung‹ hat den Eindruck entstehen lassen, daß ich mich in meinen Ausführungen über Theaterfragen gegen ein bestimmtes Berliner Theaterinstitut und dessen Leitung ausgelassen hätte. Ich erkläre, daß ich – wie der damalige Hörerkreis weiß – niemals eine derartige Absicht hatte, vielmehr ausdrücklich die Leistungen der deutschen Theater hervorhob und weder einen Anlaß noch das Recht gehabt habe, irgendwelche abträglichen Äußerungen über ein deutsches Theater oder einen seiner Leiter zu machen. Ich stelle mit dem Ausdruck des Bedauerns fest, daß die genannte Veröffentlichung zum Teil einen von mir unbeabsichtigten Eindruck hinterlassen konnte.«
GG eisig: »Da die Angelegenheit zum größten Teil von prinzipieller Bedeutung ist und ich mich in dieser Hinsicht nur zum geringen Teil für kompetent halte, kann ich von Ihren Ausführungen nur persönlich Kenntnis nehmen. Von der geplanten Erklärung bitte ich, was mich angeht, freundlichst absehen zu wollen.«
Dabei wußte er nur zu gut, daß er stets in Gefahr war. Man hatte ihm hinterbracht, daß bei der Gestapo ein dickes Aktenstück über ihn angelegt sei. Einmal brachte er es sogar fertig, selbst Einsicht in diesen Aktenband zu nehmen. Es stellte sich heraus, daß die Gestapo genau Bescheid wußte, wie er im Schauspielhaus arbeitete, wer dort verkehrte, wer Jude, Halbjude

oder politisch linksgerichtet war. Einige Male wurde er selbst ins Gestapo-Hauptquartier befohlen. Dann nahm er stets einen seiner Mitarbeiter mit, der in einem gegenüberliegenden Café wartete und für den Fall, daß GG nach einer bestimmten Zeit nicht zurückkehrte, Göring alarmieren sollte.
Später befragt, ob ihm dieses Katz- und Mausspiel mit der Gefahr keinen Spaß bereitet habe, antwortete er sehr trocken: »Spaß – ein paar hundert Meter Luftlinie vom Gestapohauptquartier?«
Es gab unzählige Schwierigkeiten für einen, der anständig bleiben wollte. Zum Beispiel forderte einmal anläßlich des Geburtstages von Goebbels eine Zeitschrift alle Theaterleiter auf, etwas Hübsches über den Propagandaminister zu schreiben. GG probierte es drei Wochen lang, wobei er oft in hysterische Lachkrämpfe verfiel. Am letzten Tag oder vielmehr in der letzten Nacht erklärte dann Erich Zacharias-Langhans – der war damals noch in Berlin –, er werde in Gottes Namen etwas schreiben. Was er schrieb, fand GG ganz brauchbar. Er schickte Tietjen das Manuskript, der dazu bemerkte: »Kinder, Kinder, könnt ihr lügen ... Im übrigen werfen wir das in den Papierkorb und schicken ein gemeinsames Telegramm, das Goebbels veröffentlichen kann, und damit hat sich's ...«
Da GG niemals wissen konnte, ob eine Person, die sich ihm *persönlich* näherte, nicht im Auftrag einer der zahlreichen Polizeiorganisationen des Dritten Reiches handelte, legte er sich in seinem privaten Leben immer strengere Zurückhaltung auf, die schließlich bis zur Askese ging.
Er war sich klar darüber, in welch aussichtslose Situation er gedrängt worden war. Später tat er, als sei die ständige Gefahr nichts Besonderes gewesen. Im Gespräch mit mir bemerkte er einmal: »Im Taifun habe ich immer genau in der Mitte gesessen, und in der Mitte herrscht ja bekanntlich Ruhe ...«

Einmal mußte er allerdings doch zu Kreuze kriechen, aber er tat es mit großem Format. Goebbels wollte – man schrieb schon 1940 – einen englandfeindlichen Film drehen lassen und wählte selbst das Thema, nämlich den Burenkrieg. Den Transvaal-Präsidenten Paul Krüger, genannt Ohm Krüger, sollte Jannings spielen.
Jannings, der als Sohn einer jüdischen Mutter gefälschte Papiere besaß, an die niemand, vor allem Goebbels nicht glaubte, hatte vieles mitgemacht, was er nie hätte mitmachen dürfen. Er spielte im deutschen Film nach Goebbels die wichtigste Rolle. Ihm war klar, daß er sich mit einem Film wie ›Ohm Krüger‹ für später den angelsächsischen Markt verschloß, und er versuchte daher, die Sache hinauszuzögern, indem er das Drehbuch immer wieder umschreiben ließ. Goebbels durchschaute das und machte sich

schließlich persönlich an die letzten Drehbucharbeiten. Was dabei herauskam, konnte Jannings nicht gut ablehnen. Er verlangte nun Gründgens für die kleine, aber wichtige Rolle des Kolonialministers Josef Chamberlain. Gründgens dachte nicht daran, sie zu spielen; er verwies darauf, er habe selbst einen Film im Atelier und drei Theater zu leiten. Als Goebbels dringlicher wurde – und dahinter stand, so bedauerlich es ist, dies sagen zu müssen, der große Schauspieler Emil Jannings –, erklärte er, ein Staatsrat müsse erst Erlaubnis vom preußischen Ministerpräsidenten einholen. Doch bevor er dazu kam, diese Erlaubnis bei Göring zu hintertreiben, hatte Goebbels selbst mit diesem telefoniert, der sie ahnungslos erteilte.
Bleich vor Wut fuhr Gründgens zu Göring und verlangte zu wissen, welche Rechte ein Staatsrat eigentlich besitze. So erfuhr er, daß er unter anderem das Recht auf militärische Bedeckung habe. Und darauf baute Gründgens einen geradezu teuflischen Plan. Der erste Schritt dabei war, die Anfragen des verantwortlichen Produktionschefs der Tobis, die den Film drehen sollte, zu ignorieren. Er schrieb einen Brief, der in jener Zeit – das genaue Datum war der 23. Dezember 1940 – geradezu lebensgefährlich war, um so mehr, als es sich bei besagtem Produktionschef um einen alten Parteigenossen handelte.
»Sehr geehrter Herr von Demandowsky!
Im Anschluß an unser Telefonat bin ich der Meinung, daß sich der Besuch irgendeines Vertreters der Tobis bei mir erübrigt.
Es gibt in der uns zusammenführenden Angelegenheit nichts zu besprechen.
Ich habe der an mich ergangenen Bitte des Herrn Reichsministers Dr. Goebbels nicht als Künstler, sondern in selbstverständlicher Konsequenz meiner Stellung innerhalb der Reichskulturkammer und des engeren Stabes des Herrn Reichsmarschalls Folge geleistet.
Ich habe daher keinerlei Wünsche, sondern sehe Ihren Weisungen entgegen.
Ich erbitte die Zusendung eines Auszuges aus dem Drehbuch, der die von mir zu lernenden Textstellen enthält.
Mit dem Produktionschef der Terra ist abzustimmen, wann über mich verfügt werden kann.
Soll, da die Termine sich überschneiden, der Film ›Friedemann Bach‹ unterbrochen werden, so ist das von Ihnen festzustellen und zu veranlassen.
Zum Anprobieren der von mir zu tragenden Garderobe stehe ich ab 27. Dezember zur Verfügung.
Ihre Pressestelle wollen Sie ersuchen, von einer unziemlichen Propaganda mit meinem Namen abzusehen und diesen Punkt mit der strengen Sachlichkeit zu behandeln, mit der ich die dem Herrn Reichsminister Dr. Goebbels gegenüber eingegangene Verpflichtung durchzuführen gewillt bin.

Eine finanzielle Seite der Angelegenheit gibt es für mich nicht, infolgedessen erübrigt sich jedes vertragliche Abkommen.«
Damit lehnte er die immerhin großzügige Bezahlung von achtzigtausend Mark ab. Er lehnte es auch ab, das Drehbuch zu lesen. Am gleichen Tage erreichte ihn ein Telegramm von Emil Jannings, mit dem er bis dahin recht gut gestanden hatte.
»Lieber Gustaf
Soeben rief mich der Minister an und sagte, daß Du den Chamberlain in Ohm Krüger übernehmen willst. Es ist meine schönste Weihnachtsfreude und ich danke Dir von Herzen.

Dein Emil.«

Die Antwort erfolgte noch am gleichen Tage:
»Sehr geehrter Herr Staatsschauspieler!
Wenn ich bei einem Telefonat mit dem Produktionschef der Tobis, Herrn von Demandowsky, es vermied, Sie telefonisch zu sprechen, so geschah es, weil ich ein Mißverständnis schriftlich aufklären muß, das mir in Ihrem Telegramm an mich auffiel.
Ich habe, einer persönlichen Bitte des Herrn Reichsministers Dr. Goebbels selbstverständlich Folge leistend, in dem Film ›Ohm Krüger‹ den Part der Figur Chamberlain übernommen. Ich habe nur die Konsequenzen aus den Verpflichtungen, die mir meine offizielle Stellung auferlegt, gezogen.
Das ist für Sie, wie ich hoffen will, im Endeffekt gleichgültig. Es ist für mich jedoch von entscheidender Bedeutung, daß ich für Sie als Privatperson und Kollege nicht existent bin. Das ist das Einzige, was ich Sie unter allen Umständen zu respektieren ersuche.
Im übrigen werde ich mich mit äußerster Sachlichkeit und dem Ernst, der dem Gesamtwerk zukommt, allen Ihren Weisungen fügen.«
Und nun geschah folgendes: An den Tagen, die für ihn vorgesehen waren, fuhr Gründgens ins Atelier – aber nicht in seinem Privatwagen, sondern in einem Amtswagen der Luftwaffe. Er erschien in Begleitung von zwei Luftwaffenoffizieren, die Göring ihm, dem Staatsrat, zur Verfügung gestellt hatte. Einer dieser Offiziere erklärte dem völlig erschütterten Regisseur, Herr Staatsrat Gründgens bestehe darauf, nicht angeredet zu werden. Er habe sich in seine Garderobe begeben. Jede Weisung an ihn müsse über einen der beiden Adjutanten erfolgen.
Regisseur Hans Steinhoff, ein Spezialist in Propagandafilmen, Naziphrasen und Denunziationen, glaubte zuerst an einen Witz, wurde dann wütend und erklärte, man könne das mit ihm nicht machen. Darauf Gründgens: »Ich höre nichts, was Sie sagen, Herr Steinhoff, solange Sie mich nicht mit meinem Titel anreden.«

Am dritten Tag wankte Jannings gebrochen in die Garderobe von Gründgens: »Also jetzt mach mal Schluß, Gustaf!« stöhnte er.
»Mein Titel ist ›Herr Staatsrat!‹«
Jannings wollte diesen endgültigen Bruch nicht hinnehmen. Bis zu seinem Lebensende versuchte er immer wieder, eine Aussöhnung herbeizuführen. Aber GG blieb allen seinen Annäherungen gegenüber taub.
Im übrigen zeigte der fertige Film, wie recht er gehabt hatte. Denn er war noch schlimmer, als der schlimme Steinhoff ihn hatte machen wollen. Goebbels hatte gewisse Szenen, die im Skript des Regisseurs und der Hauptdarsteller gar nicht enthalten waren, in einem anderen Atelier drehen und sie in den Film hineinschneiden lassen.
Es wurde ein abscheulicher Film. Nicht etwa, weil er anti-englisch war, sondern weil er zu beweisen versuchte, daß die Engländer seinerzeit in ihren Burenkriegen den Buren gegenüber sich weitaus schlimmer benommen hatten als die Nationalsozialisten den Juden, Kommunisten und Sozialisten gegenüber.
Emil Jannings sollte teuer dafür bezahlen, daß er dabei mitgewirkt hatte. Nach Ende des Dritten Reiches konnte er nie wieder filmen oder auftreten.

ELFTES KAPITEL
Das private Leben

Seit einiger Zeit hatte GG den Wunsch, aus dem Haus in der Hagenstraße auszuziehen, »auf dem eine unverhältnismäßig große Miete lag«. Ein Architekt entwarf ein Haus für ihn. In einem Brief vom 28. November 1933 – also noch bevor er stellvertretender Intendant wurde – hatte er den Erhalt des Entwurfes bestätigt, sich aber nicht zu einer Entscheidung durchringen können. Stattdessen bat er die Mutter, sich durch Makler ein paar Objekte an die Hand geben zu lassen, möglichst am Wasser gelegen.
Eines Tages kam die Mutter zurück und sagte, sie habe ein Haus gesehen, das viel zu teuer und zu groß sei, aber so schön, er müsse es sich wenigstens ansehen. Es lag in dem Dörfchen Zeesen, unweit Königswusterhausen, etwa fünfundzwanzig bis dreißig Kilometer vom Zentrum Berlins entfernt.
Er fuhr mit den Freunden Erich Zacharias-Langhans, Francesco Mendelssohn und Pamela Wedekind hin, war entzückt und rief spontan aus: »Hier werde ich die nächsten Jahre wohnen!« Es stellte sich heraus, daß dieses Haus dem Bankier Dr. Goldschmidt gehört hatte, der gerade gestorben war, und dessen Sohn den Besitz abzustoßen gedachte.
Gründgens später: »Die ganze Verkaufsverhandlung war, wie das bei meiner ungeschäftlichen Art selbstverständlich ist, ziemlich unseriös.« Er traf in der Jockey-Bar den jungen Rechtsanwalt Gert Voß und erzählte ihm von seinem »sensationellen Plan«. Voß schlug vor, sein Vater, der Notar, solle das Geschäftliche in Ordnung bringen.
Gründgens konnte allerdings nicht wissen, daß dieser Gert Voß Rechtsberater der SA-Gruppe Brandenburg war und bei Goldschmidt erschien mit der Bemerkung, hinter GG stehe Göring. Er wußte wohl überhaupt nicht viel von diesem jungen Mann, der einige Monate später, am 30. Juni 1934, »liquidiert« wurde. Er wußte auch nicht, daß die etwa dreihundert Seelen zählende Einwohnerschaft von Zeesen noch bis vor kurzem kommunistisch gewählt hatte, jetzt aber eine begeisterte Anhängerschaft der Partei bildete, und sehr erfreut darüber tat, »daß der Jude draußen war!«
Wohl aber fiel ihm auf, daß eines Tages, als er in Begleitung seines Freundes Francesco, der kurz darauf auswanderte, nach Zeesen fuhr, vor einem kleinen Häuschen, das mit zu seinem Besitz gehörte, ein Schild stand: »Juden unerwünscht!«

Er versprach dem Freund, sofort für die Beseitigung des Schildes zu sorgen. Später mußte er feststellen, daß das so einfach nicht war, denn in dem Häuschen lebte eine lokale Parteigröße. Als Francesco von Mendelssohn ein paar Monate später sich von New York aus telegraphisch erkundigte, ob das bewußte Schild »weg« sei, telegraphierte ihm GG zurück, das wäre leider nicht möglich gewesen, und infolgedessen habe er das Häuschen am nächsten Tag verkauft – für hundert Mark.

Zeesen erschien ihm wie ein Paradies. Es handelte sich da um einen ehemals feudalen Landsitz. Eine lange Allee ging auf das mit Mauern umgebene Grundstück zu, dessen Eingang eine hohe Gittertür bildete. Vor dem Hauptgebäude ein großer Platz, gesäumt von niedrigen Hecken und zwei Kavaliershäusern. Eine breite Freitreppe führte zum Haus hinauf, das mit preußischer Einfachheit gebaut war. Im Haus und in den Nebengebäuden gab es etwa fünfundzwanzig bis dreißig Zimmer. Außerdem waren da noch eine Scheune, ein Tennisplatz, Ställe, ein Gemüsegarten, es gab ein Gewächshaus, Blumenbeete und Obstplantagen, einen Garten, in dem man sich ergehen konnte, nein, einen veritablen Park, einen Wald mit vielen kleinen Wegen, Stegen und Bänken, und das Ganze grenzte an den Zeesener See.

Gründgens zog fast unmittelbar nach Abschluß des Kaufvertrages ein, die Eltern kamen mit, vorerst auch noch sein Diener Struck, der sich allerdings später verheiratete und nach Berlin zurückging. Zacharias wurde in einem der Kavaliershäuser einquartiert – überhaupt war viel Platz für Freunde vorhanden, wenn sie hier wohnen oder auch nur übernachten wollten.

Eine der ersten, die von dem Kauf erfuhr, war Käthe Gold. Er nahm sie nach einer Probe mit nach Zeesen. Es war schon dunkel, als sie ankamen, und es goß in Strömen. Sie sah nicht die Hand vor den Augen, aber er erklärte ihr alles: »Jetzt treten wir durch ein wundervolles Portal – du siehst es nicht, aber es ist wundervoll. Wir gehen jetzt eine fürstliche Allee hinunter, rechts ist der Park, den du nicht siehst, und der ganz besonders schön ist... links befindet sich eine Grube, in die darfst du nicht fallen...«

Aber sie war schon drin. Es wurde ein herrlicher Abend für sie, die sich schon damals für Häuser und Möbel brennend interessierte. Freilich schlief sie in dieser Nacht nicht sehr gut, denn die Möbel waren so antik, daß man sie schon altersschwach nennen konnte; jedenfalls befürchtete sie ständig, daß das Bett unter ihr zusammenbrechen würde.

Niemals zuvor in seinem Leben war GG so glücklich gewesen. Es schien ihm, als habe sich endlich die Sehnsucht nach Bürgerlichkeit erfüllt, als habe er nun für den Rest seines Lebens eine Bleibe, als sei das ewige Herumvagabundieren von Wohnung zu Wohnung endgültig vorüber. Er mußte eine Menge Möbel kaufen und Haushaltungsgegenstände, und Messer, Gabeln, Geschirr, Gläser, denn das Haus war bei der Übergabe durchaus nicht komplett eingerichtet gewesen. Eine seiner ersten Handlungen war, ein Büchlein anlegen zu lassen, in dem ein genaues Inventar aufgestellt wurde.

Es liegt noch vor: lange Listen, in denen das Silber im Biedermeierzimmer aufgeführt wird, jede Art von Messern, Gabeln, Löffeln, auch Vorlegebestecke, Messerbänkchen, Gebäckzangen, Nußknacker, Apfelsinenschäler, Zitronenpresse; da gibt es »Silber in gemustertem Kasten« (Geldschrank), da gibt es »Eß-geschirre« im Küchenzimmer, da gibt es ein umfangreiches Gläserverzeichnis.

In Zeesen konnte er endlich seiner geradezu grenzenlosen Tierliebe nach Lust frönen. Schon in der ersten Hamburger Zeit hatte er ein paar Katzen, in Berlin dann den Schäferhund, der, wie bekannt, zu viel und sicher nicht immer im richtigen Augenblick bellte. Später, als er schon in der Hagenstraße wohnte, gab es ein Vogelbauer mit vielen bunten Vögeln darin. Die kaufte er sich alle persönlich und freute sich maßlos darüber.

In Zeesen kamen dann drei irische Terrier hinzu und ein Riesenpapageienbauer, das fast so groß war wie ein kleines Zimmer mit zahllosen Papageien darin. Die übernahm er übrigens von seinem Vorgänger.

An dem irischen Terrier Heros hing er ganz besonders; es war der einzige Hund, der in sein Schlafzimmer durfte. Da war auch noch ein gewisser Bliss oder sollte man sagen eine gewisse, denn sie war eine Hundedame aus norwegischem Geblüt.

Nicht vergessen werden darf auch der reizende kleine Esel Cosimo, nicht etwa Cosima; zwar schätzte GG Wagner nicht besonders, die Familie Wagner allerdings noch weniger, aber es war nicht ganz ungefährlich, die mit Hitler so befreundete Sippe zu verletzen.

Später, in der sogenannten zweiten Berliner Zeit, gab es noch den Kater Munzelchen und dann, in Düsseldorf, die Hunde Caspar, Figaro und Rux. Letzterer, eine Hündin, war ein bißchen ängstlich, und sobald es ein Gewitter gab, verkroch sie sich hinter seinem Bett. Das ließ er zu. Nur eines ließ er nie zu: Tiere auf der Bühne. »Dagegen kann kein Schauspieler an!« pflegte er zu sagen.

Die Mutter, zeitlebens eine große Dame in zu kleinem Rahmen, fühlte sich nun ganz in ihrem Element und war überglücklich, vor allem auch, weil ihre beiden Kinder erfolgreich waren. Marita sang in Kabaretts und am Rundfunk und wurde bejubelt. GG wiederum war glücklich, daß er die Mutter

so glücklich machen konnte. Er hörte sie am Telefon: »Bedauere, mein Sohn wird heute abend nicht hier sein, er muß zu Herrn Göring!« Und lächelte dazu nur ein wenig ironisch.
Mit dem Vater war das eine andere Sache. Er hatte sich ja nie allzu gut mit ihm verstanden. Jetzt sonnte sich der Mann, der für seinen Sohn, als es ihm noch schlecht ging, niemals Verständnis hatte aufbringen können, nicht nur im Ruhme dieses Sohnes, sondern er verlangte und bekam auch ansehnliche Summen für sein Privatleben, über dessen Einzelheiten GG nichts wissen wollte. Gelegentlich unterhielt er sich mit der Schwester über den Vater und was er nun wohl wieder angestellt haben mochte, aber nicht etwa so, wie man sich über einen Vater unterhält, eher wie über einen etwas ungeratenen Sohn.
Manchmal verreiste der Vater, lebte wie ein Krösus in einem Hotel und ließ die Rechnung dann an seinen Sohn schicken. Natürlich zahlte GG. Was anderes wäre ihm in seiner exponierten Lage übriggeblieben? Und überdies mußte er versuchen, solche Eskapaden vor der geliebten Mutter geheimzuhalten.
Die sollte nicht allzulange glücklich sein. Nur ein gutes Jahr war ihr noch vergönnt. Sie hatte seit vielen Jahren ein Gallenleiden, und nun kam es zu einem Durchbruch der Galle und zum Darmverschluß. Zu einer Operation war es zu spät. Nach acht qualvollen Tagen starb sie. Als sie das Auto ihres Sohnes hörte, holte sie mit letzter Kraft die Puderquaste aus ihrem Nachtkästchen und machte sich ein bißchen zurecht. Sie wollte für ihn noch bis zuletzt die schöne Frau bleiben.
Gründgens war erschüttert. Und dann, als sie tot war, vermochte er es nicht, noch einmal an den Sarg zu treten, bevor er geschlossen wurde. Er sagte, sie käme ihm so wehrlos vor, jetzt, da sie sich nicht mehr schön für ihn machen könne. Der Tod der Mutter war das schmerzlichste Ereignis seines Lebens. Seinem Gefühl, das er sonst immer so gut vor anderen zu verbergen verstand, ließ er jetzt freien Lauf. Manche aus seiner Umgebung, gewöhnt an den klaren und »eisigen« Gründgens, waren nicht imstande, an seinen Schmerz zu glauben. Einige hielten ihn sogar für »Theater«, und da sie eben Gründgens nie so gesehen hatten, für »schlechtes Theater«.
Zu wenig kannten selbst diejenigen ihn, die ihm nahestanden. Sicher bildete der Diener Max Gebhardt die Ausnahme. Bisher war er eine Art drolliges Faktotum gewesen, und GG imponierte zwar sein gesunder Menschenverstand und sein typisches Berliner Mundwerk, aber er hielt doch auf Distanz. Jetzt wurde der Diener und Chauffeur sein Freund, mit dem er alles besprach, den er sogar manchmal in künstlerischen Fragen konsultierte, von denen Max Gebhardt nicht viel verstand oder verstehen wollte. GG hatte Angst vor dem Alleinsein.

An die Stelle der Mutter aber trat schließlich ein junges Mädchen, das die Mutter gerade noch kennengelernt hatte, und das nun viele Jahre lang der Mittelpunkt im Leben GGs sein sollte.

Die Schauspielerin Marianne Hoppe war in Mecklenburg auf dem Lande geboren und in Rostock aufgewachsen, sie hatte in Weimar eine Auslandskorrespondentenschule besucht. Dort ging sie zum ersten Mal ins Theater – und das entschied ihren Lebensweg. Sie bewarb sich in Berlin und sprach vor einer Kommission der Schauspielschule des Deutschen Theaters die Rolle der Mutter in der ›Braut von Messina‹. Man nahm sie an.
Schon ein paar Monate später mußte sie für eine erkrankte Schauspielerin einspringen. Reinhardt persönlich interessierte sich für sie, unterhielt sich mit ihr, engagierte sie, und sie spielte kleine Rollen, aber glücklicherweise fast immer in Reinhardt-Inszenierungen, so etwa einen Pagen in ›Romeo und Julia‹, ein Zimmermädchen in Hamsuns ›Vom Teufel geholt‹. Dann kam der Tag, an dem sie für Erika Mann, die zum Wintersport reisen wollte, eine hübsche Rolle in ›Liebe Feindin‹ in den Kammerspielen übernahm – unter der Regie von Gustaf Gründgens. Er hatte nur eine Stunde Zeit, mit ihr zu proben. Am Schluß dieser Kurzprobe erklärte er: »Ganz wunderbar, fertig, Schluß, aus!«
Das war ihr erstes Zusammentreffen, dem jungen Mädchen unvergeßlich, von ihm nach zehn Minuten anscheinend vergessen.
Sie ging nun nach Leipzig, dann nach Frankfurt an das Neue Theater. Eines Tages stand zu ihrem Erstaunen Gründgens in ihrer Garderobe und fragte, wie es ihr ginge – und verschwand ebenso plötzlich, wie er gekommen war.
Nächste Station: die Kammerspiele in München. Nun war sie zwar schon eine erste Schauspielerin, aber finanziell ging es ihr nicht gerade gut. Die ersten Filmangebote stellten sich ein. Kein Wunder, denn sie war ungewöhnlich attraktiv, schmal, hatte eine Knabenfigur und ein Gesicht von herber Schönheit.
Sie siedelte nach Berlin über. Ihr dritter Film war ›Schwarzer Jäger Johanna‹, der 1809 im zerrissenen Deutschland spielte. Sie selbst war die Titelfigur, das Mädchen, das aus Patriotismus Soldat wird. Gründgens spielte auch mit – einen englischen Agenten, teuflisch, dämonisch, überlegen. Das geschah im Herbst 1934, als er noch nicht sicher war, ob er endgültig bei Göring bleiben würde.
Es gibt keine Zweifel darüber, daß GG sich in die junge Dame verliebte. Zum ersten und wohl auch zum letzten Mal in seinem Leben schnitt er Bilder einer Schauspielerin aus illustrierten Zeitschriften aus, zeigte sie seinen

Freunden und erwartete von ihnen Begeisterungsausbrüche über »dieses zauberische Etwas«. Dergleichen war man von GG nicht gewöhnt.
Als nächstes machte er Marianne Hoppe ein Angebot, ans Staatstheater zu kommen. Sie nahm erst nach einigem Zögern an. Am Theater konnte sie nur den Bruchteil dessen verdienen, was ihr der Film bot. Sie hatte es nicht ganz leicht. Die Mitarbeiter von Gründgens sahen in ihr nur den »Filmstar«, der im Grunde als Schauspielerin nicht ernst zu nehmen war. Marianne Hoppe machte gute Miene zu diesem nicht allzu bösen Spiel. Ihre gute Kinderstube bewährte sich. Erich Zacharias-Langhans war im Nu gewonnen und bald auch die anderen Freunde. Schon wurde von einer Heirat gemunkelt.
GG lud sie öfters nach Zeesen. Der Chauffeur Max Gebhardt, dem auch allerlei Pflichten im Hause selbst oblagen, jammerte: »Ich bin ja bereit, alles genau so zu machen, wie der Chef will, nur heiraten darf er nicht!« Auf die Frage von Zacharias, warum denn nicht, antwortete Max: »Die Frau, die mir hier helfen kann, die gefällt dem Chef nicht, und 'ne andere nützt mir nichts!«
Trotzdem beschloß der Chef – so nannten sie ihn alle – zu heiraten. Seit dem Tod der Mutter hatte er sich zu einsam gefühlt. Und der Gedanke, alt zu werden und im Alter allein zu sein, war ihm schon damals unerträglich.
Später wurde gesagt, Göring habe diese Heirat befohlen. Ohne Zweifel war Göring erleichtert bei dem Gedanken, daß GG heiratete, es brach manchen Vorwürfen über seine unkonventionelle Lebensart die Spitze ab. Aber es ist ebenso klar, daß Gründgens sich niemals eine Heirat hätte befehlen lassen, er, der sich nicht einmal in die geringsten Kleinigkeiten des Theaterbetriebes hineinreden ließ. Es war schon so, daß er das junge Mädchen liebte und in seinem Leben haben wollte. Und das Gefühl war gegenseitig.
Lange, nachdem eigentlich schon jedermann von dem Geheimnis wußte, kamen ihm Zweifel. Würde er nicht das Teuerste verlieren, was er besaß, nämlich seine Freiheit? Ganz zuletzt fragte er noch einmal Max Gebhardt. Der meinte, nun sei es zur Umkehr zu spät.
GG fuhr ins Büro. Er ließ die Peppel kommen, die natürlich schon längst alles wußte, und zeigte ihr den Ring, den sie früher schon am Finger Mariannes gesehen hatte, kniete nieder und sagte: »Peppeline, ich muß dir ein Geständnis machen ...«
»Ich glaube, das ist nicht mehr nötig ...«
Er tat so, als sei dies ein Tag wie jeder andere, diktierte Briefe, leistete Unterschriften, bis die Peppel ausrief: »Nun, Herr Gründgens, jetzt aber Schluß. Die nächste Unterschrift ist etwas wichtiger als die, die Sie mir un-

ter die Briefe geben.« Sie schickte ihn fort, er sollte schließlich nicht zu spät zum Standesamt kommen.
Es ist typisch für ihn, wie der Hochzeitstag ablief. Man kann wohl sagen: wie er ihn inszenierte. Um ein Uhr mittags Trauung auf dem Standesamt. Anschließend ein kleines Essen. Dann mußte Gustaf zu seinem großen Bedauern zu Bett gehen, denn er hatte mit List und Tücke ausgerechnet für diesen Abend ›Hamlet‹ angesetzt, seine anstrengendste Rolle, überdies ein sehr langes Stück. Damit erreichte er, nicht anwesend sein zu müssen, als die Gäste nach Zeesen kamen, um zu gratulieren. Max fuhr nach Zeesen hinaus, während GG auf der Bühne stand, und brachte die nicht motorisierten Gäste nach Berlin zurück. GG kam erst gegen elf Uhr abends zu Hause an. Marianne hatte auf ihn gewartet. Nun aßen beide sehr nett zu Abend. Es war, wie er später sagte, »ungeheuer gemütlich«.
Und so wurde auch die Ehe. Man durfte sie eine gute Ehe nennen. Das Verdienst daran trug vor allem Marianne, deren Humor, deren Verständnis, deren Einfühlungsgabe das Zusammenleben erleichterte. Sie war ein guter, ein intelligenter Kamerad. Sie wußte ihn zu nehmen. Manchmal, wenn er nervös und gereizt war und es so aussah, als würde es zu einer furchtbaren Szene kommen, löste sich alles dadurch auf, daß sie einfach zu lachen begann, ein breites Lachen, gegen das jeder Widerstand vergebens war. GG, eben noch wütend, konnte nicht anders, er mußte in das Lachen einstimmen.

Vor der Hochzeit hatte er seinem Mitarbeiter Eckart von Naso, einem der Dramaturgen des Staatstheaters, der ihn noch aus der Krolloper-Zeit kannte, sein Hochzeitsgeschenk für Marianne gezeigt. Es handelte sich um ein kleines Exposé, getippt von der Peppeline und säuberlich geheftet. »Marianne hat sich immer gewünscht, die Effi Briest zu spielen. Ich habe versucht aufzuschreiben, wie ich mir den Film vorstelle. Ich werde ihn mit ihr machen. Ringe und Armbänder sind gut, Fontane ist besser.«
Es sollte immerhin drei Jahre dauern, bevor der Film herauskam.
Er filmte in dieser Zeit viel, weil er Geld brauchte, um die gekündigten Hypotheken – er hatte davon, typisch für ihn, nichts gewußt – abzuzahlen. Aber er hatte keine rechte Beziehung zum Film. Film war – und ist es wohl heute noch im wesentlichen – Naturalismus. Gründgens' Kunst der Menschendarstellung und auch der Regie bestand aber immer in einer Stilisierung und Überhöhung, war also eigentlich zutiefst unfilmisch.
Ein Beispiel: Im Sommer sollte er unter Erich Engel mit Jenny Jugo Shaws ›Pygmalion‹ spielen. Es kam zu Schwierigkeiten. Aus einem Brief an

Erich Engel, den er am 15. Juni 1935 schrieb: »Ich habe eben das Drehbuch zum ›Pygmalion‹-Film gelesen.
Sie kennen die großen inneren Widerstände, die ich bei der Annahme dieser Rolle gehabt habe, die mich einmal bereits zur Abgabe dieser Rolle veranlaßt haben und die nun nach Lektüre des Drehbuches unüberwindlich geworden sind.
Ich appelliere an Ihr künstlerisches Gewissen. *Niemals* bin ich der Darsteller dieses Higgins, aber auch niemals ist dieser Higgins der Shawsche Higgins.
Das Stück heißt ganz bewußt ›Pygmalion‹, und Pygmalion ist Higgins.
Der Film-Higgins ist nur ekelhaft. Es fehlt ihm völlig die geistige Motivierung für diese Ekelhaftigkeit. Es ist nichts Liebenswertes, nichts Interessantes, nichts Werbendes in dieser Figur, weil ihr jede Exposition (wahrscheinlich mit filmischem Recht) genommen ist. Sie kennen mich gut genug, um zu wissen, daß ich mir alles erspielen muß, und daß ich als Erscheinung, rein optisch gesehen, zunächst einmal völlig indifferent bin. Wenn im Drehbuch steht: ›Man merkt ihm an, daß er sich im Frack unbehaglich fühlt‹, so kann ich das nicht spielen. Ich könnte allerdings eine Szene spielen, in der er es sagt ...
Bitte verstehen Sie mich recht: ich kritisiere nicht das Drehbuch, ich kritisiere den Besetzungsirrtum. Steht beim Aufblenden eine Type da, sei es George, sei es Klöpfer, sei es Henckels, vor allen Dingen Lingen, so bringt er rein durch sein Dastehen all das mit, was ich spielen muß. Mir glaubt man nicht, was ich nicht sage. Aber man glaubt mir alles, wenn ich es sage. Man nimmt George, Klöpfer, Henckels, Kampers oder Lingen schlechtes Benehmen nicht übel; es entschuldigt sich durch ihren Typ. Mir nimmt man es übel, es sei denn, es entschuldigt sich durch die Rolle ...
Ich wäre Ihnen zu großem Dank verpflichtet, wenn Sie mich von der Rolle befreien wollten, andererseits hielte ich es für Ihre künstlerische Pflicht, mich vor einem solchen Debakel, wie es *dieser* Higgins für mich sein müßte, zu bewahren.«
Der Film wurde umgeschrieben. Er wurde ein starker Erfolg, nicht zuletzt, weil Gründgens die männliche Hauptrolle spielte.
Aber immer wieder hatte er Krach mit Filmproduzenten. Etwa, als im Mai 1936 der Film ›Eine Frau ohne Bedeutung‹ mit ihm und Käthe Dorsch gedreht werden sollte und man ihn bat, dabei behilflich zu sein, die Gage der Dorsch von dreißigtausend auf fünfundzwanzigtausend Mark herunterzuhandeln. Er lehnte ab. Überhaupt gefiel ihm der ganze Film nicht.
Fast ein Jahr später – im Sommer 1937 – drehte Gründgens seinen nächsten Film, ›Capriolen‹, ein reizendes, etwas verrücktes Lustspiel. Er führte

Regie, er spielte selbst die Hauptrolle, und seine Partnerin war seine Frau. Im Herbst 1938 kam der ›Tanz auf dem Vulkan‹ heraus, ein Film aus der großen Französischen Revolution. Gründgens spielte hier den revolutionären Volksdichter Debureau, eine Rolle, die es ihm schon lange angetan hatte, denn der Mann, der eigentlich Künstler ist, aber in die Politik hineingerät – war das nicht er selbst? Auch trug er bezaubernde Kostüme – es gab mehr als dreißig – und hatte ein von Theo Mackeben komponiertes Chanson zu singen, »Die Nacht ist nicht allein zum Schlafen da«, das bald ganz Deutschland trällerte. Künstlerisch war dieser ›Tanz‹ eine ziemliche Niete, aber damals ging man in jeden Film und jedes Theaterstück, wenn man Karten bekam, nur um nicht an das denken zu müssen, was man stündlich erlebte und was man täglich in der Zeitung las.
Schon mitten im Krieg wurde der ›Friedemann Bach‹ begonnen, gerade zu der Zeit, als man GG zu ›Ohm Krüger‹ abkommandierte. Die einzige Erklärung dafür, daß er diesen Film überhaupt machte, ist wohl seine Liebe zur Musik, vor allem der Bachs. Der Film stellte einen Rückfall in frühe Zeiten des Kinos dar, selbst GG als Friedemann fügte sich in diesen Rahmen, ebenso Klöpfer als Johann Sebastian Bach, Wolfgang Liebeneiner als Emanuel Bach. Am unerträglichsten war die Regie seines Freundes Traugott Müller, einem der herrlichsten Bühnenbildner.
Nein, GG hatte kein unmittelbares Gefühl für den Film und wollte im Grunde auch nichts mit ihm zu tun haben. Er mochte nicht, daß seine Lieblingsschauspieler filmten, und als Käthe Gold einmal eine Filmrolle übernehmen wollte, die ihr große Chancen zu bieten schien, erklärte GG, der diesen Film für unkünstlerisch und schlecht hielt, sie für unabkömmlich. Der Briefwechsel zwischen ihm und den verschiedenen Filmgesellschaften würde Bände füllen. Bezeichnend etwa einer seiner Briefe an die UFA, mit dem er eine Rolle zurückschickte. Der Brief begann mit den Worten:
»›Meine Heimatstadt ist Saloniki.‹
›Was ist das: Salon Niki?‹
So lautet ziemlich die erste Rede und Gegenrede der Rolle, die mir der neue Besetzungschef der UFA im Rahmen des zwischen uns bestehenden Vertrages angeboten hat. Abgesehen davon, daß ich mich nicht für den geeigneten Vertreter einer Rolle halte, deren Träger aus Saloniki stammt ...«
Mit dem Filmregisseur Reinhold Schünzel schlug er sich herum, weil der ihm nicht zugestehen wollte, daß er seine Rolle in dem Film ›Hofloge‹ so spielte, wie er es für richtig hielt. Schließlich übernahm Curt Goetz die Rolle, und die Filmgesellschaft Tobis hielt es nicht einmal für nötig, Gründgens davon zu verständigen. Gründgens: »Ich weiß nicht, was für Ressentiments Sie ausgerechnet an mir abreagieren zu müssen glauben. Wenn es

Ihnen Freude gemacht hat, sich schlecht gegen mich zu benehmen, so war die Sache wenigstens zu etwas gut.«

Nachher wollte man GG doch wieder für die Rolle haben – aber nun wollte er nicht mehr.

Unter allen Filmen, die er machte, wurde eigentlich nur der ›Effi Briest‹-Film etwas wahrhaft Künstlerisches. Er wurde im Februar 1939 fertig und kam unter dem Titel ›Ein Schritt vom Wege‹ heraus – Worte, die in dem Roman von Fontane fallen. Überhaupt hielt sich das Drehbuch streng an den Roman. Fast alle Dialoge stammen von Fontane. Durch seine Regieführung machte Gründgens das Versprechen, das er in jenem Hochzeits-Exposé gegeben hatte, wahr, daß nämlich die Hauptrolle in diesem Film »die Mark Brandenburg im Frühling, Sommer, Herbst und Winter, mit ihren Gütern und kleinen Schlössern, ihren Menschen und Tieren spielen würde«.

Eigentlich seltsam. Denn gerade zur Natur hatte Gründgens kein Verhältnis, wie schon erwähnt wurde. Oder hatten die Freunde, die das behaupteten, sich geirrt? Ja und nein. Die gewaltige, imposante, wenn man so will heroische Natur ging GG schon deshalb auf die Nerven, weil sie ihn gewissermaßen zum Beifall aufforderte wie etwa eine Diva. Die unheroische, mehr karge Natur der Mark Brandenburg, die fast um Entschuldigung zu bitten schien, daß sie überhaupt vorhanden war, lag ihm viel mehr, weil sie nur Hintergrund bilden wollte oder konnte für die ihm ebenfalls gemäßen Menschen: die Ruhigen, Sachlichen, bewußt Trockenen, die Preußen, die Berliner. Diese Natur war wie ein Schauspieler, der nur mitwirken will, und stachelte seinen Ehrgeiz an, aus diesem Chargenspieler etwas Besonderes zu machen.

Neben Marianne Hoppe spielten mit Karl Ludwig Diehl, als der verbohrte Beamte, den sie heiratet und der sie verstößt, Paul Bildt und Käte Haack als ihre Eltern, Paul Hartmann als der Mann, der ihr gefährlich wird, und neben anderen Renée Stobrawa in einer kleinen Rolle. Ein Wiedersehen nach vielen, vielen Jahren. Eine Anzahl von Außenaufnahmen wurde in Zeesen, ja, im Haus von Gustaf Gründgens gedreht. Als er Renée kommen sah, nahm er sie an die Hand, »Nun muß ich dir alles zeigen!« und führte sie durch sämtliche Räume.

Der Film wurde ein echtes Kammerspiel. Zum ersten und auch zum letzten Male gelang es Gründgens, in einem Film die Schauspieler so zu führen, wie er sie auf der Bühne führte, sacht und behutsam, ihnen immer wieder ihre innere und ihre äußere Situation erklärend. Er hatte eine Engelsgeduld, oft dauerte es Stunden, bis eine winzige Szene im Kasten war. Manchmal photographierte er nur Bäume, Hecken oder Vögel, die am Himmel flogen oder eine Wiese, auf der eigentlich gar nichts vorging. Und

doch war dies alles Erzählung im höchsten Sinn. Es gab in dem Film keinen Meter, der nicht unbedingt notwendig gewesen wäre, der die Handlung nicht weitergeführt hätte.
Es war ein großer Film, und es war ein Film gegen die Zeit. In den Tagen der großen Worte, der täglichen Kriegsdrohungen Hitlers, der Fanfaren, der Flugzeuge am Himmel, der Hetzreden von Goebbels, der Versicherung von Göring, Kanonen seien wichtiger als Butter – in diese Zeit paßte der stille Fontane so ganz und gar nicht. Und wurde vielleicht gerade dadurch zum Erfolg. Mit seinen leisen Gesten und leisen Worten übertönte er den hysterischen Lärm, der in Deutschland und um Deutschland ausgebrochen war.
Ich weiß, daß GG, der Erfolg schätzte, gerade diesem mit einem gewissen Gleichmut gegenüberstand. Er hatte diesen Film machen wollen, ihn so machen wollen, wie er es nun getan hatte – und etwas anderes zählte für ihn nicht. Als ich ihm etwa ein Jahr vor seinem Tode erzählte, daß ich den Film wieder gesehen hätte, wurde er nicht müde, sich von mir Einzelheiten berichten zu lassen. Und als ich ihm schließlich sagte: »Das ist doch wirklich ein herrlicher Film!« antwortete er leise: »Es sind herrliche Erinnerungen . . .«

Erinnerungen – an Zeesen natürlich.
Denn GG, obwohl in den dreißiger Jahren und bis zum Kriegsende ständig überbeschäftigt, fand hier Zeit und Muße, einmal wirklich zu leben. Es ist nicht übertrieben zu sagen, daß er eigentlich nur in Zeesen richtig gelebt hat.
Natürlich arbeitete er auch dort. Oft erschien die Peppeline mit unzähligen Akten, und der Landsitz verwandelte sich dann in ein Büro. Auch wußte Gründgens immer, wenn er am Abend vorher gespielt hatte und an diesem oder am nächsten Abend wieder spielen mußte, daß die Freiheit von Zeesen nur eine sehr begrenzte war, dieser Urlaub aus dem Gefängnis der Pflichten nur wenige Stunden dauerte. Das war ihm nicht einmal unlieb. Ferien mochte er nicht. Schon Feiertage waren ihm unheimlich. Das bedeutete Alleinsein. Und erst Ferien! Zu seiner Schwester: »Ferien kann ich nicht!«
Ich habe ihn oft gefragt, ob ihm die lange Fahrt nach Zeesen – sie dauerte doch nahezu eine Stunde vom Schauspielhaus aus – nicht lästig gewesen sei. Er nahm das in Kauf. Müde und oft dem Zusammenbruch nahe, schminkte er sich ab und ließ sich dann doch noch nach Zeesen hinausfahren, auch wenn er dort erst gegen Mitternacht ankam und um zehn Uhr vormittags schon wieder auf einer Probe zu sein hatte oder gar um neun

Uhr im Büro. Die paar Stunden Zeesen waren eben das Leben, waren die Freiheit.
Die paar Stunden bedeuteten vor allem Freiheit von den sich verschärfenden Migräneanfällen, die sein Leben in Berlin verdüsterten. Oft kamen sie während der Vorstellung. Sein Hals schwoll schnell und unmäßig an, so stark, daß selbst die Souffleuse Valeska es sah. Sie ließ den Vorhang fallen. Der stets anwesende Arzt arbeitete mit vereisenden Spritzen, die einige Minuten noch größere Schmerzen bereiteten als die Migräne. Einige Male mußte das Publikum bis zu einer halben Stunde warten, ehe GG weiterspielen konnte. Es wartete geduldig. Übrigens – darüber waren sich alle einig – die Anfälle kamen am häufigsten, wenn er Faust II spielte. Das Wort machte die Runde: »Faust II löst das Böse im Chef aus.«
Eines Tages, das war schon mitten im Krieg, erklärte er, seine Kopfschmerzen hätten mit negativen Erdstrahlen zu tun. Er ließ einen sogenannten Experten kommen, der mit einer Wünschelrute »feststellte«, unterhalb der Ecke, in der sein Bett stand, befände sich Wasser. Das Gleiche galt – erstaunlicherweise – auch für die anderen Ecken: GG müsse sein Bett in der Mitte des Schlafzimmers aufstellen. Die anderen lächelten; genau das wollte Gründgens nämlich, nachdem er eine schöne alte Deckenbeleuchtung erworben hatte.

Er war ja nicht mehr so jung, näherte sich bereits den Vierzig, er hatte zu seinem Schmerz seine Haare verloren, die er sich noch für den Mephisto hatte abrasieren lassen, damit die Perücken besser saßen. Er mußte sich in acht nehmen, um sein Gewicht zu halten. Er trug längst nicht mehr das kecke Monokel, sondern die würdige Brille. Und trotzdem: niemals vorher und nachher sah er so anziehend aus, wirkte so amüsant, so liebenswert. Die Frauen waren geradezu vernarrt in ihn.
Liebeneiner erzählt von einem Vortrag, den GG in dieser Zeit hielt. Er saß in der zweiten Reihe neben der Journalistin Schulze-Beusen, die über den Vortrag zu schreiben hatte. Nachher antwortete sie ihm auf die Frage, wie ihr der Vortrag gefallen habe: »Ich habe selten eine so gut durchblutete Haut gesehen!«
Dabei tat GG alles, um Freunde, die von ihm bezaubert waren, zu entmutigen. Immer seltener ging er zu Gesellschaften, und wenn er ging, wußte er genau, wie lange er bleiben, was er sagen, mit wem er reden würde. Ohne auf die Uhr zu sehen, wußte er den Augenblick, in dem sein Chauffeur vorgefahren war, und verschwand.
Sein Leben war nicht frei von Belästigungen, die unter Umständen gefährlich hätten werden können.

Da machte zum Beispiel ein Gerücht die Runde, er erscheine maskiert auf gewissen zweifelhaften Bällen – und zwar ausgerechnet in seinem Hamlet-Kostüm. Erst lächelte er darüber, dann wurde ihm klar, daß es sich hier um einen Doppelgänger handeln mußte, möglicherweise um einen, der vorgeschickt war. Schließlich fand Zacharias einen recht zweifelhaften Jüngling im Hamlet-Kostüm in der Zeesener Garage versteckt. Er ließ ihn los, als der Junge schluchzend versicherte, er habe es nicht böse gemeint, er finde eben Gründgens so »wundervoll«. Dabei hatte er nie in seinem Leben ein Wort mit ihm gesprochen.
Später wiederholte es sich, daß dieser und jener sich GG in unzweideutiger Absicht zu nähern versuchte. Das war nicht nur widerlich. Es bestand die Wahrscheinlichkeit, daß solche Burschen von Himmler und seiner Meute auf GG gehetzt waren, um ihn in eine unmögliche Situation zu bringen.
Einen Schatten über sein Leben warf auch das Verhalten des Vaters, der sich wenige Jahre nach dem Tod der Mutter wieder verheiratete, und zwar mit einer Frau, die annähernd vierzig Jahre jünger war. GG schickte ihm zweitausend Mark für die Hochzeitsreise. Dann wollte er nichts mehr von ihm wissen – und hat wohl auch nicht mehr viel von ihm gehört.

Draußen in Zeesen fielen alle Sorgen von ihm ab. Dort war alles ganz anders. Dort gab es keine Gefahr, dort war Gründgens gelöst und heiter. Er musizierte viel – sein Partner war der als musikalischer Leiter am Staatstheater wirkende Komponist Mark Lothar, der Opern- und Bühnenmusik geschrieben hatte; ursprünglich war er Konzertbegleiter seiner Frau, einer holländischen Sängerin, gewesen, für die sich Gründgens' Mutter begeisterte. So war man zusammengekommen.
Mark Lothar also kam nach Zeesen und begleitete Gründgens, wenn er Brahms- und Schubertlieder sang, und immer und immer wieder seine Lieblingsarie, die des Grafen aus dem ›Figaro‹: »Der Prozeß schon gewonnen ...«. Nach dem Tod der Mutter wollte er bestimmte Lieder, die sie besonders geliebt hatte, nicht mehr singen.
An einem Sylvester wurde die ganze Nacht durch gesungen. Jeder mußte mittun: Käthe Gold und Kurt Meisel, Gustav Knuth und Elisabeth Lennartz, seine Frau, Elsa Wagner und natürlich Marianne und GG selbst. Der gab zum besten: »Jetzt geh ich ins Maxim!« – Mark Lothar: »Sowas machte er geradezu toll souverän!« Die Gold sang Puccini, Meisel den Prolog aus dem ›Bajazzo‹ und alle zusammen stimmten »Glühwürmchen, Glühwürmchen ...« an, den alten schmalzigen Schlager, den Goebbels aus der Versenkung geholt hatte.
Auch Franz Niklisch war eingeladen, aber nicht gekommen. Auf die Frage,

warum er ausgeblieben sei, begann er zu stottern. Gründgens, resigniert: »Ja, ja, es ist schwer, mit einem Denkmal befreundet zu sein.«

Er schwamm leidenschaftlich gern in »seinem« See. Einmal forderte er Gustl Mayer auf – die 1938 vom Deutschen Theater zu ihm herüberwechselte und die Nachfolge von Zacharias antrat –, mit ihm zu segeln. Er war tief gekränkt, als sie von einem »Teich« sprach und ihn fragte, ob er denn überhaupt segeln könne, sie jedenfalls könne es nicht.
Kaum war man in der Mitte des Sees, da schlug das Boot um, und beide lagen im Wasser. Sie mußten so lachen, daß sie beinahe untergegangen wären.
Auch so konnte GG sein.
Sein Auto war sein besonderer Stolz. Er hatte sich ein Horch-Kabriolett angeschafft. Er zeigte es allen seinen Freunden und auch seiner Schwester in Erwartung von Begeisterungsausbrüchen. Alle bestätigten ihm, es sei ein sehr schönes Auto, lobten den Schnitt und die Farbe, aber kamen nicht auf das, worauf es ihm ankam. Das waren die winzigen goldenen Buchstaben GG auf den beiden Vordertüren.
Gern erschreckte er seine Gäste. So verlangte er bei Tisch unvermittelt von Max Gebhardt: »Bitte bringen Sie meiner Schwester die Salzsäure und mir das Strychnin!« In der Tat benutzte sie eine Salzsäuremischung gegen ein Magenleiden und er ein Strychninmedikament gegen die oft unerträglichen Migräneanfälle.
Immer, wenn ein neuer Gast geladen war, bekam er einen ganz bestimmten silbernen Teelöffel. Auf diesem war eingraviert »Gestohlen aus dem Staatlichen Schauspielhaus«. Er beobachtete dann mit diabolischem Genuß die Verlegenheit des jeweiligen Empfängers.
Ein großes Problem bildete sein Geburtstag. Was sollte man einem Mann schenken, der alles hatte? Werner Krauss schenkte ihm einmal eine Kuh und kam persönlich nach Zeesen, maskiert als Schweizer Melker, zusammen mit seiner Frau, der Schauspielerin Maria Bard, die als Bauernmagd verkleidet war, um die Kuh in den Hof zu treiben.
Ein anderes Mal beschloß das Ensemble, ihn mit einem Ständchen zu überraschen. Aber wo? Durch Max Gebhardt bekam man heraus, daß er ausgerechnet an seinem Geburtstag bei dem Schneider Herrmann Hoffmann in Berlin Anprobe hatte. Und so versteckten sich die Verschwörer dort. Vorher übten sie, und zwar die Kindersymphonie von Haydn, weil GG einmal erzählt hatte, daß er diese als Kind so gern gehört hätte. Etwas Komplizierteres wäre ihnen auch kaum gelungen. Die Bard und die Gold spielten Klavier, Krauss schlug den Triangel, Hermine Körner bediente die

Trommel, Hartmann war der Kuckuck, Mark Lothar leitete das Ganze und transportierte eigens seinen Flügel zu dem etwas konsternierten Schneider. Beinahe wäre alles schief gegangen, denn Krauss war entsetzlich unmusikalisch und versäumte seine Einsätze immer wieder, und als man ihn damit aufzog, wurde er so böse, daß er nicht mehr mitmachen wollte.
GG war tief gerührt. Ihm kamen fast die Tränen.

Einmal, nur ein einziges Mal gestattete er es sich, auch auf der Bühne privat »der« Gründgens zu sein. Es handelte sich um das Lustspiel von Paul Apel ›Hans Sonnenstößers Höllenfahrt‹, das um die Jahrhundertwende als Parodie auf das Spießertum einen hübschen Erfolg erzielt hatte. Der fast verhungerte Student Hans Sonnenstößer ist bereit, sich mit einem Bürgermädchen zu verheiraten, weil er an seinem wirtschaftlichen Fortkommen verzweifelt. Im Traum aber sieht er, wie diese Ehe ausgeht.
Kuriert, beschließt er, die lukrative Heirat aufzugeben, seiner Kunst zu leben und schlimmstenfalls weiter zu hungern.
Gründgens beschloß, das Ganze grundlegend neu zu bearbeiten. Er schlug Theo Lingen vor, die zweite Rolle zu spielen, sie würden sich beide treffen und die Sache aktuell frisieren, jeder könne sich seine Rolle ausbauen, wie er wolle. Gesagt, getan. Es entstand ein völlig neues Stück, in dem Hans Sonnenstößer und sein Freund nicht mehr Studenten, sondern Schauspieler waren, die junge Lola Müthel eine ebenfalls stellungslose Schauspielerin darstellte, Käthe Gold das spießige Mädchen, das schließlich verschmäht wird, und überhaupt spielte alles, was gut und teuer war, mit. Mark Lothar dirigierte die von ihm komponierte Musik.
Das Ganze wurde ein Mittelding zwischen Theaterstück, Kabarett und Varieté. Gründgens führte Regie und setzte dazu die ganze Maschinerie des umgebauten Schauspielhauses ein. Die Bürger-Familie, die nach Sonnenstößer ihre Fangarme ausstreckte, kam aus der Versenkung heraus und versank auf diese Weise wieder. Aus einem schlichten Schreibtisch wurde plötzlich ein goldverzierter Thron. Das Publikum kreischte vor Entzükken, wenn etwa Hans Sonnenstößer, der stellungslose Schauspieler, erklärte, er solle am Schauspielhaus den Mephisto spielen, oder Lingen, der gerade einen Bombenerfolg als Diener Jean in seinem eigenen Stück hinter sich hatte, erklärte, seine Lieblingsrolle sei ›Diener wider Willen‹. Das Chanson von Gründgens vom »Großen Glück« – er hatte es, wie alle Chansons in diesem Stück, selbst verfaßt – erntete begeisterten Beifall.
Vieles, was er an Anzüglichkeiten sang, war nur den Eingeweihten verständlich, nicht dem großen Publikum. Aber jeder vom Bau wußte, daß er,

wenn er Proben unterbrach, es mit dem gefürchteten Wort »Stop« tat. Und alle amüsierten sich köstlich, als er sein großes Couplet begann:

»Stop!
Ich tret heraus, Ihr glaubt es kaum,
Ich tret heraus aus meinem Traum,
Ich tret aus ihm heraus.
Ich tret aus meinem Traum heraus
Und stell mich leise neben mich
Und sehe wie das Leben sich
Von hier aus präsentiert.
Ich seh mir selber ins Gesicht.
Ich merke, ich gefall mir nicht.
Was ist denn das mit mir?
Stop!
Stop!
Stop!
Stop!
Stop!
Nein!
Ich gefall mir nicht!«

Oder die beiden Freunde Hans und Albert unterhalten sich über die Möglichkeit, Albert könne den Mephisto spielen; er beginnt, und Hans unterbricht sogleich: »Den willst du so spielen?«
Albert: »Klassiker!«
Hans: »Kamel! Das ist doch kein Grund, so pathetisch zu sein!«
Albert: »Das nennst du pathetisch? Das ist ja interessant! Wie würdest du's denn spielen?
Hans: »Ich weiß nicht. Aber ich denke mir das natürlicher.«
Albert: »Ach, du meinst natürlicher? Natürlich!«
Und er setzt die Rolle im Konversationston fort.
Hans: »Bist du verrückt? Was soll denn das nun wieder?«
Albert: »Ja, aber was willst du denn? Das war doch natürlich!«
Hans: »Wo deine Natürlichkeit anfängt, hört die Schauspielkunst auf!«
Die Eingeweihten wußten: das war das künstlerische Credo GGs.
Oder Gründgens-Sonnenstößer singt, als der ganze Spuk vorbei ist:
»Verschwunden ist auch jener Geist
der ausgerechnet Gustav heißt!«
Aber es gab auch ganz ernste Stellen, wie etwa das Lied:

»Mein wahres Ich versank!
Mein wahres Ich gefiel mir nicht,
Ich sah ihm lange ins Gesicht,
Dann habe ich es umgedacht,
Hier von der Bühne weggebracht,
Nun bin ich ohne Ich!«

Oder als er im Traum glaubt, seine letzte Stunde sei gekommen:
»Sterben? Ich bin doch neugierig, wie das wird. Eigentlich freue ich mich darauf. Denke dir, was für ein ungeheuer einziges Erlebnis, wenn ich es nachher schildere.«
Berlin jubelte. Wenige begriffen, daß auch dies wieder ein Stück gegen die Zeit geworden war – gegen das übergeschnappte Bürgertum, das sich in pompösen Phrasen gefiel.
Nicht nur in diesem Stück, nicht nur Hans Sonnenstößer, sondern Gustaf Gründgens ganz privat, glaubte manchmal, daß vielleicht nichts ganz wirklich sei, daß er – wie sein Held Hans Sonnenstößer – manches nur träume. »Und einmal werde ich aufwachen – und was wird dann sein . . .?«
Was war denn noch Wirklichkeit? Die Bühne, auf der er mindestens dreimal jede Woche stand? Was sich in Deutschland begab? Zeesen? Ja, Zeesen vielleicht . . .
Manchmal erfüllte ihn eine geradezu leidenschaftliche Sehnsucht nach draußen, nach anderen Ländern, anderen Welten. Victor de Kowa, der eine Reise nach Südamerika hinter sich hatte, erzählte von ihr, und GG sagte spontan: »Ja, da möchte ich auch mal hin! Laß uns doch zusammen fahren!« Aber er ahnte wohl, daß es nie dazu kommen würde.
Einer seiner Freunde hat später gesagt: »Es mußten die Sirenen, Granaten und Bomben kommen, um uns aus unserem Schlaf aufzuwecken . . .«
Das mag für viele gegolten haben, nicht für GG. Er wußte die ganze Zeit über, daß er träumte und daß das Erwachen furchtbar sein würde. Er wußte sogar, daß auch der Traum Zeesen nicht ewig währen würde.
Später, lange nach dem Krieg, als er wieder ganz oben war, bot man ihm oft und in verschiedenen Teilen des Landes, auch des Auslandes, Häuser und Güter an – aber er wollte nicht. Er wollte nichts mehr besitzen. So sehr schmerzte es ihn, daß der Traum von Zeesen ausgeträumt war.

Vierter Teil

DAS UNMÖGLICHE MÖGLICH MACHEN

ZWÖLFTES KAPITEL

Der Chef

Zu Weihnachten 1937 meldete die deutsche Presse: »Der Führer und Reichskanzler hat auf Vorschlag des Ministerpräsidenten Göring dem Intendanten der Preußischen Staatsschauspiele Staatsrat Gustaf Gründgens den Titel Generalintendant verliehen.« Nun unterstand er Göring direkt, vielleicht in noch stärkerem Maße dem Preußischen Finanzminister Popitz, einem charaktervollen, integren Mann, der später, nach dem Scheitern der Verschwörung des 20. Juli 1944, den Tod finden sollte. Und es war kaum noch möglich, ihn zu stürzen, wie es der ›Völkische Beobachter‹ im Jahr zuvor versucht hatte.

Nun war er allerdings auch auf Gedeih und Verderb verbunden mit einer Clique, deren Ansichten über das, was Theater sein sollte, er nur mit Schaudern zur Kenntnis nahm. Da schrieb etwa ein gewisser Josef Buchhorn über Sinn und Sendung des Theaters: »Theater soll sammeln: von der Vielfältigkeit zur wesentlichen Einkehr, Theater soll erleben: das Durcheinander sich überkreuzender Gefühle zu weihevoller Klarsicht, Theater soll weisen: zu großen Tagen deutscher Menschheit, die der Führer bereitet, Herzen rufen, Willen stählen, Kräfte spannen ...«

Dergleichen wurde damals wirklich gedruckt.

Es hätte der Bestätigung durch den sogenannten »Führer« nicht bedurft. Gustaf Gründgens war schon von dem Augenblick an, da er sich endgültig bereit erklärt hatte, die Leitung des Theaters zu übernehmen, also rund drei Jahre zuvor, die bedeutendste Erscheinung im deutschen Theaterleben, oder was von diesem übrig gelieben war, geworden. Sein Theater war bereits Ende 1935, also ein Jahr, nachdem er Intendant geworden war und zwei Jahre vor seiner Ernennung zum Generalintendanten, umgebaut worden. Der Zuschauerraum hatte danach wieder ungefähr die Ausmaße, die ihm einst Schinkel gegeben hatte, die Bühne war mit den neuesten technischen Errungenschaften ausgestattet und vertieft worden – ein zwölf Meter breiter Gang über die Charlottenstraße hinweg in das Magazin ermöglichte es, ihr, wenn nötig, eine Tiefe von weit über sechzig Metern zu geben, was Gründgens auch gleich bei der Eröffnungsvorstellung des ›Egmont‹ ausgenützt hatte, als er den Helden (Hartmann) zu Pferde von ganz hinten bis an die Rampe traben ließ.

Wichtiger, ja entscheidend für ihn war nicht so sehr das äußere Prestige des vergrößerten Hauses, der hochtrabende Titel als vielmehr, daß er Herr in seinem Hause war oder eigentlich in seinen Häusern – denn es gab damals schon zwei. Im Hause selbst nannte man ihn nur noch den »Chef«, und das war er in jedem Sinn. Seine Autorität stand außer Frage. Es gab keine Intrigen gegen ihn, es wurde überhaupt nichts unternommen, was er nicht wollte, man folgte seiner Führung blindlings. Gewiß, auch er machte gelegentlich Fehler. Aber das gehörte zu den Seltenheiten. Und meist erkannte er seine Mißgriffe, bevor die anderen sie bemerkten, und brachte mit der linken Hand alles wieder in Ordnung.

Er sorgte für strengste Disziplin und war doch wiederum äußerst großzügig. Da seine Schauspieler – von wenigen Ausnahmen abgesehen – keine sehr hohen Gagen bekamen, tat er alles, um ihre Wünsche nach Filmurlaub zu befriedigen, sofern das nicht seinem künstlerischen Gewissen widersprach. Das ging so weit, daß er deshalb gelegentlich ein Stück zurückstellte und ein anderes, das er später spielen wollte, früher brachte.

Daß sein Spielplan allen etwas bringen solle, das war sein immer wieder ausgesprochenes und angestrebtes Ziel. Bis in die letzten Details wachte er über die Herstellung der Dekorationen und wollte jeweils genau wissen, wie viele Arbeiter für ihre Anfertigung zur Verfügung standen oder infolge Krankheit ausfielen. Jeden Voranschlag prüfte er selbst, und wenn die Ausstattung ihm zu teuer schien, strich er unbarmherzig. Er gab seinen Ausstattungschefs, auch seinem Bühnenbildner, die ihm erklärten, anders, das heißt billiger, gehe es nicht, Tips, wie es anders, wie es billiger ging. Zum Beispiel brachte er es fertig, daß die Ausstattung zu ›Richard III.‹, die mit fünfzigtausend Mark veranschlagt worden war, nur dreißigtausend kostete: er ließ einfach andere Materialien verwenden, über deren Preis er, anders als seine Mitarbeiter, genau im Bilde war.

Er nannte sich im Scherz »Vater« – sagte etwa zu Beginn einer Probe: »Vater ist da, es kann beginnen!« – und er war wohl auch, obwohl jünger als die meisten anderen, der wirkliche Vater des Theaters.

Auf bestem Fuß stand er mit dem technischen Personal, mit den Bühnenarbeitern und Beleuchtern, aber auch mit den Scheuerfrauen, gar nicht zu reden von seiner Lieblingssouffleuse Valeska Bauer. Es gab zwischen ihnen nie unnötiges Geschwätz. Wenn er zu irgendeinem Vorschlag ja sagte, dann wurde er ausgeführt, und alle wußten das. Nichts war ihm so verhaßt wie eine Lüge. Unzählige Male erklärte er der Belegschaft, selbst die ärgste Panne müsse wahrheitsgetreu berichtet werden, nur so könne er dafür Sorge tragen, daß sie sich nicht wiederhole. Übrigens hätte niemand gewagt ihn anzuschwindeln. Jeder war überzeugt, daß er die Wahrheit doch herauskriegen würde.

Er identifizierte sich mit seinem gesamten Ensemble, nicht nur mit den Schauspielern, sondern auch mit den Maskenbildnern und Requisiteuren, den Platzanweisern und den Technikern. Gelegentlich eines Gastspiels in Oslo zu einem Empfang eingeladen, übersah er beim Betreten der Hotelhalle mit einem Blick, daß man die Techniker und Maskenbildner nicht aufgefordert hatte, verschwand wieder und erklärte, er werde erst wiederkommen, wenn die Belegschaft vollständig vorhanden sei. Es blieb den Gastgebern nichts anderes übrig, als zahllose Taxis auszuschicken, um die über die ganze Stadt Verstreuten zu sammeln und ins Hotel zu verfrachten. Erst dann geruhte GG wieder zu erscheinen.
Als der langjährige Inspizient Edmund Paulsen starb – nur wenige Stunden vor einer Vorstellung des ›Fiesco‹ –, legte Gründgens einen Strauß weißer Nelken auf den Stuhl, der vor dem Inspizientenpult stand – erst dann konnte die Vorstellung beginnen.
Er wußte nicht nur alles – er erriet auch das, was er nicht wissen konnte. Bei einer Aufführung von ›Der Arzt am Scheideweg‹ mit Werner Krauss in der Hauptrolle, in der er selbst den lungenkranken Maler Dubedat zu spielen hatte, geschah folgendes: Er probte gerade ein anderes Stück im Kleinen Haus, als die Nachricht kam, Krauss sei erkrankt. Der Regisseur Wolfgang Liebeneiner erklärte sich bereit, die Rolle mit dem Schauspieler Lukas, der ein sogenanntes Übernahme-Genie war, durchzuarbeiten, so daß die Abendvorstellung gerettet würde. Nur der fünfte Akt, in dem Lukas unausgesetzt zu reden hatte, war nicht mehr zu schaffen. Liebeneiner fand, man könne das Stück auch ohne diesen letzten Akt spielen. Er fuhr ins Kleine Haus zu Gründgens und schlich sich an ihn heran, um ihm diesen Vorschlag zu machen. Gründgens fühlte ihn kommen – sehen und hören konnte er ihn wohl nicht –, drehte sich zu ihm um und fragte: »Du willst den letzten Akt fortlassen?« Liebeneiner war starr. Woher wußte GG das? Er konnte es natürlich nicht »wissen«, aber er konnte sehr schnell kombinieren. Warum, so hatte er kombiniert, wäre Liebeneiner wohl sonst auf die Probe gekommen?
Er hatte das, was seine alte Freundin und Mitarbeiterin Gustl Mayer die »Aktomanie« nannte. Am liebsten hätte er nach jeder Besprechung einen Brief oder eine Aktennotiz diktiert. Die Briefe ließ er sich gelegentlich ausreden, die Aktennotizen nicht. Theo Lingen, der zu Besprechungen stets mit einem Leitz-Ordner erschien und alles, was er vorbringen wollte, belegen konnte, imponierte ihm unheimlich.
Schauspieler, die höhere Gagen haben wollten, waren ihm ein Greuel – obwohl es ja nicht um sein Geld ging oder vielleicht gerade deshalb. Günther Hadank, der einmal deswegen vorsprach und meinte, er werde ja schließlich von Jahr zu Jahr besser, antwortete er trocken: »Natürlich, natürlich, im Alter werden Sie unbezahlbar sein!«

Er hatte fast unumstößliche Ansichten darüber, welche Stücke er spielen und welche er nicht spielen wollte. Einer seiner Aussprüche lautete: »Zwei Dinge wird es an meinem Theater, solange ich Intendant bin, niemals geben: ›Wilhelm Tell‹ und einen Wiener Komiker!« Dann kam es wieder vor, daß er sich seinen Chefdramaturgen kommen ließ und ihn nach einem eingesandten Stück fragte. Der erklärte, es sei ganz unmöglich, es sei sozusagen hilflos. Die Antwort: »Ich habe diese Hilflosigkeit soeben telegraphisch angenommen!«

Liebeneiner empfahl ihm einmal ein Stück, das er ihm auch gleich übergab – es war wunderschön gebunden in einen silbernen Einband. Nach einer Woche hatte Gründgens noch keinen Blick hineingeworfen. »Weißt du, ein Stück, das so einen silbernen Einband hat, das mag ich von vornherein nicht!« Das Stück wurde niemals aufgeführt.

Es kam auch vor, daß er Stücke aufführen ließ, die er nie gelesen hatte, obwohl er das nie zugegeben haben würde. Ich selbst habe ihn einmal dabei erwischt. Er ließ sich überhaupt lieber Stücke erzählen, als daß er sie las, und er hatte eine geradezu untrügliche Fähigkeit, aus den Erzählungen anderer – es mußten allerdings Menschen sein, denen er vorbehaltlos vertraute – das Notwendige herauszuhören.

Übrigens wußte er meist alles Einschlägige, war aber nie ein Besserwisser. Noch auf den letzten Proben vor einer Aufführung ließ er sich anders überzeugen, wenn etwa der Bühnenbildner Traugott Müller, den er besonders schätzte, Einwände hatte.

Er war immer einsatzbereit, obwohl er oft Angst vor dem nächsten Auftritt hatte. Karl Rupprecht: »Ich gehe zum Regiezimmer, wo GG, Franck, Knuth, Laubenthal sich aufhalten, öffne die Tür und sage: ›Meine Herren, darf ich bitten!‹ ›Nein! Nein!‹ schreit GG mit den Händen an den Schläfen, ›Nein!‹ und läßt sich auf das alte Sofa des Regiezimmers fallen. ›Ich kann jetzt nicht! Ich kann jetzt nicht!‹ und stöhnt – alle sind stumm geworden und stehen ratlos herum, schauen GG, dann mich an – ich muß wohl auch ein dummes Gesicht gemacht haben. Aha, dachte ich – ihr wollt mich auf den Arm nehmen – ich hatte mich schnell gefaßt: ›Verzeihung, Herr Staatsrat, aber in der nächsten Szene kann ich Sie nicht gut als Brief auf die Bühne kommen lassen.‹

Alle Anwesenden schrien darauf vor Lachen, und Gustav Knuth sagte: ›Na, Gustaf, da mußt du wohl! Komm, gehen wir!‹ GG sprang auf und eilte mit den anderen zur Bühne.«

Einmal, kurz vor Ostern, setzte das Betriebsbüro, also Karl Rupprecht, den ›Faust‹ an, weil das Wetter schon so warm war, daß nur ein echtes Zugstück das Theater füllen konnte. Dabei hatte GG ausdrücklich erklärt, er wolle Ostern nicht spielen. Und als Rupprecht, zur Rede gestellt, ihm

erklärte, bei diesem Wetter müsse er sein bestes Pferd aus dem Stall holen, flog er hinaus. Gründgens spielte aber doch.
Er war sich auch nicht zu schade, für andere einzuspringen. So übernahm er einmal binnen eines Tages die nicht leichte Rolle des Malvolio in ›Was Ihr wollt‹, als Theo Lingen erkrankt war. Alle Verabredungen wurden abgesagt, er lernte den ganzen Tag – und es ging. Später: »Heute morgen hätte ich nicht geglaubt, daß ich es schaffen würde . . .«
›Julius Cäsar‹ kam heraus, später, als ursprünglich geplant, da es infolge des Krieges Schwierigkeiten mit den Komparsen gab. Nun war es so, daß Werner Krauss, der die Titelrolle spielte, drei Wochen danach in Wien sein mußte. Ein erster Schauspieler fand sich nicht, der einzuspringen bereit gewesen wäre; einen zweitrangigen wollte Gründgens seinem Publikum nicht zumuten. Also übernahm er selbst die Partie. Drei Wochen nach der Premiere, ohne daß die Presse eingeladen worden wäre. Es gab dabei nur eine Schwierigkeit: Nach seiner Ermordung hat Cäsar noch ziemlich lange auf der Bühne zu liegen. Diese Szene liebte Werner Krauss besonders, weil er, halb verdeckt von den anderen Mitspielenden, allerhand Unfug treiben konnte, sodaß sie es schwer hatten, ernst zu bleiben. Gründgens wiederum lehnte es ab, so lange tot auf der Bühne herumzuliegen – der Gedanke war ihm unerträglich. Ein Statist sollte seine Stelle einnehmen, während er sich, von den Verschwörern verdeckt, entfernen würde. Gustav Knuth, der den Antonius spielte, wurde in den zweiten Rang entsandt, um festzustellen, ob man den Wechsel sehen könnte. Lachend rief er herunter: »Häschen hüpf! Häschen hüpf!«, weil man das Manöver eben bemerken mußte. Stundenlang wurde nun geübt, bis der Wechsel so vor sich gehen konnte, daß nichts zu sehen war.
Hier lag wohl der entscheidende Unterschied zwischen dem Theaterdirektor Gründgens und etwa dem Theaterdirektor Reinhardt, den eine Vorstellung überhaupt nicht mehr interessierte, nachdem die Premiere stattgefunden hatte. GG war entschlossen, das ursprüngliche Niveau zu halten, koste es, was es wolle.
Der Erfolg gab ihm recht. Der Erfolg? Er selbst war am wenigsten davon beeindruckt, daß allabendlich das Schild »Ausverkauft« an der Kasse hing. Später: »Wo sollten die Leute denn hingehen? Was sollten sie sich für ihr Geld kaufen in einem Deutschland, in dem es immer weniger gab, je näher der Krieg kam, und im Krieg schon gar nicht.«
Aber gerade weil die Menschen gewissermaßen gezwungen waren, ins Theater zu gehen, sollten sie nur das Beste vorgesetzt bekommen.

Der Chef hatte Glück. Während Max Reinhardt dreißig Jahre vorher sich seine Schauspieler aus der Provinz zusammensuchen und sie erst »machen« mußte – was in Berlin an erster Qualität zur Verfügung stand, waren im wesentlichen Schauspieler eines naturalistischen Theaters, von dem Reinhardt weg wollte –, standen Gründgens in Berlin eine Unzahl anerkannter Künstler zur Verfügung, eben die von Reinhardt kommenden, wie etwa Werner Krauss, Paul Hartmann, Paul Wegener, Lothar Müthel, Hermine Körner und viele andere.

Es ist falsch, ihm als Bequemlichkeit auszulegen, daß er mit diesen schon Prominenten Theater machte, statt sich »seine« Schauspieler zu suchen und heranzubilden. Nicht Bequemlichkeit war es, sondern ein Entschluß, und, wenn man will, ein Verzicht. Gründgens wollte die Kontinuität wahren, nicht ein Theater machen, sondern zentrales Theater. Dazu war es nötig, das zu erhalten, was er an Potenzen vorfand. Er tat es, und die Folge davon war nicht nur, daß er großartiges Theater machen konnte, sondern vor allem, daß es heute, nach seinem Tod, überhaupt erstklassiges deutschsprachiges Theater gibt.

Er rief sie, und alle, alle kamen. Paul Hartmann war einer der ersten. Bei Reinhardt hatte er Jünglinge gespielt, jetzt spielte er Männer.

Als Jüngling oder, wie er es selbst nannte, als »romantischen Liebhaber«, holte er Wolfgang Liebeneiner, der kurz vorher seine Hamburger Partnerin Ruth Hellberg geheiratet hatte und mit ihr an den Münchner Kammerspielen wirkte. Später spielte Liebeneiner weniger und inszenierte mehr.

Er holte auch Ruth Hellberg, die Kollegin aus Hamburg, obwohl er Bedenken hatte. Denn: »Alle Rollen, die du spielen willst, spielt bei mir Käthe Gold.« Sie kam trotzdem, sie spielte auch kleine und kleinste Rollen, denn ihr war es genug, bei Gustaf Gründgens zu sein.

Ähnlich lag der Fall bei einer anderen von ihm geschätzten Kollegin, Pamela Wedekind, die er schon deswegen holen mußte, weil sie, als Tochter eines »künstlerisch entarteten« Vaters – Wedekind wurde natürlich im Dritten Reich nicht gespielt – und durch ihre Freundschaft mit Erika und Klaus Mann »belastet«, kein anderes Engagement hätte finden können.

Eine Entdeckung hingegen war Gustav Knuth. Der hatte GG schon an den Hamburger Kammerspielen gesehen, als er selbst noch in kleinen Theatern in Altona und Harburg spielte – und war fasziniert. Knuth später: »Wenn man GG sah, hatte man das Gefühl, die Rolle würde zum ersten Mal gespielt!« Dann machte Knuth eine Hamburger Karriere, das heißt, er wurde an das Deutsche Schauspielhaus Hamburg geholt.

Sie sahen sich während der Festspiele in Heidelberg, in deren Rahmen Knuth eine kleine Rolle in ›Götz von Berlichingen‹ und die Titelrolle in ›Amphitryon‹ spielte. Nachher traf man sich noch im ›Europäischen Hof‹.

Es war eine Menge Leute anwesend, man sprach über dies und jenes, plötzlich tat Gründgens, als erinnere er sich an Knuth noch aus der Hamburger Zeit, nahm ihn beiseite unter dem Vorwand, alte Erinnerungen auszutauschen, erklärte dann sogleich, das interessiere ihn gar nicht, sondern: »Was machen Sie denn nächstes Jahr? Ich will Sie engagieren.«
Gleich während der Proben zum ersten Stück, in dem Knuth eingesetzt wurde, sagte ihm Gründgens: »Damit wir uns richtig kennenlernen: wenn ich nichts sage, ist es gut. Und ich habe nichts zu sagen. Es ist sogar so gut, daß wir abbrechen. Ich bin froh. Sie haben uns gerade noch gefehlt.«
Knuth wurde GGs Lieblingsschauspieler. Er sagte darüber: »In allen diesen Jahren habe ich mich nie zu erkundigen brauchen, was ich spiele, oder gar um eine Rolle kämpfen müssen. Er sorgte für mich, er pflegte mich.«
Er holte den Wiener Kurt Meisel, den er an den Kammerspielen in München gesehen hatte; zuerst wollte Meisel nicht, denn er war gerade aus der Schauspielschule gekommen und meinte, es sei doch wohl noch etwas zu früh für ihn, schon nach Berlin zu gehen. Er ließ sich erst einmal nach Leipzig engagieren, aber als der dortige nazifeindliche Direktor hinausgeworfen wurde, kam Meisel doch nach Berlin und bot sich an. Er wurde für GG die wienerische Note im Ensemble.
Gustl Mayer – das wurde schon angedeutet – wechselte vom Deutschen Theater herüber, um die Stellung einzunehmen, die nach der »Verhaftung« von Erich Zacharias-Langhans frei geworden war. Wie immer man ihre Position nennen mochte, sie hatte bei GG die gleiche Stelle wie zuvor bei Reinhardt und dessen Nachfolger Heinz Hilpert. Sie wurde seine rechte und seine linke Hand. Es gab nichts, was er nicht mit ihr besprach, und niemand hatte soviel Einfluß auf ihn wie sie. Sie brachte sozusagen als Morgengabe – er selbst hat das so genannt – ein paar vorzügliche Schauspieler mit: Heinz Rühmann, Axel von Ambesser, Otto Wernicke und vor allem Elisabeth Flickenschildt, die später eine entscheidende Rolle im Leben von GG spielen sollte.
Die Flickenschildt, oder wie man sie allgemein nannte die »Flicki«, hatte auf eine sehr originelle Weise Karriere gemacht. Sie war Heinz Hilpert aufgefallen, als sie in München im ›Don Carlos‹ eine kleine Rolle spielte, und er hatte ihr gesagt, er habe Interesse für sie und sie solle sich melden, wenn sie einmal nach Berlin käme. Sie kam und machte Vertrag. Und dann fragte die Mayer, in welchem Hotel sie abgestiegen sei, und es stellte sich heraus, daß sie nirgends abgestiegen war, denn sie sollte am Abend wieder in München spielen. Aber wie nach München gelangen? Das Verkehrsflugzeug, das sie nach Berlin gebracht hatte, war ausverkauft. Gustl Mayer mietete schnell entschlossen ein Charterflugzeug – Kostenpunkt zweitausendfünfhundert Mark. Als die Flicki in München landete, war der Flug-

hafen voller Pressephotographen. Es kam nicht jeden Tag vor, daß eine kleine Schauspielerin mit einem Charterflugzeug landete.
Am Deutschen Theater spielte sie dann schon größere Rollen, aber eigentlich nur selten Hauptrollen. Eines Tages erschien sie bei GG in der Garderobe. Er wußte natürlich, wer und wo sie war und fragte nach dem Grund ihres Besuches. Er stand bereits im Kostüm, denn in einer halben Stunde sollte er auftreten. Sie sagte, sie sei Schauspielerin, sei aber nicht deshalb gekommen, sie solle ihm nur Grüße von Jürgen Fehling ausrichten. Das war um die Zeit, als Fehling wieder einmal grollend aus dem Staatstheater geschieden war – zum zweiten Mal. Nun wollte er zurückkommen.
GG: »Die Tränen träten mir in die Augen, wenn ich hoffen dürfte, Fehling käme zurück.« Und dann sagte er noch, er würde auch sie sehr gern an seinem Theater haben. Der Vertrag wurde dank Gustl Mayer schnell perfekt. Die erste Rolle, die sie spielen sollte, war die Hexe im ›Faust‹. Doch sie mochte das nicht spielen. Sie kaufte einen großen Strauß Orchideen – das war viel für ihre Verhältnisse – und schrieb einen Brief mit der Bitte, sie von dieser Rolle zu entbinden. GG bestellte sie in sein Büro. Auf seine strenge, fast unwirsche Bemerkung: »Sie sind also Frau Flickenschildt, die die Hexe nicht spielen will«, sprang sie auf, um zu erklären, warum sie die Hexe nicht spielen mochte. Er, ganz Generalintendant, war entsetzt: »Ich glaube, Sie sind Anarchistin!«
Und sie: »Weil ich vom Stuhl aufgesprungen bin?«
Er mußte lachen.
Sie mußte die Hexe nicht spielen.
Aber sie mußte viele andere Rollen spielen, die kaum diesen Namen verdienten, und es sollte noch lange dauern, bis sie wirklich »seine« Schauspielerin wurde.
Auch Rolf Badenhausen, der sie später heiratete, kam zu Gründgens. Er hatte Germanistik, Kunstgeschichte, Philosophie und Theatergeschichte studiert, war im Münchner Theatermuseum Assistent gewesen, Dramaturg an Falckenbergs Münchner Kammerspielen, hatte gelegentlich Theaterkritiken geschrieben und sich dabei sehr für die damals noch nicht bekannte Flickenschildt eingesetzt. Er war bei Tietjen – wiederum an einem Theatermuseum, diesmal dem Preußischen – angestellt und schließlich von Gründgens als Dramaturg geholt worden. Gründgens wollte nicht nur, daß er Stücke vorschlug, sondern auch Privatlektüre für den Hausgebrauch. Badenhausen sollte in GGs späterem Leben noch eine besondere Rolle spielen.
Die bildhübsche Käte Haack kam ebenfalls ans Staatstheater und spielte dort Lustspielrollen und in Altberliner Possen und vor allem das, was sie die »guten deutschen Frauen« nannte. Sie war sehr unglücklich, weil sie niemals eine Rolle bekam, in der sie zeigen konnte, daß sie eine echte

Schauspielerin war. Es gab da ein Stück mit einer ältlichen, häßlichen, bebrillten Lehrerin, die wollte sie unbedingt spielen, aber sie bekam die Rolle nicht. Sie sprach mit Lothar Müthel, der Regie führte und sie ihr dann doch noch zuteilte. Sie war auch sehr gut und hatte Erfolg, aber GG war so empört darüber, daß sie sich über seinen Kopf hinweg an den Regisseur gewandt hatte, daß er sie von diesem Tag an schnitt und ihr schließlich ein Entlassungsschreiben schickte. Käthe Dorsch mußte vermitteln, bis alles wieder einigermaßen ins Lot kam.
Alfred Schieske wurde aus Bochum geholt, wo er schon eine Art lokaler Star war. Willi Schmidt kam direkt vom Deutschen Theater und wurde sogleich als Bühnenbildner für ›Der Arzt am Scheideweg‹ eingesetzt. Später machte er die Dekorationen zu dem Stück ›Kirschen für Rom‹. Er und der Regisseur Liebeneiner hatten sich ausgedacht, daß sie für den zweiten Akt, der in Persien spielt, ein in der Kunstgeschichte berühmtes Tor auf die Bühne bringen wollten, aus lasierten Ziegeln gemacht, blau, leuchtend, mit wunderbaren altpersischen Reliefs darauf. Dieses Tor hatte Schmidt großartig ins Bühnenbild übersetzt, aufgebaut und eingeleuchtet. Und nun sah GG das Bühnenbild.
Liebeneiner hörte bei seinem Eintreffen im Theater schon von weitem ein furchtbares Geschrei. An der Rampe stand Willi Schmidt, steif wie ein Bleistift, in der Haltung eines Soldaten, der angepfiffen wird. Plötzlich fiel er der Länge nach hin, mit dem Kopf auf den Bühnenboden, Gründgens hob die Hände vors Gesicht und murmelte: »Um Gottes willen!« Dann rannte er von der Bühne.
Liebeneiner: »Also ich rauf auf die Bühne. Willi Schmidt blutete aus der Nase, er hatte sich die Stirn aufgerissen, er war kaum wieder bei Bewußtsein. Ich also voller Wut in Gründgens' Garderobe. Da saß er und weinte. Einfach außer sich war er, einerseits über den Unfall, andererseits über das, was ihm widerfahren war... Ja, was war es denn? ›Was macht ihr mit mir! Diese Dekoration! Kein Mensch sieht mehr auf mich! Alle Leute sehen nur die Dekoration! Das ist doch unmöglich, einen Schauspieler in ein solches Bühnenbild zu stellen! Wer interessiert sich denn dann noch für den Schauspieler! Das ist ein kostbares Museumsstück, was ihr da aufgebaut habt, und wenn der Vorhang aufgeht, gibt es Applaus! Nicht für mich! Für das Bühnenbild. Und dann werden die Leute nur noch wie im Museum herumgucken und werden sich die Löwen und die Attrappen ansehen, die auf der Bühne sind. Und außerdem spiegeln sich sämtliche Scheinwerfer in der Lasur, natürlich, das gibt ein Feuerwerk von Lichtern um mich herum, und mich sieht man überhaupt nicht mehr! Das ist geradezu ein Attentat auf mich. Ihr wollt mich einfach totmachen!‹
Und dabei quälte es ihn, weil er sich so hatte gehen lassen. Er lud Willi

Schmidt nach Zeesen ein, um sich dort auszukurieren, er sollte eine Woche bei ihm bleiben und die frische Luft genießen. Das Ganze war ihm entsetzlich peinlich.
Am nächsten Morgen bei der Generalprobe war die ganze Dekoration des zweiten Aktes mit der Spritzpistole grau gespritzt, die Lasur war weg, die leuchtend blaue Farbe war weg. In der Nacht hatten auf Anordnung des Generalintendanten die Heinzelmännchen alles abgespritzt.
Ich habe kein Wort gesagt. Aber in der nächsten Nacht waren zwei andere Heinzelmännchen am Werk, nämlich Willi Schmidt und ich. Und wir hatten Schwämme mit und heißes Wasser und haben die ganze Geschichte wieder runtergewischt. Es war ja nur Leimfarbe, die daraufgespritzt worden war. Und am Tage der Premiere war die Dekoration wieder so, wie sie ursprünglich war. Es wurde kein Wort mehr darüber gesprochen. Die Premiere war ein Riesenerfolg, auch für Gründgens – und damit war der Fall erledigt.«

Es erschien, ebenfalls ganz jung, der bisherige Oberspielleiter von Koblenz, Ulrich Erfurth, der von dort an verschiedene Theaterleiter Bewerbungsschreiben geschickt hatte, aber nur von Gründgens eine Antwort bekam. In seinem Brief war die Rede davon gewesen, daß er erst einmal Theater lernen wolle, ihm sei ganz gleich, was er mache, er würde auch Kaffee und Erbsensuppe holen.
Gründgens, strahlend: »Danke für Ihren Brief. Nehmen Sie Platz. Sie sind engagiert – natürlich nur als Regieassistent.« Das war er zwei Jahre. Erst dann holte ihn Gründgens zu sich. Am zweiten Tag sagte er: »Und jetzt hätte ich gern eine Erbsensuppe!« Das war reiner Sadismus, denn um diese Zeit – der Krieg hatte bereits begonnen – gab es kaum so etwas. Aber es war auch ein Zeichen dafür, daß Gründgens sich an den ersten Brief seines Assistenten erinnerte. Erfurth raste durch Berlin, fand schließlich doch in einem kleinen Lokal eine Portion Erbsensuppe und konnte sie seinem Chef servieren.
Dann gab er ihm seine erste Regie, gleich ein Riesenstück, ›Madame Sans Gêne‹, mit Käthe Dorsch, Walter Franck und Gustav Knuth.
Zum Ensemble stieß ferner – übrigens schon mitten im Krieg – Gerda Maurus, die in Wien Konversationsschauspielerin gewesen war, später in Berlin gefilmt und schließlich auch im Deutschen Theater gespielt hatte. Zuerst mußte sie immer nur einspringen, dann erhielt sie die Rolle einer schönen Dame, der Frau von Fischer in ›Einen Jux will er sich machen‹ von Nestroy. Sie konnte nie vergessen, wie zur ersten Hauptprobe GG im Parkett erschien, gefolgt von Gustl Mayer, von Mühr, von Eckart von Naso, von

Palm, dem Chef des Kostümwesens, von Rochus Gliese, der die Bühnenbilder gemacht hatte und Regie führte, und einer Anzahl anderer Leute vom Bau – »wie ein großer Chefarzt, der Visite macht«. Vor allem blieb ihr unvergeßlich, wie GG ihr mit ein paar Worten hier und dort half. »Niemand konnte Frauen auf der Bühne so richtig behandeln wie er.«
Schließlich kam noch der junge Karl Heinz Stroux, ein sehr eigenwilliger Regisseur, der schon hier und dort inszeniert hatte, fast nie ohne Zwischenfälle, weil er prinzipiell keine Kompromisse schloß. Alle prophezeiten, das würde nicht gut gehen, denn GG ließ ja nie vergessen, daß er der Herr im Hause war. Aber es ging gut. Wenn er ein großes Talent erkannte, behandelte er es als Persönlichkeit. Natürlich gab es häufig genug Krach, und es geschah mehr als einmal, daß Gründgens indigniert eine Probe von Stroux verließ. Aber er hielt ihn bis zuletzt.
A propos Krach: Eine darf nun wirklich nicht vergessen werden, die auch Mitglied des Staatstheaters war – wenn Käthe Dorsch spielte, passierte in der Tat einiges. Richtiger, es passierte eigentlich immer etwas, wenn sie spielte oder wenn sie nicht spielen wollte. Wir erinnern uns: es war Käthe Dorsch, die Gründgens in Berlin mit durchgesetzt hatte in der neckischen Operette ›Liselott von der Pfalz‹. Sie hatte damals sofort begriffen, welch außerordentliches Talent er war. Er hatte daher jeden Grund, ihr dankbar zu sein. Aber darüber hinaus wußte er, daß sie vermutlich die herrlichste Schauspielerin der deutschen Bühne war.
Dennoch ...
Es begann damit, daß die Dorsch gar nicht ans Staatstheater wollte. Sie war immer an Privattheatern und hatte enorm hohe Gagen bezogen, weil sie jede Summe einspielte. Dann kommandierte sie Göring ans Staatstheater. Zum Verständnis: Die Dorsch war mit Göring im ersten Weltkrieg sehr befreundet gewesen, als dieser noch zur Flugstaffel Richthofen gehörte; Göring wollte sie damals heiraten, und eine Freundschaft hatte sich über die Jahre hinaus erhalten. Die Dorsch hatte auch Grund, diese Beziehung nicht einschlafen zu lassen, denn als entschiedene Gegnerin des Nationalsozialismus und Freundin von Juden und anderen Verfolgten brauchte sie einen mächtigen Freund; sie hat vielleicht auf ihre Weise ebenso viele Juden und Verfolgte gerettet wie Gründgens.
Die Dorsch kam nur zögernd an den Gendarmenmarkt, sie gehörte seit etlichen Jahren keinem Ensemble mehr an, sie war ein Star par excellence. Sie verlangte eine Gage, die GG nicht zahlen konnte oder vielleicht aus Gründen der Disziplin nicht zahlen wollte, setzte sie aber dann schließlich doch durch.
Es gab bei jedem Stück, das die Dorsch spielen sollte, Krach, weil sie nicht spielen wollte oder weil sie Rollen verlangte, für die Gründgens sie nicht

mehr jung genug fand. Aber immer, wenn die beiden zusammen arbeiteten, wurde es ein Ereignis. Die ›Kameliendame‹, die er für sie Mitte der dreißiger Jahre inszenierte, war ein Höhepunkt des Berliner Theaterlebens, unvergeßlich allen denen, die sie gesehen haben.
Aber gleich nach der Premiere gab es wieder aus irgendeinem nichtigen Grunde Krach.
Die Dorsch war übrigens die einzige, die sich immer wieder mit Gründgens entzweite, und wohl auch die einzige, die so etwas wagen konnte. Die anderen Schauspieler hätten es nicht darauf ankommen lassen dürfen.
Und warum sollten sie sich denn mit Gründgens verfeinden? Sie hatten ja – und das zu Recht – das Gefühl, bei ihm beschützt und behütet zu sein. Er kam in ihre Garderoben, unterhielt sich mit ihnen über ihre persönlichen Probleme und Sorgen, erkundigte sich nach ihrem Befinden. Zu dem einen Schauspieler sagte er, er habe doch in letzter Zeit recht wenig gespielt, er brauche jetzt eine anständige Rolle und würde sie innerhalb der nächsten Wochen bekommen. Zu einem anderen aber: »Du hast viel zuviel gespielt, das geht nicht, wir machen jetzt eine kleine Pause.« Er sagte Schauspielern alles, was sie eigentlich bei nächster Gelegenheit ihm hatten vortragen wollen.

Wenn er Regie führte ...
Der Probenbeginn war überaus pünktlich. Zehn Uhr. Da gab es keine Ausnahme. Zehn Uhr bis vierzehn Uhr. In diesen vier Stunden wurde gearbeitet. Es wurde nicht geredet, die Dinge wurden nicht zerredet – das festzustellen ist wichtig, denn so etwas ist heute eine Seltenheit geworden. Und meist wurde dabei auch gelacht. GG hatte viel Humor und konnte einen Schauspieler mit leichter Ironie dahin bringen, wo er ihn haben wollte. Nie standen seine Proben im Zeichen des berüchtigten tierischen Ernstes.
Übrigens war, trotz aller Arbeit, auch die Probe schon eine Art Schau. GG gehörte nicht zu den Regisseuren, die bei verschlossenen Türen inszenieren, als handle es sich um ein Staatsgeheimnis. Im Gegenteil, er hatte es sehr gern, wenn man ihm dabei zusah.
Freilich, er verlangte auch, daß seine Schauspieler etwas konnten. Er erfaßte blitzschnell, ob etwas so lief, wie es sollte. Es kam vor, daß er schon in einer der ersten Proben einem Schauspieler zurief: »Stop! Das ist richtig. Diese Stelle hören wir erst auf der Hauptprobe wieder. Das kannst du, das ist alles richtig.« Namentlich mit Emotion geladene Stellen wollte er nicht allzu oft während der Proben hören, dergleichen störte ihn für den sachlichen Ablauf. Es genierte ihn geradezu.
In einem anderen Fall fand er, daß der Schauspieler Niklisch das Wort

»Leichenfledderei« nicht richtig aussprach. Ein dutzendmal ließ er ihn den Satz wiederholen: »Es ist ein elender Beruf, diese Leichenfledderei...«, und dann entschied er: »Du kannst das Wort nicht aussprechen. Sage statt dessen Umbau.«

»Wie lange?«

»Bis zur Generalprobe.«

Maria Bard, die Frau von Werner Krauss, hatte eine Szene mit Lingen zu spielen, die durch einen Telefonanruf unterbrochen wurde. Das Telefon läutete nicht. Ratlosigkeit auf der Bühne.

Gründgens: »Maria, mache einfach Klingelingeling und spiel die Rolle weiter!«

»Und wenn das heute abend passiert?«

»Meine Liebe, wenn eine Schauspielerin das Publikum nicht davon überzeugen kann, daß das Telefon geklingelt hat, auch wenn es nicht geklingelt hat, dann ist sie keine Schauspielerin.«

Aber er wurde sehr ärgerlich, wenn andere seine Schauspieler nicht respektierten. Ein Beleuchter, der einmal Walter Franck mit seinem Scheinwerfer »treffen« sollte und einen Satz mit den Worten begann: »Ja, dieser Schauspieler...«, konnte diesen Satz nicht zu Ende führen. Gründgens donnerte: »Die Schauspieler werden mit ihrem Namen angesprochen!«

Je weniger prominent ein Schauspieler war, um so taktvoller wurde er behandelt. Gründgens hatte eine große Anzahl von Schauspielern aus dem Ensemble von Leopold Jeßner übernommen, Schauspieler von hohem Rang, die jedoch sehr oft kleine Rollen spielten, etwa den unvergleichlichen Paul Bildt, Wolfgang Trutz oder Erich Dunskus. Käthe Gold: »Er trug sie auf Händen!« Paul Henckels besuchte er nach einer Vorstellung, in der er nicht gerade die Hauptrolle gespielt hatte, in der Garderobe und sagte mit Tränen in den Augen: »Du warst einfach himmlisch!«

Denn er begriff, was vor ihm nur Reinhardt wußte, was nach ihm jedoch so viele Theaterdirektoren anscheinend vergessen haben: die Zweiten in der Garde sind es, die Chargen, die ein Theater machen.

Worin bestand nun eigentlich der Unterschied zwischen seiner Regiekunst und der anderer? Jürgen Fehling war wuchtig, groß, seine Aufführungen glichen Vulkanen oder gotischen Kirchen. Seine Menschen rissen sich sozusagen die Brust auf, die Zuschauer erkannten voll Schrecken, was in ihnen vorging, welchen Gedanken und Trieben sie unterworfen waren. Man hat ihn den Metaphysiker unter den Regisseuren genannt.

GG pflegte zu sagen: »Ich weiß überhaupt nicht, was die Leute wollen. Ich behaupte ja nur, daß zwei mal zwei vier ist. Die meisten sagen immer, zwei mal zwei ist fünf oder sieben. Mein einziges Geheimnis ist, daß ich weiß, daß zwei mal zwei vier ist.«

Einmal, als er sich überreden ließ, in der Kaiser-Wilhelm-Gesellschaft über Regie zu sprechen – das war im Januar 1937 –, sagte er, es ginge ihm wie dem Mann, der ein friedliches Leben geführt hatte, bis ihn eines Tages jemand fragte, ob er beim Schlafen den Bart über oder unter der Decke trüge. Seither konnte er nicht mehr schlafen. Auch er vermöge, seit er wisse, daß er definieren müsse, was Regie sei, kein Auge mehr zuzutun.
Probieren machte ihn froh: »Vom Beginn der Proben an beginnt auch meine glückliche Zeit im Theater: nämlich die praktische Arbeit. Immer wieder ist mir meine Bühne neu, immer wieder sind mir meine Schauspieler neu, und am überraschendsten ist mir das Stück, das ich nun mit ihnen probiere. Aber auf der Bühne habe ich persönlich gar keine Auffassung mehr, sondern ich suche mit allen Mitteln, aus dem Zusammenklang von Werk, Zeit und Schauspielern das Bestmögliche herauszuholen. Es läßt mich nicht mehr los bis zu dem Augenblick, in dem das Beste, was ich vermag, erreicht ist. Ich bin, wie ich Ihnen schon sagte, in diesen Tagen sehr glücklich und glücklich, wenn es vorwärts geht, glücklich, wenn Schwierigkeiten auftauchen, die es zu beseitigen gilt, glücklich, wenn zum ersten Male die Dekoration steht, glücklich, wenn zum ersten Male Masken und Kostüme dazukommen und wenn ich allein im dunklen Zuschauerraum sitze, der Vorhang sich hebt und das Werk an mir vorüberzieht.«
Die Premiere hingegen war eine Qual: »So sehr ich es vorher gewußt und so sehr ich darauf hingearbeitet habe, wird es mir erst in diesem Augenblick klar bewußt, daß wir zur Schau spielen, daß Zu-schauer da sind – und die drei Stunden einer Premiere sind für mich eine entsetzliche Folter. Ich kann ja nichts mehr tun. Ich kann meinen Kameraden Mut machen, ich kann selber auch prüfen, ob alles, was an Technischem getan werden konnte, getan worden ist. Aber nun beginnt die Arbeit ohne mich zu leben. Ich darf nicht mehr hinaufrufen: ›Falsch! Diese Stelle noch einmal!‹ Ich kann nicht mehr sagen: ›Das Licht auf der rechten Seite etwas stärker!‹ Ich bin überflüssig geworden. Ich meide die Bühne, ich bin nicht imstande, im Zuschauerraum zu sitzen. Am liebsten möchte ich nie mehr etwas von dem, was da oben geschieht, sehen und hören. Daran ändert kein Erfolg etwas und kein Mißerfolg. Denn selten trifft es sich – und hier kann ich wohl für viele meiner Regie-Kollegen reden –, daß der äußere Erfolg sich mit unserer Auffassung von unserer Leistung deckt.«
Fehling wollte das Übermaß, das Unmäßige. Gründgens wollte die Form.
Gründgens war auf den Proben fast immer gut gelaunt und frisch, und wie gesagt, jederzeit zu einem Witz bereit. Bei anderen Regisseuren, wie etwa Falckenberg und Hilpert, wußte man schon zu Beginn der Probe, ob sie gut geschlafen hatten, ob ihnen der Kopf weh tat, ob sie der Magen drückte. GG konnte sich völlig ausschalten.

Selten gab es Ausnahmen. Bei ›Der tolle Tag‹ oder ›Figaros Hochzeit‹, mit der Dorsch und der Gold, mit Hartmann, de Kowa und Liebeneiner, hatte er gelegentlich starke Depressionen – es war die Zeit, da er sich fragte, ob es nicht besser sei, aus Deutschland zu verschwinden. Hartmann rief ihm von der Bühne zu: »Du willst, daß wir alle gut aufgelegt sind, aber du bist so vermiest dort unten, daß das einfach unmöglich ist!«
GG schaltete sofort um.
Viel verband ihn – als Regisseur – mit dem Mann, von dem er sich getrennt hatte: mit Max Reinhardt; beide konnten das Leichte und das Schwere, die Operette und Shakespeare. Der entscheidende Unterschied: Reinhardt erschien mit einem fertigen Regiekonzept zur ersten Probe. Gründgens ließ die Schauspieler zuerst einmal machen. Sie durften ihm etwas anbieten. Dann begann er an ihnen und mit ihnen zu arbeiten. Bei Reinhardt war es eine große Ausnahme, daß er einem Schauspieler gestattete, etwas auf andere Weise zu spielen, als er, der Regisseur, es sich vorgestellt hatte. Er war nicht unbeugsam, aber es war schwierig, ihn zu überzeugen.
Gründgens ließ sich nur zu gern überzeugen, weil er mit keiner vorgefaßten Meinung zur Probe kam. Mehr als einmal sagte er, er wisse ebensowenig, wie das Stück zu spielen sei, wie die Schauspieler, mit denen er zu probieren beginne. In Wahrheit wußte er oft viel weniger, er hatte das Stück nicht einmal richtig gelesen. Reinhardt erschien mit einem Regiebuch, in das fast ebensoviel von ihm hineingeschrieben war wie vom Dichter. Die Regiebücher von GG blieben leer. Er verlor sie auch meist spätestens auf der zweiten oder dritten Probe. Ein Neugieriger, der einmal eines fand, entdeckte eine einzige und etwas mysteriöse Eintragung: »Zweimal Milch bezahlen.«
Die Äußerung, daß er immer nur sage, zwei mal zwei sei vier, bedeutete nichts anderes, als daß er versuchte, so zu inszenieren, daß jeder das Stück verstehen mußte. Bei ihm sollte alles durchleuchtet und ausgeleuchtet sein. Unter gar keinen Umständen durfte Regie »Selbstzweck sein, sondern immer nur Mittel zum Zweck«. Es kam ihm nicht so sehr darauf an, ob gut oder schlecht Theater gespielt wurde, sondern ob richtig oder falsch. Das hat er unendlich oft betont.
Was war nun richtig oder falsch? Was mußte er tun, um das herauszufinden? Da er selbst auf viele Fragen nach dem Geheimnis seiner Regiekunst nur bemerkte, oft ein bißchen spöttisch und manchmal geheimnisvoll, es gebe ein solches Geheimnis nicht, habe ich alle diejenigen gefragt, die unter ihm Theater spielten – und siehe da: es stellte sich heraus, daß fast jeder von ihnen etwas anderes darunter verstanden hatte. Eines steht für alle fest: GG bemühte sich, das Stück, das er inszenierte, während der Proben zu zergliedern, er versuchte, die Handlung klarzulegen, gewissermaßen

aufzudecken. Er schaltete – zumindest vorerst – alles, was an Gefühl oder Leidenschaft in ihm war, aus, betrachtete die Inszenierung wie eine Schachaufgabe und distanzierte sich gewissermaßen von dieser Aufgabe, um einen klaren Kopf zu behalten. Einmal sagte GG, er wolle »töricht« sein, zumindest bei Probenbeginn. Vielleicht wäre es besser, zu sagen, daß er unvoreingenommen sein wollte. Wie er am liebsten zu probieren begann? Auf einer leeren Bühne, für die er die notwendigen Voraussetzungen des Spiels – Tisch, Stuhl oder Tür – erst verlangte, wenn sie fürs Spiel notwendig wurden. Er wollte, wie die Bühne, auch seinen Kopf leer machen. In ihm war stets die geheime Angst, er könne sich, einer vorgefaßten Meinung folgend, verrennen.

Einmal sagte er, auch darin Reinhardt ähnelnd, die Hälfte der Regie sei die richtige Besetzung. Er gehörte zu der aussterbenden Spezies von Regisseuren, die nicht glauben, daß Schauspieler besser werden, wenn man sie schlechter Laune macht, das heißt, sie anbrüllt. Deshalb sprach er ganz leise mit ihnen, oder unterbrach die Probe, um mit einem zu reden, wobei er ihn unter den Arm nahm und mit ihm auf und ab ging.

Er ermahnte seine Schauspieler, sich zu überlegen: »Wo komme ich her, was tue ich hier, wo gehe ich hin?« Und er meinte das im wörtlichsten Sinne. Als Käte Haack als Prudence mitten in der Nacht zu der sterbenden Kameliendame geholt wurde, unterbrach GG die Probe, kam auf die Bühne und fragte: »Wo kommst du her?«

»Ich weiß nicht ...«

»Wo kommst du her?«

»Ich weiß nicht, was Sie meinen?«

Darauf fuhr er ihr in die Haare, zerzauste sie und sagte: »Aus dem Bett kommst du! Und nun raus und spiel die Szene noch einmal!«

Kurz, er sezierte die Figuren, wie er das Stück sezierte, und wenn er unterbrach – sein »Stop«, das ganz leise und eiskalt kam, war, wie gesagt, gefürchtet –, tat er es nur, um zu helfen. Er sagte einem Schauspieler etwa: »Weißt du, das war ganz schön, aber ich könnte mir denken, daß du es vielleicht noch besser machen kannst ...« Dabei ging er immer – sehr im Gegensatz zu Fehling – von der Individualität des Schauspielers aus.

GG gehörte nicht zu den Regisseuren, die in Zeitnot geraten, weil sie am Anfang so intensiv arbeiten, daß für die letzten Szenen und Akte keine Zeit mehr bleibt. Er ließ schon sehr früh das Stück durchlaufen, um einen Überblick zu haben, mehr noch, um den Schauspielern einen Überblick zu verschaffen. Er tat alles, um sie sicher, um sie an sich glauben zu machen.

Kein Wunder, daß sie bedingungslos mitgingen. In ›Egmont‹ wollte Friedrich Kayßler den Alba als Schurken spielen. GG machte ihm klar, Alba sei kein Schurke, sondern ein loyaler Vertreter des spanischen Kö-

nigs. Da ist eine Szene, in der er Egmont und Oranien geladen hat, um sie zu verhaften. Oranien ist nicht gekommen. Gründgens hatte das so inszeniert, daß drei Stühle dastanden, und Kayßler sollte nun den leeren Stuhl des schlauen Oranien, der sich in Sicherheit gebracht hatte, ins Auge fassen und auf ihn zugehen. Kayßler brachte das nicht zustande. Gründgens mahnte: »Versuchen Sie es doch wenigstens!«
Kayßler: »Ja, wie soll ich denn da hinkommen?«
Gründgens: »Zu Fuß! Zu Fuß!«
Damit war das Eis gebrochen.
Oder seine Ratschläge an den Faust, den er später, Anfang der vierziger Jahre inszenierte, dann noch einmal in Düsseldorf und ein drittes Mal in Hamburg: »Sei rational, solange du mit Mephisto zusammen bist, sei emotionell, wenn du mit Gretchen bist.« Und: »Das ›Habe nun, ach, Philosophie . . . muß eiskalt gesagt werden. Faust ist ganz klar und kalt und weiß, daß er fertig ist. Der Griff zum Gift ist daher nur konsequent.«

Vielleicht den Höhepunkt seiner Regiekunst erreichte Gründgens, wenn er nicht selbst Regie führte, sondern eine Vorstellung »abnahm«, das heißt, wenn er in eine der letzten Proben ging, um sich das anzusehen, was ein anderer Regisseur gemacht hatte. Hier ging er immer von der Frage aus: »Wird das Stück gespielt? Wird es richtig gespielt?« Er wußte fast sofort, wo ein Fehler lag, und auch, wie man ihn noch beseitigen konnte. Es gab Proben, in denen er saß, ohne daß einmal das gefürchtete »Stop« fiel, und andere, die er innerhalb von Stunden völlig umkrempelte.
So etwa in ›Traumulus‹ mit Werner Krauss. Regisseur Liebeneiner kam mit jener Szene nicht zurecht, in der die Schüler in der Kneipe sitzen, trinken und sich mit Frauenzimmern abgeben. Er fand, was er gemacht hatte, nicht gut. Gründgens kam, sah und erklärte: »Es ist ganz richtig, nur zu laut. Die Schüler wollen ja nicht entdeckt werden. Also leiser. Auf Wiedersehen.«
Die Szene war gerettet.
Zur Generalprobe eines Stückes, das im alten Rom spielte und von Karl Heinz Stroux inszeniert worden war, kam er direkt aus dem Urlaub, von allen mit Spannung erwartet. Er betrat die Bühne, wo sich die Schauspieler bereits um einen Tisch versammelt hatten, sah sie in ihren bäuerlichen Anzügen, gewichtig die Humpen in der Hand, auf das Aufgehen des Vorhangs warten, streifte mit betont leichtem Schritt am Tisch vorbei, musterte sie belustigt und flüsterte: »Zu laut, viel zu laut!«
Und sie hatten doch noch kein Wort gesprochen. Dann ging der Vorhang auf, und siehe da, sie waren viel zu laut.
Ein andermal wieder hatte sich Jannings als Bismarck seinen Schreibtisch

so stellen lassen, daß er frontal zum Publikum sprach, während Henckels als Graue Eminenz Holstein dem Publikum seinen Rücken zukehrte. Henckels fühlte sich in seiner Rolle nicht wohl, wußte aber nicht, was er tun sollte. GG: »Ganz einfach! Der Schreibtisch wird schräg gestellt, du sprichst also auch zum Publikum.« Dies war die Lösung.
Während der Hauptprobe zu Theo Lingens ›Johann‹, in dem die Haack die Rolle des ehemaligen Zimmermädchens spielte, das eine große Dame geworden war, unterbrach er schon während des ersten Aktes mit dem Aufschrei: »Das ist meine Primadonna? Wie sieht bei Ihnen eine Primadonna aus?«, warf den ganzen Akt um, gab ihr einen Auftritt und einen Abgang und damit den Erfolg.
Manchmal sagte er nur: »Kinder, dies ist ein kleines Stück, bitte spielt es klein! Bei Goethe und Schiller und Shakespeare lauft die Wände herauf und herunter, auch bei Wedekind, aber so ein kleines Lustspiel muß so klein gespielt werden, wie der Dichter ist.«
Für Hans Rehbergs ›Heinrich und Anna‹ hatte sich Fehling eine bestimmte Szene ganz von Ginsterstauden umgeben gedacht und unzählige herstellen lassen. Gründgens: »Jürgen, das ist die schönste Szene, die ich je von dir erlebt habe! Die bleibt weg! Die bleibt dann nur für dich erhalten!« Fehling mußte so lachen, daß er erst nachträglich böse wurde.
Bei einem anderen Rehberg-Stück, das zu lang war, sagte er überhaupt nichts. Aber als die Probe zu Ende war, erklärte er: »Also, Herrschaften, es ist wundervoll, es kann überhaupt nicht besser sein. Das dritte, zwölfte, siebzehnte und neunzehnte Bild fallen weg. Auf Wiedersehen.«
Es konnte sehr deprimierend für die Schauspieler sein, wenn das, was sie sich in Wochen erarbeitet hatten, nicht stimmte. Aber es stachelte ihren Ehrgeiz an, sich innerhalb weniger Stunden umzustellen und das Stück »richtig« zu spielen. Denn sie wußten, was der Chef gesagt hatte, mußte richtig sein.

Er war seiner selbst nicht so sicher – nicht immer. Das lag in seiner Natur mit den zwei Seelen, die in seiner Brust wohnten. War er Regisseur? War er Schauspieler? Selbst wollte er sich vor allem als Schauspieler sehen, nicht während der Vorstellung als hilfloser Regisseur irgendwo die Hände ringen, sondern auf der Bühne stehen und den Kampf mit dem Publikum austragen. Denn für ihn handelte es sich immer um Kampf. »Am Anfang der Vorstellung steht Feindschaft zwischen Publikum und Schauspieler. Und es liegt am Schauspieler, dies zu ändern ...« Und dabei hatte er vor seinem ersten Auftritt stets entsetzliche Angst – es dauerte immer eine Weile, bis er sich eingespielt hatte.

Wenn er Regie führte und außerdem auch spielte, versäumte er es im Drang der Geschäfte oft, seine Rolle zu lernen, und war noch auf den letzten Proben ganz unsicher. Dann pflegte er zu sagen: »Kinder, wenn mir am Abend nichts einfällt und ich nicht weiter kann, dann werde ich einfach ohnmächtig ...« Er wurde es nie, denn die ersten Schwierigkeiten riefen in ihm sofort die Energien wach, die ihn zum großen Schauspieler werden ließen.

Am liebsten hätte er, wie damals auf den Provinzbühnen, wo man ihn kaum spielen ließ, oder in Hamburg, wo er spielen konnte, was er wollte, alles gespielt. Dann war er, der raffinierteste, der geschickteste, der durchgeistigtste Theatermann seiner Zeit, ganz naiv. Er pflegte voll Selbstironie auszurufen: »Warum soll ich das eigentlich nicht spielen können? Ich kann ja alles!« Einmal wollte er unbedingt den Orest in der ›Orestie‹ spielen. Müthel mußte ihm das ausreden: »Den kannst du nicht spielen. Der ist zu gesund.«

GG jammerte: »Mein Oberregisseur erlaubt mir nicht, den Orest zu spielen.«

Müthel: »Den von Goethe kannst du spielen, der ist voller Zweifel und schon halb gebrochen ...«

Das war immerhin ein Trost.

Es war Gustl Mayer, die ihm alles ausreden konnte. Zu Beginn ihres Engagements hatte sie ihm gesagt, es hätte nur einen Sinn für sie, bei ihm zu arbeiten, wenn sie ihm stets die Wahrheit sagen dürfe. Sie durfte.

Eines Tages erschien die Dorsch ganz aufgeregt, sie hatte von ihrem Friseur gehört – der hatte es von seinem Friseur vernommen –, daß GG sich eine Perücke bestellt habe, um den Romeo zu spielen. Und richtig, ein paar Tage später ließ er die Mayer rufen, und als sie kam, saß er in seiner Romeo-Perücke da.

Sie erinnerte ihn dann – das hat er mir später oft erzählt – an die Bedingung ihres Engagements. Von ›Romeo‹ konnte nach ihrer Ansicht überhaupt nicht die Rede sein. Es dauerte immerhin ein paar Wochen, bis er schließlich einsah, daß er den Romeo nicht würde spielen können. Er sprach viele seiner Kollegen daraufhin an. Und nur weil in diesem Punkt Einmütigkeit herrschte, gab er schließlich nach.

Auch den Tasso wollte er unbedingt spielen. Lange Diskussionen mit Liebeneiner, der ihm den Plan schließlich ausreden konnte – denn ein feuriger Jüngling war er nicht mehr – war er es je gewesen?

Aber um diese Zeit hatte er bereits die große Rolle seines Lebens gespielt, die Rolle, in der er fortleben wollte und in der er auch fortleben wird: Hamlet.

DREIZEHNTES KAPITEL
Sein oder Nichtsein

Gustaf Gründgens mußte den Hamlet spielen. Schon als Schauspieler reizte ihn die Rolle – er hatte sie ja schon einmal in Hamburg gespielt und mit starkem Erfolg. Damals ging es ihm um die Rolle – aber eben nur um eine Rolle wie andere Rollen auch. Aber es ist interessant, daß schon in dem Hamburger Vertrag für die Spielzeit, in der der ›Hamlet‹ noch nicht gebracht wurde, wie schon erwähnt, sich ein Passus befindet, daß er ihn gegebenenfalls spielen dürfe. Eine ähnliche Klausel befand sich auch im ersten Vertrag mit dem Staatstheater – lange bevor er Intendant wurde, ja, als er vorläufig nur für Gastspiele verpflichtet war. Immer wollte er sicher sein, daß er den Hamlet spielen dürfe, daß er ihn noch einmal spielen könne.

Diesmal handelte es sich aber nicht um eine Rolle, sondern um ein Anliegen.

Privates kam hinzu. Wir wissen ja, daß sein Verhältnis zu den Eltern mehr als kompliziert war. Die Mutter liebte er über alles – und es ist nur zu verständlich, daß er sich darüber Gedanken gemacht hat, wie er sich wohl zu ihr gestellt haben würde, hätte sie den Vater verlassen. Dann der Vater. Er hatte nie gut mit ihm gestanden, ihn später verachten, ja, hassen gelernt. Was war natürlicher, als daß er sich darüber Gedanken machte – vielleicht ging das alles auch nur in seinem Unterbewußtsein vor sich –, was wohl gewesen wäre, hätten er und der Vater harmoniert, hätte der Vater ihn geliebt, hätte er ihn lieben dürfen.

Das dritte Moment, das ihn an dem Theaterstück ›Hamlet‹ reizte, war Hamlets Interesse für Schauspieler. Hier zeigte sich also schon der spätere Intendant. Daß Hamlet sich so intensiv mit der Schauspielkunst beschäftigt, ist kein Zufall, kann es nicht sein. Hamlet empfindet – seitdem ihm der Geist des Vaters erschienen ist – alles, was er tut, als eine Rolle. Er muß eine Rolle spielen, er muß Komödie spielen. Kein Wunder, daß er sich für die interessiert, die es sich zum Beruf erwählt haben, Rollen zu spielen. Kein Wunder, daß er sich mit ihnen eins fühlt und ihnen Ratschläge erteilt, er, der Kronprinz (Generalintendant), der ihnen ja übergeordnet ist. »Alles, was übertrieben wird, ist dem Vorhaben des Schauspiels entgegen, dessen Zweck sowohl anfangs als jetzt war und ist, der Natur gleichsam

den Spiegel vorzuhalten: der Tugend ihre eigenen Züge, der Schmach ihr eigenes Bild, und dem Jahrhundert und Körper der Zeit den Alpdruck seiner Gestalt zu zeigen.«
Oder: »Oh, es gibt Schauspieler, die ich habe spielen sehen und von anderen preisen hören, und das höchlich, die, gelinde zu sprechen, weder den Ton noch den Gang von Christen, Heiden und Menschen hatten und so stolzierten und blökten, daß ich glaubte, irgendein Handlanger der Natur hätte Menschen gemacht, und sie wären ihm nicht geraten; so abscheulich ahmten sie die Menschen nach! Oh, stellt es ganz und gar ab!«
Wie intensiv sich GG mit ›Hamlet‹ beschäftigte, geht daraus hervor, daß er Wochen vor der Premiere – nicht er war der Regisseur, sondern Lothar Müthel – unter dem Titel »Werkproben« Notizen diktierte, die er niemals veröffentlichte und die sich jetzt in seinem Nachlaß fanden:
»Wodurch überzeugt der zweite Teil nach der großen Pause?
Wodurch wirkt das Drama unmittelbar?
Wodurch ergeben sich Höhepunkte der Schauspielkunst?
Wodurch wird das Spiel zum menschlichen Gleichnis?
Die Technik, die bühnenmaschinelle Apparatur dient der Handlung. Spielerische Konstruktionen fallen fort. Der Ablauf der Bilder erlahmt wohl, aber dadurch rückt der *Mensch auf der Bühne* wieder in den Mittelpunkt. Seine Sprache redet uns an – uns verblüfft und irritiert nicht technische Routine. *Wir hören zu* ... und verfolgen nicht nur bühnenmaschinelle Spezialitäten. Selbst wenn die einzelnen Szenen, bedingt durch die Not- und Probeumbauten, abrissen, dann war in uns, in mir noch so viel Spannung und Geladenheit vorhanden, daß man den dramatischen und entwicklungsmäßigen Zusammenhang spürte. Seltsam, daß diese Eindruckssteigerung im zweiten, dramatisch ungebundeneren Teil des ›Hamlet‹ vorhanden war. Hier sammelten sich Energie und Form, Kraft und Ausdruck, Klarheit und Bedeutung, unterstützt durch wesentliche Darsteller um Hamlet.«
Aber vielleicht noch interessanter ist die Tatsache, daß er während der Probenarbeit am ›Hamlet‹ sich wie nie zuvor mit sich selbst auseinanderzusetzen versuchte. Auch hierüber findet sich im Nachlaß einiges:
»Was ist die ›private Sphäre‹? Ausdruck gelebten Lebens, also etwas, was aus uns lebt, in uns lebt, mit uns wächst, da ist,
oder
Familie, Heim, Bücherschrank, Grammophon, bis zu meinen Anzügen, also etwas, das man sich an-schafft?
Wie auch immer:
Die private Sphäre, aus der wir Kraft schöpfen für unsere Arbeit, gibt es, soll es geben und muß es geben.

Die private Sphäre als ästhetisches Bedürfnis ist von gestern. Ruhe ich mich aus, um mich auszuruhen, oder um neue Kraft zu schöpfen?
Sehe ich Menschen, um Menschen zu sehen, oder um nach der Anregung, die sie mir geben, weiterarbeiten zu können?
Gehe ich heute früh schlafen, weil ich müde bin, oder weil ich morgen ausgeruht meinem Beruf nachgehen will?
Esse ich, weil ich Hunger habe, oder weil ich weiß, daß ich bis drei Uhr Mittag gegessen haben muß, um keine Kopfschmerzen zu bekommen, die mich abends beim Spielen stören?
Lese ich Bücher aus Bildungsdrang, oder greife ich zunächst danach, um mich abzulenken? (Das, ob und wie sie mich beeindrucken, ist eine zweite Frage.)
Private Sphäre: Ich habe einige sehr schöne Anzüge, aber ich habe mir noch keinen Anzug *für mich* machen lassen: *das* ist der Anzug aus ›Pygmalion‹, *das* der aus ›Himmel auf Erden‹.
Habe ich eine private Sphäre?«
Nur zu verständlich war es, daß er sich erst mit sich selbst auseinandersetzen mußte, als er den Hamlet spielen sollte. Es gibt so viele Möglichkeiten, diese Rolle – es wäre wohl besser zu sagen: diesen Menschen – zu spielen. Aber es gab für ihn, eben weil er nicht nur Schauspieler war, eigentlich keine andere Möglichkeit, als sich selbst zu spielen. Er fühlte sich einsam – er wußte, daß er es war –, und so war sein Hamlet ein Einsamer. Er fühlte sich als Schauspieler, denn er war ja ein Schauspieler; als einer, der eigentlich nicht handeln will, sondern – schlafen, aber er durfte ja nicht schlafen, sein Dasein und damit das Dasein vieler anderer war in jener Zeit stets gefährdet – und er konnte ja auch schon nicht mehr schlafen. Und wer hätte besser und mit mehr Berechtigung sagen können: »Zu wissen, daß ein Schlaf das Herzweh und die tausend Stöße endet ...«
Er spielte Hamlet als einen Mann, der handeln mußte – er mußte ja auch handeln, um sich selbst zu retten, jeden Tag, jede Stunde, um die Menschen zu retten, die ihm anvertraut waren. Für andere Hamlets mochte sich die Frage stellen: sollten sie oder sollten sie nicht handeln? Für ihn gab es, konnte es diese Frage nicht geben, solange das Terror-Regime existierte, solange es die regierenden Verbrecher gab, denen man das eine oder andere einreden oder aufschwatzen konnte.
Man? Er, nur er.
Es ist nicht leicht, sich selbst zu spielen, und es war für ihn doppelt und dreifach schwer – für ihn, der handeln, aber insgeheim handeln mußte.
Schon die Proben waren ein Alptraum. Es gab Augenblicke, in denen der disziplinierte GG die so heiß geliebte Rolle zurückgeben wollte. Aber das gestattete der Intendant GG nicht. Oder, um es anders zu sagen: er durf-

Schauspielhaus am Gendarmenmarkt

Sonntag, den 10. Mai 1936

Zum 19. Male

Ausverkauft!

Hamlet

von Shakespeare

Übersetzt von Schlegel

Spielleitung: Lothar Müthel

Bühnenbilder: Rochus Gliese

Hamlet	Gustaf Gründgens
König Claudius	Walter Franck
Königin Gertrude	Hermine Körner
Der Geist von Hamlets Vater	Günther Hadank
Polonius	Hans Leibelt
Ophelia	Käthe Gold
Laertes	Claus Clausen
Horatio	Hellmuth Bergmann
Rosenkranz	Just Scheu
Güldenstern	Horst Lommer
Osrick	Alexander Kökert
Marcellus	Fritz Gebeth
Bernardo	Erich Dunskus
Francisco	Jochen Hauer
Offizier	Ulrich Haupt
Bote	Kurt Kinder
Totengräber	Walter Werner, Walter Tarrach
Priester	Arthur Menzel
Schauspieler	Paul Bildt

Pantomime:

König	Herbert Steiniger
Königin	Lola Müthel
Luciano	Alf Pankarter
Diener	Schellow, Nehlsen

Schauspiel:

König	Paul Bildt
Königin	Pamela Wedekind
Luciano	Wilhelm Krüger
Prolog	Paul Voissel
Hanswurst	Rolf Möbius

Fortinbras	Albrecht Betge

Bühnenmusik: Leo Spies

Anfang 19 1/2 Uhr
Ende nach 23 1/4 Uhr
Kassenöffnung 18 1/2 Uhr

16 Bilder – Längere Pause nach dem 11. Bild

(Während der Dauer eines Bildes kein Einlaß)

te es sich selbst nicht erlauben, im Spiel das nicht auszusagen, was er im Leben ständig verschweigen mußte. Sein Verantwortungsbewußtsein als Mensch mußte ihn zum Schweigen treiben, sein Verantwortungsbewußtsein als Künstler zum Agieren, zum Aufdecken. Der Künstler siegte.

Die drei Monologe waren die entscheidenden Aussagen. Im Monolog nach der Unterhaltung mit den Schauspielern am Ende des zweiten Aktes enthüllen sich auch die inneren Auseinandersetzungen des Menschen Gründgens:

»Der Geist, den ich gesehen, kann ein Teufel sein;
Der Teufel hat Gewalt, sich zu verkleiden
In lockende Gestalt, ja und vielleicht,
Bei meiner Schwachheit und Melancholie,
(da er sehr mächtig ist bei solchen Geistern)
Täuscht er mich zum Verderben.«

Noch nichts ist entschieden – wie 1933 für GG noch nichts entschieden war.

Im großen Monolog des dritten Aktes, »Sein oder Nichtsein«, wird es ganz klar, daß es Gründgens verschmäht, sich umzubringen oder davonzulaufen. Er nimmt sein Los auf sich.

Und dann der kurze Monolog, nachdem die Schauspieler ihre Arbeit getan haben:

»Nur reden will ich Dolche, keine brauchen.
Hierin seid Heuchler, Zung, und du, Gemüt:
Wie hart mit ihr auch meine Rede schmäle,
Nie will'ge drein, sie zu versiegeln, Seele.«

Gründgens hat sich entschlossen, die nationalsozialistischen Gewalthaber hinters Licht zu führen.

Ein neuer Hamlet war geboren, den es bis dahin nicht gab. Ein Hamlet voller Verantwortung, ein Hamlet, bereit, zu handeln, und ohne Angst davor, Komödie zu spielen.

Dies war – vielleicht für ihn noch unbewußt – der Grund, warum er den Hamlet spielen mußte. Dies war – schon bewußt – der Grund dafür, daß er später immer wieder sagte, er wolle mit seinem Hamlet in die Theatergeschichte eingehen.

Dies war der Grund dafür, daß er nach diesem ›Hamlet‹ sagte: »Besser kann ich nicht. Wem es nun nicht gefällt, der muß es bleiben lassen!«

Und es ist symptomatisch, daß dieser einmalige Hamlet, um dessen aktuelle Bedeutung damals nur sehr wenige wußten – glücklicherweise, für den Protagonisten Gründgens –, gerade vom ›Völkischen Beobachter‹ nicht besonders gut besprochen wurde:

»Federnd im Gang, sparsam in den Bewegungen, dann wieder aufbrau-

send, ja zornig; nicht immer der Hamlet unserer Vorstellungen, oft befremdend, meist nur vom Verstand her lebend. In der Szene mit dem Geist des Vaters allzu pathetisch.«
Die Herren in der Redaktion dieses Schandblattes ahnten wohl etwas. Aber glücklicherweise für Gründgens waren sie nicht klug genug, um die Rechnung aufzustellen, die bei ihm stets am Anfang und am Ende seiner Aufführungen stand, die Rechnung, daß zwei mal zwei vier ist.
Und das Publikum? Es schwärmte für den jünglinghaften GG »in dem engen schwarzen Trikot mit den blonden Haaren«, mit den wirklich erhabenen Gesten ... es schwärmte für den großen Tragöden ... Was wußte es sonst, was ahnte es? Gut für GG, daß es ahnungslos war.
In seiner Hamburger, auch in seiner ersten Berliner Zeit hätte Gründgens sich über eine schlechte Kritik sehr aufgeregt – er las ja alle Kritiken. Jetzt, da es keine echten Kritiken mehr gab, sondern auf Goebbels' Befehl nur noch »Kunstbetrachtung«, ließ ihn das alles kalt. Auch als der ›Völkische Beobachter‹ eine Ausnahme von der Regel machte und jene scharfe Kritik veröffentlichte, von der schon die Rede war. Eine Kritik von dieser Seite war für den hellhörigen Gründgens nur das Alarmzeichen für einen neuen, massiveren Angriff, der dann auch, wie ebenfalls bereits erwähnt, bald darauf erfolgte.
Seine Antwort lag in einem Vortrag über das »Künstlerische Erleben des Schauspielers« – den er auf einer Tagung des Auslandsamtes der Dozentenschaft der deutschen Universitäten hielt: »Schafft ein Künstler aus dem tiefen Gefühl und wird ihm diese glückhafte Veranlagung Jahr um Jahr immer von neuem öffentlich bestätigt, so muß es eines Tages um seine Arglosigkeit geschehen sein. Der Darsteller wird eben plötzlich wissend.«
Eine Gefahr, gewiß. Aber gerade er brauchte das Wissen, er war ein »wissender« Schauspieler, keiner, der, einem Papageien gleich, gar nicht wußte, was er eigentlich tat, wenn er auf der Bühne stand. Bei seinem Hamlet zeigte sich das besonders. Aber eigentlich war es bei jeder neuen Rolle so. Er kümmerte sich da um die kleinsten Kleinigkeiten, um das Höchstmaß an Wirkung zu erzielen. Stundenlange Auseinandersetzung mit dem Kostümberater, mit dem Schneider, mit dem Mann, der die Perücke herstellen sollte, Lampenfieber vor jedem Auftritt. Der Inspizient Richard Thümmler berichtet, daß GG ihm oft vor einem Auftritt sagte: »Du bist ein schrecklicher Mensch – wenn du zum Auftritt klingelst, zittere ich schon, erscheinst du in meiner Garderobe, kommst du mir vor wie ein Feldwebel, der ruft: ›Raustreten‹!« Nach einer kleinen Pause: »Ich weiß, ich muß, es muß ja weitergehen. Außerdem spiele ich viel zu gern. Darum folge ich auch brav und gehorche.«
Obwohl es schwer war, zu spielen, wenn er selbst Regie führte – er kam

kaum dazu, sich zu entwickeln, es fehlte auch jede Kontrolle –, entschloß er sich immer öfter, diese Doppelrolle auf sich zu nehmen, weil er in steigendem Maße Bedenken gegen die Anweisungen anderer Regisseure hatte und doch wiederum ein zu disziplinierter Schauspieler war, um ihre Anweisungen nicht zu befolgen.

Typisch dafür war eine Probe zu den ›Räubern‹ im Jahre 1944, in denen er als Franz auf Wunsch des Regisseurs Stroux den Monolog, der von dem Plan der Ermordung des Vaters handelt, an einem Tisch sitzend, ins Publikum sprechen sollte. Gründgens war der Meinung, hier müßte er alle Register ziehen; Stroux wiederum glaubte, er müsse hier ungeheuer sachlich sein, die Szene müsse ganz auf Diskussion gestellt werden. GG, der es versuchte, rief schließlich verzweifelt aus: »Ja, mit wem glaubst du denn, unterhält sich Franz?«

Eigentlich kann man von einer Doppelrolle, sowohl als Schauspieler wie als Regisseur, nicht sprechen. Denn bei ihm stand immer die Schauspielerei im Vordergrund, und die Regie kam erst in zweiter Linie. Er spielte in jenen Jahren, in denen er sich ja die Rollen aussuchen konnte – und es wurde schon erwähnt, nicht immer mit Vernunft aussuchte –, alles, was überhaupt in Frage kam. Er spielte zum Beispiel Mitte 1926 den Don Juan in ›Don Juan und Faust‹ von Grabbe. Die Rolle reizte ihn ganz einfach deshalb, weil er jung und schön sein durfte – das hat er mir später selbst gestanden. Sehr viel mehr gab die Rolle auch nicht her, aber eben gerade das, was sie allenfalls noch hergegeben hätte, die Demonstration der Männlichkeit par excellence, mußte er ihr schuldig bleiben.

Er spielte ein Jahr später einen Liebhaber, den Prinzen in ›Emilia Galotti‹, und da war er nun ganz in seinem Element, denn dieser Prinz ist nicht nur Liebhaber, sondern Zyniker, Skeptiker, keineswegs ein sieghafter junger Mann, sondern einer, der zu üblen Mitteln greifen, ja morden muß, um zu seinem Ziel zu gelangen. Die gesamte Aufführung unter seiner Regie war herrlich, aber den Höhepunkt bildete eben doch nicht er, sondern Käthe Dorsch in der einen großen Szene, die sie als Gräfin Orsina hatte.

Er spielte – im Frühjahr 1939 – in der Inszenierung Fehlings ›Richard II.‹ von Shakespeare den König, der an seinem Wankelmut, an seiner Unfähigkeit zu handeln zugrunde geht, also einen entfernten Verwandten Hamlets.

Und doch wiederum nicht, denn dieser Richard II. ist ja nicht nur unentschlossen, er ist auch ein eitler und hochfahrender König, er wird zum entmachteten Gefangenen und ist sich – im Gegensatz zu Hamlet – zuletzt völlig klar darüber, daß er sein Leben verspielt hat. Auch hier schwang – vielleicht – Privates mit, das Bewußtsein der Problematik der eigenen Stellung. War denn nicht auch er ein Gefangener? Hatte er nicht sein Leben verspielt, als er in die Dienste dieses Regimes getreten war? Jedenfalls gingen ihm solche Gedanken durch den Kopf, im Mai 1939, als er schon ahnen mußte, daß der Krieg kommen würde.

Um so tiefer traf ihn nach dieser Leistung auf seine Frage an den Schweizer Freund Bernoulli, wie er denn gewesen sei, dessen Antwort: »Das will ich dir gern sagen. Es war ein Ereignis, aber kein Erlebnis.«

Für GG war es ein Erlebnis gewesen.

Er spielte den ›Fiesco‹ in der Inszenierung von Stroux mit Werner Krauss als Verrina. Er sah wieder einmal herrlich aus, diesmal ganz anders, ganz südlich oder, wenn man will, italienisch, und das war wohl nicht zuletzt der Grund dafür, daß er diese Rolle an sich riß. Perücken, Kostüme, das alles spielte bei ihm – der doch im Privatleben ganz uneitel geworden war, seine Glatze mit der Gelassenheit eines würdigen Beamten trug, das Monokel längst durch eine Hornbrille ersetzt hatte – eine entscheidende Rolle. Typisch, was er einmal Erich Schellow, als dieser den Kaiser im ›Faust II‹ spielte und während einer Probe mit der Schleppe, die man ihm umgehängt hatte, überhaupt nicht zurecht kam, aus dem dunklen Zuschauerraum zurief: »Du bist ein undankbarer Mensch! Wenn man mir in meiner Jugend eine solche Schleppe gegeben hätte, ich würde etwas Abendfüllendes daraus gemacht haben ...«

Selbstironie.

In der Zeit zu Beginn des Krieges begriff Gründgens sehr wohl, daß man Theater nicht im luftleeren Raum machen konnte. »Es unterliegt keinem Zweifel, daß die Stellung der Zeit zum Theater sich ständig gewandelt hat. Das Theater war von jeher, vielleicht gerade darum, weil es von sich aus nicht überzeitlich, sondern zeitgebunden ist, der getreueste Spiegel und Abdruck seiner Zeit.«

Und: »Ich halte es für falsch, den Schauspieler vom wirklichen Leben ausschließen zu wollen ...«

Auf der anderen Seite versuchte er, den Krieg vorläufig zu ignorieren. Aus einem Interview mit einem Reporter, den der ›Völkische Beobachter‹ auf ihn gehetzt hatte:

»Sie haben mich gefragt, wie wir nun nach den fünf Jahren des schnellen glücklichen Aufstiegs den Schwierigkeiten und einer etwaigen Krise des Krieges begegnen? Sie sehen – Sie waren ja selber schon mehrfach in unseren Häusern –, wir spielen, spielen Theater, nach wie vor. Nach wie vor – und doch anders.«

Und: »Aber ein Haus wie unseres hat große Vorräte in seinem mehr als hundert Jahre alten Fundus. An solchen Dingen wird eine künstlerische

Tat niemals zu scheitern brauchen. Und wenn wir, genau wie alle anderen Deutschen, unsere Privatwagen stillegen, dann wird darunter gewiß keines meiner Mitglieder leiden. Deutschland führt Krieg, und ob wir eingezogen sind oder nicht, wir alle sind doch einbezogen! Wir alle stehen an der großen Front der Landesverteidigung. Der Abschnitt, den wir zu halten haben, ist die deutsche Kunst. Und lediglich diese Politik der sittlichen Verpflichtung wird die Theateraufführung während des Krieges bestimmen!«

Wenn man die Sätze wegläßt, die er sagen mußte, um die Leser vom ›Völkischen Beobachter‹ und vor allen Dingen ihre Herausgeber, kurz, die Bonzen des Dritten Reiches, nicht zu beunruhigen, bleibt eigentlich nur, daß er weiterhin Theater spielen wollte.

Je länger der Krieg dauerte, je lauter die Fanfaren Siegesmeldungen verkündeten, je größer die Worte wurden, die die Machthaber in den Mund nahmen, um so schweigsamer wurde er. Schon bald nach Kriegsende erklärte er einmal in einem Interview: »... Wenn ich etwas aus den zwölf Jahren des Entsetzens zurückbehalten habe, dann ist es eine Idiosynkrasie gegen große Worte ... Im Kriege flatterte einmal ein Flugblatt, von einem amerikanischen Flieger abgeworfen, in meinen Garten; es enthielt eine Schrift von Thomas Mann. Es hieß darin etwa: ›Im Altertum gab es einen König Midas, der alles, was er anrührte, in Gold verwandelte. Jetzt gibt es in Deutschland einen, der alles, was er anrührt, in Dreck verwandelt ...‹ Alle Begriffe, die einem teuer waren, waren uns nun verleidet, Begriffe wie: Vaterland, Ehre, Treue ... Aber die ewigen Werte des Theaters haben selbst die zwölf Jahre nicht anzutasten vermocht ...«

Vaterland ... Treue ... Er verstand diese Worte anders als die Herren des Dritten Reiches. Im Land selbst konnte er den Opfern helfen. Jenseits der Grenzen aber war er entschlossen, den Unterdrückern nicht zu helfen. Aus einem späteren Brief: »Aus diesem Grunde habe ich von 1933 ab Frankreich nicht mehr besucht, weil ich nicht als Vertreter des Nazideutschland dort erscheinen wollte. Ich habe es 1935 abgelehnt, bei dem internationalen Theater-Kongreß, der in Paris stattfand, Deutschland zu vertreten, was für mich durchaus nicht einfach war. Ich habe den zweiten Mann hingehen lassen. Ich habe mich dann nach Ausbruch des Krieges stets geweigert, sei es im Rahmen der Truppen-Betreuung, sei es im Rahmen eines offiziellen Gastspiels, in Frankreich aufzutreten. Ich habe dadurch größte Schwierigkeiten gehabt, denn ich habe an Göring und den entscheidenden Mann des Propagandaministeriums einen Brief geschrieben, in dem ich bat, wenn schon deutsche Schauspieler im besetzten Frankreich spielen müßten, daß man doch davon absehen möge, die Comédie Française bei solchen Gastspielen zu bespielen, die das Theater mit der ältesten schauspielerischen Tradition sei.«

Heinrich George, der solche Skrupel nicht kannte, spielte übrigens in der Comédie Française.
Nicht immer konnte er sich der Truppen-Betreuung entziehen und er wollte es wohl auch nicht immer. Aber wenn er schon ins Ausland fuhr, war er entschlossen, auch mit denen in Verbindung zu treten, die vor ihren Verfolgern dorthin geflohen waren – was nicht ungefährlich war. In Holland zum Beispiel wollte er gelegentlich einer Truppen-Betreuungs-Tournee den dort untergetauchten Regisseur Ludwig Berger besuchen. Er glaubte zu wissen, daß der Flüchtling in der Vondelstraat in Den Haag wohnte. Die Nummer wußte er nicht. Er fuhr also mit der Schauspielerin Käte Haack hin, ließ das Auto aber in einiger Entfernung halten. Dann teilten sich Max Gebhardt, der mitgekommen war, die Haack und er die Häuser auf. Aber nirgends war Berger zu entdecken.
Später, ins Hotel zurückgekehrt, mußte er erfahren, daß der Statthalter Seyss-Inquart ihn zum Rapport befohlen hatte und daß er sehr verärgert war, weil man GG nicht hatte finden können. Es war nicht nur möglich, sondern sogar wahrscheinlich, daß man herausgefunden hatte, warum er nicht zu finden gewesen war. Jedenfalls machte Seyss-Inquart GG eine Szene, der sehr bleich wurde, aber natürlich nichts zu seiner Verteidigung sagen konnte.
Übrigens stellte sich dann heraus, daß Berger gar nicht in Den Haag wohnte, sondern in der Vondelstraat in Amsterdam, und obwohl GG Tag und Nacht bewacht wurde, gelang es ihm doch, noch einmal zu entkommen und sich mit dem Emigranten zu unterhalten.
Es ist nicht uninteressant, ja vermutlich symptomatisch, daß GG gerade in jener Zeit, da der Krieg bitterernst zu werden begann, im Herbst 1941 – die deutschen Truppen standen tief in Rußland, ohne Schutz gegen die bald über sie hereinbrechende Kälte –, sein drittes Theater übernahm. Es war die ehemalige ›Komische Oper‹, nun Lustspielhaus, das er nur den leichteren, vergnüglicheren Stücken zu widmen gedachte. Acht Jahre vorher, als die Machthaber erklärten, Deutschland ginge herrlichen Zeiten entgegen, hatte er die Lage als ernst, ja, als verzweifelt angesehen. Jetzt, da sie eben für diese Machthaber wirklich verzweifelt wurde, sah er den Sinn des Theaters vor allem darin, den Menschen, die an dem, was über sie hereinbrechen würde, unschuldig waren, über das Schlimmste mit ein paar Stunden Vergnügen hinwegzuhelfen.

Gefahr für ihn selbst und für sein Theater hatte stets bestanden. Vielleicht war es nicht einmal der Goebbels und Himmler so verhaßte GG, der die

Fortführung seines Theaters immer wieder in Frage stellte, sondern sein erster Regisseur Jürgen Fehling.
Nach Max Reinhardt, dem unvergleichlichen, hatte Fehling zu den großen Regisseuren seiner Zeit gehört. Er hatte herrliche Inszenierungen geschaffen, oft für Stücke, mit denen kein anderer Regisseur etwas hätte anfangen können. Aber er war stets – das sei zugegeben – exzentrisch gewesen. Es gab für ihn, wenn er arbeitete, kein Budget, auch keine Grenzen für die rein physischen Fähigkeiten der Schauspieler.
Da war zum Beispiel ein Stück, für das Fehling riesige Doggen auf der Bühne haben wollte. Man stellte sie ihm. Aber sie bellten nicht, wie er sich das vorgestellt hatte. Er schloß sich einen ganzen Vormittag mit den Hunden ein, um mit ihnen Bellen zu üben. Gründgens später: »Sie bellten dann doch nicht so, wie er wollte . . .«
Als ihn Liebeneiner seinerzeit zum Film holen wollte, verlangte er erst einmal ein Rittergut und dann, daß die UFA alles für ihn bezahle: seine Anzüge, seine Wohnung, seinen Unterhalt, alles, alles. Darüber hinaus wollte er Tausende, ja, Zehntausende von Statisten zu seiner Verfügung haben, es sollte, es durfte keine Grenzen für ihn geben.
Mit GG hatte er nicht nur Schwierigkeiten und oft Streitigkeiten, weil er sich in keinen Rahmen fügen wollte oder konnte, sondern weil er es überhaupt nicht ertrug, sich von irgendwem etwas sagen zu lassen, schon gar nicht von Gründgens, den er – wie auch jeden anderen Regisseur –, verglichen mit sich selbst, für mittelmäßig hielt. Es spricht für die ungeheure Geschicklichkeit und Diplomatie von GG, daß Fehling nur zweimal ausbrach – einmal nach Hamburg und später ans Schillertheater in Berlin, und es spricht für das Künstlertum Fehlings, daß er dann doch wieder ans Staatstheater zurückging.
Im Jahre 1937, nachdem ihn Gründgens aus Hamburg zurückgeholt und bevor er abermals alles hingeworfen hatte, wollte Fehling ›Richard III.‹ mit Werner Krauss inszenieren. Gründgens zeigte Mut, indem er ihn darin bestätigte, denn hier handelte es sich um ein sehr gefährliches Stück von einem Tyrannen, der, genau wie die Hitler, Göring, Himmler, Goebbels, sich nicht davor scheute, Menschen umbringen zu lassen, die ihm im Wege standen.
Es gibt da die kurze Szene eines Schreibers, aus der hervorgeht, daß das Todesurteil eines Gegners bereits gefällt ist, während das Opfer sich noch auf freiem Fuß befindet, ja, nicht einmal ahnt, daß es verhaftet oder angeklagt werden soll. Kurz, Shakespeare zeigte hier unter anderem auf, wie die Justiz in der Diktatur zur Farce wird. Das Schlimmste: Richard III. hinkte. Lag da nicht der Vergleich zu einem der Großen des Dritten Reiches bedenklich nahe?

Alles dies hätte jeden anderen Regisseur zurückgeschreckt – nicht so Fehling. Mit einer Selbstverständlichkeit, als lebe er nicht in Berlin, sondern etwa im neutralen Zürich, inszenierte er die Tragödie als Anti-Nazi-Stück. Richards Mannen trugen Kostüme, die den Uniformen der SA- und SS-Männer verdächtig ähnelten.
Wachsende Nervosität bei den Schauspielern, die sich schon mit einem Fuß im Konzentrationslager sahen. Viele glaubten, die Gestapo würde das Theater bereits während oder nach der Generalprobe schließen. GG mußte alles, was er bis dahin geleistet hatte, in Gefahr sehen.
Während der Generalprobe kam es dann zu einem Riesenkrach. Bei den Worten Richards: »Ein Pferd! Mein Königreich für'n Pferd!« wollte Fehling eine bestimmte rosa Beleuchtung haben. Das klappte nicht. Krauss ging in seine Garderobe zurück. Nach zwanzig Minuten wurde er wieder auf die Bühne geholt, es sollte weitergehen.
Sofort unterbrach Fehling abermals: »Ich habe doch gesagt, ein Degas-Rosa und nicht ein Lautrec-Rosa!«
Das war Krauss zuviel. Zuerst murmelte er vom Hintergrund der Bühne her: »Ich möchte, daß Sie endlich mit diesen Schmonzetten aufhören, Herr Fehling. Was soll denn der unglückliche Beleuchter sich unter diesen französischen Malern vorstellen!« Und dann steigerte sich Krauss in ein solches Crescendo, daß er, immer näher zur Rampe humpelnd, lauter und lauter wurde und schließlich so schrie, Fehling anschrie, daß dieser wortlos aufstand und dem Ausgang zustrebte. Er wollte die Tür zuschlagen, aber das ging nicht, da ein livrierter Diener die Tür bewachte – es war ja Generalprobe und der Generalintendant befand sich im Zuschauerraum.
Gründgens mit leiser, leidender Stimme: »O Gott, nun habe ich auch noch diese ganze Generalprobe auf dem Hals!«
Dann ging er auf die Bühne und begann einige Striche zu machen. Er strich zumindest das, was lebensgefährlich gewesen wäre.
Immerhin war die Vorstellung noch ein ungeheures Wagnis. Die Situation wurde um so prekärer, als das Publikum an den Stellen klatschte, die eindeutig gegen das Regime gerichtet waren, etwa nach der Szene des Schreibers, oder als die gedungenen Mörder ihre farblosen Jacken auszogen und darunter braune und schwarze Hemden zeigten mit Querriemen, wie sie von der SA und SS getragen wurden. Oder als Werner Krauss vom Balkon eine Rede an sein Volk hielt, daß man glauben konnte, Hitler sprechen zu hören.
Göring raste, fauchte etwas von »Kultur-Bolschewismus«. Fehling mußte seinen Paß abgeben, damit er nicht ins Ausland entweiche. Ferner entschied Göring, Fehling sei am Staatstheater nicht mehr tragbar.
Das nahm Gründgens nicht hin. Als der Ministerpräsident zur nächsten

Premiere erschien, erwartete ihn GG an dem besonderen Eingang, durch den nur Göring das Theater betreten durfte, folgte ihm in das Vorzimmer zu seiner Loge, fiel auf die Knie und sagte: »Ich verlange von Ihnen, daß Fehling bleibt.«
Göring, außer sich vor Wut, riß Gründgens an der Krawatte hoch und stieß ihn gegen die Wand. Der wurde leichenblaß. Es sah so aus, als wolle Göring seinen Revolver ziehen und ihn erschießen. Indessen begnügte er sich damit, Gründgens anzuschreien: »Wenn Sie Fehling nicht entlassen, bringe ich Sie um!«
Und Gründgens, sehr beherrscht: »Herr Ministerpräsident, wenn Sie Fehling entlassen, bin ich Ihr Intendant gewesen.«
Da war es an Göring, zu erblassen. Er schwieg, ging hin und her und knurrte schließlich: »Da haben Sie sich wieder einmal durchgesetzt. Behalten Sie also in Gottes Namen Ihren Fehling!«
Es gibt Zeugen dafür, daß sich diese Szene so, wie hier beschrieben, abgespielt hat.

Aber nicht nur Fehling, nicht nur seine tollkühne, geniale Inszenierung bildete eine Gefahr. Die Gefahr für Gründgens lauerte überall. Nicht nur ›Richard III.‹, jeder Klassiker gewann im Dritten Reich eine neue und durchaus nicht harmlose Zeitbezüglichkeit, gleichgültig, ob es sich um das ›Glas Wasser‹ oder um ›Emilia Galotti‹ oder um ›Die Räuber‹ handelte.
Gründgens später: »Um ein konkretes Beispiel zu nennen: Ich habe 1932 bis 1944 immer wieder den Mephisto gespielt, und immer wieder war die Reaktion des Parketts auf meine Darstellung eine andere.
Wurde 1932 bei einem Besuch Papens im Schauspielhaus der Satz: ›Ich halte es für reichlichen Gewinn, daß ich nicht Kaiser oder Kanzler bin‹, belacht und applaudiert, so wurde 1934 die Stelle vom ›Nordischen Phantom‹, das ›nun nicht mehr zu schauen sei‹, bei Rosenbergs Anwesenheit mit Gelächter quittiert. Wurde zu Kriegsbeginn der Satz: ›Schon wieder Krieg, der Kluge hörts nicht gern‹ akzentuiert zur Notiz genommen, ging später nach einer Rede Görings über die Überflüssigkeit des Generalstabes der Satz: ›Laß du den Generalstab sorgen und der Feldmarschall ist geborgen‹, in Gelächter und Beifall unter. Mit den Jahren wurde die Sehnsucht der Berliner nach einem Ventil, wo sie sich Luft machen konnten, immer größer und immer unberechenbarer.«
Später: »Zum Schluß gab es kaum noch ein Stück, das nicht gegen eins der Gesetze vom ›Totalen Krieg‹ verstieß. Mit der Instinktsicherheit des wachsenden Hasses und der Verzweiflung wurde keine Situation auf der Bühne

ausgelassen, die einem zum Schweigen und Stillhalten verurteilten Volk zum Anlaß einer spontanen Meinungsäußerung dienen konnte. So war es im ›Bruderzwist im Hause Habsburg‹: ›Die Meinung, acht' sie im anderen auch‹, so war es, für Schauspieler und Publikum gleich erschreckend in der Pastor Moser-Szene in den ›Räubern‹, in der Paul Bildt, von der Erregung zwischen Parkett und Bühne hypnotisiert, kaum noch weiterspielen konnte, (wobei ich feststellen muß, daß erst der Zusammenklang von Zuschauer und Schauspieler diese kaum zu ertragende Bezüglichkeit auf den Tag ergab). Und es geschah oft, daß ein Satz in einem eigentlich belanglosen Stück, der zwanzig Abende vorüberging wie alle anderen, am einundzwanzigsten Abend, in Beziehung zu einem Ereignis des Tages gebracht, Aktualität gewann und demonstrativ akklamiert wurde.

So konnte es kommen, daß ein so harmloses Stück wie der Schillersche ›Parasit‹ zu einem hochaktuellen Zeitstück wurde, weil das Publikum die Stellen von dem korrupten Minister und der Gerechtigkeit, die sich vom Leben auf die Bühne geflüchtet habe, mit demonstrativen Zurufen beantwortete. Dies alles ist nicht zu überschätzen und hat nicht verhindert, daß der Krieg im Herzen Berlins endete; das soll nur den lebhaften, lebendigen Kontakt zwischen dem Berliner Theaterpublikum und seinen Schauspielern aufzeigen.«

Gründgens hatte niemals das naturalistische Theater geschätzt und sich fast immer darum gedrückt, solche Stücke zu spielen oder zu inszenieren. Das hatte mit seiner prinzipiellen Kunstauffassung zu tun; für ihn war Form auf dem Theater alles, und nichts durfte zufällig wirken, wie eine Zigarette im Mund, wie die Hände in den Taschen. (Die ersten Stücke, die er in Berlin inszenieren mußte, bildeten die Ausnahme von der Regel, aber er war ja auch nicht glücklich dabei.)

Nun aber kam zu seinem prinzipiellen Vorbehalt noch die Einsicht, daß es gefährlich war, auf der Bühne die Wirklichkeit zu deutlich zu spiegeln. Daher, zu Anfang vielleicht unbewußt, später mit bewußter Steuerung seine Tendenz zum Artistischen hin. Es sollte so Theater gespielt werden, daß kein Zweifel daran bestehen konnte: es wurde Theater gespielt. Kein Zweifel, daß er nicht nur deshalb die Naturalisten nicht spielte und überhaupt nichts spielte, was Requisiten benötigte – er haßte sie wie die Pest. Aber es gab auch keinen Zweifel daran, daß er die Artistik und vor allen Dingen die Stilisierung immer mehr als Mittel benutzte, sich selbst und sein Theater von der Wirklichkeit zu distanzieren.

Er haßte nichts so sehr – und hat es schon in Berlin während des Dritten Reiches oft gesagt, siehe ›Hans Sonnenstößer‹ – wie sogenannte »natürliche Schauspieler«. Aus der bereits erwähnten Rede über Regie, gehalten im Januar 1937: »Man kann mir viel nachsagen, aber wenn einer von mir sagen würde, ich wäre ein ›natürlicher Schauspieler‹, würde er mich wirklich kränken.« Er zog Beispiele aus dem amerikanischen Film heran: »Wir bestaunen, bewundern die große Natürlichkeit eines Gary Cooper und Clark Gable. Selbstverständlich sind diese Männer Wunder an Natürlichkeit, aber die Form, in der wir ihre Natürlichkeit zu sehen bekommen und bewundern, bestimmt ihr Regisseur, der sie einsetzt, ihr Lächeln auf den Zentimeter genau da einbaut, wo es die Dramaturgie des Films erfordert ... Es ist der Begriff der Form, der gestaltenden Form, der unlösbar mit dem Begriff ›Kunst‹ verbunden ist.«

Viel später, lange nach dem Krieg, als GG für die Hamburger Kammerspiele – es waren nicht mehr die alten, sie trugen nur noch den Namen – die ›Cocktail-Party‹ von T. S. Eliot probierte mit Ruth Hellberg in einer Hauptrolle, mit der sie nichts anzufangen wußte (das Stück kam dann nicht heraus), unterbrach er sie schon bei den ersten Worten: »Moment mal, Liebling, wo hast du dir bloß diesen verfluchten natürlichen Ton angewöhnt?«

Es waren große Jahre in einer schrecklichen Zeit, weil GG gegen diese Zeit Theater zu spielen entschlossen war. Freilich, das war gefährlich. Alles war damals gefährlich. Da schrieb ihm zum Beispiel nach dem Besuch einer Aufführung der ›Räuber‹ ein gewisser Reichstagsabgeordneter und Senatspräsident Dr. Fabricius folgenden albernen und durchaus nicht ungefährlichen Brief:

»Es war vielleicht die beste Räuber-Aufführung, die ich je gesehen habe. Bedauert habe ich nur, daß aus der Rolle des Spiegelberg – ich glaube mit Ausnahme der Zitierung des Josephus – alle Stellen gestrichen worden waren, in denen Schiller auf die jüdische Rasse Spiegelbergs anspielt.

In den Räuberbanden des 18. Jahrhunderts spielten ja, wie historisch feststeht, Juden eine bedeutende Rolle. Darum lag es nahe, daß auch der junge Schiller wenigstens einen von seinen Räubern als Juden zeichnete. Interessanterweise wählte er hierzu die verderbliche Gestalt, die raffiniert fertigbringt, junge deutsche Studenten unter Ausnutzung und Irreführung ihrer idealistischen Gesinnung zur Gründung einer Räuberbande zu überreden.«

Solche Briefe waren keine Seltenheit, und entsprechende Telefonanrufe mußte GG noch viel öfter hinnehmen. Aber er gab nicht nach.

1940 hatte er im ›Kleinen Haus‹ das Stück eines gewissen Hans Hömberg herausgebracht ›Kirschen für Rom‹, in dem er den kochwütigen Feldherrn Lukull darstellte. Hömberg war am ›Völkischen Beobachter‹ tätig, also vermutlich Mitglied der Partei. Aber Gründgens spielte die Rolle auf seine Weise. Aus einem Brief, den er rund fünfzehn Jahre später schrieb: »Wenn

Sie sich in die Situation zur Zeit der Uraufführung Oktober 1940 zurückversetzen wollen, so war dieses Stück eine einzige Anzüglichkeit und Bezüglichkeit und ist auch so verstanden worden. Schon mein Auftritt mit dem römischen Gruß und dem Slang ›Segen und Arbeit‹ ging im Getobe unter, und alle Gesänge über die ›Weisheiten der Wohltaten in besetzten Ländern‹, Lukulls Abscheu, sich in einem Land zu befinden, ›wo die Kinder nichts dabei finden, ihre Eltern zu verraten‹, und zum Schluß, daß es ›neben dem Kriegsruhm andere Lebensgüter gibt‹, machten das Stück weit über seinen Anlaß hinaus aktuell, und ich habe es schließlich nach einigen siebzig Vorstellungen zurückgezogen. Daß die Aufführung überhaupt möglich war, ist mir psychologisch nur so erklärlich, daß das Regime 1940 auf solchen Höhepunkten des Sieges stand, daß es dieser Flohstich nicht verletzte.«
Die Großen des Dritten Reiches begriffen überhaupt nicht, daß sie in ›Kirschen für Rom‹ verulkt wurden, nicht einmal Göring, der doch ganz persönlich gemeint war mit diesem Feldherrn, der dauernd mit seinen Uniformen protzte. Das ging so weit, daß er Order gab, das Stück zur Feier seines Geburtstages, am 12. Januar 1943 – und auch zur Feier der »Eroberung von Stalingrad« –, im Luftfahrtministerium zu spielen.
Nachher war das Ensemble zu einer Feier eingeladen – nicht, bevor jeder Schauspieler auf Waffen untersucht worden war –, bei der gut gegessen und viel Sekt getrunken wurde. Gustav Knuth, im Pullover, wollte erst gar nicht zur Feier kommen, ließ sich aber dann doch überreden und sagte zu einem der Diener: »Herr Ober, ich möchte ein Bier!« Diese Bitte wurde überhört. Bier in den geheiligten Räumen des Luftfahrtministeriums! Aber Knuth blieb eisern: »Herr Ober, ich möchte ein Bier!« Göring winkte, und Knuth bekam sein Bier.
Göring unterhielt dann »seine« Schauspieler mit Schilderungen, woher die Bilder an den Wänden stammten – sie waren aus irgendwelchen Museen gestohlen – oder die Fenster – sie waren aus irgendeiner Kirche geraubt.
GG in Erinnerung: »Es war alles festlich makaber.«
Aber er konnte von Glück reden, daß Göring so ahnungslos war. Daß er – mit Ausnahme von ›Richard III.‹ – fast alles wundervoll fand, was in »seinem« Theater vor sich ging. Einmal äußerte er auch in einem Gespräch mit einem willigen Journalisten: »Was habe ich aus der Staatsoper und dem Staatstheater gemacht! Haben Sie einmal eine der großen Aufführungen gesehen? Das waren Inszenierungen! Das waren Farben! Ganz herrliche Kostüme ... waren entworfen, eine prächtige Ausstattung! Und Gründgens in der Kanzlerrolle im ›Faust II‹! Ich habe doch wirklich eine Anzahl glänzender Schauspieler dort versammelt: Klöpfer, Krauss, Deltgen, Minetti, und bei den Damen Hermine Körner vor allem. Meine Frau war übrigens auch sehr tüchtig ...«

Fünfter Teil
GÖTTERDÄMMERUNG

VIERZEHNTES KAPITEL

Flucht nach vorn

Der Krieg war näher gerückt.

Und in ihrer Arbeit konnten GG und seine Mitarbeiter immer häufiger feststellen, wie intensiv fast alle klassischen Stücke sich mit dem Phänomen Krieg auseinandersetzen. Bei den Versen im ›Faust‹:

»Schon wieder Krieg! Der Kluge hört's nicht gern!« wurde regelmäßig applaudiert.

Eine ähnliche Wirkung löste die Stelle aus, wenn Mephisto seinem Herrn die Stellung des »Obergenerals« anbietet und Faust antwortet:

»Das wäre mir die rechte Höhe,
Da zu befehlen, wo ich nichts verstehe!«

Ja, Krieg. Und eine neue Art von Krieg. Er tobte nicht mehr nur an den Fronten, er drang ins Land. Auf die Städte fielen Bomben, besonders nachts, und auch die Schauspieler standen auf den Dächern ihrer Häuser oder denen der Nachbarn, halfen Brandbomben unschädlich machen und schleppten Wassereimer. Aber der Dienst ging weiter. Und am nächsten Morgen um zehn oder halb elf gab es Proben. Nachmittags war Vorstellung, damit Zuschauer und Mitwirkende bei dem Beginn der Bombardierungen wieder zu Hause sein konnten.

Die Machthaber wollten, daß die Bevölkerung den Krieg nicht zur Kenntnis nehme. Es sollte weiter Theater gespielt werden wie eh und je. Im Nachlaß von GG findet sich unter anderem ein gedruckter »Kassenanschlag der Staatlichen Theater in Berlin für das Rechnungsjahr 1944«, eine Broschüre von dreizehn gedruckten Seiten, in der sämtliche Einnahmen und sämtliche Ausgaben aufgeführt sind. Ein geradezu groteskes Dokument, verfaßt, als herrschte tiefster Friede. Da war – mit preußischer Genauigkeit – nichts vergessen worden, keine »Reisekosten«, keine »Dienstkleidungszuschüsse«, nicht das »Museum der Staatstheater«, nicht das »Musikmaterial«, nicht die »Magazinmeister«, die »Oberbeleuchter«, die »Operngarderobiers«, die »Hausmeister« etc. etc. Die gesamten Kosten betrugen 13.281.850 Mark für die drei Theater, die Gründgens leitete, sowie für die Oper, die weitaus am kostspieligsten war. Das war nicht wenig, wenn man die damalige Kaufkraft der Mark bedenkt.

Den Krieg ignorieren ... Weiterspielen ... Auch Gründgens wollte keine

Unterbrechung, der Gedanke an Ferien, ja auch nur an Feiertage war ihm entsetzlich. Er fühlte sich dann immer einsam und verlassen, erklärte, niemand kümmere sich um ihn – was gar nicht der Fall war.

In diesen Monaten des schweren Luftkrieges fand ein regelrechter Kampf statt zwischen ihm und denen, die meinten, unter solchen Umständen könne man einfach nicht weitermachen. Manchmal war es ihm nicht mehr möglich, nach Zeesen zu gelangen, und das schöne Haus im Park des Schlosses Bellevue, das ihm der Staat – obwohl er protestierte – gebaut hatte, war auch längst zerstört. Er zog ins Hotel Esplanade am Potsdamer Platz, bestellte sich die Peppeline hin und arbeitete nach der Vorstellung noch die halbe Nacht mit ihr Akten durch.

Dergleichen blieb nicht ungestraft. Immer schwieriger wurde es für ihn, einzuschlafen, noch schwerer, wieder aufzuwachen. Dann griff er zu Schlafmitteln, und die Dosen, die er nahm, wurden immer größer. Manchmal freilich wagte Max Gebhardt einen frommen Betrug und ließ den Apotheker von Königswusterhausen Medikamente herstellen, die völlig harmlos waren, und GG verbrachte trotzdem eine ruhige Nacht. Schließlich merkte er aber den Schwindel doch, und es gab eine arge Szene.

Es geschahen allerdings in dieser Zeit auch oft entsetzliche Dinge in seiner unmittelbaren Umgebung. Dazu gehörte das schlimme Schicksal der Schauspielerin Maria Bard. Sie war die zweite Frau von Werner Krauss gewesen, dessen erste Frau sich ihretwegen auf schreckliche Weise vergiftet hatte. Maria Bard hatte dann einen jüngeren Schauspieler geheiratet, der als Flieger an die Front mußte. Es wurde niemals geklärt, ob das die Folge davon war, daß er sich auf dem Schwarzen Markt betätigt hatte oder ob die Bard selbst eine gewisse Schuld traf, weil sie versuchte, ihn durch Antichambrieren bei den Großen des Dritten Reichs, die sie dadurch verärgerte, u.k. stellen zu lassen. Wie dem auch sei, er kam eines Tages auf Urlaub. Sie hatte sich seit Wochen, seit Monaten darauf gefreut, aber der Urlaub war kürzer als sie dachte – eine andere, wesentlich jüngere Frau machte Ansprüche auf die andere Hälfte. Maria Bard zog die Konsequenz und kam auf die gleiche Weise um wie die erste Frau von Werner Krauss, an deren Tod sie nicht unschuldig gewesen war.

Innerhalb von Stunden mußte ein halbes Dutzend Rollen umbesetzt werden. Das war die Chance für die noch fast unbekannte Elisabeth Flickenschildt, die auf diese Weise plötzlich in den Vordergrund rückte. Es sollte ja weiter Theater gespielt werden.

GG holte sich aus München die österreichische Schauspielerin Heidemarie Hatheyer. Sie wollte erst gar nicht kommen, denn in München war sie die erste Schauspielerin ihres Fachs, in Berlin standen vor ihr immerhin Käthe Gold und Marianne Hoppe. Noch bevor sie Gründgens das sagen konnte, ergriff er das Wort: »Jetzt werden Sie mir sicher gleich auseinandersetzen, daß Sie an meinem Hause gar keine Chance haben, weil eben die Hoppe und die Gold die Rollen spielen, die man Ihnen in München gibt.« Wieder einmal hatte er große Gedankensprünge gemacht. Er wollte die Hatheyer aber doch, weil die Gold einen Schweizer Paß besaß und Frau Hoppe sehr viel filmte.

Die Hatheyer filmte aber auch und wurde überdies noch von zwei anderen Berliner Theaterdirektionen heftig umworben. Gründgens mußte sich also anstrengen, um sie ins Engagement zu bekommen. Man einigte sich auf fünf Monate pro Jahr. Auf die Frage nach ihren Forderungen nannte sie bescheiden die Gage einer nicht allzu prominenten Schauspielerin und meinte, soviel müsse sie doch auch wohl bekommen. GG nahm das zur Kenntnis und verteilte die Jahresgage der Schauspielerin auf fünf Monate. Infolgedessen war die Antrittsgage der Hatheyer in Berlin geradezu exorbitant. Wenige Minuten später begriff GG, daß er einen Fehler gemacht hatte. Aber nun war die Abmachung einmal getroffen, und er konnte oder wollte nicht mehr zurück. Die Hatheyer: »Ich glaube, das war einer der wenigen Fälle, in denen Gründgens bei einer Gagenverhandlung hereingelegt wurde. Das geschah nur, wenn jemand es gar nicht versuchte. Und ich hatte es ja auch nicht versucht.«

Übrigens hatte sie gleich bei ihrem ersten Auftreten – als Grillparzers Hero – einen durchschlagenden Erfolg. Nach der Hauptprobe machte ihr Gründgens vor allen übrigen Mitwirkenden die größten Komplimente, ernannte sie gewissermaßen zu einer zweiten Duse. Sie war im siebenten Himmel.

Als er sich dann anderen Schauspielern zuwandte, signalisierte sie dem Kollegen Ullrich Haupt, sie brauche ein Streichholz für ihre Zigarette. Obwohl kein Wort gefallen war, drehte sich Gründgens stirnrunzelnd nach ihr um und erklärte mit ungewöhnlicher Schärfe: »Wenn ich spreche, bin ich nicht gewöhnt, daß andere Konversationen laufen.«

Die »Duse« war mit einem Schlag wieder ganz klein und häßlich geworden.

Alle hatten Angst vor ihm und vor seiner Kritik. Sie konnte reizend, zärtlich, taktvoll – manchmal aber auch höchst brutal sein. Lola Müthel erinnert sich, daß sie an einer Stelle, die er anders haben wollte, sagte: »Entschuldigen Sie, Herr Gründgens, aber ich empfinde es nicht so ...«

Nach einer langen Pause kamen aus dem Parkett die Worte: »Empfinden kannst du im Bett!«

Seltsam ist, daß er selbst nicht weniger Angst hatte als die anderen. Je berühmter er war, je selbstverständlicher es wurde, daß eine Vorstellung, in der er auftrat, ausverkauft war, daß eigentlich gar nichts »passieren« konnte, um so nervöser wurde er vor der Vorstellung, ja, man darf wohl sagen, vor jedem Auftritt.

Die wenigen, die ihn wirklich kannten, wußten, daß er, der gefeierte, der prominenteste aller deutschen Bühnenmenschen, im Grunde genommen, nach seinen eigenen Worten, nur ein armer Hund war.

Es mußte weiter Theater gespielt werden. Gründgens setzte gerade während des Krieges außerordentliche Stücke an, wie etwa den ›Cäsar‹, ›Faust I‹ und ›Faust II‹, nicht zuletzt, weil sie so personenreich waren und damit u.k.-Stellungen erforderten.

Manchmal mußte er, wenn auch nur für Tage oder Wochen, auf Wehrmachtstournee. Das mochte er gar nicht – und manches spricht dafür, daß auch eine Abneigung auf der anderen Seite bestand. Nicht bei den Soldaten – die waren selig, daß ihnen der Herr Staatsrat gutes Theater vorführte. Aber die hohen Offiziere... GG spielte einmal ›Das Glas Wasser‹ mit Hermine Körner und Käthe Gold in Bremerhaven. Er wurde eingeladen, den Dampfer ›Bremen‹ zu besichtigen, und sogar der Kommodore ließ sich herbei, persönlich zu erscheinen. Einer der Offiziere, der den Besuch vermittelt hatte, fragte besagten Herrn: »Wir werden doch sicher das Vergnügen haben, Sie heute abend in der Vorstellung zu sehen?«

Worauf der Kommodore antwortete: »Danke, ich bin schon vergeben.«

Es mußte weitergehen – und dazu bedurfte es neuer Schauspieler; junger Schauspieler. Hier stand GG vor einem wirklichen Problem. Er hatte seine Stellung akzeptiert, um zu erhalten, was er vorgefunden hatte, was bestand, und was die Nationalsozialisten sicher zertrümmert hätten, wäre er ihnen nicht in den Arm gefallen. Er wollte das Bewährte erhalten – er hatte zwar eine Vorliebe für junge Menschen, arbeitete aber gern mit fertigen Schauspielern, mit Persönlichkeiten, die ihr Metier verstanden.

Und dann kam noch etwas hinzu: Er selbst war Schauspieler. Im Gegensatz etwa zu Max Reinhardt, dem Entdecker der großen Schauspieler zu Anfang unseres Jahrhunderts, der niemals selbst als solcher an erster Stelle gestanden hatte und das Spielen auch bald aufgab, sah sich GG vor allem als Protagonist. Und das bedeutete, ob er es wußte oder nicht – und ich bin überzeugt, er wußte es nicht –, daß er in jedem heranwachsenden Schauspieler sich selbst eine Konkurrenz schuf.

Er hat später einmal gesagt, er habe seit 1928 Schauspielunterricht erteilt – zuerst an der Schauspielschule des Deutschen Theaters in Berlin – und habe das sehr gern getan, aber gewisse Zweifel an diesem Ausspruch sind berechtigt. Er hatte ja damals auch wenig Zeit. Immerhin sorgte er nun, nach seiner Übernahme der Intendantur des Staatstheaters, dafür, daß die dazugehörige Schule des Preußischen Staatstheaters, Staatliche Schauspielschule genannt, ausgebaut wurde. Sie befand sich im Haus am Gendarmenmarkt im obersten Stockwerk. Es war recht schwierig, dort zur Prüfung zugelassen zu werden, doch wer einmal akzeptiert war, brauchte keine Studiengelder zu zahlen, und jeder Schüler war eigentlich sicher, später ein Engagement zu finden, in vielen Fällen am Staatstheater selbst, wo die meisten schon im zweiten Jahr in kleineren Rollen mitspielen durften. Von neun bis zehn Uhr wurde Gymnastik oder Fechten getrieben, von zehn bis dreizehn Uhr war Unterricht, insbesondere sprachliche Ausbildung, von einer Freundin Emmy Görings, Herma Clement, überwacht; der Nachmittag war dem Rollenstudium gewidmet.

Das entscheidende Merkmal der Theaterschule bestand wohl in ihrer Unabhängigkeit. Auch sie gehörte mit zu der »Insel«. Das zeigte sich beispielsweise bei Ullrich Haupt, der amerikanischer Staatsangehöriger war, also im Grunde genommen feindlicher Ausländer. Rassisch entsprach er wohl auch nicht ganz der nationalsozialistischen Definition.Ursprünglich hatte er Maler werden wollen, war aber dann durch eine ›Faust‹-Vorstellung am Staatstheater so hingerissen – er zählte siebzehn Jahre –, daß er alle seine Pläne umstieß. Anfangs spielte er bei den ›English Players‹, später am Theater der Jugend, und, als unter der Ägide GG die Schauspielschule am Gendarmenmarkt neu eröffnet wurde, meldete er sich dort. Man schickte ihn mit einer Empfehlung für die Abschlußprüfung zur Reichstheaterkammer. Dort fiel er prompt durch. Die Prüfungskommission ließ wenig Zweifel daran, daß sie einen Protegé von Gründgens für ungeeignet halte. Er hatte es also nicht geschafft. Aber wie verblüfft waren die Herren dieser Kommission, als der Zurückgewiesene noch am gleichen Abend im Staatstheater auftrat.

GG setzte sich einfach über die Theaterbürokratie weg.

Peer Schmidt erging es so: Für sein Vorsprechen bei der Schule hatte er – er war ganze sechzehn Jahre alt – zwei Rollen einstudiert: den Mortimer – »Ich zählte zwanzig Jahre, Königin ...« und – ein Witz für sich – den Theaterdirektor Striese aus dem ›Raub der Sabinerinnen‹. Er sprach – kam er doch aus Sachsen – sächsisch fast besser als deutsch. Der berühmte Satz: »Schmierentheater, heeren Se, jetzt läuft mir de Galle iber. Wissen Se denn iberhaupt, was eine Schmiere is? S'is wohr, wir ziehn von einem Ort zum anderen, aber mein großer Kollege, der Herzog von Meiningen, hat es ja ebenso gemacht!«, war waschecht bei ihm.

Die Prüfungskommission im Staatstheater wußte nicht, was sie komischer finden sollte, den ernstgemeinten Mortimer oder den sechzehnjährigen Striese. Überhaupt: Striese im Staatstheater! GG hörte sich also den Mortimer an und sagte sympathisierend, Peer Schmidt sei ein reizender Junge, ob er außerdem noch etwas könne, und Peer Schmidt erklärte, ja, er könne, und zwar den Striese.

GG: »Bitte!«
Der Knabe Peer Schmidt legte den Striese hin. Gründgens: »Hau ab! Geh nach Hause!«
Peer Schmidt dachte, er sei durchgefallen; erst als er sah, daß ihm die anderen wohlwollend zunickten, begriff er, daß er es geschafft hatte.
Ebenfalls schafften es Lola Müthel, die Tochter des Schauspielers und Regisseurs Lothar Müthel, Ernst Schellow, Joana Maria Gorvin, Hans Lietzau.
Aber Gründgens holte sich seine Leute auch sozusagen von der Straße weg. Adelheid Seeck hatte das Glück. Sie war ein sehr elegantes, hübsches junges Mädchen, ursprünglich Mannequin; ihr Theater-Ehrgeiz aber trieb sie zur Bühne, und schließlich hatte sie es zu einem Engagement in Bunzlau (Schlesien) gebracht. Gelegentlich filmte sie auch – sie hatte sogar einen kleinen Vertrag bei der Terra. Dort sah GG ihr Photo, als er nach einer Celia für ›Wie es euch gefällt‹ suchte. Sie sollte sich vorstellen, kam aber zu spät, Gründgens warf einen kalten Blick auf sie und sagte: »So sehen Sie also aus? Ich habe Sie mir anders vorgestellt. Sie kann ich nicht brauchen.«
Sie drehte sich um und wollte gehen, aber er rief sie zurück: »Ach, so forsch, wie Sie jetzt tun, sind Sie gar nicht!« Es kam also eine Unterhaltung zustande. Und die Schauspielerin aus Bunzlau spielte dann die Rolle der Celia in der Gründgensschen Inszenierung. GG wußte damals und wußte auch später, daß Adelheid Seeck keineswegs zu den allerersten Vertreterinnen ihres Fachs gehörte, aber sie gefiel ihm. Und er war überzeugt, sie würde ihr Metier erlernen.
Der lange, blonde Max Eckard aus Kiel, der ihn an die Hamburger Seeleute erinnerte, wirkte Anfang der dreißiger Jahre als Anfänger am Schillertheater und bat, Gründgens etwas vorsprechen zu dürfen. Der erklärte brutal, er halte nichts von ihm, jeder Provinzschauspieler könne besser sprechen, er solle sich das Theaterspielen aus dem Kopf schlagen. Eckard dachte nicht daran, spielte in der Provinz, dann an den Münchener Kammerspielen, wurde von Gründgens überraschenderweise für den bereits erwähnten Film ›Zwei Welten‹ geholt und erhielt dann von ihm das Angebot, ans Staatstheater zu kommen. Aber Eckard wollte eigentlich nicht, er dachte, das Staatstheater sei eine Art »Erbbegräbnis«. Schließlich nahm er doch an, und das war sein Glück. Denn nur Gründgens konnte ihn von der Wehrmacht ans Staatstheater zurückholen.
Schließlich ist noch von der jungen, geradezu aufregend schönen Antje Weisgerber zu sprechen. Sie sollte im Leben GGs eine ganz wichtige Rolle spielen – obwohl sie es eigentlich erst begriff, als er nicht mehr lebte. 1938 kam sie mit ihren Eltern aus Ostpreußen nach Berlin, dumpf entschlossen, Schauspielerin zu werden. Sie sprach Gründgens den Monolog der Lucile

aus ›Dantons Tod‹ vor, dann ein paar Sätze aus der ›Minna‹. Er nickte. Man sagte ihr, sie solle nach Hause gehen, man werde ihr das Urteil zukommen lassen. Sie brachte die ganze Nacht wartend und an einer Decke stickend zu und auch den nächsten Tag und die nächste Nacht, und am übernächsten Tag kam der Brief, sie sei aufgenommen.

Ein paar Monate später durfte sie in dem Film ›Zwei Welten‹ mitspielen. Kurz nachher starb ihr Großvater, die Eltern mußten vorübergehend aus Berlin fort, es war bereits die Zeit der Verdunklung. Ein Schauspielschüler, der in sie verliebt war, erschien in der Wohnung und wollte sich dort erschießen. GG hörte davon. Er schickte Max Gebhardt mit dem Vorschlag, sie solle doch vorläufig zu ihm nach Zeesen ziehen. Damals war sie siebzehn.

Sie blieb etwa drei Wochen, bis die Eltern zurückkamen. Während der ganzen Zeit war sie allein mit GG, da Marianne Hoppe einen Film machte. Es wurde über dies und das gesprochen, meist über Kleinigkeiten des alltäglichen Lebens, kaum über Theater, über Gefühle überhaupt nicht.

Gefühle: die waren in diesem Falle ungemein kompliziert. Natürlich war GG für die Siebzehnjährige der Abgott, aber eben doch vor allem als Persönlichkeit, nicht als Mann. Er wiederum, schon Anfang Vierzig, mußte sich für sie zu alt vorkommen. So war denn auch seine Liebe zu ihr – man muß das Wort schon gebrauchen – nicht die Liebe des Mannes zu einer Frau, sondern die Liebe eines großen Theatermannes zu dem Geschöpf, aus dem er eine Schauspielerin, die seinem Ideal entsprach, machen wollte. Es war eine Art Pygmalion-Schicksal.

Sie wurde von ihm auf jede Weise vorgezogen. Das ungeschriebene, aber eisern eingehaltene Gesetz, daß Schauspielschüler erst im zweiten Jahr auf die Bühne durften, durchbrach er in diesem Fall schon nach wenigen Monaten. Ja, sie durfte sogar, bald nach Marianne Hoppe, die so schwierige und von ihr geliebte Rolle der Lucile in ›Dantons Tod‹ spielen. Das machte zwar gewaltiges Aufsehen hinter den Kulissen, aber da die männlichen Kollegen, vor allen Dingen Werner Krauss, sich positiv zu ihr einstellten, hatte das weiter keine Bedeutung. Sie durfte dann noch die eine oder die andere Rolle nachspielen, wie die Bianca in ›Der Widerspenstigen Zähmung‹ und eine kleine Rolle in ›Cavour‹ und den immerhin nicht leichten Part der Adelma in ›Turandot‹.

Sie wäre vermutlich – sie war ja noch so jung – mit GG bis ans Ende der Welt gegangen. Er wiederum wollte sie in den Mittelpunkt der Bühne stellen. Sie war für ihn eine kostbare Porzellanfigur, die sehr vorsichtig behandelt werden mußte. Natürlich gab es auch andere Theaterdirektoren, denen ihre Schönheit und ihr Talent auffielen, vor allem Otto Falckenberg von den Münchner Kammerspielen, der sie in großen dramatischen Rollen herausstellen wollte. GG war einverstanden, aber sie durfte nur auf ein Vierteljahr fort, und auch dann mußte Falckenberg im Programm vermerken, daß sie als »Gast« spiele. In dieser ganzen Zeit und auch später hatte GG große Angst, daß man ihm seine junge Schauspielerin verderbe. Er sah sie nicht in großen dramatischen Rollen, er sah sie zart, jung, schön. Sie sollte die Menschen nicht erschüttern, sie sollte sie erfreuen, durfte sie allenfalls rühren. Typisch für ihn, als er mit ihr die Lucile probte. Als sie den letzten Satz brachte: »Der Wind geht, die Wolken ziehen...«, da fuhr er dazwischen: »Und du ziehst auch!«

Den Gedanken, daß dieses kostbare Geschöpf eine Frau aus Fleisch und Blut war, versuchte er immer wieder zu verdrängen. Als sie den jungen Schauspieler Horst Caspar kennenlernte und sich entschloß, ihn zu heiraten, geriet Gründgens geradezu außer sich. Er war nicht eifersüchtig, wie ein Mann auf einen anderen Mann eifersüchtig sein kann; er wollte sich ganz einfach nicht das junge Mädchen als Hausfrau, geschweige denn als Mutter vorstellen. Sie stand für ihn gewissermaßen außerhalb des Alltags.

Das blieb übrigens bis ganz zuletzt so. Ich bin überzeugt, daß er, wäre er ein absoluter Herrscher gewesen, sie nur für sich allein hätte auftreten lassen.

Schon im April 1940 hatte es einen Brand im Opernhaus gegeben, und GG war hingeeilt, um den nicht allzu großen Schaden zu besehen. Die Sekretärin Peppel berichtet, er habe geweint wie ein Kind. Das ist gar nicht so sonderbar, wie es auf den ersten Blick erscheinen mag. Für ihn war Theater ja immer eine Flucht vor dem Leben gewesen, eine Art Beweis dafür, daß man das Leben, besser: die Alltäglichkeit, nicht zur Kenntnis nehmen mußte. Aber eine Bombe genügte, um das Gegenteil zu beweisen. Das Leben drängte sich ihm auf.

Nach den ersten Siegen stellte sich bald heraus, daß Hitler Europa nicht auf die Dauer unterjochen konnte, von der Sowjetunion, von den Vereinigten Staaten ganz zu schweigen. Hitler selbst wollte es nicht sehen, konnte es wohl auch nicht, und die in seiner nächsten Umgebung Lebenden begriffen, daß der verlorene Krieg auch ihr Ende bedeutete. Warum nicht ihn fortsetzen, so lange es ging, ohne Rücksicht auf Verluste an Menschenleben, an Häusern, an Städten? Der Krieg konnte ihnen gar nicht rücksichtslos, gar nicht total genug geführt werden. So kam denn jener 18. Februar 1943, an dem Goebbels die Erlaubnis erhielt, auf einer Versammlung im Berliner Sportpalast den totalen Krieg öffentlich zu erklären.

GG wußte, was sich vorbereitete. Goebbels hatte zwei Beamte zu ihm geschickt, um ihn und seine Frau zum Tee zu sich zu laden – zu keinem anderen Zweck, als ihn und andere »geladene« Prominente dann zum Sportpalast zu transportieren, wo er die Frage zu stellen gedachte: »Wollt ihr den totalen Krieg?« Und was blieb den Besuchern übrig, als mit einem begeisterten »Ja!« zu antworten?

GG hörte die Übertragung der Vorgänge im Sportpalast zusammen mit seiner Frau, dem Chauffeur Max und der Köchin am Radio in der Küche. Er wurde kreidebleich. Dann stürzte er sich in seinen Dienstwagen, fuhr planlos durch die Straßen Berlins und schließlich in die Umgegend, damit er nirgends erreicht werden konnte. Er gehörte also nicht zu den Ja-Sagern, von denen man behaupten darf, daß die wenigsten oder nur die dümmsten ihre Rolle freiwillig spielten.

Goebbels, von Hitler zum Chef des totalen Krieges eingesetzt, konnte nun eigentlich alles befehlen, was er wollte. Zeitungen wurden von einem Tag zum anderen eingestellt, die Postzustellung reduziert, kleine Betriebe und Einzelhandelsgeschäfte aufgelöst, für Frauen bis zum fünfzigsten Lebensjahr die Arbeitspflicht eingeführt und dergleichen mehr.

Als GG am nächsten Morgen las, was sich im Sportpalast ereignet hatte, war ihm klar, daß eine Epoche zu Ende gegangen war. »Es war mir völlig gleichgültig, was aus mir wurde. Daß ich mich und mein Theater wie bisher von allem würde fernhalten können, durfte ich mir nach dieser Erklärung nicht mehr einbilden, und alles in mir drängte zu einer Demonstration.«

Er faßte einen Entschluß. Goebbels ahnte wohl, was GG zu tun gedachte, und erklärte seinen Mitarbeitern: »Gründgens hat die Pik Zehn ausgespielt, aber dabei übersehen, daß ich das As habe, und damit kann ich stechen.«

GG schrieb Göring am 26. Februar, also acht Tage später, folgenden Brief:

»Sehr verehrter Herr Reichsmarschall!

Gestatten Sie mir heute, am Tage, wo ich neun Jahre das mir von Ihnen anvertraute Amt ausgeübt habe, eine ernste und nachdrückliche Bitte.

Erteilen Sie mir die Genehmigung, mich zum Dienst in der Wehrmacht zu melden.

Wenn auch die Ereignisse der letzten Wochen meinen Wunsch noch verstärkt haben, so besteht er doch seit zwei Jahren, und meine heutige Bitte hat meine Spielplangestaltung des ganzen letzten Jahres bestimmt.

Ich habe alle meine früheren Rollen (Hamlet, Fiesco, Richard, etc.) seit einem Jahr aus dem Spielplan gezogen und die beiden Fauste nun über siebzig Mal gespielt. Eine Umbesetzung wäre hier keine Schädigung mehr. Auch Orest in ›Iphigenie‹ ist durch einen vollwertigen Ersatzmann zu spielen.

Ich würde meine Bitte nicht aussprechen, wenn ich mich nicht ernstlich ge-

prüft hätte und wenn ich nur die leiseste Möglichkeit für mich sähe, mit den Problemen, die mich bedrängen, auf dem Platz des Generalintendanten fertig zu werden.
Die Zeit und mein Entschluß kommen meinem leidenschaftlichen Wunsch nach Eindeutigkeit, Einfachheit, Kompromißlosigkeit so sehr entgegen, wie mein augenblickliches Tun, dessen Wichtigkeit mir niemand einreden kann, ihm widersteht.
Ich bin dreiundvierzig Jahre alt, war im vorigen Kriege zwei Jahre Soldat und bitte, mich meinem Wehrbezirkskommando melden zu dürfen.
Das alles soll ohne Aufwand und ohne besondere Rücksicht geschehen.
Sie würden mich mit der Erfüllung meiner Bitte sehr glücklich machen; ein abschlägiger Bescheid würde mich in meinen innersten Gesetzmäßigkeiten treffen.«
Göring tobte, ließ Gründgens kommen, verlangte von ihm, er solle ein Sanatorium aufsuchen, um erst einmal wieder Herr seiner Nerven zu werden; es folgte eine Unterredung, die Gründgens als »dramatisch« bezeichnete, aber schließlich mußte Göring doch klein beigeben. GG später: »Dieser Schritt zum Militär, mir der verhaßteste und schwerste, den ich tun konnte, war der einzige Ausweg aus dem Dilemma, in dem ich mich befand.«
Nicht nur er hatte mit dem Gedanken an diesen Schritt schon lange gespielt, sondern auch seine Mitarbeiter, vor allem sein Dramaturg Rolf Badenhausen, der jahrelang u.k. gestellt worden war und der eines Tages Gründgens erklärte, er wolle Soldat werden und halte es für richtig, einen anderen Kollegen mit seinen bisherigen Funktionen zu betrauen. Ausgerechnet an jenem Tag, als Gründgens von der Besprechung mit Göring zurückkehrte, kam er erneut mit diesem Verlangen. Aber anstatt Empörung zu zeigen, begann Gründgens zu lachen und fügte schließlich erklärend hinzu: »Sie können ja nicht gut wissen, daß ich soeben die gleiche Forderung an Göring gerichtet habe!«
Es war in der Tat ein schwerer Schritt für GG, der nicht die geringste innere Beziehung zum Militär hatte, und es ist seinerzeit und bis heute viel darüber gerätselt worden, warum er diesen Schritt eigentlich tat. Viele seiner nächsten Mitarbeiter und Freunde haben die verschiedensten Erklärungen vorgebracht. So zum Beispiel glaubte man im Theater zu wissen, er habe sich geweigert, gewisse Stücke, die das Propagandaministerium vorschlug, zu spielen, und zwar mit der klassischen Begründung, es handle sich um »Scheißdreck«. Um sich vor den Konsequenzen zu retten, habe er sich dann in die Wehrmacht geflüchtet, wo ihm der zornige Goebbels nichts anhaben konnte.
Ähnlich dachte sein Chauffeur Max Gebhardt. Gewiß, es stand außer Zwei-

fel, daß Göring seit der »Schlacht um England« ständig an Macht verloren hatte, Goebbels aber immer stärker geworden war, und daß der Tag kommen mußte, an dem Göring Gründgens nicht mehr würde schützen können. Darüber war sich GG völlig im klaren. Einige wollten sogar wissen, Göring habe ihm mitgeteilt, daß er nun nichts mehr für ihn zu tun vermöge, was allerdings unwahrscheinlich klingt. Denn Göring war nicht der Mann, zuzugeben, daß er nahezu machtlos geworden war.
Auf der anderen Seite wußte GG natürlich schon seit Jahren, wie die Machtverhältnisse innerhalb des Dritten Reiches sich zu Görings, in diesem Fall also auch zu seinen Ungunsten verändert hatten. Aber wenn diese Änderung das Motiv seiner Flucht zur Truppe gewesen wäre, hätte er diesen Ausweg schon früher ergriffen. Wahrscheinlicher bleibt es, daß er es nicht bis zum Äußersten kommen lassen wollte, und sei es nur, damit diejenigen weiter geschützt blieben, die er unter seine Fittiche genommen hatte. Es ist nicht undenkbar, daß zu diesen Personen auch einige gehörten, die allein ihrer Veranlagung wegen Männern wie Himmler und Goebbels verhaßt waren.
Ich persönlich glaube – und diese Überzeugung habe ich nach zahlreichen Unterhaltungen mit GG gewonnen –, daß nicht Angst, gleichgültig ob für sich oder für andere, das entscheidende Motiv für ihn war, sondern Ekel. Gewiß, er hatte unter diesem Regime Theater gemacht, er hatte sogar im Krieg Theater gemacht. Aber alles hat seine Grenzen. Es war eine Sache, die Menschen vergessen zu lassen, daß ihre Väter, Männer, Söhne sich in Lebensgefahr befanden; es war eine andere, Theater zu machen, als den Frauen und Kindern selbst Bomben auf die Köpfe fielen – nach dem gleichen Rezept, das Göring in Polen und England ausprobiert hatte. Er fand es hochmütig – den Ausdruck »Hochmut« hat er mir gegenüber in diesem Zusammenhang oft gebraucht –, unter diesen Umständen noch so zu tun, als sei alles, wie es immer gewesen war. Gerade von denen, die so taten, wünschte er sich zu lösen, wollte nicht anders behandelt werden als die anderen. Auch mußte er damit rechnen, daß er und sein Theater in Zukunft zu propagandistischen Zwecken eingesetzt werden würden. Er hatte schon im ›Ohm Krüger‹ nur unter Protest gespielt. Jetzt wollte er nicht mehr in die Gefahr geraten, vergeblich protestieren zu müssen.
Göring verfügte also seine Eingliederung in die Ersatzabteilung der Division Hermann Göring, die in Holland stationiert war. Er mußte nach Karinhall, um sich zu verabschieden, just an dem Tag, an dem Göring die Schauspielerin Heidemarie Hatheyer zur Audienz befohlen hatte. Sie fuhren also zusammen. Die Hatheyer: »Ich dachte, wir seien nur zum Mittagessen geladen, aber sie behielten uns auch nachmittags und abends draußen. Eine Zeitlang war Gründgens verschwunden. Zuerst unterhielt er sich mit

Emmy Göring und legte ihr vermutlich einige seiner Schutzbefohlenen ans Herz. Dann probierte er die Uniform, die ihm der Göringsche Privatschneider gemacht hatte. Auf der Rückfahrt waren wir dann beide allein. Ich fragte ihn: ›Wie sehen Sie denn in der Uniform aus?‹ Er guckte mich eine Weile an und sagte dann: ›Na, süß!‹ Nur mit dem Käppi hatte er Sorgen – wegen seiner Glatze, wie er mir anvertraute.«
Er war ein bißchen eitel und machte sich selbst darüber lustig. Der Maler Helmut Weitz, der ihn oft porträtiert hatte, schlug ihm vor, einen Steindruck zu machen; er dachte an tausend Lithos. GG: »Du meinst wirklich, tausend Menschen würden sich meinen Kopf an die Wand hängen?« Als er bemerkte, daß andere zuhörten, fuhr er unvermittelt fort: »Mach, was du willst! Mir ist das sch . . . egal!«

Bevor er zum Militär ging, machte er noch eine Art Testament, in dem unter anderem zu lesen stand, was der oder jener Schauspieler spielen oder nicht spielen sollte.
Über seine Militärzeit kursierten alsbald die abenteuerlichsten Gerüchte. Obwohl er doch nur ein einfacher Soldat war, also mit etwa dreißig Leuten in einem Zimmer schlafen mußte, wurde Göring hinterbracht, er bewohne eine Villa »mit Rosen umrankt«. Göring stellte Nachforschungen an – es stimmte kein Wort. Es stimmte auch nicht, daß er eine Extraausbildung durch einen Oberleutnant erhielt.
Es ging ihm, der seit dem ersten Weltkrieg an keiner soldatischen Übung mehr teilgenommen hatte, nicht gerade gut. Aber er schrieb trotzdem an seine Sekretärin: »Mir geht es gut, und ich bin sehr stolz auf mich, daß ich es so durchhalte. (Leicht ist es ja nicht).«
Viel schlimmer war, daß die Offiziere ihn ins Kasino holten, überzeugt, daß er zu ihrem Amüsement beitragen würde. Einige verstanden darunter, daß er auf einen Tisch springen und dort allerlei Kunststücke aufführen sollte.
Es gab für ihn nur einen Grund, warum er wünschte, Wachtmeister zu werden – und den vertraute er auch Emmy Göring an, als er einmal auf Urlaub in Berlin weilte: »Dann hätte ich nämlich eine andere Toilette. Jetzt muß ich mich immer mit fünfundvierzig anderen anstellen, bis ich drankomme . . . Und das ist mir zu lang.«
Er wurde dann auch Wachtmeister, und wenigstens dieses Problem war gelöst. Aber in Berlin hieß es weiterhin, niemand habe gewagt, ihn Kniebeugen machen zu lassen, ja, er habe gar seinen eigenen Diener mitgebracht und, Höhepunkt aller Freiheiten: bei seiner Ankunft in Utrecht – später wurde er anderswohin versetzt – sei der Bahnhof bekränzt gewesen.

Von allen diesen Gerüchten stimmte nur, daß seine Ausbildung vom Hof in ein Kasernenzimmer verlegt wurde, weil er draußen zuviel Publikum angelockt hatte... Für diese spielte er nur Soldat. Aber auch wenn er Soldat spielte, war er schließlich Soldat. Und gibt es etwas Schwereres, als vor Soldaten Soldat zu spielen?

Später wurde GG in seiner Ausbildungszeit in der Zeitschrift ›Der Spiegel‹ geschildert, und ein Bild zeigte den exerzierenden Staatsrat. Bald nach Überlassung der Aufnahme kamen ihm Bedenken, und er schrieb an den Herausgeber Rudolf Augstein, er sei wohl seiner fünf Sinne nicht mächtig gewesen, das Bild herzugeben. »Sollten Sie es aber auf der Titelseite des ›Spiegel‹ bringen, – entschuldigen Sie, wenn ich größenwahnsinnig geworden bin – komme ich persönlich nach Hannover und schlage Sie tot.«
Der Herausgeber Rudolf Augstein antwortete: »Obwohl ich Kummer gewohnt bin, hätte mich Ihr Schreiben... beinahe bewegen können, dem Journalistenberuf zu entsagen. Da ich dann aber mit Sicherheit Theaterstücke schreiben würde, wäre anzunehmen, daß ich Ihnen doch weiterhin zur Last fiele. Besser also, ich bleibe Journalist, lasse Sie aber in den nächsten fünf Jahren mit meinen beruflichen Ambitionen ungeschoren. Ich glaube, das ist ein faires Abkommen.«

Obwohl er weit vom Schuß war, nahm er regen Anteil an allem, was in Berlin geschah. An die Sekretärin Peppel, nach ihrer Ausbombung:
»Liebe Peppeline,
mit Bedauern habe ich gehört, daß Sie nun auch ein Bombenopfer geworden sind. Das heißt, Sie, Gott sei Dank, nicht, aber Ihre Wohnung.
Das tut mir herzlich leid, denn Sie haben so an all dem gehangen und waren ja wohl eine sehr häusliche Dame.
Na! nu ist alles hin und nun muß man versuchen, den häßlichen Tatsachen ins Auge zu sehen.
Aber hart werden wir jetzt angefaßt und wahrscheinlich ist das erst der Anfang.
Wir haben also allen Grund, unser Herz in beide Hände zu nehmen. Mir geht es leidlich.
Zehn Wochen sind eine lange Zeit und viel habe ich arbeiten müssen. Jetzt bin ich wegen Euch sehr unruhig, aber nun komme ich so einfach ja nicht weg...«

Freunde besuchten GG in Holland, unter anderen Franz Niklisch – und natürlich Marianne Hoppe. Sie saß in einem Hotelzimmer in Ammersfoort und stopfte seine Strümpfe. Einmal fuhren sie ein Stück mit der Eisenbahn – zweiter Klasse. Sie mußten aber heraus, da ein Gefreiter – damals war er es noch – nicht zweiter Klasse fahren durfte. GG ärgerte sich und äußerte, er sei ja schließlich auch Staatsrat. Als solcher hatte er das Recht, zweiter Klasse zu fahren, ja, sogar erster, wenn es sie auf der kleinen Bahn gegeben hätte.
Mit seinem Theater blieb er in Kontakt, schon um Ungerechtigkeiten zu verhindern. Er korrespondierte regelmäßig mit dem Finanzminister Popitz, mit Gustl Mayer, der Peppeline und vor allen Dingen mit Tietjen. Während eines Urlaubs traf er Gustl Mayer und erklärte ihr sofort, er müsse etwas üben, denn nach seiner Rückkehr verlange man von ihm, daß er ein Gewehr auseinandernehmen und wieder zusammensetzen könne. Sie machten sich also beide an die Arbeit, wobei sie einige Gläser Kognak genehmigten. Nach vielem Schweißvergießen war das Gewehr wieder zusammengesetzt. Plötzlich schrie Gustl Mayer entsetzt auf: »Um Gottes willen, da liegt ja noch eine Schraube! Sicher eine ganz wichtige!«
GG brach fast zusammen. Jetzt sollte er also alles wieder auseinandernehmen. »Das halte ich nicht aus, das halte ich nicht aus! Ich werde verrückt!« Aber er wurde es doch nicht, denn die Schraube gehörte gar nicht zu dem Gewehr, sondern zu dem Verschluß der Kognakflasche.
Am 26. Februar 1944 – auf den Tag zehn Jahre, nachdem er den Auftrag von Göring erhalten hatte, das Staatstheater zu übernehmen – war er in Zeesen, und von dort schrieb er an Tietjen:
»Für ein paar Tage bin ich nach Zeesen gekommen, um den heutigen Tag nicht in meinen Bühnen zu verbringen.
Es wäre fast unmöglich, mit Gelassenheit über dieses Datum hinwegzukommen, das bei einigermaßen normalem Verlauf ein großer Einschnitt hatte werden sollen.
Heute ist es also zehn Jahre her, seit jener gewaltigen und auch gewaltsamen Änderung in meinem Leben.
Zehn Jahre – die besten, die ich wohl hatte – und das Fazit ist nicht schön – trotz vielem Schönen, aber es ist mir lieber so, wie es jetzt ist, als wenn ich weiter den Schein aufrechterhalten müßte. Um der Sache willen, das ist zehn Jahre heute, habe ich mehr scheinen müssen, als man wohl darf, ohne Schaden an seiner Seele zu nehmen.
Ich weiß, daß ich immer wieder so handeln müßte; es ist wohl meine Natur, die immer nur das Nächstliegende ganz begreift und dafür begabt ist, und so war die Tatsache, wie sehr ich damals nötig war, überzeugender als alle Erwägungen, wie es mir dabei ergehen würde.

Jetzt ist eine Leere in mir, ich hoffe, daß es eine ›schöpferische Pause‹ ist. Vielleicht ergreift es mich eines Tages wieder, oder die gebieterische Notwendigkeit hilft mir, noch einmal einzusteigen.
Heute sitze ich still und doch im Ganzen ohne Ressentiment hier in Zeesen mit Marianne. Und denke mir, wie anders diese Tage bei meinen glücklichen Kollegen verlaufen sind.«

FÜNFZEHNTES KAPITEL

Das Ende

Bomben fielen auf die Städte Deutschlands, vor allem auf Berlin. Einmal, als GG nach einer besonders schlimmen Bombennacht einen Trupp von KZ-Sträflingen anrücken sah, um die Trümmer zu beseitigen, flüsterte er einem Freund zu: »Ob sie wohl auch mich dazu bringen könnten . . .?«

Bomben . . .

Unter solchen Umständen überhaupt Theater zu spielen, war erstaunlich und höchst schwierig. Wie konnte das, was auf der Bühne an Schrecklichem geschah, mit dem Schrecken des Alltags in Konkurrenz treten? Die Vorstellungen wurden, wie schon berichtet, vom Abend auf den Nachmittag verlegt. Bevor die Warnsirenen ertönten, fiel meist schon der Vorhang, dann rannten alle in die für sie zuständigen Luftschutzkeller – die Schauspieler natürlich in Kostüm und Maske. Keiner wußte, ob er wieder lebend herauskommen, keiner, ob das Theater, aus dem man eben geflüchtet war, noch stehen würde.

Ich habe Gründgens später oft gefragt, wie er sich seine weitere militärische Karriere damals vorstellte. Er gab zu, daß er sich eigentlich gar nichts vorgestellt hatte. Aber sein tragisch-groteskes Schicksal wollte es, daß gerade der Umstand, der ihn veranlaßt hatte, sich selbst vom Theater zu »verbannen«, den Grund dafür abgab, daß er aus Holland immer öfter nach Berlin zurück mußte, um in seinen Theatern nach dem Rechten zu sehen. Je »hochmütiger«, je »sinnloser« es war, Theater noch wichtig zu nehmen, weil eben Deutschland zur selben Zeit systematisch zerstört wurde, um so notwendiger war seine Anwesenheit, denn nur sie verbürgte, daß seine Schauspielerinsel erhalten blieb – so glaubte wenigstens Göring –, und er dürfte recht gehabt haben.

Ein besonders schwerer Schlag traf GG, als Ende Februar 1944 einer seiner ältesten und ihm liebsten Kameraden starb: der Bühnenbildner Traugott Müller, der während einer Vorstellung zu ›Othello‹, zu der er die Dekorationen gemacht hatte, einem Herzinfarkt erlag. GG, gerade in Holland, eilte nach Berlin zurück, um die Totenfeier zu veranstalten. Er ließ aus der Staatsoper, wo er die ›Zauberflöte‹ mit den Dekorationen von Traugott Müller inszeniert hatte, den besonders schönen Palmenhain Sarastros herüberkommen, und der bildete nun die Dekoration. Die Bühne war leer bis auf den Sarg, der in grauem Tuch mitten auf der Bühne stand und auf dem ein grün-roter Zweig lag. Keine der auch Traugott Müller verhaßten Fahnen. In der Intendantenloge hatte sich ein Quartett aus der Staatsoper installiert, das die Maurerische Trauermusik von Mozart spielte. Dann erschien Gründgens in Uniform, ging an dem Sarg vorbei auf die andere Seite der Bühne an ein kleines Pult und begann dort: »Traugott Müller ist tot!« Nach einer kleinen Pause: »Ich begrüße Sie dankbar, daß Sie gekommen sind, mit uns diesen Toten zu ehren, mit uns eine Stunde der Besinnung, der Einkehr zu verbringen, mit uns, die wir heute einen schweren Verlust beklagen.«

Später wurde von dieser Rede gesagt, sie sei antinationalsozialistisch gewesen, weil sie unpathetisch war und weil Gründgens zu dieser Zeit, da jeder kleine Partei-Wichtigtuer unaufhörlich davon sprach, wie erhaben es sei, zu sterben – bekanntlich würde man sich ja in Walhall wiedertreffen –, genau das Gegenteil sagte. »Wir nehmen diesen Tod nicht hin, wie wir gelernt haben, vieles hinzunehmen ... Herrisch und unduldsam wollen wir uns nicht fassen, wir wollen klagen.«

Er zählte die Inszenierungen auf, bei denen Müller mitgewirkt hatte, er ging weiter in die Vergangenheit zurück und erinnerte daran, daß er Müller bereits auf der Schauspielschule in Düsseldorf getroffen hatte, erinnerte an die Tingeleien der ersten Zeit, daran, daß sie beide im Kabarett aufgetreten waren. Er erlaubte sich, das zu sagen, was man damals mit Entsetzen als »defaitistisch« bezeichnete: »Wir wissen nicht, wie das Schicksal es mit diesem Haus meint, ob wir noch lange Kunst machen dürfen.«

Und er deutete an, daß Müller vermutlich länger gelebt haben würde, hätte er sich, dem Rat seiner Ärzte und seiner Freunde folgend, geschont. Aber er wollte wohl in dieser Zeit, in diesem Reich, dessen Führer er so verabscheute, nicht länger leben. Gründgens endete – höchst sinnvoll, aber höchst gefährlich – mit Goethes Worten:

»Wenn ich nicht singen oder dichten soll,
So ist das Leben mir kein Leben mehr.
Verbiete du dem Seidenwurm zu spinnen,
Wenn er sich schon dem Tode näherspinnt.
Das köstliche Geweb entwickelt er
Aus seinem Innersten und läßt nicht ab,
Bis er in seinen Sarg sich eingeschlossen.«

Wenig später erhielt Gründgens wie viele andere Prominente auch den Brief eines gewissen Herbert Menz aus der Reichskulturkammer, in dem es hieß:

»Im gleichzeitigen Auftrag des Vizepräsidenten der Reichskulturkammer, Ministerialdirektor SS-Gruppenführer Hans Hinkel, und des Präsidenten der Reichsschrifttumskammer, SS-Gruppenführer Staatsrat Hanns Johst, habe ich die Freude, Ihnen von dem Vorhaben einer Buchveröffentlichung Kenntnis zu geben, die auf dem Höhepunkt der entscheidenden Auseinandersetzung mit unseren Gegnern dem deutschen Volk und den europäischen Nationen unser einmütiges Bekenntnis verkündet: Wir stehen und fallen mit Hitler.

Etwa ein halbes Hundert deutscher Männer und Frauen aus Kunst und Wissenschaft werden in der Broschüre ihr Bekenntnis zum Führer ablegen, und meine Bitte an Sie lautet, sich ihnen anzuschließen. Gruppenführer Hinkel und Gruppenführer Johst haben sich für die Mitarbeit an der Gestaltung der Broschüre, die in einfachster Aufmachung in einem Umfang von 64 Seiten im Verlag Hanns Arens erscheint, zur Verfügung gestellt. Die Höhe der Auflage beträgt 500 000 Exemplare. Der Preis wird so niedrig gehalten sein, daß der Vertrieb in allen Schichten der Bevölkerung gesichert ist.

Ich glaube, daß dieses Brevier der Treue zum Führer, geschrieben von den Geistigen unseres Volkes, zu keiner besseren Stunde den deutschen Menschen in die Hand gegeben werden kann als in diesen Tagen, da die Untreue eines reaktionären Ungeistes Deutschland in den Rücken zu fallen droht.

Ich bitte Sie, mich wissen zu lassen, ob Sie bereit sind, sich für diese Aufgabe zur Verfügung zu stellen ...«

Gründgens war keineswegs bereit. Auch nicht nach einer zweiten Mahnung:

»Ihre beiden in meine Zeesener Wohnung gerichteten Briefe sind leider mit Verspätung in meine Hände gelangt, da ich wegen der Arbeit, die mir aus der Schließung der Theater erwuchs, nicht nach draußen kam. Die Verzögerung meiner Antwort wollen Sie bitte damit erklären.

Wie Sie wissen, bin ich seit eineinhalb Jahren Soldat. Ich wurde zur Durchführung besonderer Aufgaben am 15. April 1944 zu einem Arbeitsurlaub vom Herrn Reichsmarschall zurückbefohlen. Der mir gewordene Auftrag ist mit der vorläufigen Schließung der Staatstheater erfüllt. Damit ist mein Arbeitsurlaub zu Ende, und ich kehre in diesen Tagen zu meiner Truppe zurück.

Sie werden daher verstehen, daß ich mich an Ihrem Buch, für dessen Gelingen ich Ihnen das Beste wünsche, nicht beteiligen kann.«

Eine solche Antwort konnte Kopf und Kragen kosten. Denn die Auftraggeber sammelten jene Bekenntnisse, »die bewußt oder unbewußt die Persönlichkeit des Führers aus dem Spiel ließen. Und direkt und indirekt negative Antworten, das heißt Absagen, zum Beispiel von Sauerbruch, Gründgens u. a.«

Zu denen, die mit lodernder Begeisterung antworteten, gehörte Heinrich George. Die amüsanteste, vermutlich geschickteste Antwort erteilte der alte

Paul Wegener mit den Worten: »Ich glaube an den Führer, wie ich an den Endsieg glaube!«
GG ging keineswegs zur Truppe zurück.

Verbiete du dem Seidenwurm zu spinnen ... Der Tod des Freundes Traugott Müller hatte die seltsame Wirkung, daß GG sich nun doch wieder dem Theater zuwenden mußte und mit einer fast unglaublichen Vehemenz die Führung der Geschäfte von neuem an sich riß. Ja, es herrschte Krieg. Man mußte ihn bekämpfen. Man mußte ihn bekämpfen, indem man ihn ignorierte. Man mußte ihn bekämpfen, indem man mit dem stilisierten Spectaculum auf der Bühne die Wirklichkeit auszulöschen versuchte.
Was sollte gespielt werden? Gründgens wußte es. Schillers ›Räuber‹. Später: »Da damals die letzte Einziehungswelle einsetzte, habe ich rasch die ›Räuber‹ gewählt, weil darin alle meine Schauspieler beschäftigt waren und ich mit Berechtigung und Erfolg ihre u. k.-Stellung erwirken konnte.« Doch wohl auch, weil in den ›Räubern‹ so viel von Freiheit die Rede ist, weil dieses Stück von Schiller als die Verkörperung der Revolution, als Protest des Individuums gegen die Tyrannei begriffen werden muß. Zu dem ihm befreundeten Maler Helmut Weitz: »Ich wollte ganz einfach, daß junge Männer wenigstens auf der Bühne die Forderung nach Freiheit stellen könnten.« Goebbels wußte, was es mit der geplanten Aufführung auf sich hatte. Er schickte zwei Beamte mit »Vorschlägen« nach Zeesen, und zwar so spät, daß GG nichts anderes übrig geblieben wäre, als sie anzunehmen. GG wiederum durchschaute Goebbels und traf seine Vorbereitungen. Zu Weitz: »Zuerst essen wir einmal zu Mittag. Beim dritten Löffel Suppe bekomme ich meine Migräne.« Nach dem dritten Löffel stand er totenbleich auf: »Die Herren müssen mich entschuldigen, ich habe eine furchtbare Migräne.« Und verschwand. Die Herren fuhren unverrichteterdinge ab. GG selbst übernahm die Rolle des Franz und die Regie. Ständige Bedrohung durch Bomben. Die Schauspieler mußten Feuerwache »schieben«, was im wesentlichen darauf hinauslief, daß sie Skat spielten und sich mit gelegentlichen Blicken auf das Dach begnügten. Wer sich drückte – und das wollten im Grunde alle –, mußte gewärtig sein, als »Volksverräter« denunziert zu werden.
Einige Male mußten die Proben wegen Bombenalarms unterbrochen werden. GG sammelte dann seine Hauptdarsteller, sie gingen ins Schloß, wo ein geräumiger Bunker zur Verfügung stand, in dem GG die Probe fortsetzte.
Zwei Tage vor der Premiere geschah es dann, oder eigentlich zwei Nächte vorher. Das Schauspielhaus erhielt einen Treffer. Es brannte. Die Schau-

spieler, die zur Stelle waren – unter ihnen GG und Paul Wegener –, bildeten eine Kette. Wasser wurde aus stets bereitstehenden Reservoiren mit Eimern geschöpft und weitergereicht. So gelang es, das Haus zu retten; ein Foyer und einige Dekorationen verbrannten zwar, sowie fast sämtliche Kostüme, die für die bevorstehende Premiere gebraucht wurden, der eiserne Vorhang, weißglühend, wirkte wie aus Pergament, die Sitze im Parkett waren klatschnaß. Und eine Luftmine fiel in das Magazin in der Charlottenstraße, das mit dem Theater durch eine Brücke über die Charlottenstraße verbunden war. Aber da der eiserne Vorhang die Hinterbühne schützte, war es im Theater selbst zu keinen Zerstörungen gekommen.

Schweigen. Und dann sagte Gründgens: »Aber übermorgen abend spielen wir.«

Als am nächsten Morgen Probe sein sollte, gab es draußen viel Krach. Die Bühnenarbeiter räumten die Trümmer des Bombenangriffs fort. Die Künstler schrien sich die Stichworte zu; und – bei einem solchen Lärm könne man doch nicht probieren!

GG lachte. »O doch, man kann! Wenn man mir dies früher gesagt hätte, hätte ich es auch nicht geglaubt oder gekonnt, aber jetzt kann ich es eben ...«

Sie konnten. Und sie spielten. Die Zuschauer saßen auf ihren nassen Sitzen und rasten schon vor Begeisterung, als der Vorhang aufging – eben weil er aufging. Nach der großen Roller-Szene, die mit dem Schrei »Freiheit! Freiheit!« endet (bei Schiller eigentlich: »Tod oder Freiheit! Wenigstens sollen sie keinen lebendig haben!«), wollte der Beifall kein Ende nehmen.

GG hat später oft darüber gesprochen, wie schwer ihm der Zugang zu der Rolle des Franz geworden war. Er behauptete auch, den Grund nicht recht gewußt zu haben. Aber er kannte ihn. Franz, wie er gemeinhin gespielt wird, ist nichts anderes als das Urbild aller jener zynischen, feixenden Schurken, die GG in seinen ersten Berliner Jahren auf der Bühne und auf der Leinwand hatte verkörpern müssen. Das wollte er unter keinen Umständen wiederholen. Aber er konnte auch nicht übersehen, daß Franz ein bedeutender Schurke ist – mit dem Ton auf »bedeutend«; ein Edelmann trotz allem. Dahin hätte er sich vermutlich gerettet, wenn sich nicht noch eine andere Komponente angeboten hätte, die unübersehbar war: die Machtgier des von der Natur Enterbten. Dieses nach etlichen Missetaten so wild herausgeschleuderte: »Jetzt bin ich Herr!« Und war er denn nicht umgeben von Männern, deren Machthunger sie vor den schimpflichsten Verbrechen nicht hatte zurückschrecken lassen? War nicht der Zusammenbruch in der Todesnacht nach der Traumerzählung eine fast unverhohlene Prophezeiung in Richtung dieser Machthaber: »So wird es euch einmal ergehen«?

GG spielte diese Kanaille Franz sehr gefährlich.
Die Aktualität der Klassiker wurde überhaupt immer gefährlicher – und Gründgens wußte es und nahm bewußt diese Gefahr auf sich. So trat er zum Beispiel am Abend der Urteilsverkündung gegen die Offiziere, die am 20. Juli 1944 gegen Hitler aufgestanden waren – man spielte den ›Faust‹ – bei den Worten Mephistos an den Schüler zur Rampe:
»Vernunft wird Unsinn, Wohltat Plage;
Weh dir, daß du ein Enkel bist!
Vom Rechte, das mit uns geboren ist,
Von dem ist leider! nie die Frage.«
Er schrie diese Worte geradezu ins Publikum, und die Folge war ein orkanartiger Beifall, der ebenso plötzlich aufhörte, wie er begonnen hatte; wer wußte denn, ob man nicht in der nächsten Minute verhaftet würde.

Käthe Gold, Wienerin, aber durch Heirat mit einem Schweizer Paß versehen, verließ Berlin. Sie bat um kurzen Urlaub. Gründgens erteilte ihn sofort. Er wußte wohl, daß sie nicht wiederkommen wollte, aber er durfte es nicht wissen, sonst hätte er ihr den Urlaub nicht bewilligen können. Er brach das Gespräch ziemlich brüsk ab.
Ein paar Monate später spielten nämlich die Theater nicht mehr. In den letzten Tagen des August hatte Goebbels die Schließung zum 1. September angeordnet, um den totalen Krieg noch totaler zu machen. Nur Film und Rundfunk, nicht aber Konzerte sollte es geben, nicht Gesang- und Tanzunterricht, von Zirkusunternehmen, Varietes und Kabaretts ganz zu schweigen. Diese Nachricht schlug wie eine Bombe ein. Weder Gründgens noch Tietjen noch der gegen seinen leidenschaftlichen Protest zum Präsidenten der Reichstheaterkammer ernannte Paul Hartmann hatten vorher etwas erfahren.
Gründgens wandte sich an Göring, der telefonisch vorschlug, er solle sich doch mit Goebbels unterhalten. Aus einer Aktennotiz:
»Am 30. August 1944, 12,45 Uhr.
Besprechung bei Reichsminister Dr. Goebbels.
Die von dem Herrn Reichsmarschall Göring angeregte Besprechung fand statt und mußte von vornherein resultatlos sein, da alle zur Debatte stehenden Punkte ja bereits vorher entschieden und ihre Entscheidung veröffentlicht war.
Ich konnte nur meinen persönlichen Protest gegen die Schließung aller Theater vorbringen und den Herrn Reichsminister darauf aufmerksam machen, für wie bedenklich ich diese Schließung, die die ›Immunität der Kunst‹ verletze und dem Ansehen des Schauspielerstandes einen kaum wieder gut-

zumachenden Schaden zufüge, hielt, und wie ich sie bedauerte. Ich hatte gehofft, daß wenigstens einige Traditionstheater, ähnlich wie einige Orchester, offen gehalten würden.
Der Reichsminister meinte, daß das Bestehenbleiben von drei oder vier Theatern in Deutschland eine Ungerechtigkeit gegen die anderen bedeuten würde. Ich erwiderte: Wenn dies der Fall sei, so sei es nur die Folge einer verfehlten Theaterpolitik. Indem nämlich in den letzten zehn Jahren an allen Stellen nach einer Vereinheitlichung gestrebt worden sei, hätte man an den Theatern ein gewisses Duodez-Staatentum geduldet, indem eben jeder Gauleiter und Kreisleiter sich zum Mäzen seines Theaters gemacht hätte und eine geordnete Hierarchie gestört worden sei.
Ich sagte wörtlich: Wenn in Berlin der ›Faust‹ grün inszeniert worden sei, so sei er in Braunschweig blau aufgeführt worden und daraufhin in Freiburg gelb. Einen Zusammenhang habe es in künstlerischem und erzieherischem Sinne dadurch nicht gegeben.«
GG und Tietjen fuhren nach Karinhall. Tietjen hatte durch einen Spitzel im Propagandaministerium erfahren, daß Göring völlig entmachtet, ja, daß Hausarrest über ihn verhängt sei. Gründgens fiel auf, daß die Wache verdreifacht worden war. Göring ließ sie vor, reagierte aber nicht auf ihre Fragen, wie es denn um die Schließung seiner Theater bestellt sei. Als Tietjen und Gründgens energisch riefen: »Wir schließen nicht! Für uns gilt das doch nicht!« bemerkten sie, daß Görings Kopf langsam auf die Tischplatte sank. Er war eingeschlafen.
Drei Tage später eine zweite Audienz bei Göring, der sich wieder einigermaßen gefaßt hatte und meinte, es handle sich nur um eine vorübergehende Schließung, keineswegs um eine Auflösung der Theater.
Aktennotiz: »Am Schluß der Unterredung wurde wegen meines persönlichen Schicksals noch einmal die Frage gestellt, ob ich immer noch auf meinem Wunsch, zum Militär zurückzukehren, bestünde. Ich antwortete, daß das doch das Natürliche sei. Ich sei Soldat gewesen, als die drei Theater bestanden, ich würde wieder Soldat werden, nachdem sie aufgelöst seien. Meinen eingereichten Austritt aus der Reichskulturkammer nahm der Reichsmarschall nicht entgegen mit dem Bemerken, daß ich ja dann meinen Kollegen in keiner Form mehr Hilfe leisten könne. Er erteilte mir nicht die Erlaubnis, sofort zur Truppe zurückzukehren, sondern befahl mir, erst die Angelegenheiten des Theaters, seiner Arbeiter und Schauspieler, zu regeln, dann würde er mich auf einen Batterieführer-Kursus schicken und mir eine Batterie in der Nähe Berlins übergeben. Meiner Bemerkung, daß ich lieber Wachtmeister bleiben wolle, brachte er kein Verständnis entgegen. Hingegen deutete er die Möglichkeit an, daß ich später die auf meiner Liste zur Luftwaffe eingezogenen Schauspieler in meine Batterie nehmen könne.«

Vorerst widmete sich Gründgens der Absicherung seiner Künstler. Es gab da prinzipiell drei Möglichkeiten: Front, Arbeitsdienst, das heißt Rüstungsindustrie, und Film. Sogenannte Bereitstellungslisten wurden aufgestellt, sowohl für die Männer als auch für die Frauen. Am besten waren natürlich die dran, die auf die Filmliste kamen, wie zum Beispiel Max Ekkard, Walter Franck, Paul Hartmann, Gustav Knuth, Kurt Meisel, Paul Wegener, Elisabeth Flickenschildt, Heidemarie Hatheyer, Marianne Hoppe. Groteskerweise verdienten diese daher in den letzten Kriegsmonaten mehr Geld als je zuvor, da ihre Filmgagen wesentlich höher lagen als ihre Theatergagen. Auch hierüber sind Listen erhalten geblieben. Axel von Ambesser und Paul Bildt, zum Beispiel, sollten je 1.500 Mark im Monat bekommen, Paul Henckels 4.000 Mark, Gustav Knuth 5.500, Elisabeth Flikkenschildt 1.500, Käte Haack 3.500, Heidemarie Hatheyer 7.000, Marianne Hoppe 7.000 etcetera.
GG wies wiederholt auf die Ungerechtigkeit in der so unterschiedlichen Staffelung der Einkommen seiner Schauspieler hin – und was verdienten erst die Rüstungsarbeiter oder gar die Soldaten? Übrigens gelang es ihm, fast alle seine Schauspieler vor dem Schicksal zu bewahren, für Hitler zu fallen, obwohl ja manche – Eckard, Haupt etc. – ihrem Alter nach geradezu ideal dafür geeignet gewesen wären. Die in die Rüstungsindustrie abgestellten Künstler und Künstlerinnen bemalten stumpfsinnig die Zifferblätter von Uhren mit Leuchtfarbe. Die besten unter ihnen erreichten in einer Woche etwa das Vormittagssoll eines gelernten Arbeiters.
Für GG wäre es ein leichtes gewesen, wieder Filme zu machen. Er wurde ganz automatisch entsprechend eingestuft, schickte aber »den mir irrtümlich zugestellten Verpflichtungsbescheid« ununterschrieben zurück. »Ich bin seit dem 28. Juni 1943 Soldat, zurzeit Wachtmeister in der Division Hermann Göring.« Trotzdem führte er getreulich Buch über die ihm unterbreiteten Anträge:
»Film-Angebote Terra
Herr Teichs bietet mir die Hauptrolle in dem Käutner-Film ›Griff nach den Sternen‹ an und die Hauptrolle in dem Baky-Film ›Liebesterzett‹.
Er erweitert sein Angebot dahin, wieder eine Gründgens-Produktion der Terra einzurichten, in der ich arbeiten soll.
Tobis
Herr von Demandowsky will mit mir in Filmverhandlungen eintreten und bietet mir die Inszenierung eines ›Odysseus‹-Filmes an.
UFA
Besuch von Herrn Liebeneiner am 5. September 1944.
Erste Andeutung des Angebotes, den Antonio im Harlan-Film ›Kaufmann von Venedig‹ zu spielen.

Am 26. September 1944 versuchte Herr Harlan, mich zu sprechen, die Begegnung kam nicht zustande.
Am 29. September 1944 offizieller Anruf Liebeneiners mit dem Angebot der Rolle des Antonio in ›Kaufmann von Venedig‹. Er habe anrufen lassen, weil er von Harlan und anderen Stellen so bedrängt sei.
Am 7. Oktober 1944: Gruppenführer Hinkel bat mich zu einem Gespräch um zehn Uhr. Das Gespräch begann mit dem Satz des Herrn Hinkel: ›Es handelt sich hier um nichts, was Sie vermuten könnten‹ – Pause. – ›Ich meine keine Gagen- oder Mitglieder-Verhandlungen‹. – Pause. – ›Diesmal handelt es sich nur um den Film‹. – Pause. – ›Nicht Kaufmann von Venedig, ich weiß ja, daß Sie Liebeneiner einen Korb gegeben haben‹. – Pause.
Gruppenführer Hinkel fuhr fort, daß es sich um eine Reihe von Filmen handle, die um die Figur eines Kriminalkommissars mit dem Spitznamen Shiva gedreht werden sollten und den man von mir gespielt zu sehen wünsche. Dieser Wunsch ging von den höchsten Stellen aus.
Ich erwiderte, daß ich in einigen Tagen wieder Soldat sein würde und daß ich keine Möglichkeit sähe, ein noch so verlockendes Filmangebot anzunehmen. Wir haben dann noch ungefähr eine halbe Stunde weiter verhandelt, und es blieb bei dem Ergebnis, daß ich nicht filme, sondern zum Militär gehe.«

Noch bevor sich seine Künstler in alle Windrichtungen verloren, rief GG sie – am 6. September – ein letztes Mal auf der Bühne des Schauspielhauses zusammen und hielt eine Rede. Er hatte auch diesen möglicherweise letzten Auftritt sorgfältig inszeniert; er stand gegen den heruntergelassenen eisernen Vorhang gelehnt, raffiniert beleuchtet. Er erzählte, was er alles an Klatsch über die Zukunft der Schauspieler erfahren habe, machte sich über das Gerücht lustig, daß der Inspizient Thümmler Filmstar in Tirol geworden sei, berichtete ihnen mit betonter Sachlichkeit, was aus ihnen nun wirklich werden würde. »Die gesamte Gefolgschaft der Preußischen Staatstheater besteht aus 1450 Menschen. Davon sind bereits 225 zur Wehrmacht eingezogen. Im Rahmen der neuen Totalisierung des Krieges stehen weitere 375 Kameraden unseres Betriebes der Wehrmacht zur Verfügung. Das sind also insgesamt 600 Menschen. Der Rüstungsindustrie werden 600 Mitglieder der Preußischen Staatstheater zugeführt. Auf höheren Befehl wird die Preußische Staatskapelle von 100 Mann für den Funk verpflichtet. Die Zahl der vom Film in Anspruch genommenen Gefolgschaftsmitglieder spielt diesen Zahlen gegenüber keine nennenswerte Rolle.«
Und nun kam das Entscheidende: »Für alle Gefolgschaftsmitglieder, Ar-

beiter und Angestellten der Staatlichen Schauspiele, ist der Vertrag mit diesem Institut die einzige effektive Bindung, die sie haben. Dieser Vertrag bleibt in vollem Umfang aufrechterhalten und wird, was das Finanzielle angeht, in vollem Umfang erfüllt.
Ihr geht zwar in andere Arbeitshäuser, aber wenn euch jemand fragt, wo ihr angestellt seid, dann sagt, wie ihr es ein Leben lang getan habt: im Schauspielhaus am Gendarmenmarkt. Welche Gefühle mich in diesem Augenblick bewegen, muß ich nicht sagen. Ihr werdet das wissen. Nur eins will ich aussprechen:
Solange ich euch durch diese schwere Zeit geleiten darf, so lange wird mein erster und mein letzter Gedanke die Sorge um euer Wohlergehen sein, die Sicherstellung eurer Gegenwart und eurer Zukunft. Sehen wir uns noch einmal um in diesem heiligen Raum, dem wir unser Leben geweiht haben. Halten wir fest zusammen in dem Gedanken, diesen Raum belebt und ihn zum Zeugen deutscher Bühnenkunst gemacht zu haben. Bleiben wir, was wir sind: Mitglieder der Staatlichen Schauspiele.«
Die Stille nach diesen Worten, die als eine Kampfansage gegen Goebbels aufgefaßt werden mußten, war bedrohlich. Gerda Maurus später: »Wir haben alle gedacht, er komme nicht mehr über die Straße, er müsse in jedem Augenblick, vielleicht sogar mitten aus dieser Rede heraus, abgeführt werden.«

Aber es war das, was man im Theaterjargon einen »falschen Abgang« nennt. GG hatte nicht die geringste Absicht, sich geschlagen zu geben. Theater durfte nicht mehr gespielt werden? Gut. Er würde also Dramen oder Szenen ohne Dekorationen, ohne Kostüme, in Trainingsanzügen vorlesen lassen. Er würde Dichterabende veranstalten, einen Goethe-Abend, einen Schiller-Abend. Diese Abende, diese konzertanten Aufführungen von ›Faust‹ – zu anderen sollte es nicht kommen – hatten immensen Zulauf. Jeder, der das Glück hatte, diese letzten Versuche mitanzusehen, war tief erschüttert. Es spielte nicht nur keine Rolle, daß Kostüme, Dekorationen, Beleuchtung wegfielen, die Dichtung profitierte geradezu davon. Der Schauspieler Kurt Meisel: »Aller Klimbim des Theaters fiel auf einmal weg, man hatte das Gefühl, nackt auf der Bühne zu stehen.« Das war es wohl, was Gründgens seinem Publikum, aber auch dem Propagandaministerium demonstrieren wollte: Das Theater war nicht umzubringen, auch wenn man es ohne Theater machte.
Die Leute trampelten und rasten vor Begeisterung. Als Goebbels das erfuhr, ließ er diese Darbietungen untersagen.
GG hatte es wohl nicht anders erwartet. Aber er gelobte seinen Schauspie-

lern, als man sich endgültig trennte: »Wenn das alles mal vorbei ist, fange ich wieder mit euch an.«
Mit Göring war nicht mehr zu rechnen. Aus einer Aktennotiz über ein Gespräch mit Emmy Göring: »Ich sagte unter anderem, daß ich den Herrn Reichsmarschall dringend in Theaterfragen sprechen müsse. Darauf antwortete Frau Göring: da wäre ja überhaupt sehr viel zu besprechen ...«
Aber es wurde nichts mehr besprochen. Es wurde auch nichts mehr getan.

Es ging Gründgens damals gesundheitlich nicht gut. Die Migräne-Anfälle häuften sich. Die Wirkung der Mittel nahm in dem Maße ab, in dem er die Dosis steigerte. Er war sein Leben lang von Migräne geplagt gewesen. Aber die Aufregungen der letzten Jahre, die Sorge um die ihm anvertrauten Künstler, der Zusammenbruch seiner Theater wirkten sich zusätzlich aus. Und es fehlte ihm die regelmäßige tägliche Arbeit, die ihm gleichsam als Korsett gedient und ihn auch in seinen schlimmsten Momenten aufrechterhalten hatte.
Vieles kam hinzu: Immmer abscheulicher gebärdeten sich die Menschen, die Deutschlands Geschicke leiteten. Von seiner Frau, die ihn sonst oft hatte beschwichtigen können, sah er wenig; sie filmte meist irgendwo in einem Berliner Atelier oder in Bayern. Er bekam Krach mit Jürgen Fehling, der immer etwas schwierig gewesen war und ihm jetzt erklärte, er wünsche nichts mehr mit ihm zu tun zu haben.
Ernst Busch, der kommunistische Schauspieler, dem GG einen Rechtsanwalt besorgt hatte, mußte vor Gericht.
Die Russen rückten näher.
Gründgens, der sein Leben lang immerfort von Menschen umgeben, von Menschen belagert war, fühlte sich jetzt sehr einsam. Natürlich gab es ein paar Freunde, die er hin und wieder sah. Das galt vor allem von der Schauspielerin Elsa Wagner.
Diese bezaubernde Frau, als geborene Baltin in Rußland aufgewachsen, war schon sehr früh bei Max Reinhardt gelandet und kam von dort ans Staatstheater, als noch Leopold Jeßner Intendant war. Gründgens kannte sie, lange bevor sie mit ihm beruflich zusammenkam, durch Francesco Mendelssohn. Sie war – schon als ganz junge Frau spielte sie immer ältere oder alte Rollen – die Marthe Schwerdtlein jener ›Faust‹-Aufführung, in der GG als Mephisto Sensation machte. Da waren sie schon befreundet. Sie war die erste, die erfuhr, daß er Intendant wurde. Sie war die erste Schauspielerin, die erfuhr, daß er Marianne Hoppe heiraten würde. »Ich war überhaupt immer die erste, die etwas erfuhr«, sagte sie später rückblickend. Und: »Obwohl wir so gute Freunde waren, hatten wir nie Krach.

Das ist selten unter wirklich guten Freunden. Da hat man doch immer einmal Krach. Aber mit Gustaf nie...«
Der Grund dafür, daß er sich mit ihr so eng befreundete, war: daß sie niemals etwas von ihm wollte. Für sie gab es keine Verbindung zwischen dem Privaten und dem Beruf. Gerade in der Zeit der schlimmsten Bombardierungen, als Goebbels die Theater schloß, wurde auch sie ausgebombt und fand ein Ausweichquartier in dem Dörfchen Borgsdorf, unweit von Oranienburg. GG traf sie auf der Friedrichstraße, beladen mit Koffern und Taschen, die ihr letztes gerettetes Besitztum enthielten, einen Marktroller vor sich her schiebend. Er, der sonst so entsetzlich penibel war, rief: »Laß, ich will dir helfen!« Aber den Roller schieben konnte er nicht. Sie mußte ihn seinen Händen mit Gewalt entreißen. Ein Herr, der vorbeiging, grinste und sagte: »Gelernt ist gelernt!«
Sie hatte ihm immer etwas zu seinem Geburtstag geschenkt, der wenige Tage vor Weihnachten lag, und er hatte ihr nie dafür gedankt. Jetzt, Ende 1944, gab es ja kaum noch etwas zu schenken. Da ging sie auf einen kleinen Jahrmarkt und kaufte Kinderspielzeug ein, bellende Hunde, laufende Elefanten, quiekende Püppchen, und schickte ihm das nach Zeesen. Darüber war er ganz selig. Er rief sie an, sie mußte nach Zeesen kommen, was damals schon recht schwierig war, und er führte sie sofort in sein Schlafzimmer. Auf seinem Nachttisch war das ganze Spielzeug aufgebaut.
Sie erzählte ausführlich über ihren Plan, Berlin zu verlassen. Ihre Freundin Käthe Dorsch hatte das auch getan: Sie lebte jetzt in ihrem schönen Haus am Attersee im Salzkammergut und hatte sie dringend eingeladen, zu kommen, bevor es zu spät sei. Es sei Wahnsinn, Berlin zu verlassen, rief GG aus. Den Schauspielern werde überhaupt nichts geschehen. Sie blieb also.
Eine, die nicht bleiben konnte oder durfte, war Emmy Göring, die ihr Mann, nachdem Karinhall hatte geräumt werden müssen – die Russen standen schon recht nah –, mit einem Sonderzug nach Berchtesgaden verfrachtete.
Göring selbst blieb. Er erzählte seiner Frau, daß Hitler sicher noch irgendeine geheime Waffe besitze, sonst würde er doch nicht unausgesetzt davon sprechen. Sie war skeptisch. Und sie meinte sehr vernünftig, jetzt könne ja eine solche Waffe kaum noch von Nutzen sein. Denn was immer man herunterschösse oder heruntergieße, würde auf Feind und Freund fallen, da die Feinde ja bereits längst im Lande waren. Der Abschied von GG war kurz, aber sehr traurig. Sie waren sich beide darüber im klaren, daß sie einander vielleicht nie wiedersehen würden, und wenn – unter welchen Umständen?
Wenige Tage später wurde er zu Tietjen gerufen. Ein Adjutant Görings,

Major Brauchitsch, bot ihnen beiden Kapseln mit Zyankali an. Das erhielten damals alle Prominenten. Die beiden Generalintendanten dankten. Sie hatten nicht die Absicht, in Walhall einzugehen.
So Tietjen. Aber der treue Diener Max Gebhardt: »GG trug ein silbernes Kästchen bei sich, dessen Inhalt drei kleine Kugeln mit Zyankali waren. Später habe ich das Zeug nicht mehr bei ihm gefunden. Ich wollte Ihnen damit nur sagen, wie es in seinem Inneren ausgesehen haben muß ...«
Es wurde immer einsamer um GG. Jeder, der irgendwie konnte, verließ Berlin: Filmproduzenten holten die Schauspieler zu Filmen heran, von denen jeder wußte, daß sie niemals zu Ende, daß sie vielleicht überhaupt nie gedreht werden würden. Gustav Knuth verschwand in die Lüneburger Heide, Ullrich Haupt ging ebenfalls zu Filmzwecken nach Tirol. Marianne Hoppe kam, auch als sie nicht mehr filmte, nicht wieder nach Zeesen zurück. Es hatte eine Aussprache zwischen ihr und ihrem Mann stattgefunden. Sie waren sich darüber klar, daß jeder von ihnen gefährdet war. Und jeder konnte für den anderen etwas tun, wenn ihm freie Hand blieb. Verhaftete man sie zusammen, war die Situation viel gefährlicher.
Aber beide wußten wohl, daß das, was GG zu Emmy Göring gesagt hatte, auch für sie zutraf. So wie es früher war, würde es nie wieder werden.
Viele rieten Gründgens, Berlin zu verlassen. Er hätte es gekonnt. Es gab auch keinen triftigen Grund für ihn, in Berlin zu bleiben. Aber er, der niemals viel für das Heroische übriggehabt hatte, war entschlossen zu bleiben. Schließlich waren ja noch die Schauspieler da. Würden sie ihre Gagen erhalten, wie das vorgesehen war? Er fuhr ins Büro, wo die getreue Peppel nach wie vor waltete, dann, als auch diese Räume ausgebombt waren, etablierte er sich in einem Ersatzbüro. Als er erfuhr, daß kein Geld mehr angewiesen wurde, um die Gagen auszuzahlen, hob er sein Privatkonto ab, was nur auf Grund eines entsprechenden Befehls Görings möglich war. Tagelang ging er oder fuhr er durch Berlin – soweit noch Fahrgelegenheiten waren –, suchte seine Schauspieler auf und zahlte ihnen aus, was sie zu bekommen hatten. Die meisten erfuhren erst viel später, daß es sein letztes Geld war, mit dem er einsprang. Meist war Karl Rupprecht mit von der Partie, weil die Aktentasche, in der sich das Geld befand, ja ziemlich schwer war. Dann mußte auch Rupprecht Abschied nehmen – der Volkssturm forderte seine Dienste. Als ihn GG auf einem Bahnsteig der S-Bahn sah, in einer Hauptmannsjoppe, altmodischen Breeches und mit umgeschnalltem Seitengewehr, begann er zu lachen, wie er seit langem nicht mehr gelacht hatte.
Draußen, in Zeesen, starb nach einer langen schweren Krankheit die Frau Paul Bildts, eine Jüdin, deretwegen er sich stets in einer gewissen Gefährdung befand, bis ihn GG aufnahm. Neues Problem: wie sie begraben, da sie doch keine »richtigen« Papiere besaß? Gründgens fuhr zu dem SS-Kom-

mando von Zeesen und ordnete als Staatsrat kaltblütig die Beerdigung an. Später: »Wenn ich heute überlege, was man damals alles gewagt hat, tritt mir noch jetzt der Schweiß auf die Stirn.«
Die Russen kamen näher. Zeesen lag auf ihrem Weg. GG entschloß sich, nach Berlin zu ziehen. Der getreue Max Gebhardt erklärte, er würde draußen bleiben und das Anwesen »schützen«.
Immer wieder trieb es GG zum Staatstheater. Das war nun schon eine Ruine. Aber seltsamerweise war seine Garderobe intakt geblieben. Sein Mitarbeiter Eckart von Naso suchte ihn dort auf und fragte, was er tue. GG antwortete: »Ich lerne Goethes Gedichte auswendig. Ist das nicht eine gute Beschäftigung?«
Das mußte Naso zugeben. Aber wer konnte ahnen, daß gerade diese Gedichte GG das Leben retten würden.
Am 20. April – die Russen waren nun schon sehr nahe – erschien Gründgens noch einmal bei der Peppel im Büro, riet ihr, zusammenzupacken und schlug vor, noch ein bißchen durch die Straßen zu bummeln. »Fahren können wir ja doch nicht mehr.«
Dann kam ihm ein Gedanke. »Wir wollen nochmal zum Luftfahrtministerium gehen.« Dort hatte man ihm noch tags zuvor angeboten, ihn aus Berlin herauszufliegen, und er hatte abermals abgelehnt. Jetzt war das Luftfahrtministerium leer. Sie gingen noch ein Stück weiter, die Leipziger Straße hinunter bis zum Potsdamer Platz. Sie umarmten sich, sie küßten sich. »Wir sehen uns sicher mal wieder ...«, sagte er und schritt weiter, ohne sich umzudrehen.
Max Gebhardt: »Kurz bevor die Russen einmarschierten, war er noch zweimal in Zeesen, und ich muß sagen, ich war erstaunt – er war plötzlich nicht mehr der niedergeschlagene Mensch, er hatte sonderbarerweise wieder seinen Elan und wünschte, daß die Rote Armee dem ganzen Spuk so schnell wie möglich ein Ende machen sollte ...«
Sonderbarerweise? Nein, er hatte wieder einen Menschen gefunden – gerade, als er untergetaucht und gegangen war.

Niemand war ungeeigneter, diese Situation zu meistern, als Gustaf Gründgens. Er, der souverän von einem Schreibtisch, von einem Regiepult aus dirigieren, regieren konnte, war, ganz auf sich selbst gestellt, zu überhaupt nichts fähig. Er hatte nicht die blasseste Idee, wie man sich in diesen Tagen etwas zu essen besorgte. Er konnte nicht einmal Eier kochen. Er war nicht imstande, sich einen Knopf anzunähen. Er konnte auch kaum riskieren auf die Straße zu gehen – er war zu bekannt. Und seine Situation war wohl besonders kompliziert dadurch, daß sie halb legal, halb illegal war. Er hatte das Recht, in Berlin zu wohnen, sich in Berlin aufzuhalten, denn er befand sich auf Urlaub. Aber er konnte jeden Tag, jede Stunde zurückgerufen werden. Nur war das praktisch nicht möglich, da seine Vorgesetzten, soweit sie sich nicht bereits in Zivilisten verwandelt hatten, keine Ahnung hatten, wo er sich befand.

Er befand sich in einer kleinen Wohnung in der Fredericiastraße, unweit vom Reichskanzlerplatz, der damals noch Adolf Hitler-Platz hieß, im Westen von Berlin. Da trat ein Vierundzwanzigjähriger in sein Leben, der ganz, ganz anders geartet war als er selbst. Er hatte Gründgens 1942 kennengelernt, als er nach einer Verwundung auf Urlaub von der Front sich in Berlin aufhielt. Der junge Mann wollte zum Theater gehen. GG war nicht interessiert. Was konnte man schon mit einem jungen Soldaten beginnen, der in wenigen Wochen wieder an die Front mußte? Die Unterredung war kurz und kühl verlaufen.

Peter Gorski kam in dieser Zeit, in der Berlin bereits Kriegsschauplatz geworden war, zurück. Er war Sanitäter geworden in der vagen Hoffnung, vielleicht dadurch eine Stunde länger leben zu können. Er kam illegal mit gefälschten Papieren, mit zwei Autos und einer kompletten Feldapotheke.

Er stand mutterseelenallein auf der Welt. Die Mutter war bald nach seiner Geburt gestorben, sein einziger Bruder war gefallen, der Vater vier Wochen später gestorben. Er selbst hatte fünf Jahre an der Front gestanden.

Er fuhr zu einem Bekannten, der ihm erzählte, ein Stockwerk höher logiere Gründgens; er solle doch einmal nach ihm sehen. Der Bekannte selbst hatte keine Zeit, er mußte sich irgendwelche Spritzen ins Bein machen, um am nächsten Tag bei der Musterung zu hinken, damit er zurückgestellt würde.

Gorski ging also hinauf zu Gründgens. Er hatte nicht erst seit gestern begriffen, daß der Krieg verloren war, daß nur der eine Chance hatte zu überleben, der sich von allen Skrupeln befreite. Er besaß, wie gesagt, gefälschte Papiere, er hatte Beziehungen zum Schwarzen Markt, er suchte Kontakt zu anderen »Defaitisten«, er war mit allen Wassern gewaschen.

Ihm gegenüber stand der Mann, der ihm vor rund drei Jahren so sehr imponiert hatte, den er für den größten Schauspieler hielt – jedenfalls für den größten, den er zu Gesicht bekommen hatte –, und dieser bedeutende Mann war nun – wie er sich später ausdrückte – »ein armer Hund«. Als Gorski zu ihm kam, war er gerade bemüht, eine Konservendose zu öffnen. Aber der Mann, der eine Bühne bevölkern, eine Welt aus toten Buchstaben erstehen lassen konnte, vermochte nicht, die Büchse zu meistern oder sich eine Tasse Kaffee zu kochen. Er hatte überhaupt nicht die geringste Idee, wie alles weitergehen sollte. Er wußte nur eines: er würde unter allen Umstän-

den in Berlin bleiben. Nachdem er sein anfängliches Mißtrauen überwunden hatte – wer wußte schon von dem anderen, ob er nicht Agent der Gestapo war? –, lehnte der das Angebot Gorskis, ihn mit gefälschten Papieren auch jetzt noch aus Berlin herauszuschleusen, ab.
Es war in den letzten Tagen des Krieges, der grauenhafte Kampf um Berlin hatte begonnen, man war nie sicher, ob nicht im nächsten Augenblick das Haus, in dem man sich befand, einstürzen würde. Und während dieser ganzen Zeit blieb GG, was er immer gewesen war, was er immer sein wollte: korrekt, zurückhaltend. Er schauderte, wenn er von Gorski vernahm, wie der dieses Stück Fleisch oder jene Kiste mit Dauerbrot organisiert hatte – nein, dazu wäre er nie fähig. Nicht einmal als die Welt unterzugehen schien.
Aber er war gerührt. Zum ersten Male geschah es ihm, der fast immer für andere hatte sorgen müssen und bis zuletzt gesorgt hatte, daß jemand für ihn sorgte. Und für Gorski war es ein ungeheures Erlebnis, daß der bedeutende und unnahbare Mann so offen mit ihm sprach. Im Kugelregen der letzten Tage kam es zu interessanten, zu erregenden Unterhaltungen, und eine Freundschaft wurde geschlossen, die erst GGs Tod zerriß.
Und dann war es zu Ende. Kein Schuß mehr. Stille lag über Berlin, unheimliche Stille.
Sofort fand GG seine Aktivität wieder. Er zog in die geräumige Wohnung von Knuth, die dieser ihm vor einiger Zeit zur Verfügung gestellt hatte, als er selbst Berlin verließ. Sie lag übrigens nur um die Ecke – mit ihm kam Peter Gorski, dann holte GG sofort Marianne Hoppe. Das war typisch für ihn. Er hatte sie in einer Zeit geheiratet, in der es vor allem wichtig war, einen verläßlichen Menschen zu haben. Er hatte sich von ihr getrennt, als ein Zusammensein mit ihm ihr nur hätte schaden können. Nun, da er hoffte – sogar vage glaubte –, alles würde wieder so werden wie früher, mußte sie natürlich mit von der Partie sein.
In diesen ersten Tagen nach dem Krieg war alle Welt unterwegs, nicht zuletzt suchten die Schauspieler einander: wer war noch da, wo steckte er, wo steckte sie? Bei jedem Wiedersehen Umarmung. Man lebte also noch!
Als Hubert von Meyerinck schließlich herausgefunden hatte, wo GG sich aufhielt und zu ihm eilte, fand er ihn in ernster Stimmung. GG hatte erfahren, daß der mit ihnen beiden befreundete Hans Brausewetter noch in den letzten Kriegstagen schwer verletzt worden war, weil er während eines Beschusses aus seinem Hause, ebenfalls in unmittelbarer Nähe der Knuthschen Wohnung, herausgelaufen war. Eine Granate hatte ihm den Rücken zerrissen. Er wurde ins nahe Paulinenhospital geschafft.
Man konnte nur eines für ihn tun: ihn mit Morphium vollpumpen, damit er nicht allzusehr litt. GG erschien als einziger noch rechtzeitig im

Krankenhaus. Es war etwas Tragisches um den Tod dieses bezaubernden Schauspielers, der die Nationalsozialisten so leidenschaftlich gehaßt und seinen Freunden immer prophezeit hatte: »Den Hitler überlebe ich nicht ...«
Nun, da GG neben ihm saß und wußte, daß die Stunden, daß die Minuten gezählt waren, war Brausewetter zum ersten Mal optimistisch. »Jetzt ist alles schön und gut«, sagte er. »Jetzt wird alles wieder in Ordnung kommen. Jetzt werde ich leben, und wir werden froh und glücklich sein ...«
Aber seine ständige Prophezeiung sollte sich als wahr erweisen. Hitler überlebte ihn noch, wenn auch nur um ein paar Stunden.
Gründgens hatte nur eine Idee: wieder anfangen, sofort, ohne die geringste Pause, mit denen, die zur Verfügung standen. Er würde ›Die Räuber‹ inszenieren, er selbst als Franz, mit Horst Caspar als Karl, mit Antje Weisgerber als Amalie, mit Paul Wegener als altem Moor, mit Kurt Meisel als Spiegelberg, mit Alfred Schieske als Roller, Eckard als Schweizer, und, überflüssig zu sagen, auch die Peppel war wieder mit von der Partie und auch Valeska Bauer, die verläßliche Souffleuse. Kein Tag, keine Stunde durfte verloren werden!
Ihn kümmerte es wenig, daß die Größen des nationalsozialistischen Regimes einer nach dem anderen verhaftet wurden. Was hatte er mit Heinrich George gemein, was mit dem üblen Bühnenbildner Benno von Arent? Es machte auch keinen allzu großen Eindruck auf ihn, daß er selbst verhaftet wurde – und zwar nicht weniger als sechsmal. Viel schlimmer war das für die Zurückgebliebenen, für Marianne Hoppe, für Peter Gorski, für die anderen Freunde. Gründgens war sicher, daß er sehr schnell wieder entlassen würde – man mußte ja wissen, wie er zu dem Regime gestanden hatte, daß er alles andere als ein Nationalsozialist gewesen war. Sechsmal kam er zurück. Das siebente Mal ...
Die Proben zu den ›Räubern‹ gingen im Harnack-Haus in Dahlem vor sich, in einem riesigen Saal mit kleiner Bühne. Vierzehn Tage lang wurde probiert, vom Morgen bis zum späten Nachmittag. Vierzehn Tage erschien Gründgens auf dem Fahrrad zur Probe. Mittags gab es ein kärgliches Mahl für die Schauspieler, verabreicht von einer Essensstelle. Die anderen kamen vor Hunger fast um. GG selbst spürte ihn nicht. So begeisterte ihn der Gedanke, endlich wieder Theater zu machen.
Beim siebenten Mal ...
Später wurde die Frage tausendmal erörtert: War Gründgens denunziert worden? Möglich, sicher ist es nicht. Wahrscheinlich, wenn man den Schrei von plötzlich Verhafteten: »Warum denn ausgerechnet ich? Gründgens war doch viel wichtiger!« als Denunziation ansehen will.
Wie dem auch sei: am 6. Juni kamen zwei Herren von der NKWD, der

Sowjetischen Geheimpolizei, ins Haus und verlangten Gründgens zu sprechen. Die Peppel empfing sie, sagte, Gründgens sei fort, sie wisse nicht, wohin. Sie wußte natürlich, wo er war, aber wie sie später sagte: »Ich hätte es nicht übers Herz gebracht, die Russen zu ihm zu führen.« Marianne Hoppe wurde gerufen. Die sowjetischen Offiziere machten einen eher günstigen Eindruck auf sie. Übrigens hatte sie nicht die Möglichkeit, zu behaupten, daß sie nicht wisse, wo ihr Mann sei. Sie erbot sich, sie ins Harnack-Haus zu begleiten.
Kurze Zeit danach erschien ein nicht unbekannter Berliner Schauspieler, der in zahlreichen nationalsozialistischen Propagandafilmen an hervorragender Stelle mitgewirkt hatte, mit sowjetischen Geheimpolizisten und behauptete, er müsse Gründgens zu einer Unterhaltung mitnehmen. Er zog aber unverrichteterdinge ab. Das gab zu der Behauptung Anlaß, die Verhaftung von GG sei auf sein Konto zu buchen. Erwiesen konnte es nie werden. Gründgens selbst meinte dazu: »Ich möchte annehmen, daß man ihm ziemlich zugesetzt und daß er dann schlapp gemacht hat ... Es ist also juristisch vielleicht nur ein Zufall, daß ich nicht auf seinen Besuch hin verhaftet wurde, sondern schon verhaftet war ...«
Als die NKWD-Offiziere im Harnack-Haus eintrafen, wurde die Probe unterbrochen. Niemand machte sich ernsthafte Gedanken – mit Ausnahme von Peter Gorski. Der riß Gründgens zur Seite: »Trau den Russen nicht! Ich habe sie drei Jahre erlebt! Das ist NKWD! Ich bring dich zum Hintereingang raus! Ich bring dich aus Berlin raus ...«
GG schüttelte den Kopf. Er folgte den Herren. Sie verhafteten ihn.

SECHZEHNTES KAPITEL
Verschollen

GG wurde von den beiden sowjetischen Offizieren, die so gar keinen bedrohlichen Eindruck gemacht hatten, in einem Wagen zu einer Villa in den Grunewald gefahren. Man ersuchte ihn, sich in einer Halle niederzusetzen, wo bereits eine Reihe von Leuten wartete. Stunden vergingen, ohne daß etwas geschah. Von Zeit zu Zeit öffnete sich eine Zimmertür, und ein Mann kam heraus, sichtlich erleichtert. Gelegentlich wurde auch einer abgeführt. Wenn die Tür zu dem einen oder anderen Zimmer aufging, sah man mit einiger Schwierigkeit – denn die Luft war grau von Zigarettenrauch – sowjetische Offiziere.

Nach etwa zwei bis drei Stunden kam ein Soldat heraus mit einem Zettel und buchstabierte umständlich: »Sie können gehen, Herr Grü ... Grü ...« Gründgens stand auf, gleichzeitig aber auch ein anderer Herr. Der Soldat verlas schließlich den ganzen Namen: »Herr Grüters, geh!« und zeigte zur Tür. Herr Grüters entwich, so schnell er konnte. Der Soldat wandte sich Gründgens zu: »Du ...!«, machte die Bewegung des Halsabschneidens und verschwand wieder.

Es war vielleicht nur ein Spaß, aber GG konnte darüber nicht lachen.

Und dann wurde er hereingeholt und verhört, wieder einmal verhört. Es war das siebente Mal. Gründgens spürte sofort, daß dies Verhör ernsthafter war als die früheren. Ein Offizier wollte von ihm wissen – übrigens in fließendem Deutsch –, was denn ein Generalintendant sei? Und er gab sich auch gleich selbst die Antwort, nämlich, das müsse doch eine ziemlich hohe militärische Charge sein. Gründgens versicherte, davon könne keine Rede sein und fügte hinzu, er sei nicht Soldat, sondern Künstler.

Der Offizier grinste. Er hatte den Schuldigen ertappt. Er hielt ihm Papiere unter die Nase, aus denen hervorging, daß Gründgens Soldat gewesen war. Und der bisher eher ruhige und höfliche Mann wurde wütend: »Sie lügen ... Sie lügen ...«

Eine Pause trat ein. Dann begann ein anderer: »Du General ...«

Bereits ziemlich enerviert, versuchte Gründgens von neuem zu erklären, was ein Generalintendant sei. Man glaubte ihm nicht mehr. Der zweite Mann, der ihn verhörte, fand es geradezu unwürdig, daß ein General sich als Schauspieldirektor ausgebe. Er wollte wissen, wie viele GG gehabt habe?

Wie viele? Was konnte das bedeuten? Für Gründgens konnte es nur bedeuten, daß jener wissen wollte, wie viele Leute er unter sich gehabt habe. Er rechnete schnell nach: Technisches Personal, Garderobe, Schauspieler.... »Hundertzwanzig«, sagte er.

Als sei dies eine Zauberzahl, wurde er auf den Wink des befragenden Offiziers von zwei Soldaten gepackt, in einen Jeep gestoßen, in ein benachbartes Haus gefahren, unverzüglich einem General vorgeführt, aber das begriff er erst, als er sich mit russischen Uniformen auskannte. Der wollte wissen: »Sie haben einhundertzwanzig Divisionen befehligt?«

»Nicht Divisionen...«, versuchte GG zu berichtigen. Aber er hätte ebenso gut schweigen können. Eine Weile kümmerte sich der General gar nicht um ihn, dann schrieb er ein Schriftstück aus. Gründgens wurde wiederum abgeführt, das Auto fuhr wild durch die Straßen des Berliner Westens, der russische Chauffeur kannte sich offenbar nicht aus. Schließlich landete man in der Nähe einer großen Wiese. Gründgens vermutete, es handle sich um Terrain in unmittelbarer Nähe der Kadettenanstalt in Lichterfelde. Er wurde unsanft aus dem Wagen gestoßen mit dem Bedeuten, einem jungen Soldaten zu folgen. Der versetzte ihm erst einmal einen Fußtritt. Gründgens, überzeugt, er werde nun umgebracht werden, benutzte die einzige Waffe, die ihm zur Verfügung stand: seine schauspielerische Kraft. Er drehte sich nach dem jungen Soldaten um und sah ihn mit einem Blick an, der bedeuten sollte: ›Was hast du getan, Bruder?‹

Und in der Tat, der Soldat wurde unsicher und trat ihn nicht mehr. Er führte ihn zu einer Grube und stieß ihn dort hinunter. In der Grube befanden sich bereits zwanzig andere Arretierte. Als der Soldat sich entfernt hatte, murmelte einer: »Sie werden uns alle erschießen! Wir sind schon in unserem Grab...«

Aber es kam anders. Sie wurden herausgeholt und auf einen Lastwagen gestoßen, der schon reichlich voll war. Er fuhr quer durch Berlin, hielt mehrere Male, und es kamen immer neue Häftlinge hinzu. Die Linden, der Alexanderplatz und plötzlich, Gründgens traute seinen Augen nicht, fuhr man durch das ihm so wohl bekannte Königswusterhausen. Ein Schild zeigte an: »Nach Zeesen 5 km.«

So nahe seinem Haus – und doch so fern! In diesem Augenblick fürchtete er – das hat er mir später oft erzählt –, daß er nie wieder zurückkommen werde. Sie können ja meinen Namen nicht einmal aussprechen, dachte er. Die Meinen werden mich nicht finden, selbst wenn sie es wollten.

Den treuen Max Gebhardt, den er bei sich zu Hause vermutete, hatte man aus der Villa geworfen, sie war Kommandantura geworden. Ein paar Wochen lang, dann zogen die Sowjets wieder aus, aber noch bevor Gebhardt dort wieder einziehen konnte, waren fast alle wertvollen alten

Möbel verschwunden. Er wußte, daß nicht nur die Russen geplündert hatten, sondern auch die lieben guten Freunde aus Königswusterhausen. Er wußte, wo manches Stück stand – und vermutlich noch steht.
Schon wenige Stunden nach Gründgens' Verhaftung versuchten Kollegen, die mit ihm auf der Probe gewesen waren, etwas für ihn zu tun. Sie stürzten in die Schlüterstraße, in das Büro, wo einst der großtuerische Hans Hinkel residiert hatte und wo jetzt Paul Wegener so etwas wie eine Nachfolgerschaft der Kulturkammer aufzuziehen gedachte. Sie trafen den ehemaligen Direktor Herzberg vom Deutschen Theater, der von seiner nicht-jüdischen Frau während vieler Jahre versteckt gehalten worden war und der von den Russen besonders geschätzt wurde. Herzberg ging sogleich zu General Bersarin, dem damaligen sowjetischen Kommandeur, und erklärte ihm, die Verhaftung von GG sei ein schwerer Fehler, es handle sich hier um einen vorzüglichen Mann, der niemals Nationalsozialist gewesen wäre.
Bersarin nickte, ergriff das Telefon, führte ein oder zwei Gespräche. Schließlich gab er zu: »Ich würde ja für Ihren Mann gern etwas tun« – auch er konnte den Namen Gründgens nicht aussprechen – »aber es ist mir unmöglich, herauszufinden, wo er steckt.«
Es lag eben an dem sowjetischen System oder richtiger der Systemlosigkeit. Jemand konnte von einer untergeordneten Stelle in Potsdam oder sogar mitten in Berlin verhaftet, in Kellern festgehalten oder verschleppt werden, und die vorgesetzten Stellen brauchten nie etwas davon zu erfahren. Es gab keine zentrale Stelle, bei der alle Nachrichten zusammenliefen oder die ihrerseits Befehle zur Freilassung von Gründgens – nur als Beispiel – hätte erlassen können.
Marianne Hoppe, Peter Gorski und die anderen Freunde vernahmen es mit Entsetzen. Sie konnten sich nicht vorstellen, daß GG eine Haft von mehreren Tagen oder gar Wochen würde überstehen können. Wenn er einen Migräneanfall bekam, ohne daß ein Arzt zur Stelle war! Oder wenn er seine Brille verlor – dann war er fast blind. Nicht auszudenken, was aus ihm werden sollte – in einer Situation, in der selbst praktischere, geschicktere Männer sich als völlig hilflos erwiesen.
Irgendwann, bald hinter Königswusterhausen, wurden die Gefangenen von dem Lastwagen heruntergeholt und mußten nun zu Fuß weiterlaufen. Es ging ein paar Stunden lang durch Dörfer, durch Wälder, über Felder. Gelegentlich wurde ihnen durch die Dorfbevölkerung Wasser oder etwas zu essen gereicht. Eine Frau erkannte GG, lief ein Stück neben ihm her und jammerte: »Ja, Herr Gründgens, um Gottes willen, wie kommen Sie denn hierher?«
Er sagte nur: »Sagen Sie meiner Frau, daß Sie mich gesehen haben.«

Sie tat es auch, und dies war die erste Spur, die freilich bald im Sande verlaufen sollte.
Diese Nacht mußte Gründgens auf dem Feld übernachten. Neben ihm lag ein älterer Herr, wohl ein höherer Richter, wie er später meinte. Beide hatten zusammen nur eine Decke. Als Gründgens am Morgen aufwachte, war der Mann neben ihm tot. Er und die anderen mußten ihn begraben.
Und weiter ging es, immer weiter, eine unendliche Landstraße hinunter. Es wurde sehr heiß. Die Gefangenen – es befanden sich auch Frauen darunter – blieben manchmal stehen, aber nicht lange, denn die sowjetischen Soldaten trieben sie auf die brutalste Weise, oft mit Schüssen vor die Beine, an. Einer hatte auch eine Peitsche, aber Gründgens versicherte, er habe sie nicht benutzt.
In Berlin, das ihm schon Welten entfernt schien, wurde seine Sache nicht einen Augenblick im Stich gelassen. Das war in erster Linie das Verdienst der unermüdlichen Marianne Hoppe. Die eilte zu ihrem Anwalt, Dr. Friedrich Carl Sarre, schleppte auch gleich einige Schauspieler mit, die eidesstattliche Versicherungen darüber abgaben, wem GG geholfen hatte, wann und wie. Unter denen, die sich mit besonderer Wärme einsetzten, war auch sein alter Lehrer Paul Henckels.
Aber was nutzten alle eidesstattlichen Versicherungen? Paul Wegener, tief entsetzt, erklärte, er habe bisher nicht einmal herauszufinden vermocht, warum Gründgens eigentlich verhaftet worden sei. Sollte man sich an jenen Schauspieler wenden, der am Tage der Verhaftung von Gründgens mit NKWD-Männern vor seiner Wohnung aufgetaucht war? Besser nicht, es war ja durchaus möglich, daß der sich mit den Russen so angefreundet hatte – oder sie sich mit ihm –, daß man schon wegen einer bloßen Nachfrage festgenommen würde.
Schließlich wurde in der Kammer der Kunstschaffenden – so nannte sich das Büro von Wegener – folgendes Schreiben verfaßt:
»Die unterzeichneten Schauspieler des Staatlichen Schauspielhauses Berlin treten hiermit für ihren früheren Chef Gustaf Gründgens ein. Es handelt sich darum, daß Gründgens jetzt bereits zum siebenten Mal in Haft genommen worden ist. Im Augenblick liegt die Verhaftung vier Tage zurück, und wir wissen nicht, wo er ist. Wenn gegen Gründgens Dinge vorliegen, die einer Verhandlung bedürfen, dann haben wir selbstverständlich nicht die Absicht, uns gegen diese Maßnahme zu wenden. Aber vielleicht wäre es möglich, wenn eine Dauerhaft noch nicht geboten ist, ihn stets greifbar freizulassen, bis das Verfahren eröffnet wird, da bei seiner sensiblen Künstlernatur durch die wiederholten Verhaftungen seine Gesundheit und sein Leben gefährdet sind.
Wir treten für unseren Kollegen Gründgens ein, weil wir ihn als Menschen

und Kameraden und trotz seines Postens als Generalintendant der Staatlichen Schauspiele als Antifaschisten in schwierigen Situationen kennengelernt haben. Er hat sich z. B. nicht gescheut, gegen das Regime Schauspieler in seinem Ensemble zu halten und zu schützen, die nach den sogenannten Nürnberger Gesetzen schwerstens belastet waren. Wir könnten viele Fälle dafür anführen. So würde es uns doppelt leid tun, wenn auf diese Weise ein großer Künstler, bevor sein Fall geklärt ist, zugrunde ginge. Wir bitten deshalb, wenn es möglich ist, Herrn Gründgens vorläufig in Freiheit zu belassen, bis endgültig über sein Geschick entschieden wird.
Wir sprechen mit diesem Gesuch die Meinung aller unserer Kollegen aus. Das Technische Personal der Staatlichen Bühnen schließt sich uns in seiner Gesamtheit an.

Für die Schauspieler:
gez. Paul Wegener, Paul Henckels, Aribert Wäscher, Horst Caspar, Walter Werner, Elsa Wagner.

Für das technische Personal:
gez. Zettier.

Dergleichen konnte damals nicht ohne Risiko zu Papier gebracht werden. Marianne Hoppe aber war es noch viel zu wenig. Sie fuhr unermüdlich auf ihrem Fahrrad hin und her, sie durchkämmte die Kreise ihrer Bekannten nach Leuten, die Beziehungen zu den Russen haben konnten, sie war entschlossen, wie sie an Wegener schrieb, bis zu Bersarin vorzudringen.
Aber so weit kam sie nicht. Und es vergingen Tage und Wochen, bis man schließlich herausfand, daß sich GG in einem Lager in Jamlitz befand, unweit von Frankfurt an der Oder. Dies geschah, weil ein Musiker der Staatsoper aus dem gleichen Lager entlassen wurde. Nun wußte man wenigstens, wo er war.

Aber zuvor hatte er in einem anderen Lager gehaust, etwa zwanzig Kilometer nordöstlich von Berlin, in dem kleinen Ort Weesow, aus dem die Bevölkerung vertrieben und der ganz von der NKWD okkupiert worden war. Gleich nach der Vertreibung der Bewohner der fünf Bauernhöfe hatte man um den gesamten Ort hohe Drahtzäune gezogen, ja, Wachtürme errichtet, die bei Tag und bei Nacht von sowjetischen Soldaten besetzt waren. Ständig wurden neue Gefangene ins Lager getrieben, darunter auch viele ehemalige Wlassow-Soldaten.
Es sah so aus, als sollte dieses Lager den Gefangenen für längere Zeit als Heimstätte dienen. Eine Lagerküche wurde eingerichtet, ein Lazarett, ein

Entlausungsbad, es gab auch Ärzte, und Handwerker mußten dafür sorgen, daß die Räume der Offiziere wenigstens einigermaßen »gemütlich« wurden. Der eine Bauernhof wurde zur Kommandantur bestimmt, die anderen vier Höfe dienten den Gefangenen. Gründgens kam im Hof I unter, der von einem niedrigen märkischen Bauernhaus, zwei Stallgebäuden und einer Scheune begrenzt war. Um es genauer zu sagen: GG kam in den Schweinestall, der freilich schon ausgekehrt war, aber es gab wenig Stroh auf dem mit Steinen bepflasterten Boden.

Gründgens' einzige, aber schreckliche Angst war: zu verdrecken, unterzugehen in der Masse, bis er nicht mehr zu identifizieren sei, bis er seine Persönlichkeit verloren haben würde. Dies mußte er unter allen Umständen vermeiden. Er suchte sich sogleich einen Platz in der äußersten Ecke des Stalles aus, so daß er, wenn er sich zur Wand drehte, wenigstens die Illusion hatte, allein zu sein. Bald stellte sich heraus, daß sich hinter der Wand der Raum befand, in dem Leichen gesammelt wurden, denn es starben ja besonders in den ersten Tagen der Gefangenschaft viele Leute. Die Russen gingen nicht sehr liebevoll mit diesen Leichen um; sie warfen sie einfach hinter die Bretterwand, und Gründgens hörte es jedes einzelne Mal. Seltsam genug: dieses grauenhafte Erlebnis flößte ihm neuen Mut ein. Er fühlte – er hat das später manchmal gesagt – in solchen Augenblicken: Nein, es ist dir nicht bestimmt, hier hinter dieser Bretterwand, auf diesem Leichenhaufen zu enden!

Als nächstes tauschte er seine Brotration gegen ein Handtuch oder ein Kopfkissen ein, und von diesem Stück weißen Leinen riß er jeden zweiten Tag einige Zentimeter herunter und hatte so stets eine Binde um den Hals oder, wie er es damals empfand, einen reinen Kragen.

Sechs Wochen blieb er in Weesow. Was ihn damals fast am schlimmsten quälte – jenseits der absurden Situation, in der er sich befand –, waren die Versuche von Unbekannten, sich bei ihm anzubiedern. Er empfand es als einfach grotesk, daß sie noch jetzt in ihm den Prominenten sahen, auf den sie in gewisser Weise geradezu stolz waren. Kein Tag verging, ohne daß sich ihm dieser oder jener näherte, mit dem er nun absolut nichts zu tun haben wollte; es handelte sich durchweg um Nationalsozialisten, die in ihm, dem »Staatsrat«, gewissermaßen einen Gesinnungsgenossen erhofften. Eines Tages näherte sich einer, schlug die Hacken zusammen und schnarrte: »Beabsichtigen Herr Staatsrat Suizid, ich könnte nämlich aushelfen...« Er griff dabei in die Tasche, um anzudeuten, er habe das Nötige bei sich.

Wenn GG später davon sprach, tat er es lächelnd. So stark war seine Verachtung denen gegenüber, die sich wegstahlen.

Ende Juli kam der Befehl, das Lager Weesow zu räumen: die Gefangenen, die nicht bereits abtransportiert oder entlassen worden waren – beides geschah täglich und ohne jegliche Vorbereitung –, sollten sich in Zehnerkolonnen marschbereit machen. Niemand wußte, wohin es ging.
Aber bald wurde es klar, daß es sehr, sehr weit ging – und zu Fuß. Die Hitze war fast unerträglich. Es gab nichts zu trinken und auch nichts zu essen. Die Wachmannschaften gestatteten keine Rast. Immer wieder kam es vor, daß jemand zusammenbrach. Als eine Frau neben Gründgens zu Boden sank, blieb er bei ihr stehen und sagte: »Du darfst jetzt nicht liegen bleiben, sonst stirbst du!« Sie erhob sich mühsam, und er schleppte sie weiter. Wer hätte sich ihn noch vor Wochen in einer solchen Lage vorstellen können?
Schließlich, nach einer Ewigkeit – niemand versuchte mehr die Tage des Marsches zu zählen –, kam man nach Frankfurt an der Oder. Die meisten waren nur noch Haut und Knochen. Sie lehnten sich an die Wände der Häuser, um nicht umzusinken. Und immer noch ging es weiter ... weiter bis zu dem Ort Jamlitz.
Von dort aus gelang es GG, seiner Frau den ersten Kassiber zu schicken, nämlich durch Kontakte, von Gefangenen unter Gefahren mit den Dorfbewohnern aufgenommen. Andere gingen an Peter Gorski. Aber was ihn aufrechthielt, war nicht so sehr das Bewußtsein, daß sie nun wußten, wo er steckte – das bedeutete noch keine Rettung. Das Entscheidende war, daß er begriff – darüber haben wir manches Mal gesprochen –, daß er auch jetzt noch, in dieser unwürdigen Lage, er selbst war und es bleiben würde. Er war ein Künstler, er würde immer ein Künstler sein. Ihm war die Fähigkeit gegeben, Worte zu sprechen, ihnen Sinn zu verleihen, und das konnte ihm niemand nehmen.
In den letzten Tagen vor dem Fall von Berlin hatte er in seiner Garderobe gesessen und Gedichte von Goethe, Hölderlin und anderen Klassikern auswendig gelernt. Nun sprach er sie sich selbst vor. Etwa Hyperions Schicksalslied:

Doch uns ist gegeben,
Auf keiner Stätte zu ruhn,
Es schwinden, es fallen
Die leidenden Menschen
Blindlings von einer
Stunde zur anderen,
Wie Wasser von Klippe
Zu Klippe geworfen
Jahr lang ins Ungewisse hinab.

Er war der geblieben, der er war. Er konnte, wenn die anderen schliefen, die Augen schließen und sich selbst Passagen aus Stücken vorsagen, die er einmal gespielt hatte. Er konnte sein Leben auf der Bühne wieder erleben. Das würde ihm niemand nehmen können. Und diese Erkenntnis führte zu einer Wandlung in ihm.
Darüber ist nie geschrieben worden und hätte wohl auch nicht geschrieben werden können, solange er lebte. Aber jetzt darf es gesagt werden: die anfängliche Angst, unterzugehen in der großen Masse – war sie nicht letzten Endes ein Beweis seiner Unsicherheit gewesen? Brauchte es denn äußerer Bestätigung durch Titel, durch Hilfskräfte, durch Sekretäre, um zu wissen, wer man war? Jetzt war ihm klar: es bedurfte alles dessen nicht.
Zuerst hatte er sich geweigert, den anderen Leidensgenossen, die diesen Wunsch äußerten, etwas vorzutragen, war überhaupt davon überzeugt, er werde nie wieder Theater spielen – und beteuerte es gelegentlich. Jetzt sah alles ganz anders aus. Warum sollte er nicht helfen, wenn seine Kunst helfen konnte? Und so stellte er, der große Gründgens, der Unnahbare, der Schwierige, sich mitten im Lager hin und rezitierte Gedichte für die, die verzweifelt waren, und hielt sie so seelisch über Wasser.

Peter Gorski war entschlossen, zu ihm vorzudringen. Er verkaufte Sachen, um Zigaretten zu erwerben – die damals einzig interessante Währung –, fuhr nach Jamlitz, umschlich das Lager tagelang, schlief in den umliegenden Bauernhöfen, fuhr in Kohlenzügen. Mehr als einmal wurde er erwischt, kam aber immer wieder durch, mit ein paar Zigaretten, mit ein paar Worten Russisch, die er während der Kriegsjahre aufgeschnappt hatte. Er war sich klar darüber, daß er Gründgens nicht herausholen konnte, aber er wollte wenigstens in seiner Nähe sein.
Durch Kassiber schlug er eine Begegnung in der Schmiede vor, wohin die Gefangenen abkommandiert wurden. Gorski erschien dort als Monteur mit Ofenrohren, aber GG kam nicht. In der Nacht buddelte sich Peter irgendwo im Wald ein. Am nächsten Morgen sah er einen Arbeitstrupp an sich vorbeiziehen. GG war wieder nicht dabei. Aber es gelang Peter wenigstens, an die anderen heranzukommen, ihnen zu sagen, sie möchten GG Grüße bestellen. Einem drückte er ein Päckchen in die Hand. Es war ein Fehpelzfutter drin, das man ganz klein zusammenpressen konnte, denn nun stand schon der Winter vor der Tür.
Dann kam er ins Gespräch mit den Wachen und versprach ihnen für den nächsten Tag zweitausend Zigaretten – das war damals ein Vermögen –, wenn er GG sehen könnte. Sie erschienen am nächsten Morgen. Er hatte nur sechshundert Zigaretten. Sie nahmen sie ihm ab und brachten ihn in

eine Baracke, wo ein Offizier, der deutsch sprach, sich erzählen ließ, was er wollte. Es sah ganz so aus, als würde er Peter Gorski dort behalten. Dann aber schien auch der Offizier an den Zigaretten interessiert zu sein.
Peter versprach, am nächsten Tag wiederzukommen und die restlichen vierzehnhundert zu bringen. Das tat er auch. Aber er wurde trotzdem nicht zu GG gebracht. Er bekam nur ein paar Zeilen von GG, er sei glücklich über diesen Versuch des Freundes, das Wichtigste sei, daß sie beide noch lebten.
Es war in der Tat damals nicht ganz leicht, zu leben – in Freiheit und in Gefangenschaft. Namentlich die Menschen in Lagern starben sehr schnell und ohne viel Aufhebens.
Nach einer Woche mußte sich Peter mit dem Erreichten zufriedengeben und kehrte nach Berlin zurück. Marianne Hoppe warnte vor weiteren Abenteuern solcher Art. Man würde es sicher auf legale Weise schaffen, hohe russische Stellen interessierten sich bereits für Gründgens.
Peter Gorski beschloß, diesem Interesse nachzuhelfen. Er fuhr nach Karlshorst, und es gelang ihm – ein größeres Wunder, als er damals ahnte –, zu Oberst Tulpanow vorzudringen, der auf der sowjetischen Seite für kulturelle Angelegenheiten verantwortlich war.
Dieser Mann, glatzköpfig, von gelber Gesichtsfarbe – er war schwer gallenleidend –, wünschte betont freundlich, den Zweck des unerwarteten Besuches zu erfahren.
Peter Gorski: »Sie haben etwas getan, was keiner von den Russen erwartet hat. Sie wollen sicher bei der Berliner Bevölkerung gut ankommen. Dazu braucht es Theater ...«
»Wir machen ja Theater ...«
»Ja. Und den größten Theatermann habt ihr eingesperrt.«
»Wen?«
»Gründgens.«
Tulpanow nickte. Er hatte den Namen nun schon oft, allzuoft gehört. Es verging kaum ein Tag ohne Petitionen für Gründgens.

Die Verbindung, die Peter Gorski mit GG hergestellt hatte, riß nun nicht mehr ab. Die Kassiber gingen hin und her. Es waren zusammengepreßte Zettel von der Größe eines Stückes Zucker. Ein Beispiel für viele ist ein Kassiber vom 10. November 1945, von GG geschrieben:
»Das dünne Fädchen, das mich mit der Außenwelt verbindet und das jeden Augenblick reißen kann – es ist hier scharfer Wind –, macht mich geschwätzig. Ich schrieb gestern an Kurt, aber doppelt hält besser. Ich brauche Couverts, ein dickes Hemd, Strümpfe, Zigaretten (zum Tauschen),

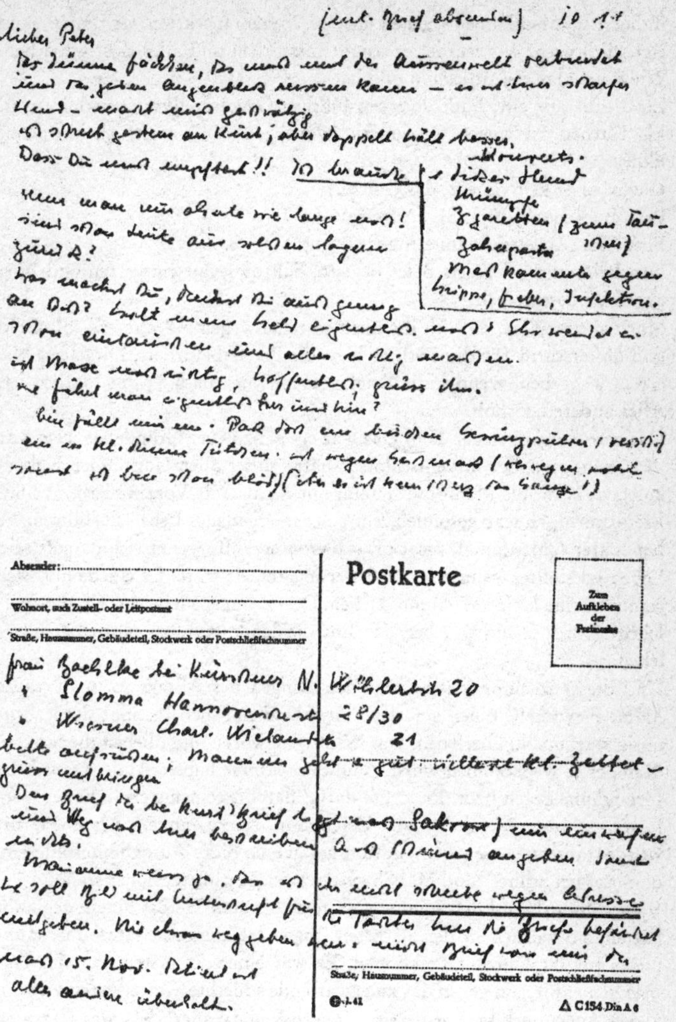
Absender:
Wohnort, auch Zustell- oder Leitpostamt
Straße, Hausnummer, Gebäudeteil, Stockwerk oder Postschließfachnummer
Postkarte
Zum Aufkleben der Freimarke
Straße, Hausnummer, Gebäudeteil, Stockwerk oder Postschließfachnummer
C154 DinA6

Faksimile des zweiseitigen Kassibers vom 10. 11. 1945 an Peter Gorski (zu den Seiten 262 und 264)

Zahnpasta, Medikamente gegen Grippe, Fieber, Infektion. Gilt mein Geld eigentlich noch? Ihr werdet es schon eintauschen und alles richtig machen. Wie fährt man eigentlich hin und her?
Eben fällt mir ein: Pack doch ein bißchen Gewürzpulver (versch.) ein in kl. Tütchen, ist wegen Geschmack (weswegen wohl sonst, ich bin schon blöd).
(Peter, es ist kein Scherz, das Ganze!)
Frau B (Adresse) Frau SL (Adresse)
Frau WL (Adresse) Männern geht es gut.
Den Brief, der bei Kurts Brief liegt (n. Sakrow), nur einwerfen und Weg nach hier beschreiben.
Marianne weiß ja, daß ich ihr nicht schreibe wegen Adresse, sie soll Geld und Unterschrift für die Tochter hier, die Briefe befördert, mitgeben. Nie etwas weggeben, wenn nicht Brief von mir, der nach 15. 11. datiert ist. Alles andere überholt.«

Das war ein ganz neuer Ton. Das war ein ganz neuer Gründgens. Das war der Gründgens, der sich entschlossen hatte, unter allen Umständen weiterzuleben. Nicht als Mann mit Titeln, mit Autos, mit Vorzimmern, mit Sekretärinnen, er war gesonnen, ein ganz bescheidenes Leben zu führen. Er hat später – manchmal, nicht oft – davon erzählt, wie er sich damals sein Leben vorstellte, wenn er erst wieder in Freiheit wäre. Er würde mit Marianne in eine kleine Wohnung ziehen. Drei Zimmer vielleicht. Kinder vielleicht – warum nicht? Aber das Entscheidende war, zu leben, zu überleben.

Und dieser so unpraktische, mit den Dingen des Alltags so unvertraute Mann entwickelte einen geradezu unwahrscheinlichen Instinkt dafür, was nötig war, um zu überleben. Das Wichtigste waren und blieben die Schuhe. Wenn er je wegkommen würde, mußte er Schuhe haben. Andere tauschten ihre Schuhe gegen Brot. Er sorgte dafür, daß die seinen stets in bester Verfassung waren, er wandte viel Zeit daran, sie zu putzen. Als es Herbst wurde, tauschte er seine Brotration gegen eine dicke Autogummisohle ein, damit er bei Schnee- und Matschwetter zwei Zentimeter höher stand.

Viele, die während des Sommers, ja noch bis zum Herbst hinein geglaubt hatten, sie würden in den nächsten Tagen freikommen, taten überhaupt nichts für ihr Durchhaltenkönnen. Er war einer der ersten, der sich Gamaschen nähte, um gegen das zu erwartende schlechte Wetter gefeit zu sein. Jeden Augenblick war er bereit – innerlich und äußerlich –, das Lager zu verlassen. Es gab zwar kaum Seife, aber seine Hände waren – wie Mithäftlinge noch nach vielen Jahren bestätigten – immer erstaunlich rein. Er rasierte sich jeden Tag. Sich zurückzuhalten, nicht zuviel zu essen – das blieb eiserne Regel für ihn; es gab ja nur Brei und Brot, und davon mußte man dick und schwammig werden. Nur ein einziges Mal gab er nach und nahm ein zweites Mal Suppe. Ein Mitgefangener, der hinter ihm stand, ärgerte sich: »Nachschlagfresser!« flüsterte er böse. Das blieb GG so im Gedächtnis haften, daß er sich nie wieder ein zweites Mal anstellte.

Es konnte den sowjetischen Offizieren nicht verborgen bleiben, daß sie einen berühmten Künstler im Lager hatten. Nun verlangten sie von ihm »Kultura«. Ein Nicken. Warum nicht? Er ließ in der Kantine ein Podium aufstellen und darauf ein Pult; er erschien mit zwei Kerzen und begann, klassische Monologe zu rezitieren.
Die Mithäftlinge lauschten. Sie fühlten sich seltsam erhoben.
Aber der Kommandant des Lagers reagierte anders. Er ließ Gründgens vorführen. »Du hast ein böses Gesicht gemacht! Du hast geschimpft!«
GG hatte das übrigens wirklich getan, wenn man es so nennen will. Er hatte unter anderem den großen Monolog des Franz Moor aus dem fünften Akt der ›Räuber‹ gesprochen.
Der Lagerkommandant: »Das nächste Mal du singen und tanzen!«
GG war einen Augenblick ratlos. Ein Mädchen in der Küche tröstete ihn, irgendwelche Schlager würde er doch kennen. Im Augenblick kannte er keinen, jedenfalls erinnerte er sich an keinen. Sie erklärte sich bereit, ihm einen vorzusingen.
Und bei dem nächsten Kultura-Abend stand Gründgens auf dem Podium oder vielmehr: er tanzte und sang dazu einen Schlager, von dem er zuvor niemals gehört hatte:

> In der Nacht ist der Mensch nicht gern alleine,
> denn die Lieb' im hellen Mondenscheine
> ist das Schönste – Sie wissen, was ich meine –
> einerseits und andererseits und außerdem.
> Denn der Mensch braucht ein kleines bißchen Liebe,
> gerade sie ist im großen Weltgetriebe
> für das Herz wohl der schönste aller Triebe
> – einerseits und andererseits und außerdem ...

Der sowjetische Kommandant und die anderen Offiziere wußten sich vor Begeisterung nicht zu lassen, obwohl sie nicht ahnten, was der Vortragende »meinte«.
GG zuckte die Achseln. Nun kehre ich wieder zu meinen Anfängen zurück, dachte er. Warum nicht?
Er stellte fest, daß er sich doch noch des einen oder anderen Schlagers von damals erinnerte. Andere Häftlinge erinnerten sich auch. So konnte er

schließlich Texte und Melodien von nicht weniger als hundertfünfundfünfzig Schlagern lernen und seinen Peinigern zum besten geben.
Aber warum sollten nur sie profitieren. Er war nun sogar bereit – ein Vierteljahr vorher hätte er das mit Entsetzen abgelehnt –, für seine Lagergenossen Theater zu machen. Mit einigen von ihnen, die früher bei ihm wohl nie als Statisten akzeptiert worden wären, studierte er große Teile der ›Räuber‹ ein. Die Bühne, wenn man sie so nennen wollte, war etwa so groß wie ein Boxring. Das Publikum? Das hielt freilich keinen Vergleich aus mit dem, vor dem er früher gespielt hatte, mit den eleganten Damen und Herren. Es waren arme, ausgemergelte, nur noch halb lebendige Menschen. Aber wie glücklich sie waren! Sie sollten eine Gründgens-Aufführung sehen!
Ein Pfiff. Einer der Russen schrie: »Dawai! Anfangen!«
Der »Vorhang« – man konnte ihn kaum so nennen – wurde aufgerissen, und dann lief auf der Miniaturbühne etwas aus den ›Räubern‹ ab. Es war alles ein bißchen gespenstisch, und keiner erfaßte das wohl besser als Gründgens selbst.
Die Russen, die der Vorstellung beiwohnten, waren nicht entzückt. Was da gespielt wurde, war es nicht traurig? Könnte Gründgens nicht etwas Lustigeres machen? Etwas wie die Schlager, die er vorgetragen hatte? Eine richtige Bühne wurde errichtet, Instrumente irgendwie organisiert, es fand sich ein Orchester zusammen, es fanden sich einige Artistinnen in der Umgebung, die bereit waren, mitzumachen. Wobei? Gründgens wußte es erst selbst nicht, es mußte ja alles aus dem Nichts entstehen, es gab keine Partituren, es gab keine Kulissen, es gab keine Kostüme, es gab nicht einmal Textbücher.
Aber der eine erinnerte sich an dies, der andere an jenes, und schließlich kam eine Aufführung des ›Bettelstudenten‹ zustande – oder doch eine Art Version der berühmten Operette.
Diesmal waren die sowjetischen Offiziere hingerissen. Sie verstanden zwar die Feinheiten des Dialoges dieser Operette nicht, aber die Musik war so nett! Der Kommandant ließ ansagen, daß er möglichst bald eine neue Operette zu sehen wünsche. Dies stellte alle Mitwirkenden erneut vor unlösbar scheinende Schwierigkeiten, denn nun war der Winter mit voller Wucht hereingebrochen. Es war entsetzlich kalt, die Gefangenen wurden krank und starben.
Aber Gründgens war nicht mehr zu entmutigen. Er hatte zu so vielen Zwecken Theater gespielt. Warum nicht, um zu überleben? Er inszenierte den ›Bajazzo‹. Er inszenierte ›Zar und Zimmermann‹. Er sang sogar mit. Er inszenierte ›Zigeunerliebe‹ von Franz Lehár und spielte und sang die Hauptrolle. Der Kommandant war selig.

Draußen in der Welt – gab es sie noch? – wurden die Bemühungen zur Freilassung von Gründgens fortgesetzt. Rechtsanwalt Sarre war unermüdlich, immer neues Material heranzuschaffen. Entscheidend fiel die Aussage des kommunistischen Schauspielers Ernst Busch ins Gewicht, der erklärte, daß er ohne die Hilfe seines ehemaligen Kollegen von den Hamburger Kammerspielen in der Zeit des Gewaltregimes umgebracht worden wäre. Er zählte im einzelnen auf, wie Gründgens, als er im Gefängnis war, ihm Anwälte und warme Sachen verschafft und wie er ihn »wahrheitswidrig als völlig unpolitisch« hingestellt hatte. »Gustaf Gründgens ist tatsächlich der einzige gewesen, der für mich eingetreten ist und der mir indirekt das Leben gerettet hat. Ich bedauere es tief, daß er zur Zeit sich als angeblicher Faschist in Haft befindet. Tatsächlich konnte er seine antifaschistische Einstellung nicht besser unter Beweis stellen, als er es in meinem Fall getan hat.«
In München wurde eine Resolution gefaßt – es war inzwischen schon Anfang 1946 –, in der Gründgens bescheinigt wurde: »Während seiner zehnjährigen Tätigkeit als Leiter der Berliner Staatstheater hat er mit persönlichem Mut im Ganzen wie im Einzelnen erfolgreich vermieden, daß das nationalsozialistische Regime aus den Berliner Staatstheatern Propagandainstitute machen konnte.« Es wurde darauf hingewiesen, wie wichtig es sei, daß gerade Gründgens am Wiederaufbau des deutschen Theaters mitarbeite. Unterschrieben wurde diese sehr ausführliche und wiederum nicht ungewagte Petition von Männern wie Erich Engel, Erich Kästner, Paul Verhoeven, Otto Wernicke, Rolf Badenhausen, Günther Rennert, Ernst Hardt, Mark Lothar, von Frauen wie Elisabeth Flickenschildt, Heidemarie Hatheyer, Gerda Maurus.
Von Wien aus protestierten Theo Lingen, Raoul Aslan, Hermann Thimig, Erich Ziegel.
Ausschlaggebend war vielleicht das Eintreten Gustav von Wangenheims, eines Schauspielers, den Gründgens aus seiner Hamburger Zeit kannte. Er war, wie schon berichtet, der Sohn Eduards von Winterstein, der, als er vom Tode Max Reinhardts in New York erfuhr, eine Trauerfeier in Berlin für ihn veranstaltet hatte. Es gab viele, die für geringere Vergehen aufgehängt worden waren.
Gustav von Wangenheim war schon in den zwanziger Jahren mehr an der Politik als am Theater interessiert, hatte kommunistische Stücke geschrieben, inszeniert und gespielt, war schließlich in die Sowjetunion geflohen und gehörte zu den wichtigsten Männern des Senders »Freies Deutschland«.
Als die Russen nach Berlin kamen, brachten sie ihn mit. Ihnen schien er der richtige, der einzig mögliche Mann, um das deutsche Theater zu reorganisieren – eine Ansicht, die seine Möglichkeiten und Fähigkeiten verkannte, wie sich bald herausstellen sollte.

Wangenheim also, dem die Russen blind vertrauten, lag ihnen nun Tag für Tag in den Ohren, für Gründgens müßte etwas geschehen. Er wußte wohl besser als die Deutschen, in welcher Gefahr sich Gründgens befand. Wer konnte wissen, ob er nicht heute, ja, gestern oder vorgestern irgendwohin nach Sibirien verschleppt worden war?
Ich fragte Wangenheim, als ich dieses Buch zu schreiben begann, wie lange nach seiner Ansicht Gründgens in Gefangenschaft hätte bleiben müssen, wenn nicht so viele für ihn interveniert hätten. Wangenheim gab eine sehr erregte Antwort: »Muß ich Ihnen über die damalige Zeit etwas sagen? Ein Name genügt: Stalin!«
Und auf meine Bemerkung, Stalin sei doch an der Verhaftung von Gründgens kaum schuld: »Wir haben die Tragödie erlebt, die alle Staaten erleben. Kein Staat kann sich aus den Klauen seiner Geheimpolizei befreien . . .«

Jedenfalls war es eines Tages so weit – im März 1946, also nach neun Monaten. Gründgens wurde gerufen: »Gründgens, komm her! Sachen liegen lassen, nicht brauchen, mitkommen! Zu Kommandant!«
Der Kommandant: »Du Gründgens?«
»Ja.«
»Komm! Komm her!« Der Kommandant stellte ihn ans Fenster, sah ihn an, um zu prüfen, wie Gründgens aussah. Er war befriedigt. »Sieht gut aus! Das ist gut! Sie fahren jetzt mit uns in eine andere Stadt . . . Für dich alles sehr gut . . .«
Dann gaben sie ihm ein kleines Beutelchen wieder, in dem seine Papiere und seine Preziosen verwahrt waren, und fragten ihn, ob er sonst noch etwas mitnehmen wollte. Er wollte nicht. Er wollte nur fort.
Später erzählte mir GG: »Weißt du, wenn ich nicht so aufgepaßt hätte, daß mir kein Zahn ausgeschlagen wurde, daß ich keine Narbe kriegte, daß ich immer anständig aussah, ich glaube, sie hätten mich eher totgeschlagen oder krepieren lassen, als in schlechtem Zustand aus dem Lager hinausgelassen . . .«
Sie fuhren im Auto nach Berlin. Er sah sich um. Er wußte nicht, wo er war. Dann plötzlich tauchte das Schild auf: »Nach Zeesen 5 km.« Er äußerte, daß er gerne über Zeesen fahren möchte. Dort stände sein Haus.
Die Russen erklärten sich in liebenswürdigster, geradezu respektvoller Weise dazu bereit. Sie hatten wohl den Eindruck, daß GG von höchster Stelle aus protegiert wurde.
Das Haus in Zeesen befand sich in einem unbeschreiblichen Zustand. Aber Max Gebhardt war da und erzählte ihm die traurige Geschichte seiner Möbel.

GG winkte ab. Er wollte keine Möbel mehr. Er fuhr weiter gen Berlin. Aber vorerst ging es in einen östlichen Vorort, wo die kommunistische Prominenz lebte, unter anderem auch Wangenheim. Der empfing ihn mit Tränen in den Augen.

Aber gleich darauf wurde er ärgerlich. »Stellen Sie sich vor, der Vorhangzieher hat heute den Vorhang zu früh fallen lassen und dadurch meiner Frau die Schlußpointe verpatzt!« rief er aus. Und Gründgens, als er die Geschichte später erzählte: »Das waren sozusagen die ersten Worte nach neun Monaten Konzentrationslager!«

Marianne Hoppe war schon benachrichtigt worden. Sie rief wiederum Peter Gorski an. Dann radelte sie die zwanzig oder fünfundzwanzig Kilometer zu Wangenheims Haus. Sie fand GG seltsam verändert. Er sah eigentlich gut aus, gar nicht wie man sich einen entlassenen Häftling vorstellt, straff, etwas reserviert, ja, geradezu fremd. Aber GG wollte natürlich vor Wangenheim, überhaupt vor Fremden, nicht zeigen, was er fühlte.

Wangenheim wurde bald sachlich. Er sei ja nun Intendant des Deutschen Theaters geworden, des einzigen großen Schauspielhauses, das in der inneren Stadt noch stand, und es sei ein Wunsch der Russen, daß er, Gründgens, dort spiele und inszeniere. Er müsse am Aufbau des demokratischen Theaters teilnehmen.

GG nickte. Er war zu allem bereit in diesem Augenblick. Zumindest bis auf weiteres. Man würde ja sehen.

Es wurde ihm auch gleich mitgeteilt, eine kleine Wohnung in Ost-Berlin stehe bereits zur Verfügung. GG nickte wieder.

Aber er dachte gar nicht daran, in Ost-Berlin zu bleiben. Er fuhr zu Marianne. Die Peppel war auch da. Die hatte ein für damalige Zeiten geradezu sensationelles Mittagessen gekocht. Eine schöne Gemüsesuppe und hinterher Kartoffelpuffer.

Es sah wirklich so aus, als würde alles wieder werden wie früher.

Später fuhr GG bei Gorski und allen Freunden vorbei. Händedruck. Umarmung. Einer hatte es so gut gemeint, daß er Gründgens gleich eine Rippe dabei brach. Der mußte zum Arzt fahren und bekam eine Riesenbandage. Es war keine ernstliche Verletzung – aber immerhin eine Verletzung, und das nach neun Monaten Haft, in denen ihm eigentlich nichts zugestoßen war.

Es wäre unmöglich, das Leben von GG zu beschreiben, ohne diesen Zwischenfall zu erwähnen. Wem sonst hätte so etwas passieren können?

SIEBZEHNTES KAPITEL
Berlin - ganz anders

In Berlin war sehr schnell nach Beendigung der Feindseligkeiten wieder Theater gespielt worden. Gründgens hatte davon schon durch eine der hereingeschmuggelten neuen Zeitungen im Lager erfahren. Seine unmittelbare Reaktion darauf war zumindest gemischt, denn die Nachricht fiel gerade in jene Periode, in der er entschlossen war, nie wieder Theater zu spielen.
Die westlichen Alliierten hingegen hatten es nicht allzu eilig, die Theater in ihren Sektoren so instand zu setzen, daß in ihnen gespielt werden konnte oder gar sie den Berlinern freizugeben. Die Initiative lag durchaus bei den Russen, vor allen Dingen bei Oberst Tulpanow, der sich mit Recht sagte, daß etwas geschehen müsse, um die hungernden und frierenden Menschen auf andere Gedanken zu bringen. Die ausführenden Organe waren die Kulturoffiziere Major Mosjakow, Leutnant Dymschitz und Major Fradkin. Sie verlangten ziemlich kategorisch von den noch in Berlin anwesenden Schauspielern, sie hätten sich sofort zur Verfügung zu stellen. Im Weigerungsfalle drohten sie mit Verhaftung.
Einige Schauspieler taten sich zusammen und spielten Schillers ›Parasit‹ – die Inszenierung war die gleiche, die noch GG im Schauspielhaus herausgebracht hatte, die Besetzung, mit geringen Ausnahmen, ebenfalls. Es wurde auf Teilung gespielt. Die Berliner strömten ins Deutsche Theater, wo die Vorstellung stattfand, am Nachmittag natürlich, denn abends bestand noch Ausgehverbot für die Deutschen.
Ironie der Geschichte: Den Nationalsozialisten hatte der Schluß des Stükkes nicht recht gepaßt, jene Worte, daß ja noch einmal alles gut ausgegangen sei, aber Gerechtigkeit gebe es schließlich nur auf dem Theater, während im Leben ... Und genau diese Stelle verursachte nun auch bei den Russen Stirnrunzeln, und sie wollten, daß das Stück – die Schauspieler hätten es gerne länger gespielt, denn sie verdienten recht gut dabei – möglichst schnell in die Versenkung verschwinde.
Man ging nun daran, ›Unsere kleine Stadt‹, ein Schauspiel von Thornton Wilder, einzustudieren. Gustav von Wangenheim übernahm gerade in dieser Zeit die Leitung des Theaters. Ihm gefiel das Stück des unter den Nationalsozialisten verbotenen Amerikaners. Aber es kam nur zu einer Aufführung. Dann mußte es abgesetzt werden. Offiziell wurde nie ein Grund

angegeben, inoffiziell sickerte schnell durch, daß der Grund eben jener gewesen war, der auch die Nationalsozialisten dazu veranlaßt hatte, nichts von Wilder zu spielen: er war Amerikaner und ein Verfechter der Demokratie.
Der Krieg war gerade zwei Monate zu Ende, und schon lehnten es die Sowjets ab, ein Stück aus dem Lande eines ihrer Bundesgenossen in ›ihrem‹ Theater aufzuführen. Bald ließen sie ein offen amerikafeindliches spielen – ›Die russische Frage‹.
Ich erinnere mich deutlich, daß ich damals – freilich durch eine amerikanische Uniform geschützt – Wangenheim fragte: »Wo ist denn da der Unterschied zu den Nazis?« – was er höchst ungnädig aufnahm. Die Schauspieler grinsten.
Sie hatten sonst nicht viel zu lachen. Zwar wurden sie in mancher Hinsicht von den Russen verwöhnt – man ließ ihnen bessere Rationen zukommen, man versorgte sie mit Lebensmittelpaketen, während den deutschen Bauern das Letzte weggenommen wurde, man richtete sogar einen Klub für sie ein, ›Möwe‹ genannt – aber sie waren doch nie sicher vor Verhaftung oder zumindest ärgster Schikane. Max Eckard erinnert sich, daß er auf einer Fahrt zur Probe von Russen angehalten wurde, um zusammen mit anderen zwei Blindgänger, »groß wie eine Litfaßsäule«, wegzuräumen. Es dauerte eine Stunde, in der man nie wußte, ob die Blindgänger nicht noch explodieren würden.
Karl Rupprecht ließ sich einen Bart wachsen, um älter auszusehen und zu solchen Zwangsarbeiten nicht »eingeladen« zu werden. Mühr wurde, als er einmal auf seinem Fahrrad daherkam, von einem Russen festgehalten, der sich weniger für ihn als für sein Fahrzeug interessierte. Mühr verteidigte seinen Besitz mit der Behauptung, er sei »Artist«, wie die Russen die Schauspieler damals nannten. Als der Russe ungläubig den Kopf schüttelte, holte Mühr aus seiner Aktentasche eine Perücke und stülpte sie sich auf. Der Russe lachte. Das rettete Mühr, das rettete vor allem sein Fahrrad.
Im Deutschen Theater wurde sehr bald ›Nathan der Weise‹ einstudiert, eines der großen Menschheitsdramen der Klassik, das natürlich in der Zeit des Dritten Reiches nicht hatte gespielt werden dürfen: dieses Stück wurde nun überall aufgeführt, wo es noch ein Theater gab – quasi um der Rehabilitierung willen. Den Nathan spielte Paul Wegener, den Tempelherrn Max Eckard, den Klosterbruder der alte Eduard von Winterstein, der seinem einstigen Theaterdirektor Max Reinhardt immer die Treue bewahrt hatte, den Patriarchen Aribert Wäscher. Das war Anfang September; etwas später folgte das erste kommunistische Stück ›Gerichtstag‹ von Julius Hay, einem Ungarn, der etwa zehn Jahre später, beim Aufstand in Budapest 1956, verhaftet wurde. Walter Richter spielte die Hauptrolle,

auch Max Eckard, Paul Bildt und Aribert Wäscher waren mit von der Partie.
Wieder ein paar Tage später ›Schule der Frauen‹, Regie Paul Bildt, Hauptrollen Aribert Wäscher, Max Eckard, Elsa Wagner und Wolfgang Kühne. Es handelte sich also im wesentlichen um Schauspieler von Gründgens, die sich im Deutschen Theater tummelten.
Inzwischen hatten auch einige Theater im Berliner Westen ihre Pforten aufgetan: Victor de Kowa, GGs alter Freund aus Hamburg, spielte in der Tribüne, Karlheinz Martin führte das Hebbel-Theater, das, wie es damals schien, wichtigste Theater im US-Sektor. Sein Vizedirektor war Kurt Raeck, später einer der bedeutendsten Theatermänner Berlins. Im Schloßparktheater in Steglitz, das niemals als ernsthafte Bühne gegolten hatte – Steglitz war ja viel zu weit vom Zentrum entfernt! –, etablierte sich Boleslaw Barlog, der innerhalb einer Spielzeit alle seine Konkurrenten überrundete.
Franz Niklisch berichtet, daß GG, als er ihn das erste Mal nach seiner Entlassung traf, genau wissen wollte, was denn nun in den Berliner Theatern vorginge. Niklisch zählte alles auf, und Gründgens atmete erleichtert auf. »Da habe ich ja wenigstens nicht viel versäumt!« bemerkte er abschließend.
Aber auf eine Frage der kommunistischen Berliner Zeitung: »Glauben Sie, daß Berlin seinen Beruf als führende deutsche Theaterstadt wieder erlangt?« antwortete er: »Ja! Allein die Tatsache, daß in dieser schwergeprüften Stadt schon wieder Theater gespielt wird, ist wie ein Wunder ...«

Die Nachricht von seiner Rückkehr hatte sich unter den Berliner Schauspielern im Nu verbreitet. Bald darauf wurden verschiedene Schauspieler, die ihm besonders nahestanden, wie Max Eckard und Paul Bildt, aus einer Probe heraus von Gustav von Wangenheim in das Direktionsbüro gebeten. Dort stand Gründgens, nach Eckard, »adrett, wie aus dem Winterurlaub ... Was so bezeichnend für ihn war, war sein Stolz. ›Guck dir mal meine Schuhe an!‹ forderte er mich auf. Sie sahen in der Tat wie neu aus. Er erzählte dann, daß die anderen ihre Schuhe gegen Brot ausgetauscht hätten, er sich aber immer gesagt habe: ›Auf diesen Schuhen will ich wieder nach Hause‹!«
Es gab eine Art Feierstunde für alle Schauspieler im Deutschen Theater – auch diejenigen, die dort nicht engagiert waren –, Wangenheim stellte Gründgens vor. Man hätte aus seinen Worten entnehmen können, daß die Russen ihn nicht nur nie verhaftet hatten, sondern immer stolz darauf

gewesen waren, daß es einen so antifaschistischen deutschen Schauspieler überhaupt gab. Gründgens mußte eine Rede halten, die in der ›Täglichen Rundschau‹, der Zeitung der Roten Armee, abgedruckt wurde. Darin hieß es: »Mein letzter Eindruck, den ich Anfang Juni vorigen Jahres von Berlin hatte, stand noch unter dem erschütternden Eindruck der letzten Kampftage, denen unter anderem auch das Schauspielhaus am Gendarmenmarkt zum Opfer fiel und in denen das über alle Luftangriffe und in seinem männlichen Teil auch vor Wehrmacht und Volkssturm gerettete Ensemble der Staatstheater in alle vier Winde zerstreut wurde. Fast schien es, als seien alle Kämpfe und Mühen der letzten Jahre, die einzig dem Ziel galten, die mir anvertrauten Menschen und ihre künstlerische Heimat aus der Katastrophe zu retten, vergeblich gewesen.

Nun war eines der wenigen erfreulichen Geschehnisse der Zusammenhalt der in Berlin verbliebenen Künstler, die sich, in gleicher Weise unterstützt von Magistrat und Besatzungsmächten, hier regen durften und regten. Es gibt wieder Premieren, es gibt neue Bühnen, es gibt Studios – es gibt wieder ein Für und Wider der Meinungen und Ansichten. Das soll man bei allen Maßstäben, die an Aufführungen hier in Berlin angelegt werden und deren künstlerischer Anspruch nicht hoch genug sein kann, nicht vergessen. Auch ein Wunder ist es, daß überhaupt schon wieder Theater gespielt wird und daß schon wieder Aufführungen, Auffassungen und Leistungen zur Diskussion gestellt werden.

Es kann für mich nichts Natürlicheres geben, als mich diesem Wiederaufbau von Herzen und ohne Vorbehalt zur Verfügung zu stellen.«

Und er endete: »Ich freue mich, jetzt wieder in Max Reinhardts Deutschem Theater spielen zu können, von wo ich meinen Ausgang nahm. Ich freue mich, viele meiner Kollegen dort wiederzusehen, deren geschlossenes Eintreten für mich mein schönstes Erlebnis war – und ich bin mit großer Leidenschaft das, was ich immer war: ein Berliner Schauspieler!«

Die Schauspieler jubelten ihm zu – wie in seinen guten alten Tagen. Aber er wußte, daß es nicht mehr so sein würde wie damals, nicht wie vor Hitler, nicht wie während des Dritten Reiches.

Er war ein armer Mann. Das Haus im Bellevuepark war abgebrannt, Zeesen ausgeplündert, seine Bankkonten beschlagnahmt, die Safes erbrochen. Die Tänzerin Genia Nikolajewna, mit der er befreundet war und die mit ihrem Mann Charlie Forcht noch rechtzeitig nach Hollywood hatte auswandern können, schickte ihm Komparseriegarderobe aus der Filmstadt. Das war alles, was er zum Anziehen hatte; ein paar Jahre vorher hätte er solche Kostümierung auf der Bühne nicht statthaft gefunden.

Und seine Stellung? Er erkannte rechtzeitig die Gefahr, in der er sich nun befand. Denn viele seiner Schauspieler hielten es für selbstverständlich, daß

er die Leitung des vermutlich prominentesten Theaters, des Deutschen Theaters also, übernehmen würde. Und das konnte Gustav von Wangenheim nicht gerade angenehm sein. Zurückhaltung war also am Platz – und in der Tat, GG wurde der bescheidenste, zurückhaltendste Schauspieler. Wenn ihn einer der Schauspieler als »Chef« anredete, unterbrach er fast heftig: »Nix! Nix! Ich bin nicht Chef. Ich bin hier Kollege!«
Freilich wußte er nicht, wie ernst die anderen den »Chef« meinten, glaubte aber, manche nähmen es ihm nachträglich übel, daß er für Göring Theater gemacht hatte. Peer Schmidt zum Beispiel, der auch ans Deutsche Theater engagiert worden war, grüßte ihn nur zögernd, weil er sich nicht vorstellen konnte, daß der große Gründgens sich des kleinen Schauspielschülers erinnerte. GG mißverstand das. Später erzählte er, wie tief ihn der Mangel an Herzlichkeit von seiten Schmidts getroffen habe. Der auch! Der auch! sei ihm immerfort durch den Kopf gegangen. Solche Erlebnisse machten ihn noch zurückhaltender, noch verschlossener. Er wollte sich keine Blöße geben.
Wie stand es nun um ihn? Er konnte sich einen gewissen Stolz darauf nicht versagen, daß und in welcher Weise er die Gefangenschaft überdauert hatte. Gesundheitlich hingegen ging es ihm gar nicht gut, obwohl man es ihm nicht ansah; er hatte sich die sogenannte Wassersuppenkrankheit geholt, eine Erschlaffung der Muskulatur, die schließlich einen Bruch zur Folge gehabt hatte – er mußte also operiert werden. Aber das erfuhren nur die wenigsten. Wenn sich Kollegen etwa erkundigten, wie es denn mit seiner Migräne stehe, rief er strahlend aus: »Weg, weg ist sie!«
Wahr ist, daß ihn die Migräne während seiner Gefangenschaft kaum gequält hatte. Aber bald stellte sie sich wieder ein.
Vieles trug dazu bei: Das unversehrte Deutsche Theater lag inmitten eines Trümmerfeldes und einer Ruinenwüste. In dem Haus neben dem Theater befanden sich Büros der gefürchteten NKWD, und manchmal hörte man die Schreie der dort Mißhandelten. Später kam es auch vor, daß den Sowjets unliebsam gewordene Künstler aus dem Deutschen Theater direkt dorthin transportiert wurden – dies allerdings erst, als Gründgens nicht mehr dort spielte.
Übrigens mußte Gründgens alle drei Wochen zur NKWD kommen – der Ort des Rendezvous wechselte. Man fragte ihn aus, was die Kollegen so dachten oder sagten. Da er sich weigerte, den Spion zu machen, war er nie sicher, ob man ihn wieder entlassen würde. Aber es geschah ihm nichts mehr.
Er sollte natürlich spielen. Auf eigenen Wunsch sollte er als erstes in der Komödie von Sternheim ›Der Snob‹ auftreten. Die Proben waren bereits im Gang, als die westlichen Alliierten den Sowjets mitteilten, Gründgens

müsse erst entnazifiziert werden. Hals über Kopf und ohne mehr als eine formelle Hinzuziehung westlicher Beisitzer wurde er also entnazifiziert. Das Ganze war eine Farce. Die über ihn zu Gericht saßen, wußten so gut wie nichts vom Theater. Am Abend dieser Entnazifizierung kam er zu mir, und als ich ihn lächelnd fragte, was denn der Herr Staatsrat von seinen Richtern gehalten habe, war seine Antwort: »Ich habe mir gedacht – Proleten!«

Kurz vor der Premiere erhielt GG einen Brief von dem jungen Schriftsteller Wolfgang Harich. Der arbeitete damals noch für die französisch lizensierte Zeitung ›Der Kurier‹, ging dann aber endgültig zu den Kommunisten, die ihn einige Jahre später ins Zuchthaus schickten. In diesem Brief hieß es unter anderem:

»Ich bin seit vielen Jahren ein Verehrer Ihrer Kunst, mit Ausnahme Ihres Hamlet. Als Sie noch bei den Russen saßen, wollte ich schon einen Artikel über Sie im ›Kurier‹ veröffentlichen unter dem Titel: ›Ist Gustaf Gründgens ein Nazi?‹. Leider ließ ihn die Zensur der französischen Militärregierung nicht durch. Dann hieß es, Sie seien gestorben, und da schrieb ich Ihnen einen Nekrolog, der auch jetzt noch, für alle Fälle, ›in Satz‹ ist, wie man in der Druckerei sagt. Ich drohte damals mit meiner Kündigung, wenn man den Artikel wieder nicht nehmen würde. Aber Gott sei Dank lebten Sie!

Jawohl: Sie leben, Sie sind wieder da, wir alle sind sehr froh darüber. Als Theaterkritiker freue ich mich besonders, weil ich es schon leid bin, Max Reinhardts Moskauer Künstlertheater dauernd verreißen zu müssen. Es ist sehr notwendig, daß Sie dort einmal eine Inszenierung machen!«

Während der letzten Proben kamen GG viele Gedanken. In einem Interview erklärte er: »Das Tragische ist nicht, daß wir Schauspieler heute allein sind, sondern zerrissen. Mein altes Ensemble ist zerrissen und verstreut in alle Zonen. Wir waren aufeinander eingespielt und haben miteinander Patina angesetzt, das war mein Stolz!«

Immerhin wirkten ja fast ausschließlich seine Schauspieler beim ›Snob‹ mit. Da war Paul Bildt, da war Elsa Wagner, da war vor allem Antje Weisgerber.

Bevor der Vorhang aufgehen konnte, gab es unsägliche Schwierigkeiten. Da der *Snob* elegant sein mußte, stellte sich die Frage der Anzugsbeschaffung. An dem Reitkostüm, in dem GG im zweiten Akt aufzutreten hatte, arbeiteten nicht weniger als drei Schneider. Kurt Palm, ehemals Kostümchef der Staatstheater und nun in gleicher Position am Deutschen Theater und der Staatsoper, meinte: »Mit dem Schauspiel ging es noch. Firmen, mit denen wir früher gearbeitet hatten, gaben mir Stoffe auf Monate hinaus, ohne daß ich sie gleich bezahlen mußte. Aber mit der Oper war das schon schwieriger. Wenn man da gleich hundertfünfzig Mann anzuziehen hatte, dann war es natürlich aus. Das konnte man nur mit Nessel- und Futterstoffen machen. Der ›Rigoletto‹ wurde dann eben in Kniehosen und schwarzen Hemden gespielt, als handle es sich bei den Herren vom Chor um Faschisten!«

Anfang Mai 1946 kam ›Der Snob‹ heraus. Die ersten zehn Reihen waren für Sowjetleute und Vertreter der westlichen Alliierten reserviert. Die meisten Russen behielten ihre Mützen auf, viele hatten ihre Frauen mitgebracht, einer sogar seinen Hund. Die Berliner mußten sich mit den übrigen Plätzen und den Rängen begnügen. Als der Vorhang aufging und Gründgens auf der Bühne stand, leicht an einen Schreibtisch gelehnt, brach Applaus los, wie man ihn in Berlin selten erlebt hatte. Die Russen sahen sich ein wenig erstaunt um. Das hatten sie doch nicht erwartet. Aber dann standen sie auf und klatschten nun ihrerseits voll Begeisterung. Der Hund bellte ein paarmal und verkroch sich dann winselnd.

GG hatte einige Mühe, seine Rührung zu verbergen. Aber es fiel ihm auch schwer, nicht zu lachen. Hier standen sie also vor ihm auf und klatschten, seine Peiniger, und vor ein paar Wochen noch war er der letzte Dreck für sie gewesen.

Als es dann endlich ruhig wurde, konnte er anfangen. Sein erster Satz: »Das ist grotesk!«

Kaum hatte er die Worte gesprochen, da brach der Beifall von neuem los. Die Russen begriffen nun überhaupt nichts mehr, die Berliner begriffen um so besser. War es nicht grotesk?

Der Abend wurde der größte Triumph, den Berlin je erlebt hatte. Die Kritiken freilich waren nicht gerade erfreulich. Natürlich stammten sie nicht von den früheren Kritikern, sondern durchweg von Männern, die im Dritten Reich nicht hatten schreiben oder kritisieren dürfen. Inwieweit sie ihm seine Vergangenheit übelnahmen oder glaubten, daß man durch eine positive Kritik die Russen verärgern würde, blieb dabei im Dunkeln. Aber selbst in der amerikanisch lizensierten, ja, ganz offiziell amerikanischen Neuen Zeitung hieß es von den Berlinern, die bei der Premiere so demonstrativ geklatscht hatten: »Sie wissen, er war lange in Gewahrsam und sorgfältiger Untersuchung gewesen...« Dabei wußte man doch bei dieser Zeitung, daß das genaue Gegenteil der Fall war. Andere warfen ihm zu wenig, wieder andere zu viel Dämonie vor.

Keiner deutete an – und vielleicht hatte es auch damals keiner begriffen –, warum GG gerade diese Rolle für sein erstes Auftreten wählte. Und doch lag es auf der Hand. Diese Figur, die er da auf die Bühne stellte, war Op-

position. Opposition gegen die Nationalsozialisten, die den Autor Sternheim nie hatten zu Wort kommen lassen, Opposition gegen die Ankömmlinge aus dem Paradies der Arbeiter, die begreiflicherweise mit diesem Stück, das in jeder Beziehung so elegant, ja, man muß schon sagen, so »versnobt« war, nicht viel anfangen konnten. Es war Opposition gegen die Trostlosigkeit der Zeit. Wenn die Menschen schon hungerten und froren, sollten sie wenigstens auf der Bühne Eleganz und Gepflegtheit sehen. Man hätte lange suchen müssen, um ein Stück zu finden, das weniger in jene Zeit paßte als dieser ›Snob‹. Das, genau das bewog Gründgens, ihn zu spielen.
So souverän er war, die schlechten Kritiken ärgerten ihn trotzdem und sollten bis zu einem gewissen Grade seine künstlerische Zukunft und die Zukunft des Berliner Theaterlebens bestimmen.
Anderthalb Jahre später, als er schon aus Berlin fort war, und als Wolfgang Langhoff, der Wangenheim als Intendant gefolgt war, ihn einlud, bei ihm zu spielen und zu inszenieren, schrieb er ihm: »Wir haben doch leider die Erfahrung machen müssen, daß die Berliner Presse, von wenigen Ausnahmen abgesehen, nicht gesonnen ist, die Schwierigkeiten, unter denen die Theater heute arbeiten müssen, einzukalkulieren.«

Aber Gründgens konnte sich nicht alle Rollen wählen. Sehr schnell sollte er begreifen, auf was er sich eingelassen hatte, als er den Vertrag mit dem Deutschen Theater unterschrieb, einem den Sowjets unterstellten, also einem Partei-Theater. Knapp vier Wochen nach dem ›Snob‹ mußte er in einem Stück auftreten, das ›Stürmischer Lebensabend‹ hieß, von einem in weitesten Kreisen unbekannten Leonid Rachmanow geschrieben, in dem es um einen Gelehrten ging, der Zeit seines Lebens links gestanden hatte und nun noch die russische Revolution erleben durfte. Sogar Lenin kam in diesem Stück vor, allerdings nur am Telefon.
Besagter Gelehrter, von Paul Wegener dargestellt, hatte zwei Mitarbeiter, Dozenten an der Universität. Einer davon war »gut« – das heißt für die Revolution; ihn spielte Max Eckard. Den anderen, er hieß Worowjow, der »böse« war, schmutzige Geschäfte betrieb und vor allen Dingen gegen den Kommunismus war, mußte Gründgens übernehmen.
Unvergeßlich, wie er diskret andeutete, daß ihm diese Rolle auf die Nerven ging. Der Höhepunkt: er mußte einmal mit einer Markttasche erscheinen und erzählen, er sei gerade vom Markt gekommen. Auf die Frage des Professors Poleshajew (Wegener), was er denn eingekauft habe, hatte er zu erwidern: »Einen Hering!« und hatte ihn aus der Markttasche zu ziehen.

Gründgens, der Requisiten stets gehaßt hatte, mußte nun ausgerechnet einen wirklichen, einen echten Hering auf die Bühne bringen. Max Eckard, der ihn mit dem Rücken zum Publikum beobachtete, bekam einen Lachkrampf. Willi Schmidt, der Bühnenbildner, sah, wie GG, nachdem er sich des Herings entledigt hatte, seine stinkenden Finger zur Nase führte, und im gleichen Augenblick war ihm klar: An diesem Theater bleibt er nicht lange. Später: »Das ist Gründgens, wie er im Buche steht. Bei ihm wäre nie ein echter Hering auf die Bühne gekommen ... Der Hering hat bestimmt das Faß zum Überlaufen gebracht!«

Aber Gründgens rächte sich. Da er nun einmal als böser Antikommunist einiges gegen die Revolution zu sagen hatte, sagte er es überzeugend. Auf den Ausruf seines Professors: »Aber lieber Freund, Sie wollten doch auch von uns befreit werden?« hielt er seine beiden Hände nach vorne und gekreuzt, als erwarte er Handschellen, und sagte: »Ich danke für solche Befreiungen ...«

Daraufhin minutenlanger stürmischer Applaus. Das mitten im sowjetischen Sektor und das, obwohl in den ersten Reihen nur Russen saßen. Es war gefährlich. Es hätte noch gefährlicher werden können.

GG besaß um diese Zeit bereits wieder ein Auto. Einer seiner Freunde, in Kompensationsgeschäften erfahren, hatte ihm einen gebrauchten Wagen besorgt, und die Russen spendierten das Benzin. Diesem Auto passierte so ziemlich alles, was passieren konnte. Einmal kollidierte es mit einem Lastwagen, ein andermal wurde der Kühler leck. Peter Gorski kühlte ihn mit einer Schneepackung, zum Schluß fiel auch noch die Pumpe aus, sie mußten den Wagen anschieben, GG fuhr, und Gorski schwang sich dann hinten auf das Fahrgestell und pustete in den Tank.

Die Russen waren Gründgens nie geheuer. Aber die größten Schwierigkeiten machten ihm die westlichen Alliierten, insbesondere ihre Theater- und Kulturabteilungen. Sie nahmen es übel, daß sie zu der sogenannten Entnazifizierung nicht zugezogen worden waren und verlautbarten, daß Gründgens in der amerikanischen und der britischen Zone nicht würde auftreten dürfen. GG hätte sich schlimmstenfalls einer nochmaligen Entnazifizierung unterzogen, aber das wollten die Russen wiederum nicht zulassen. Es hätte ja bedeutet, daß die ursprüngliche nicht in Ordnung war, daß Gründgens am Deutschen Theater sozusagen illegal auftrat. Ein gordischer Knoten – wie ihn zerhauen?

Beim Studium der Akten kam GG darauf, daß er zwar als Schauspieler, nicht aber als Regisseur entnazifiziert war. Nun hatte er einen Grund, ein zweites Entnazifizierungsverfahren zu fordern, das ihn auch als Regisseur freigab. Der Anlaß dazu war schnell gefunden. Durch einen gemeinsamen Freund erklärte sich Käthe Dorsch, die damals in Wien spielte, aber zugesagt hatte, nach Berlin zu kommen – sie war die erste Schauspielerin, der es ermöglicht wurde, die um diese Zeit hermetisch verschlossene österreichisch-deutsche Grenze zu überschreiten –, bereit, am Deutschen Theater zu spielen. Sie stellte aber die Bedingung, Gründgens müsse Regie führen. Da Gründgens sich seinerseits weigerte, Regie zu führen, ohne ausdrücklich als Regisseur entnazifiziert zu sein, befanden sich die Russen in einer Zwickmühle. Käthe Dorsch wollten und konnten sie sich nicht entgehen lassen. Also wurde eine neue Entnazifizierung anberaumt, bei der diesmal die Vertreter der Westmächte eine entscheidende Rolle spielten. Es war abermals eine alberne Affäre, denn es gab ja an Gründgens wirklich nichts zu entnazifizieren.

Der Höhepunkt der Groteske: als die Verhandlung endlich stattfand, von der jeder – auch die Vertreter der Westmächte – vorher wußte, wie sie ausgehen würde, hatte Gründgens bereits seine erste Inszenierung hinter sich: ›Kapitän Brassbounds Bekehrung‹ von Bernard Shaw. Ein Riesenerfolg für den – also noch nicht entnazifizierten – Regisseur und seine Hauptdarsteller.

Direkt anschließend probierte GG unter der Regie von Karl Heinz Stroux den ›König Ödipus‹ im Deutschen Theater. Diese Rolle sah er als sein eigentliches comeback an. Ich sprach damals oft mit ihm darüber und meinte, er habe es doch bereits hinter sich. Aber das wollte er nicht wahrhaben. Ein comeback – das mußte eine Rolle in einem klassischen Drama sein.

Es wurde aber trotzdem keines. Denn Gründgens war als tragischer griechischer König nur stellenweise überzeugend. Aber der Erfolg war enorm. Und als Ödipus ausrief: »O Zeus, was hast du mit mir vor?« blieb den wenigen, die GG gut kannten und die ihm nahestanden, das Herz stehen. Es war, als frage nicht der griechische König, als frage vielmehr der Schauspieler Gustaf Gründgens, wie sich sein weiteres Schicksal gestalten sollte.

Wie um zu beweisen, in welchem Maße er »verwendbar« war – das Wort stammt aus seinem ersten Interview nach der Freilassung, in dem er sich kleiner zu machen wünschte, als er war –, inszenierte GG als nächstes eine kleine Revue von Günter Neumann. Der war in den letzten Jahren vor dem Krieg schon der legitime Nachfolger von Marcellus Schiffer, Mischa Spoliansky und Friedrich Hollaender geworden; er hatte bald nach der Entlassung aus der Gefangenschaft mit seiner Frau Tatjana Sais in Berlin Kabarett gemacht und schrieb nun eine Kammerrevue. Das Leitmotiv sollte

Theater sein, die Handlung sich hinter den Kulissen eines Theaters abspielen. Der Titel stand schon fest: ›Alles Theater!‹
Der junge blonde Günter Neumann suchte Gründgens auf. Der war gerade krank, hörte sich aber trotzdem alles aufmerksam an, was Neumann ihm erzählte, sagte nicht ja und nicht nein, hatte aber sofort für die winzige Bühne, auf der die Revue aufgeführt werden sollte, eine Menge Ideen. Für die Dekorationen, schlug er etwa vor, solle man aus ein paar Trommeln eine Litfaßsäule bauen, man könne die Trommeln aber auch als Trommeln oder als Räder des Thespiskarrens verwenden. Es schien Neumann jedoch, als habe GG keine rechte Lust, sich in die Sache einzulassen. Er ging noch einmal hin und sagte ihm, natürlich wäre es sehr gut für das Unternehmen, wenn es den Namen Gründgens aufs Programm setzen dürfte, aber ihm, Neumann, ginge es vor allem um die Mitarbeit des Regisseurs, selbst wenn er anonym bliebe. Darauf sprang GG aus dem Bett und erklärte: »Ach, ihr wollt nur, daß ich euch helfe! Das könnt ihr haben! Also von mir aus ist übermorgen zehn Uhr die erste Probe.«
Neumann hatte, wie gesagt, schon viel Kabarett gemacht. Aber erst jetzt begriff er, was exaktes Kabarett bedeutete. Jetzt war nichts mehr dem Zufall überlassen, jetzt war es nicht mehr gleichgültig, ob einer von links oder rechts auftrat oder von hinten, bei Gründgens war alles Form, war alles Disziplin. Die Proben begannen Punkt zehn Uhr vormittags, und Gründgens legte Wert darauf, daß sich alle Mitwirkenden, auch diejenigen, die zunächst nicht beschäftigt waren, einstellten. Keiner versuchte sich zu drükken. Sie waren alle von GG fasziniert.
Gründgens arbeitete mit unheimlicher Präzision an dem Text. Auf jedes Wort, auf jede Zeile kam es ihm an. Günter Neumann: »Ich hatte bis dahin gelegentlich auch einmal ein paar schwache Verse geschrieben, man schummelte sich so darüber hinweg. Das kam jetzt nicht mehr in Frage, ich überarbeitete meinen Text, strengte mich an wie nie zuvor und wie selten nachher.«
Gründgens zauberte. Er machte aus den Kabarettisten und Operettensängern und -sängerinnen vorzügliche Schauspieler. Er machte aus diesem Nichts von einer Bühne mit winzigen Mitteln einen Schauplatz.
Für eine Szene wünschte Gründgens einen Wandschirm, auf dem vier Karikaturen angebracht werden sollten. Er wartete, aber sie kamen nicht. Er erkundigte sich, der Bühnenbildner vertröstete ihn auf die nächsten Tage. Nach zehn Tagen fragte er wieder, und der Mann versicherte ihm, er würde sie morgen bringen.
Gründgens: »Wenn sie morgen nicht da sind, verzichte ich.« Der Bühnenbildner ging betroffen ab, und einige Minuten später sah man hinten einen Bühnenarbeiter mit einem Zollstock den Wandschirm abmessen. Da

unterbrach Gründgens die Probe: »Sagen Sie dem Bühnenbildner, da er die Maße bis heute noch nicht weiß, sie sind ein Meter zehn mal ein Meter fünfundsechzig.«
Das war bezeichnend für Gründgens.
Irgendwann einmal hatte er gesagt: »Ich habe keine Ahnung, wann ich fertig werde, aber ich sage es Ihnen vierzehn Tage vorher.« Und eines Tages gab er das Datum der Premiere an, und nach vierzehn Tagen konnte die Revue starten.
Vor der Premiere hatte Gründgens in einem Interview erklärt: »Jede Kunst will ernstgenommen sein. Vor allem die heitere. In der Exaktheit der Interpretation erweist sich die Gewissenhaftigkeit der Künstler. Ob Sophokles oder Shaw, ob Sternheim oder Günter Neumann – die Ernsthaftigkeit des Schaffens, die Sorgfalt der Einstudierung ist entscheidend.«
GG selbst sah die Premiere nicht, er spielte an diesem Tag den Ödipus, aber er schickte einen hübschen Brief an Günter Neumann und Tatjana Sais. Es war das erste Revueprogramm nach dem Krieg, am 13. Februar 1947. Für Günter Neumann und Tatjana Sais bedeutete es den Durchbruch.
Die Bühne war winzig, der Saal nicht groß, aber tief, es gab etwa fünfhundert Plätze. Die Kritik überschlug sich vor Begeisterung.
Die Revue ›Alles Theater‹ spielte über ein halbes Jahr vor ausverkauften Häusern.

Aber Gründgens war nicht glücklich. Was bedeutete ihm ein Erfolg mehr oder weniger? Später erzählte er einmal: »Als ich nach dem Krieg nach Berlin zurückkam, wollte es mir nicht mehr genügen, mit der Zugkraft meines Namens die Theater zu füllen, sondern ich mußte die Erfahrungen meines Intendantenlebens wieder verantwortlich einsetzen.«
Aber gerade dies durfte er ja im Deutschen Theater nicht. Da wurde an ihn die Mitteilung herangetragen, Düsseldorf suche einen neuen Intendanten. In Düsseldorf war Wolfgang Langhoff Leiter der Theater gewesen, ein alter Kommunist, den die Russen jetzt als Nachfolger des doch zu theaterfremden Wangenheim nach Berlin holten. Lange hätte sich Langhoff in dem durchaus nicht kommunistischen Düsseldorf wohl ohnehin nicht halten können, aber bevor es zu Auseinandersetzungen zwischen Kommunisten und Bürgerlichen kam, war er schon verschwunden.
Der Posten war also verwaist. Einige Namen standen zur Diskussion. Die in Betracht kommenden Männer gingen später nach Stuttgart und nach Köln. Dann fiel der Name Gründgens. Der damalige Vorsitzende des Kul-

turausschusses, Werner Schütz, und der Oberbürgermeister Karl Arnold fuhren nach Berlin. Sie sahen Gründgens als Ödipus. Sie schlugen ihm vor, nach Düsseldorf zu kommen. Sie versprachen ihm völlige Freiheit der Spielplangestaltung und in personellen Fragen. Sie glaubten nicht, daß Gründgens ernstlich interessiert war. Er sagte, er sei es.
War er es wirklich? Nein, eigentlich wollte er in Berlin bleiben. Denn hier war er schließlich groß geworden. In Berlin gab es, wenn es auch im Augenblick nicht so aussah, unzählige Möglichkeiten.
Die Russen erfuhren sogleich von dem Düsseldorfer Angebot. Sie legten GG nahe, am Deutschen Theater zu bleiben. Besser noch: warum ging er nicht nach Dresden? Dort könne er alles haben, was er wolle. Oder, wenn ihm das nicht passe, würden sie ihm ein neues großes Theater in Berlin bauen. Warum nicht das Schauspielhaus, das nicht gänzlich zerstört war, wieder aufbauen?
Um diese Zeit übergab GG Peter Gorski, der sein Assistent geworden war, ein russisches Stück ›Der Schatten‹, das ihm von den sowjetischen Theateroffizieren mit der Bitte übersandt worden war, es zu inszenieren. Der Autor hieß Jewgenej Schwarz. Gorski las das Stück; er konnte sich nichts darunter vorstellen. Es handelte sich um ein Märchen, in dem ein Dichter und Gelehrter, der eine Prinzessin liebt, die Hauptrolle spielt – die zweite Rolle, die eigentlich interessantere, war sein Schatten, der, statt wie es seine Pflicht gewesen wäre, ihm zu folgen, ihn betrügt, eine Unzahl von Intrigen anzettelt und sich schließlich, als das böse Prinzip schlechthin, auf den Thron schwingt. Er treibt es so weit, daß man dem Gelehrten, den man mit ihm verwechselt, den Kopf abschlägt, wobei der Schatten freilich übersehen hat, daß das automatisch auch sein Tod ist. Der Gelehrte wird mit dem schnell herbeigeholten »Wasser des Lebens« wieder ins Leben zurückgerufen und damit auch der Schatten, der nunmehr eingeschüchtert und bereit ist, seinem Herrn treu zu dienen. Der verschmäht übrigens die Prinzessin, die sich während dieser turbulenten Ereignisse als nicht besonders verläßlich erwiesen hat, und zieht mit einem anderen Mädchen davon, das ihn schon immer im geheimen liebte. Seine letzten, etwas mysteriösen Worte: »Mich ruft das Leben!«
GG dachte kaum daran, dieses stellenweise liebenswürdige, aber doch nur aus zweiter Hand dichterische Stück in Szene zu setzen. Allerdings als Gorski sich dagegen aussprach, entschloß er sich, es doch zu tun. Nur um ihm einmal zu zeigen – und wohl auch sich selbst und den Berlinern –, daß man aus einem kleinen Stück eine große Show machen kann. Er stürzte sich mit ungeheurer Intensitität in die Proben. Freilich hatte er einen jungen, höchst talentierten Schauspieler für die Rolle des Schattens gefunden: Heinz Drache.

Der hatte im Hebbel-Theater in den ›Räubern‹ gespielt. Gründgens lernte ihn in der ›Möwe‹ kennen und ließ ihn ein halbes Jahr später vom Deutschen Theater auffordern, die Hauptrolle im ›Schatten‹ zu spielen. Er nahm begeistert an, als er hörte, daß Gründgens Regie führen sollte. Nach acht Tagen sagte ihm Gründgens: »Weißt du, ich habe dich damals in der ›Möwe‹ gesehen und mir gedacht, mit dir käme ich noch einmal zusammen.«
Es ist wichtig, dies festzuhalten. Denn seit seiner großen Zeit und nach der Aufnahme von Antje Weisgerber war es das erste Mal, daß Gründgens bewußt mit einem sehr jungen und keineswegs fertigen Schauspieler arbeitete. Dies bedeutete den Beginn einer neuen Phase für ihn, allerdings ist ihm das damals keineswegs schon klar gewesen.
Er setzte seinen Ehrgeiz darein, das Stück mit tausend kleinen Einfällen zu beleben und bunt zu machen. Mit dem jungen Schauspieler Drache arbeitete er so intensiv wie in seinen besten Zeiten. Er sprang auf die Bühne und spielte ihm jede Szene vor – und wie konnte er vorspielen! Nach zwei Wochen brach er plötzlich ab und erklärte: »Weißt du, du machst das großartig, aber jetzt besteht eine Riesengefahr: du fängst nämlich an, mich zu kopieren!«
Auch das sah er.
›Der Schatten‹, der Anfang April 1947 in den Kammerspielen herauskam – in dem kleinen Haus neben dem Deutschen Theater, das, bei Kriegsende leicht beschädigt, wieder instandgesetzt und mit der Dorsch eröffnet worden war –, wurde ein Sensationserfolg in dem armen, zerschlagenen Berlin. Die Kritiker verschwiegen nicht, daß es sich um ein mittelmäßiges und eher veraltetes Stück handelte, obwohl sie das nicht mit diesen Worten schrieben – es war ja ein russisches Stück, und man konnte nie wissen. Aber es bestand kein Zweifel daran, daß Gründgens aus diesem wenig ergiebigen Werk etwas Bezauberndes gemacht hatte, daß das ein Theaterabend war wie seit langem nicht, eine wirkliche Sensation. Gründgens wußte genau, daß ihm hier etwas Seltenes geglückt war. Einige Jahre später, als ihn Drache einmal fragte, ob er das Stück nicht wieder aufnehmen wolle, schüttelte er den Kopf: »Gedacht habe ich oft daran. Aber das fasse ich nicht mehr an! Das ist mir einmal so gut gelungen, daß ich nicht hoffen kann, es werde mir wieder gelingen ...«
Nach diesem ungewöhnlichen Erfolg verdoppelten die Russen ihre Bemühungen, Gründgens zu halten. Wieder war von einem neuen Haus, wieder von Dresden, wieder vom Wiederaufbau des Schauspielhauses die Rede. Man befand sich im Künstlerklub ›Die Möwe‹. Gründgens hörte sich die Beschwörungen der Russen an, die in dem Zitat des Leutnants Dymschitz gipfelten: »Max, bleibe bei mir!« GG sagte nicht ja, er sagte nicht

nein. Aber sein Entschluß war schon gefaßt – oder zumindest stand er im Kern fest. Bei den Russen würde er keinesfalls bleiben. Neun Monate Lager hatten ihm genügt. Und die regelmäßigen Verhöre bei der NKWD waren auch kein Spaß. Nein, bei den Russen würde er nicht bleiben. Aber die Russen waren ja nicht Berlin. Es bestand doch wohl die Möglichkeit, in Westberlin zu arbeiten. Freilich, die Aufforderung dazu mußte von den Westberliner Behörden kommen. Um diese Zeit gab es zwar noch keine Spaltung zwischen Ostberliner und Westberliner Behörden, aber sie zeichnete sich bereits ab. Es war klar, daß gewisse leitende Beamte von Berlin auf die Dauer mit den Russen nicht zusammenarbeiten würden, und sie nicht mit ihnen. Zu diesen Männern gehörte der Stellvertretende Bürgermeister Friedensburg.

Aus irgendwelchen Andeutungen hatte Gründgens zu entnehmen geglaubt, daß Friedensburg sich für ihn interessiere und daß wahrscheinlich ein Angebot von Westberliner Seite erfolgen würde. Eines Abends, er war gerade im Begriff, sich in sein winziges Auto zu setzen, um zu seiner vermutlich letzten Vorstellung in Berlin zu fahren, bevor er sich nach Düsseldorf begab – wenn auch vorläufig nur zu Verhandlungen –, wurde er am Telefon verlangt – es war das Büro des Bürgermeisters Friedensburg. GG zu Gorski: »Dies ist die große Stunde. Nun werde ich mich entscheiden müssen!«

Er ging ans Telefon und kam ein paar Minuten später weiß wie die Wand zurück. Er sagte: »Das geht über meine Kräfte. Weißt du, was man von mir wollte?«

»Nein.«

»Man wollte für heute abend zwei Karten, da es vielleicht meine letzte Vorstellung sei.«

Vorher hatte Gründgens noch den ›Marquis von Keith‹ im Deutschen Theater inszeniert und die Hauptrolle gespielt. Die Aufführung war nicht ganz gelungen, weder was die Regie noch was den Schauspieler Gründgens betraf. Er war wohl um diese Zeit viel zu nervös, viel zu gespalten, um nicht zu sagen, zerrissen, als daß er sich voll hätte einsetzen können. Den Haupterfolg hatte eigentlich sein Gegenspieler Werner Hinz.

Im ›Marquis von Keith‹ gibt es eine Szene, in der der Marquis auf seinem Schreibtisch sitzt und der Page Sascha ihm die Schuhe putzt. Diese kleine Rolle spielte damals Peer Schmidt. Kurz bevor der Vorhang aufging, nahm der junge Schauspieler seinen Mut zusammen. Er hatte bisher nie mit Gründgens zusammen oder unter ihm gespielt. Und nun ging der große Mann nach Düsseldorf. Peer fragte ihn, ob er ihn nicht vielleicht mitnehmen würde.

GG nickte, als habe er gerade das schon lange im Sinn gehabt und flüsterte dem jungen Mann zu: »Ich habe eine prima Rolle für dich!« Er sollte den Beckmann in dem damals viel gespielten Antikriegsstück ›Draußen vor der Tür‹ spielen.
Das war der zweite junge und unfertige Schauspieler, den er mitnehmen wollte.
Die Russen erfuhren sehr bald von Gründgens' Absichten. Peer Schmidt war nicht weiter interessant, aber bei Heinz Drache, der gerade eine neue Hoffnung des Deutschen Theaters zu werden versprach, war das eine andere Sache. Sie machten ihm ganz ungewöhnliche Angebote. Am Deutschen Theater hatte er fünfzehnhundert R-Mark verdient. Gründgens konnte ihm in Düsseldorf allenfalls neunhundert R-Mark geben. Die Russen boten ihm das Doppelte oder Dreifache seiner bisherigen Berliner Gage an. Aber Drache war entschlossen, mit GG zu gehen. Major Mosjakow wurde sehr böse, als Drache ihm absagte. »Drache, ich sage Ihnen eins: wenn Sie wirklich fortgehen, werden Sie nie wieder in Ihrem Leben in Berlin Theater spielen, solange Russen in Berlin sind!«
Dies war eine gewichtige Drohung. Glücklicherweise konnte Mosjakow sie nicht wahr machen. Etwas später wurde er nach Moskau zurückgerufen und, wie man sich in Berlin erzählte, wegen Schwarzmarkt-Geschäften eingesperrt.
Überhaupt herrschte eine gewisse Entrüstung, um nicht zu sagen Empörung darüber, daß Gründgens gehen wollte, obwohl er Langhoff versprochen hatte, zurückzukommen. Harich, der eben noch Gründgens so enthusiastisch apostrophiert hatte, war mittlerweile einer der ersten Kritiker Berlins der kommunistischen Seite geworden. Er schrieb, die Option für Düsseldorf lasse die Tätigkeit von GG im Dritten Reich nachträglich in einem ganz anderen Licht erscheinen. »Er hat eben doch nicht, wie seine Freunde unterstellen, Widerstand gegen die Nazis gemacht, um die Berliner Theater vor dem nazistischen Ungeist zu retten, sondern die Dinge lagen viel einfacher: ein ehrgeiziger Schauspieler bekam eines Tages durch die Mäzenashuld eines theatereifrigen Typs Gelegenheit zur letzten künstlerischen Entfaltung seines eigenen Willens – und griff zu! Mehr nicht. Alles andere war ihm völlig wurst!
Hätte Gustaf Gründgens wirklich das Verantwortungsgefühl für die Theaterstadt Berlin, das man ihm nachrühmt, er hätte heute Gelegenheit genug, es zu beweisen, diesmal frei von jedem Verdacht, eine Kulturfassade zu errichten. Aber die vielen Aufgaben, die seiner hier harren, genügen ihm nicht. Auf die Dauer hat er nicht ertragen, daß man ihm nicht gleich ein Theater zu Füßen legte. Es trieb ihn in die Generalintendanz, gleichviel, wo sie ist ...«

Solche Worte und Andeutungen von Freunden, die in ähnlicher Richtung liefen, verstimmten GG sehr. Was wollte man eigentlich von ihm? Er war in Berlin geblieben, als es gefährlich war. Er war grundlos neun Monate eingesperrt worden. Im Westen Berlins, bei den Amerikanern und Engländern, schien man sich nicht besonders für ihn zu interessieren. Er hatte sich in den fünfzehn Monaten, seitdem er aus dem Lager gekommen war, redlich bemüht. Er hatte mehr gespielt als irgendein anderer Schauspieler und mehr inszeniert als irgendein anderer Regisseur. Das alles schien man für selbstverständlich zu halten. Berlin schien es auch für selbstvertändlich zu halten, daß man nur in Berlin Theater spielen konnte. Aber war das so? Das war vielleicht einmal so gewesen. Aber heute hätte es erst wieder bewiesen werden müssen. Berlin war im Augenblick nichts als eine Insel zwischen Osten und Westen und sollte es bald in noch viel stärkerem, schmerzlicherem Maße werden.

Das Ärgerlichste: GG hätte nur allzu gerne bewiesen, daß man nur in Berlin Theater spielen oder zumindest, daß man nur hier eine neue Theaterzentrale errichten konnte.

Aber man gab ihm dazu ja keine Chance. Man machte ihm keine Angebote, die ihm gemäß gewesen wären. Man ließ ihn ziehen. Unter diesen Umständen schien er froh zu sein, Berlin verlassen zu können. Nur zwei, drei Menschen ahnten, wie schweren Herzens er ging.

Sechster Teil

NEUES LEBEN

ACHTZEHNTES KAPITEL
Wieder Provinz?

Er fuhr mit einem englischen Militärzug, der von den Russen nicht kontrolliert wurde, nach Düsseldorf. Er und auch die Düsseldorfer Behörden hatten bis zum letzten Augenblick damit gerechnet, daß die Sowjets Schwierigkeiten machen würden. Aber nicht sie taten es, sondern die Westmächte. Man mußte – so Werner Schütz, der Vorsitzender im Kulturausschuß war – damals mit ihnen allen sprechen, mit den Franzosen, den Engländern, den Amerikanern und den Russen. »Die Russen waren die Nettesten, man mußte nur mit ihnen saufen. Die Engländer zierten sich ein wenig. Die Amerikaner protestierten. Zwei Entnazifizierungen waren ihnen wohl nicht genug.«

Was damals in den Büros der amerikanischen Kulturoffiziere vorging und warum, wird wohl nie ganz geklärt werden. Gründgens war jedenfalls nicht der einzige, gegen den sie Einwände erhoben; auch Furtwängler mußte ja – groteskerweise – entnazifiziert werden, bevor er wieder dirigieren durfte.

Jedenfalls teilte der schwergeprüfte Werner Schütz Gründgens mit, er müsse noch einmal in Düsseldorf entnazifiziert werden – ein drittes Mal also. Dahinter steckten zugegebenermaßen die Amerikaner, obwohl Düsseldorf ja in der britischen Zone lag und – es ist schwer, keine Satire zu schreiben – die Kommunistische Partei die Bedenken, die sie zuerst gegen Görings Intendanten erhoben, nach »reiflicher« Überlegung aufgegeben hatte.

Die Entnazifizierung in Düsseldorf war ein Triumph für GG. Nur wenige wußten, daß sie leicht hätte schiefgehen können, denn gerade kurz vorher stand Emmy Göring ebenfalls vor einer Entnazifizierungskammer oder eigentlich schon der sogenannten Berufungskammer in Garmisch-Partenkirchen. Die Düsseldorfer Freunde drangen in GG, der damals noch in Berlin spielte, sich da um keinen Preis einzumischen. Das aber war für ihn undenkbar. Die Frau, die in den schweren Jahren so viel für ihn und mehr noch für seine Schützlinge getan hatte, durfte jetzt nicht im Stich gelassen werden.

Nachdem Gründgens eine größere Anzahl von eidesstattlichen Versicherungen abgegeben hatte, zum Beispiel, daß die Schauspielerin Emmy Sonnemann keine höhere Gage erhielt, als ihr zustand, daß sie nicht mehr beschäftigt wurde als andere »Fachschauspielerinnen«, im Gegenteil weniger, und daß sie, das Entscheidende wohl, den Bedrängten und Verfolgten in dieser Zeit zur Seite gestanden und viele von ihnen ihre Rettung nur dieser Frau zu verdanken hatten, fuhr er nach Garmisch-Partenkirchen, um dort auszusagen.

Das war auch bitter notwendig. Emmy Göring befand sich seit Kriegsende in Arrest und wurde zum Teil in menschenunwürdiger Haft gehalten. Man warf ihr alles mögliche vor, unter anderem, daß sie eine zu hohe Gage bekommen hätte, daß sie Nutznießerin im Dritten Reich gewesen sei – wie hätte sie denn als Frau von Hermann Göring überhaupt Nicht-Nutznießerin sein können? Gründgens in Garmisch: »Ich habe nach diesem verlorenen Krieg alles für möglich gehalten, aber nicht, daß man diese Frau vor Gericht stellt! Wann immer ich sie angerufen habe, zu jeder Tageszeit und auch des Nachts, immer hat sie geholfen. Und jetzt soll sie als Nutznießerin angeklagt werden, da man ja politisch wirklich nichts gegen sie vorbringen kann. Mag sein, sie hat wirklich ein Kotelett mehr gegessen als andere Menschen. Aber draußen vor der Gerichtstür stehen eine Menge Juden, die heute leben, weil sie interveniert hat, und ich hoffe, das Gericht wird seinen Schluß daraus ziehen.«

Frau Emmy Göring wurde dann von der Jury zu einem Jahr Lager verurteilt, das freilich schon abgebüßt war, denn sie hatte drei Monate Hausarrest, sieben Monate Zuchthaus Straubing und vierzehn Monate Lager in Garmisch hinter sich.

Obwohl die Zeitungen das Eintreten GGs für Emmy Göring in einer geradezu unverständlich gehässigen Weise kommentierten, wurde er schließlich doch in Düsseldorf zum endgültig letzten Mal entnazifiziert.

Aber es gab auch andere Schwierigkeiten. Bevor GG nach Düsseldorf kam, hatte Schütz die Schauspieler versammelt und sie gefragt, was sie sagen würden, wenn Gründgens in Düsseldorf erscheine. Die Schauspieler schwiegen betreten. Sie wußten wohl nicht, wie die Besatzungsbehörden sich zu Gründgens stellen würden: im Dritten Reich hatten sie sich oft genug die Finger verbrannt. Nur Adolf Dell, ein nicht mehr ganz junger Schauspieler, hatte den Mut, aufzuspringen und zu rufen: »Das wäre doch einfach wunderbar, wenn wir den hierher kriegen könnten!« Erst daraufhin stimmten die anderen ein.

Die Düsseldorfer zögerten lange, die Gagenfrage zu regeln. Sie fürchteten, GG würde sehr teuer sein. Er schlug die gleiche Gage vor, die er in Berlin gehabt hatte – vierundzwanzigtausend Mark Gehalt als Intendant und sechstausend Mark für Aufwand, also insgesamt dreißigtausend Mark –, im Jahr 1947 vor der Währungsreform eine geradezu lächerliche Summe. Man war erleichtert. Daneben verdiente Gründgens natürlich noch als Schau-

spieler eine bestimmte Abendgage, die aber das Theater nicht belastete, weil, wann immer er spielte, die Preise etwas höher waren.
Als er nun wirklich vor die Schauspieler und die Belegschaft des Düsseldorfer Theaters oder richtiger: der Theater trat – mit einer sehr schönen Rede, in der er unter anderem versicherte: »Ich bin nicht nach Düsseldorf gekommen, um Berliner Theater zu machen oder um die Insel, die ja damals unser Schauspielhaus am Gendarmenmarkt war, hier in neuer Auflage entstehen zu lassen ... Ich bin nach Düsseldorf gekommen, um Düsseldorfer Theater zu machen«, und in der er allen denen dankte, die ihn aus sowjetischer Gefangenschaft gerettet hatten –, begann doch ein großes Zittern unter den Schauspielern, den Bühnenarbeitern und überhaupt unter allen, die nun mitwirken sollten. Trotz seiner Versicherungen hatten sie Angst vor den Ansprüchen, die Gründgens an sie stellen würde. Aber bald merkte man, daß zur Angst kein Grund bestand. (Es gab insgesamt 285 Künstler und 157 Bühnenarbeiter, Techniker, Beleuchter und Verwaltungsbeamte.)
Einer, der keine Angst vor ihm hatte, war Walter Zemma, der bereits als Gewandmeister an den Städtischen Bühnen gearbeitet hatte. Als die Proben zu ›Ödipus‹ – damit eröffnete Gründgens in Düsseldorf – schon liefen, wurde Zemma hinterbracht, daß der Garderobier, ein alter, erfahrener Mann, der Gründgens zu betreuen hatte, schrecklich unruhig sei, geradezu außer Fassung, ihm zitterten die Hände, alles mache er verkehrt, er könne einfach diesen Posten nicht ausfüllen. Würde Zemma die Arbeit übernehmen, obwohl er eigentlich als Gewandmeister dazu nicht verpflichtet sei?
Zemma war damals vierundzwanzig oder fünfundzwanzig Jahre alt. Vom ersten Tage an vollzog sich die Arbeit mit Gründgens reibungslos. GG sagte ihm gleich zu Beginn: »Weißt du, ich brauche in meiner Garderobe nicht jemanden, der mir beim An- und Ausziehen hilft, das kann jeder machen. Ich brauche einfach einen Herrn, das heißt einen, der den Situationen, die sich bei mir ergeben, gewachsen ist, der immer weiß, was er zu tun hat. Es kommen oft Besucher von auswärts, unter Umständen führende Persönlichkeiten der Stadt oder andere prominente Leute, die müssen entsprechend behandelt werden. Das muß alles richtig laufen, das muß jemand für mich machen.«
Sein eigentliches Ressort waren die Kostüme. GG wußte immer genau, wie er aussehen wollte – das hing natürlich von seiner Auffassung der jeweiligen Rolle ab. Er besprach jedes Detail, ließ sich auch von einem Mitarbeiter überzeugen, wie man etwas noch wirkungsvoller gestalten könne, als er es sich gedacht hatte, aber das konnten sich nur wenige erlauben. Zemma durfte es, auch der Chefmaskenbildner Lenkeit. In diesen Fragen blieb GG bis zuletzt mißtrauisch und verschlossen.

GG verlangte nicht mehr von seinen Leuten, als sie zu geben vermochten. Freilich war er entschlossen, leidenschaftlich entschlossen, wie man sagen muß, das Düsseldorfer Theaterleben aus dem Dornröschenschlaf zu reißen, in den es versunken war, und Tempo in den Betrieb zu bringen. Schon von Berlin aus hatte er eine Unzahl von Briefen geschrieben, die sich mit allen Problemen des Theaterbetriebes beschäftigten, hatte Verträge unterzeichnet, andere Verträge verworfen, hatte eine Premierenwoche mit sechs Neueinstudierungen geplant – und führte sie dann auch durch.
Er mußte Oper, Operette und Schauspiel machen, hatte aber nicht genug Bühnen. Abgesehen vom Opernhaus, das oft von den Engländern für Truppen-Shows belegt war, stand nur das sogenannte Neue Theater zur Verfügung, kein echtes Theater, sondern nur ein Saal mit Bühne im Haus der Provinzial-Feuer-Versicherung. Die Kammerspiele hatten ebenfalls kein richtiges Theater, sondern begnügten sich mit der Aula einer Schule; vorübergehend konnte für künstlerische Veranstaltungen noch die Freizeithalle der Henckelwerke, außerhalb von Düsseldorf, in Holthausen, in Anspruch genommen werden.
Aber außer diesen Räumen gab es einfach nichts. Es gab keine Leinwand, keinen Leim, keine Nägel, keine Glühbirnen, keine Farbe, keine Stifte. Von Kostümen ganz zu schweigen. Der Mangel zeigte sich zuweilen in grotesken Situationen. Einmal erschien in einer besonders leisen Szene eine Ratte und wanderte über die Bühne. Der beherzte Max Eckard versuchte sie zu erschlagen. Die Ratte war schneller.

Niemand war sich dieser völlig aussichtslosen Position klarer bewußt als GG selbst. Aus seiner Antrittsrede: »Ich bin bereit, aus der Not eine Tugend zu machen, aber ich lehne es ab, aus der Not einen Stil zu machen.« Nur einige wenige begriffen damals und später fast überhaupt niemand mehr: er sah in dieser Situation eine Herausforderung des Schicksals. Diese Herausforderung allerdings wurde seine Rettung als Künstler. Hätte er ein paar Jahre länger am Staatstheater mit fast unbeschränkten Mitteln arbeiten dürfen – etwa wenn es nie zum Krieg gekommen wäre –, er hätte sich festgefahren wie so viele große Theatermänner vor ihm. In Berlin standen ihm die besten Schauspieler Deutschlands zur Verfügung, er besaß ein Ensemble wie kein Direktor vor ihm, mit Ausnahme von Max Reinhardt. Er hatte bewiesen, daß er vorzüglich mit Butter kochen konnte. Nun mußte er beweisen, daß er auch ohne Butter zu kochen vermochte, daß er – wie so viele Hausfrauen in jener Zeit – ein Gericht aus dem Nichts herzustellen imstande war.
Er sah seine Aufgaben genau vor sich: Zunächst mußte er, um seinen Lieb-

lingsausdruck zu gebrauchen, »wieder Maßstäbe setzen«. Damals wurde nämlich in Deutschland sehr viel Theater gespielt. In jeder kleinen Stadt bildeten sich Gruppen, die in Wirtshäusern, in Turnsälen, kurz, überall wo sich Platz fand, auftraten. Daraus entwickelte sich notgedrungen ein Stil, der ganz von den äußeren Gegebenheiten abhing, jedoch nichts mit den inneren Erfordernissen des aufgeführten Stücks zu tun hatte. GG wollte aber aus der Not keinen Stil machen.

Er wollte – und das sah er als seine zweite Aufgabe an –, obwohl ihm kaum Mittel zur Verfügung standen, Theater machen und gutes Theater, so wie er es gelernt hatte.

Ich habe immer geglaubt und werde immer glauben, daß diese ungeheure Aufgabe, die er sich da stellte, und ihre Bewältigung vielleicht nicht zuletzt dazu führten, daß er so früh sterben mußte – aber daß beides künstlerisch für ihn die Rettung bedeutete.

Eine gigantische Arbeitsleistung: Von neun Uhr fünfzehn bis zehn Uhr Büro, dann Operninszenierung bis ein Uhr; dann nach Hause, um eine Kleinigkeit zu essen – viel gab es ja nicht, man hungerte. Nachmittags Inszenierung eines Schauspiels. Abends Auftreten. Gegen halb zwölf völlig erschöpft nach Hause.

Aber die knappe Stunde am Morgen im Büro langte natürlich bei weitem nicht. So mußte er noch nachts diktieren oder telefonieren. Doch wie viele der Mitarbeiter, mit denen er sich dringend in Verbindung setzen mußte, besaßen denn schon einen Telefonanschluß?

Das alles nahm Gründgens hin, als müsse es so sein. Er war nicht mehr der Berliner Generalintendant, der nur auf Knöpfe zu drücken brauchte, um alles zur Verfügung zu haben, was er brauchte. Kein Seufzer: »Ach, wie leicht wäre das früher gewesen . . .!« Eher eine unterstrichene Bescheidenheit, ein unausgesprochenes: »Wir sind doch alle in einem Boot!«

Überall faßte er mit an. Er fand – um nur ein Beispiel zu nennen – eine Lösung, wie man den ›Snob‹, den er wieder angesetzt hatte, in seinem Neuen Theater, in jenem Vereinssaal, in dem es keinen Schnürboden gab, mit einem akustisch notwendigen Plafond spielen konnte, durch einen technischen Ausweg, nämlich den Plafond zweiteilen zu lassen – was keinem Bühnenbildner eingefallen wäre. Zweiteilig deshalb, weil ein Plafond im Ganzen niemals durch die schmale Eisentür auf die Bühne zu schaffen gewesen wäre.

Er achtete persönlich darauf, daß alles gesammelt wurde, was früher oder später vielleicht gebraucht werden konnte: Balken, Rohre, verbogene oder nicht verbogene, Träger, Eisenstangen, Nägel.

Die Garderobenverhältnisse waren geradezu erschütternd. Man saß zusammengepfercht in einem Raum – im Keller übrigens –, lediglich GG hatte

sich – in Erinnerung an die erste Hamburger Zeit – eine Holzwand um seinen Platz ziehen lassen.
Trotz aller dieser Schwierigkeiten kamen die Schauspieler, die Gustaf rief, nach Düsseldorf. Dabei hätten es viele von ihnen anderswo besser gehabt, in Berlin etwa, wo die Russen Lebensmittelpakete spendierten, oder in kleinen und kleinsten Städten, wo die Ernährungssituation weniger verzweifelt war.
Es kam, als erste herbeigerufen, Marianne Hoppe. Sie war nicht mehr mit GG verheiratet, man hatte sich getrennt, nach zehn Jahren – aber was waren das für zehn Jahre gewesen!
Doch man blieb befreundet, und vor allem wollte GG die Schauspielerin, die er schätzte, in seinem Ensemble nicht missen. Marianne Hoppe war damals nicht so sehr darauf erpicht, Theater zu spielen, sie wäre am liebsten auf dem Lande geblieben. Sie hatte auf dem Scharam in Oberbayern ein winziges Häuschen gemietet, es später mit dem Geld aus ihren ersten Nachkriegsfilmen umgebaut und lebte dort mit ihrem eben geborenen Sohn. Aber um das Häuschen ausbauen oder es vergrößern zu können, mußte sie Geld verdienen. Also nahm sie das Düsseldorfer Angebot an.
Es kam Hans Schalla als erster Regisseur neben Gründgens, gelegentlich spielte er auch. Ein paar Jahre später sollte er das Theater in Bochum übernehmen. Es kam, wie schon erwähnt, Heinz Drache. Und auf seine Empfehlung hin engagierte Gründgens auch den Komiker Ludwig Linkmann, der sich in Düsseldorf zu einem echten Volksschauspieler entwickelte. Es kam Günther Lüders. Gründgens wollte ihn schon einmal in Berlin engagieren, hatte aber damals Pech. (»Eigentlich mag ich Leute nicht, die mir einen Korb gegeben haben« – war GGs Meinung zu diesem Fall.) Lüders, der bis dahin durch seine Filmrolle ›Der Etappenhase‹ festgelegt war, wurde in den nächsten Jahren einer der ersten Charakterschauspieler Deutschlands. Richtiger: er war es schon, als er nach Düsseldorf kam, aber man hatte ihm nie die Chance gegeben, es zu zeigen – erst GG bot sie ihm. Es kam Gerda Maurus. Sie machte in jener Zeit Tourneen, spielte gelegentlich auch in einem kleinen Theater oder trat in einem Varieté auf, wo sie Gedichte von Kästner, Tucholsky und Morgenstern rezitierte, und verdiente mit alledem sehr viel mehr Geld, als Gründgens ihr bezahlen konnte. Es kamen – und das war wohl entscheidend – Elisabeth Flickenschildt und ihr Mann Rolf Badenhausen. Badenhausen lehrte an der Münchener Universität, die damals recht unterbesetzt war, weil viele der Professoren während des Dritten Reiches sich für Hitler erklärt hatten und jetzt nicht arbeiten durften. Die Flickenschildt kam aus ihrem Häuschen in Siegsdorf, zwischen München und Salzburg. Sie war in Düsseldorf – vorerst natürlich – unbekannt; in Berlin hatte sie ja auch nicht zu den ersten Schauspie-

lerinnen gehört. Sie wurde aber bald zu einer herausragenden Erscheinung des Düsseldorfer Ensembles und wäre ganz sicher ein Star geworden, wenn es dort einen Star hätte geben können neben GG.

Es kam die schöne Adelheid Seeck. Es kamen, natürlich, Max Eckard und seine sehr anziehende Frau Paula Denk, die beide zuvor mit Gründgens am Deutschen Theater gespielt hatten. Es kam die Peppel nach einigen Schwierigkeiten, denn sie war ja in die Partei eingetreten und mußte erst entnazifiziert werden. Es kam Karl Rupprecht und wurde sofort Leiter des Betriebsbüros. GG zu ihm: »Hier haben wir nun auch eine Oper. Kannst du Oper machen?«

»Ich habe seit neun Jahren keine Oper betreten. Oper ist für mich Quatsch!«

GG: »Ach was, das wirst du schon machen!«

Es kam der Technische Direktor Willi Ehle, der schon in Berlin mit GG gearbeitet hatte.

Es blieben fast alle Schauspieler, die bereits in Düsseldorf gewesen waren, darunter der bereits erwähnte Adolf Dell und Peter Esser, einst, als GG noch Schauspielschüler war, sein Lehrer und der bedeutendste Hamlet der Dumont-Zeit.

GG an den Freund Zacharias-Langhans, der in Chile lebte: »Wir haben uns hier – ein Schwarm verflogener Vögel – zusammengefunden ... Wir spielen, glaube ich, sehr hübsch und sehr anständig Theater ... Eigentlich wäre es ganz angenehm, aber man traut dem Frieden eben in keiner Beziehung, gebranntes Kind, das man ist ... Heute las ich in der Zeitung, daß Klaus Mann seinen Mephisto-Roman in Deutschland erscheinen lassen will, und ich muß jetzt schon gähnen bei der Vorstellung, ich könne gezwungen werden, dagegen Stellung zu nehmen, denn ich habe mir geschworen, ihn nicht zu lesen ...«

Es erschien ein wenig später Paul Henckels, der mit seiner Frau eine Vortragstournee unternommen hatte und von der Währungsreform überrascht worden war. Da er sich nicht in der für ihn zuständigen Stadt Berlin befand, bekam er kein neues Geld, und es gelang ihm auch nicht, nach Berlin zurückzukommen – die Russen waren damals, man stand dicht vor der Blockade, sehr schwierig, wenn es sich um Einreiseerlaubnis handelte. Irgendwie gelangte er nach Düsseldorf, und sein alter Schüler lud ihn zum Kaffee ein und meinte ganz schlicht: »Kommt doch zu mir!«

Noch ein wenig später, 1949, erschien Ulrich Erfurth, nach dem Zusammenbruch zunächst Landarbeiter auf dem Gut seiner Schwägerin, dann Regisseur an den Hamburger Kammerspielen. Ein Ruf des von ihm so verehrten GG genügte, um alles stehen und liegen zu lassen.

Gründgens tat von Anfang an alles, um die unerträglichen Lebensbedingungen seiner Schauspieler zu verbessern. Er organisierte für sie eine kleine zusätzliche Mittagssuppe. Alle am Theater Beschäftigten standen vor der Oper an mit kleinen Töpfen und warteten geduldig, bis die Reihe an sie kam. Später wurde sogar ein Rheindampfer gemietet, auf dem das Essen verabreicht wurde. Das war den Schauspielern, die sich doch ein wenig geniert fühlten, angenehmer, obwohl der Weg länger war.
Er wandte sich an die Stadtverwaltung, um für seine Schauspieler Wohnungen zu beschaffen. Ein Haus sollte gebaut werden. »Wird man es mit einigen Möbelstücken versehen können? Lassen sich vielleicht Schränke einbauen?« Denn Düsseldorf war arg zerstört, Wohnungen gab es überhaupt nicht, kaum möblierte Zimmer. Peer Schmidt zum Beispiel mußte lange Zeit in einem Kellerraum des alten zerbombten Schauspielhauses wohnen. Drache mußte bis 1948 warten, bevor ihm eine kleine Wohnung zugewiesen wurde.
GG selbst bekam zwar eine richtige Wohnung in einem zerbombten und nur notdürftig geflickten Haus an der Cecilienallee am Rhein, aber da zog es so, daß selbst bei geschlossenen Fenstern sich die Vorhänge aufbauschten und die Gardinen fast waagerecht standen, wie von Geisterhand gehoben. GG mußte sich einen Turban aufsetzen, sonst wäre er von einer Migräne in die andere gefallen. Kein Wunder, daß er stets erkältet war.
Ferdinand Meyer, der Chauffeur, den ihm die Stadt zur Verfügung stellte, der ihn auch fuhr, wenn er außerhalb zu spielen oder zu verhandeln hatte, wurde bald sein ständiger Begleiter. Zuerst freilich mußte Gründgens ihm abgewöhnen, daß er, wie er es bei den Größen der Stadtverwaltung gewohnt war, in dem Augenblick, da GG erschien, den Schlag aufriß. GG sagte, er würde nicht eher einsteigen, bevor Meyer nicht wieder auf seinem Platz sitze. Meyer hielt das für einen Witz. Aber GG meinte es ernst: »Ich bin groß und alt genug, um allein einzusteigen.«
Meyer: »Er war wie ein Kamerad zu einem, wie ein Vater. Hundertmal fragte er mich, ob ich auch schon gegessen hätte. Natürlich hatte ich nicht gegessen. Man bekam ja damals nichts. Noch bevor ich mit einer Lüge geantwortet hatte, verlangte er von seiner Haushälterin, daß sie mir etwas gebe. Später, nach der Währungsreform, als das kein Problem mehr war, hielt er vor Restaurants an, verlangte von mir, daß ich hineingehe und etwas zu mir nähme, und wartete geduldig draußen im Wagen. Wenn ich versuchte, mich dagegen zu wehren, wurde er böse ... Er war auch zu jeder Putzfrau und zu jedem Bühnenarbeiter wie ein Kollege oder wie ein Kamerad.«
Badenhausen mußte zuerst in einem Bunker wohnen. Nach sechs Wochen hatte er genug und wollte fort. Gründgens hielt ihn, und als er dann für

einige Wochen verreisen mußte, übertrug er Badenhausen die Leitung des Theaters. Als er zurückkam, stellte sich das Wohnungsproblem von neuem. Gründgens meinte, Badenhausen könne doch bei ihm in der Cecilienallee wohnen, es sei ja genug Platz. Und als Badenhausen schließlich – darüber waren natürlich Monate vergangen – eine Wohnung fand und sich verabschieden wollte, war GG geradezu beleidigt. »Nun sagen Sie mir bloß, was habe ich Ihnen getan? Es war doch so gemütlich mit uns beiden und so praktisch ...«

GG blieb auch zu Hause stets Regisseur. Seiner Haushälterin schrieb er oder ließ vielmehr für sie eine Art Hausordnung tippen:

»Was wir nicht lieben:
Wenn jemand in die Wohnung kommt, der nicht gemeldet ist.
Besteck einzuweichen.
Beim Schlafen gestört zu werden.
Daß ›Geschehnisse‹ nicht ausgerichtet werden.
Daß ›traurige Blumen‹ herumstehen.«

Das Entscheidende: Obwohl die meisten unter schwierigen Bedingungen lebten, obwohl sie sich nicht sattessen konnten – bei Gründgens fühlten sie sich alle geborgen.

Adelheid Seeck: »Schauspieler sind nicht leicht zu begeistern, aber ich habe gefunden, daß alle Menschen, die mit Gustaf in Berührung kamen, sich plötzlich für ihn entflammten ... und bei ihm hatte man das Gefühl absoluter Geborgenheit. Er war sehr menschlich. Er wußte um die Dinge. Das war eigentlich etwas, was man von vornherein nicht von ihm erwartete. Er wirkte kalt, man glaubte, er lebe nur vom Intellektuellen her. Ich habe immer das Gefühl gehabt, und ich glaube, es war auch so, daß er viel mehr vom Herzen aus lebte, als man sich das gemeinhin von ihm vorstellen konnte.«

GG verstand die Kunst, sich immer in den anderen zu versetzen. Der junge Schauspieler Götz von Langheim schrieb ihm einmal: »Wenn man mich hier wie den letzten Dreck behandelt, bitte ich, mich von meinem Vertrag zu befreien.«

Die Antwort: »Sehen Sie: Und wenn Sie mich wie Dreck behandeln, dann sage ich mir, wie jung muß er doch noch sein und wie undiszipliniert, sicher wird er sich das inzwischen überlegt haben, sich auf seine Kinderstube und vielleicht sogar auf ein wenig Respekt vor mir besonnen haben und mir möglichst bald einen vernünftigen Brief schreiben, aus dem ich ersehen kann, was er eigentlich will.« Der Schauspieler war zerknirscht. Die Sache renkte sich wieder ein.

Gerda Maurus erhielt von ihm zu ihrer ersten Vorstellung ein kleines Huldigungsschreiben und einen riesigen Blumenstrauß, der damals sehr schwierig zu beschaffen war. »Jedes Blatt davon ist getrocknet und aufgehoben.«

Die finanzielle Rettung der Schauspieler war, daß, wann immer sie Zeit hatten, der NWDR in Köln sie holte, natürlich zwischen den Proben oder nach den Vorstellungen. Nur wenn die letzten Probentage bevorstanden, verlangte Gründgens, daß die »Funkerei« aufhöre. Im übrigen ließ er mit sich reden. Er wußte, daß seine Schauspieler Geld brauchten, um auf dem Schwarzen Markt Nahrungsmittel einzukaufen.

Eine andere Hilfe war Elsa Carp, eine entfernte Verwandte, deren Mann Bankier war und die auch in der schlechten Zeit über sehr viel Mittel verfügte. Sie hatte von der Familie Gründgens früher nie Notiz genommen, war aber jetzt doch neugierig geworden. Sie wollte GG näher kennenlernen. Ihr Mann war dagegen. Er meinte, es sei ganz überflüssig, daß sie sich um ihn kümmere; wenn die Stadt ihn geholt habe, werde sie schon für ihn sorgen.

Elsa Carp: »Das möchte ich mit eigenen Augen sehen!«

Sie sah mit eigenen Augen, daß GG so gut wie nichts gehörte, kein ganzer Pyjama, allenfalls zwei oder drei Hemden und zwei Anzüge, die – wir erinnern uns – aus Hollywood stammten. Es gab in der Wohnung nur ungenügend Bettwäsche. Sie hatte mehr als genug, nicht zuletzt, weil sie einen Sohn im Krieg verloren hatte, der bereits eine vollständige Aussteuer besaß.

Übrigens hatte sie hitzige Diskussionen mit GG, weil er ihr vorwarf, die Industrie – natürlich die im Ruhrgebiet – habe Berlin abgeschrieben, während sie meinte, Berlin sei Angelegenheit der Amerikaner und der Russen: »Sein Traum blieb immer Berlin.«

Er war ihr sehr zugetan. »Du willst ja nichts von mir!«

Wenn andere sie fragten, wie sie mit ihm auskomme, antwortete sie: »Er erholt sich bei mir von der Kultur!«

Sie war eine sehr entschiedene Frau, wurde heimlich General Elsa genannt, war aber stets hilfsbereit. Später, als GG ein Haus bezog, richtete sie es ihm ein. Sie sprach immer davon, ihm ein Haus zu bauen. Aber er wollte nicht. Er hatte geradezu Angst, etwas zu besitzen. Ein Auto, ein paar Möbel – das war genug. Während des Koreakrieges meinte er, es würde ja doch wieder alles verlorengehen. Er dachte an Zeesen, er dachte daran, daß die Russen seinen Bechsteinflügel über die Treppen hinuntergeworfen, den Mercedes vor den Pflug gespannt hatten. Es wurde seine fixe Idee, daß ein Schauspieler nicht halten könne, was er besitze, also am besten erst gar nicht Besitz anhäufen solle. Er war auch nicht überzeugt davon, daß sich die Lage in Deutschland konsolidiere. An den Freund Zacharias-Langhans, der den Wunsch äußerte, nach Deutschland zurückzukehren, schrieb er: »Ob man bei den Spannungen jemandem ernstlich raten soll, hierher zu kommen: ich weiß es nicht. Ich würde mich natürlich sehr freuen, und um Beschäftigung brauchtest Du Dich nicht zu sorgen. Ein Vertrag liegt bereit. Aber Du glaubst nicht, wie reduziert alles ist . . .«

Und dann kam Mitte 1948 die Währungsreform. Eine Katastrophe für die Theater. Sie waren bis dahin immer überfüllt, weil die Menschen ja nichts für das Geld, das sie verdienten, kaufen konnten. Jetzt konnten sie mit einemmal andere Lebensmittel kaufen, Stoffe, Anzüge, alles, was sie seit Jahren entbehrt hatten. Und die Theater standen leer.

Es gab in dieser Zeit eine – wirklich nur eine einzige – Ausnahme, und das waren die Düsseldorfer Theater. GG hatte sich in einem knappen Dreivierteljahr ein Stammpublikum geschaffen. Seine Aufführungen waren von solcher Qualität, daß die Menschen immer noch genügend Geld auftrieben, sie zu besuchen, auch wenn sie nach Erwerb der Eintrittskarten ihren Alltagsbedarf reduzieren mußten.

Ein Triumph für Gründgens' Theater – ein Triumph für Gründgens selbst, auf den nie genügend hingewiesen worden ist. Aber er begriff sofort, daß dieser einsame Triumph nicht viel wert war, wenn den anderen Theatern nicht geholfen werden würde. Ein einsames Theater in Deutschland konnte nicht existieren. Also stellte er sich die Aufgabe, den anderen zu helfen. Er wurde Präsident des Deutschen Bühnenvereins. Er gastierte. Er fuhr zum Beispiel nach Würzburg, wo zwei junge Schauspieler ein Theater aufgebaut hatten, das alsbald vor dem Ruin stand. Er telegraphierte, er könne am Sonnabend und Sonntag je zwei Vorstellungen geben, was denn eigentlich auf dem Spielplan sei. Es ergab sich, daß ›Iphigenie‹ gerade einstudiert worden war, und so konnte er als Orest einspringen.

Er riet seinen Würzburger Freunden: »Nehmt Preise, wie ihr wollt, es wird voll!« Das bewahrheitete sich. Das Theater war viermal ausverkauft und damit gerettet. GG selbst nahm keinen Pfennig für sein Auftreten. Aber er schrieb an den Würzburger Oberbürgermeister einen etwas scharfen Brief, die Stadt müsse doch für das Theater in stärkerem Maße sorgen, kurz, die Stadt solle dem Theater Subventionen zahlen.

In einem Schreiben an die ›Rhein-Ruhr-Zeitung‹, die ihn nach seiner Ansicht über den Stand des Theaters fragte, teilte er ausdrücklich mit: »Ich glaube und hoffe, daß die Währungsreform, die die Theater vor ganz neue Probleme stellt, dazu verhelfen wird, dem deutschen Theater das ›eigene Gesicht‹ zu geben, denn bis jetzt waren die Bedingungen, unter denen wir spielten, unnatürlich. Unnatürlich durch die Konjunktur, die das Theater hatte und die in keinem Verhältnis zu den künstlerischen Leistungen stand, und unnatürlich durch die Diskrepanz, die zwischen dem auf der Bühne Gebotenen und den Bedingungen, unter denen es zustande kam, herrschte.«

Schon vorher hatte er in der ›Rheinischen Post‹ vom 6. 12. 1947 erklärt: »Ich habe schon einmal gesagt, daß ich ein Theater im luftleeren Raum nicht mag. Glauben Sie mir, es ist ein billig zu erlangender Ruhm, einer künstlerischen Sensation wegen die Situation, aus der heraus wir arbeiten, aus dem Auge zu verlieren. Mein Spielplan soll lieber unoriginell sein als volksfremd.«

Im übrigen warnte er, das Theater allzu wichtig zu nehmen. In einem Artikel für die ›Düsseldorfer Nachrichten‹ meinte er, im Rahmen seines Lebens sei »die Ruhe, mit der der Rhein unveränderlich seinen Lauf nimmt, ebenso entlastend wie eine Straßenbahn, die auf meinem Weg zum Theater in entgegengesetzter Richtung fährt. Es ist wirklich alles nicht mehr so wichtig und so prinzipiell, wie ich es nehmen muß...«

Nach der Währungsreform war er zum ersten Mal wieder bereit, sich etwas anzuschaffen. Sein Garderobier Walter Zemma hatte vorsichtig angedeutet, in seinen abgetragenen Schuhen könne er unmöglich mehr herumlaufen, und Gründgens hatte ironisch geantwortet: »Ich werde meinem Sekretär sagen, daß er mir in Zukunft andere Schuhe herausstellt, wenn ich mit Ihnen zusammenkomme...« Aber ein paar Tage später fragte er Zemma: »Na, sehen Sie denn nichts?«

Und als er eine verneinende Antwort erhielt: »Guck doch mal auf meine Schuhe!«

»Ach so, neue Schuhe!«

»Was heißt hier neue Schuhe! Das ist das neueste Modell, das habe ich erst heute auf der Königsallee gekauft. Das ist ein ganz teures Modell. Die Schuhe kosten hundert Mark!«

Dann sah er, daß Zemma die gleichen Schuhe trug, und sagte, ganz außer sich: »Nein, das darf doch nicht wahr sein! Du hast ja die gleichen Schuhe an. Seit wann trägst du die denn?«

»Seit etwa drei Wochen.«

»Das ist ein Skandal...«

Zemma: »Und etwa ein halbes Jahr später hieß es dann plötzlich, ich sollte zum Chef kommen. Und der sagte mir: ›Warst du heute schon mal im Hofgarten?‹«. Der Hofgarten lag direkt hinter dem Opernhaus.

Zemma beteuerte, er sei heute noch nicht im Hofgarten gewesen.

»Dann gehst du jetzt mal raus, und da steht vor der Tür ein Wagen, ein Buick. Das ist mein neuer Wagen. Den siehst du dir mal an, und dann

sagst du mir, wie er dir gefällt... Moment! Moment! Nicht so schnell. Du gehst also raus und guckst dir den Wagen an, und dann kommst du rein und sagst mir, wie er dir gefällt.«
»Ja, Chef, so habe ich es verstanden.«
»Aber eines will ich dir sagen, mein Junge. Wenn du reinkommen solltest und sagst, ach, Chef, das Modell fahre ich schon seit drei Wochen... dann kriegst du ein paar in die Schnauze!«

Gründgens wollte in Düsseldorf Düsseldorfer Theater machen – aber immerhin das bestmögliche Theater. Im Grunde genommen hatte er sich nicht verändert – auch nicht in seiner Skepsis gegenüber Theateraufführungen. Noch vor der Währungsreform erklärte er in einem Vortrag »Theater und Presse«, am 29. November 1947, bevor er eine Inszenierung beginne, halte er das Stück »für unaufführbar und jede Rolle für nicht zu besetzen. Und dann beginnt das mühselige, bittere Ringen um die Realisierungsmöglichkeit einer Dichtung und um das relativ beste Resultat...«
Aber in diesem Ringen gab er nicht nach, und es ist symptomatisch für ihn, daß er in den vielen Düsseldorfer Jahren nie auf die Idee kam, dies oder jenes sei für Düsseldorf doch wohl gut genug. Das Beste war gut genug, das Beste, das erzielt werden konnte.
Man sah es daran, wie die Proben vor sich gingen: nämlich genauso wie seinerzeit im Staatstheater. GG war genauso unnahbar-nahbar. Er duzte die Schauspieler während der Proben, wenn ihm etwas gefiel. Wenn ihm etwas mißfiel, kam das distanzierte »Sie«. Manchmal brüllte er vor Empörung, ein paar Tage später hörte der gleiche Schauspieler: »Du hast ein bißchen zuviel Schimpfe bekommen neulich, jetzt ist deine Arbeit ausgezeichnet...«
Er haßte nichts so sehr wie den Jargon. Bei ihm gab es keine Sätze mit »machen« oder »bringen« oder »ankommen«. Er rief dann aus dem Parkett auf die Bühne hinauf: »Ich komme gleich bei dir oben an!« Oder: »Ich bring dir gleich selbst was!« und dergleichen.
Er wußte, daß er, von wenigen Ausnahmen abgesehen, nicht mit den ersten deutschen Schauspielern arbeitete, aber er ließ sie nie merken, daß sie noch keine Größen waren. Er tat das, was man im Schauspielerjargon – den er nicht mochte – ein »Gerüst bauen« nennt. Er erklärte ihnen, wie sie aus einer bestimmten inneren Situation in eine andere gelangen konnten. Auch wenn der Schauspieler dann einen schlechten Abend hatte – wenigstens das Gerüst stand. Er haßte nichts so sehr wie die sogenannte Inspiration. »Theaterspielen ist Verabredung!« sagte er oft, und damit traf er den Nagel wohl auf den Kopf.

Auch in Düsseldorf, gerade in Düsseldorf, war er sich darüber klar, was in dem Schauspieler vorging, was aus ihm herauszuholen war – und dann tat er für ihn, was getan werden konnte, oder er resignierte: oder, und das kam gar nicht so selten vor, er besetzte eine Rolle noch in letzter Minute um.

Er besaß einen gewissen sportlichen Ehrgeiz, Schwierigkeiten zu überwinden. Daher versuchte er gar nicht, sie von vornherein aus dem Wege zu räumen. Es gab Schauspieler, die er einsetzte, obwohl er schon vor der ersten Probe, ja, vielleicht schon seit Jahren wußte, daß und in welchem Grade sie schwierig waren. Ich erinnere mich, daß viele ihn vor dem eigenwilligen Fritz Kortner warnten, der bei ihm den Rappelkopf in ›Alpenkönig und Menschenfeind‹ spielen sollte. Er lächelte nur. Er war sicher, mit Kortner, den er als Schauspieler sehr respektierte, auskommen zu können. Und es gelang auch. Daß er später wenig Lust verspürte, das Experiment zu wiederholen, steht auf einem anderen Blatt.

Seine große Stärke war die Kritik, gleichgültig, ob er selbst inszenierte oder die Vorstellung eines anderen Regisseurs »abnahm«. Wie er da irgendeinen kleinen, anscheinend unwesentlichen Punkt herausgriff, wie er von ihm ausgehend zeigte, wo der Schauspieler oder der Regisseur sich verrannt hatte – das war einmalig. Einmalig auch die Form, in der die Kritik vor sich ging. Eine Ansprache von zwanzig Minuten, die druckreif war.

Wenn er gleichzeitig inszenierte und spielte, kam es vor, daß er am Ende einer Probe völlig erschöpft war und nach einem Stuhl verlangte. Einmal – es war 1949 in Recklinghausen – konnte der Inspizient in der Eile nichts anderes als einen Hocker finden. GG war schon im Begriff, sich hinzusetzen, erblickte den Hocker, sah dann den Mann fassungslos an und blieb stehen. Er ließ sich erst nieder, als ein seiner würdiger Stuhl zur Stelle war.

Alles Verwischte und Unkontrollierbare war ihm verhaßt. Es ging ihm immer um die Klarheit und um die Form. Alles, was auf der Bühne vorging, mußte ein paar Stufen höher stehen als im Leben – und trotzdem sollte nichts überspitzt wirken.

Er inszenierte weniger, als daß er dirigierte. Ja, es kam vor, daß er im Parkett saß und mit den Händen die Bewegungen eines Dirigenten ausführte, die Einsätze gab, obwohl das ja auf der Bühne niemand sehen konnte. Und wenn alles so lief, wie er es sich vorgestellt hatte, war er hingerissen. Aber wenn ein falscher Ton oder auch nur eine falsche Pause kam, wurde er plötzlich schneeweiß, seine Lippen zogen sich zu einem Strich zusammen, und er sagte das gefürchtete »Stop!« Er war im Innersten getroffen – man hatte seine Musikalität verletzt.

Eine erstaunliche Eigenschaft: GG zog sich für jede Probe besonders an. Er wählte je nachdem, ob es eine strenge oder eine gemütliche Probe werden würde, den Anzug und die Krawatte, ja, sogar die Schuhe aus. Er bewahrte sich da eine erstaunliche Variationsfreudigkeit, natürlich nicht zuletzt, um die anderen mitzureißen. Wenn er dann, ins Auto fallend, fast zusammenbrach, sah es ja niemand mehr.

In dieses Bild paßte es auch, daß er gern Publikum bei seinen Proben sah. Natürlich nur ein paar Auserwählte. Er fragte sie nicht etwa, ob sie dieses oder jenes falsch fanden oder richtig, aber er spürte es, ohne daß ein Wort gesprochen wurde. Wie oft sah er sich nach uns, die mehrere Reihen hinter ihm saßen, um, und er wußte genau, was wir dachten und fühlten, obwohl er ja nicht gut sehen konnte und das bei jeder Gelegenheit beteuerte. Ich hatte immer das Gefühl, daß er auch als Regisseur eine Rolle spielte und daß er auch in dieser Rolle gefallen wollte. Er spielte sie vollendet und nahm damit in gewissem Sinne eine Art Rache dafür, daß er nicht selbst auf der Bühne stehen durfte, um eine Rolle im Stück zu spielen. Natürlich kam es vor, daß er auch das tat, daß er sich die Jacke und den Pullover abriß, auf die Bühne sprang, einen Schauspieler fortscheuchte, von der Souffleuse den »Text« verlangte und die betreffende Passage, die ihm nicht richtig erschienen war, vorspielte.

Bei den Generalproben mußten sämtliche Schauspielschüler anwesend sein. Ja, es gab auch in Düsseldorf eine Schauspielschule. Ursprünglich war er dafür gewesen, sie zu schließen, denn er fand sie in einem geradezu desolaten Zustand vor, wie er dem Oberstadtdirektor mitteilte. Übrigens fanden das die Schüler auch. Sie waren unzufrieden mit ihren Lehrern und wandten sich in einem Brief, der sich im Nachlaß fand, an GG, um ihn zu bitten, doch Wandel zu schaffen. Einer von denen, die unterschrieben hatten, hieß Imo Moszkowicz, der Gründgens schon wiederholt aufgefallen war und den er bald auch zu seinem Regieassistenten machte.

Imo war in Ahlen aufgewachsen und seit frühester Jugend nur von dem einen Wunsch beseelt, Schauspieler zu werden. Noch ein Kind, als Hitler an die Macht kam, ahnte er nicht, was ihm und seiner Familie drohte; auch nicht, als der Schauspieler Rolf Feldheim aus Dortmund, der sich für den Knaben interessierte, in eine Umschulungsstätte kam, wo Juden zu Handwerkern umerzogen wurden und wohin Imo binnen kurzem auch geschickt wurde. Damals war er elf. Er erlernte das Tischlerhandwerk. Ein halbes Jahr später wurde die Umschulungsstätte von der Gestapo geschlossen, die der Ansicht war, ein Handwerk sei zu gut für Juden. Erst jetzt begann der kleine Imo zu ahnen, daß ihm sein Berufswunsch wohl für immer versagt bleiben würde. Um diese Zeit war der Vater bereits nach Buenos Aires ausgewandert, aber es gelang ihm nicht mehr, die Familie nachkommen zu lassen. Sie wurde nach Auschwitz gebracht, wo die Mutter und die sechs Geschwister Imos umkamen. Er selbst blieb am Leben.

Und das hatte er immer gewußt. Imos ständiger Ausspruch: »Ich überlebe es! Zumindest bis zum letzten Tag! Was nachher wird, weiß ich nicht. Aber Hitler überlebe ich!« – war zum geflügelten Wort unter den jüdischen Kindern in Auschwitz geworden. Woher er das wußte? Wissen konnte er es natürlich nicht, er spürte es.

Er war noch am Leben, als Auschwitz vor den anrückenden Russen geräumt wurde, er überstand den Todesmarsch, mußte dann allerdings mit schwerem Typhus in ein Krankenhaus eingeliefert werden. Als er schließlich einigermaßen genesen war, wurde er von den Amerikanern mit englischen und französischen Kriegsgefangenen zusammen nach dem Westen transportiert. Er ging in seinen Geburtsort zurück in der Hoffnung, Familienangehörige wiederzufinden, wie es ausgemacht war – aber es war niemand da, und es kam auch niemand mehr. Damals war er neunzehn Jahre alt. Was nun beginnen? Er überlegte. War er nicht zu alt, um noch beim Theater anzufangen? In Warendorf, unweit seines Geburtsortes, gab es eine »Junge Bühne«, wo teils Theater gespielt, teils unterrichtet wurde. Da mußte er alles spielen, was gebraucht wurde – und wie gern er es tat! Er spielte unter anderem den Mephisto und den Loisl im ›Verkauften Großvater‹. Seine erste Rolle war der Thoas in der ›Iphigenie‹. Man ließ ihn also vor allen Dingen alte Rollen spielen, und da es weder Perücken noch Schminke gab, mußte er sich mit Zahnpulver das Haar weiß machen. An einer bestimmten Stelle des Stückes sollte er sich auf Wunsch des Regisseurs ins Haar greifen; die Folge davon war, daß eine Staubwolke über die halbe Bühne herunterging.

Dann hörte er von der Schauspielschule in Düsseldorf und fuhr hin. Er wurde gerade zu dem Zeitpunkt aufgenommen, als GG nach Düsseldorf kam. Als Imo an die Reihe kam, GG vorzusprechen, erfuhr dieser von dem Leiter der Schule, der junge Mann habe schon gespielt. Aber Imo sprach eine Szene aus ›Peer Gynt‹ vor, den er noch nicht gespielt hatte – die Szene von Aases Tod. Gründgens horchte auf. Die ihm unbekannte Übersetzung – von Christian Morgenstern – gefiel ihm, und es kam zu einer Unterhaltung darüber, ja, zu einer richtigen Debatte, und das war schon etwas Ungewöhnliches für GG, vor dem die anderen Schüler Angst hatten. Die Diskussion zwischen dem ungleichen Paar zog sich über viele Stunden hin, man kam auf andere Übersetzungen zu sprechen, auf Naturalismus – GG sagte: »Also sämtliche Naturalisten werden in der Garderobe abgegeben und verbrannt!«

Dann schien Gründgens Imo Moszkowicz vergessen zu haben. Aber als er die ›Fliegen‹ von Sartre inszenierte, ordnete er an, daß die gesamte Schauspielschule den Proben beiwohnte. Während der ersten Probe drehte er sich um und rief: »Ist hier jemand, der Imo heißt?« Als Imo sich meldete, bedeutete er ihm, er solle ihm versuchsweise assistieren. Imo hatte keine Ahnung von Regie und hatte auch nie Regie führen wollen. Er wußte nicht, was er tun sollte. GG drückte ihm einen Bleistift in die Hand und sagte, Imo müsse alles in das Buch eintragen, was da auf der Bühne gemacht werde, auch die Stellungen und die Pausen.

Aber näher kamen sich die beiden nicht. GG blieb reserviert. Erst relativ spät erfuhr er, daß Imo in einem Lager gewesen war, was dieser nach Möglichkeit verschwieg, weil er nicht wollte, daß man deswegen auf ihn besondere Rücksicht nahm. Jetzt taute GG auf, und immer öfter fiel das Wort von den »beiden KZ-lern«. Nun verstanden sie sich vorzüglich. Zum Erstaunen von Gründgens erschien Imo sehr oft gerade in dem Augenblick, in dem er nach ihm hatte rufen wollen. Er wurde neben Peter Gorski, dem eine Unmenge von Pflichten aufgeladen waren, zweiter Regieassistent.

Als die Proben zu den ›Fliegen‹ zu Ende gingen, wollte Imo bei einem Teller Suppe, den er gemeinsam mit GG, Marianne Hoppe, der Flickenschildt, Badenhausen und Peter Gorski verzehren durfte, wissen: »Was wird nun eigentlich aus den Bewohnern von Argos, nachdem Orest mit den Erinnyen ausgezogen ist?« Man grinste, gab ihm irgendeine Erklärung, aber GG sagte später, daß er in diesem Augenblick wußte, Imo müsse Regisseur werden. Ihm selbst war das noch nicht klar. Er wollte Schauspieler werden und hatte auch schon einige Male gespielt, bis Gründgens es ihm verbot. Vielleicht hielt er ihn nicht für talentiert genug. Aber er sagte es ihm nicht so deutlich, er sagte ihm nur, beides ginge nun einmal nicht.

Imo wurde Regieassistent. Eines Tages traf ein Brief des Vaters aus Südamerika ein, der seinen Sohn wiederhaben wollte. Imo hatte Hemmungen. Er kannte den Vater ja kaum. Er fühlte sich in Düsseldorf, er fühlte sich besonders bei GG zu Hause. GG mußte ihm zureden, die Reise anzutreten, mußte, um die Einwanderung nach Argentinien überhaupt zu ermöglichen, eine gefälschte Bestätigung ausschreiben, daß Imo im Theater als Schuhmacher in der Kostümwerkstatt der Städtischen Bühnen tätig gewesen sei.

In Buenos Aires kam sich Imo aber unglücklich und verlassen vor. Er fand keine Beziehung zum Vater, den er seit seinem neunten Lebensjahr nicht mehr gesehen hatte, er wollte zurück. Er schrieb an GG, der ihm postwendend das Reisegeld schickte. Und da Imo auf Anraten Gorskis die wenigen Möbel, die er besaß, im Hause von Gründgens abgestellt hatte, war es nur logisch, daß er nach seiner Rückkehr ebenfalls ins Haus zog.

In der ersten Spielzeit brachte GG neben ›Ödipus‹ ›Figaros Hochzeit‹ heraus, dazu ›Die Fliegen‹ von Sartre, ›Die Möwe‹ von Tschechow und die nahezu legendären ›Banditen‹ von Offenbach; in der zweiten Spielzeit folgten ›Der Freischütz‹, weiter ›Zwei Herren von Verona‹, ein selten gespieltes Stück von Shakespeare, ›Frühlingserwachen‹ von Wedekind, ›Der Snob‹ von Sternheim, ›Der arme Matrose‹ von Milhaud/Cocteau, ›Tasso‹ von Goethe, ›Faust‹ und ›Madame Butterfly‹. Bei den aufgezählten Stücken handelt es sich nur um solche, in denen GG spielte, oder die er inszenierte.
In den ›Banditen‹ spielte er im dritten Akt die kleine, aber sehr amüsante Rolle des Finanzministers, der an einer Stelle die Wand hochgeht – natürlich mit Hilfe einer versteckt angelegten Treppe, nachdem er die Worte gesprochen hat: »Ich bin ja nicht nur Finanzminister, ich bin nebenbei auch noch Direktor eines Theaters, und wenn Sie das mal eine Zeitlang waren, gehen Sie ganz allein die Wände hoch!«
Als Drache die Rolle nachspielen sollte, konnte diese Pointe natürlich nicht gebracht werden. Drache hatte dann die Idee, er könne auf die Frage, wie er denn die Wand hinaufgekommen sei, antworten: »Haben Sie schon mal bei Gründgens eine Rolle nachgespielt? Dann gehen Sie von ganz allein die Wände hoch!«
Aber das wollte Gründgens nicht. Die Stelle wurde gestrichen.
In der dritten Spielzeit, am 22. September 1949, zu seinem fünfzigsten Geburtstag, kam der ›Hamlet‹. Es war sein dritter Hamlet und mußte nach menschlicher Voraussicht sein letzter sein.
Seine Ophelia – unter der Regie von Ulrich Erfurth – war die junge Solveig Thomas aus Wien, die am Burgtheater engagiert war, dort aber niemals vernünftige Rollen bekommen hatte und durch Vermittlung von Käthe Dorsch zu GG kam. Sie war herrlich. Aber das Außerordentliche des Abends war GGs Hamlet. Wie er, der die Rolle schon Hunderte von Malen gespielt hatte, sich in sie hineinarbeitete, als müsse er sie zum ersten Mal spielen! Wie er an das Stück heranging – er führte natürlich doch ein bißchen Regie mit –, als handle es sich nicht um eine längst bekannte Tragödie, sondern um eine Uraufführung! War da Mißtrauen im Spiel? Mißtrauen gegen seine früheren Gestaltungen des Hamlet? Nein, er war sich klar darüber, daß er sich und daß die Zeit sich entwickelt hatte. Dieser Hamlet in Düsseldorf war nicht mehr der interessante Neurastheniker, den er in den Hamburger Kammerspielen auf die Bühne gestellt hatte, nicht mehr der Zweifler am Dritten Reich, der sich skeptisch fragt, ob er sich richtig verhalten habe, nicht auszuwandern, sondern dazubleiben und abzuwarten.
Sein dritter Hamlet war, wie sich GG in einem Protest gegen eine unfaire

Kritik ausdrückte, die »Summe meiner künstlerischen Lebensarbeit und in den schweren Zeiten, die ich augenblicklich durchmache, meine einzige Freude und tiefe Beglückung«.

Dieser Hamlet wußte: er hätte nicht dableiben dürfen. Dieser Hamlet wußte: »so macht Gewohnheit Feige aus uns allen.« Dieser Hamlet war einer, der viele Phasen durchgemacht, durch manche Zweifel gegangen und sich jetzt klar darüber war, warum er lebte und wozu er lebte. In diesem Sinne war der Hamlet des Fünfzigjährigen, der noch so jugendlich wirkte, die Summe seiner künstlerischen Lebensarbeit und dadurch natürlich auch die Summe aller Hamlets, die er vorher gespielt hatte.

Man kann von ihm nur sagen, was Hamlet selbst über seinen Vater sagt: »Ich werde nimmer seinesgleichen sehen . . .«

NEUNZEHNTES KAPITEL
Theaterrevolution

Ein Dreivierteljahr nach dem ›Hamlet‹, zu Beginn der vierten Spielzeit, brachte Gründgens den ›Prozeß‹ nach dem Roman von Franz Kafka, in der Dramatisierung von André Gide und J. L. Barrault. Er hatte das Stück während der Recklinghauser Festspiele ausprobiert. Er inszenierte es nicht nur, übrigens zusammen mit Ulrich Erfurth – er spielte auch die Hauptrolle, den Josef K., der ja in fast allen Romanen Kafkas vorkommt. Das Stück faszinierte ihn – und das war nur zu begreiflich. Denn in seinem Roman hatte Kafka, der bereits in den zwanziger Jahren in Prag gestorben war, alle Schrecken des Dritten Reiches vorausgeahnt, jene Angstzustände, die fast anonyme Macht, die in ihren Handlungen nicht vorauszuberechnen ist, die immer dann zuschlägt, wenn man es nicht erwartet, deren Schergen nicht zu greifen, kaum je zu identifizieren sind. Die den Durchschnittsbürger in steter Angst hält. Für Kafka war Josef K. eben kein besonderer Mann, keine einmalige Erscheinung, kein Held im positiven oder negativen, im aktiven oder passiven Sinn, sondern eine Art Jedermann, einer, der, obwohl intelligent und nicht unvermögend, ja, nicht einmal ohne Beziehungen, der Macht gegenüber wehrlos dasteht. Barrault hatte den K. in Paris schon vorher gespielt – und falsch, eben als Nervenbündel, fast als Schizophrenen, dessen Schicksal nicht so sehr von außen, als aus ihm selbst kam; Gründgens spielte ihn »richtig«. Gründgens spielte, was er im Dritten Reich hundertmal mit- oder selbst erlebt hatte, Gründgens spielte die Angst, die Fassungslosigkeit, das Ausgeliefertsein. Seine Leistung war überwältigend und – in höherem Sinn – tief beängstigend.

Ich glaube, es war kein Zufall, daß er den Josef K. nach dem Hamlet spielte. Dort hatte er mit sich selbst abgerechnet. Im ›Prozeß‹ rechnete er mit denen ab, die ihn zwölf Jahre lang bedroht hatten.

Schon vor seinem Hamlet, um genau zu sein: am 11. September 1949, war GG im Ausland aufgetreten. Jawohl, er, dem man unsinnigerweise vorgeworfen hatte, ein Mitläufer der Nationalsozialisten oder gar einer ihrer Bannerträger gewesen zu sein, wurde als erster von allen deutschen Schauspielern ins Ausland eingeladen. Es ist immerhin eine Pointe, daß es gerade ein Emigrant war, übrigens der Mann, der jahrelang die Glyndebourne

Mozart Festivals geleitet hatte und der später die Metropolitan Oper in New York übernehmen sollte – daß Rudolf Bing es war, der Gründgens einlud, nach Edinburgh zu kommen, um dort seinen Mephisto zu zeigen.
GG nahm die Einladung an – warum auch nicht? Er kam mit Horst Caspar als Faust und Antje Weisgerber als – unvergleichlichem – Gretchen. Er kam – und das war typisch für ihn – ohne ein Gefühl, daß ihm Gefahr drohte. Sein Gewissen war rein. Überdies, er war eingeladen worden und man hätte ihn ja nicht einzuladen brauchen, wenn man ihn für einen Nationalsozialisten hielt.
Als Adolf Wohlbrück, mit dem zusammen er in seinen ersten Berliner Jahren gespielt hatte, von dem Projekt hörte, schickte er ihm ein Telegramm: »Wenn ich Dir helfen kann, laß es mich wissen!« Das verstand GG nicht ganz, aber er war glücklich, im Londoner Haus von Wohlbrück – der war inzwischen ein berühmter internationaler Star geworden – einen Tag zu verbringen. Als ihn Wohlbrück zum Bahnhof begleitete, fragte GG: »Die Idee ist dir wohl nicht gekommen, mit mir nach Edinburgh zu fahren und dir den ›Faust‹ anzusehen?«
Wohlbrück war erschrocken. Er hatte seit Jahren kein deutsches Theater mehr gesehen, und als Emigrant, als ein von Hitler Abgelehnter, hatte er ein wenig Angst davor, wieder Deutsch zu hören. Er fuhr dann doch nach Edinburgh und kam gerade zu dem Skandal in der dritten Vorstellung zurecht.
Der Skandal war inszeniert. Irgendwer – es kam niemals heraus, wer oder welche Organisation oder Partei eigentlich dahinterstand – kaufte Karten auf für junge Leute, die, als das Stück begann, Flugblätter von der Galerie herunterwarfen, auf denen zu lesen stand: »Wußten Sie, daß Hitlers ›Kultursenator‹ und Görings Freund in Edinburgh ist?« Wenn man das Flugblatt las, konnte man in der Tat glauben, daß GG Nationalsozialist gewesen war.
Wie wenig echt die Demonstration war, ging daraus hervor, daß keiner der Protestierenden wußte, wer Gründgens war. Als der Düsseldorfer Schauspieler Therkatz als Wagner auftrat, glaubten die bestellten Demonstranten auf der Galerie, es sei Gründgens, und begannen ein großes Geschrei. Therkatz verschwand einigermaßen verschreckt, Caspar versuchte weiterzusprechen, aber das war nicht möglich. Der Vorhang mußte fallen.
Peter Gorski, der nicht mehr als zehn Worte englisch sprach, hatte den Mut, vor den Vorhang zu treten und zu proklamieren: ›Ladies and Gentlemen! I think we are going on ...«
Applaus. Die Vorstellung lief weiter. Sie wurde zu einem außerordentlichen Erfolg. Der Kritiker von ›New Statesman and Nation‹ schrieb: »Kei-

ner der Zuschauer, selbst wenn er nicht gewußt hätte, daß Gustaf Gründgens der größte deutsche Schauspieler ist, hätte sich der Darstellungsleistung dieses Mephisto verschließen können. Er spielte seine Rolle mit spöttelndem Adel, mit der Vornehmheit eines gefallenen Erzengels, mehr noch, mit der Vornehmheit eines Geschöpfes, das der Finsternis gehört, die das Licht gebiert, und der deshalb älter und weiser ist als die emporstrebenden Söhne des Lichts, die selbstgefällig die Vollkommenheit des Universums preisen.«

Am Rande mag vermerkt werden, daß die gleiche ›Faust‹-Inszenierung ein paar Wochen vorher in Düsseldorf von den Kritikern nicht besonders gut behandelt worden war. Insbesondere GG wurde ein wenig zerzaust. Die amerikanisch gelenkte ›Neue Zeitung‹ – wir erinnern uns, wie die amerikanischen Kulturoffiziere gegen Gründgens eingestellt waren – hatte vieles an der Leistung von GG auszusetzen.

Die englischen Zeitungen hingegen waren durchweg begeistert. Nur der kommunistische ›Daily Worker‹ wandte sich gegen Gründgens mit der ein wenig phantastischen Behauptung, er sei der Schauspieler, der die Reden Hitlers mit ihm einstudiert habe. Gründgens zu einem Freund: »Ich war darüber etwas verbittert, denn ich denke, er hätte dann ein besseres Deutsch gesprochen.«

Aber obwohl die ›Faust‹-Vorstellungen in Edinburgh ein Erfolg waren, obwohl Gründgens von allen, die etwas von Theater verstanden, gefeiert wurde: die Erfahrung, daß man ihn für einen Nationalsozialisten halten konnte, war ein arger Schock. Es dauerte lange, bis er darüber hinwegkam. Er schrieb leidenschaftliche und für seine Verhältnisse ungewöhnlich lange Briefe an die englische Presse, um richtigzustellen, was an völlig haltlosen Lügen erschienen war. Es war ein weiterer Schock, daß diese Berichtigungen nicht erschienen, sondern mit der Ausflucht, sie seien »zu lang« – an ihn zurückgingen. Das alles war wohl so wichtig nicht, sicher nicht für die Allgemeinheit, die gewohnt ist, sich über die letzten Neuigkeiten aufzuregen und sie am nächsten Tage zu vergessen. Wohl aber für Gründgens. Sahen so die Zeiten aus, die er während der verhaßten zwölf Jahre ständig ersehnt hatte? Sollte die Lüge abermals Triumphe feiern, wenn auch mit umgekehrtem Vorzeichen und – so gerecht war Gründgens wohl, das einzusehen – keinen besonders gefährlichen Lügen?

Antje Weisgerber als Gretchen, Horst Caspar als Faust ... Wir müssen ein wenig zurückgehen in die zweite Düsseldorfer Spielzeit, als Gründgens den ›Tasso‹ herausbrachte, er selbst in der Titelrolle, mit Marianne Hoppe als Prinzessin, mit Esser als Antonio. Wir erinnern uns: er hatte diese

Rolle schon in Berlin spielen wollen, aber seine Mitarbeiter hatten sie ihm ausgeredet. Nun war er um viele Jahre älter, also weniger als je der unverantwortliche Jüngling, der mit tausend Taktlosigkeiten sich die Gunst des Hofes – sprich: der Mitwelt – verscherzt. Auf die Jugendlichkeit, auf das Aussehen kommt es bei klassischen Stücken nicht an, schon gar nicht bei einer Art Oratorium wie dem ›Tasso‹. Aber GG kam es darauf an. Und es kam ihm auch – man mußte ihn kennen, um zu verstehen warum – darauf an, nicht unsympathisch, nicht taktlos, nicht negativ zu wirken. Er wollte, wie sein Leben lang, auch in dieser Rolle geliebt werden.

So spielte er den Tasso nicht als Jüngling, der Unheil anrichtet, sondern als Star, der gekränkt wird. Er hatte keinen Erfolg damit, die Kritiken bescheinigten es ihm.

Gründgens, nicht nur Schauspieler, sondern auch Theaterdirektor, zog die Konsequenzen. Wenn man seinen Tasso nicht mochte, dann würde er seinem Publikum den Tasso vorsetzen, der in Deutschland damals als der beste galt: Horst Caspar.

Nur diejenigen, die ihn kannten, wußten, was ihn das kostete. Denn einmal konnte sich ja Gründgens' Auffassung mit dem darstellerischen Stil Caspars nicht immer decken, und zum anderen war er der Mann, der ihm Antje Weisgerber weggenommen hatte.

Antje war noch vor Schließung der Berliner Theater ans Wiener Burgtheater gegangen, hatte dort Horst Caspar kennengelernt und ihn geheiratet. Gründgens, für den Antje die Porzellanfigur, das kostbare Gefäß, der Mozartsche Cherubin war, konnte das nicht verstehen.

Er konnte noch weniger verstehen, daß sie nach dem Krieg, als sie im ›Snob‹ mit ihm einen großen Erfolg errungen hatte, nicht die Rolle der Molly im ›Marquis von Keith‹ übernahm, sondern in den Kammerspielen, neben dem Deutschen Theater, die weibliche Hauptrolle in der ›Hose‹ von Carl Sternheim spielte. Er verließ Berlin, ohne sich von ihr zu verabschieden.

Welche Überwindung mußte es ihn kosten, nun Horst Caspar ans Theater zu holen! Eine dreifache Überwindung: Einmal gab er damit zu, daß er als Tasso nicht gut gewesen war, ja, er machte es dem Publikum möglich, Vergleiche zwischen ihm und Horst Caspar anzustellen, die sicher schon wegen der Jugend des anderen nicht zu seinem Vorteil ausfallen konnten. Zum anderen holte er einen Schauspieler ans Theater, dessen Kunst der seinen konträr war – es konnte kein Zufall sein, daß Horst Caspar niemals am Staatstheater engagiert worden war. Und zum dritten: Antje. Er überwand sich und fragte, ob Antje nicht mitkommen würde. Sie kam – und er sah sich einer völlig fremden Frau gegenüber. Er begriff sofort, daß er sie anders einsetzen müsse und gab ihr das Gretchen, das die Gold hatte spielen sollen, die aber verhindert war. Das Gretchen! Eine hochdramatische Rolle! Würde sie es schaffen? Würde – und das interessiert in unserem Zusammenhang viel mehr – er es schaffen, in ihr eine ganz andere oder eigentlich erst jetzt eine Frau zu sehen, während er sie bisher nur als Mädchen sehen konnte?

Etwas Weiteres kam hinzu: die meisten, die Antje damals kannten, hielten es für undenkbar, daß sie das Gretchen spielen könne, und zwar aus entgegengesetzten Gründen, als Gründgens angab. Wir alle sahen in Antje eine junge Frau und kein junges Mädchen – von Cherubin ganz zu schweigen. Was immer GG in ihr damals sah, sie wurde unter seinen Händen ein junges unschuldiges Mädchen.

Freilich, wie er mit ihr arbeitete! »Wenn GG unten im Zuschauerraum saß«, sagte sie später, »dann hatte ich das Gefühl, ich kann alles. Ich fühlte mich geborgen und sicher, und ich konnte auch alles, was er von mir wollte. Es klingt vielleicht überheblich oder gar verrückt, aber wenn er gesagt hätte: ›Antje, jetzt gehst du die Wand hinauf!‹ ich glaube, ich hätte es versucht.«

Ich erinnere mich noch einer Probe der letzten Szene, in der Gretchen dem Wahnsinn verfällt. Da hatte sie nun gerade das Gegenteil von dem zu spielen, was er immer in ihr gesehen und geliebt hatte. Ich bin nicht sicher, ob er glaubte, sie würde es schaffen. Aber er unternahm den Versuch. Er erklärte ihr – ich habe die Worte noch im Ohr: »Es gibt da drei Stadien. Erst erkennst du Faust. Dann wirst du wahnsinnig – ganz richtig wahnsinnig, du verfällst sozusagen einem organischen Wahnsinn, und er ist gar nicht mehr für dich da. Und dann – das ist die dritte Stufe – versinkst du und nicht nur er, überhaupt nichts ist mehr für dich da.«

Sie begriff.

Ich glaube, ich habe nie ein so herrliches Gretchen gesehen wie das ihre. Aber es war natürlich nicht nur das ihre. Es war auch das seine, vor allem das seine.

Vielleicht sollte in diesem Zusammenhang noch einmal sein entscheidender Dressurakt erwähnt werden, ›Der Familientag‹ von T. S. Eliot, der ein halbes Jahr nach Edinburgh, zwei Monate nach ›Hamlet‹ herauskam.

Gründgens auf der ersten Probe: »Also, meine Herrschaften, es wäre geprahlt, wenn ich sagen würde, ich verstehe das Stück, aber im Laufe der Proben kommen wir schon dahinter.«

Es handelte sich um ein antikes Drama im Zeitgewand, um die uralte Fabel von Orest, der seine Mutter mordet, allerdings diesmal nicht physisch, er begeht vielmehr einen Wunschmord.

Ursprünglich hatte GG selbst die Hauptrolle spielen wollen, rief aber eines Tages Heinz Drache an und teilte ihm mit, er solle statt seiner spielen, und fragte, ob er das könne.

Drache: »Ich glaube, daß ich das nicht kann, aber wenn es Sie nicht geniert ...«

Die Proben waren schwer. Immer wieder fragten die Schauspieler – die Flickenschildt war unter ihnen und Sybille Binder, von der später noch die Rede sein wird: »Was heißt das eigentlich, was ich da sagen soll? Ich verstehe es nicht.«

Die Antwort des Regisseurs war, daß er es auch nicht verstehe und daß er vermute, Eliot habe auch nicht genau verstanden, was er geschrieben habe. »Aber wir werden es spielen.«

Drache: »Die Proben waren fürchterlich. Er tyrannisierte mich, er triezte mich in geradezu ungeheuerlicher Weise. Er schrie aus dem Zuschauerraum: ›Ich trete dir jetzt in den ...‹«

Mehr als einmal saß Drache in seiner Garderobe und heulte, wie er selbst sagt, »Rotz und Wasser«. Die Schikanen wurden immer ärger. Zehn Tage vor der Premiere kam ein Brief, in dem Drache von seinem Direktor erfuhr, er würde in der nächsten Saison nicht mehr engagiert werden, es sei denn, daß er hundert Mark billiger sei. Zwischen zwei und drei Uhr nachts schrillte das Telefon. Eine Stimme sagte: »Hier spricht Eliot!«

Drache: »Lassen Sie den Quatsch!«

GG: »Erkennst du mich nicht an der Stimme?« Und er fuhr fort: »Die Erinnyen müssen dich bis in den Schlaf verfolgen.«

Sie verfolgten ihn bis in die Generalprobe. Im Zuschauerraum saßen Kollegen und Journalisten. Trotzdem unterbrach GG mehrmals die Probe. Einmal rief er: »Wenn du diese Szene morgen so spielst, schreie ich aus dem Zuschauerraum: ›Das habe ich nicht gewollt!‹«

Und dann vor der Premiere fand Drache in seiner Garderobe ein Bild von GG und auf der Rückseite stand: »Lieber Heinz Drache, mit herzlicher Freude habe ich diese Probe zum ›Familientag‹ gemacht und deinen Fleiß und deine Bereitwilligkeit und deine künstlerische Bescheidenheit ebenso dankbar registriert wie die außerordentliche Entwicklung von der ersten Probe bis heute abend.«

Als Drache sich zu seinem Auftritt in die Kulisse stellte, war GG neben ihm und sagte: »Ich weiß, daß ich dich scheußlich behandelt habe in diesen ganzen Wochen, aber glaube mir, es mußte sein. Was dabei herausgekommen ist, habe ich dir geschrieben. Ich hätte nie geglaubt, daß man das aus dieser Rolle machen kann. Du bist so fabelhaft, wie ich es nie hätte sein können, und wenn du dieses Wissen jetzt noch mitspielst, gleich bei deinem ersten Auftritt, dann kann dir überhaupt nichts passieren.«

Drache: »Und da war auch schon das Stichwort zu meinem ersten Auftritt, und so ging ich raus und spielte dann, glaube ich, an diesem Abend um mein Leben. Ob ich gut war oder nicht, kann ich nicht beurteilen, aber das war einfach psychologisch von ihm ein mathematisch genau festgelegter Plan bis zu diesem Auftritt, weil er wahrscheinlich davon ausgegangen ist: normalerweise kann der Drache diese Rolle gar nicht spielen. Wenn er sie spielt, dann nur unter bestimmten Umständen.«

GG war grandios in der kurzen Formulierung einer Situation. Zu der Binder rief er einmal hinauf: »Sybille, nicht so viel wogender Busen!«

Er konnte einem Schauspieler mit einem Satz helfen.

Oder Lüders. Der hatte den Chauffeur zu spielen, der eine lange Erzählung zu liefern hat, zwei oder drei Seiten lang; er ging stets mit Qual auf die Probe, und GG schüttelte nur den Kopf. Eines Tages rief er: »Da du offenbar entschlossen bist, diese Szene falsch zu spielen, wäre mir die gestrige Version immerhin noch am liebsten.« Am gleichen Nachmittag rief er ihn an und sagte: »Wir sind beide Dummköpfe, aber jetzt weiß ich es, und morgen wirst du die Rolle richtig spielen, Günther. Ich hätte es erkennen müssen, aber ich habe es auch erst heute erkannt. Dieser Chauffeur, das ist nämlich der Bote der griechischen Tragödie. Ich glaube, jetzt weißt du Bescheid.«

Lüders wußte Bescheid.

Der Schock von Edinburgh wirkte nach. Schon im März 1949, also ein knappes halbes Jahr vorher, hatte er das Amt des Präsidenten des Deutschen Bühnenvereins niedergelegt. Der Grund dafür, den er in vielen langen Briefen ausführte, war: »Die immer wieder aufflammenden Krisen in den einzelnen Städten sind der Beweis dafür, daß der alte Anzug dem heutigen Theater nicht mehr paßt.« Kurz, ihm gefiel nicht mehr, wie die deutschen Theater geleitet wurden. Sein Ziel ging auf eine größere Etats-Ehrlichkeit hin. »Wir wissen alle, daß der Theater-Etat nun einmal der willkommene Blickfang für die Parlamente, die Stadtverordneten und auch die Bevölkerung ist, und so sehr ich persönlich auch ablehnen muß, die Parallelen zwischen den sozialen Verpflichtungen (Wohnungsbau, etcetera) und der Kulturpflege zu ziehen, so leicht ist es doch, immer wieder mit diesem demagogischen Trick die Bevölkerung zu irritieren und den Bestand des Theaters zu gefährden.«

Schließlich stellte er fest, daß er den Schritt nicht etwa um seiner selbst willen unternommen habe.

Und dann platzte die Bombe. Gründgens teilte den Düsseldorfer Behörden mit, daß er seinen Vertrag nicht verlängern, daß er als Intendant zurücktreten würde.

Dafür gab es drei Gründe. Einmal hatte er das Gefühl – und es war ein richtiges Gefühl –, dauernd schikaniert zu werden. So wurde ihm zum

Beispiel verboten, am Bühneneingang des Opernhauses seinen Wagen zu parken. Viele Leute parkten dort, was man gnädig übersah, aber sein Wagen wurde stets aufgeschrieben. Es hagelte Strafanzeigen, und schließlich erklärte er sich bereit, ins Gefängnis zu gehen, aber zahlen würde er nicht mehr. Wenn Proben stattfanden, mußte ausgerechnet das Dach gedeckt oder der Rinnstein vor dem Theater aufgerissen werden, weil irgendeine Leitung kaputt war, und vierzehn Tage später wurde die gleiche Stelle wieder aufgerissen, weil eine Telefonleitung verlegt werden mußte. Oder, was ihn besonders schmerzte, er fand sich im Telefonbuch als »Amtsleiter«, was ja vielleicht auch im bürokratischen Sinne richtig war. Er geriet darüber völlig außer sich, machte Schütz eine Riesenszene und verlangte, daß der Übelstand sofort beseitigt werde. Er wurde sofort beseitigt.

Aber entscheidender für seinen Rücktritt war, daß die Stadt Düsseldorf überhaupt keine Anstalten getroffen hatte, seinen Vertrag zu verlängern, obwohl er einige Male darauf hingewiesen hatte, daß er ablief. Die Herren waren auf Erholungsurlaub, die Herren ließen sich Zeit. Gründgens schwieg, obwohl er dauernd vom Rundfunk und von der Presse gefragt wurde. Er schwieg, obwohl seine ständigen Monierungen, viele seiner Schauspieler hätten noch keine richtige Bleibe, offenbar in den Papierkorb wanderten. »Ich muß abschließend feststellen«, schrieb er an den Oberstadtdirektor, »daß das erste Gespräch über eine Vertragsverlängerung mit mir am 28. Januar stattfand. Jede Verhandlung mit jedem Chorherrn und jeder Ballettänzerin muß am 31. Januar beendet sein ... Um so verblüffter war ich, feststellen zu müssen, daß Sie ein Gespräch mit mir abermals vierzehn Tage verschieben zu können glauben. Wenn die Stadt Düsseldorf Vertragsverhandlungen mit ihrem Generalintendanten Ende Januar erst in der zweiten Hälfte des Februar fortzusetzen gedenkt, so ist zweifellos der Generalintendant nicht schuld, wenn ›das Kind in den Brunnen gefallen ist‹. Ich jedenfalls betrachte mich mehr denn je als ungebunden und weiß keineswegs, ob ich es am 17. Februar noch sein werde.«

Seinen dritten Grund hatte er schon dem Bühnenverein auseinandergesetzt, nämlich, daß »der alte Anzug dem heutigen Theater nicht mehr paßt«. Aber bevor darauf eingegangen werden soll, ein Wort über die Situation von Gründgens, als er am 4. Februar dem Oberstadtdirektor schrieb, daß er nicht wisse, ob er am 17. Februar noch frei sei.

Abgesehen davon, daß er von Agenten überlaufen wurde – bei der einen Tournee wurden ihm beispielsweise fünfzehnhundert DM pro Vorstellung angeboten, hundert Vorstellungen waren garantiert, hundertfünfzigtausend DM waren also zugesichert und darüber hinaus noch 33 1/3 Prozent der Bruttoeinnahmen –, rief ihn Berlin. Kein Zweifel, er hatte große Lust, wieder in die alte Hauptstadt zu gehen. Kein Zweifel auch, daß seine

Schauspieler vom Deutschen Theater, von denen die meisten seit Kriegsende nicht mehr in Berlin weilten, nur zu gern gekommen wären, hätten sie ihn dort gewußt. Käthe Haack zum Beispiel sagte: »Wenn Gründgens kommt, spiele ich auch Zimmermädchen und Köchinnen.«
Der Berliner Senat wußte das genau. Es war verschiedentlich angetippt worden, ob Gründgens keine Lust verspüre, zurückzukehren. Zu seinem fünfzigsten Geburtstag hatte ihm der Regierende Oberbürgermeister Berlins, Ernst Reuter, die herzlichsten Glückwünsche übersandt und ihnen folgende Worte hinzugefügt: »In Verbindung mit der Wiederherstellung des Schillertheaters möchte ich den Gedanken an Sie heranbringen, hierher zurückzukehren. Sollten Sie die Annahme einer Intendanten- beziehungsweise Schauspielertätigkeit in Berlin beabsichtigen, bin ich auch zu einer persönlichen Besprechung im Rathaus bereit.«
Gründgens hatte höflich gedankt: »Es ist selbstverständlich, daß man zwanzig Jahre seines künstlerischen Lebens nicht einfach ausstreichen kann und mit seinen Gedanken immer wieder dahin zurückkehrt. Ich bin seinerzeit schweren Herzens von Berlin fortgegangen und war eigentlich erstaunt, daß man mich so gehen ließ... Ich habe die Absicht, Anfang Februar (1951) nach Berlin zu kommen, und werde Ihnen meinen Besuch machen, um mit Ihnen ganz offen die Möglichkeit oder Nicht-Möglichkeit einer Arbeit in Berlin zu besprechen.«
Er ließ sich also alle Türen offen. Um so erstaunter war er bei seiner Ankunft in Berlin, gleich in der ersten Zeitung, die er aufschlug, eine Schlagzeile zu finden: »Jetzt müssen Sie sich entscheiden, Herr Gründgens!« Kurz, alle wußten, daß er kam, und glaubten zu wissen, warum er kam – nur GG wußte es noch nicht.
Schon die Ankunft auf dem englischen Flughafen Gatow stand unter einem unglücklichen Stern. Er kam als Privatpassagier mit der BEA, seine alte Freundin Ruth Hellberg hatte ein Taxi an den Schlagbaum fahren lassen, er lehnte daher das Angebot eines britischen Offiziellen ab, ihn in einem bereitgestellten Wagen in das Gästehaus der Stadt Berlin zu geleiten. Er bat lediglich, im Omnibus, der für die Fluggäste bereits stand, bis zum Schlagbaum mitfahren zu dürfen. Am Schlagbaum traf der Omnibusfahrer jedoch keine Anstalten zu halten, und auf den Hinweis von Gründgens, dies sei ihm zugesagt worden, antwortete er: »Ich weiß auch nicht, warum ich gerade heute nicht halten soll. Sonst halte ich hier immer, aber diesmal hat man es mir untersagt!« Erst als Gründgens zornbebend erklärte, dann würde er aus dem fahrenden Omnibus springen, hielt der verblüffte Chauffeur. GG fuhr zu Ruth Hellberg und war für niemanden zu sprechen. Das nahm die Presse ihm übel, besonders der ›Telegraf‹, ein sozialdemokratisches, also dem Bürgermeister sehr nahestehendes Blatt, das

sich überhaupt in der Folge Gründgens gegenüber nicht gerade freundlich zeigen sollte.
Es kam zu der Unterhaltung mit Reuter, aber erst am 14. Februar 1951, obwohl er schon in seinem Schreiben dem Bürgermeister mitgeteilt hatte, daß er am 15. Februar wieder abfliegen müsse – an diesem Abend sollte er nämlich in Düsseldorf spielen. Als erstes bat Gründgens, den Etat für das Schillertheater einsehen zu dürfen. Er sah ihn sich durch und erklärte: »Ich finde diesen Zuschuß zu hoch.« Nach den Einnahmemöglichkeiten befragt, mußte Reuter zugeben, daß er da nicht Bescheid wisse, er würde die Zahlen Gründgens in die Wohnung schicken. Er schickte sie ihm aber erst nach Düsseldorf. Reuter fuhr GG dann zu dem Platz, wo früher das Schillertheater gestanden hatte, wo aber zu dieser Zeit nur einige Haufen Steine lagen. Gründgens: »Verzeihen Sie, das wird sicher einmal gebaut, aber Sie wissen, ich muß mich jetzt entscheiden. Wir schreiben 1951, und dieses Theater ist vielleicht erst in Jahren fertig.«
Reuter antwortete – übrigens richtig: »Es wird im Herbst fertig sein.«
Dann fuhr GG noch in die Wohnung Tietjens, der um diese Zeit die Städtische Oper in Charlottenburg leitete, aber auch da kam er nicht weiter.
Die Schauspieler, die Berliner waren zweifellos für Gründgens. Der Witz kursierte: »Ich denke, die Bundesregierung will wieder nach Berlin. Auf was wartet sie eigentlich?«
»Auf Gründgens!«
Aber die Presse war mit geringen Ausnahmen gegen ihn. Nur der ›Tagesspiegel‹ stellte sich vorbehaltlos hinter Gründgens, wohl das Verdienst des in Theatersachen zuständigen Kritikers Walter Karsch. Aber die anderen fielen in des Wortes wahrster Bedeutung über ihn her. Man sah in Gründgens immer noch den Generalintendanten von Göring, während man Tietjen bereits wieder die Oper anvertraut hatte. Man tat so, als sei Düsseldorf ganz froh, ihn los zu werden. Glücklicherweise erfuhr Gründgens nicht alles, was da über ihn zusammengelogen wurde. Aber er mußte ja – so oder so – nach Düsseldorf zurück, und sei es auch nur, um zu spielen. Von dort aus schickte er dann eine Woche später ein Telegramm an Reuter: »Bin nach reiflicher Überlegung der Meinung, daß meine Rückkehr nach Berlin im Augenblick nicht die von allen Teilen ersehnte glückliche Lösung ist stop stehe jederzeit mit Rat zur Verfügung, da meine tiefe herzliche Bindung an die Stadt unverändert stop dank für verständnisvolle Haltung in unseren Gesprächen.«
Es folgte ein formeller Brief, in dem sich unter anderem Sätze finden wie: »Sie werden es mir als Künstler freundlich anrechnen, daß ich mich in den beiden Besprechungen sehr wenig um Kunst, aber sehr viel um den Etat und seine sozialen Auswirkungen auf die Berliner Schauspieler gekümmert

habe. Ich glaube nicht, daß man mir gestatten wird, mein Haus in Ruhe und von Grund auf aufzubauen, und ich fürchte, in der allgemeinen Jagd nach dem Effekt in dieselbe Unsicherheit zu geraten, in der sich heute viele meiner Berliner Kollegen, die wiederzusehen und zu sprechen die größte Freude meines Besuches war, befinden. Mit einem Wort: ich traue mich nicht!«

An anderer Stelle: »Ich sehe den bewundernswerten und nüchternen Berliner sich mit den harten Realitäten seines Alltags herumschlagen. Ich sehe eine Schicht hektischer Intellektueller, die jede Beziehung zur Bevölkerung längst verloren haben, die sich im luftleeren Raum befinden und die Theater trotz der ungeheuren Beihilfen, die der Magistrat ihnen gibt, nicht zu füllen vermögen. Ich hoffe für Berlin und auch für mich, daß sich dieser Zustand bald ändern wird. Im gegenwärtigen Zeitpunkt bin ich nicht der richtige Mann.«

Sachlicher, liebenswürdiger, bescheidener ging es nicht.

Nun fiel die Presse mit doppelter Wucht über Gründgens her. Erst als die zuständigen Stellen in Düsseldorf energisch protestierten, fand sich Reuter, natürlich viel zu spät, bereit, die Berliner Presse zu beschwichtigen.

Trotzdem ließ sich Gründgens dazu überreden, in der Spielzeit 1951/52 mit einer seiner großen Inszenierungen, der ›Cocktail Party‹ von Eliot, im Schillertheater zu gastieren. Der Erfolg, will sagen der Mißerfolg, war vorauszusehen. Gründgens schrieb darüber in einem – übrigens nie abgesandten – Brief an einen Berliner Senatsdirektor: »Es wird niemandem gelingen, meine Verbundenheit mit den Berlinern zu stören, denn zwanzig Jahre lassen sich nicht ausstreichen. Aber es ist einigen der geistigen Totengräber Berlins gelungen, diese Verbundenheit zu unterbrechen.« Er stellte die Frage, ob es überhaupt zu verantworten sei, »in dieses unsachliche Milieu zu gehen und die Diktatur dieser Clique zu ertragen, nachdem ich einer anderen gerade entronnen bin«.

Im Frühjahr 1952 erschien der Kultursenator Professor Tiburtius in Düsseldorf und schlug GG noch einmal vor, doch nach Berlin zu kommen. Gründgens stellte die Gegenfrage: »Will Barlog sich denn auf das Schloßparktheater zurückziehen?« Barlog war in der Tat dazu bereit. Aber Gründgens kam nicht. Tiburtius fuhr unverrichtetersache ab und sandte noch ein Telegramm, in dem es hieß: »Sehr bewegt von unserem Gespräch, das mir erstmals Einblicke in die Zusammenhänge vermittelte, bemühe ich mich, nach Rückkehr von meiner Reise entstandene Mißdeutungen und daraus erwachsene seelische Hemmungen für Ihre Arbeit in Berlin zu überwinden. Nach Rückkehr des Regierenden Bürgermeisters aus Amerika erfolgt ausführlicher Brief. In Verbundenheit Tiburtius.«

Aus dem Nachlaß ist nicht ersichtlich, ob dieser ausführliche Brief je folgte. Wohl aber schrieb GG einen solchen am 17. September 1952 an Walter Karsch vom ›Tagesspiegel‹, vor allem, weil dieser Vorsitzender des Vereins Berliner Journalisten war, in dem er noch einmal resümierte, was ihm in Berlin alles passiert war: »Ich will nicht in Berlin anerkannt sein. Schreiben und denken Sie über den berufstätigen Herrn Gründgens, was Sie wollen. Aber man hat mich hinausgeschmissen. Dazu habe ich nichts zu sagen. Doch ich kann es nicht zulassen, um des ehrlichen Verlaufes meines Theaterlebens, daß ich plötzlich (auch das war in einer Zeitung zu lesen) zu denjenigen gehören soll, die die Fleischtöpfe des Westens dem ernsteren, härteren Leben in Berlin vorziehen.
Wie darf (man) ... schreiben, daß ich über das Debakel mit der ›Cocktail Party‹ nicht hinwegkomme. Ich habe keine geschriebene Zeile gelesen. Ich wußte vorher, was mir blühte. Ich habe aber im Gegenteil gesagt, daß sich solch ein Stück fünfhundert Kilometer weiter vom Schuß leichter spielen läßt als vier Kilometer vom Brandenburger Tor entfernt, und daß ich durchaus verstehe, daß man auf dieses Stück so reagiert habe. Gewehrt habe ich mich nur gegen den ›Slang‹ einiger Zeitungen, von denen mir meine Kollegen drei oder vier Schlagworte mitteilten.
Ich gebe mich mit diesem Brief sehr weitgehend in Ihre Hände, und ich will auch gar nichts anderes. Ich will die Wahrheit, und ich werde sie mir erkämpfen.
Ich frage Sie: Können Sie mir helfen? Wollen Sie mir helfen? Oder können Sie mir sagen, wer mir helfen kann?
Vielleicht werden Sie sagen: Warum schreiben Sie mir diesen Brief erst jetzt? Dann antwortete ich Ihnen: da haben Sie allerdings recht. Ich habe mich nur immer nicht so wichtig genommen und habe gedacht, ich komme über diese ständigen Nadelstiche hinweg. Ich dachte und denke, es gibt wichtigere Dinge für uns alle zu tun, als eine Richtigstellung jeder Kleinigkeit, die falsch über Herrn Gründgens berichtet wird.
Mir geht es wahrhaftig um keinerlei Realitäten. Ich will nicht Intendant in Berlin werden, und ich muß nicht in Berlin spielen. Aber ich darf um der Wahrheit willen und um meines inneren Friedens willen nicht mehr länger warten, eine Klärung über die *Vergangenheit* herbeizurufen.
Ich schreibe diesen Brief vor Beginn meiner Spielzeit, die mich mit Arbeit eindeckt. Der Brief erreicht Sie in einem Augenblick, in dem Sie voller Arbeit sein müssen. Ist diese Arbeit beendet, werden Sie vielleicht Zeit finden, mir diesen Brief zu beantworten, ihn zurückzuweisen oder mir zu sagen, welchen Weg ich gehen soll, der meine Beziehungen zu Berlin, die zukünftigen beiseite gelassen, klären kann.«
Damit war Berlin für ihn erledigt, zu seinem unsäglichen Schmerz, denn er

hing – das muß nochmals wiederholt werden – an keiner Stadt so sehr wie an Berlin.

Zurück nach Düsseldorf – im doppelten Sinne. Die Erzählung soll nämlich dort weiterlaufen, wo sie abgebrochen wurde, als GG auf drei Tage nach Berlin flog, also Mitte Februar 1951, fast unmittelbar nach der Premiere von ›Familientag‹. Damals hatte er sich aber auch in Briefen an die Düsseldorfer Behörden beklagt, daß man es verabsäumt habe, ihn darüber zu orientieren, ob man seinen Vertrag zu verlängern gedenke, und mit der Feststellung geschlossen, er fühle sich nun nicht mehr gebunden.
Es spricht für seine so oft angezweifelte, aber über jeden Verdacht erhabene Sauberkeit, daß er die Berliner eben nicht in der Schwebe ließ, bis er sich mit Düsseldorf so oder so geeinigt hatte, sondern bewußt – auch dies geht aus allen seinen Briefen hervor – die neuen Verhandlungen mit Düsseldorf, wenn es überhaupt zu solchen kommen würde, damit beginnen wollte, daß er sein Absagetelegramm an Reuter auf den Tisch legte. Wer sonst hätte das wohl getan?
Aber es ging ihm eben nicht nur um Formalitäten wie Kündigungsfristen – dies auch, denn er gab viel auf Formen –, es ging ihm um Sachliches. Im Opernhaus konnte man nur in Ausnahmefällen, wenn es sich um in jeder Beziehung »große« historische Dramen handelte, Schauspiel machen: von den drei Behelfstheatern war die Henckelsche Freizeithalle schon längst wieder ihrem ursprünglichen Zweck zurückgegeben, eines von beiden Theatern sollte demnächst abgerissen werden, es war nur eine Frage der Zeit, bis dieses Geschick auch das andere ereilte. Wo also spielen? Er brauchte ein neues Haus. Schon das erschreckte die Düsseldorfer Instanzen über alle Maßen. GG wiederum war entsetzt darüber, daß jeder damit rechnete, daß er auf jeden Fall bleiben werde.
Er kündigte. Dies geschah in einem Brief an den Ministerpräsidenten Dr. Karl Arnold, den er darauf hinwies, daß er seit Jahren mehr gearbeitet habe als irgendein anderer Theaterdirektor, Regisseur oder Schauspieler. »Ich habe es getan, um das mir anvertraute Theater über alle Krisen hinweg stabil zu halten.«
Allgemeine Konsternation.
Aber es kam noch schlimmer. Alle, aber auch alle Mitglieder des Ensembles kündigten zugleich mit GG. Da ihre Verträge nicht fristgemäß erneuert waren, hatten sie ein Recht dazu. Es wurden unzählige Versuche unternommen, Gründgens umzustimmen. Das schien aussichtslos. Daraufhin wandte man sich an Ulrich Erfurth, an Günther Lüders und an den von Gründgens vorgeschlagenen Badenhausen, ob sie die Nachfolge überneh-

men würden. Badenhausen erklärte Gründgens, er dächte nicht daran. Erfurth sagte es den zuständigen Herren ins Gesicht. Günther Lüders ging erst gar nicht zu dem vorgeschlagenen Treffen, bei dem die Frage an ihn gestellt werden sollte.

Um ganz korrekt zu bleiben: Die Stadt war dem Ersuchen nach einem neuen Haus nähergetreten, hatte den Umbau des ehemaligen Operettentheaters, auch ›Das kleine Haus‹ genannt, erwogen, die 3,9 Millionen, die dafür nötig gewesen wären, aber nicht bewilligt, sondern nur 2,5 Millionen. Direktor Willi Ehle wiederum glaubte, mit sechshunderttausend Mark ein Provisorium herstellen zu können, das heißt ein Theater, in dem immerhin gespielt werden konnte; GG hatte auch das vorgebracht, und eine Bewilligung war erfolgt. Aber das Hochbauamt sabotierte diesen Auf- und Ausbau in jeder Weise.

Nächster Schlag: auch die Bühnenarbeiter, das technische Personal, kurz, wesentliche Mitarbeiter der Technik und Verwaltung kündigten.

Aber es ging Gründgens jetzt gar nicht mehr nur um das neue Haus, das, wenn auch für seine Begriffe viel zu langsam, immerhin gebaut wurde, nicht zuletzt dank Ehle, der, der ewigen durch die Bürokraten gemachten Schwierigkeiten müde, eine Werkstatt gepachtet hatte, um wenigstens einigermaßen unabhängig zu bauen. Gründgens ging es noch um etwas anderes: um seine Selbständigkeit. Er wünschte nicht, daß ihm amtlich bestallte Persönlichkeiten in seine Theaterangelegenheiten hineinredeten, und zwar, weil sie nicht dazu qualifiziert waren.

Die Öffentlichkeit hatte sich längst der Angelegenheit bemächtigt. Mit einigen Ausnahmen standen die Zeitungen auf seiten Gründgens', die öffentliche Meinung wohl zu neunundneunzig Prozent.

Er hatte einfach keine Lust mehr – seine eigenen Worte –, eine Probe zu unterbrechen, weil einige Herren, die es nicht für nötig hielten, den Hut abzunehmen – sie brauchten es ja nicht, sie waren schließlich Mitglieder der Baukommission – durch den Zuschauerraum kamen, während er das Gebet des Gretchens einstudierte. Er wollte nicht, wenn er in den Zeitungen las, daß eine Möbelfabrik in Konkurs gegangen war, und die Möglichkeit sah, eine Hobelmaschine für zweihundertvierzig Mark zu kaufen, sich erst mit fünf Amtsstellen in Verbindung setzen müssen. Er hatte keine Lust, sich den Kopf darüber zu zerbrechen, wie er zehn Mark für eine Flasche Schnaps, die er den Arbeitern versprochen hatte, damit sie ihm die Maschine schnell in die Werkstatt schafften, verbuchen sollte. Er wollte seinen Schauspielern nicht jeden 31. Januar kündigen, weil er noch nicht wußte, ob die Stadt seinen Etat genehmigen würde – er wollte ihnen langfristige Verträge geben. Kurz, er wünschte sein Theater, wenn er es überhaupt weiterführte, nicht als Städtische Bühne zu leiten, sondern als Privatthea-

ter. Natürlich mußte es subventioniert werden, wenn auch im bescheidenen Maße.
Über Nacht konstituierte sich ein Gremium aus der Stadt Düsseldorf, aus dem Land Nordrhein-Westfalen, dem Deutschen Gewerkschaftsbund und der ›Gesellschaft der Freunde des Düsseldorfer Schauspielhauses‹. Im Rathaus und anderen Ämtern kämpfte man um das neue Theater, das noch gar nicht stand. Es nutzte nichts. Eine GmbH wurde gegründet, und Gründgens wurde der Geschäftsführer dieser GmbH. Er brauchte sich also nicht mehr sagen zu lassen, wieviel von der ihm gezahlten Subvention er für Kostüme, für Dekoration, für Gage etcetera auszugeben hatte, er konnte das allein entscheiden.
Das war eine Revolution innerhalb des deutschen Theaterlebens, man kann schon sagen des Theaterlebens überhaupt.
Das erste, was geschah: sämtliche Schauspieler nahmen ihre Kündigungen zurück, und das nächste: GG teilte ihnen mit – jedem einzeln –, daß sie für weniger Gage würden arbeiten müssen. Die Kürzungen waren zwar nicht erheblich, aber die Schauspieler wunderten sich doch ein wenig, daß ihre Treue so belohnt wurde.
Nun, ihre Treue war für GG etwas Selbstverständliches gewesen. Und jetzt galt es, den Gesellschaftern der GmbH Treue zu beweisen. Um es gleich vorwegzunehmen: schon nach der ersten Saison ergab sich, daß GG den größten Teil der ihm zugestandenen Subvention zurückzahlen konnte, und den Schauspielern wurden die Gagen nachgezahlt, zum Teil sogar erhöht.
Der Umbau des Theaters erforderte – einschließlich der Werkstätten – die für damalige Verhältnisse geringe Summe von 1,5 Millionen Mark, während um diese Zeit andere Städte bereits Häuser bauten, die sechs und zehn Millionen kosteten.
Eröffnet wurde mit den ›Räubern‹ von Schiller. Den Karl spielte der eigens aus Amerika zurückgerufene Ullrich Haupt, den Franz, natürlich, Gründgens. Er hatte damals tausend Sorgen. Er führte nicht nur Regie, er spielte nicht nur eine der beiden Hauptrollen, er mußte auch Entscheidungen über den Bau des Theaters fällen – es wurde bis zur letzten Minute gebaut; ich erinnere mich, daß noch eine Woche vor Eröffnung die Stühle im Parkett nicht standen und er bestimmen mußte, mit welchem Stoff sie bezogen werden sollten.
Als er nach einer Probe von mir wissen wollte, wie mir sein Franz gefalle, schwieg ich. Ich konnte ihm einfach nichts Negatives sagen, ihm, der Regie führte, der spielte, der alles zu überwachen hatte, der mit tausend Fragen belästigt wurde. Aber obwohl ich einige liebenswürdige Worte äußerte, wußte er genau, daß mir irgend etwas nicht gefallen hatte.

Nach der Generalprobe – der eigentlichen, denn die Vorstellung, die Generalprobe genannt wurde, fand abends vor geladenem Publikum statt – lud er mich zum Tee, und in letzter Minute, als wir schon in seinen Wagen stiegen, wollte er wissen: »Also, was gefällt dir nun wirklich nicht?«
Ich sagte es ihm. Er nickte und sprach während der Fahrt nicht mehr. Es handelte sich, ich erröte heute noch, wenn ich daran denke, um eine so prinzipielle Frage der Auffassung, daß da nichts mehr zu machen war – zumindest glaubte ich es. Ich hatte nämlich das Empfinden, als spiele GG bereits im zweiten Akt den wahnsinnig gewordenen Franz Moor des fünften.
Eine halbe Stunde später stand er auf der Bühne. Ich weiß nicht, wie er es gemacht hat; ich weiß nicht, was er gemacht hat; ich weiß nur, daß mit einem Male alles ganz, ganz anders war. Er war ein böser, aber bis zum letzten Akt durchaus seiner Sinne und seines Verstandes mächtiger Franz Moor.
Nach der Aufführung lächelte er mir nur spöttisch zu. Er gehörte eben zu jenen immer seltener werdenden Künstlern, die einen Rat annehmen, auch von einem Laien, wenn er ihnen sinnvoll erscheint, und zu den absoluten Raritäten, die einen Rat noch in der letzten Minute schauspielerisch umsetzen können. Und ganz selbstverständlich.
Auch in dieser Beziehung war GG einmalig.

Siebenter Teil

DER SCHWIERIGE

ZWANZIGSTES KAPITEL
Der Einsame

Gründgens hatte sein neues Theater, das Düsseldorfer Schauspielhaus, mit gemischten Gefühlen eröffnet. Seit 1946 war für ihn alles ein Provisorium gewesen. Jetzt hatte er wieder ein richtiges Haus, und er konnte sich nicht gut verhehlen, daß er mit diesem Haus auch die Verpflichtung übernommen hatte zu bleiben, und daß ihm nach der Lage der Dinge nicht mehr die Ausrede – vor sich selbst – blieb, es werde einmal anders werden. Um so stärker und schmerzlicher begriff er, daß sein Theater nicht mehr *das* Theater Deutschlands war, nicht mehr das Zentrum, sondern eines von vielen, daß er zwar – sein großes Anliegen – Maßstäbe setzen konnte, aber eben nur für sich selbst, jedoch nicht für die anderen, daß in Berlin, in München, in Wien, ja, selbst im nahen Köln anders Theater gespielt wurde. In einem Brief zitierte er den Ausspruch eines anderen Theatermannes: »Das Theater steht schon wieder mitten im Herzen der Stadt.« Und fügte hinzu: »Er hätte noch sagen können ›Im Herzen jeder Stadt, und keiner schaut über die Grenzen dieser Stadt hinaus‹.«

Er wußte, daß alle »seine« Schauspieler wieder zu ihm kommen wollten, daß aber für ihn nicht die geringste Chance bestand, auch nur einen Bruchteil seines früheren Ensembles zu verpflichten, selbst nicht vorübergehend. Er kannte genau die Grenzen seiner jetzigen Schauspieler, unter denen sich nicht ein einziger befand, der früher in Berlin eine erste Rolle gespielt hätte, wenn er auch manche – ich denke da an die herrliche Flickenschild, Max Eckard und Ullrich Haupt – zu allerersten Schauspielern erzog.

Er wußte, daß kaum einer von seinen früheren Schauspielern seinem Ruf nach Düsseldorf nicht gefolgt wäre, aber er konnte es vor der neu gegründeten GmbH – und seinem Gefühl für Maßstäbe – nicht verantworten, sie zu holen.

Das galt insbesondere für den von ihm so geschätzten Jürgen Fehling, der sich ja nun wirklich in Düsseldorf nicht hätte einfügen können, da er es ja schon in Berlin nicht vermocht hatte. Es kam darüber sogar zu einem Krach zwischen den beiden, und als sich Fehling einmal zu einem Besuch anmeldete, war GG entschlossen – zumindest sagte er es mir –, Düsseldorf vorübergehend zu verlassen.

Ein anderer Fall war Werner Krauss, für den sich viele – darunter Käthe

Dorsch und auch ich – einsetzten. Krauss hatte schwere Zeiten durchgemacht, war drei- oder viermal entnazifiziert worden. Die Amerikaner, in deren österreichischer Zone er beheimatet war, konnten ihm sein Mitwirken im ›Jud Süß‹ nicht vergessen – und GG übrigens auch nicht.
Krauss, auf der Bühne ein Genie, im Leben seltsam unbeholfen, verstand nicht, warum ihn GG nicht brauchen konnte, und warb um ihn. GG war schließlich zu einer Zusammenarbeit bereit, doch dazu kam es nie mehr.
Ein paar Jahre später sollte Krauss auf reichlich problematische Weise den berühmten Ifflandring erhalten, den Bassermann vor ihm getragen und kurz vor seinem Tode dem Burgtheater überlassen hatte mit der ausdrücklichen Bemerkung, er könne ihn an Werner Krauss nicht weitergeben, der zwar der größte deutsche Schauspieler sei, aber eben als Charakter sich so wenig bewährt habe; der Ifflandring – das wußte jedes Kind – war eine Fälschung. Nicht gefälscht hingegen waren die im Besitz von Werner Krauss befindlichen Manschettenknöpfe von Iffland, von denen er nun den einen und später auch den anderen GG schickte. Gründgens trug die Knöpfe auch in bestimmten Rollen, und als dann der gefälschte Ifflandring nach dem Tode von Krauss auf einen anderen Schauspieler überging, fragte er sich allen Ernstes, ob er nun wohl die Manschettenknöpfe hergeben müsse.
Wieder ganz anders geartet lag der Fall Käthe Dorsch. Sie war, dem freundschaftlichen Diktat – aber immerhin einem Diktat – Görings entronnen, wieder Star par excellence. Sie paßte ganz einfach nicht in ein Ensemble, schon gar nicht in das von Gründgens. Der endgültige Bruch kam – bedauerlicherweise – dadurch, daß Käthe Dorsch, die sich mit einem Freund GGs überworfen hatte, von diesem verlangte, daß nun auch er seinerseits jeden Verkehr mit ihm abbreche – eine völlig ungerechtfertigte und ungerechte Forderung, aber typisch für die Dorsch, die alles, was sie tat, ganz tat.
Da war Heidemarie Hatheyer, die sich in München und beim Film wieder eine große Position erspielt hatte, aber aus privaten Gründen die Stadt zu verlassen wünschte. Sie traf GG zufällig in einem Hotel in Wiesbaden, wo sie filmte und er gastierte, und fragte, ob sie bei ihm spielen dürfe. Er wurde kühl wie ein Eisschrank. Erst ein Jahr später sollte er sie holen, nämlich als er ein neues Stück von Zuckmayer, ›Ulla Winblad‹, aufführte. Er rief sie an, um ihr mitzuteilen, das sei ihre Rolle. Sie las das Stück, das er ihr sandte, und meinte, sie wiederum fände es so gut nicht. Er widersprach. Es sei großartig. Bei den Proben, die übrigens Ulrich Erfurth leitete, zeigte es sich, daß manches im Text reichlich problematisch war. Gründgens wurde gerufen, und – das war typisch für ihn – es stellte sich heraus, daß er das von ihm so gepriesene Stück überhaupt nicht kannte. Aber er wußte sofort, wie man scheinbar unspielbare Szenen mit ein paar Strichen,

ein paar Umstellungen spielbar machte. Auf die Bemerkung der Schauspielerin, es sei großartig, wie er sofort den Finger auf die kranke Stelle eines Stückes lege, antwortete er bescheiden: »Wissen Sie, das ist viel leichter, als von Anfang an zu inszenieren.«
Das war keine Koketterie.
Es gab Schauspieler, die für ihn nicht mehr existierten. Zu denen gehörte Emil Jannings, dem er nie vergaß, was er ihm mit dem ›Ohm Krüger‹ angetan hatte, dazu gehörte auch Eugen Klöpfer, ein bedeutender Schauspieler; der hatte sich freilich im Dritten Reich übel benommen und war außerdem seit Jahren dem Trunk ergeben. Er kam nach Düsseldorf, er wartete – ein abgemagerter, müder, grauer Mann – mit Lammsgeduld, betont zufällig in der Kantine des Theaters. Aber Gründgens ließ sich nicht blikken. Klöpfer mußte unverrichtetersache abziehen. Er hat nie wieder gespielt, man sah ihn nur noch gelegentlich während Proben in irgendwelchen Theatern oder Behelfstheatern sehnsüchtig auf die Bühne starren. Bald darauf starb er. Es war die Tragödie eines einstmals großartigen Schauspielers – aber wohl kein unverdientes Schicksal für den Mann, der nicht unschuldig daran war, daß sich der bei ihm engagierte Schauspieler Gottschalk mit seiner jüdischen Frau und seinem Kind das Leben hatte nehmen müssen.
Schwer zu begreifen bleibt es, warum Gründgens Hermine Körner nicht holte, der es um diese Zeit – sie war nicht mehr jung, aber sie war immerhin eine imposante alte Dame – recht schlecht ging. Sie gastierte einmal in Stuttgart und einmal in München, es fehlte ihr am Nötigsten, um so mehr als die Russen das Haus in Babelsberg, in dem sie gewohnt hatte, beschlagnahmten, mit allem, was dort an Kunstschätzen angesammelt war.
Oder Erich Ziegel, der mit seiner Frau Mirjam Horwitz – alte Freunde Gustafs – in Wien wohnte, gelegentlich in einem winzigen Theater ›Die Insel‹ spielte und wohl darauf wartete, daß Gründgens sie rufe. Sie zogen nach München, wo die Horwitz Theater spielte. Erich Ziegel fühlte sich zu schlecht dazu, hatte Schmerzen in der Brust, und sie verließen ihn auch nicht, nachdem der herbeigerufene Arzt erklärt hatte, es sei alles in Ordnung. Es war eben nicht alles in Ordnung. Er starb an einem Herzinfarkt, man könnte auch sagen an gebrochenem Herzen.
GG war tief erschüttert, er hielt schon am nächsten Tag im Rundfunk eine Rede – was er sonst nie tat. Gründgens sprach davon, wie Erich Ziegel ihn geformt und geleitet hatte, und nicht nur ihn, sondern auch Victor de Kowa, Paul Kemp, Fritz Kortner und viele, viele andere, und er schloß: »Er wird nicht vergessen werden. Er kann nicht vergessen werden, weil immer etwas von dem, was er schuf, in unserer Kunst lebendig bleiben wird.«

Armer Ziegel, armer GG! Wer weiß heute noch etwas von Ziegel, ohne den so vieles, was sich auf der deutschen Bühne abspielte, nie möglich gewesen wäre!
GG holte auch nicht Kurt Meisel nach Düsseldorf, wohl wissend, daß er kaum gekommen wäre, denn er wollte in Berlin bleiben. Für GG war Meisel ohnehin eine Spezialität, der Schauspieler für österreichische Stücke, der »Halbseidene«, aber Meisel hatte sich erstaunlich weiterentwickelt.
Paul Hartmann jedoch holte GG sich nach Düsseldorf. Hartmann hatte Schwierigkeiten bekommen, weil er Präsident der Reichstheaterkammer gewesen war; allerdings war er es gegen seinen Willen geworden und nur, weil ihn seine Kollegen beschworen, den Posten anzunehmen, damit er keinem hundertprozentigen Nationalsozialisten in die Hände falle. Er spielte bei Gründgens den Faust, einen schon etwas zu gereiften Faust vielleicht, bevor ihn Horst Caspar ablöste.
GG hätte auch Aribert Wäscher gerne wieder gehabt, und er schrieb an dessen lebenslange Freundin, die Tänzerin Valeska Gert, Wäscher wisse, »daß es nur eines kleinen Winkes von ihm bedarf, und ich lege ihm mein Theater zu Füßen«. Warum es nicht dazu kam? Vielleicht, weil Aribert Wäscher in Abwesenheit der großen Charakterschauspieler Berlins – von Werner Krauss, von dem bereits im Konzentrationslager verschiedenen Heinrich George, von Eugen Klöpfer – ein Star in Berlin geworden war, während ihn Gründgens als allerdings großartigen Chargenspieler sah.
Aber warum holte er nicht seinen Lieblingsschauspieler Gustav Knuth? Knuth war nach Zürich gegangen, wäre aber sicher herbeigeeilt. Daß aus einer neuen Zusammenarbeit nichts wurde, ist fast tragisch, soweit im Theater überhaupt etwas tragisch sein kann; GG jedenfalls warnte immer vor großen Worten im Zusammenhang mit dem Theater. Vielleicht wartete Knuth auf einen Ruf von GG, vielleicht wartete GG auf einen Ruf von Knuth. Er hat später nur einmal bei Gründgens gastiert.
Auch Käthe Gold, seine Lieblingsschauspielerin, von ihm zärtlich Babula genannt, kam nur zu zwei Gastspielen. Er hätte sie gern als Gretchen bei sich gehabt, aber es war nicht möglich, ihre Bedingungen – nicht die Gage, sondern die Termine – zu akzeptieren. »Ich konnte auf dein kategorisches Telegramm ... nicht eingehen, weil ich mich bemühe, mit den Kollegen, die zu mir gekommen sind, ein richtiges Ensemble-Theater zu machen. Die hier und da auftretenden Vorwürfe, ich mache Star-Theater, hätten dadurch ihre Bestätigung gefunden.« Er beschwor sie, wenigstens mit ihm nach Edinburgh zu gehen. »Kannst du das einrichten? Ich glaube ein bißchen, du müßtest alles daransetzen, denn du bist es unserer alten Freundschaft eigentlich schuldig.« Er war sogar bereit, für den Fall ihrer Absage, Edinburgh abzusagen. Umsonst.

Indessen holte er Sybille Binder, die unbeschreiblich schöne Schauspielerin, mit der er ›Menschen im Hotel‹ in Berlin inszeniert hatte und von der er wußte, daß es ihr in der Londoner Emigration recht schlecht ergangen war. Die Binder war nicht mehr jung, aber immer noch bezaubernd. Aus seinem Brief: »Ich betete Sie an; wenn ich Ihre Bilder sehe, ist ›betete‹ eine Frechheit, denn Sie sind unverändert.«
Später kam es zu Spannungen zwischen ihnen. Sybille Binder glaubte, Rollen spielen zu können, ja, spielen zu müssen, die ihrem Alter nach nicht mehr in ihrem Bereich lagen. Sie sah – Jüdin und Emigrantin, die ihre besten Jahre untätig im Ausland hatte verbringen müssen – in jeder Schauspielerin, die in Deutschland geblieben war, eine Konkurrentin; und daß man diesen Schauspielerinnen Rollen gab, die sie selbst hätte spielen wollen und, wie sie glaubte, auch hätte spielen können, hielt sie für eine Ungeheuerlichkeit und reagierte entsprechend – vor allem den betreffenden Schauspielerinnen gegenüber.
Noch bevor GG einschreiten konnte, wurde Sybille Binder sehr krank, und es war, wie sich viele Jahre später herausstellen sollte, der Beginn einer tödlichen Krankheit. Dazu kam eine Art nur zu verständlichen Verfolgungswahns, so daß die Ärzte des Sanatoriums, das sie aufgesucht hatte, GG baten, ihr keine »bösen« Briefe zu schreiben. Seine Antwort: »Ich werde in meinen künftigen Briefen noch vorsichtiger sein, aber ich glaube immer, daß ich ihr das schreiben muß, was ich bisher geschrieben habe, nämlich daß sie wieder vollkommen gesund werden soll, und daß sie sich weder bei mir noch bei irgend jemandem Sorge machen muß, daß die Verzögerung ihrer Genesung etwas an unseren künstlerischen Beziehungen zueinander ändert.«
Das geschah im Januar 1951, also noch vor der Eröffnung des neuen Theaters. Gegen Ende des Jahres, als sich die Angriffe gegen andere Ensemblemitglieder häuften – die Binder war inzwischen wieder zurückgekehrt und, wie es schien, freilich nur schien, gesund –, mußte GG energisch werden. Er ließ ihr die Wahl, bei ihm weiterzuarbeiten oder, wie er sich ausdrückte, das Tischtuch zwischen sich und ihm zu zerschneiden. Er schloß: »Wenn Sie den Brief gelesen haben, zerreißen Sie ihn und werfen Sie ihn fort, so wie ich Ihre Entscheidung akzeptiere, einfach, weil ich Sie akzeptiere.«
Sie blieb, und die beiden wurden die besten Freunde.
Immer wieder erschütterte ihn, daß sich die Schauspieler, auf die es ankam, in alle Winde zerstreut hatten, daß es vielen von ihnen so schlecht ging. Der große Albert Bassermann war gestorben. An den Berliner Intendanten Boleslaw Barlog: »Eben erreicht mich ein Brief von Else Bassermann, die kein Geld hat und mich um fünfhundert Mark bittet. Ich habe es ihr natürlich geschickt. Aber dürfte das sein, daß die Ehefrau Bassermanns nicht

weiß, wovon zu leben? Lassen Sie mich doch wissen, ob sie wirklich ohne jede Unterstützung ist.«

Er war in jener Zeit sehr gespalten. Einerseits litt er darunter, daß es vielen seiner Kollegen, die es besser verdient hätten, schlecht ging. Andererseits wußte er, daß er sie nicht engagieren konnte. Und nahm es doch übel, daß sie nicht kamen, erwartete, daß sie trotz seiner diplomatischen Briefe, der Etat lasse ein Engagement mit halbwegs annehmbaren Gagen nicht zu, ganz einfach ihm zuliebe in Düsseldorf erscheinen würden. Er fühlte sich enttäuscht. Er wollte nicht nur geschätzt, er wollte geliebt werden. Vielleicht bestand seine Tragik darin, daß er nicht ahnte, in welchem Maße er geliebt wurde. Und ohne Zweifel war eine Folge dieser Enttäuschung – dieser unberechtigten Enttäuschung – die stetige Verschlechterung seines Gesundheitszustandes.
Er konnte nicht über seinen Schatten springen und gewissenlos wirtschaften mit dem Geld, das nicht das seine war. Privat unterstützte er viele seiner Schauspieler, aber er wurde schwierig, wenn sie eine Gagenerhöhung verlangten. Wenn ihm etwa Badenhausen sagte, für diese oder jene Ausgabe sei nicht genügend Geld vorhanden, setzte er sofort die notwendige Anzahl von Nachmittagsvorstellungen an, und das alles, obwohl er in jedem Augenblick wußte, daß er seine Subvention gar nicht aufbrauchen würde, ja, wohl schon vom ersten Tag an entschlossen war, einen Teil davon zurückzugeben.
Um genau zu sein, es wurden von dem Zuschuß von achthunderttausend DM während der ersten Saison im neuen Haus nur zweihundertneunzigtausend verbraucht, so daß für die zweite Spielzeit keine Zuschüsse mehr nötig waren. Auf der Pressekonferenz erklärte er ironisch: »Ich hoffe, nicht zu viele Leute zu verstimmen durch die Tatsache, daß ich nichts gebraucht habe.« Seine Schauspieler waren darüber entrüstet, denn sie fanden – und nicht zu Unrecht –, daß man für dieses Geld Wohnungen für sie hätte bauen können, damit sie endlich in menschenwürdigen Räumen leben konnten.
Auch die Behörden waren einigermaßen verstimmt. Wie sollten sie die zurückgegebenen Beträge wieder rückbuchen? Das war gar nicht so einfach! Darüber mußte man nachdenken – und das tun Bürokraten ja nicht allzu gern.
Aber es war stärker als er. Und diese Sparsamkeit oder, wenn man will, Korrektheit, erstreckte sich auch auf seine eigene Person. Nicht allein daß er Tournee-Anträge ablehnte, nicht funkte, nicht filmte, er ging so weit, daß er unter Umständen nicht einmal die ihm zustehende Gage nahm. Eine

gam ins Haus zu bitten, traf ihn immer auf der Straße. Dabei überraschte sie GG einmal. Er meinte, sie solle das Fremdenzimmer herrichten lassen, der Bräutigam könne doch dort wohnen. »Er zerbrach sich immer den Kopf für die Menschen, die für ihn arbeiteten.«
Als sie heiratete: »Elfriede, nehmen Sie doch mit, was Sie brauchen, ich weiß ja nichts, aber nehmen Sie doch mit, was Sie nötig haben ...« Die Vorhänge und Teppiche bekam sie aus dem Theater.
Imo Moszkowicz, der ja eine Zeitlang bei Gründgens im Hause wohnte, erinnert sich, daß er selber einmal um zehn Uhr abends noch fortging, erst um vier Uhr morgens kam er nach Hause zurück. Um zwei Uhr hatte es zu schneien begonnen. Zu seinem Entsetzen sah er Fußspuren im Schnee, die von der Haustür ins Freie führten. Peter Gorski kam nicht in Frage, der war mit ihm bummeln gewesen und noch nicht zurück. Wer hatte also das Haus verlassen? Besorgt, daß es sich um Einbrecher handeln könne, um so mehr, als schon einmal vorher bei GG eingebrochen worden war, erzählte Imo die Geschichte am nächsten Morgen beim Frühstück. »Da muß jemand in der Nacht am Haus gewesen sein, und zwar nach zwei Uhr und vor vier.«
GG: »Bist ein Quatschkopf!«
Am nächsten Morgen kam Imo erst um sieben Uhr nach Hause und fand vor der Haustür Fußsohlen aus Zeitungspapier ausgeschnitten. Sie gingen durch das ganze Haus bis zur Küche, bis zum Eisschrank. Er öffnete den Eisschrank, der leergegessen war, und entdeckte einen Zettel mit GGs Handschrift: »Kein Einbrecher – nicht einmal ein Einbrecher!«

Es wurde einsam um ihn – nachdem er die Villa bezogen hatte –, das war um die Zeit, als er das neue Theater eröffnete. Er hatte Freunde, und doch hatte er keine. Er entmutigte die Menschen, zu ihm zu kommen oder ihn anzusprechen. Er wurde geradezu menschenscheu. Zu Elfriede Meiss: »Sehen Sie mal, Elfriede, was führe ich schon für ein Leben. Hier sind meine Bücher« – überall wo er war, lagen Bücher herum – »und das ist alles. Und ich tue doch niemandem etwas ...«
Vergebens der Einwand der Haushälterin, er brauche bloß ein Wort zu sagen, und alle würden kommen und glücklich darüber sein.
Er schüttelte den Kopf. »Nur du darfst Tag und Nacht in mein Zimmer kommen.«
Nicht einmal in seinen Garten ging er. Ich erinnere mich, daß ich ihn ein-
al geradezu zwang, mit mir dort spazierenzugehen. Er sah sich um, als
tte er den Garten vorher nie gesehen, und schon nach wenigen Minuten
g er sich wieder ins Haus zurück.

Notiz vom 9. Juni 1950 an den Verwaltungsdirektor: »Angesichts der Einnahme vom 7. Juni im ›Fall Winslow‹ teile ich Ihnen mit, daß ich auf mein Honorar für diese Vorstellung verzichte.«
Die Jahresberichte, die GG seit 1948 zuerst für die Stadt, später für den Aufsichtsrat seiner GmbH erstellte, waren so klar, so sachlich, so korrekt, daß sie jeden Großindustriellen mit Freude und Neid erfüllt hätten. Er hatte eine Unzahl von Zahlen parat – zum Beispiel, daß bei der Währungsreform für seine Theater 990.000 DM bewilligt worden waren, während Köln 1,9 Millionen und Frankfurt gar 2,4 bis 2,6 Millionen DM verbrauchen durften. Er wies nach, daß selbst schlecht inszenierte alte Opern (»die ich vom Künstlerischen her kaum vertretbar finde«) viermal so viel einbrachten wie eine moderne Oper, nach der die Presse unaufhörlich schrie. Er erklärte, die Aufführung gewisser Stücke abzulehnen, »weil mir der ruhige, wohlfundierte Aufbau der Düsseldorfer Bühnen wichtiger ist als eine einmalige Sensation«. Er verbat sich von Anfang an die Intervention von Männern der Stadt im Falle einer Kündigung. »Ihr Intendant ist seit eineinhalb Jahren in dieser Stadt, arbeitet täglich bis zu zwölf Stunden und hat weder Zeit noch Gelegenheit gehabt, nach irgendeiner Richtung hin Bekanntschaften zu schließen oder sich in das Gesellschaftsleben der Stadt einzuschalten. Gewisse Künstler sind oft länger als Ihr Intendant in dieser Stadt, haben sehr viel Zeit und sehr viel Gelegenheit, sich umzutun.« Allerdings sollte seine Bitte um Nichteinmischung ungehört verhallen, bis er das neue Theater übernahm, die GmbH, und es damit den Größen der Stadt unmöglich machte, ihm in den Rücken zu fallen.

Er sagte, er arbeite zwölf Stunden am Tag, und das war eher eine Untertreibung. Wenn er nicht schlief – und das Schlafen wurde ihm immer schwerer, er kam selten ohne Schlaftabletten aus –, dann arbeitete er für das Theater. Das Privatleben fand in den Ferien statt. Ursprünglich hatte Gründgens Angst davor, ins Ausland zu gehen. Edinburgh war wohl der erste Schritt. Er befürchtete, daß man draußen Deutsche nicht mochte, und Edinburgh schien ihm ja auch recht zu geben – aber später überwand er seine Besorgnis, ja, er lechzte geradezu danach, ins Ausland zu gelangen, er wollte einmal wochenlang nicht mehr deutsch reden hören, keine Deutschen mehr sehen; begreiflich, wenn man bedenkt, wie lange er, teils im wörtlichen, teils im übertragenen Sinne, in Deutschland eingesperrt gewesen war.
GG fuhr leidenschaftlich gern Schlafwagen. Seine Begründung: »Wenn ich schon nicht schlafen kann, weiß ich wenigstens, daß etwas vorgeht – der Zug fährt.« Er fuhr leidenschaftlich gern Auto, und zwar in höchst unvor-

schriftsmäßigem Tempo. Es darf ohne Übertreibung gesagt werden, daß es lebensgefährlich war, mit ihm im Wagen zu sitzen. Einmal, als er mit Peter Gorski auf der Autobahn zumindest hundertvierzig fuhr, platzte ein Reifen, und Gorski rief ihm zu, den Wagen ausrollen zu lassen. GG meinte, ein Wagen könne doch unter solchen Umständen nicht weiterfahren, trat voll auf die Bremse, der Wagen drehte sich um sich selbst, geriet auf die Gegenbahn, auf der sich gerade eine englische Panzerkolonne bewegte, rutschte irgendwie durch sie hindurch und kam endlich zum Stehen. Der linke Hinterreifen war verschwunden. GG hatte nicht das geringste Verständnis dafür, daß er nur durch Zufall am Leben geblieben war. Obwohl technisch völlig ahnungslos, wurde er, sobald er hinter dem Steuer saß, tollkühn.

Sie fuhren zu Bekannten nach Ischia und zu dem befreundeten Maler Kurt Craemer nach Positano, und einmal charterten sie eine Jacht, um nach Sizilien zu gelangen. Mitten in der Nacht blieb der Motor stehen. Es gab eine Stichflamme, und das elektrische Licht fiel aus. Gorski stürzte nach unten und löschte die Flamme, GG schlief in seiner Koje. Mit der Taschenlampe im Mund tastete sich Gorski durch den Ölsud und fand einen Riß in der Ölleitung. Nun mußte er die Ölpumpe einer Dieselmaschine reparieren. Das war im Dunkeln gar nicht so einfach, auch war die See bewegt, und ständig glitten riesige Bananendampfer in nächster Nähe vorüber, die, da die kleine Jacht unbeleuchtet war, auch hätten über sie hinwegfahren können. Schließlich weckte Gorski den schlafenden Chef. Dieser studierte in einem Buch die Funktion einer Dieselpumpe, und dann konnte Gorski auf die Anweisungen von Gründgens den Schaden reparieren. So ein Zwischenfall war typisch für GG. Nie in seinem Leben hatte er etwas von einer Dieselpumpe gewußt, geschweige denn etwas mit ihr anfangen können. Aber wenn es darauf ankam, lernte er in Sekunden.

Eine andere Leidenschaft von Gründgens – man darf es eher einen leidenschaftlichen Wunsch nennen – war, einen geordneten Haushalt zu führen. Freilich sollte ihm das nie glücken. Seine Verwandte Elsa Carp hatte ihm eine ausgezeichnete Haushälterin besorgt, Elfriede Meiss. Sie wählte sie aus zweihundert Bewerberinnen. Es war sein und ihr Glück, daß GG für sie kein Begriff war. Im Film hatte sie ihn nie gesehen, war bisher nur in Industriehaushalten tätig gewesen. Erst allmählich wurde ihr klar, für wen sie arbeitete, und die Diskrepanz zwischen seiner Bedeutung und dem Zustand, in dem ihre Vorgängerin den Haushalt zurückgelassen hatte, erschütterte sie.

Freilich war es schwer, für GG Haushalt zu führen, denn von Regelmäßigkeit konnte keine Rede sein. Der Morgen begann zwar immer damit, daß sie zum Kiosk mußte, um Zeitungen zu holen, anschließend das Frühstück

– starker Kaffee, ein Brötchen mit Marmelade –, bevor er ins Theater fuhr, noch einmal sehr starken Kaffee. Aber wann das Mittagessen stattfand, das stand in den Sternen. Vorgesehen war es einviertel zwei, manchmal wurde es halb zwei, manchmal auch fünf. Die Meiss wußte nie, ob er allein kommen oder Besuch mitbringen würde. Seine Ärzte hatten verordnet, er dürfe nicht viel Fleisch essen, höchstens dreimal pro Woche, er sollte mehr Fisch essen, und nun mußte es jeden Tag irgendeine Vorspeise geben. Am liebsten hatte er Austern.

Gäste waren selten und wurden immer seltener. Wenn GG allein war, ging er am liebsten zu Bett, wo er dann auch zu Mittag oder Abend aß, das heißt, die Meiss mußte ihn dazu zwingen, zu essen, sonst wäre er sogleich eingeschlafen. Während er aß, suchte sie seine im ganzen Zimmer verstreuten Sachen zusammen und legte sie ordentlich hin. Das war auch eine Gewohnheit von GG: daß er sich gewissermaßen aus seinen Anzügen schälte, daß er sie abwarf, irgendwohin auch das Hemd, die Krawatte, das Unterhemd.

Er schätzte Frau Meiss über die Maßen. Er wollte, daß sie auch zu den Generalproben seiner Stücke kam; die Folge davon war, daß dann überhaupt nicht gegessen wurde, weil es ihm viel wichtiger war, von ihr zu erfahren, wie es ihr gefallen hatte. Wenn er Neues einstudierte, erschien er manchmal in der Küche und spielte ihr eine Szene vor, mit Hilfe von Bestecken, die als Partner gelten mußten. Währenddessen kochte sie. Wenn sie mit dem Essen fertig war, lagen sämtliche Bestecke auf dem Küchentisch oder der Anrichte. Dann wieder brachten ihm Freunde aus Berlin alte Schallplatten von seinen Chansons, und sie mußte sich das unbedingt anhören. Manchmal hatte sie das Gefühl, er wolle niemanden sehen, auch sie nicht, und verdrückte sich in die Küche. Aber das verdroß ihn. Er rief nach ihr: »Elfriede, mein Schatz, ich sehe dich ja gar nicht!« Wenn sie in einem Stück war, das sie nicht verstand, erklärte er es ihr. Das konnte Stunden dauern.

Als er fünfzig Jahre alt wurde, sagten die Männer, die die Mülleimer lee
ten: »Wir wollen Herrn Gründgens zum Geburtstag gratulieren!« Das fa
er nett, drückte allen die Hand und freute sich sehr. Und das spielte
immerhin auf der Straße ab, höchst erstaunlich, wenn man bedenkt
menschenscheu er war. Zu Elfriede Meiss: »Wenn Sie zu den Me
nett sind, dann sind die Menschen auch nett zu Ihnen!«

Elfriede Meiss: »Man konnte sich bei ihm als gleichwertiger Mensch f

Später verlobte sich Elfriede Meiss. Als er davon hörte, erschrak
Tod. »Heiraten heißt weggehen.« Er beruhigte sich erst wieder,
wortete: »Ja, gut, wenn Sie gerne möchten, dann gehe ich, ab
hatte nicht die Absicht, es zu tun.« Sie traute sich nicht recht,

Freunde von früher erschraken, wenn sie ihn wiedersahen. Haupt, der ihn ja auch von 1945 bis 1951 nicht gesehen hatte: »Er war nicht mehr gesellig ...« Zacharias-Langhans kam 1951 von Chile nach Düsseldorf. »Er hatte so gar keine Freude mehr am Leben ...«
GG selbst damals zu einem Journalisten: »Angaben über mein privates Leben sind, fürchte ich, denkbar langweilig. Ich lebe sehr zurückgezogen, gehe wenig, vielleicht zu wenig unter Menschen, und so bestimmt die vielfache Arbeit eines Intendanten, eines Regisseurs, eines Schauspielers meinen Zeitablauf. Ich lese viel, ich lese eigentlich alles, was auf den Büchermarkt kommt. Autoren, die ich immer wieder lese, sind Laurence Sterne, Tolstoi, Balzac, Proust, Thomas Wolfe, William Faulkner und Henry Miller. Ich höre viel Musik, von Mozart bis Tschaikowsky, aber auch Jazz.«
Einige Freunde versuchten, ihn aus seiner Lethargie herauszureißen. Max Eckard: »Er machte fast den Eindruck eines Eremiten. Ich habe auch darüber mal mit ihm gesprochen. Ich verstehe das nicht, Gustaf, sagte ich, du kennst keinen aus dem Haus. Du kennst keinen Schauspieler. Warum ist keiner mehr bei dir? Man hatte das Gefühl, es will auch keiner zu ihm. Er hatte wohl ein Mißtrauen, daß man, wenn man beisammen war, nur über ihn schimpfte. Er hatte eine Art Einsamkeitskomplex. Er hat mir wörtlich gesagt: ›Ich bin ein einsamer alter Mann‹.«
An den Freund Charlie Forcht in Hollywood: »Manchmal bin ich so müde, daß ich diese hochgerissene Zeit kaum noch ertrage. Dann sage ich mir, wenn das Leben so schwer ist, dann muß es ja nicht sein! Ich denke dann immer an unser Gespräch in dem komischen Atelier in der Regensburger Straße mit den beiden siamesischen Katzen von Elsa Wagner, wo du oben auf der Galerie standest und mir nur einmal ganz trocken sagtest: Sag mir bitte *einen* Grund, warum man noch weiterleben soll ... Lieber Charlie! Ich lasse mich so ein bißchen gehen, aber es ist so entsetzlich langweilig, sich immer zusammenzunehmen, und ich tue es den ganzen Tag ... Während man sonst von einem ziemlichen Theatersterben reden muß, geht es in Düsseldorf ganz verblüffend gut, was wieder mit meiner verfluchten Tüchtigkeit zusammenhängt ... In welcher Stadt ich immer auftrete, ist dasselbe Theater mit schwarz gehandelten Karten und großem Trara. Und wenn ich bedenke, daß ich ja schließlich am besten weiß, daß und wie ich mit Wasser koche, dann überlege ich mir, womit um Gottes willen die anderen Menschen kochen.«
Was er Charlie Forcht gegenüber angedeutet hatte, wurde zeitweise für ihn zum Komplex. Er spielte manchmal mit solchen Gedanken, aber er spielte nur mit ihnen. Im Grunde genommen mochte er Selbstmörder nicht, sie waren für ihn »Feiglinge«. Mit den fortschreitenden Jahren in Düsseldorf war es so, daß ihn keiner, mit Ausnahme von Peter Gorski und Imo

Moszkowicz, noch außerhalb des Büros oder des Theaters sah. Ich erinnere mich, daß ich, der öfter nach Düsseldorf kam und ihn besuchte, allgemeines Erstaunen hervorrief, wenn ich später in dem Lokal, wo sich die Schauspieler nach der Vorstellung trafen – es hieß »Bei Karl« –, von meinem Besuch bei GG erzählte. Man wollte es einfach nicht glauben, daß irgendwer zu ihm vordringen könne.
Es gab eine Ausnahme, und das war Elisabeth Flickenschildt. Ihr fühlte er sich zugetan, künstlerisch, aber auch menschlich. Mit ihr unterhielt er sich gern, sie durfte zu ihm kommen, und ihre nächtlichen Telefongespräche dauerten oft stundenlang. Für diese Beziehung gab es zahlreiche tiefere Gründe. Einmal war sie im wahrsten Sinne des Wortes sein Geschöpf – er hatte aus der Schauspielerin, die in der zweiten Reihe stand, eine allererste Größe gemacht –, dann spielte sie mit einer gewissen Würde, mit einer gewissen Klarheit und Distanz Theater, fast so wie er es tat, mit Betonung des Nicht-Natürlichen. Er wollte ihren Rat, und auch wenn er ihn nicht wollte und sie ihn ungewollt erteilte, nahm er sich ihn zu Herzen. Er war geradezu erpicht darauf, durch die Befolgung ihrer Ratschläge – natürlich hatte das Grenzen – einen Teil der Verantwortung von sich abzuwälzen. Oft sagte er zu mir: »Flicki meint ...« oder »Flicki ist aber der Ansicht ...« Wenn sie mit ihm auf der Bühne stand, fühlte er sich sicherer als sonst. Sie war wohl die einzige Schauspielerin, der er erlaubte, ihn selbst zu überspielen – im Wallenstein etwa –, freilich nicht, ohne daß er nachher in seiner Garderobe eine Riesenszene machte und in Schreie ausbrach wie: »Diese Frau macht mich noch wahnsinnig! Die trampelt mich doch auf den Boden!« Aber er wollte das wohl so. Das war – ich sagte es schon – nicht leicht zu erklären.
Sie wäre, zumindest in jener Zeit, die ideale Gefährtin für ihn gewesen. Sie war – längst geschieden – wohl auch bereit dazu, zumindest deutete sie es an. Aber für ihn war es schon zu spät. Er blieb einsam, nicht zuletzt, weil er einsam bleiben wollte.

Die Angst vor Menschen, das Bedürfnis nach, aber auch die Furcht vor Einsamkeit hingen mit seinem Gesundheitszustand zusammen. Das war ein sehr schwieriges, zumindest für Laien unverständliches Kapitel. Oft benahm er sich, als habe er Nerven wie Stricke. Nichts konnte ihn, wenn es wirklich um Entscheidendes ging, aus der Ruhe bringen.
Dann wieder geschahen seltsame Dinge. Er litt an Sprachstörungen. Seiner Haushälterin und Peter Gorski klagte er, nachdem er mehrere Zeilen einer Rolle für sich rezitiert hatte, er könne nicht mehr richtig sprechen. Man beruhigte ihn. Aber es war jedem klar: die Sprachstörungen wurden

schlimmer, er konnte wirklich oft nicht mehr richtig sprechen, es gab Tage, an denen es fast unmöglich oder doch nur Peter Gorski möglich war, zu verstehen, was er überhaupt sagen wollte.
Eine Zeitlang schob er alles auf die Zähne. Er hatte seit Jahren Zahnleiden und meinte, daß irgend etwas verkehrt gemacht worden sei. Die falschen Zähne, die nicht richtig eingeschliffen seien, hätten Schuld daran, daß er nicht mehr deutlich sprechen könne. Er eilte dann zum Zahnarzt, um sich diesen oder jenen Zahn richten zu lassen. Nachdem er sich überzeugt hatte, daß es nicht oder zumindest nicht vor allem an den Zähnen lag, konsultierte er zahlreiche andere Fachärzte. Dies alles war für ihn schwer, denn er wünschte es geheimzuhalten – nicht zuletzt, um in der Öffentlichkeit keine falschen Gerüchte aufkommen zu lassen. Dann wieder wurde er geradezu Ärzte-süchtig. Seine Gesundheit wurde für ihn zu einem Thema, über das er nicht genug diskutieren konnte. Wann immer eine neue Krankheit entdeckt worden war oder er glaubte, etwas entdeckt zu haben, rief er mich – und sicher nicht nur mich – an, und es war ihm ganz gleich, ob das Gespräch über Tausende von Kilometern ging und eine Stunde dauerte; er wollte sich über seine Gesundheit aussprechen.
Hinzu kam seine Migräne, die gerade in jenen Jahren schlimme Formen annahm. Die Ärzte versuchten, ihr mit Novalgin zu Leibe zu rücken, später auch mit Impletol. Die Wirkung war problematisch. Wenn er mit Kopfschmerzen und anderem Übelbefinden auftreten mußte, nahm er Pervitin. Die Ärzte hatten ihm eine Tablette genehmigt, aber manchmal nahm er auch zwei.
Es waren vor allem die Premieren, die ihn körperlich besonders angriffen. Man hätte glauben sollen, daß er nach so vielen Jahren, nach so vielen Vorstellungen an eine Premiere herangehen würde, als sei es die selbstverständlichste Sache der Welt. Davon konnte keine Rede sein. Es wäre falsch, zu sagen, daß er vor den ersten Aufführungen Angst hatte. Er hatte Angst davor, Angst zu bekommen – und das wiederum rief Kopfschmerzen hervor. Am liebsten verkroch er sich in sein Bett. Wenn es nur anging, stand er überhaupt gar nicht auf, er ließ sich seine Post ans Bett kommen, seine WV (Wiedervorlage)-Mappe, schob aber die unangenehmen Dinge, besonders die Kündigungen, immer wieder von sich fort. Nach der Vorstellung fuhr er nach Hause und war schon Minuten später im Bett. Wenn ich etwa zu Besuch bei ihm war, fragte er mich, ob ich etwas dagegen hätte, an seinem Bett zu essen. Natürlich hatte ich nichts dagegen, aber es hätte mir auch gar nichts genützt, anderer Meinung zu sein. Wenn er dann sein Schlafmittel genommen hatte – er nahm es meist noch, während ich oder einer der seltenen Besucher da war, um möglichst wenig Zeit allein wach zu verbringen –, fand Peter Gorski Zettel wie etwa diesen: »Die alten

Zirkuspferde gehören in den Stall und nicht in die Manege. Das Gnadenbrot bekommen sie und nicht die Peitsche. Und gleich werden die Kritiken meine Laune verderben.«

GG entschloß sich, in ein Sanatorium zu gehen. Er tat das dann immer öfter. Vorstellungen, in denen er auftrat, litten darunter, daß er nicht voll einsatzfähig war, etwa eine Vorstellung von ›Kirschen in Rom‹, die er dem ihm befreundeten Bundespräsidenten Heuss zuliebe in Godesberg angesetzt hatte.

Sehr selten freilich mußte eine Vorstellung ganz ausfallen, soweit ich feststellen konnte, nur eine einzige.

In Godesberg kam es schließlich zu einer Katastrophe, als er dort in Cocteaus ›Bacchus‹ spielte. Die Sprachstörungen waren so weit fortgeschritten, daß man schon von einer ernsthaften Erkrankung sprechen mußte. Er brachte seine Sätze nur mühsam hervor, entsetzlich langsam und nicht immer verständlich.

Seine Partner befürchteten, er habe seinen Text vergessen und soufflierten ihm. Das war gar nicht nötig. Er wußte jedes Wort – er hatte nur Mühe, es auszusprechen. Und nun kam das Schlimmste: in der Pause erschienen zwei ihm völlig unbekannte Ärzte und verabreichten ihm eine Spritze, deren Wirkung geradezu grauenhaft war. Von diesem Augenblick an konnte Gründgens überhaupt nur noch lallen. Niemand im Zuschauerraum, niemand, der das Stück nicht genau kannte, ahnte, was er eigentlich ausdrükken wollte.

Er war gerade erst aus dem Sanatorium Bühlerhöhe gekommen und fuhr nun sofort in eines bei Kreuzlingen in der Schweiz.

Allerlei unsinnige Gerüchte schwirrten umher, nicht zuletzt, weil diesem Sanatorium eine Entziehungsanstalt für Rauschgiftsüchtige angegliedert war. In Düsseldorf machten sich die leitenden Männer der GmbH die größten Sorgen. Der Arzt riet Gründgens, vorübergehend die Direktion abzugeben und einen Nachfolger zu bestellen. Neue Gerüchte: Gründgens sei völlig fertig, er werde nie wieder auftreten. Auch das kam ihm zu Ohren. Hatte ihn schon die Frage der Nachfolge – »Man hält mich also für verrückt!« – sehr aufgeregt, so geriet er jetzt völlig außer sich. Das war im Februar/März 1953.

Wer ihn damals sah, konnte Fassung kaum vortäuschen. Er wirkte wie eine geschminkte Leiche. Als ich ihn einmal besuchte, grinste er mir zu, als wolle er sagen: »Ich weiß, du hast mich aufgegeben, alle haben mich aufgegeben ...«

Es war sehr schwer, ihm das auszureden. Aber es war auch, wie sich herausstellen sollte, nicht nötig.

Selbst in seiner schlimmsten Zeit, oder gerade in dieser, hatte er Momente besonderer geistiger Präsenz. Meist des Nachts, sehr spät, um zwei oder

drei Uhr. Dann kamen seine Telefonanrufe. Er sprach über Dinge mit einem, die weiß Gott nicht dringend waren und Wochen hätten warten können. Er sprach langsam, mit müder, schleppender Stimme und oft unverständlich – aber was er sagte, war sehr gescheit und überlegen.
Und dann kam eines Tages die Frage über das Telefon: »Was würdest du sagen, wenn ich zu Beginn der nächsten Saison den Wallenstein spielte?«
Ich antwortete, wohl ein wenig betreten: »Den ganzen Wallenstein?«
Er lachte. »Nein, nur ›Wallensteins Tod‹. Erschrick nicht. Ich will wirklich den Tod nur – spielen.«

EINUNDZWANZIGSTES KAPITEL

Und wieder adieu

Das Erstaunliche – man darf wohl sagen: ans Wunderbare Grenzende – war, daß GG auch während seiner gesundheitlichen Krisen als Theaterdirektor stets auf dem laufenden blieb und das Notwendige, das Richtige tat.

Gerade, als er sich wieder einmal sehr schlecht fühlte und einem Zusammenbruch nahe war, starb Horst Caspar.

Dies kam trotz der Jugend des Schauspielers nicht unerwartet. Er litt seit Jahren an Tbc. Ein halbes Jahr vorher hatten er und seine Frau, Antje Weisgerber, erfahren müssen, daß ihr Sohn – er zählte noch keine zehn Jahre – zu einem schrecklichen Tod verurteilt war: er hatte Krebs an der Speiseröhre, würde also in des Wortes wahrster Bedeutung verhungern. Gründgens war schon ein Jahr vorher auf den Zustand von Horst Caspar aufmerksam gemacht worden, und ich hatte angeregt, eine allgemeine Sammlung einzuleiten, um ihn nach Davos oder Arosa zu schicken. Nichts dergleichen erfolgte, der Plan wäre wohl auch nicht durchführbar gewesen, denn Horst Caspar war ein sehr stolzer Mensch, der Geld auch nicht leihweise annahm. So kam es denn, wie es kommen mußte.

Bei der Nachricht, daß die Tage, ja, die Stunden des Schauspielers gezählt seien, geriet Gründgens völlig außer sich. Und als auch noch der kleine Junge drei Tage nach dem Vater starb, begriff er, daß sofort etwas getan werden mußte. Nächtliche Telefongespräche von zwei, ja, bis zu drei Stunden. Wie konnte er helfen? Er kam, wie so oft, auf die einzig vernünftige Idee, nämlich Antje Weisgerber so schnell wie möglich aus der Umgebung zu lösen, die sie jeden Augenblick an den Tod ihres Mannes und ihres Sohnes erinnern mußte; sie sollte nach Düsseldorf kommen, ließ er sie in einem spontanen Telegramm wissen. Aber sie hatte einen Vertrag mit dem Berliner Schillertheater, und es war nicht einfach, sie dort freizubekommen.

Es war ohne Zweifel Antje Weisgerbers Rettung, daß er sie aus Berlin herausholte, und daß er – sich und ihr jede Sentimentalität versagend – sie sofort einsetzte. Ich erinnere mich, daß er mir damals die Pläne entwikkelte, die er für sie hatte. Ich glaube, sie mußte schon am ersten Tag nach ihrer Ankunft in Düsseldorf mit Proben beginnen. Sie hatte buchstäblich

in den nächsten Wochen und Monaten keine freie Minute. Als er nach Bühlerhöhe fuhr, nahm er sie mit. Später, als er nach Spanien reiste, begleitete sie ihn ebenfalls.
Es konnte nicht ausbleiben, daß dieses Zusammensein zweier Menschen vom Theater dazu führte, daß man von einer Affäre sprach – während es GG darum ging, einem Menschen spontan zu helfen, um ihn vor dem Alleinsein zu retten.
Mit seinen anderen Mitarbeitern war es auch nicht immer so einfach.
Da war die Sache mit Martin Benrath.
Gründgens studierte den ›Bacchus‹ von Jean Cocteau ein. Er selbst spielte – noch vor dem Wallenstein, damit zum ersten Mal – eine ältere Rolle, die eines Kardinals, freilich eines sehr streitbaren Kardinals, der unter der Soutane einen Harnisch trug und Beinschienen. Die eigentliche Hauptrolle sollte ein bezaubernder Jüngling sein – Gründgens hatte zwei seiner jungen Darsteller ausprobiert und keinen gut genug gefunden. Da kam Badenhausen mit dem Vorschlag, Benrath auszuprobieren. Er hatte am Theater am Schiffbauerdamm gespielt, also im Osten Berlins, schied dann aus politischen Gründen aus, wirkte eine Zeitlang im British Center, einem kleinen Theater am Kurfürstendamm, das nur gelegentlich spielte, und dort entdeckte ihn Badenhausen. Das war im September oder Oktober 1952. Benrath flog – mit geborgtem Geld – nach Düsseldorf, sprach vor, und Gründgens meinte, er sei »der richtige Typ und recht begabt«. Er würde ihn ausprobieren. In vierzehn Tagen sollte die große Premiere stattfinden.
Benrath wußte, dies war die Chance seines Lebens. Er gab sein Letztes. Trotzdem schnitt ihn Gründgens auf der Generalprobe, während er den anderen Schauspielern noch sehr viel zu sagen hatte. Er war schon an der Tür, als er sich noch einmal umdrehte und Benrath zurief: »Von Ihnen wünsche ich mir noch ein bißchen mehr Dahlem, weniger Moabit!« Kurz, er wünschte, daß Benrath etwas »feiner« spiele. Einige Minuten vor seinem ersten Auftritt sagte GG zu ihm: »Das nächste, was wir zusammen machen, ist der ›Homburg‹. Und nun geh raus!«
GG glaubte und sagte es auch, daß aus Benrath ein zweiter Paul Hartmann werden würde. Er war glücklich, endlich wieder einen »Tenor« gefunden zu haben – er gebrauchte dieses Wort mit Absicht. Aber es kam dann nicht zu dem ›Prinzen von Homburg‹, es kam überhaupt zu keinen Tenorrollen mehr. Vielmehr erhielt Benrath Filmangebote, und Gründgens glaubte, kein Recht zu haben, ihm diese Chancen zu verderben. Dann geschah etwas, was niemand voraussehen konnte. Benrath saß in einem Auto, das ein etwas angetrunkener Kollege fuhr, es war Nebel, das Auto kollidierte mit einem Lastwagen, Benraths Gesicht wurde entstellt, und es sah so aus,

als würde es für immer entstellt bleiben. GG geriet geradezu außer sich. Er konnte sich viele Wochen über diesen Unfall nicht beruhigen, so, als sei er ihm selbst zugestoßen.
Das nächste Mißgeschick war, daß Benrath in Gründgens' Abwesenheit von Badenhausen die Rolle des Bruno Mechelke in Hauptmanns ›Ratten‹ erhielt, die eines üblen und unsympathischen halbseidenen Jünglings. Die Aufführung wurde zwar ein großer Erfolg für ihn – aber für Gründgens war der Traum vom ›Prinzen von Homburg‹ ausgeträumt. Im übrigen war ja Benrath zu oft abwesend, um zu filmen. Als er wieder einmal um Filmurlaub bat, schrieb ihm Gründgens:
»Sicher hätte ich Sie nicht den Bruno Mechelke spielen lassen, obwohl ich überzeugt bin, daß Sie der ›beste Mann am Platze‹ waren ...
Bruno Mechelkes gibt es wie Sand am Meer, an meinem Theater allein vier. Junge Schauspieler, die den Bacchus spielen können und alle sich daraus ergebenden Rollen, muß man mit der Lupe suchen. Hat man einmal einen gefunden, so sollte man ihn nicht als Flieder-Kavalier decouvrieren, bevor er sich als Typ durchgesetzt hat.
Noch vor zehn Jahren würde ich Ihnen den Urlaub für den Film nicht gegeben haben. Heute fühle ich mich nicht mehr berechtigt, dem Schicksal in den Arm zu fallen. Aber Konsequenzen muß ich ziehen.«
An einen Journalisten etwas später: »Was meine jungen Schauspieler angeht: Peer Schmidt, Drache und auch Benrath, so bin ich im Grunde froh, daß sie sich etwas retten können. Die Art und Weise, wie sie es gelegentlich tun, macht mir ziemlichen Ärger. Ich sehe zum Beispiel der Entwicklung Benraths mit Sorge zu. Man angelt einen Schauspieler aus einem Pool namenloser Existenzen, man präpariert ihn und stützt ihn zu seinem ersten Erfolg, und schon reißt ihn der Film mit seinen, für die jungen Leute weiß Gott überhöhten Gagen an sich. Das Resultat für das Theater, das ihn entdeckt hat, konnten Sie in ›Galotti‹ sehen.«
Benrath fiel als Prinz in ›Emilia Galotti‹ nämlich durch.
»Peer Schmidt zum Beispiel setzt Himmel und Hölle in Bewegung, um nicht den Sohn in ›Sechs Personen suchen einen Autor‹ spielen zu müssen, wozu er vertraglich verpflichtet ist, um dafür mit Hannerl Matz ›Alles für Papa‹ zu machen ...
Irgendwo spricht sich in dem Verhalten der Schauspieler dem Film gegenüber eine von mir ebenfalls nicht gebilligte Verachtung für den Film aus. Wäre es sonst möglich, daß ein bekannter deutscher Produzent, nach der gegenwärtigen Tätigkeit seiner Frau befragt, antwortet: Sie filmt gegenwärtig, die Augen stur auf die Gage gerichtet, in Berlin.«
Ullrich Haupt, von dem er sich künstlerisch viel versprach, war, wie ihm schien, stark gefährdet. Aus einem Brief GGs an Haupt, geschrieben nach

der Generalprobe von ›Othello‹, in dem Max Eckard, genannt Macky, den Jago spielte:
»Othello spricht nicht so schnell wie Karl Moor (der auch nicht so schnell spricht, wie Du ihn sprichst). Mit einem Wort: er hat keine hohen C's. Er ist nicht elegant (sonst hätte ich ihn Dir nie gegeben), er ist völlig unelektrisch, er ist offen, herzlich, naiv (das ist das Schwerste für Dich) und intuitiv. Er ist eigentlich dumpf (kommt von dumm mit pf hinten), sonst würde er sich nicht von Macky aufs Kreuz schmeißen lassen. Er brodelt vor sich hin. Er ist im ersten Bild schlicht, human und eher ein schwarzer Parzival als ein Feldherr im bühnengebräuchlichen Sinne. Seine Ankunft in Zypern sollte nichts von Lohengrin an sich haben. Er kommt ruhig und handelt wie jemand, der sein Geschäft versteht. Von dann ab wird er unsachlich – und dazu brauche ich Dir keine Anleitungen zu geben. Einmal sollte es leuchten, das ›O meine holde Kriegerin‹.
Ich hoffe, Dich verwirrt und beraten zu haben. Othello ist, auf welchen Farbton Ihr Euch immer einigt (Hartmann geriet mit dem edlen Mauren schließlich in die Scheiße), auf jeden Fall geschminkt zu spielen. Bei Deiner Art zu schwitzen, bitte ich Dich zu bedenken, in welch ernstem Augenblick Deiner Karriere Du mit dieser Rolle stehst. Da wir nichts geschenkt bekommen, heißt es nun langsam für Euch, denen ich Platz machen möchte, ähnliche Opfer zu bringen, wie ich es tun muß. Also trink nicht! (Wenn Du mir jetzt schreibst, daß Du seit Monaten keinen Tropfen getrunken hast, besetze ich die Rolle sofort um.) Aber trink auch weniger Selterwasser oder Waldmeister-Brause oder Milch oder Ovomaltine. Meide Flüssigkeiten, die Du nicht auf natürliche Weise ausscheidest. Du fängst schwarz an mit sandfarbenem Kleid und wirst im zweiten Akt weiß im Gesicht und schwarz im Kostüm auf der Bühne stehen. Und im übrigen ›Götz von Berlichingen‹.«
Der junge Peer Schmidt, der ihn anbetete, verließ ihn schon 1951, wollte nur noch sechs Monate im Jahr bei ihm spielen, also in einem Augenblick, da – ich zitiere Peer Schmidt – jeder sagte: »Der ist völlig wahnsinnig!«
Eigentlich hatte der junge Schauspieler, der sich unterbeschäftigt fand, sogleich fortgehen wollen, war aber dem Charme von Gründgens erlegen. Als die Situation schließlich nicht mehr haltbar war, schrieb ihm GG aus dem Urlaub, nachdem ihm Peer Schmidt mitgeteilt hatte, er habe ihn nicht sprechen können, obwohl er zu diesem Zweck nach Bühlerhöhe gekommen war:
»Ich werde niemals zulassen, daß jener ungeschriebene Vertrag gebrochen wird, der zwischen mir und meinen Schülern und zwischen mir und der Mehrzahl der Schauspieler besteht.

Und hier ist der Punkt, von dem allein aus ich die Angelegenheit zu sehen vermag.
Es muß alles ein ›gehört sich‹ haben. Und man läuft eben nicht auseinander, und deshalb mußt Du – mit meiner vollen Unterstützung – in Ordnung bringen, was unordentlich ist (und was nebenbei nicht zu Dir paßt).
Falls Du nicht verstehst, was ich meine, ein Beispiel: Der Maler Manet steht eines Tages vor einem Bild von Cézanne (Junge in roter Weste) und sagt nach Stunden seufzend: ›Der Arm ist zu lang‹. Ein Besucher, ein Nichtkünstler, der zufällig daneben steht, sagt zustimmend: ›Jawohl, Meister, der Arm ist wirklich zu lang.‹ Da dreht Manet sich um und sagt aus der tiefen Solidarität der Künstler untereinander: ›Für Sie, mein Herr, ist dieser Arm anbetungswürdig gemalt!‹
Mag ich also für Dich im Augenblick etwas lästig sein und mein Theater langweilig, und Du für mich ein Rübenschwein: für Düsseldorf sind wir zwei Künstler mit einem gemeinsamen Beruf.
Anfang der kommenden Spielzeit wirst Du bei mir spielen, und dann werden wir uns, völlig entspannt, als gute Kameraden auf zwei, oder zehn, oder hundert Jahre trennen. (Es ist wirklich besser so, denn Gott behüte, man trifft sich ja immer irgendwo.)«
Gründgens entließ den von ihm sehr geschätzten Schauspieler Ludwig Linkmann fristlos, weil der nach einer Premiere unter vielen Flüchen ausgerufen hatte: »Nun bloß raus aus diesem Stall« – und suspendierte seinen Assistenten Peter Gorski, der Linkmann daraufhin eine Ohrfeige versetzt hatte, bis der Fall geklärt war.
Er ging mit dem Schauspieler Hans Müller-Westernhagen, einem ausgezeichneten Komiker, ins Gericht:
»Mit diesem Brief appelliere ich an Ihr menschliches und künstlerisches Gewissen, und wenn es auch der Brief eines Intendanten an sein Mitglied ist, so ist es mindestens so sehr das Schreiben eines Kollegen an den anderen.
Sie müssen wissen, daß Sie dauernd kontraktbrüchig sind, und Sie müssen wissen, daß ich mich dauernd bemühe, das zu übersehen in Ihrem Interesse und im Interesse des Theaters.
Ich habe nicht die Absicht, Sie in diesem Brief zu schonen, weil ich überzeugt bin, Ihnen damit gar nicht zu dienen.
Vor mir liegt eine lange Korrespondenz aus vielen Jahren, und immer sind es Krankheit, Vorschuß- oder Urlaubsbitten, Entschuldigungen für unerlaubte Urlaube, die Sie sich genommen haben. Als Sie im vergangenen Jahr krank waren, hat das Theater mehr als seine vertragliche Pflicht Ihnen gegenüber erfüllt. Es hat die Veranlassung zu einer speziellen Hilfe für Sie gegeben. Ich bin Ihnen sogar persönlich mit einer größeren Summe beigesprungen. Das sind, wie Sie wissen, für mich Selbstverständlichkeiten, so-

lange der Partner sich mir verbunden fühlt, zum mindesten aber seinen Vertrag streng und korrekt erfüllt. Ich habe Ihnen seinerzeit trotz Ihrer Krankheit einen neuen Vertrag mit Gagenerhöhung gegeben. Meine Sorge war immer Ihre Gesundheit, und darum habe ich auch damals auf dem Begleitbrief bestanden, der Sie anhalten sollte, sich um Ihre Gesundheit zu kümmern. Nachdem mir der Arzt offiziell mitteilte, eine Verantwortung für Sie weiter nicht übernehmen zu können, da Sie, entgegen seinen dringenden Ratschlägen, immer weiter gegen Ihre Gesundheit wüten, hätte ich das Recht gehabt, unseren Vertrag als nicht mehr bestehend zu betrachten. Ich habe es nicht getan. Ich habe – ständig gebeten von Ihren Regisseuren oder meinen Mitarbeitern – immer wieder beide Augen geschlossen und meine Ohren verstopft, wenn Sie wider die Abrede ›tingelten‹, wie Sie das nennen. Ich habe sogar zugelassen, daß mein Oberregisseur für Sie am Abend Ihre Rolle in ›Sechs Personen suchen einen Autor‹ übernahm, weil Sie ›tingelten‹. Daß die beiden Rollen in ›Wallenstein‹ und ›Herrenhaus‹ für Sie ein künstlerischer Verlust gewesen sind, werden Sie nicht behaupten können.

Ich habe Sie am Sonntag abend gebeten, am Montag morgen zu mir zu einer Besprechung zu kommen. Ich habe gewartet, Sie sind nicht gekommen. Nachdem Sie gestern mit Herrn Erfurth und Herrn Dr. Badenhausen gesprochen und den Herren gesagt haben, daß Sie die Rolle des Jergen Pukkel in ›Ulla Winblad‹ spielen würden, haben Sie wiederum heute morgen die Probe abgesagt. Sie haben dadurch die Arbeit auf das schwerste gefährdet. Sie wissen, daß alle Ihre Kollegen von Ihnen abhängig sind. Sie dürfen einfach nicht so weitermachen wie bisher. Sie sind genau so gesund, wie Sie sein wollen, genau so krank, wie Sie sich's einreden. Und es liegt in Ihrem eigensten Interesse, und das schreibt Ihnen der Kollege, sich wieder in die Hand zu nehmen, sich nicht weiter gehen zu lassen. Sicher geht es Ihnen nicht gut. Der Beweis dafür ist schon, daß Sie im Augenblick alles so tragisch nehmen. Aber ebenso können Sie nur gesund werden, wenn Sie sich zusammennehmen und zunächst einmal Ihre täglichen kleinen Pflichten erfüllen. Sie dürfen nicht länger den Arbeitsfrieden eines Hauses gefährden, das über sieben Jahre Ihre künstlerische Heimat war, auch dann nicht, wenn Sie sich von diesem Haus lösen wollen. Meiner Ansicht nach gerade dann nicht.

Ich hoffe sehr, daß mein Brief, der Ihre gewiß nicht leichte Situation berücksichtigt, Ihnen ein bißchen hilft, sich selber zu finden.«

GG haßte eines: Unordnung. Er konnte es nicht ertragen, wenn private Situationen irgendwie den Ablauf des Theaters störten oder gefährdeten. Das Theater war eine Art geheiligte Zone. Dort gab es keinen Alltag. Undenkbar für ihn, daß einer, der über die Bühne ging – nach oder vor einer

Probe –, den Hut aufbehielt. Er schaltete, was ihn als Privatperson anging, das Theater so vollständig aus, daß sich dort niemals ein Privatbrief befand oder irgend etwas ihm Gehöriges, das mit dem Theater nichts zu tun hatte. Unendlich oft sagte er, wenn er einmal fort müsse, wäre es gar nicht notwendig, daß er noch einmal ins Theater zurückkehre, um seinen Schreibtisch aufzuräumen. In diesem Schreibtisch befand sich eben nichts, was nicht dorthin gehörte.

GG hatte ein außerordentliches Gefühl dafür, was einem Schauspieler oder irgendeinem Mitglied des Theaters zukam und was nicht. Es gab da ein unausgesprochenes und ungeschriebenes Zeremoniell, eine Etikette, gegen die nicht verstoßen werden durfte. Er glaubte an die »Hierarchie« der Rechte und Pflichten. Es war ihm ein Greuel, wenn diejenigen, die mit ihm bekannt oder befreundet waren, dies beruflich ausnützen wollten. Das ging sehr weit. Sie wußten etwa, daß sie ihm keine Besetzungsvorschläge machen durften. Wer gegen dieses Gesetz verstieß, wurde von ihm, der das Leise liebte, so angeschrien, daß er es nie in seinem Leben vergaß. Es gab da keine Ausnahmen, auch nicht im Falle von Peter Gorski, der ihm schließlich das Leben gerettet hatte, der sein nächster Mitarbeiter war und den er adoptierte. Gorski: »Zu Hause konnte man ihm, unter Wahrung der Form, alles sagen. Im Theater wäre ich etwa nach einem Vorschlag, dieses oder jenes Stück zu inszenieren, mit einem Blick bedacht worden, der mich hätte zu Eis erstarren lassen.«

Günther Lüders erzählt, daß diese höfische Etikette bis in die absurdesten Einzelheiten ging. Bei ›Ulla Winblad‹ hieß es zum Beispiel: »Regie Ulrich Erfurth«. Bei den ›Ratten‹: »Regie Günther Lüders«. Beim ›Hamlet‹ aber hieß es »Inszenierung Gustaf Gründgens« und auch beim ›Faust‹ zeichnete Gründgens nicht als Regisseur, sondern als für die Inszenierung verantwortlich.

Im übrigen kümmerte er sich um alles. Wohlbrück: »Er sorgte sogar dafür, daß Toilettenpapier da war. Er sagte einmal, ein Theater sei ganz ähnlich wie ein Warenhaus zu führen.«

Walter Zemma, der ihn anzog, erzählte, nach Premieren hätte er stets unglaublich viel Blumen bekommen, die dann alle in der Garderobe aufgebaut wurden. Manchmal gab es so viele, daß man sich kaum noch bewegen konnte. Nach der Vorstellung kam dann der Fahrer und holte die Blumen ab. Er mußte zwei- oder dreimal kommen, bis er abfahren konnte.

Einmal fand Zemma, es ständen zuviel Blumen herum, und er sagte zu einem Kollegen: »Weißt du, es kümmert sich ja doch niemand recht um diese Blumen, heute nehme ich mal einen Strauß für meine Frau mit nach Haus.« Der Kollege warnte, aber Zemma stellte einen schönen Nelkenstrauß hinter die Tür, nahm ihn mit und glaubte, die Sache sei erledigt. Am nächsten

Abend in der Garderobe sagte Gründgens während des Schminkens: »Ach, da ist mir noch eingefallen, da war doch ein Strauß Nelken gestern abend – wo ist der eigentlich geblieben?«
Zemma gestand.
GG: »Das ist schon in Ordnung. Ich habe nur gedacht, vielleicht ist er stehen geblieben, und das wäre mir recht peinlich, weil es ja für die Leute eine Beleidigung ist. Aber so geht alles in Ordnung.«
Zemma schwor sich, nie wieder auch nur eine Blume mitgehen zu lassen. Aber das war gar nicht nötig, denn von nun an gab ihm Gründgens gelegentlich Blumen für seine Frau. Der Maskenbildner Lenkeit bekam indessen keine und fand, das sei nicht gerecht.
Als ob Gründgens das geahnt hätte, überließ er am nächsten Abend Zemma wieder ein paar Blumen und sagte dann zu Lenkeit: »Und du stehst da wie ein begossener Pudel! Ich weiß genau, was du denkst. Du denkst, der Chef könnte mir auch einmal ein paar Blumen für meine Freundin geben! Aber ich will dir eines sagen, mein Lieber: ich respektiere nur Verhältnisse, die von Kardinal Frings gesegnet sind! Gute Nacht, meine Herren!«
GG hatte eben einen sechsten Sinn.

Mit Karl Vibach gab es auch allerhand Erlebnisse. Er hatte noch als Statist im Berliner Staatstheater mitgewirkt und GG glühend bewundert. Natürlich wollte er Schauspieler werden. Er ging auf die Schauspielschule und fand sich überglücklich in der Schar der jungen Leute, die GG aussuchte, um Volk im »Schatten« zu mimen. Auf der Probe bekam er sogar ein paar Worte zu sagen – wie andere Statisten auch. Seine Worte hießen: »Messer zum Morden.« Mit diesem Satz, mit dem Gründgens Vibach sehr geschickt herausstellte, wurde dieser geradezu populär in Berlin. Übrigens war das Messer von Gründgens selbst gestellt, da ihm die Requisitenmesser nicht gefielen.
Dann durfte Vibach im ›Marquis von Keith‹ die nicht einmal kleine und so wichtige Rolle des Gymnasiasten Hermann Kasimir spielen. Er war sehr aufgeregt und sah sich schon als zukünftigen Kainz. Um so stärker war seine Enttäuschung, als GG ihn nicht nach Düsseldorf mitnahm. Er ging nach Stuttgart und später zwei Jahre nach Kassel – dann, obwohl er noch sehr jung war, begriff er, daß er niemals ein Schauspieler werden würde.
So erschien er also 1952 – ein halbes Jahr nach Eröffnung des neuen Theaters – in Düsseldorf und bot sich als Regieassistent an. GG meinte, er habe schon zwei Assistenten, aber da einer von ihnen, Imo Moszkowicz, in Kürze nach Südamerika ginge, werde seine Position frei, und die könne er haben. Vibach war selig.

GG mochte Vibach, weil er ein fixer Berliner Junge war, weil er sofort und ohne viele Worte begriff, was GG brauchte. Einmal, in einer Bearbeitung des ›Turandot‹-Märchens von Wolfgang Hildesheimer sollte Max Eckard von zwei Wächtern abgeführt werden. Eckard ist ziemlich groß. Gründgens meinte, man müsse also zwei noch größere Wächter beschaffen. Vibach eilte in ein Lokal, das von Berufsboxern frequentiert wurde, und kam auch mit zwei Riesen zurück. GG sah sich die Leute eine Weile an und gab Vibach dann ein Zeichen, sie wegzuschicken. Als Vibach ihn fragte, warum, antwortete er: »Ich bin ein Idiot! Was brauchen wir da so zwei Riesenmänner, die machen doch den Macky kaputt. Zwerge müssen es sein, Zwerge, die Judo gelernt haben, und der eine Zwerg haut ihn also in die Knie und der andere in den Bauch, und Macky fällt um.«
So mußte Vibach Zwerge suchen. Aber in Düsseldorf gab es keine Zwerge. Also Kinder. Es waren Osterferien und die Schulen geschlossen. Vibach kannte sich nicht aus, so ging er auf einen Kinderspielplatz, holte sich ein paar Jungens ran, ob sie nicht Theater spielen wollten, sie sollten ihre Eltern fragen, und wenn sie dürften, sollten sie morgen mal ins Theater kommen. Dann ging er fort. Später bekam er eine Vorladung zur Kriminalpolizei, seine Wagennummer war notiert worden, er wurde peinlichst verhört, weil er Kinder angesprochen habe. GG wollte sich totlachen. Vibach fand dann zwei Jungen aus der Nachbarschaft, denen wurde eine Glatzenperücke aufgesetzt, und die Sache ging tadellos.
GG hatte eine ungewöhnliche Ausstrahlung. In dem Augenblick, in dem er das Haus betrat, wußte es jeder, als hätte der Bühnenportier nach Art der alten Indianer die Nachricht weitergegeben. Wenn er verreist war, genügte das Eintreffen eines Telegramms, um die gleiche Stimmung hervorzurufen.
Er sah auf Ordnung und war streng – auch gegen sich selbst. Er hatte etwa einen Vertrag mit Duisburg abgeschlossen, es mußte dort so und so oft gespielt werden, und Badenhausen hatte die Aufgabe, den Spielplan auszuarbeiten. Einmal kam es vor, daß GG in einem Monat zehnmal in Düsseldorf und zehnmal in Duisburg zu spielen hatte. Als ihm Badenhausen den Plan vorlegte, zerriß er ihn und rauschte hinaus. Ein paar Minuten später kam er zurück. »Entschuldigen Sie bitte, war da nicht eben ein Schauspieler Gründgens, der sich nicht so benommen hat, wie es sich gehört? Der Intendant Gründgens muß Ihnen sagen, Sie haben den Plan ausgezeichnet gemacht, und so bleibt er.«
Er spielte, das darf man nicht vergessen, immer nur Hauptrollen, wenn er nicht auch noch inszenierte. Vielleicht war er als Schauspieler nicht immer so stark wie manche, die unter ihm spielten – etwa wie Werner Krauss. Aber er war, wie er sich selbst ironisch nannte, ein »Kassenschlager«. Wenn

er auftrat, war kein Sitz mehr zu haben. Es gab natürlich Rollen, die ihm keiner nachspielen konnte. Das war der Hamlet, das war der Mephisto. Aber gleichgültig, ob er besser oder schlechter spielte: er war der beste Partner, den man sich vorstellen konnte. Er war immer darauf bedacht, vor allem den anderen zur Geltung zu bringen.
Und noch eins: er war nie mit dem zufrieden, was er geleistet hatte, auch wenn ihm einmal – wie lange war das her, 1936 in Berlin! – über seinen Hamlet das Wort entfahren war: »Besser kann ich nicht!« Er konnte vielleicht nicht besser, aber er konnte anders. Das galt im Besonderen für seinen Mephisto, der immer einfacher, immer leiser, immer selbstverständlicher wurde.
Den Wallenstein hatte er zuerst unter anderem deshalb nicht spielen wollen, weil er sich den historischen Wallenstein-Bart ankleben lassen mußte. »Wo bleibt da ›mein Gesicht‹?« klagte er.
Badenhausen: »Wallenstein hatte einen Bart ...«
Und GG: »Das ist hart.«
Das Härteste: es war die erste Vaterrolle, die erste »alte« Rolle, die er spielen sollte. Es war eine Entscheidung, die ihm, zumindest als er sie traf, unwiderruflich schien. Aber er spielte den Wallenstein nicht als alten, weisen Mann. Er spielte ihn als einen schwachen, eitlen Menschen, als einen Verwandten Hamlets. Das Militärische, der Schlachtenkomplex, das alles trat in den Hintergrund. Der Wallenstein von Gründgens war ein Mann, der in Schwierigkeiten geraten war, es sich aber nicht anmerken lassen wollte.
Ein Zwischenspiel: da gibt es die Rolle eines schwedischen Obersten, eine kleine, aber wichtige Rolle, die plötzlich umbesetzt werden sollte. Es war zu der Zeit, da Gustav Knuth in Düsseldorf gastierte, und der sagte: »Das spiele ich!«
Gustav Knuth: »Ich bekam also ein Buch und Erfurth stand zur Verfügung. Aber ich sagte, den brauche ich gar nicht, wenn wir die Szene vor der Aufführung auf der Bühne stellen, dann genügt es mir. Ich muß nur wissen, wo ich stehe und wo ich abgehe.
Ich war in meiner Wohnung in Düsseldorf, als es läutete. Gründgens war am Telefon und wollte wissen, was ich mache. Ich sagte, ich schaue gerade meine Rolle an.
Gründgens: ›Wollen wir sie mal durchsprechen?‹
Und so wurde die Szene am Telefon durchgesprochen. Als sie zu Ende war, wollte Gründgens wissen, ob das Buch vor mir auf dem Tisch liege.
›Nein.‹
›Das ist gut! Das ist großartig!‹«
Knuth, in Erinnerung: »An diesem Abend stand ich zum letzten Mal mit ihm auf der Bühne.«

Es war nie leicht, GG davon zu überzeugen, daß er eine bestimmte Rolle spielen müsse. Diese schwierige Aufgabe fiel Badenhausen zu. Da sollte er zum Beispiel an der Wiener Staatsoper den neuen Strawinsky ›The Rake's Progress‹ inszenieren, fuhr aber kurzerhand ab, als er feststellen mußte, daß kaum einer von den Sängern oder Sängerinnen, die zugesagt waren, bereit standen oder auch nur in den nächsten Tagen nach Wien kommen würden. In Wien war man perplex, man konnte sich damals noch nicht vorstellen, daß jemand, und sei es Gründgens, auf Einhaltung seines Vertrages poche, und die große Ehre, gerade in Wien zu inszenieren, nicht entsprechend würdige. Dafür inszenierte er etwas später eine Oper in Florenz. Dazwischen freilich, meinte Badenhausen, müsse er wohl in Düsseldorf auftreten, das sei er seinem Vertrag schuldig. Das Problem war nur: mit welchem Stück – da sehr wenig Zeit zur Verfügung stand und in etwa drei Wochen die Aufführung hätte stattfinden müssen. Da schlug Badenhausen ›Heinrich IV.‹ von Pirandello vor.
GG, skeptisch: »Das ist doch das Stück, das immer durchfällt!«
Das stimmte, aber Badenhausen meinte, vielleicht falle es gerade jetzt nicht durch. Es handelte sich um die Geschichte eines Mannes, der vor vielen Jahren ein Verbrechen begangen hatte, sich damit herausredete, daß er verrückt gewesen war, und dadurch der Gerechtigkeit entgeht. Badenhausen: »Das ist doch ein bißchen unsere Situation, ich meine die Situation Deutschlands von heute ...«
GG war interessiert. Er spielte das Stück. Es wurde – zum ersten Mal – ein Erfolg.
Niemand wußte besser als Gründgens, daß das Schauspiel nicht viel wert war. Aber er konnte ja nicht nur Eliot spielen, er mußte auch dem breiten Publikum etwas bieten. Er pflegte zu sagen: »Man muß auch Unterhaltung machen können – aber immer mit Haltung!«
Auf dem Plan stand das Stück ›Manourhouse‹, zu deutsch ›Das Herrenhaus‹, ein Jugendwerk Thomas Wolfes, unter dem Eindruck Tschechows, besonders seines ›Kirschgarten‹, entstanden. Darin sollte GG einen alten, müden General spielen, einen Mann mit Ehrbegriffen von gestern, aus einer Welt von gestern. Das sagte ihm zu, denn seine Welt war die von gestern – an die neue konnte und wollte er sich nicht gewöhnen –, und an seinen Ehrbegriffen – siehe Vertragstreue – hielt er fest. Hinzu kam, daß er Thomas Wolfe als Romancier sehr schätzte. Aber schon wieder einen alten Mann? Es bedurfte der ganzen Überredungskunst Badenhausens, um ihn zu überzeugen.
Letzten Endes – das hat er mir einmal gesagt – spielte er den alten General wegen eines Satzes: »Ich habe alle meine Tage an das geglaubt, was man nicht sehen kann, verborgene Treue und heimliche Ehre, an all die Schön-

heiten und das Geheimnis im Herzen der Menschen, und jetzt stehe ich wieder vor dir wie ein alter Baum im Wind.«

Zu allen Behinderungen – Krankheiten, Sprachstörungen – kam eine, von der nur die wenigsten wußten. GG sah sehr, sehr schlecht. Jede Treppe, jeder stürmische Auftritt wurde für ihn ein Problem, jedes schnelle Von-der-Bühne-Laufen eine Gefahr. Die anderen Schauspieler machten sich immer darüber lustig, daß er sich selbst so inszenierte, daß er auf der »richtigen« Seite abgehen konnte, also direkt in seiner Garderobe landete. Aber einmal, im ›Wallenstein‹, war das nicht möglich, und das nahm er dem Regisseur Ulrich Erfurth und sogar Schiller sehr übel. Wenn GG ablief, standen in der Kulisse schon Bühnenarbeiter in weißen Kitteln, in deren Armen er landete. Oder es standen da Karl Vibach oder Imo Moszkowicz oder Peter Gorski mit seiner Brille in der Tasche, die sie ihm sofort aufsetzten.
Seine bereits erwähnte Abneigung gegen Requisiten war natürlich eine Folge seiner Abneigung gegen den Naturalismus, hing aber auch mit seiner katastrophalen Kurzsichtigkeit zusammen. Die Vorschrift, in einem bestimmten Augenblick eine Schublade öffnen und etwas herausnehmen zu müssen, machte ihn schon den ganzen Tag vor einer Vorstellung nervös, ja, geradezu unglücklich, während die großen Schwierigkeiten, etwa eines Riesentextes, von ihm ohne besondere Anstrengung – so schien es jedenfalls – bewältigt wurden. Er konnte eine Rolle niemals, wenn die Proben begannen. Die Schauspieler, die »gelernt« kamen, waren ihm suspekt, solche, die gleich in den ersten Proben Gefühlsausbrüche hatten, geradezu unangenehm. Er wollte zuerst das Technische festlegen, das Arrangement, er wollte, daß markiert wurde, daß erst alles ganz klar war, und er witterte stets die Gefahr, daß durch zu frühe Einschaltung des Gefühlsmäßigen die Struktur des Stückes verwischt wurde und das, worauf es ankam, verlorenging. Die außerordentlich komplizierten Überlegungen, die er anstellte, während er spielte oder inszenierte, die völlige Hingabe an das Theater, lohnten sich, zumindest was seine äußere Situation anging.
Zur fünfundzwanzigsten Aufführung des ›Wallenstein‹ verlieh ihm Bundespräsident Heuss das Große Verdienstkreuz mit Stern, eine für einen Schauspieler ungewöhnliche Ehrung. Er schrieb, Gründgens sei heute ein Symbol des großen schöpferischen Schauspielers in Deutschland – durch die Auszeichnung solle er gleichzeitig als Mensch, Künstler und Schauspieler geehrt werden. Bei der Verleihung waren das gesamte nordrhein-westfälische Kabinett und viele Schauspieler anwesend.
Überhaupt war Heuss sehr von Gründgens eingenommen. Er schrieb ihm

oft, bedankte sich für Vorstellungen, die er hatte sehen dürfen. Einmal – am 3. Februar 1954 – schrieb er mit der ihm eigenen Bescheidenheit: »Ich hätte gerne an dem Abend Ihnen und den anderen Künstlern unmittelbar meinen Dank ausgesprochen, als ich erfuhr, daß Sie alle beschlossen hatten, nach der Aufführung die Heimfahrt nach Düsseldorf anzutreten ... Zugleich darf ich Sie bitten, mein Bild als Erinnerung an den schönen Abend entgegennehmen zu wollen ...«

Man sagte, Gründgens sei eitel. Das war er. Besser: er war es auch. Aber seine Eitelkeit bezog sich nicht nur auf Äußerlichkeiten, sie ging tiefer. Er wünschte, anerkannt zu werden. Es war geradezu ein leidenschaftliches Anliegen für ihn, daß man verstand, was er im Dritten Reich geleistet, was er seither fertiggebracht hatte. Die Ehrung, die ihm Heuss zuteil werden ließ, die Freundschaft von Männern, die im Dritten Reich zu den Verfolgten gehört hatten, konnten ihn nur zum Teil befriedigen – namentlich, was die Vergangenheit betraf. Er begann immer wieder davon zu sprechen und die Frage aufzuwerfen, ob er nicht besser daran getan hätte, damals, als Hitler an die Macht kam, in die Emigration zu gehen. Was er hören wollte, war natürlich, daß es nicht besser gewesen wäre.
Einer seiner Gesprächspartner war Kurt Hirschfeld, der geistige Leiter des Zürcher Schauspielhauses seit 1933. Er suchte diesen sehr klugen und völlig unbestechlichen Mann in Zürich auf, und es kam zu einem Gespräch, das die ganze Nacht dauerte. Das war im Januar 1952. Es ist insofern wichtig, das Datum zu vermerken, als es zeigt, wie lange nach Hitlers Ende, nach GGs Entlassung aus dem Lager, nach seiner offiziellen Rehabilitierung ihn diese Dinge noch beschäftigten.
Hirschfeld: »Er hat mir in dieser Nacht seine ganze Lebensgeschichte erzählt.«
Kurt Hirschfeld, der mit vielen Vorbehalten gekommen war, schied als Freund.
Schon vorher, und natürlich immer wieder nachher, versuchte GG, sich mit der Presse auseinanderzusetzen, und zwar keineswegs nur, um eine seiner Aufführungen oder seine Mitarbeiter zu verteidigen, sondern um festzustellen, wo er stand, und daß er nur dort, wo er stand, stehen durfte, eben weil er nicht in die Emigration gegangen, sondern auf seinem Posten geblieben war. Ja, daß er diesen Posten eigentlich bezogen hatte, um auf seine Art und mit den ihm allein möglichen Mitteln zu protestieren, zu sabotieren. Denn gerade aus der Unfreiheit jener Tage sei ihm klar geworden, daß sein Theater – und darüber hinaus er selbst – frei sein mußte, daß man nicht Stücke spielen durfte, weil sie gerade in die Zeit paßten oder zu pas-

sen schienen. Beispiel: Er lehnte es ab, Jean-Paul Sartres ›Schmutzige Hände‹, das ihm zur deutschen Erstaufführung angeboten war, zu spielen: »weil in der augenblicklichen politischen Situation, soweit ich sie übersehe – und ich gestehe Ihnen gern, daß ich sie nicht übersehe – das Stück eine andere als die vom Autor beabsichtigte Wirkung hätte«.
Es geschah oft, daß er sich selbst zur Diskussion stellte und gegen Kritiker in Briefen und auch in Artikeln zu Feld zog – was er früher verschmäht hätte –, aber es war nur logisch, daß er es jetzt tat. Nach einer Zeit voller grotesker Ungerechtigkeiten gab es eigentlich nur eine wirklich entscheidende Forderung, der nachgekommen werden mußte: die Forderung nach Gerechtigkeit. Einem Vertreter der »Kulturfreunde Düsseldorfs«, der besonders viel an ihm auszusetzen hatte, schrieb er vier Seiten, um sich ihm deutlich zu machen. Er begann: »Ihr Brief ist zu witzig, als daß ich ihn nicht ernst nehmen müßte.« Und wie ernst er ihn nahm! Wie er auf alles einging, was jener Mann an ihm zu bemängeln hatte, oder auf die Kritiken, die, wie er unschwer beweisen konnte, an Wesentlichem vorbeigingen. Schließlich: »Ich bin nicht der Meinung, daß es Ihnen gelungen ist, mich dem Publikum zu entfremden. Seit ich in Düsseldorf spiele, ist noch keine Aufführung, in der ich mitwirkte, nicht ausverkauft gewesen ... Es ist ... im allgemeinen, obwohl ich ja von Berufs wegen gezwungen bin, Nerven zu haben, nicht so wichtig, welches Bild sich die öffentliche Meinung von mir macht. Ich sehe diese Diskrepanz zwischen meiner tatsächlichen Existenz und dem, ich möchte mich hier eines amerikanischen Ausdrucks bedienen, *make up*, das mit mir getrieben wird, verwundert, belustigt und gelegentlich den Mut verlierend wachsen.«
Wenn es nicht anders möglich war, klagte er sogar. Er prozessierte zum Beispiel gegen einen gewissen Ministerialdirektor August Böllhoff, der ihn beleidigt hatte, und das Urteil lautete:
»Der Beklagte wird verurteilt,
a) folgende Behauptungen zu widerrufen: der Kläger habe auf Kosten der Stadt Düsseldorf seine Möbel gekauft; der Schauspieler Gründgens sei ein Akrobat und Jongleur der Bühne; ihm, dem Beklagten, sei schon bei Eintritt des Herrn Gründgens in sein Zimmer das ›Fatzkenhafte‹ seines Wesens, sein ewiger Hang zum Schauspielern aufgefallen; der Kläger sei ein Fatzke; b) es, bei Vermeidung einer Geldstrafe in unbeschränkter Höhe oder einer Haftstrafe bis zu sechs Monaten, zu unterlassen, diese Behauptungen zu wiederholen.
Dem Kläger wird die Befugnis zugesprochen, den verfügenden Teil dieses Urteils auf Kosten des Beklagten in dem ›Westdeutschen Tageblatt‹ in Hagen in Westfalen und im Mitteilungsblatt ›Die Volksbühne‹ bekannt zu machen.

Die Kosten des Rechtsstreits werden dem Beklagten auferlegt.«
Das war im April 1952. Im Oktober erschien in den deutschen Zeitungen das sogenannte ›Düsseldorfer Manifest‹, das sich gegen die Problematik der subventionierten Theater wandte, in dem von zahlreichen Theaterdirektoren, Rundfunkintendanten, Dramaturgen, Regisseuren und Verlegern der Vorschlag gemacht wurde, künftighin sollten die Theaterdirektoren sich nach Möglichkeit untereinander verständigen, um eine Art organischen Theaterlebens zustande zu bringen. Es war ein Versuch – ohne Zweifel von Gründgens gesteuert –, den Städten und Staaten, das heißt den städtischen und staatlichen Beamten die Möglichkeit zu nehmen, »ihre« Theater zu leiten oder, um es mit den Worten von Gründgens zu sagen: »Unfug zu machen«. Die Presse wandte sich aus nicht ganz verständlichen Gründen mit einer gewissen Vehemenz gegen dieses Manifest, und Gründgens wurde beschuldigt, das Ganze nur angezettelt zu haben, um für sich selbst Propaganda zu machen. Da die Sache völlig ins falsche Licht zu geraten schien, erklärte er sich bereit, an einem der sogenannten Kölner Mittwochsgespräche teilzunehmen, die von der Bahnhofs-Buchhandlung im Bahnhofswartesaal abgehalten wurden. Kurt Hirschfeld aus Zürich leitete die Diskussion. Bis dahin waren die Mittwochsgespräche mehr oder weniger Sache von Literaten. Diesmal drängte das große Publikum sich in dem viel zu kleinen Raum, natürlich nur, um Gründgens zu sehen und sprechen zu hören. Dieses Mittwochsgespräch wurde denn auch im wesentlichen ein Monolog von Gründgens, der sich gegen viele Vorwürfe, die, an seine Adresse gerichtet, im Druck erschienen waren, wehrte, aber auch gegen viele, die niemand geäußert hatte, wie zum Beispiel, daß er den Nachwuchs nicht genügend fördere. Er konnte das mit Zahlen dementieren. Als man ihn fragte, was er nun eigentlich mit der Resolution gewollt habe, antwortete er: »Ich wollte nichts anderes damit bezwecken als eine harmlose Aussprache zwischen Gleichgesinnten.«
Er ließ sich mit Katholiken in eine Debatte ein, die mit dem ›Bacchus‹ nicht einverstanden waren, weil in diesem Stück ein Kardinal vorkam, mit dem vielleicht Rom nicht einverstanden gewesen wäre. Er stellte unter anderem fest, daß jene katholischen Kreise, die von einem Mißerfolg oder, wie sie es nannten, von einer »Schlappe« sprachen, ganz einfach nicht die Wahrheit sagten. Die Aufführung war ein Erfolg gewesen und blieb es über mehrere Spielzeiten.
Einige seiner wichtigsten Zeitungsartikel und Reden – vornehmlich aus dem Dritten Reich –, aber auch gewisse, die erst nach seiner Entlassung aus dem sowjetischen KZ und in Düsseldorf selbst gehalten worden waren, wurden von Peter Suhrkamp unter dem Titel »Wirklichkeit des Theaters« publiziert – natürlich mit seiner Einwilligung. Ein bemerkenswertes Buch,

weil es zeigt, daß Gründgens immer sehr geschickt, aber auch immer furchtlos gewesen war und – nebenbei – ein vorzüglicher Stilist. Es finden sich in diesem Buch, das eigentlich jeder lesen müßte, der sich mit GG oder mit der Zeit, in der er lebte, auseinanderzusetzen wünscht – nicht zu reden von denen, die sich für Theater interessieren –, Sätze, wie sie seit Lessing oder Fontane über das Theater nicht mehr geschrieben worden sind.
Auch dieses Buch war eine Art Fehdehandschuh, den er seinen Gegnern vor die Füße schleuderte. Er hatte nichts zu verschweigen. Er hatte, wie er glaubte, wenig zu bereuen.

Ja, damals war GG sehr aggressiv. Aber das bedeutete nicht, daß man mit ihm nicht reden, daß man nicht eine ihm entgegengesetzte Meinung vorbringen konnte. Ich glaube – und viele haben es mir bestätigt –, daß dies zu tun, die wesentlichste Funktion war, die ich in seinem Leben ausüben durfte. Natürlich, ich war keiner seiner Schauspieler, keiner seiner Mitarbeiter, ich war ein Außenstehender, ich war auch nicht indirekt abhängig von ihm, und das ließ das Mißtrauen, zu dem er so sehr neigte, man könne irgend etwas von ihm wollen, erst gar nicht aufkommen.
Es kam vor, daß er nach zehn Probetagen den einen oder anderen von uns anrief und bat, sogleich zu kommen, und es spielte dabei keine Rolle, wie viele Kilometer zwischen uns lagen. Er sagte nur: »Ich hätte dir gern etwas vorgeführt...« Was vorgeführt? Eine sogenannte Durchlaufprobe, natürlich. Er freute sich wie ein Kind, wenn man ihm Lob spendete. Er ärgerte sich sehr, wenn man gewisse Stellen, auf die er besondere Mühe verwandt, sie anders als vorher inszeniert hatte, nicht beachtete oder behauptete, nichts Besonderes entdeckt zu haben. Er schmollte geradezu. Nicht verstanden zu werden, machte ihn physisch krank. Günther Lüders erzählte, er habe die Premiere des ›Tasso‹ nicht gesehen, aber die schlechten Kritiken gelesen und sei zur dritten oder vierten Vorstellung gegangen; nachher habe er GG angerufen und ihm gesagt, er verstände die Kritiken nicht, er, Lüders, sei im Gegenteil sehr angetan. Lüders: »Er weinte am Telefon. Er sagte: ›Nie ruft mich einer an, um mir etwas Nettes zu sagen. Tu es doch in Zukunft öfter!‹«
Elisabeth Flickenschildt war wohl das einzige Mitglied seines Ensembles, das ihm jederzeit alles sagen konnte. Und mit gewissen Einschränkungen galt das auch für Ulrich Erfurth, der erzählte: »Ich habe ihm einmal etwas sehr Hartes gesagt, und da hat er mich zur Tür hinausgeworfen, aber fünf Minuten später trafen wir wieder zusammen, und er hörte sich alles ganz ruhig an.«
Noch einer, der offen mit ihm sprechen konnte, war Kurt Hirschfeld,

dessen dramaturgische Fähigkeiten er ungemein schätzte. Hirschfeld gehörte ja auch zu denen, die immer »die Partitur spielen wollen« – ein Wort von Gründgens.
Und da war natürlich Teo Otto. Anfangs sah es nicht so aus, als ob die beiden, die vor Hitler so vorzüglich miteinander gearbeitet hatten – ›Figaros Hochzeit‹! –, je wieder den Weg zueinander finden würden. Teo Otto hatte aus dem Dritten Reich fliehen müssen, GG hatte dort schließlich Karriere gemacht. Aber dann kam es in Düsseldorf doch zu einer Aussprache und zu zahlreichen gemeinsamen Arbeiten. Und zu Otto sagte GG einmal einen Satz, der typisch war: »Die Distanz zwischen mir und einem anderen bestimmt immer der andere.«

Am 2. September 1954 hielt er eine Pressekonferenz ab, die sich in nichts von den früheren unterschied. Er gab Zahlen, entwickelte sein Programm für die nächste Spielzeit, bemitleidete die Abonnenten, die so viele klassische Stücke hatten über sich ergehen lassen müssen, und dergleichen mehr. Und dabei war er doch schon halb entschlossen, Düsseldorf zu verlassen.
Seine Verwandte Elsa Carp wollte auf ihrem wahrhaft fürstlichen Besitz außerhalb der Stadt ein Häuschen für ihn bauen. Er hatte sogar schon eine Stelle gewählt, aber sie lachte und meinte, es sei eine »schlechte« Stelle, sie könne von ihrem Haus aus mit einem Fernglas beobachten, wann er komme und gehe und mit wem, und er müsse eine andere Stelle aussuchen. Sie war entschlossen, zu investieren, aber nur, wenn auch er sich daran beteiligte. »Wenn er Geld hineingesteckt hätte, würde er das Haus nicht einfach im Stich gelassen haben!« Sie hielt das Ganze schon für entschieden, als sie eines Tages der Zeitung entnahm, daß er Düsseldorf verlassen und nach Hamburg gehen würde.

Es war nicht so, wie man allgemein glaubte, daß GG zuerst mit Hamburg abgeschlossen und dann in Düsseldorf gekündigt hatte. Die Reihenfolge war umgekehrt. Zuerst kündigte er – am 22. September 1954 – in einem Brief an den Vorsitzenden des Aufsichtsrats seiner GmbH. Genau genommen hätte er gar nicht kündigen dürfen, sein Vertrag lief noch, aber: »Ich darf wohl die Hoffnung aussprechen, daß man seitens der Schauspiel-GmbH nicht darauf besteht, mich meinen Vertrag bis zum Schluß abdienen zu lassen.«
Schütz, der seinerzeit Gründgens nach Düsseldorf gebracht hatte, schaltete sich ein. Gab es eine Möglichkeit, ihn zu halten? GG verneinte. Schütz: »Er wollte wohl einen Tapetenwechsel!«

in diesen Tagen, in denen die achte von mir geleitete Spielzeit in Düsseldorf zu Ende geht beherrscht mich mehr denn je ein Gefühl tiefer Dankbarkeit für alle die in diesen acht Jahren meine Begleiter waren

für ~~[illegible]~~ der Sachlichkeit der sich [illegible] Dienste; für die Männer die mich nach Düsseldorf riefen für den Aufsichtsrat der Düsseldorfer Schauspielhaus G.m.b.H. der dem ich mit seinem Vorsitzenden Herrn Reg. Präs. Baurichter einen glückhaftesten und verantwortungsvollste Gremium [illegible] das sich ein Theatermann wünschen kann für die Presse die meine Arbeit kritisch aber immer fördernd begleitete und vor allem für das Düsseldorfer Theaterpublikum

in diesen ? an Stürmen nicht armen Jahren hat es der meiner Arbeit alles Verständnis alle Anhänglichkeit zukommen lassen, die man sich wünschen kann. Stets Ihr Gründgens

Abschied von den Düsseldorfer Mitarbeitern
Entwurf für einen Anschlag am ›Schwarzen Brett‹ im Schauspielhaus

Viele, die von seiner Absicht hörten, glaubten nicht recht daran. Direktor Ehle zum Beispiel meinte, »es sei nur ein Versuch gewesen, neue, bessere Bedingungen zu erlangen, aber dieser Versuch sei an dem Beschluß der Mitglieder des Aufsichtsrats gescheitert, daß keiner von ihnen sich mit GG in Verbindung setzen solle. Und das habe Gründgens nicht erwartet«.
Es gibt mehr als einen Beweis dafür, daß auch diese so weit verbreitete Ansicht nicht richtig war.
Wahrscheinlicher ist es schon, daß er sich nach einem anderen Theater sehnte. Auf der Düsseldorfer Bühne war er ja wirklich räumlich sehr beengt, und die Stadt dachte nicht daran, Gründgens ein größeres Theater zu bauen, während überall in Westdeutschland Häuser entstanden, die sowohl an Größe wie an technischer Ausstattung Düsseldorf weit in den Schatten stellten.
Es hatte wohl doch seine Richtigkeit mit dem Tapetenwechsel. Mir gegenüber zitierte er einmal Schikaneder, den Wiener Theaterdirektor, der gesagt hatte, man solle nicht länger als ein paar Jahre in einer Stadt bleiben, sonst falle einem nichts Neues mehr ein.
Badenhausen: »Er wollte Welttheater machen, und Welttheater kann man nur in einer Weltstadt machen. Berlin ist eine Weltstadt, Wien und München könnten Weltstädte sein, ein klein wenig sogar Stuttgart. Hamburg sicher. Die Zeit von Düsseldorf war für Gründgens ganz einfach vorbei.«
Da kam Käte Staudinger ins Spiel, ein Mitglied des Aufsichtsrates beim Deutschen Schauspielhaus in Hamburg. Sie war von Beruf Kunstgewerblerin, wußte aber viel von Theaterdingen durch ihren ersten Mann, der nach der Scheidung Intendant in einer kleinen rheinischen Stadt geworden war. Während der Nazizeit ging es ihnen schlecht. Der Mann verlor seinen Posten am Stadttheater Bonn, und die beiden kamen ins Gefängnis, als sie – vor geladenem Publikum – den Film ›Im Westen nichts Neues‹ vorgeführt hatten; sie hielten sich dann mit einem Puppentheater über Wasser (Puppentheater gehörten nicht in das Gebiet von Goebbels, galten als »ambulantes Gewerbe«), nebenbei arbeitete sie am Sender Saarbrücken mit, und dann kam 1945 – »und der Spuk war vorüber«.
Der Aufsichtsrat des Deutschen Schauspielhauses in Hamburg stand damals vor dem Problem, den Vertrag mit dem bisherigen Intendanten zu verlängern oder ihn auslaufen zu lassen. Käte Staudinger, die mit dem Schauspieler Schomberg befreundet war, fragte, ob es denn keine Möglichkeit gebe, Gründgens für den Posten zu interessieren – schließlich hatte seine Karriere ja in Hamburg begonnen. Schomberg meinte, das sei gut möglich, in Düsseldorf fühle er sich jedenfalls nicht mehr wohl. Daraufhin erklärte Käte Staudinger dem verblüfften Aufsichtsrat, sie sei nicht für Verlängerung des alten Vertrages, und schlug Gustaf Gründgens für die Stelle vor. Nie-

mand hielt es für möglich, ihn zu gewinnen. Auch der Kultursenator Dr. Biermann-Ratjen nicht, der meinte, es sei unziemlich, einem Mann einen Antrag zu machen, der anderweitig verpflichtet sei. Es dauerte fast ein halbes Jahr, bis sie ihn dazu brachte, nach Düsseldorf zu fahren.
Er hatte natürlich schon hier und dort sondiert, in München, in Darmstadt, aber vor Gründgens hatte er Angst, er wollte sich ungern einen Korb holen. Schließlich fuhr er doch hin und fragte diesen, ob er jemanden für Hamburg wüßte. Er nannte einige Namen, darunter Kurt Hirschfeld vom Schauspielhaus Zürich. Als der Senator zögerte, äußerte Gründgens: Warum fragen Sie eigentlich nicht mich?«
So jedenfalls hat mir Gründgens die Sache erzählt.
Der Senator: »Würden Sie kommen, falls der Senat sich entschließt, eine Anfrage an Sie zu stellen?«
Gründgens antwortete schlicht und einfach: »Ja.«
Wenige Tage später war der Senator wieder in Düsseldorf, diesmal mit allen Vollmachten ausgestattet. Es stellte sich die Frage nach der Gage. GG meinte, er würde zu den Düsseldorfer Bedingungen kommen. Er verlangte als Intendant dreißigtausend DM – ein Gehalt, für das um diese Zeit kein Intendant einer mittleren Bühne abgeschlossen hätte –, freilich wollte er für seine Inszenierungen entschädigt werden und für jedes Auftreten tausend DM bekommen. Aber das würde den Etat nicht belasten – wie es auch den Etat in Düsseldorf nicht belastet hatte –, weil bei seinem Auftreten erhöhte Preise genommen wurden.
Die Haushälterin, Frau Meiss, war die erste, die davon erfuhr, daß GG mit Hamburg abgeschlossen hatte. Denn kaum war es geschehen, da kamen ihm auch schon Bedenken. Ein Umzug! Wieder ein Umzug! Würde er denn nie zur Ruhe kommen! Er sagte zu ihr: »Wenn du nicht mitgehst, dann lege ich mich in ein Krankenhaus ...«
Dabei wußte er genau, daß sie nicht mitgehen konnte – sie war ja schließlich in Düsseldorf verheiratet.
Auch die alte, treue Peppeline war nicht mit von der Partie. Sie meinte, sie würde weitere Jahre mit Gründgens nervlich nicht mehr durchstehen. Gründgens wollte das nicht zur Kenntnis nehmen. Mitten in der Nacht rief er sie an, und als sie, aus dem Schlaf aufgescheucht, nicht wußte, wer am Telefon war, fragte er sie: »Kennst du die Stimme deines Herrn nicht mehr?«
»Ja, die kenne ich ganz genau. Was will mein Herr von mir um diese Zeit?«
Gründgens: »Ich kann nicht schlafen, ich wollte mich mit dir unterhalten und dir sagen: du wirst es bedauern, daß du von mir weggehst ...«
Später sagte sie mir: »Ich habe zwei Jahre lang geheult, nachdem ich weggegangen bin ... Aber es mußte wohl so sein.«

Auch Lüders entschloß sich, nicht mitzugehen. Er meinte, es sei nun Zeit, für ihn, »auf eigenen Füßen zu stehen«. Aber er wußte, wie empfindlich GG war, der ihm nie ganz verzeihen konnte, daß er ihm einmal, noch in der Berliner Zeit, einen Korb gegeben hatte. Daher ließ er Gründgens gar nicht aussprechen und fing gleich selbst davon an: »Im nächsten Jahr habe ich etwas anderes vor ...« Über diese Scheidung war er sehr traurig, war aber auch später der Überzeugung, es sei das Beste für alle Teile, es sei das einzig Mögliche gewesen.

Als bekannt wurde, daß Gründgens nicht in Düsseldorf bleiben werde, erschienen recht bösartige Artikel in der Presse des Landes Rheinland-Westfalen. Man war fast allgemein der Ansicht, GG hätte eine Verpflichtung Düsseldorf gegenüber und habe sie nicht eingehalten. Niemand sprach davon, wieviel er für Düsseldorf getan hatte. Niemand glaubte auch, als er in Hamburg einen zweimonatigen Urlaub verlangte, um in Düsseldorf zu inszenieren und zu spielen, daß er das wirklich tun würde. Auch in anderen deutschen Städten, deren Theaterbesucher Gründgens nie gesehen hatten und nach menschlichem Ermessen wohl nie sehen würden, wurde der »Fall« ausführlich analysiert. Niemals zuvor war der Rücktritt eines Theaterdirektors so ausführlich kommentiert worden. Gewiß, würde Max Reinhardt irgendwann in den zwanziger Jahren Berlin endgültig aufgegeben haben, hätte das ungemeines Aufsehen erregt. Aber Reinhardt wurde ja von den Nazis ins Exil geschickt, und keine Zeitung konnte damals wagen, diesen Wahnsinn zu kritisieren.

Bei Gründgens freilich konnte man kritisieren. Aber seltsamerweise kamen nur wenige auf die Idee, daß vielleicht nicht allein bei ihm die Schuld zu suchen war. Gerade das Theaterpublikum, das ihn gefeiert, ja angebetet hatte, war nun ob dieses »Verrats« einhellig empört. Als er wenige Tage, nachdem die Nachricht von seinem Rücktritt die Runde gemacht hatte, mit einem nachgelassenen Schauspiel von Giraudoux ›Um Luretia‹ herauskam – die Hauptrollen spielten Marianne Hoppe und Elisabeth Flickenschildt –, war die Luft mit Spannung geladen. Es wurde an den falschen Stellen gekichert, es wurde geflüstert, und am Ende wurde kaum Beifall gespendet. Das Publikum, das sonst zehn und zwanzig Minuten klatschte, um Gründgens an die Rampe zu bekommen, eilte in Richtung Garderoben.

Aber Gründgens war nicht der Mann, der es anderen leicht machte, sich schlecht oder man darf wohl sagen falsch zu benehmen. Der Vorhang ging wieder auf, und er erschien, ungerufen, um sich zu verbeugen. Vom Rang aus wurde er mit Buh-Rufen überschüttet. Er nahm es gelassen hin, wie er so vieles in seinem Leben gelassen hingenommen hatte. Er kam sogar noch ein zweites Mal. Wollte er die Demütigung auskosten? Oder wollte er den

Undankbaren zeigen, daß nicht er durchgefallen war, sondern daß sie sich blamiert hatten?

Übrigens ging Gründgens nicht allein. Obwohl er nicht ahnen konnte, als er den Vertrag mit Düsseldorf kündigte, daß er wieder ein Theater übernehmen, daß er in Hamburg landen würde, gab er, nachdem er fast allen seinen Ensemble-Mitgliedern Drei-Jahres-Verträge für Düsseldorf ausgestellt hatte, gerade jenen keine Verträge, an denen er besonders hing: nicht der Flickenschildt, nicht Eckard, nicht Haupt, nicht Solveig Thomas, nicht Schomberg, nicht Münch, nicht Ulrich Erfurth.

Einige von ihnen waren damals einfach konsterniert. Erst als bekannt wurde, daß GG nach Hamburg gehen würde, begriffen sie, daß er – wieder einmal – einige Nasenlängen weiter gedacht hatte, und daß er sie in Düsseldorf nicht festnageln wollte, um ihnen die Möglichkeit zu geben, sich ihm anzuschließen.

Es erregte einiges Erstaunen, daß Badenhausen nicht zu jenen gehörte, die mit nach Hamburg gingen. GG hatte fest auf ihn gerechnet – aber Badenhausen hatte seine eigenen Pläne für die Zukunft. Man trennte sich in Freundschaft.

Und dann ging GG, ohne offiziellen Klimbim, nachdem er einige fast private Abschiedsbriefe verfaßt hatte. Er ging, ohne sich von seinen Schauspielern oder von den anderen Mitarbeitern im Theater zu verabschieden. Der Inspizient Willi Hommen: »Ich war sehr verletzt. Ich wußte wohl, daß er nicht mehr lange in Düsseldorf bleiben würde, aber ich wußte nicht, daß es so weit war. Wenn ich den letzten Tag rekonstruiere, war es so: ich stand oben beim Pförtner, und Gründgens ging die Treppe hinunter, nickte wie so oft und setzte sich in sein Auto. Kein Abschiedswort. Später begriff ich, daß er alle Sentimentalitäten vermeiden wollte, aber im Augenblick war ich doch tief getroffen.«

Zuletzt wohnte er nicht mehr in dem Haus, das die Stadt ihm zur Verfügung gestellt hatte, sondern im Parkhotel. Der getreue Chauffeur Ferdinand Meyer kam gerade aus dem Urlaub zurück, als ihn ein Anruf erreichte, er möchte doch zu Gründgens kommen. Gründgens fragte ihn, ob er nicht mit ihm nach Hamburg fahren könne. »Ich hatte noch ein paar Tage Urlaub. Ich fuhr ihn also in seinem Cadillac nach Hamburg. Er gab mir Rückfahrtsgeld und noch was dazu. Und dann schob er mir noch fünfzig Mark in die Tasche und meinte: ›Damit du in der Nacht klar kommst mit den kleinen Mädchen ...‹ Ich konnte ihm nicht einmal danken – er war schon verschwunden.«

Achter Teil

HAMBURG

ZWEIUNDZWANZIGSTES KAPITEL
Letzter Beginn

Gründgens erschien also in Hamburg und wurde hochoffiziell von dem Kultursenator Dr. Biermann-Ratjen wie folgt eingeführt:
»Der neue Hausherr ist, wir wissen es alle, der erste Mann des deutschen Theaters überhaupt. Ich habe weder das Hamburger Pantheon um einen großen Namen bereichern wollen, noch ging es darum, einem der höchsten deutschen Schauspieler ein weiteres Podium für seine persönlichen Erfolge zu schaffen – das hat er wahrhaftig nicht nötig! ... Ich habe Ausschau gehalten nach einem Mann, der imstande sein könnte, dieser Bühne die Sammlung und künstlerische Konzentration zu geben, die unser kulturelles Gewissen von uns verlangt. Und da habe ich gefunden, daß vor allen anderen Gustaf Gründgens dieser Mann sei.«
Und: »Sie, meine Damen und Herren vom künstlerischen Personal des Schauspielhauses, warten ... nur auf eines: den Magneten, der Ihnen die höhere Ordnung bietet. Diesen Magneten bringe ich Ihnen heute. Jeder von Ihnen wird eine beglückende Steigerung seiner eigenen Kräfte spüren in der schöpferischen Zusammenarbeit mit einem Mann, dem die seltene Gabe verliehen ist, in jedem Einzelnen das Ganze und im Ganzen jeden Einzelnen erscheinen zu lassen.«
Gründgens versuchte in seiner Ansprache an die Schauspieler ein wenig zu dämpfen: »Wenn man, wie ich, an die dreißig Jahre in vorderster Front am Theater gewirkt hat, ist man unweigerlich einer Art Legendenbildung ausgesetzt, einer Legende, die sich immer mehr von einem selbst loslöst, besonders dann, wenn, wie in meinem Fall, diese Legendenbildung in einer entscheidenden Phase meines Lebens von außen bestimmt und gelenkt worden ist. Ich denke mir manchmal, wenn ich meiner Fama auf der Straße begegnen würde, ich würde mich selbst nicht erkennen.«
Später: »Es gibt gelegentlich an den Theatern ein sehr gefährliches ›Wir‹, das heißt, ›wir Schauspieler‹ und ›wir Techniker‹. Es muß aber heißen ›wir alle‹. In einem Betrieb, wie es das Theater ist, kann keiner ohne den anderen auskommen. Wie auf der Bühne der Protagonist ohne das Ensemble verloren ist, so ist das Ensemble verloren ohne die Mitarbeit der Technik.«
Er sprach davon, daß im Theater Tradition alles sei, bewies, daß die seinerzeit bejubelten Vorstellungen von Barrault oder vom Teatro del Piccolo

auf Tradition fußten, erklärte es für unsinnig, daß man gerade beim Theaterspielen das Wort »Können« nicht groß schreiben sollte, entwickelte weiter, daß es wichtig sei, eine Theatervorstellung als etwas Festliches zu betrachten, aber: »Ich halte wenig von festlichen Premieren, ich bin dagegen sehr glücklich über eine festliche zwanzigste Wiederholung einer Aufführung.«
Der Presse gegenüber gab er sich noch zurückhaltender. Er erklärte ganz offen, mit Gastspielen und Filmen könne er mehr und leichter Geld verdienen und sich im übrigen von den Sorgen des deutschen Theaters distanzieren. »Genau aber das kann und will ich nicht!«
Und dann fiel noch ein Satz: »Dies dürfte vermutlich die letzte Station meines künstlerischen Lebens sein ...«
Als er mitten in den Vorbereitungen zur Eröffnung steckte, erreichte mich ein Anruf. Er bat mich, möglichst schnell zu kommen. Die Begründung war erstaunlich: »Ich habe Angst.«
Er hatte, wie ich bald feststellen konnte, in der Tat Angst. Er war sich klar darüber, daß er einen endgültigen Schritt getan hatte. Er war sich darüber nicht so klar gewesen, als er eingewilligt hatte, Görings Intendant zu werden; er hatte den Gedanken der Endgültigkeit weit von sich gewiesen, als man ihn in das Lager gesperrt hatte, aus dem verhältnismäßig wenige Insassen entkommen sollten – jetzt aber spürte er: von hier aus geht es nicht mehr weiter. Dies ist die letzte Station. Warum wohl? Weil er wußte, daß er alt wurde.
Und davor hatte er Angst. Aber auch davor, noch einmal von vorn beginnen zu müssen. In Düsseldorf hatte es ihm nichts ausgemacht, auf Behelfsbühnen zu spielen, in einem halbzerbombten Haus zu wohnen, zu hungern, mit völlig ungenügenden Mitteln Theater zu machen, ein neues Ensemble zu gründen. Damals hatte er das – völlig richtige – Gefühl, er würde es schon schaffen. Jetzt, da er mit viel mehr Berechtigung dieses Vertrauen haben durfte, wurde er unsicher. Wäre es nicht doch besser gewesen, in Düsseldorf zu bleiben?
Dabei befand er sich ja in der Gesellschaft ihm vertrauter und liebgewordener Menschen. Peter Gorski war da, Gustl Mayer, Ulrich Erfurth, Karl Vibach und alle Schauspieler, die er aus Düsseldorf hatte mitnehmen wollen. Freilich, er hatte auch eine Anzahl Schauspieler aus Hamburg übernehmen müssen, von denen er wenig oder nichts wußte. Dann hatte er – auch das ist eine Seltenheit in seinem Leben – einen Schauspieler engagiert, von dem ihm viele erzählt hatten, er sei ein besonderes Talent, den er aber selbst nie auf der Bühne oder auch nur persönlich kennengelernt hatte: Heinz Reincke.
Der noch verhältnismäßig junge Schauspieler hatte in vielen kleinen Thea-

tern gespielt, war schließlich in Stuttgart so etwas wie ein Lokalmatador geworden und hatte in Berlin im ›Theater am Kurfürstendamm‹ Tschechows ›Möwe‹ mit Käthe Gold als Partnerin gespielt. Zurückgekehrt nach Stuttgart, las er eines Tages in der Zeitung, Gründgens werde als zweites Stück in Hamburg das neue Drama Carl Zuckmayers herausbringen, ›Das kalte Licht‹, und er, Reincke, solle die Hauptrolle spielen. Daß er engagiert worden war, erfuhr er erst am nächsten Tag, und zwar durch ein Telefongespräch mit GG.
Der rief ihn gleich darauf ein zweites Mal an und erzählte ihm, die Frau Carl Zuckmayers würde nach Stuttgart kommen, um sich ihn anzusehen. Reincke müsse ein bißchen schwindeln, denn er, Gründgens, habe ihr erzählt, er hätte ihn schon oft auf der Bühne gesehen, und nun schicke er ihm Zuckmayers Drama, und er müsse auf die Frau so wirken, wie Zuckmayer sich seinen Helden – einen Atomphysiker, dem bekannten Klaus Fuchs nachgestaltet –, der den Kommunisten wichtige Geheimnisse verrät, vorgestellt habe. Frau Zuckmayers erste Worte, als Reincke sie vom Bahnhof abholte, waren: »Um Gottes willen, Sie sind ja blond!«
Aber im Verlaufe des Abends gefiel er ihr besser und besser, vielleicht hatte auch der Rotwein das seine getan, jedenfalls telefonierte sie mit Gustl Mayer noch mitten in der Nacht, nur Reincke dürfe die Rolle spielen.
Er fuhr also nach Hamburg, und Gründgens empfing ihn mit den Worten: »Aha, die Katze im Sack!«
GG arbeitete hart mit ihm, und Reincke war fasziniert. GG begann sich auch für ihn persönlich zu interessieren; er wollte wissen, wo er früher Theater gespielt hatte, und erfuhr mit einigem Erstaunen, daß er zum ersten Mal während des Krieges in Minsk, also in Rußland, auf einer Bühne gestanden hatte – damals war er noch nicht siebzehn Jahre alt. Aber so etwas erzählte man GG nicht ungestraft. Auf der nächsten Probe bei einer großen Szene kamen von unten eiskalt die Worte: »Der Ausbruch, das war etwas zu sehr Minsk!«
Und nach der Premiere: »Na, siehst du, das war schon Smolensk!«
Reincke: »Er konnte eben mit zwei, drei Sätzen sagen, wie die Rolle gespielt werden mußte, es gab bei ihm keine langen Diskussionen; gewöhnlich dauerte es zehn Minuten, und ich wußte Bescheid. Bei anderen Regisseuren brauchte es manchmal drei oder vier Wochen, bis ich überhaupt begriff, wie eine Rolle angefaßt werden mußte!«

Es war ein schlimmer Schlag für GG, daß einer nicht aus Düsseldorf mitkam, mit dem er fest gerechnet hatte, der Mann, auf den er sich immer verließ: Walter Zemma. Gründgens war geradezu erschüttert, als ihm Zemma erklärte, nein, es ginge nicht, er sei schließlich in Düsseldorf glücklich verheiratet. Als dann sein Düsseldorfer Vertrag ablief, schrieb er doch an Gründgens, ob er ihn in Hamburg gebrauchen könne. Er bekam postwendend einen reizenden Brief, in dem zu lesen stand, GG hätte schon lange auf ein Lebenszeichen von Zemma gewartet, er könne die gleiche Position in Hamburg beziehen, wie er sie in Düsseldorf innehabe, und wie es um seine Gagenforderung bestellt sei.

Zemma erschrak. Er hatte eigentlich nur sondieren wollen, so ernst war es ihm noch gar nicht gewesen, aber nun mußte er auf jeden Fall nach Hamburg fahren. GG wollte sogleich einen Vertrag machen. Als Zemma bemerkte, er müsse die Sache doch noch einmal überlegen, meinte er, er würde ja wohl noch dessen Forderungen befriedigen können, und bot ihm eine verhältnismäßig hohe Summe.

Zemma wollte das alles mit seiner Frau besprechen, es wurde ausgemacht, daß er nach drei Tagen Bescheid geben würde. Die Frau war durchaus nicht für die Übersiedlung, sie konnte sich von Düsseldorf nicht trennen. Er rief also in Hamburg an und verlangte eine noch höhere Gage, überzeugt, daß Gründgens ernstlich böse werden und die Verhandlung damit beendet sein würde. Es gab eine lange Pause.

Zemma: »Dann sagte GG: ›Gut, ich zahle dir das, komm!‹«

Als Zemma den Vertrag mit der überhöhten Gage aus Hamburg bekam, wußte er nicht mehr ein und aus. Schließlich mußte er sogar einen Psychiater aufsuchen. GG erfuhr das und schrieb ihm einen Brief, der typisch für ihn war:

»Soeben komme ich vom Urlaub zurück und höre von Ihren Sorgen und Bedenken. Ich kann Ihnen gar nicht sagen, wie leid es mir tut, daß Sie sich so quälen. Man kann das Verantwortungsgefühl auch übersteigern. Ich kenne Sie so gut und weiß, was ich Ihnen zumuten kann, und bin sicher, wenn es Ihnen besser geht, werden wir ein gutes und erwachsenes Gespräch haben und alles genau überlegen. Ich wünsche Ihnen von Herzen baldige Besserung und einen gläubigeren Blick in die Zukunft, als Sie ihn heute haben.«

Als Zemma ihn dann bat, den Vertrag wieder rückgängig zu machen, willigte GG ein, obwohl es ihn traurig stimmte, diesen Mann zu verlieren, der ihm so viele Jahre zur Hand gegangen war.

Ein anderer, der sich von Gründgens getrennt hatte, war der von ihm so geschätzte Imo Moszkowicz. Zu diesem Schritt hatte ihn ein seltsames Erlebnis bewogen.

»Ich kam eines Tages auf eine Probe. Draußen schien die Sonne, meine Augen waren an das Halbdunkel im Theater noch nicht gewöhnt. Ich sah oder glaubte zu sehen, daß GG an der Rampe lehnte und mit einem

Schauspieler oben sprach. Dann merkte ich, daß es gar nicht GG war, sondern ein anderer Regisseur. Und dann fiel mir auf, daß nicht nur er GG imitierte – natürlich ganz unbewußt –, sondern daß wir alle es taten. Und mir war klar, daß ich ihn wahrscheinlich auch imitierte, und wenn ich es nicht schon tat, würde ich es morgen tun. Also nichts wie fort!«

Er hatte es gar nicht so leicht an anderen Bühnen, besonders am Schillertheater in Berlin wurde heftig gegen ihn intrigiert – übrigens nicht von dem Intendanten Boleslaw Barlog. Aber mit der Zeit setzte er sich durch.

Es schien ihm seltsam, daß Gründgens von diesen Erfolgen gar nicht entzückt war, ja, anfangs geradezu eingeschnappt schien. Und fast böse wurde er, als er ihm eine Regie anbot und Imo wahrheitsgetreu sagen mußte, er wisse gar nicht, ob er um diese Zeit frei sei. Aber das wurde dann in Ordnung gebracht. Neue Hürde: die Gagenverhandlung. Die Summe, die Imo nannte, erschreckte GG, oder vielmehr, er tat so, als ob sie ihn erschrecke. Aber Imo Moszkowicz hatte das Gefühl, als mache GG seine Hartnäckigkeit eigentlich viel Spaß, denn er spürte, daß er einen vorzüglichen Theatermann herangezogen hatte und einen, der seinen Wert kannte.

Anderes ging mehr oder weniger schief. Marianne Hoppe zum Beispiel hatte eine Vertragsabsprache mit Hamburg, die sich dann nicht realisieren ließ. Es dauerte viele Jahre, bis die beiden wieder zusammenkamen. Wir, die mit GG gut standen, begriffen nicht, warum seine ehemalige Frau so plötzlich bei ihm »abgemeldet« war – ein anderes Wort ist gar nicht möglich. Wenn man ihn danach fragte, schwieg er mit einer Art beharrlichem Trotz. Viel später, etwa zwei Jahre vor seinem Tod, fragte er mich einmal: »Was würdest du sagen, wenn ich Marianne wieder heiraten würde?«

Einen anderen Schock versetzte ihm die geliebte Antje Weisgerber. Er hatte es für selbstverständlich gehalten, daß sie mit nach Hamburg kam, und das tat sie auch und spielte gleich in der Eröffnungsvorstellung die Thekla im ›Wallenstein‹. Sie war aber nicht mehr die Antje, die er früher gekannt hatte, und niemand hätte es besser wissen müssen als er, nachdem sie bei ihm das Gretchen gespielt hatte. Nur – er wollte es nicht wissen. Er wollte nicht begreifen, daß sie keine Porzellanfigur mehr, sondern eine erwachsene Frau geworden war. Und als sie sich zum zweiten Mal verheiratete in das von Hamburg weit abgelegene Augsburg, empfand er es geradezu als Verrat.

Einen anderen »Verrat« beging in seinen Augen Heidemarie Hatheyer, der er noch von Düsseldorf aus schrieb: »Es wäre für mich undenkbar, daß Sie in meiner ersten Spielzeit in Hamburg nicht auftreten würden.« Er hatte überhaupt große Pläne mit ihr – was aus seiner Korrespondenz mit Biermann-Ratjen hervorgeht –, er wollte mit ihr und Werner Krauss ›Maria Magdalena‹ machen, er wollte sie als ›Medea‹ herausstellen, aber von all diesen Plänen realisierte sich nur ›Rose Bernd‹, die allerdings ein erstaunlicher Erfolg wurde – mit Eckard, Haupt und Reincke in den anderen Hauptrollen. Er wollte nicht verstehen, daß sie seinetwegen nicht Zürich, Berlin, Düsseldorf, Wien aufgeben wollte, und sie wiederum verstand nicht, daß er nicht verstand. Es kam zu einem kurzen und recht erregten Briefwechsel – schließlich aber zu einer langen und sich für beide Teile recht positiv auswirkenden Freundschaft.

Später sah es dann so aus, als hätte Gründgens in Hamburg gleich von Anfang an den großen Erfolg gehabt. Das hatte er vielleicht, aber doch mit gewissen Einschränkungen. Der Briefwechsel mit dem Kultursenator, der ja nie abriß, beweist, wie vieles ihm nicht paßte und wie vieles an ihm den Hamburgern nicht paßte. Da war zum Beispiel, gleich zu Beginn, die Frage, wen er von den bisherigen Mitgliedern übernehmen würde. Gewisse Zeitungen behaupteten, er habe dem gesamten Ensemble gekündigt, wovon keine Rede sein konnte. In Wirklichkeit hatte er nur siebzehn von sechsundvierzig fest engagierten Mitgliedern nicht übernommen – und nicht ohne daß sie Gelegenheit hatten, ihm ihre Fähigkeiten zu zeigen. Von den älteren Schauspielern ist übrigens kein einziger entlassen worden. Es ging die Sage, er sei viel zu teuer; er durfte und konnte feststellen, daß er nicht teurer war als in Düsseldorf, und sehr bald stellte sich heraus, daß er weniger Geld verbrauchte oder doch jedenfalls mehr Geld einnahm als sein Vorgänger. In Düsseldorf hätte er sich solche Unterstellungen nicht gefallen lassen. In Hamburg schwieg er vorerst lange, vielleicht ein wenig zu lange.
Es kam zu grotesken Zwischenfällen oder Klagen in der Presse. Zum Beispiel darüber, daß GG während der Silvesteraufführung 1955/56 nicht auf der Bühne erschien, um dem Publikum ein »Prosit Neujahr« zuzurufen oder gar um mit den Zuschauern zusammen den im Foyer verkauften Sekt zu trinken.
Anderthalb Jahre später gab es dann aber einen ernster zu nehmenden Zwischenfall. Im Juli 1957 hatte die Kieler Ratsversammlung beschlossen, Gründgens den Kulturpreis der Stadt zu überreichen. Die Sozialdemokraten wandten sich dagegen. Sie behaupteten, für die Verleihung des Preises sei nur der Kultursenator zuständig. Aber dahinter steckte wohl mehr eine interne Uneinigkeit als ein Vorwurf gegen GGs Berliner Staatstheater-Intendantenzeit, denn man hatte ja vorher schon dem großen Maler Emil Nolde, der ein dezidierter Anhänger Hitlers gewesen war, den Preis verliehen, und besagter Kultursenator hatte einen anderen Theatermann vor-

geschlagen, der für seine nicht unerhebliche Rolle in der Partei bekannt war. Gründgens lehnte daraufhin den Preis sofort ab. Die Wogen schlugen hoch. Die Stadt Kiel bedauerte, Hamburg bedauerte. GG bedauerte nicht.

Die entscheidende Frage für Gründgens, als er nach Hamburg kam, war, was er in Hamburg aufführen sollte. Das große Hamburger Publikum – wer wußte das besser als er? – war konservativ. Entscheidender noch war das Haus. Im größten Theater Deutschlands, mit rund sechzehnhundert Plätzen, konnte man keine kleinen Konversationsstücke spielen, konnte man keine Experimente etwa mit Ionesco oder Beckett wagen, mußte das absurde Theater – es lag ihm ohnedies nicht – abgeschrieben werden. Auf die Frage eines Journalisten, warum er so viele Klassiker spiele, antwortete er: »Ich habe das Glück, ein Ensemble zu besitzen, was nicht jedes deutsche Theater von sich sagen kann, und ich bin in der Lage, mit ihm fast alle klassischen Werke der Weltliteratur in einer dem Range dieses Hauses angemessenen Form zu besetzen.«

Er sah also, wohl zu Recht, in einem überwiegend klassischen Spielplan nichts Negatives, sondern im Gegenteil etwas, worauf stolz zu sein er allen Grund hatte.

Aber das machte ihn durchaus nicht übermütig. Er wußte sehr wohl, was er seinem Publikum zumuten konnte. Das zeigt ein Interview aus der ersten Hamburger Zeit:

»Glaubt man denn wirklich, daß man ein Theater dreihundertfünfundsechzig Tage im Jahr nur mit Snobs füllen kann? Natürlich rechne ich mit Lieschen Müller; es ist da, und man muß mit ihm rechnen. Aber man muß auch mit ihm etwas riskieren. Ich glaube, daß man die Dame unterschätzt; vielleicht unterschätzt sie sich auch selber.

Ich habe immer wieder festgestellt, wie richtig, wie genau das Publikum urteilt. Es ist unwahrscheinlich, wie genau es empfindet, ob etwas stimmt oder nicht. Wenn es aber nicht mitgeht oder an falschen Stellen lacht, so ist das immer unsere Schuld.

Das sage ich auch stets meinen Schauspielern! Kinder, sage ich, ihr steht droben im Licht, ihr dürft sprechen und kriegt Geld dafür, das Publikum unten ist ins Finstere eingesperrt, darf den Mund nicht auftun und muß auch noch zahlen. Also hat das Publikum recht.

Eines stimmt allerdings: durch den Film stellt das Publikum heute mit Recht höhere Ansprüche an das Theater. Wenn es einen berühmten Star in einer Filmrolle sehen kann, wird es sich kaum die Soubrette vom Stadttheater in Dingsda in der gleichen Rolle anhören.«

Immer wieder mußte er sich mit der Presse über die Frage, warum er so wenig Modernes herausbrachte, auseinandersetzen. Er hatte auf diese Frage viele Antworten, und sie alle waren richtig.
Zuerst einmal die unbestreitbare Tatsache, daß es kaum moderne Dramen gab. Er konnte zum Beispiel belegen, daß in der Spielzeit 1955/56 sechshundert Manuskripte eingegangen waren, in der nächsten Spielzeit nur fünfhundert, während zuvor, in der Spielzeit 1952/53, noch über tausend hatten gesichtet werden müssen. Die eingegangenen Stücke, so erklärte GG der Presse, seien fast durchweg von Leuten verfaßt, die ein »Anliegen« vertreten – und die meist nicht für, sondern gegen etwas waren.
Weiter: Es sei nicht Aufgabe eines großen Theaters, etwas auszuprobieren. »Es wird niemandem nutzen. Regisseure wie Fehling oder ich selbst sind Enthüller, sind imstande, die Stärke eines Dramas herauszubringen – aber immer auch zugleich seine Schwäche! Wir legen bloß.«
Im Grunde genommen war er gar nicht so unglücklich über den Mangel an Zeitstücken. Schon 1948 hatte er in einer Rede vor dem Deutschen Bühnenverein erklärt: »Wäre es nicht schrecklich, wenn schon die Tragödien der letzten Jahre in drei Akten gemeistert wären?« Und das galt auch noch sieben, acht Jahre später. Und dann: er wollte ja nicht den »Alltag« auf der Bühne, er wollte das Exzeptionelle, das Einmalige.
Immerhin suchte er, ließ seine Dramaturgen suchen. Er gehörte zu den ersten, die Friedrich Dürrenmatt eine Chance gegeben haben und später Siegfried Lenz, Dieter Waldmann und Hans Henny Jahnn und vor allem dem von ihm geschätzten, vielleicht auch überschätzten Lawrence Durrell. Der Briefwechsel mit diesem englischen Autor, der später auszugsweise gedruckt wurde, ist geradezu ein Musterbeispiel dafür, wie ein dramaturgisch talentierter und außerdem besessener Theaterdirektor einem Dramatiker, der noch nicht fertig ist, helfen kann.
Auch eine Uraufführung von Bert Brecht gab es, ›Die heilige Johanna der Schlachthöfe‹, die der Dichter noch vor seinem Tod Gründgens zugesichert hatte.

Der Beginn in Hamburg war schwer. In der ersten Woche gabs gleich drei Premieren von Bedeutung, darunter eine Uraufführung – den Zuckmayer –, im nächsten Monat zwei weitere Premieren. Hart für GG, aber auch für seine Mitarbeiter. Gründgens nach der ersten Woche an die Belegschaft: »Nach Abschluß der Premierenwoche ist es mir ein aufrichtiges Bedürfnis, allen daran Beteiligten meinen herzlichen Dank zu sagen.
Sie haben mir durch Ihre tatkräftige Hilfe und Ihre sachliche Mitarbeit den Anfang hier in Hamburg sehr erleichtert.

Ich weiß genau, welche Arbeitslast einzelne Abteilungen, besonders die Technik, haben auf sich nehmen müssen.
Ich fühle mich dem Institut durch das mir erwiesene Vertrauen und die tatkräftige Unterstützung herzlich verbunden.«
Es war selbstverständlich, daß GG Stücke brachte, die er bereits in Düsseldorf inszeniert oder gespielt hatte. Anders wären so viele Premieren gar nicht möglich gewesen. Und es bestand auch kein Grund, es nicht so zu halten; wie viele Hamburger Theaterbesucher hatten denn seine Inszenierungen in Düsseldorf gesehen? Aber die Tatsache, daß die Presse davon wußte, daß er diese Stücke schon einmal gespielt oder in Szene gesetzt hatte, genügte, um Angriffe auf ihn zu provozieren, er wolle wohl nur in Hamburg wiederholen, was er in Düsseldorf schon einmal gemacht habe. Unsinnige Angriffe, denn selbst wenn dies der Fall gewesen wäre: zum Schaden des Hamburger Publikums hätte es sich nicht ausgewirkt.
Am festlichen Eröffnungsabend stellte sich Gründgens seinem Hamburger Publikum als Wallenstein vor; am zweiten Abend inszenierte er ›Das kalte Licht‹ – die Zuckmayer-Uraufführung; Ende Januar inszenierte und spielte er ›Das Herrenhaus‹ von Thomas Wolfe, brachte am 26. April die Uraufführung von ›Thomas Chatterton‹ von Hans Henny Jahnn heraus und inszenierte und spielte in der zweiten Saison das schwache Stück des damals schon kranken Curt Goetz ›Nichts Neues aus Hollywood‹.
Im April 1957 kam dann ›Faust‹ neu heraus, in der dritten Saison *The Entertainer* von J. Osborne, zu Ostern 1958 ›Faust II‹.
Schon nach der ersten Spielzeit renkte sich alles ein. Die Hamburger verloren ihr Mißtrauen gegen den neuen Intendanten. Er selbst vergaß oder wollte vergessen, daß dies die »letzte Station« seines Lebens war. Die Angst vor dem Neuen, die er verspürt hatte, schwand. Im Gegenteil, er freute sich, daß er Neues machen durfte. Er empfand, zumindest einige Zeit lang die Verantwortung nicht als Last, sondern eher als sportliche Aufgabe. Er meisterte die Verwaltung mit der alten, man möchte fast sagen mit erhöhter Intensität. Er ließ so leicht nichts durchgehen. Das Betriebsbüro bekam mehr als ein böses Schreiben, wenn es etwa verabsäumt hatte, Abmachungen – Filmdaten, Funkdaten, Fernsehdaten – schriftlich zu bestätigen. GG haßte es, wenn etwas geschah, ohne daß eine Aktennotiz gemacht wurde, lehnte es auch ab, daß »ein Schauspieler am Deutschen Schauspielhaus Hamburg tätig sein darf, der nicht einen ordentlichen Vertrag unterschrieben hat«. Für ihn war das alles »Schlamperei«, die er sich »verbat«. Dabei war er sehr abergläubisch. Wenn eine Sache nicht beim ersten Mal klappte, wenn etwa ein Künstler oder eine Künstlerin, die er für eine bestimmte Rolle brauchte, nicht zur ersten Probe erscheinen konnte, wenn sich am Horizont irgendwelche Komplikationen – auch leicht zu

überwindender Art – abzeichneten, winkte er ab. So sehr war er überzeugt davon, daß es gewissermaßen vorherbestimmt war, ob aus einem Projekt etwas werden sollte oder nicht.

Manchmal überfiel ihn Angst vor Briefen. Er übergab sie seiner Sekretärin mit der etwas frappierenden Mitteilung, er werde sie ihr schon wieder abverlangen. Manchmal rief er mich an, er habe einen Brief von mir erhalten, ob etwas Schlimmes drinstehe? Gelegentlich, wenn ich davon überzeugt war, daß er einen meiner Briefe unbedingt lesen müsse, und zwar sofort, schickte ich ein Telegramm des Inhalts: »Du kannst den Brief ruhig öffnen. Es steht nichts Unangenehmes drin.«

Besondere Freude, aber auch große Anstrengung verursachte ihm die Besetzung der Stücke, von der er ja glaubte, sie sei die halbe Regie. Vibach: »Es konnte geschehen, daß er sich fünfzig Statisten vorführen ließ, um zu entscheiden, wer die ›Rolle‹ des Mannes spielen sollte, der einmal an einem Fenster vorbeigeht.«

Vibach wurde ihm geradezu unentbehrlich, weil er die Fähigkeit besaß, die merkwürdigsten Typen aufzuspüren. Wenn er GG eine seltsame Geschichte von einem Mann oder einer Frau erzählen konnte, waren sie schon so gut wie engagiert. Etwa: »Dieser Mann war früher einmal Operettenkapellmeister, dann sind seine Augen so schlecht geworden, daß er nicht mehr dirigieren konnte; er arbeitet jetzt als Portier auf der Reeperbahn und ist Vorsitzender des Tierschutzvereins...« Dann war GG entzückt. Der Mann wurde sogleich als Polizist engagiert.

Einmal war da ein Dramaturg von einer kleinen Provinzbühne. Er durfte in ›Dantons Tod‹ einen Satz sprechen. GG glaubte in solchen Augenblikken, das Schicksal habe ihn dazu erkoren, den Mann glücklich zu machen. Natürlich war er ursprünglich zur Bühne gegangen, um zu spielen und nicht, um als Dramaturg in der Provinz zu landen. Und nun durfte er wirklich einen Satz sagen, wenn auch nur einen einzigen!

Vibach mußte überall hin: aufs Arbeitsamt, auf die Filmbörse, aber am liebsten waren GG doch seine Entdeckungen auf der Reeperbahn.

Wenn erst einmal die Besetzung feststand, auch die der kleinsten Rollen, war die Hauptsache geschafft. Die Proben – Gründgens hat immer sehr konzentriert, also schnell probiert – liefen in immer kürzeren Zeiträumen ab. Vor allem lag ihm daran, möglichst schnell zu »stellen«, das heißt das Arrangement sämtlicher Szenen festzulegen. Auch war er darauf bedacht, seine Schauspieler optimistisch gestimmt ins Wochenende zu schicken. Er machte sich geradezu einen Plan, um dies zu ermöglichen. Er ließ am Sonnabend entweder ein paar Szenen durchlaufen, oder er probierte eine Szene, von der er wußte, daß da nichts passieren konnte.

Einmal, als er ›Faust II‹ inszenierte, rief er mich nach einer Woche Probenarbeit an und bat mich, nach Hamburg zu kommen. Er wolle mir seine Inszenierung zeigen. Ich dachte, es sei ein Scherz, kam aber trotzdem. Und richtig: innerhalb von zehn Tagen hatte er das komplizierte Stück »gestellt«, es lief durch und es lief wirklich. Gründgens war selig. Ich weiß nicht mehr, ob über den Stand der Dinge oder über die grenzenlose Verwunderung, die einige der Eingeladenen, darunter zum Beispiel der Dramaturg Günther Penzoldt und andere Regisseure des Theaters, zum Ausdruck brachten.

Überhaupt, er hatte seine gute Laune wiedergefunden, die ihn in den letzten Düsseldorfer Jahren so oft verlassen hatte. Er war gar nicht mehr der unnahbare GG. Das zeigte sich zum Beispiel, als im Herbst 1956 Richard Münch, der in der Inszenierung von Leopold Lindtberg Heinrich IV. spielen sollte, ganz plötzlich erkrankte. Gründgens erklärte sich sofort bereit, einzuspringen. Er kannte zwar die Rolle ein wenig, fand aber keine Möglichkeit, sie bis zum Abend ganz auswendig zu lernen. Nun ließ er den Text auf Pergamentrollen schreiben und Pulte, auf denen solche Textrollen lagen, so aufstellen, daß er sie auf seinen festgelegten »Gängen« ablesen konnte, außerdem verteilte er eine ganze Anzahl von Souffleuren und Souffleusen hinter Schränken und Stühlen oder hinter dem Ruhebett, auf dem er zu sterben hatte – und das Ganze machte ihm einen Riesenspaß.

Am Nachmittag kam die Nachricht, Münch sei so weit wiederhergestellt, daß er spielen konnte. Aber nun wollte Gründgens die Rolle spielen, nun wollte er sich selbst, seinen Schauspielern und den Hamburgern zeigen, was er möglich machen konnte. Dieser Abend wurde zu einer Art von sportlichem Ereignis, in dessen Verlauf Gründgens immer mehr Pergamentrollen aufwickelte und einrollte. Die letzten Worte, die vom Sterbebette kamen, wurden von Vibach, der hinter diesem Bett hockte, souffliert.

Das ausverkaufte Haus raste, weil es wirklich so wirkte, als habe Gründgens in wenigen Stunden diese nicht unbedeutende Rolle erlernt. Die Schauspieler, die Bühnenarbeiter, die Techniker rasten, weil sie eine derartige Demonstration von Technik, von schauspielerischer Präsenz, von geistiger und künstlerischer Souveränität noch nie erlebt hatten. Gründgens war selig. Ich glaube nicht so sehr, weil er anderen, sondern weil er sich selbst etwas bewiesen hatte.

Daneben fand er immer noch Zeit, immer mehr Zeit, sich über Prinzipielles zu unterhalten, Interviews zu geben – zum Beispiel über die Frage, ob ein Theater subventioniert sein sollte und in welchem Maße. Er kämpfte den Kampf, den er in Düsseldorf – und natürlich auch in Hamburg – längst für sich gewonnen hatte, für die anderen weiter, nämlich, daß die Leiter der Theater über ihre Zuschüsse frei verfügen dürften und nicht abhängig wären von den Geldgebern, das heißt von den Beamten. Er stellte zwar fest, daß die Subventionen – wie auch die Lebenskosten – eine aufsteigende Tendenz hatten: 1933 wurden in Hamburg zweihundertfünfzigtausend Mark zugelegt, 1940 fünfhundertfünfzigtausend, 1950 achthunderttausend, 1956 rund eine Million. Aber: »Das bedeutet, daß der Hamburgische Staat pro Platz DM 1.70 als Staatszuschuß zahlt ... für die Staatsoper ist pro Platz ein Staatszuschuß von DM 11,89 nötig.« Er beklagte sich, wer alles mitzureden hatte: »Kulturbehörde, Aufsichtsrat, Deputierte, Bürgerschaft, Senat, last but not least Rechnungshof.« Dabei hatten sie eigentlich gar nicht mitzureden, darauf hatte er bestanden, und das war ihm auch vertraglich zugesichert worden. Freiwillig informierte er alle diese Behörden, um, wie er einmal lächelnd sagte, »Mitschuldige« zu schaffen.

Er stellte fest: »Die Gagen der Stars sind so hoch, daß ich sie nicht ein ganzes Jahr beschäftigen kann.« Aber: »Ich beschäftige keinen Schauspieler unter einem halben Jahr.« Und noch einmal: »Das Beste ist gerade gut genug, aber nicht ganzjährig zu bezahlen.«

Er ließ sich, uneingedenk seiner Schwüre, wieder vom ›Spiegel‹ interviewen. Er gab Geheimnisse preis, die Theaterdirektoren im allgemeinen in ihrem Busen verbergen. Er war sehr offen, z. B. wenn es sich um Zahlen handelte, über die mehr gesprochen wurde als über Kunst. Auch das war typisch für Gründgens. Er wollte Klarheit. Er wollte Ehrlichkeit. Sein finanzieller Komplex – anders kann man seinen Sparfimmel nicht nennen – bezog sozusagen das Künstlerische in sich ein – oder umgekehrt. Er stand zum Beispiel auf dem Standpunkt, ein Stück von Schiller dürfe mehr kosten als etwa ein Stück von Hofmannsthal, und dies wiederum mehr als ein Stück von Curt Götz. Das nicht deswegen, weil bei Schiller mehr Personen auftreten als bei Curt Götz; sondern eher deshalb, weil Schiller mehr Geld einbrachte als Curt Götz. Aber das Entscheidende für Gründgens blieb: Schiller war nun einmal bedeutender als ein Unterhaltungsschriftsteller. Also ...?

Das will nicht heißen, daß er je die Frage der Ausstattung vernachlässigt hätte. Im Gegenteil, Dekorationen und insbesondere Kostüme waren für ihn von größter Bedeutung. Mit ›Gyges und sein Ring‹ beschäftigte er sich monatelang, bevor die Proben begannen. Wie würde er als Kandaules aussehen? Er hatte da in seiner Bibliothek eine Mappe mit indischen Miniaturen und fand darin eine Florine, war aber nicht ganz sicher, ob das das Richtige war. Caspar Neher mußte aus Wien herbeifliegen, Karl Vibach, der in Stuttgart war, mußte alles liegen und stehen lassen und nach Hamburg zurückeilen, es gab lange Konferenzen und erregte Diskussionen. Ne-

her ging davon aus, daß Kandaules von Herakles abstammt, daß also die ganze Welt des Herakles – gewissermaßen ein Herakles-Museum – zu sehen sein müsse, die Krone, die Kleinodien und natürlich auch die Keule, das Löwenfell. Gründgens entdeckte ein Bild des französischen Malers Rouault »Der alte König«, und das nagelte er an die Wand seines Büros, so daß er es nie aus den Augen verlor, und dies wurde dann auch seine Maske.
Bemerkenswert die Ausführlichkeit, mit der er etwa an Caspar Neher oder andere Bühnenbildner schrieb! Aus diesen Briefen ging hervor, wie sehr er sich, bevor er an eine Inszenierung ging, mit historischen Werken beschäftigte, mit illustrierten Werken natürlich. Nicht allein, daß er durchaus nicht rechthaberisch erklärte, er wolle dies so und so haben, und die anderen nicht zu Wort kommen ließ; im Gegenteil, wenn er sich lange genug mit der Ausstattung einer seiner Inszenierunggen beschäftigt hatte, kamen ihm fast automatisch Zweifel, ob er sich nicht vielleicht verrannt habe, ob es keine andere, keine bessere, keine – und das war immer für ihn das Wichtigste – »richtigere« Lösung gebe.
Wenn dann die Proben begannen, war er so voller Ideen, Wünsche und Hoffnungen, das, was er sich ausgedacht hatte, loszuwerden, daß er auf diejenigen, die ihn nicht so gut kannten oder die vom Theater nicht allzu viel wußten, geradezu unangenehm wirkte. Je länger die Probenarbeit dauerte, je mehr er von dem, was er unbedingt anbringen wollte, loswurde, um so gelöster, ja liebenswürdiger wirkte er auf seine Mitarbeiter. Übrigens war er in dieser Zeit kaum ansprechbar für irgend etwas anderes als die Inszenierung, an der er gerade arbeitete – im Gegensatz zu früher, als er immer ansprechbar war, wo er immer umschalten konnte.
Oder wollte er es nun nicht mehr?

Er war, was er immer hatte sein wollen, obwohl er das nie zugegeben hatte, ein Star, er war der Star des deutschen Theaters geworden. Darüber konnte man nicht diskutieren, das stand fest. Wenn er auftrat, war das Riesenhaus, trotz erhöhter Preise, sogleich ausverkauft. Es lagen auf Wochen und Monate hinaus telegraphische Bestellungen vor, meist waren Schecks beigefügt oder bares Geld – und es gab keine Spielzeit, in der Gründgens sich allen denen hätte zeigen können, die ihn sehen wollten. Ursprünglich hatte er tausend DM pro Auftreten verlangt, als aber die Hamburger Steuerbehörde seine Unkosten plötzlich nicht anerkennen wollte, erhöhte er seine Forderungen auf fünfzehnhundert DM. In gewissen Kreisen wurde gemurrt – aber mit wenig Erfolg. Denn wenn einer nachweisen konnte, daß er einbrachte, was er forderte, dann war es Gründgens.

Er war ein Star oder, wie man ohne Übertreibung sagen kann, *der* Star des deutschsprachigen Theaters, und doch war er unsicherer denn je. Er hatte immer Lampenfieber gehabt, und es ist nicht unbekannt, daß er kein sogenannter Premierentiger war, daß er um so besser wurde, je öfter er eine Rolle spielte. Man sollte glauben, daß er jetzt, ganz an der Spitze, ganz oben, überhaupt nicht mehr angezweifelt, das Lampenfieber losgeworden wäre. Im Gegenteil, es wuchs. Je länger er lebte, je erfolgreicher er war, je mehr Star, je mehr *der* Star, um so unsicherer fühlte er sich, wenn es um den eigenen Auftritt ging. Ich habe ihn oft gefragt: Warum? Er ist dieser Frage stets ausgewichen.
Ich glaube, er wußte selbst nicht warum.

Er stand ganz oben, und das wußte er. Aber er wußte auch, daß er nicht mehr jung war. Und dies schmerzte ihn sehr. Er wollte nicht alt werden. Er wollte der große Mann des deutschen Theaters sein, aber nicht der große alte Mann des deutschen Theaters. Und ich glaube, das war ein Grund dafür, daß er am 29. Dezember 1957 – also in der dritten Spielzeit – das Stück von John Osborne ›The Entertainer‹ spielte. Es war nicht gerade besonders gut, dieses für Laurence Olivier geschriebene Stück mit der Olivierrolle, die nun auch die Gründgens-Rolle wurde. Die eines etwas verkommenen Varieté-Komikers, der im wesentlichen von Alkohol, gelegentlichen unsauberen Eroberungen kleiner Mädchen und der Illusion lebt, das Publikum sei von ihm hingerissen. Es war eine ungeheuer schwierige Rolle – denn was ist schwieriger für einen Schauspieler, als einen schlechten Schauspieler gut zu spielen; das heißt so glaubhaft, daß man begreift, daß er kein guter Schauspieler ist.
Olivier schaffte es, GG schaffte es nicht ganz. Es ging wohl über seine Kraft, seine außerordentlichen schauspielerischen Fähigkeiten dafür einzusetzen, daß man ihm einen schlechten Komödianten glaubte.
Warum spielte er überhaupt diese Rolle? Weil sie zurückführte in die Vergangenheit. Hatte er nicht in den Hamburger Kammerspielen mehr als einmal den Entertainer gemacht? Hatte er nicht in Berlin Kabarett gemacht? Typisch für ihn und seine damalige innere Situation, daß er keinen der deutschen Titel akzeptierte, die ihm für das Stück vorgeschlagen wurden, obwohl er uns alle darum anging, einen guten Titel zu finden. Er wollte wieder sein, was er einmal gewesen war, der Mann, der ein Chanson hinlegen, der steppen, der gute Laune um sich verbreiten konnte.
Alles sollte so sein wie früher, und es ist kein Zufall, daß er sich für die Girls, mit denen er auftreten mußte – es kamen immer wieder Szenen vor, die im Varieté spielten –, nicht irgendwelche mehr oder weniger arrivierte

Tänzerinnen besorgte, sondern mit Vibach auf die Reeperbahn fuhr, sich Ringkämpferinnen ansah und sich schließlich Mädchen mitnahm, die genau das Richtige waren für das zweitklassige Varieté, in dem das Stück spielte.
Es war eine Aufführung – unter Heinz Hilperts Regie –, die von sich reden machte. Gründgens, der Hamlet, der Wallenstein, steppt und singt Chansons! Ich sagte schon, daß er die Rolle nicht ganz schaffte, daß er es nicht ganz über sich brachte, einen schlechten Komödianten darzustellen. Aber vielleicht sollte man sagen, daß er es nicht wollte; daß diese Rolle eben nicht nur eine Rolle war. Das Publikum sollte wohl verstehen: Seht, so war ich einmal! Es sollte ihn wieder, vielleicht ein allerletztes Mal, jung sehen.
Aber ach, er war nicht mehr jung.

DREIUNDZWANZIGSTES KAPITEL
Faust

21. April 1957: dieses Datum darf als Markstein in der deutschen Theatergeschichte gelten, vorausgesetzt, daß das Theater sich wichtig genug nimmt, um seine Geschichte aufzuzeichnen: aber ein Buch über Gründgens, die Beschäftigung mit seiner Persönlichkeit, wäre wohl ohne diese Voraussetzung kaum denkbar.

21. April 1957: an diesem Abend wurde im Deutschen Schauspielhaus Hamburg zum ersten Mal ›Faust I‹ herausgebracht.

Wie oft schon hatte GG dieses in weitesten Kreisen für unspielbar gehaltene Stück inszeniert oder in ihm mitgewirkt! Das erste Mal als »Schüler« im Frontheater bei Saarbrücken, damals, als er sich, noch Soldat, bereits zur Schauspielerei entschlossen hatte. Später bestritten dann gewisse Sequenzen seiner Mephisto-Rolle einen Teil seiner Vortragsabende. Einmal durfte er den Mephisto in Kiel ganz kurzfristig übernehmen, aber seine Sehnsucht, diese Rolle zu gestalten, wurde erst 1932 erfüllt, als ihn Tietjen ans Berliner Staatstheater holte. Später erinnerte er sich, daß er damals, vertraglich auch zur Inszenierung von ›Faust II‹ verpflichtet, auf die Frage Tietjens, ob er die klassische Walpurgisnacht zu spielen gedenke, in nicht geringe Verlegenheit geriet; er hatte ›Faust II‹ noch nicht gelesen.

Sein Mephisto im ›Faust I‹ indessen wurde eine Sensation – davon war ja schon die Rede – und sein eigentlicher Durchbruch als künstlerisch erstrangiger Schauspieler in Berlin. Es folgte einige Monate später ›Faust II‹, Regie von Gustav Lindemann, eine Inszenierung, über die GG sich immer in allgemeinen Lobsprüchen erging, aber nicht mehr. Sie galten – natürlich – dem ehemaligen Lehrer und waren ein Beweis seiner Treue für ihn und für die verstorbene Louise Dumont. In Wahrheit muß der junge Gründgens schon damals gewußt haben, daß es sich bei dieser Aufführung – im Gegensatz zu der des ersten Teiles unter Lothar Müthel – um eine etwas veraltete Veroperung handelte. Immerhin, auch diese Aufführung wurde ein Erfolg – denn es geschah ja so selten, daß Berlin oder irgendeine andere Theaterstadt, den ›Faust II‹ zu sehen bekam; vor dem Ersten Weltkrieg hatte Reinhardt zum letzten Mal das Wagnis einer Aufführung unternommen.

Später inszenierte GG beide Teile neu: und nun wurde alles schon viel

einfacher, klarer, aufs Gedankliche ausgerichtet. GG begann also zu inszenieren, was man jahrelang, was man eigentlich seit Goethes Lebzeiten für nicht inszenierbar hielt – es war bei ihm von einer »weitgehenden Konzentration auf das Wort« die Rede. Max Reinhardt hingegen, der einzige, der wirklich ernsthafte Versuche unternommen hatte, das Riesendrama auf die Bühne zu bringen, hatte – als Theatermann zu Recht – immer wieder versucht, vergessen zu machen, daß es sich nicht um ein Theaterstück im eigentlichen Sinne handelte, er hatte vor allem das Theatralische daran (Gretchentragödie) herausgearbeitet. Gründgens geriet im Laufe der Jahre immer mehr dahin, die Herausforderung, ein Nicht-Drama auf die Bühne zu bringen, anzunehmen und eben das zu inszenieren. Sein seltsames, man möchte fast sagen: paradoxes Geschick, das es ihm erlaubte, hier etwas Einmaliges zu machen, war, daß er, der Schauspieler, nicht das Schauspiel (ach, ein Schauspiel nur) sah, sondern die Gedankengänge, von denen ganze Generationen von Philologen behauptet hatten, sie seien nicht darzustellen, geschweige denn zu gestalten.
Die Düsseldorfer Inszenierung war im Grunde kein entscheidender Fortschritt gegenüber Berlin. Er übernahm, sehr einleuchtend, eine Aufführung, die sich als erfolgreich erwiesen hatte, und ließ sie nicht etwa verschwinden, nur weil die Theaterbesucher sich eigentlich lieber amüsierten als nachdachten. Trotzdem, auch Düsseldorf war schon eine Vereinfachung, zum Teil aus technischen Gründen erzwungen und nicht unbedingt, weil GG es so wollte. Vielleicht ist es übertrieben, zu sagen, daß er mit einigem Erstaunen feststellte, mit wie wenigen Mitteln man den ›Faust‹ – das gefürchtetste Ausstattungsstück für alle Regisseure – aufführen konnte, aber er befand sich auf dem Wege zu dieser Erkenntnis.
Das Erstaunliche und in höchstem Sinne Wunderbare: daß ihn das Drama nie losließ. Schauspieler gehen auf Rollen und auf immer neue Rollen aus. Er hatte den Mephisto Hunderte von Malen gespielt, was gab es da noch für ihn zu holen? Nichts – es sei denn, daß er sich nicht mehr als Schauspieler oder nicht mehr als großer Nur-Schauspieler sah. Viel, wenn er begriff – und welcher andere Schauspieler wäre dazu in der Lage gewesen –, daß ›Faust‹ *die* deutsche Dichtung schlechthin war und bleibt und schon deshalb einen Anspruch darauf hat, uns stets von neuem gegenübergestellt zu werden. Alles, wenn er als denkender Mensch erkannte, daß geistige Großtaten – sei es in der Musik, in der Dichtung, in der Malerei – niemals, als handele es sich um unbekannte Erdteile, endgültig entdeckt und gewissermaßen in einer Konservenbüchse verwahrt werden können. In Berlin und auch in Düsseldorf war der ›Faust‹, nun schon »sein« Faust, als geschichtlich fixiert inszeniert worden: als eine Begebenheit, nur denkbar innerhalb der gotischen Welt. Nur langsam reifte in ihm die Erkenntnis:

›Faust‹ war ebensowenig »gotisch«, wie etwa Mozart »Rokoko« war. Faust war – wir wollen hier nur über ihn sprechen – zeitlos. Man konnte ihn auf vielerlei Arten spielen. Wie aber dieses Mal?
Seltsam genug verfiel Gründgens auf die einfachste Lösung nicht sogleich – ohne Zweifel hinderten ihn alte Bildungseinflüsse und Ansichten an neuen Erkenntnissen. Sein erster Gedanke war: Faust mußte exzeptionell, mußte einmalig herausgebracht werden. Kein gewöhnlicher Bühnenbildner konnte da genügen, ein besonderer, ein einmaliger, ein dem Faust Würdiger mußte heran. Jean Cocteau fiel ihm ein. Er schrieb ihm zahlreiche Briefe und erhielt ausführliche Antworten. Skizzen wurden angefertigt, erregten das Entzücken der beiden, wurden schließlich wieder verworfen. Gründgens dachte wohl an den Cocteau, der einen modernen ›Orpheus‹ geschrieben und inszeniert hatte. Aber für Cocteau, der im ›Ödipus‹ und im ›Orpheus‹ nicht nur zeitlose, sondern auch internationale Stoffe sah, war der Faust eine typisch deutsche Gestalt. Er begriff nicht, besser: er wollte nicht begreifen, daß es so etwas im Grunde nicht gab. Den Gleichmut, den etwa Verdi aufbrachte, als er ›Macbeth‹ und ›Falstaff‹ und ›Aida‹ komponierte, den Gleichmut dem Ursprungsland der Dichtung gegenüber, konnte Cocteau nicht aufbringen. Er wollte wohl nicht. Sein ›Faust‹ wäre so deutsch geworden wie die gleichnamige Oper seines Landsmannes Gounod. Aus den Briefen von Cocteau und Gründgens geht hervor, daß er das schneller und klarer spürte als jener, der, selbst Deutscher, sich nicht vorzustellen vermochte, daß ein erhabener Geist nicht fähig sei, sich von den Vorstellungen, die er hinter sich gelassen hat, zu lösen.

Die Lösung lag eigentlich auf der Hand. Hatte Goethe dem Werk nicht ein – allerdings fast nie gespieltes – Vorspiel auf dem Theater vorangesetzt? Warum die Tragödie ›Faust‹ durch Mystik und Zauberei lebendig machen, wenn man sie lebendig machen konnte, so wie sie geschrieben worden war: nämlich als ein bewußtes Theaterstück? Ein paar Menschen, ein Theaterdirektor, ein Dichter, ein Komödiant, wollen Theater machen – und nachdem sie lange genug darüber geredet haben, tun sie es: sie spielen den ›Faust‹. In dem Augenblick, in dem man sich auf diesen Ausgangspunkt stellte – der, es muß wiederholt werden, fast stets übersehen worden war –, bestanden keine Schwierigkeiten mehr. Schwierigkeiten, den lieben Gott oder den Teufel auf die Bühne zu bringen, Figuren verschwinden oder auftauchen zu lassen – gab es sie wirklich? Man war ja auf dem Theater – und das Publikum wußte es in doppeltem Sinn. Ein Schmierendirektor konnte sich einen Bart umhängen – und war – der liebe Gott. Und Faust konnte behaupten, daß ein Pudel größer und immer größer werde, ohne daß es einen Pudel gab, bis ihm Mephisto entgegentrat – und er war eben des Pudels Kern.

Aus einem Brief an einen Studenten: »Ich fing also ganz neu an. Da mir die Lösung, daß der Theaterdirektor sich bald den Herrgottsmantel umnimmt und den Bart, gut gefällt, weil das Theater sich hier der Illusion begibt, auf seine Funktion des Darstellers zurückzieht ...«

Ganz so einfach war es nun nicht. Was sich später als so außerordentlich »einfach« erwies, war das Resultat langen Ringens. Eine Hauptrolle fiel dabei dem Bühnenbildner Teo Otto zu, mit dem sich GG in Zürich traf. Konferenzen von früh bis in die späte Nacht im Hotel ›Eden au Lac‹. Otto: »Zuerst kam er mit der alten Berliner Lösung, die ja unerträglich war. Und dann gingen wir eben ran.«

Erst wollte es gar nicht vorangehen. Für Otto hatte der Berliner ›Faust‹ einen Hauch von Nürnberg. »Die Bildwelt taucht ein wenig auf, die man ja in den ›Meistersingern‹ unwillkürlich auftauchen sieht. Plötzlich sagte GG: ›Eigentlich ist der Faust doch ein ganz moderner Mensch.‹

Aber dann wollte er doch wieder nicht recht weiter. Er sagte: ›Beim zweiten Bild hatte ich eine Tür, eine großartige Wirkung. Wenn die Tür aufging und ich kam herein ... ich bitte dich, daß mir das erhalten bleibt ...‹ Worauf ich ihm sagte, ich würde das doch alles weglassen und vereinfachen.

Und dann nach einer langen Pause, fielen böse Worte: ›Hör mir auf mit deinem Brecht-Stil, für mich kommt chinesisches Theater nicht in Frage!‹«

Als sie wieder begannen, gab es eine dramaturgische Auseinandersetzung. »GG sagte: ›Wie wäre es, wenn wir vom Vorspiel ausgehen ...‹

Und ich: ›Na ja, wenn du das Vorspiel machst, und wenn wir jetzt die kleine Bühne machen‹ – ich machte so eine Linie, die diese kleinen Theater bezeichnete – und dann gab es noch ein kleines Geplänkel, harte Auseinandersetzungen über Brecht und chinesisches Theater, und dann auf einmal zündete das bei ihm und dann kam natürlich die wundervolle Wechselwirkung, die dann nur noch im Geben und Nehmen und im Nehmen und Geben bestand!«

Vieles ergab sich auch erst auf den Bauproben, die Bühnenarbeiter wollten von GG wissen, was er denn brauche, nachdem ein kleiner Podest aufgestellt worden war mit einem Rahmen, so daß er durch einen Vorhang abgeschlossen werden konnte.

GG: »Ja, sonst brauche ich nur noch eine Bank ...«

Er dachte an die Bank, auf die er sich setzen würde, um mit dem Himmel zu hadern: »Oh, glaube mir, der manche tausend Jahre an dieser harten Speise kaut, daß von der Wiege bis zur Bahre kein Mensch ...«

Die Bühnenarbeiter – so Otto – sahen ihn fassungslos an. Sie hatten einen Totenkopf erwartet und ein Gerippe und ein künstliches Krokodil oder alle die alten Utensilien, die durch Tausende ›Faust‹-Inszenierungen gegangen waren, und nun – nur eine Bank!

»Oh, glaube mir ...« Der junge Gründgens hatte immer von der Rolle des Mephisto geträumt, auch der ältere konnte es sich nicht abgewöhnen, ein wenig davon zu träumen. Seinen ersten Mephisto oder die ersten hatte er noch mit vielen Locken gespielt, der gefallene Engel also. Jetzt zu Otto: »Siehst du, ich denke immer, ich gehe durch das brennende Berlin und suche Brausewetter und finde ihn in einem Korridor, wo tote und zerfetzte Menschen liegen, und treffe ihn, und was sehe ich? Ein weinendes Schauspielergesicht.«

Und so trug auch der Hamburger Mephisto das Gesicht eines weinenden Schauspielers.

Es war eben alles neu, es war alles zum ersten Mal erlebt, obwohl geformt durch die vielen Jahre – nicht des Theaters oder nicht nur des Theaters, sondern des Lebens.

Da war die Walpurgisnacht, die viele schockierte, die Walpurgisnacht mit Rock and Roll und zuletzt der Atombombe. GG: »Die Gespenster unserer Zeit sind nicht mehr die Gespenster, die auf Besen reiten, sie sehen anders aus.« Er schickte Vibach in einen Hamburger Jazzkeller, um Leute für die Walpurgisnacht aufzutreiben. Als GG sie zum ersten Mal auf der Probe sah, starrte er diese Berufstätigen, die im Nebenberuf Rock and Roll-Fanatiker waren, wie Weltwunder an. Später, als die Aufführung stand, lud er sie ein ins Lokal »Pigalle«, er spendierte Sekt und dachte, nun würden sie tolle Geschichten erzählen. Aber sie saßen stumm oder berichteten nur von ihren beruflichen Verdienstmöglichkeiten, und es war ein fader Abend. Sie haben sich furchtbar gelangweilt – und er wohl auch. Es war seine Idee gewesen, die Dämonen zu entlarven, auf dem Theater natürlich. Sie entlarvten sich – in dem Jazzlokal – als bestürzend alltäglich und höchst undämonisch, zumindest in seinen Augen.

Das Entscheidende an der ›Faust‹-Inszenierung war und blieb, was auch an seinen früheren ›Faust‹-Inszenierungen das wirklich Zentrale gewesen war: daß er stets vom Wort ausging. Um es zu präzisieren: er entdeckte das Wort neu für die Zeit, in der es gesprochen wurde, für unsere Zeit. Ein Satz, geschrieben vor hundert oder zweihundert Jahren, mußte heute anders wirken als zu seiner Zeit, weil er auf Menschen mit anderen Erlebnissen traf. Das war das eine. Das andere: das Wort an sich mußte respektiert werden. Hirschfeld legte es GG einmal in den Mund – das Wort als »Pa-

rademarsch«. Es war da, nicht wegzuleugnen, nicht zu verstecken. Es war da, es mußte gesagt werden, und GG sorgte dafür, daß es gesagt wurde. Und von hier aus begriff er und beobachtete melancholisch, wie wenige es sonst begriffen: Faust und Mephisto waren im Grunde genommen ein und dieselbe Person. Es handelte sich bei diesem Stück um einen Monolog. Mephisto ist auch Faust. Auch er sucht, und er begreift zuletzt nichts anderes, als daß er dazu verdammt ist, nicht begreifen zu dürfen.
›Faust‹ kostete GG eine ungeheure Anstrengung. Er sagte einmal in einem Interview, es gäbe für ihn immer nur den Tag vor und den Tag nach dem ›Faust‹. Den Tag, an dem er den Mephisto spielte, gab es eigentlich nicht. Im Grunde genommen gab es die anderen auch nicht, sie waren bereits überschattet oder sie waren noch zugedeckt. Die Anstrengung war zu stark.
Aber er war – und dies muß vermerkt werden, denn es gehörte zu den Seltenheiten in seinem Leben – zufrieden mit dem, was er geschafft hatte. Heuss schickte ihm einen Brief des Schweizer Professors Carl J. Burckhardt, der sich hingerissen über seinen Mephisto äußerte; Gründgens war entzückt wie ein junger Schauspieler über die erste gute Kritik. Den Freunden Bernoulli, die eigens nach Hamburg gekommen waren, schrieb er noch in der Nacht der Aufführung: »In mir geistern die Abenteuer des Faust weiter. Was kann ich Besseres tun, als an Euch zu denken, mich über Euch zu freuen und Euch zu danken, daß Ihr hier seid. Es gehört zum Schönsten, Euch zu Freunden zu haben, und ich bin friedlich und freundlich und in diese wünschenswerte Dimension erhöht, wenn ich daran denke. Diese Aufführung noch geschafft zu haben, hat mir viel bedeutet. Ich sage ohne Nebengeräusche: nein, das war der Anfang von dem Ende des Lebens, das ich so gerne anständig gelebt haben möchte. Und anständig zum Schluß bringen möchte, und Ihr gehört so dazu ...«
Ich erinnere mich noch an jeden Augenblick jenes Abends. Ich fuhr mit ihm nach Hause. Ich sagte nichts – was hätte ich ihm auch sagen können? Er nahm eine Kleinigkeit zu sich, wir redeten über die albernsten Unwichtigkeiten, er hatte wohl schon seine Schlafpillen genommen, ich schickte mich an zu gehen. In der Tür drehte ich mich noch einmal um, und auf die ungestellte Frage antwortend, sagte ich: »Ja, Gustaf, das war's wohl.«
Ich glaube, ich bin über wenig in meinem Leben so glücklich gewesen wie darüber, daß ich diese banalen Worte fand. Ich weiß, sie haben ihn, der so selten glücklich sein durfte, ein wenig froh in den Schlaf hinübergleiten lassen ...

Die Vorbereitung zum ›Faust II‹ fand in Gesprächen mit Teo Otto in Positano und auf dem Weg von Zürich nach Positano statt. Die prinzipiellen künstlerischen Probleme waren eigentlich schon gelöst. Was Gründgens' Horizont bis zur Premiere am 9. Mai 1958 verdüsterte, war der Aberglaube des Schauspielers, einen Erfolg nicht wiederholen zu können. Es mußte etwas schiefgehen, davon war er überzeugt. Wir alle, die die Proben sahen – es waren unheimlich schnelle Proben, die komplizierte Aufführung lief in der Tat schon nach den ersten zehn Tagen durch –, waren überzeugt: der Erfolg des ersten Teils würde sich wiederholen, wenn nicht steigern. Aber GG war nicht zu überzeugen. In letzter Minute erließ er Vorhangverbot – das heißt, es sollte nach Abschluß der Tragödie der Vorhang nicht gezogen werden – ohne Rücksicht auf die Reaktion des Publikums. Vergebens beschworen wir ihn, sich nicht irremachen zu lassen. Vergebens hatte Teo Otto seinen Smoking angezogen, in dem er sich nun nicht zeigen durfte.
Dies war keine gute Zeit für ihn. Es gab Schwierigkeiten privater Natur, er war einsamer denn je und aus dieser Einsamkeit kaum für eine Stunde zu lösen. Man hätte glauben können, er habe sich selbst zur Einsamkeit verdammt.
Erst fünf Minuten vor dem Ende begriff ich GG ganz. Es war die letzte Szene, jene, in der Mephisto empört entdeckt, daß das Grab Fausts leer ist, daß er betrogen worden ist. Unvergeßlich allen, die die Aufführung sahen, jene rhythmischen Schritte, mit denen er um das Grab stampfte, er, der Betrogene, um Faust Betrogene; um das Leben betrogen? Was hatte er denn in all den Jahren der Triumphe gehabt, dieser gefeierte Theatermann? Was war er denn, wenn nicht ein Mann, der besser wußte als wir alle, wie alt er war, wie wenig blieb, nachdem der Vorhang sich das letzte Mal gesenkt und der letzte Zuschauer zur Garderobe geeilt war?
Nein, es war nicht nur der Aberglaube des erfahrenen Schauspielers, der ihn davon abhielt, den Vorhang zu ziehen. Es war das Gefühl, nein, die Gewißheit seiner Einsamkeit. Ein Leben lang hatte er für die anderen Theater gespielt, ein paar Jahre würde er es noch tun. Dieses eine Mal sollte, mußte die Tragödie des Vereinsamten, des um das Leben Betrogenen respektiert werden.
Ich weiß nicht, wie viele das gespürt haben, und ich weiß nicht einmal, ob GG wünschte, daß man es spürte. Ich weiß nur, daß ich, der ich ihn unzählige Male hatte spielen sehen dürfen, ihn diesmal nach Beendigung der Vorstellung nicht in der Garderobe aufsuchte. Ich stand – ich weiß selbst nicht warum – vor der Bühnentür, inmitten von vielleicht fünfzig oder sechzig Enthusiasten, die sein Autogramm wollten. Als er nach unendlich langer Zeit herauskam und nach Absolvierung der Autogrammpflicht sein Auto bestieg, neigte ich meinen Kopf. Obwohl wir nur fünf Schritte von-

einander entfernt waren, glaube ich nicht, daß er mich gesehen hat. Wenn er es tat – später hat er nie davon gesprochen.
Es war nur ein Augenblick, und im nächsten war er in seinem Auto davon.

Zwischen den ›Faust‹-Inszenierungen und nachher gab es am Deutschen Schauspielhaus andere Aufführungen von ungewöhnlicher Stärke und Prägnanz. Ich denke etwa an ›Don Juan und Faust‹ von Grabbe, Ende Februar 1959. Einmal hatte er in diesem Stück selbst gespielt, in den dreißiger Jahren, den Don Juan natürlich, den unbezwinglichen, den unbeschreiblich erregenden. Nun spielte Will Quadflieg diese Rolle. Es fiel den Mitwirkenden, vor allen Dingen Quadflieg auf, wie wenig GG noch von dem Stück wußte.
Quadflieg versuchte, seine Erinnerungen wachzurufen: »Ich habe Sie in Berlin gesehen. Das war unvergeßlich. Die Dekoration allein war schon hinreißend.«
GG: »Ich weiß davon gar nichts mehr.«
»Und Käthe Dorsch, sie war doch großartig!«
»Wirklich?«
»Und die Gartenszene, die war doch phantastisch mit den Arrangements ...!«
»Ich weiß wirklich nichts mehr davon.«
»Und dann am Schluß, als der Komtur auftritt, das war von Fehling herrlich gemacht!«
»Wirklich?«
Quadflieg: »Sie hatten ein Kostüm an ... es war aus weißer Seide ...«
GG: »Daran erinnere ich mich noch ganz genau!!!«
Zu der Inszenierung der ›Heiligen Johanna der Schlachthöfe‹, die am 30. April 1959 über die Bretter ging, gibt es eine Vorgeschichte. 1931 hatten Brecht und Gründgens abgesprochen, daß GG die Uraufführung machen sollte, was infolge der politischen Entwicklungen natürlich nicht mehr eingehalten werden konnte. GG hatte die Sache wohl vergessen, wenn er nicht im geheimen daran zweifelte, ob er für einen so militanten Kommunisten wie Brecht überhaupt noch existierte. Um so verblüffter war er, als ihn im Frühjahr 1949 – zu einer Zeit, als das neue Theater in Düsseldorf noch nicht stand – ein Telegramm Brechts erreichte, der ihn an die alte Absprache erinnerte und sie bestätigte. Er hielt das Stück nach wie vor an Gründgens gebunden.
Die Antwort von Gründgens wurde viel zitiert: »Über Telegramm zu Tode erschrocken.« Aber dieses Zitat ist unvollständig. Es hieß weiter: »Freue

mich aber sehr, daß Sie sich noch daran erinnern, und bitte, mir Buch umgehend zukommen zu lassen.«
Er beschäftigte sich auch sogleich mit den Vorbereitungen, dachte an Marianne Hoppe als Johanna, an Kortner, mit dem er bis dahin noch nicht gearbeitet hatte, für die männliche Hauptrolle. Beide Engagements ließen sich nicht realisieren – Kortner meinte, als Amerikaner könne er sich »sowas« nicht leisten –, auch kamen GG Zweifel, ob das Stück auf den kleinen Bühnen, die ihm zur Verfügung standen, aufzuführen sei. Weitere Bedenken: würde Brecht bereit sein, gewisse Stellen zu streichen, die er, Gründgens, schon immer für fragwürdig, jetzt für unspielbar hielt? Jedenfalls verging viel Zeit, und erst in Hamburg konnte er das Werk herausbringen. Er holte sich Brechts Tochter für die Hauptrolle; ihre Art, Theater zu spielen, konnte ihm allerdings nicht liegen, was sich übrigens bereits bei den ersten Proben herausstellte. Aber seine Autorität war zu groß, als daß sie sich dagegen hätte auflehnen können; zudem hatte der inzwischen verstorbene Vater die Uraufführung ja nicht an sie, sondern an den Regisseur gebunden.
Die Aufführung war nicht zuletzt deshalb unvergeßlich, weil sie eigentlich ein Spiel gegen Brecht war oder zumindest gegen das, was Brecht hätte aussagen können, solange er in Mitteldeutschland wohnte. Seine ›Heilige Johanna‹ war nicht mehr die Revolutionärin, sie war die Unverstandene. Sie war das Mädchen mit der Botschaft, die niemand hören wollte. Aber konnte man nicht auch von Brecht sagen, daß diejenigen, die ihn hofierten, die ihn subventionierten, seine Botschaft nicht hören wollten, soweit sie überhaupt zuließen, daß er sie verkündete? Nein, mit großer Wahrscheinlichkeit spielte Gründgens einen Brecht, wie dieser selbst hätte gespielt werden wollen, hätte er es noch sagen dürfen.
4. September 1959: ›Cäsar und Cleopatra‹ von Shaw. Er inszenierte das Stück zusammen mit Karl Vibach und spielte den Cäsar.
Auch diese Aufführung hatte eine lange Vorgeschichte, die sich über Jahre hinzog. Einige Freunde hatten ihm immer wieder zu dieser Rolle geraten, und er war stets zurückgescheut, da der Cäsar zu alt und – man bedenke! – glatzköpfig sei.
Das gehörte zu seinen Eigenheiten. Bei jedem anderen hätte man sich über diese Eitelkeiten lustig gemacht, bei ihm war es unmöglich, denn er besorgte das ja selbst. Eine der Hauptpointen bei der Aufführung war, daß er jedesmal, wenn ihn Cleopatra anredete »Alter Herr!« zusammenzuckte, als könne er es nicht ertragen, so genannt zu werden.
Überhaupt gab es bei der Arbeit an diesem Stück, das zu den problemlosesten und gelassensten Shaws gehört, eine Kette von Problemen. Dabei schien alles am Anfang ganz glatt zu laufen. Während einer Schallplatten-

aufnahme zu ›Faust‹ sagte er ganz beiläufig zu Vibach: »Ich habe mir gedacht, wir machen den ›Cäsar‹ beide, du zeichnest mit mir zusammen, und ich wäre sozusagen als Oberleiter da – würde dich das freuen?« Da es sich um eine Römertragödie handele, müsse er einen Bühnenbildner haben, der sehr leicht und fein arbeite. Zu Vibach: »Ruf doch mal Pudlich an...« Der war bereit. Es wurde beschlossen, gleich nach den Ferien anzufangen.

Die Ferien verbrachte Vibach in einem kleinen Häuschen an der Ostsee. Eines Nachmittags, als er vom Strand zurückkam, stand der Dienstwagen des Schauspielhauses vor der Tür. Darin saß GGs Sekretärin und teilte ihm mit, der Chef habe angerufen. Vibach müsse seinen Urlaub unterbrechen. Er wurde noch abends in ein Hamburger Hotel gefahren. Der Plan: am Morgen sollte er ein Flugzeug nach München nehmen, von dort aus einen Zug nach Berchtesgaden und dann mit dem Taxi zu GG, der gerade in Salzburg inszenierte. Aber die Maschine hatte Verspätung. Vibach erreichte den Anschluß nicht, depeschierte, er würde also erst um achtzehn Uhr dreißig in Berchtesgaden ankommen.

GG saß im Bahnhofsrestaurant, sehr nervös, ein wenig verärgert. Vibach hätte doch schon um drei Uhr hier sein sollen! Robert Pudlich war auch schon da, und sie begannen sofort mit der Besprechung. Im Bahnhofsrestaurant. Gründgens ließ wissen, er habe nur dreißig Minuten Zeit. Er fragte nicht, wie es Vibach gehe, er fragte nicht, ob er Hunger habe, er ging sofort auf die Sache los, erkundigte sich, was Vibach zu dieser oder jener Besetzung meine, wollte dies oder das über die Dekorationen wissen, kritzelte einen Zettel mit Stichworten voll...

Erst nach zwanzig Minuten erkundigte sich GG, ob sie vielleicht Kaffee trinken wollten, und die beiden wagten dann auch, je eine Tasse zu bestellen. Punkt sieben Uhr stand GG auf, verkündete, nun habe er keine Zeit mehr, holte ein Fünfmarkstück heraus, drückte es Vibach mit einer Geste in die Hand, als handele es sich um hundert, und verabschiedete sich mit den Worten: »Du zahlst dann für alle!«

Vibach: »Im Grunde genommen hatten wir also wirklich nur dreißig Minuten gesprochen. Und dazu mußte ich von der Ostsee und Robert Pudlich aus Düsseldorf herbeieilen. Weil GG eben gerade in diesen Tagen, vielleicht waren es auch nur Stunden, die Ideen hatte, die ihm richtig erschienen, und fürchtete, sie wieder zu vergessen.

Zuerst einmal ging es um die Cleopatra. Es gab eine, in jener Zeit vermutlich wirklich nur eine in Deutschland: Ingrid Andree. Die Tatsache, daß sie früher einmal am Hamburger Thalia-Theater gespielt hatte, schreckte GG ab. Er konnte doch nicht gut diese Darstellerin einem anderen Hamburger Theater fortnehmen – das war ein ungeschriebenes Gesetz! Als ich ihm er-

zählte, wie die Andree von ihm schwärme und ihm zu dem Engagement riet, stöhnte er: »Was die in mich hineinsieht, kann ja niemand halten!«
Als er sie dann schließlich doch engagierte, die selbstverständlichste Besetzung – aber bis zuletzt behauptete er, mir damit einen Gefallen getan zu haben –, ging alles ganz leicht. Er war reizend zu ihr, so, als müsse er sie und nicht sie ihn – erobern. Seine Kritik war stets positiv. Er sagte zum Beispiel nicht: »Im dritten Akt bist du schlecht!«, sondern: »Der vierte Akt ist grandios, und nun mußt du versuchen, daß du im dritten Akt genau so gut wirst...«
Die Premiere fand nach nur drei Wochen Proben statt, was sie mit Ängsten erfüllte. Auf der letzten Durchsprechprobe murmelte sie: »Wenn etwas passiert, ist ja immer der andere da...« Und meinte natürlich, er würde ihr dann schon helfen. Nach der erfolgreichen Premiere kam er auf sie zu, umarmte sie und sagte: »Ich habe natürlich genau verstanden, was Sie sagen wollten auf der letzten Probe, nämlich, daß Sie mir soufflieren würden, wenn ich hänge. Und das hat mich derartig glücklich gemacht, daß ich überhaupt keine Schwierigkeiten hatte.«
Das Gastmahl bei Cäsar war auch eine knifflige Sache. Shaw läßt es offen, was da eigentlich gegessen und getrunken wird. Cäsar wollte »etwas Schikkes« essen, der Oberhofmeister Cleopatras sollte ihn fragen, ob er etwa Flamingozungen haben wolle oder etwas ähnlich Ausgefallenes. Er wollte dann ein Gericht vorschlagen, das selbst dem Küchenchef der Königin unbekannt war und bei dessen Erwähnung der arme Koch fast umfällt vor Schreck. Telegramme wurden überallhin gejagt, vor allem an alle deutschen Konsulate in exotischen Ländern. Und wenige Tage später kamen dann in der Tat Büchsen mit Otternragout oder Klapperschlangenfilet oder Heuschrecken in Dill. Ganz selig war Gründgens, als Frau Staudinger ihm mitteilte, sie habe vor kurzem von einer New Yorker Bekannten Bienen in Sesamöl bekommen. Er bat sich die letzte Dose aus. Ein paar Tage später kam eine ebensolche Dose aus fernen Landen, und das war die Stunde seines Triumphes. »Bienen in Sesamöl? Aber das haben wir doch längst!« erklärte er dem perplexen Herrn vom Auswärtigen Amt.
In der Aufführung selbst spielte dann die Dose nur hinter der Szene mit. Cäsar machte dem Küchenchef klar, wie man das Gericht zubereite. Erst müsse man einen Bienenschwarm fangen, dann ihn sieden, gut abtropfen lassen, ihn in heißes Zuckerwasser legen, umrühren, etcetera, etcetera. Der Oberhofmeister erwiderte, so schnell ginge das wohl nicht. Und Gründgens-Cäsar, scheinbar angewidert, in Wahrheit aber selig und zufrieden: »Dann bring mir eben meinen Haferschleim!«
Ich erlebte diese Aufführung nicht ohne Bangen. Wenn etwas schief ging, das wußte ich genau, würde GG mir immer wieder vorhalten, ich sei es ja

gewesen, der ihm dazu geraten hätte, das Stück zu spielen. Nun, es wurde ein Triumph, und natürlich war es sein Triumph, und er dachte nicht einen Augenblick daran, seinen Freunden zu danken, die ihm jahrelang von dem Stück gesprochen hatten. Aber ich plante und hatte meine kleine Revanche. Auf seine Frage, wie er ausgesehen habe, erklärte ich, das Kostüm sei vortrefflich gewesen, aber die Toga wirke irgendwie leicht aufgebauscht. Ich erinnere mich noch an die Worte: »Du siehst ein wenig aus wie eine schwangere Frau ...« Ich ahnte nicht, wie tief ihn das traf. Monate später, als wir uns auf dem Flughafen in Zürich trafen, für zwei Stunden nur, er kam aus Madeira, flog nach Hamburg, ich nach Rom, kam er plötzlich auf die Kostümfrage zurück. »Erinnerst du dich?« Ich erinnerte mich, auch daran, daß er mich gezwungen hatte, in die zweite Vorstellung zu gehen und ihm zu erklären, ich müsse mich geirrt haben oder das Licht müsse schlecht gewesen sein, denn nun sehe er ganz schmal in seiner Toga aus.
Er lächelte. »Diese Toga habe ich nie mehr angezogen. Am nächsten Morgen habe ich selbstverständlich eine neue Toga bestellt, eine, die von oben nach unten fließt ...«
Natürlich war ich es, der die Schuld daran trug. Aber ich war schon im voraus gerächt dadurch, daß er sich eines Satzes erinnerte, den ich ihm nach der Premiere gesagt hatte: »Weißt du, das erste Mal habe ich das Stück mit Werner Krauss als Cäsar gesehen. Der war damals noch ganz jung und hatte einen Kopf voller Locken. Und die ließ er sich abrasieren, um eine spiegelglatte Glatze zu präsentieren. Und du hast eine Glatze und stülpst dir eine Perücke darüber ...«
Diese Worte hat er nie vergessen. Vielleicht, weil es keine Erwiderung auf sie gab.

Eines der seltsamsten und geradezu unerklärlichsten Phänomene seiner Karriere war GGs wachsender Weltruhm. Mitte, Ende der fünfziger Jahre galt Deutschland noch nicht als gesellschaftsfähig; auch nicht auf künstlerischem Gebiet. Das war einigermaßen seltsam, wenn man bedenkt, daß es neben der Duse und Josef Kainz vor allem Max Reinhardt und seine Künstler gewesen waren, die internationales Theater machten, zu deren Gastspielen man in Paris, in London, in New York, in Rom strömte. Auch darf in diesem Zusammenhang nicht vergessen werden, daß Hollywood zum großen Teil von Deutschen »gemacht« worden war, wenn auch viele von ihnen nach Hitlers Machtergreifung keinen Wert mehr darauf legten, ihre Herkunft zu publizieren. Nach dem Krieg war das alles wie abgeschnitten. Es gab eigentlich nur eine Ausnahme. Und die war eben Gustaf Gründgens. Den wollte man überall haben. Vor allen Dingen natürlich als Regisseur,

und begreiflicherweise, da ja die Sprachschranke eine Rolle spielte, als Opernregisseur. Er, der im Grunde genommen gegen ausländische Gastspiele, gegen Gastspiele überhaupt eine starke Abneigung hatte, konnte sich vor Angeboten nicht retten. Schließlich nahm er eines oder das andere an. So inszenierte er ›Macbeth‹ im Mai 1951 im Teatro Communale von Florenz im Rahmen des Maggio Musicale. Publikum und Kritik gerieten geradezu außer sich, zum Erstaunen von GG, der mit seiner Arbeit so wenig zufrieden war, daß er sich am Schluß nicht einmal zeigte. Tat nichts. Die internationale Presse feierte ihn als einen Erneuerer der Opernregie. Ebensowenig befriedigte ihn das Gastspiel, das er im Juni 1957 am Burgtheater mit dem ›Herrenhaus‹ gab. Er hielt dieses Werk nicht für das richtige, um damit nach Wien zu gehen – und irrte sich wohl auch nicht. Zufrieden durfte, ja mußte er sein mit der Inszenierung von ›Orpheus und Eurydike‹ im Februar 1958 an der Scala. Es reizte, ja, es amüsierte ihn, daß in Mailand niemand recht wußte, wer er war, und daß man in der Scala offenbar überhaupt nicht begriff, was denn bei den kurzfristigen Einstudierungen in zahlreichen Sprachen Regisseure sollten. »Der Regisseur ist im System nicht vorgesehen«, stellte er lakonisch fest, mußte aber dann zugeben, daß ihm das gelungen war, was er wollte: »Ich habe mich bemüht, die Bühne frei zu machen, wie Gluck sie seinerzeit frei gemacht hat. Aber ich habe nicht den Eindruck erwecken wollen, als ob Gluck bei dieser Musik an Mary Wigman gedacht habe.«
Ein kleiner Seitenhieb auf bestimmte deutsche Kollegen.
Bei der einmaligen Inszenierung von Verdis ›Don Carlos‹ in der Salzburger Felsenreitschule am 1. August 1958 ereigneten sich auch allerlei Pannen. Da keiner, aber auch nicht einer der Hauptdarsteller oder der Hauptdarstellerinnen anfangs zur Verfügung stand, mußte er mit Salzburger Polizisten zu probieren beginnen. Er tat es in erstaunlich guter Laune. Lediglich als eine der Diven – die sie mimten – nicht einmal zur Hauptprobe erschienen war und nachher noch Anweisungen von ihm verlangte, lehnte er ab – auch das noch ohne Aufregung. Die stellte sich erst ein, als er bei der Generalprobe entdeckte, daß diese, wie es nun einmal in Salzburg Brauch ist, öffentlich war und daß er, um zu seinem Regietisch zu gelangen, sich durch das Publikum schlängeln mußte. Eine ihm geradezu unfaßbare, um nicht zu sagen, widerliche Anordnung! Daß er dazu »verurteilt« war – dies sind seine Worte –, nahm er allen Menschen in der näheren Umgebung von Salzburg übel, nicht zuletzt dem von ihm sehr geschätzten Dirigenten Herbert von Karajan, der am Dirigentenpult natürlich gegen das Publikum abgeschirmt war und vermutlich gar nicht ahnte, daß und warum sich der große Regisseur so erregte.

Министерство культуры СССР

ГОСКОНЦЕРТ СССР

ГАМБУРГСКИЙ НЕМЕЦКИЙ ДРАМАТИЧЕСКИЙ ТЕАТР

ПОД РУКОВОДСТВОМ

ГУСТАВА

ГРЮНДГЕНСА

(ФЕДЕРАТИВНАЯ РЕСПУБЛИКА ГЕРМАНИИ)

РЕПЕРТУАР:

2, 3, 5 (веч.), 6 (веч.), 7 декабря 1959 г.

Вольфганг ГЁТЕ

ФАУСТ

Первая часть трагедии

4, 5 (утро), 6 (утро) и 8 декабря 1959 г.

Генрих фон КЛЕЙСТ

РАЗБИТЫЙ КУВШИН

Комедия в 2-х действиях

Фридрих ШИЛЛЕР

СМЕРТЬ ВАЛЛЕНШТЕЙНА

3-й акт

В СПЕКТАКЛЯХ ПРИНИМАЮТ УЧАСТИЕ:

Вернер ХИНЦ
Густав ГРЮНДГЕНС
Элла БЮХИ
Эми БЕССЕЛЬ
Герман ШОМБЕРГ
Себастиан ФИШЕР
Карл ВИБАХ
Хайди ЛОЙПОЛЬД
Элизабет ГЁБЕЛЬ
Уве ФРИДРИХСЕН
и другие

СПЕКТАКЛИ СОСТОЯТСЯ

В ПОМЕЩЕНИИ ДОМА КУЛЬТУРЫ ПРОМКООПЕРАЦИИ

Кировский пр., 42 Трамваи: 2, 3, 17, 18, 21, 30, 31, 37 Автобусы: 1, 10, 19, 23, 46, 49; троллейбусы: 1, 6, 12 Телефон В 2-69-65

Начало спектаклей: утренних в 12 час., вечерних в 20 час.

Предварительная продажа билетов производится в кассе театра Дома культуры ежедневно с 11 до 21 часа, в Центральной театральной кассе и во всех районных театральных кассах с 11 до 20 час.

Вход в зрительный зал после 3-го звонка воспрещается

Дети до 16 лет на вечерние спектакли не допускаются

Т 10 им. Григорьева Н. УПП ЛСНХ ул. К. Заслонова, 7. з. 9772 т. 800 12.XI-59 г.

Plakatankündigung für das Gastspiel des Hamburger Schauspielhauses in der Sowjetunion

Der Erfolg der Erfolge wurde für Gründgens im Ausland das Stück, das in Deutschland selten, im Ausland nie ein Erfolg gewesen war: sein ›Faust‹.

Unfaßbar, daß es, nach England, gerade die Sowjetunion war, die ihn einlud, zu kommen, die ihn schon mehrere Male eingeladen hatte, bevor er das Gastspiel im Dezember 1959 unternahm. Unfaßbar zumindest für ihn. Wie? Hatten diese Leute ihn nicht wie einen Kriegsverbrecher behandelt? War er ihren Lagern nicht nur durch eine Reihe von glücklichen Zufällen und die Bemühungen seiner Freunde entronnen? War es ihr Verdienst, daß er überhaupt noch lebte? Wie seltsam doch eine Welt war, in der man ihn abwechselnd einsperrte oder feierte!

Dem sondierenden Herrn vom Auswärtigen Amt sagte er, noch sei er nicht entschlossen, aber im Grunde war er es wohl vom ersten Augenblick an. Dies konnte, dies durfte er sich nicht entgehen lassen! Hatte nicht Shakespeare gesagt, daß die ganze Welt eine Bühne sei? Nun, hier zeigte sich, wie recht er gehabt hatte. Die ganze Welt war eine Bühne, man war dazu verdammt oder verpflichtet oder auch erkoren, aufzutreten, es kam nur auf die Rolle an, die man spielte.

Das Gastspiel wurde, nachdem Gorski die Vorverhandlungen abgeschlossen hatte, bis zum letzten von ihm organisiert. Mitglieder wurden darauf hingewiesen, daß sie einen Regenschirm, einfache Gummigaloschen, eine Pelzmütze gut gebrauchen konnten, sowie Zigaretten (»da Sie nur Orient und gute chinesische drüben kaufen können«), Schuhputzzeug (»Sie müssen die Schuhe selbst putzen«) und dergleichen mehr.

Der in solchen Fällen unersetzliche Vibach wurde vierzehn Tage eher geschickt und mußte mit einem kleinen Vorkommando in Leningrad die Proben machen. Die Schauspieler selbst, an ihrer Spitze GG, kamen erst im letzten Augenblick an. Das lag mit am Wetter, an dem endlosen Warten auf Flugplätzen – aber es hätte nicht besser inszeniert sein können. Er sah sich in Leningrad einiges, in Moskau nur den berühmten Blick über die Moskwa zum Kreml hinauf an. Er frühstückte und aß mit seinen Schauspielern. Im übrigen schien ihn nichts besonders zu interessieren. Aber es interessierte ihn eben doch etwas, und zwar ganz besonders, und das war die Reaktion der Russen auf ihn. Man hätte glauben können, es handele sich nicht um sein Gastspiel in der Sowjetunion, sondern um ein sowjetisches Gastspiel in Hamburg.

Verschiedene Male wurde ihm angetragen, er könne diese oder jene prominente Persönlichkeit sehen. Er lehnte dankend ab. Er sei müde, müsse sich schonen – einmal trat er überhaupt nicht auf, Vibach mußte für ihn innerhalb weniger Stunden einspringen. Der einzige, den er, man darf wohl sagen, mit einer gewissen Absicht ehrte, war der Dichter Boris Pasternak,

der noch kurz vorher in Ungnade gefallen war. Pasternak, ein kleiner, sehr agiler Mann, sprach ein herrliches Deutsch. Er hatte den ›Faust‹ dreimal ins Russische übersetzt. Es gab auch ein Bankett, und Botschafter Kroll hielt eine Rede, man sei erfreut, in Moskau das beste Schauspielensemble Europas begrüßen zu dürfen. GG tat irritiert. Schließlich war ja auch die Sowjetunion Europa, der Ausspruch konnte also nicht gerade als taktvoll gelten. Aber ob er sich nicht doch darüber freute?
Die Kritiken waren nicht durchweg Lobeshymnen. Wenn man ihnen glauben durfte, verstanden die russischen Kritiker mehr vom Theater und mehr vom ›Faust‹ als die deutschen.
Als ich später einmal mit GG darüber sprach, grinste er: »Weißt du, wir Schauspieler sagen immer, daß wir keine Kritiken lesen, aber im Grunde genommen tun wir es doch. Ich verschanzte mich hinter der Ausrede, daß die Übersetzungen nicht den wahren Sinn der Kritiken wiedergäben. Warum sollte ich diese Übersetzungen auch lesen, selbst wenn sie korrekt gewesen wären. Warum sollte ich mich für die Ideen dieser Herren, Faust betreffend, interessieren, die sich doch wirklich nicht für die meinen interessiert hatten, zu einer Zeit, als ich in ihren Lagern saß?«
Aber er mußte in einem Brief zugeben: »Ich habe noch nie ein Volk getroffen, das so leidenschaftlich gern gut sein möchte.« Und: »Plötzlich scheint es mir möglich, daß wir alle in unseren Betten sterben werden, wenn es gelingt, diesen Menschen ihr Mißtrauen zu nehmen.«

Er war bis zuletzt der große Regisseur. Oder darf man es als Zufall hinnehmen, daß sein Flugzeug ausgerechnet in der Stunde im Hamburger Flughafen landete, in der sein sechzigster Geburtstag begann? Natürlich hatte er seine Getreuen wissen lassen, daß er sich jede Feier verbitte. Natürlich hatte er gewußt, daß sie alle da sein würden, dazu der Rundfunk, das Fernsehen, die Wochenschauen. Er wurde gefeiert wie vermutlich noch nie ein deutscher Theatermann vor ihm. Er wurde vom Kultusminister von Nordrhein-Westfalen zum Professor ernannt, es gratulierten – ein wenig wehmütig – der Berliner Kultursenator Tiburtius und der neugebackene Regierende Bürgermeister von Berlin, Willy Brandt. Und es gab einen Senatsempfang im Hamburger Rathaus mit vielen Reden. Jeder klopfte jedem auf die Schulter.
GG war eigentlich ganz glücklich darüber. Zu mir: »Jedenfalls hat mir dieses Mal niemand in die Suppe gespuckt ...« Nach dem Sechzigsten und um den Professorentitel in Empfang zu nehmen, kam er nach Düsseldorf und spielte dort ›Gyges und sein Ring‹. Erst hier traf er seinen langjährigen Mitarbeiter Zemma wieder. Der hatte ein wenig Angst vor dem Wie-

dersehen gehabt und sich vor ihm verborgen. Lediglich ein Veilchensträußchen mit einer kleinen Karte auf dem Schminktisch zeugten davon, daß er überhaupt anwesend war. Aber dieser Veilchenstrauß ging unter in dem Meer von Blumen, das die ganze Garderobe füllte.
Mehrmals kamen andere Garderobiers und Bühnenarbeiter und sagten, Gründgens habe immer wieder nach ihm gefragt, und er solle endlich hineingehen. Er ging schließlich.
Zemma: »Ich dachte mir, ich mache da ganz forsch, ich öffne die Tür und frage: Herr Professor, wie geht's denn? Aber ich kam nicht über die ersten Worte hinaus. Denn ich sah, daß die Garderobe von den Blumen geleert war. Nur das kleine Veilchensträußchen stand auf dem Schminktisch.
Das ist das letzte Mal, daß ich ihn gesehen habe ...«

Das New Yorker ›Faust‹-Gastspiel kam erst später, erst im Februar 1961, obwohl die Verhandlungen bereits seit neun Jahren liefen. GG hatte wohl ein wenig Angst vor New York. Er hätte das nie zugegeben. Nur: »Nach New York gehe ich mit halbem Herzen und voll dunkler Ahnungen, und finde, daß alles ein bißchen spät kommt. Man sollte einen einundsechzigjährigen Herrn nicht über die Kontinente jagen, zumindest nicht in Ausübung seines Berufes.«
Was fürchtete Gründgens denn? Die in der Presse angekündigte Opposition der Nazigegner? Den Vergleich mit dem großartigen Theater, das in New York gemacht wurde? Wie dem auch sei: er fuhr. Natürlich ging wieder nichts glatt. Ein Schneesturm machte einen Umweg über Kanada notwendig und verzögerte die Ankunft der Maschine mit den Schauspielern. Es sah eine Zeitlang so aus, als würden sie nicht einmal am Premierenabend in New York sein. Sie kamen dann doch am Morgen, probierten den ganzen Tag und spielten. Die gefürchtete Opposition meldete sich nicht oder versandete. Die Deutschen, die Hitlers wegen nach drüben hatten auswandern müssen, waren zu glücklich, endlich einmal wieder ›Faust‹ zu sehen und zu hören – und einen solchen ›Faust‹! Die Presse war im Gegensatz zu der sowjetischen fast einmütig begeistert, die Vorstellungen waren restlos ausverkauft – es hätte nicht besser gehen können.
Und er traf viele alte Freunde wieder, vor allem – Francesco, mit dem die Verbindung seit 1936 abgerissen war.

Was tat es, daß der gleiche ›Faust‹ in der Welt so geteilt, in Berlin so wenig günstig beurteilt wurde? GG hatte es vorher zu wissen geglaubt, daß das alte Ressentiment gegen ihn eine ehrliche Beurteilung seiner Leistung

Plakat zum ›Faust‹-Gastspiel des Deutschen Schauspielhauses Hamburg in New York

erschweren, wenn nicht unmöglich machen würde. Ich glaube, er fuhr nach Berlin, nicht um Erfolg zu haben, sondern um sich selbst zu bestätigen, daß er ihn nicht haben würde.
Der Plan, den ›Faust‹ im Fernsehen aufzuzeichnen, scheiterte am Widerstand der zuständigen – oder vielleicht nicht so zuständigen Bürokratie. Selbst der Rundfunk war nur selten davon zu überzeugen, daß es sich lohnte, seine Aufführungen mitzuschneiden. GG zeigte sich angesichts all dieser Widrigkeiten am Ende weder verwundert noch verletzt.
Zufall? Absicht? Letztlich war das alles belanglos. Nicht etwa, weil die Jury des »Internationalen Preises von Palermo« Gründgens für seinen Faust den Preis zusprach, sondern weil das große Publikum, über alle Machinationen oder zufälligen Fehler der für Rundfunk und Fernsehen Verantwortlichen hinweggehend, Gründgens einfach an den Platz rückte, auf den er gehörte.
Er wurde populär.
Es ist nicht leicht für einen Schauspieler, populär zu werden. Im Gegensatz zu einem Filmschauspieler oder einem Darsteller im Rundfunk oder im Fernsehen, den Millionen sehen. Es war doppelt schwer für Gründgens. Er hatte niemals Konzessionen gemacht, er hatte fast nur Stücke gespielt, die dem breiteren Publikum nicht liegen. Aber das breitere Publikum hatte ja kaum eine Möglichkeit, ihn zu sehen. Wenn man nachrechnet, wie oft er zwischen den Jahren 1933 und 1963 spielte und wie relativ klein die Theater waren, in denen er auftrat, wenn man also die Zahl der möglichen Zuschauer berechnet und dann diese Zahl wieder etwa durch fünf oder zehn dividiert, dann gab es kaum einen, der, nachdem er Gründgens einmal gesehen hatte, sich mit diesem einen Mal begnügte; er versuchte immer wieder, ihn zu sehen, zehn- oder zwanzigmal. Wenn man diese gar nicht komplizierte Rechnung macht, kommt man auf eine geradezu verschwindend geringe Zahl von Zuschauern, die Gründgens gesehen haben können. Es ist nicht übertrieben zu behaupten, daß Gründgens von weniger Menschen gesehen wurde als die meisten zweit- und drittklassigen Schauspieler. Denn in den entscheidenden Jahren filmte er ja überhaupt nicht.
Jetzt, ganz auf der Höhe des Ruhms, ließ er sich dazu herbei. Er trat schnell hintereinander gleich in zwei Filmen auf. Es handelte sich um das ›Glas Wasser‹ von Scribe und die Verfilmung seines ›Faust I‹. Das Scribe-Lustspiel, in dem er unzählige Male gespielt hatte, glückte keineswegs restlos. GG war nicht er selbst, konnte, was ihm auf der Bühne so leicht gewesen, von der Leinwand aus nicht geben.
Beim ›Faust I‹-Film lagen die Dinge anders. Die Idee war fast gleichzeitig Peter Gorski und Dr. Barthels vom Gloria-Film gekommen, wo man sonst weniger ambitionierte Filme produzierte. Der Film konnte und wollte –

nach dem Regisseur Gorski – vor allem den Zweck einer Dokumentation erfüllen und wurde – jenseits gewisser unvermeidbarer künstlerischer Unzulänglichkeiten – mehr, viel mehr. Es regnete Bundespreise. Es gab ein paar schlechte Kritiken, die allerdings ohne Widerhall blieben.
Denn überall, wo der ›Faust‹ gespielt wurde – ein für das durchschnittliche Kinopublikum nicht gerade verlockendes Thema –, waren, wie schon beim ›Glas Wasser‹ die Theater ausverkauft. Wohlgemerkt: ich spreche nicht von Berlin, München, Hamburg oder Wien. Diese Filme machten ausverkaufte Häuser in den kleinsten Ortschaften. Ich kenne Kinobesitzer in Nestern, die jahrelang nie ein wirklich volles Haus gehabt hatten. Nunmehr konnten sie drei und vier Vorstellungen pro Tag ansetzen. Wie kam das? Es war doch gar nicht denkbar, daß die Menschen, die da zu Gründgens strömten, ihn auch nur dem Namen nach kannten, um so mehr, als die gezeigten Filme noch vor den Gastspielen in Moskau und New York, die ja immerhin eine gewisse Publizität zur Folge hatten, gedreht worden waren.
Nein, das alles war nicht zu erklären und wird nie zu erklären sein. Man kann nur sagen, daß etwas um Gründgens war – nennen wir es Atmosphäre, nennen wir es Geheimnis –, das die Menschen in Begeisterung versetzte. Ich habe mit vielen darüber gesprochen. Niemand konnte mir das Rätsel lösen. Ich sprach mit GG darüber. Auch er zuckte die Achseln. Und dann nach einer Weile meinte er: »Warum sich den Kopf darüber zerbrechen? Ist es nicht schön, daß es so ist – und nicht anders?«
Ja, es war wohl schön. Und das Schönste daran ist, daß es nicht erklärt werden kann.

Alles Vergängliche
Ist nur ein Gleichnis:
Das Unzulängliche,
Hier wird's Ereignis.

VIERUNDZWANZIGSTES KAPITEL
Abdankung

Die Migräneanfälle hatten in den letzten Jahren nachgelassen, waren weniger häufig und, wenn sie kamen, schwächer. Die Schlaflosigkeit aber wuchs. GG konnte, wenn überhaupt, nur noch mit Mitteln schlafen. Schon lange hatte er die Gewohnheit angenommen, diejenigen, die ihn wecken oder auch nicht wecken sollten, zu informieren. Etwa: »Bitte Patienten ausschlafen lassen. Wenn halb elf nicht wach, Probe absagen.« Oder: »Wenig Mittel und weniger Schlaf. Dafür ›Angst‹. Suche glänzende, nicht zu große Rolle für mich.«
Manchmal fanden sich auf diesen Zetteln auch Skizzen von Inszenierungen, die er sich während seiner schlaflosen Nächte ausgedacht hatte; oft Kritiken der Beruhigungs- oder Schlafmittel, die er ständig wechselte und häufig als untauglich befunden hatte. Dann wieder nach ein paar guten Nächten: »Keine Schmerzen. Sehr gesund, wenn nicht dickes Ende nachkommt.« Bei akuten Krankheiten, bei Aufenthalten in Sanatorien oder Kliniken genaue Analyse seines Zustandes, was ihm weh tat, was ihm nicht weh tat und wann. Zum Beispiel: »Habe keinen Hunger, aber Kopfschmerzen vor Hunger.« Das war nach einer Operation.
Er hatte einen Hang, sich selbst zu beobachten, über seine Unpäßlichkeiten zu sprechen, anderen – wenn auch nur wenigen anderen – mitzuteilen, was die Ärzte nun wieder gefunden oder – wie er meinte, ungeheuerlicherweise – nicht gefunden hatten. Dazwischen grundsätzliche Zweifel am Sinn des Lebens und insbesondere seines Lebens. Hatte er nicht dem Theater zu viele Opfer gebracht? Die Kollegen vom Film und Funk hatten es leichter, da gab es weniger Verpflichtungen, man kam zusammen, machte etwas, lief wieder auseinander. Zu einem Journalisten: »Glauben Sie mir, ich muß auf sehr viel verzichten, um auf meinem Platz nutzbringend auszuharren. Das ist oft bitter für mich. Aber nur so schaffe ich es. Nur so habe ich das Publikum auch hinter mir. Wenn dann beispielsweise eine Künstlerin zu uns stoßen sollte, die erst lange überlegen muß, ob sie bei uns die große klassische Rolle spielt oder lieber in derselben Zeit einen für sie reizvollen Film dreht, kann es nur heißen: soll sie in Gottes Namen ihren Film drehen ...!«
Er war sich darüber klar, daß er zahllose Opfer gebracht hatte, um gutes

Theater zu machen; als Filmstar hätte er im Ausland leben können und wesentlich weniger Steuern zahlen müssen. In diesem Punkt aber war er wieder ausgesprochen »preußisch«. Eine solche Lösung, die ihm in wenigen Jahren ein kleines Vermögen an gesparten Steuern eingebracht hätte, wäre für ihn nie in Frage gekommen. Er zahlte lieber und verzichtete auf vieles. Was besaß er denn? Er hatte eine sehr schöne Wohnung in einer der vornehmsten Straßen Hamburgs, ein abgeschirmtes Haus, durch eine breite Rasenfläche von der Straße getrennt, aber diese Wohnung, sehr repräsentativ, wurde kaum je ausgenutzt. Fast immer, wenn er nach Hause kam, zog er sich in sein Schlafzimmer mit dem englischen Vierpfostenbett aus der Queen Anne-Zeit zurück.

Er hatte Bücher, und er liebte sie. Es gab einige, die er immer wieder las, darunter Proust, Balzac, Fontane, Tolstoi. Die Bücher von Churchill verschlang er geradezu. Später beschäftigte er sich viel mit Geschichte, las geradezu mit höchstem Interesse die historischen Essays und die ›Deutsche Geschichte‹ von Golo Mann und hätte am liebsten seinem Ex-Schwager seine Begeisterung brieflich mitgeteilt. Eliot liebte er besonders. Die moderne Dramatik war – natürlich – Pflichtlektüre. Einmal schenkte ihm Badenhausen den ersten Band der Originalausgabe von Grimms Wörterbuch, das wieder neu herausgekommen war – ein Werk, in dem man eigentlich mehr nachblättert, um sich über eine bestimmte Frage zu informieren, als daß

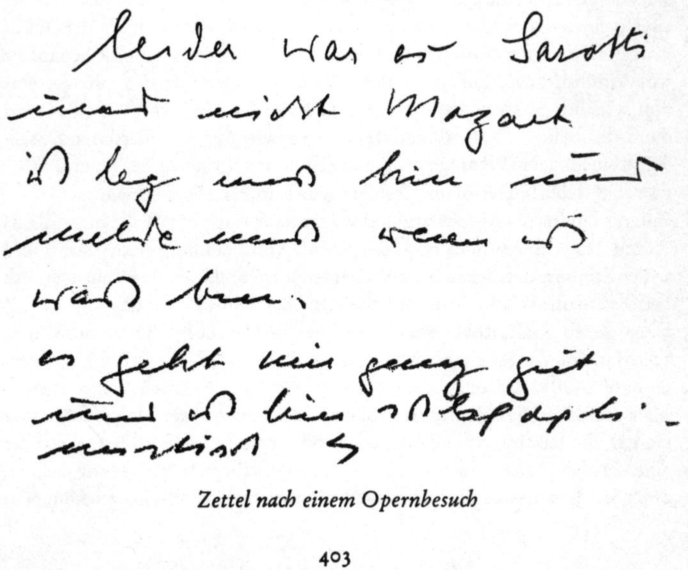

Zettel nach einem Opernbesuch

man es liest. GG las es mit dem größten Vergnügen, nichts interessierte ihn mehr als die verschiedenen Bedeutungen der Wörter und wie diese entstanden waren. Manchmal, selten allerdings, las er einem von seinen Freunden daraus vor.

Was besaß er sonst noch? Einen kleinen Stoffaffen, den er als Talisman stets bei sich führte. Einmal, als er längere Zeit im Hotel wohnte, fand das Stubenmädchen, daß das Tier arg gerupft aussah, und meinte: könnte man es nicht anziehen? Und richtig, drei Tage später erschien dann der Affe neu eingekleidet; GG war selig.

Er legte Wert auf gut gepflegte Nägel, die er sich in den letzten Jahren regelmäßig maniküren ließ – vielleicht tat er das auch deswegen, weil er in seiner Kindheit nicht selten an Nagelbettentzündungen gelitten hatte. Er ging oft und gern zum Schneider, ließ sich elegante Anzüge machen, wählte seine Krawatten sorgfältig aus, aber Anzüge und Krawatten hingen dann meist im Schrank.

Sein großes Hobby wurde das Fernsehen. Es interessierte ihn eigentlich alles, selbst noch der banalste Unterhaltungsabend, der für eine andere Schicht Menschen, zumindest im Hinblick auf die intellektuellen Voraussetzungen, gedacht war. Ein kleiner Schwank, sauber gemacht, entzückte ihn. Nur bei klassischen Stücken wurde er nervös, wenn die Darsteller eine Rolle nicht so spielten, wie es ihm einzig angebracht schien.

Und dann – die Autos. GG war stets ein Autonarr gewesen. Von den Autos, die er in Berlin besaß, wurde schon berichtet. In Düsseldorf fuhr er zuerst einen Opel, dann einen Mercedes 170 V, später, nach der Währungsreform, einen Auburn, und dann einen sehr schönen Buick Sedan. Er war kindlich stolz auf jedes neue Auto – es war fast das einzige, was ihm wirklich Spaß machte. Nach dem Buick kam der rote Cadillac und dann der blaue. Zu dem Chauffeur Ferdinand Meyer: »Ferdinand, steig ein, schmeiß zehn Pfennige rein, und dann fängt er an zu bellen und fährt dich nach Köln!« Der blaue Cadillac wurde in Hamburg schwarz.

Zuletzt kaufte er das teuerste und eleganteste Auto der Welt: einen Rolls Royce. Ich erinnere mich noch des Anrufs von Hamburg nach Zürich und seiner Stimme, der Stimme eines kleinen Jungen, der einen kühnen Streich berichten will: »Lach nicht, ich habe mir einen Rolls Royce gekauft!«

Über diesen Rolls Royce wurde nachher in Hamburg lebhaft debattiert, viele fanden, das sei ein bißchen Angeberei. Der Publizist Willy Haas verteidigte GG: »Laßt uns ... annehmen, jener Mensch ist ein künstlerischer Mensch von großem Ruf und großem Einkommen – ein Mann, sagen wir einmal, der letzthin einmal oder sogar öfter ernstlich erkrankt war und der einer großen, entscheidenden Dosis künstlerischer Aufpulverung bedarf, um wieder in den Besitz seines gesunden Selbstbewußtseins zu kommen:

ein Rolls Royce ist in diesem Fall letzten Endes billiger als Opium, Morphium, Benzedrin oder Pervitin, obwohl ein Rolls Royce gewiß ein Vermögen kostet ...« Und: »Der Generaldirektor mag im Rolls Royce fahren. Der Künstler aber muß es zuweilen.«
Als ich GG einmal fragte, warum er nun diesen prominenten Wagen erworben habe, gab er mir eine für ihn typische Antwort: »Die Leute starren mich doch immer so an! Da habe ich mir gesagt: wenn sie einen Rolls Royce sehen, dann werden sie denken, daß ein reicher Engländer oder Amerikaner drin sitzt, und mich ungeschoren lassen.«
Und dann lachte er.

Es gab natürlich auch ein paar Menschen, die er mochte. Aber es war nicht immer vorauszusehen, wen er mochte und wen nicht. Er sagte stets, es läge an den Leuten selbst, das Verhältnis zu ihm zu bestimmen. Aber das war durchaus nicht so. Er hatte ziemlich klare Ansichten über Menschen und lechzte förmlich danach, seine Vermutungen bestätigt zu sehen. Menschen, die zu betriebsam waren, mochte er ausgesprochen nicht. Ebenfalls solche, die etwas von ihm wollten. Als Heinz Reincke mit seiner Frau einmal an einem schönen Sonntagnachmittag durch die Nachbarstraßen bummelte, meinte er, sie sollten doch eben GG besuchen, der sei so viel allein. Sie taten es. Gründgens war mißtrauisch. Was wollte Reincke? Mehr Gage? Urlaub? Es konnte doch nicht sein, daß die beiden ihn besuchten, ohne etwas zu wollen. Als er begriff, daß es doch so war, konnte er es gar nicht fassen.
Er mochte Menschen nicht, von denen er vermutete, daß sie nur seine Bekanntschaft zu machen suchten, mit dem Ziel, später anderen zu erzählen: »Gestern war Gründgens bei uns zum Tee ...« Respektlosigkeit war ihm verhaßt – und das bezog er nicht etwa nur auf seine eigene Person. Im ›Herrenhaus‹ hatte er einmal zu sagen: »Ich glaube an die große Stufenleiter von Dingen ...« Das galt nicht nur von Dingen, sondern auch von Menschen. Seine Empörung machte sich Luft, wenn etwa junge Schauspieler, ohne sich etwas dabei zu denken, sich respektlos einem älteren gegenüber benahmen, der nur kleine Rollen spielte. Er konnte dann längere Reden darüber halten, wer der Betreffende einmal gewesen war, welche Rollen er gespielt hatte.
Es gab seltsame, ja, man darf wohl sagen unerklärliche Gegensätze in ihm. Er hatte Angst vor Menschen und wünschte sie sich vom Leibe zu halten. Stets war er so sehr professioneller Schauspieler, daß der Gedanke, sich in einem Zimmer, mitten unter Menschen, hinzustellen und etwas zu rezitieren, ihm nie gekommen wäre. Sein Leben war es, immer auf einer Bühne

zu stehen und getrennt durch eine Rampe zu den Leuten zu sprechen, und eben nicht in einem Zimmer zu Leuten zu sprechen. Und so mußte er einsam werden.

Trotzdem suchte er den Menschen. Manchmal glaubte er, einen gefunden zu haben. Eine Krankenschwester, die ihn während einer seiner Operationen betreut hatte, bat ihn, sich um ihren jüngeren Bruder zu kümmern. Er tat sein möglichstes. Aber dieser junge Mann war recht schwierig und wurde schließlich in eine problematische Sache verwickelt, die die Polizei interessierte. Bevor GG, der gerade von Hamburg abwesend war, davon erfuhr, war der junge Mann geflohen und hatte sich zur Fremdenlegion gemeldet. GG fragte mich damals, ob es denn keine Möglichkeit gebe, jemanden aus der Fremdenlegion herauszufischen. Es gab keine.

Trotzdem rief mich GG eines Tages an und bat mich, ihn in Marseille zu treffen. Ich fuhr hin in der Annahme, das Unmögliche sei doch gelungen und er auf dem Wege, den jungen Mann aus der Legion zurückzuholen. Wir hatten einen abenteuerlichen Flug zu einem großen afrikanischen Lufthafen, von dort gings mit einer winzigen Maschine zu einem kleineren und dann mit dem Jeep durch die Wüste.

Dann kamen wir zu dem Fort, das unser Ziel war. Wir warteten geduldig eine knappe halbe Stunde. Endlich wurde GG hereingerufen. Nach fünf Minuten kam er zurück – sehr zu meinem Erstaunen allein. Aber er schien zufrieden, fast vergnügt.

Erst auf dem Rückweg durch die nun von Minute zu Minute kälter werdende Wüste erklärte er mir, der Zweck seines Besuches sei nicht etwa gewesen, den jungen Mann zu befreien – er sollte nur wissen, daß man ihn nicht vergessen hatte.

Eine andre Geschichte ereignete sich mit einem jungen Mann, den Gründgens glaubte zum Schauspieler heranbilden zu können. Er lud ihn nach Hamburg ein, und er durfte sich GG in einer seiner großen Rollen ansehen – es war wohl der Mephisto.

Am nächsten Tag lief der ›Faust‹ wieder, und natürlich war es ausgemacht, daß der junge Mann auch dieser Vorstellung beiwohnen würde. Der aber hatte entdeckt, daß im Fernsehen eine Fußballreportage laufen sollte, und bat, zu Hause bleiben zu können, um sich die anzusehen.

GG zu seiner Freundin Flickenschildt: »So ist es eben . . .«

Aber er hatte auch Angst vor der Einsamkeit. Es gab Zeiten, in denen er einfach nicht allein sein konnte. Ulrich Erfurth erzählte von einem Gastspiel des Ensembles zu Beginn des Krieges in Wien. Die anderen – die Schauspieler, die Bühnenarbeiter – machten sich einen guten Tag. Gründgens lag in seinem Bett und fühlte sich elend. Aber vor allem fühlte er sich verlassen. »Ich mußte bei ihm bleiben. Ich mußte die Nacht über auf einer Couch in seinem Zimmer schlafen. Er war wie ein Kind, das Angst vor bösen Geistern hat und im Dunkeln allein gelassen wird.«

Einige seiner Freunde – nicht viele – machten ähnliche Erfahrungen mit ihm.

Aber die Angst vor den Menschen überwog bei weitem sein Bedürfnis nach ihrer Gesellschaft oder zumindest nach dem Wissen, daß einer um ihn war. Dieser Angst entsprang wohl auch der Entschluß, sich auf gar keinen Fall so zu zeigen, wie er war. Schon gar nicht auf der Bühne. Zu Adolf Dell, dem alten Düsseldorfer Kameraden, sagte er einmal: »Wenn Schauspieler aufhören, sich zu schminken, geht das Theater zugrunde.« Manchmal sprach er von den Masken, die in alten Zeiten von den Schauspielern getragen wurden, sowohl bei den Griechen als auch im chinesischen Theater. »Vielleicht war das ganz gut so . . .«, sagte er. »Hinter einer Maske konnte man sich immerhin verbergen.«

Das Nicht-Private seines Auftretens hat er immer wieder unterstrichen und dem Zuschauer zu Bewußtsein gebracht. Kaum ein anderer Schauspieler arbeitete so viel mit Perücken wie er. Der Gedanke, mit seiner eigenen, gewissermaßen privaten Glatze aufzutreten, wäre ihm nie gekommen. Zemma meinte, wenn eine Rolle nur mit Glatze zu spielen gewesen wäre, hätte er sich über seine private Glatze eine künstliche gestülpt. Ganz zuletzt spielte er einen Mann, der laut Textbuch Gustav hieß. Der Mann bekam einen anderen Vornamen.

Aus dem Bedürfnis, sich nicht zu zeigen, wie er war, stammte auch ohne Zweifel sein wachsendes Verlangen nach kosmetischen Operationen. Es ist kein Geheimnis, daß Schauspielerinnen und Schauspieler sich gegebenenfalls ihr Gesicht operieren lassen. Warum auch nicht? Warum sollen sie, wenn sie noch relativ junge Rollen spielen können, alte spielen? Das hat also nicht unbedingt mit Eitelkeit zu tun.

Übrigens waren manche Eingriffe, die viele bei GG für kosmetische Operationen hielten, medizinisch notwendig – so die Operation, die kurz nach der Entlassung aus dem sowjetischen Lager erfolgte.

Es war sein Wunsch, sich wenigstens auf der Bühne von seinem Privataussehen gewissermaßen zu trennen. Aber dieses Bedürfnis hatte über gesundheitliche und künstlerische Beweggründe hinaus seine Wurzeln in seiner Vergangenheit: in jener Zeit des Dritten Reiches, in der er jeden Abend darauf gefaßt sein mußte – und auch gefaßt war –, aus dem Zuschauerraum heraus angepöbelt zu werden, möglicherweise auf Bestellung von Himmler oder Goebbels. Er sprach nur selten und ungern darüber, er suchte diesen Themenkomplex zu ignorieren – und daher soll auch hier davon nicht weiter gesprochen werden.

Aber eines ist sicher: so wie die große Mehrzahl der Leute, die angeblich

Bescheid wußten, sich Gründgens vorstellte, war er nie. Er liebte Frauen. Er war fasziniert von ihrem Charme, von ihrer Fähigkeit, sich zu bewegen, von dem Timbre ihrer Stimme. Er verstand sie wie kaum ein Regisseur und konnte sie daher wie kein anderer führen. Das galt nicht nur für die Bühne, sondern auch für das Privatleben. Antje Weisgerber erinnert sich eines Abendessens mit ihm im ›Hotel Erbprinz‹, unweit von Karlsruhe. Sie hatten den ganzen Tag im Auto gesessen, und er sagte zu ihr: »Dein Kleid ist arg zerknittert ... Wenn du jetzt aufstehst, werde ich so dicht hinter dir hergehen, daß niemand es sieht ...«
Für die Kleider und Kostüme, die seine Schauspielerinnen trugen, hatte er erstaunliches Verständnis. Er sah alles, sprang auf die Bühne, sagte: »Hier muß noch gerafft werden ... hier ist es zu weit ... hier ist es zu eng ...«
Frauen mußten immer gut aussehen. Und seit Reinhardt hat es sicher kaum einen Direktor gegeben, auf dessen Bühnen so viele schöne Frauen sich so graziös bewegten wie bei ihm.

Seltsamerweise spielte er am besten, wenn er sich nicht ganz auf der Höhe fühlte. Meiner Ansicht nach wirkte die Müdigkeit wie ein Sieb, das nur noch das Wesentliche durchließ.
Aber die Krankheiten beschäftigten ihn weit über die Dauer eines Schmerzanfalls hinaus. Heute glaube ich, daß er sich darum so oft mit sich selbst beschäftigte und den Eindruck eines Hypochonders machte, weil er sich über sich selbst nicht klar war und hoffte, Klarheit durch ständige Selbstbeobachtung zu finden.
Aber damals machten diese ständigen Diskussionen über Krankheiten oder Schmerzen einen ganz anderen Eindruck auf die, die ihm nahestanden, zumindest auf mich. Wir hatten das Gefühl, als stelle er seine Krankheiten wie eine Barriere, wie eine spanische Wand zwischen sich und die übrige Welt. Heute weiß ich es besser. Damals erschienen mir diese vielen Krankheiten, die GG sozusagen am laufenden Band überfielen – es handelte sich, wie wir später erfahren sollten, bereits um Symptome einer Erkrankung oder eines Verfalls –, ein bißchen »gespielt«. Bei jedem Telefongespräch zwischen uns fragte ich ihn pflichtgemäß, wie es ihm ginge. Und wenn er sagte: »Es geht mir eigentlich gut, ich habe im Augenblick gar keine Schmerzen ...«, antwortete ich ironisch: »Das tut mir wirklich leid.«
Und dann lachten wir. Heute weiß ich, daß sich zumindest hinter seinem Lachen etwas verbarg, von dem ich nichts ahnen konnte: das Wissen darum, daß er wirklich ein kranker Mann war. Da kam vieles zusammen. Die Überbeanspruchung, die Unfähigkeit zu schlafen, die Notwendigkeit, stets auf Touren zu sein. Man stellte fest, daß seine Wirbelsäule verkrüppelt

war, was er übrigens seit langer Zeit wußte, aber die Schlüsse, die er daraus zog, nämlich daß seine Migräne damit zusammenhing, waren nicht richtig. Schlimmer und entscheidender waren eine fortgeschrittene Aderverkalkung und Kreislaufstörungen.
Ein kranker Mann und einer, der nicht alt werden wollte. Zu Teo Otto sagte er, als die beiden sich darüber unterhielten, was ihm denn in den nächsten Jahren zu spielen bleibe: »Ich kann doch keine Väterrollen spielen!«
Einmal, das war schon in Hamburg, erklärte er kategorisch: »Nun spiele ich keine alten Männer mehr!« Zum Zeichen, wie ernst es ihm war, verbrannte er in Anwesenheit einiger Mitarbeiter die Perücken aus ›Wallenstein‹, ›Herrenhaus‹ und ›Marschlied‹. Es war ein richtiges kleines Autodafé.
Sicherlich neigte er zur Korpulenz, aber in verhältnismäßig geringem Maße. Trotzdem gab es Zeiten, in denen er überhaupt nichts zu sich nehmen wollte. Sagte ihm dann jemand, nun, da er abgenommen habe, sehe er eigentlich älter aus als zuvor, so konnte er sehr unglücklich sein.

Vielleicht war es diese Angst, alt zu werden oder schon alt geworden zu sein, die ihn davon zurückhielt, sich mit vergangenen Zeiten zu beschäftigen. Er sprach fast nie von der Vergangenheit, von seinen Triumphen in Berlin oder vorher in Hamburg. Aber er konnte sich nicht darüber täuschen, daß die Zeit weiter ging. Menschen, denen er sehr nahe gestanden hatte, starben, und in den letzten Jahren seines Lebens waren das erschrekkend viele. Da war Hans Albers, für den er immer eine gewisse Vorliebe gehabt hatte, da war Paul Bildt, den er mit der Zärtlichkeit eines Sohnes geliebt und behütet hatte, und Käthe Dorsch, der er ja in gewissem Sinne seine Karriere verdankte, die ihn immer faszinierte und für die er fast alles getan hätte, wenn er in den letzten Jahren auch kaum mehr mit ihr zusammenkam. Es starben der große Bühnenbildner Caspar Neher und Robert Pudlich, mit dem er ›Cäsar und Cleopatra‹ gemacht hatte. Und der Regisseur Max Ophüls, der einst den noch verhältnismäßig unbekannten Gustaf Gründgens in ›Liebelei‹ beschäftigt hatte; GG hatte ihn nach Hamburg geholt, um dort ›Figaros Hochzeit‹ zu inszenieren; aber während der Arbeit erkrankte er und starb.
Es starb völlig überraschend während der Arbeit an der Inszenierung einer Oper in Hamburg Oskar Wälterlin, der Direktor des Schauspielhauses in Zürich. Der Tod dieses Mannes, mit dem er seit Kriegsende befreundet war, erschütterte GG besonders, denn er vollzog sich unter recht makabren Umständen. Wälterlin hatte eine Wohnung gemietet, war nach Be-

sprechungen in diese Wohnung zurückgekehrt und frühmorgens nicht auf der Probe erschienen. Man telefonierte – keine Antwort. Man brach die Wohnung auf und fand ihn entseelt auf dem Fußboden liegend. Was war geschehen? Wie lange hatte er gelitten? Wie Furchtbares hatte er gelitten, bevor alles zu Ende war?

GG telefonierte damals mit mir: »Da kommt man also als lebender Mensch nach Hamburg und wird in einer Kiste zurückgeschickt!« Das wollte ihm nicht aus dem Kopf.

Es starb die schöne Sybille Binder nach langem Leiden in Düsseldorf.

Es gab Tage, an denen GG das Gefühl hatte, als stürben alle Menschen um ihn herum, und an denen er sich wünschte, lieber vor ihnen fortzugehen, um nicht ganz allein zu bleiben.

Noch ein letztes Mal, im Herbst 1956, war er nach Zeesen gefahren – nach umständlichen Aufenthaltsgenehmigungen durch ostzonale Behörden –, um das Grab seiner Mutter zu besuchen.

Erinnerungen ... Erinnerungen ... Nicht alle waren erfreulich. Beispielsweise die Zurechtweisung des Kritikers Ihering, die er als notwendig empfand. Ihering, ursprünglich am linken Flügel stehend, hatte sich unter den Nazis angepaßt, ja, war sogar für die bereits erwähnte berüchtigte Version des ›Kaufmanns von Venedig‹, die damals am Wiener Burgtheater aufgeführt wurde, mitverantwortlich. Nach dem Zusammenbruch war Ihering wieder einmal nach links gegangen, verteidigte, als Angestellter der Kommunisten versteht sich, die kommunistische Sache und versuchte hartnäckig, Verbindung zu GG zu bekommen, indem er behauptete, ihn auf dieses oder jenes wichtige Stück aufmerksam gemacht zu haben. GG wies das entrüstet zurück, erinnerte im Gegenteil kühl daran, daß es eine einzige ernsthafte Verbindung zwischen ihm und jenem während des Dritten Reiches lediglich gegeben habe, als Ihering trotz seines Versuchs, sich mit den Machthabern gut zu stellen, aus der Reichsschrifttumskammer ausgeschlossen worden war – vorübergehend allerdings nur.

Erinnerungen ... Erinnerungen ... GG sah im Fernsehen eine Altberliner Posse ›Wie einst im Mai‹, und in der Hauptrolle Peer Schmidt. Schmidt war sehr nett, das Ganze war nett – aber nicht mehr, und GG hätte vor zehn Jahren kaum eine halbe Stunde dieser Platitüden ertragen. Jetzt war er zu Tränen gerührt.

Wie viele waren gleich Schmidt aus seinem Leben entschwunden! Nie verwand er es, daß Badenhausen ihm nicht nach Hamburg gefolgt war, obwohl er es für wichtig hielt – und er bestätigte das immer wieder –, daß Badenhausen, der an die Universität Köln berufen worden war, der Jugend vom Katheder aus beibrachte, »was wir beide so gründlich durchexerziert haben«.

Badenhausen kam noch gelegentlich nach Hamburg zu Besuch. Günther Lüders indessen traf GG nur noch einmal, und zwar als er nach Stuttgart fuhr, wo der ›Faust‹-Film herauskommen sollte. In Stuttgart war Lüders nämlich inzwischen Schauspieldirektor geworden. Sie unterhielten sich in der Hotelhalle, dann verabschiedete sich Gründgens mit der Bemerkung, er müsse sich noch eine Stunde hinlegen. Aber oben auf der Treppe angelangt, rief er den Freund noch einmal zurück und fragte ihn: »Na, Direktor, denkst du jetzt manchmal milder über mich?«
Auch Vibach ging. Das war ein harter Schlag für GG, der viele Jahre mit ihm gearbeitet hatte. Vibach schien ihm schlechterdings unentbehrlich. Aber er hatte sich um die Stellung des Theaterintendanten in Schleswig beworben und war gewählt worden.
GG versuchte, ihm die Bewerbung auszureden. Er solle es sich genau überlegen; wenn er einmal Intendant geworden sei, müsse er es bleiben, dann könne er nicht plötzlich sagen, jetzt habe er keine Lust mehr. »Dann nimmt dich nämlich keiner mehr!«
Vibach: »Ich kenne Leute, die zwanzig Jahre Intendant sind und denen es ganz gut dabei geht!«
Gründgens mußte lachen. »Dann mach's eben!«
Erinnerungen ... Erinnerungen ... In seinem Ankleideraum hatte er – wie kleine Mädchen in ihrer Kammer – Photos von Schauspielern und Schauspielerinnen, die ihm im Leben begegnet waren, mit Reißnägeln angepiekt. Teo Otto: »Laß sie doch wenigstens einrahmen!«
Und darauf GG: »Nein, das doch lieber nicht. Man kann sie so schneller wieder wegnehmen!«
Manchmal versuchte GG, sich gewaltsam aus seiner Einsamkeit herauszureißen. Er machte sogar einen Betriebsausflug des Theaters mit, ja, traf sich nachher noch mit Frau Dr. Staudinger und einigen Schauspielern in einer Kneipe, um Bratheringe zu essen und Schnaps zu trinken. Das war etwa anderthalb Jahre vor seinem Tode. Damals äußerte er zum ersten Mal: »Ich will ein neues Leben beginnen ...«
Er sprach dann sehr viel von dem Leben, das er versäumt habe – auch zu mir. Sein ganzes Leben habe er nur für seinen Beruf gelebt, nun sei es an der Zeit, richtig zu leben zu beginnen. Was er sich darunter vorstellte, war niemandem ganz klar. Klar war nur, daß alles anders werden sollte, und zwar möglichst schnell.

Das Leben, das eigentliche Leben, begann für ihn wohl mit der Entdeckung Madeiras. Er war hierhin und dorthin gefahren, um sich zu erholen, aber es hatte ihm immer nur ein paar Tage gut gefallen, dann kamen ihm

sofort Bedenken, und schon Anfang der fünfziger Jahre hatte er einmal zu mir geäußert: »Man sollte eigentlich nie zweimal an den gleichen Ferienort zurückkehren ...«
Und dann kam er nach Madeira. Vieles reizte ihn dort. Vor allem aber, daß diese zauberhafte Insel schwer erreichbar war. Man mußte damals – Mitte der fünfziger Jahre – nach Lissabon fahren oder fliegen und von dort mit einem Wasserflugzeug nach Madeira. Diese Wasserflugzeuge waren alt und nahmen auch bald darauf ein schmähliches Ende, als eines der beiden im Ozean verschwand. Danach gab es überhaupt nur noch eine Möglichkeit, Madeira zu erreichen: per Schiff via London. Diese Unerreichbarkeit garantierte Gründgens, daß er den typischen Sommerfrischlern nicht ausgeliefert sein würde. Er fuhr immer wieder nach Madeira zurück, lebte in einem altmodischen, aber ungemein gepflegten Hotel, ›Reid's Hotel‹, bis er eines Tages ein Häuschen fand, klein und fast primitiv. Es gab nur ein paar kleine Zimmer. Und er schlief nicht einmal in seinem Häuschen, sondern in einer strohgedeckten Hütte nebenan, einer sogenannten *Casa de Palla,* in der für wenig mehr Platz war als für seine Lagerstätte. In das Häuschen wurden lediglich Freunde eingeladen, aber auch sie wurden in dem vorher erwähnten Hotel installiert.
In Madeira hatte er das gefunden, was er seit dem Verlust von Zeesen nicht mehr zu finden geglaubt oder gehofft hatte: eine neue Heimat, ein zweites Zuhause und, wie ihm schien, das endgültige. »Ich habe endlich wieder heimatliche Gefühle!« rief er. Niemand, der ihn in Madeira erlebt hatte, konnte daran zweifeln, daß er entschlossen war, hier sein Leben zu beenden.
Dies war nun das Leben, das der Mann, den eine Welt anbetete, als wirklich lebenswert empfand: in einer Strohhütte zu wohnen, ein paar Freunde zu sehen, sich an seinen Blumen zu freuen, Spaziergänge zu machen, zu schwimmen.

Immer wieder dachte er an »leben«. Auch an das Leben anderer. Was bedeutete schon Arbeit? Was bedeutete es schon, durch diese Arbeit Entscheidendes zu erreichen, wenn das Leben aus nichts anderem bestand? Eine Umfrage des Wochenblattes ›Die Zeit‹, was wohl die Deutschen am liebsten mochten, hatte er folgendermaßen beantwortet:
»a) ihre Ruhe haben
b) Geld verdienen und es ausgeben
c) offensichtlich nicht das, was die von ihnen gewählte Regierung will.«
Auf die Frage: »Was entzückt mich persönlich?« hatte er mit drei Worten geantwortet:

»a) Mozart
b) Jugend
c) Mozart«

Es war vor allen Dingen die Jugend, die ihn, den Alternden, den nun bewußt Alternden, besonders interessierte und faszinierte. Da gab es zum Beispiel den Fall Romy Schneider. Hier kann man wohl von einem »Fall« sprechen. Romy war, halb Kind noch, Filmstar geworden und besaß eine ungeheure Zugkraft. Dann kam die Zeit – überraschend schnell –, in der das junge Mädchen begriff, daß es diese zuckersüßen, ewig verliebten, ewig geliebten kleinen Prinzessinnen auf die Dauer nicht spielen konnte und wollte. Die Branche überredete Romy immer wieder zu den gleichen sentimentalen Filmen, und es kam, was kommen mußte: das Publikum wurde dieser Filme müde, und die Produzenten, anstatt zuzugeben oder auch nur zu erfassen, daß und in welchem Maße sie selbst an der Zerstörung einer ihrer größten Attraktionen schuld waren, schrieben Romy Schneider ab.

In diesem Augenblick entschloß sich GG, etwas zu tun. Er geißelte die Filmindustrie, die deutsche vor allem natürlich, die ein Talent, das ihr ganz unverdient in den Schoß fiel, anstatt aufzubauen, abgebaut hatte. Er empfing Romy Schneider. Er gab in der Öffentlichkeit bekannt – und das tat er wirklich nur in seltenen Fällen –, daß er bereit sei, mit der Künstlerin zu arbeiten. Er dachte an eine Shakespearerolle, Viola vielleicht oder Rosalinde. Er war sehr angetan von ihr, nachdem er einige ihrer Filme, vor allem aber, nachdem er sie persönlich kennengelernt hatte. Er prophezeite ihr eine große Theaterkarriere.

Die Branche wollte sich vor Lachen ausschütten. Es kam dann nicht mehr zu der Zusammenarbeit zwischen Gustaf Gründgens und Romy Schneider. Aber sie schaffte die große internationale Theaterkarriere doch und eine große Filmkarriere dazu. Die Branche schwieg nun wiederum – sehr betreten.

Jugend ... GG hatte durch Zufall entdeckt, daß sich unter seinen Beleuchtern ein junger Mensch befand, Jürgen mit Vornamen, der eigentlich gar nicht Beleuchter hatte werden wollen, sondern Schauspieler. Da es ihm jedoch unmöglich war, an einer Bühne anzukommen, beschloß er, das Theater von Grund auf zu erlernen, gewissermaßen von der Pike auf zu dienen, und war Beleuchter geworden. So etwas gefiel GG ganz außerordentlich, er wollte den jungen Mann unbedingt kennenlernen.

Um diese Zeit arbeitete Jürgen nicht nur als Beleuchter, sondern bereitete sich zur Aufnahmeprüfung für die zweite Klasse der Staatlichen Musikhochschule vor. Als er die Prüfung bestanden hatte, gab er den Beleuchterposten auf.

GG wollte vor allem erfahren, was eigentlich den jungen Menschen von heute durch den Kopf geht. Jürgen, für den seltsamerweise Gustaf Gründgens kaum ein Begriff war, sprach frei von der Leber weg. GG war fasziniert. Da war wieder einmal ein junger Mensch, der es verdiente, daß man sich mit ihm beschäftigte, daß man ihn formte.

Sie unterhielten sich lange über die Stücke, die gespielt wurden oder die in der nächsten Zeit gespielt werden sollten. GG ließ sich bei solchen Gesprächen sehr viel von dem jungen Mann sagen; jedenfalls mehr als von älteren Menschen, die schon seit Jahren mit dem Theater verbunden waren und nach menschlichem Ermessen sehr viel mehr davon verstehen mußten. Denn es galt ja bei diesen Unterhaltungen nicht, recht zu behalten oder den kürzeren zu ziehen, sondern eben einen Menschen zu formen.

Überhaupt begann GG trotz seiner Menschenscheu sich immer mehr dafür zu interessieren, was auf der Welt vor sich ging. Vom Fernsehen war schon die Rede; aber auch die Zeitungen studierte er aufs intensivste. Zum Beispiel ließ ihn der Fall Augstein – man erinnert sich, daß der Herausgeber des ›Spiegel‹ im September 1962 wegen angeblichen Landesverrats verhaftet wurde – nicht ruhen. Er raffte sich sogar zu einem demonstrativen Brief an Augstein auf, in dem es unter anderem hieß: »Daß Sie nun in einer Gefängniszelle sitzen – wie gut Sie auch behandelt werden mögen – empört mich sehr ... Kann ich etwas für Sie tun? Lassen Sie es mich wissen. Ich würde es mit großer Freude tun.«

Andererseits interessierte ihn der Film trotz seiner großen Erfolge überhaupt nicht mehr; alle Angebote, die er erhielt – und sie kamen in großer Zahl –, wurden abgelehnt. Der Grund dafür, den er im privaten Kreise nicht verhehlte, war die wachsende Kommerzialisierung der Filmbranche, ihre Uninteressiertheit an künstlerischen Dingen, an Experimenten, an Neuem. Ein wenig verärgert war er auch über die Diktatur der Technik im deutschen Film, die letztlich immer darüber entschied, was »möglich« und was »nicht möglich« war.

In seinem Theater lief alles weiter, es ging gut, es ging glänzend, es war ohne Zweifel das Theater mit dem höchsten künstlerischen Niveau und den geringsten finanziellen Problemen in Deutschland. GG plante übrigens auch jetzt noch auf weite Sicht. Schon im Herbst 1960, während er den Prospero im ›Sturm‹ studierte, war ihm die Idee gekommen ›Hans Sonnenstößer‹, sein Lieblingsstück in den dreißiger Jahren, noch einmal zu machen. Diesmal allerdings würde er nicht mehr den jugendlichen Helden spielen, sondern nur Regie führen; Heinz Reincke sollte sein neuer Sonnenstößer sein.

An Karl Vibach, der damals nicht mehr bei ihm war, aber mit von der Partie sein sollte, schrieb er: »Ich will aus dem Dichterling einen Musiker machen, der mehr hergibt. Er müßte billige Tanzmusik spielen und gern Hentze sein wollen, aber eben nicht Stockhausen. Ich habe mit Mark Lothar bereits des längeren darüber gesprochen, daß immer, wenn er seine Musik übt (in der ersten Szene), ihm die beiden anderen beschwörend in den Arm fallen, wenn er zu hentzen anfängt.« (Die »beiden anderen« waren natürlich sein Freund und seine Freundin.) »Dem entgegengesetzt will ich eine Szene einschreiben an Stelle des Boxkampfes, den ich gern in ein Quiz verwandeln möchte. Und der Figur der Ellen, der bürgerlichen Nonkonformistin, größeren Spielraum geben. Ich dachte vielleicht sogar an eine eigene Szene in der Wohnung der Ellen (der Freundin), die mit allem kabarettistischen Unfug und Wahnsinnsmöbeln eingerichtet sein sollte. Dort könnte man ein Meeting ›absurder Theater- und Musikleute‹ veranstalten, das den armen Sonnenstößer zwischen den massiven Angriffen der nonkonformistischen Spießer albträumen läßt.«

Daraus wurde nichts mehr.

Wohl aber daraus, daß GG ›Das Konzert‹ spielte, jene Komödie von Hermann Bahr, mit der er sowohl in seiner Hamburger Zeit als auch später in Berlin so starken Erfolg gehabt hatte. Nur, daß er diesmal nicht mehr den jungen Doktor Jura spielte – der wurde Reincke überlassen –, sondern den alternden Klaviervirtuosen. Seine Partnerin war – nach langer Zeit wieder einmal – Marianne Hoppe.

Das war am 9. Mai 1962. Die Aufführung wurde ein starker Erfolg, aber Gründgens war nicht sehr glücklich. Überhaupt befriedigte ihn vieles nicht mehr wie früher. Nur daß er es hinnahm – früher hätte er nichts hingenommen. Zu einem Mitarbeiter sagte er einmal während einer Probe, als das Licht nicht auslöschen, der Vorhang nicht aufgehen wollte: »An dieser Stelle hätte ich vor ein paar Jahren noch einen Schreikrampf bekommen!«

Er bekam keinen Schreikrampf mehr.

Das hatte damit zu tun, daß er sich zu einem entscheidenden, *dem* entscheidenden Schritt seines Lebens entschlossen hatte: er wollte zurücktreten.

Es war nicht das erste Mal, daß er den Entschluß faßte. Schon zwei Jahre vorher hatte es Mühe gekostet, ihn zu bewegen, seinen Vertrag zu verlängern. Rückblickend kann man sagen, daß dieser erste Demissionsversuch, der der Öffentlichkeit mehr oder weniger unbekannt blieb, mit jenem Entschluß zusammenfiel, zu »leben« und nur noch zu »leben« – wenn er auch damals darüber noch nicht sprach. Es waren einige wenige Freunde, die ihn überredeten, seine Demission – vielleicht war es gar kein endgültiger Entschluß – noch einmal zu überdenken.

Entscheidend war wohl der Brief, den Kurt Hirschfeld ihm aus Zürich schickte, in dem er ihm auseinandersetzte, daß zu diesem Zeitpunkt GG als Theaterleiter noch nicht vom deutschen Theater entbehrt werden könne, daß Gründgens aber vor allem selbst ein Theater haben müßte und ohne Theater, sozusagen ohne Amt, gar nicht denkbar sei. Hirschfeld war nicht der einzige, aber er war wohl der erste, der ihm das ganz klar vor Augen hielt, daß es für ihn nötig sei, Pflichten zu haben.

Wie auch immer – es dämmerte GG langsam, was seinen Freunden eigentlich von Anfang an klar war, nämlich, daß es eine Sache war, im eigenen Hause zu spielen und zu inszenieren, und eine zweite, von einem anderen abhängig zu sein, mochte der andere auch noch so entzückt sein, mit ihm, Gründgens, zu arbeiten.

Das nächste Mal war nun alles ganz anders. Gründgens wußte zwar, daß die Argumente, denen er sich 1958 nicht hatte verschließen können, noch ihre Gültigkeit hatten, aber er verschloß sich ihnen dieses Mal, weil er ja »leben« wollte.

Vergebens versuchte Hirschfeld noch ein zweites Mal zu intervenieren. Postwendend erreichte ihn ein Brief von GG: »Lassen Sie mich heute in aller Öffentlichkeit sagen, daß es wenige Menschen gibt, mit denen ich mich unterhalte und von denen ich Anregungen entgegennehme, wie Sie. Sie selbst wissen, welchen entscheidenden Einfluß Ihr Brief auf mich gehabt hat, als ich schwankte, ob ich meinen Vertrag mit dem Deutschen Schauspielhaus im Jahre 1958 verlängern oder ob ich einen Punkt hinter meine Laufbahn setzen sollte. Diesmal werde ich es tun.«

Einige, die ihm nahestanden, glaubten, auch diesmal sei sein Entschluß nicht unumstößlich gewesen, Gründgens hätte noch einmal bewogen werden können, seinen Vertrag zu verlängern. Er habe wohl erwartet, daß seine Schauspieler zu ihm kämen, daß sie gewissermaßen die Barrieren überrennen, ihn bedrängen würden, seine Entscheidung rückgängig zu machen.

Gerade dies geschah nicht, und aus einem die Schauspieler durchaus ehrenden Grunde: sie glaubten, es ihrem Chef schuldig zu sein, seine Entschlüsse zu respektieren. Sie waren zwar traurig, manche geradezu verzweifelt, aber es kam zu keiner Demonstration.

Ich selbst – und hier handelt es sich wirklich um eine persönliche Ansicht – glaube, daß keine Demonstration etwas geändert haben würde. Gründgens war entschlossen zu »leben«. In einem Fernsehinterview, bald darauf, aus Madeira, erklärte er auf die Frage, ob er nicht doch wieder später ein Theater übernehmen wolle, sehr dezidiert: »Nein, nein. Das werde ich ganz bestimmt nicht tun. Das ist zu Ende. Das spüre ich. Es müssen andere ran ...«

Gründgens war nach seinem Rücktritt in einer paradoxen Situation. Er begriff nicht, daß man seinen Entschluß so einfach hinnahm, obwohl es doch klar war, daß man seinen Entscheid hinnehmen mußte, wenn man sein Bestes wollte, wenn man seinen Beteuerungen glaubte, er wünsche nur noch zu »leben«.

Die Stadt? Nun, sie hätte vielleicht einen letzten entscheidenden Versuch machen können. Aber gerade die Stadt oder der Senat oder, um es noch klarer zu sagen, der Kultursenator Dr. Biermann-Ratjen war der Ansicht, es ginge um Geld oder einen längeren Urlaub: »Mehr hätten wir ihm einfach nicht anbieten können!«

Es war also still um GG, gerade in jener Zeit, in der er, vielleicht nicht einmal bewußt, erwartet hatte, daß sehr viel geschehen würde. Mir sagte er: »Es ist merkwürdig, ich sitze hier im Herzen des Taifuns, um mich herum gehen die Wellen hoch, es wimmelt von gottverdammten Nachrufen ... es ist, als ob ich schon tot wäre. Und sowas muß mir passieren. Aber bei mir ist nichts, es läutet kein Telefon, kein Mensch kümmert sich um mich, ich sitze hier völlig allein und einsam.«

Und es geschah das Seltsame, daß er, der die menschliche Gesellschaft immer zurückgestoßen hatte, sich nun plötzlich ungewollt vereinsamt vorkam. Man sah ihn – wie nie zuvor – durch die Gänge des Schauspielhauses wandern, er betrat die Garderobe von Elisabeth Flickenschildt, die sich gerade für einen Auftritt zurechtmachte, oder die von Ehmi Bessel, der Frau des Schauspielers Werner Hinz – beide waren seine Freunde –, um eine kleine Unterhaltung zu beginnen, in der von allem gesprochen werden durfte mit Ausnahme seiner Kündigung.

Und dann kam die letzte Spielzeit, und er erschien noch in einer letzten Rolle vor dem Hamburger Publikum: als König Philipp in ›Don Carlos‹. Das war am 20. November 1962.

Er hatte sich lange gegen das Stück gewehrt, das er vorher nie inszenieren wollte, und gegen die Rolle, zu der er, wie er klagend erklärte, so gar keinen Zugang hatte. Es war doch – schon wieder – eine Vaterrolle, in gewissem Sinne vielleicht sogar *die* Vaterrolle. Aus einem Brief an mich: »Ich lese mir die Rolle durch und frage mich, wie ich auch nur einen einzigen Satz sprechen soll?« Und dann langsam, wohl sehr langsam, zumindest für seine Verhältnisse sehr langsam, kam er zu einer Lösung. Für ihn wurde Philipp nun ein Verwandter von Gründgens, ein Fanatiker, einer, der an seine Sendung glaubt und bereit ist, dieser Sendung alles zu opfern. Schließlich den eigenen Sohn. Der Sohn stand hier für das Leben. Und der Fanatismus, die Unfähigkeit Philipps, sich mit einem Menschen zu verständigen, stand für Einsamkeit. Er spielte seinen Philipp aus der eigenen Einsamkeit.

Vielleicht darf man noch einen Schritt weiter gehen. Er gab einen Philipp, der schon gar nicht mehr lebte; mit Recht schrieb der Kritiker Siegfried Melchinger, er habe ihn »mit einem Totenkopf« gespielt.
Ein außerordentlicher Erfolg – und besonders für ihn. Deshalb wollte er auch, daß die wenigen Freunde, die er besaß, ihn unbedingt in dieser Rolle sehen sollten. Eine von ihnen war die bald achtzigjährige Elsa Wagner, mit der er seit Berlin Kontakt gehalten hatte. Und da es ausgemacht war, daß er nur noch bis Ende Januar spielen sollte, wählte sich Elsa Wagner den sechsundzwanzigsten.
Es war ein sehr kalter Winter, und ein paar Tage vor der Vorstellung klingelte das Telefon bei Elsa Wagner in Berlin und GG erklärte höchstpersönlich: »Ich verbiete dir, hörst du, ich verbiete dir, bei dieser Kälte zu kommen. Ich will nicht daran schuld sein, daß du dich erkältest . . .«
Aber sie merkte, daß er es ihr zwar erleichtern wollte, ihm abzusagen, im Grunde aber nur zu gern wollte, daß sie kam.
Sie kam natürlich. Der Zug hatte eine Dreiviertelstunde Verspätung. Und GG stand in dieser fast sibirischen Kälte und wartete eine Dreiviertelstunde. Er nahm ihre Koffer, er führte sie zu seinem Wagen, er fuhr sie ins »Atlantik«, wo er ein Zimmer für sie bestellt hatte. Er ging mit ihr hinauf, denn er wollte sehen, ob auch alles gut sei, wie er es wünschte. Das Zimmer war voller Blumen, und er runzelte die Stirn: »Ein bißchen viel, findest du nicht?«
Und dabei mußte er doch schon eine gute halbe Stunde später als Philipp auf der Bühne stehen. Er sagte, sie solle sich Zeit nehmen mit dem Umziehen – das Hotel war ja nur eine kurze Strecke vom Theater entfernt – er würde erst anfangen, wenn sie da sei. Aber es passierte dann allerhand. Elsa Wagner geriet in einen Fahrstuhl, der außer Betrieb war, der mit ihr herauf und herunter fuhr, und es dauerte einige Zeit, bis man sie herausholte. Endeffekt: sie kam zu spät – aber doch nur um ein paar Minuten. Und nach der Vorstellung feierte er sie – »als sei ich die größte Schauspielerin der Welt«. Er hatte sich erkundigt, wo sie säße – er war ja zu kurzsichtig, um es selbst zu sehen –, und ging dann immer wieder an dieser Seite an die Rampe und verneigte sich tief vor der alten Kollegin.
Philipp mit dem Totenkopf.
Wenige sahen das. Kaum einer dürfte geahnt haben, was hinter diesem Philipp stand, der ja Abschied vom Leben nimmt, als er seinen Sohn, seine Frau der Inquisition übergibt, daß dies ein Abschied des Schauspielers Gründgens von der Bühne war.
Vielleicht war dies auch ein Grund dafür, daß ihm der Besuch der alten geliebten Kollegin Elsa Wagner so viel bedeutete.

FÜNFUNDZWANZIGSTES KAPITEL

Der Abgang

Zugleich mit Gründgens' Demission hatte sich die Frage der Nachfolgerschaft gestellt. Er selbst, der Ansicht, daß er da eigentlich nicht mitreden sollte, schlug, vom Hamburger Senat um Rat gebeten, seinen langjährigen Mitarbeiter Ulrich Erfurth vor. Damit war man nicht einverstanden. GG zuckte die Achseln; man hatte einen Vorschlag von ihm verlangt – einen anderen konnte und wollte er nicht machen. Der Senat holte sich daraufhin Oscar Fritz Schuh, der kurze Zeit vorher als Generalintendant nach Köln gegangen war, wo er sowohl Schauspiel als auch Oper unter sich hatte – die Oper war stets sein Spezialgebiet gewesen. Er nahm sofort an.

Erfurth kündigte. Weder GG noch andere konnten ihn von diesem Schritt zurückhalten. Diejenigen, die geglaubt hatten, er werde mit sich reden lassen, wurden eines Besseren belehrt. Auch die Flickenschildt war schon damals entschlossen, unter keiner neuen Direktion im Hamburger Deutschen Schauspielhaus aufzutreten.

GG hatte, als er mitteilte, daß er seinen Vertrag nicht verlängere, erklärt, dies beziehe sich nicht notwendigerweise auf seine Tätigkeit als Regisseur und Schauspieler. Nur, meinte er, sei es auf jeden Fall falsch, wenn er bereits in der ersten Spielzeit wieder in Erscheinung träte – er deutete an, dies würde vielleicht zu von ihm wirklich nicht erwünschten Demonstrationen des Publikums führen; aber in der zweiten Spielzeit würde er sehr gern auftreten, er machte sogar praktische Vorschläge bezüglich des Vertrages, diskutierte Stücke mit dem Intendanten, schlug Besetzungen vor.

Aber wichtiger, weit wichtiger als die professionelle Zukunft war ihm die Aussicht, bald aus dem Betrieb herauszukommen.

Badenhausen: »Nachdem er in Moskau gewesen war und in New York, war sein Hauptbuch abgeschlossen. Was sollte noch für ihn kommen? Er hatte drei Theater beispielhaft geführt, er hatte mit allen bedeutenden und interessanten Schauspielern gespielt und inszeniert. Sich jetzt herumzuschlagen in einer ›verwalteten Welt‹, das war für ihn absolut nicht mehr interessant.«

Ein Mann, der bedingungslos von morgens bis Mitternacht arbeitet, kann wenig Verständnis dafür haben, daß wir zwei Arbeitsschichten der Bühnenarbeiter haben müssen, so daß das Theater sich auf diesem Etatposten

wieder um fünfzig Prozent verteuert, daß samstags die Werkstätten nicht arbeiten, daß man »Dienst ableistet«, statt als Besessener für Besessene Kunst in Form von Theater macht, morgens, mittags, bis spät in die Nacht – das kann ihn alles nicht mehr gefreut haben. Für einen gelernten Theaterleiter, der selber seine Kräfte nie schont, ist es doch auf die Dauer etwas schwierig, diese Dinge gutzuheißen.
Die niemals eingestandene Enttäuschung, daß nach seiner Demission so gar nichts »geschah«, war bald überwunden, auch die Tatsache, daß er inmitten des Taifuns saß und es so gespenstisch ruhig um ihn war, daß kaum jemand ihn anrief, während der Nachfolger begreiflicherweise unterbrechungslos interviewt wurde.
Vorbei, vorbei, vorbei. Auf den Anruf der mit ihm befreundeten Ehmi Bessel: »Du kannst doch gar nicht ohne Theater leben!« antwortete er: »Und ob ich das kann!«

In dieser Zeit begann ihn wieder, nur wenige wußten es, der Gedanke an seinen Tod zu beschäftigen. Die Ursache, nicht der tiefere Grund, war vielleicht der Unfall, den er im Sommer 1962 erlitten hatte, als er von plötzlich aufkommenden Wellen sehr heftig gegen einen Felsen von Madeira geworfen wurde, wobei er sich drei Rippen brach und eine Gehirnerschütterung holte, die ein paar Tage recht ernst aussah. Jedenfalls hatte er Zweifel gehegt, ob er überhaupt noch davonkommen würde.
Natürlich hatte er sich schon früher mit dem Tod beschäftigt, aber ich glaube, daß es mehr der Schauspieler in ihm war. Den faszinierte es, den Tod oder die Auseinandersetzung mit dem Tod darzustellen. Das zog sich vom Orest, der ja geradezu die Verkörperung des Todesgedankens ist, über den Mephisto und den ›Hamlet‹ bis zu ›Gyges und sein Ring‹, den er im Frühjahr 1960 inszeniert und in dem er den Kandaules gespielt hatte, wie er zugab vor allem wegen der Worte des bereits dem Tod durch eigene Schuld Geweihten: »Nur rühre nimmer an den Schlaf der Welt ...«.
War es schon an der Zeit, daß der oft gespielte Tod Wirklichkeit wurde? »Ich kann nicht alt werden!« hatte er uns so oft zugerufen – und das bezog sich durchaus nicht nur darauf, daß er keine »alten« Rollen spielen wollte. Der Schwester Marita, mit der er lange in nur loser Verbindung stand, hatte er aus Madeira geschrieben, er wäre mit seinen sechzig Jahren ganz zufrieden, stünde nicht die Rüstigkeit seines Vaters – der ja sehr viel älter geworden war – »bedrückend vor meinen Augen«.
Dann wieder quälte ihn die Frage, wie und wo er wohl sterben würde. Jedes Mal, wenn ein Weggenosse die Augen schloß, wollte er genau wissen, unter welchen Umständen. Und fast automatisch äußerte er dann: »Ich

werde allein krepieren!« Dem jungen Schriftsteller Dieter Waldmann, dessen Stück ›Von Bergamo bis morgen früh‹ er inszeniert hatte, vertraute er an, er habe nach dem Zwischenfall in Madeira wohl einen Augenblick geglaubt, sterben zu müssen, sich dann aber beruhigt: »Madeira ist kein Ort, an dem man stirbt, das macht dann gar kein Aufsehen . . .«
Das war schon beinahe wieder der Komödiant GG.
Einem anderen Freund gegenüber: »Ich werde folgendermaßen sterben: eines Tages fahre ich zu einem Flughafen, steige in ein falsches Flugzeug ein und steige in einer falschen Stadt aus, gehe in ein falsches Hotel und schlafe in einem Zimmer, das ich nicht bestellt habe. Dort werde ich sterben, und niemand wird mich je finden, weil niemand wissen wird, wohin ich geflogen bin.«
Zu Vibach, als er ›Sappho‹ von Lawrence Durrell inszenierte – da gibt es eine Szene, in der ein Mann, der erfahren hat, daß sein Sohn gestorben ist, Gift nimmt, sich auf ein Lager legt und stirbt, während ein Sklave in einer Ecke einen Korb flicht: »So werde ich auch einmal sterben. Niemand wird es bemerken . . .«
Zu mir: »Ich werde mit Freunden zusammen sein, vielleicht wirst du auch darunter sein, und eines Tages wird einer von euch sagen: ›Wie merkwürdig, Gustaf war doch in den letzten Tagen gar nicht mit uns . . .‹ Und dann werdet ihr suchen, und ein seltsamer Geruch wird euch darauf bringen, eine Tür zu öffnen, und hinter der Tür werde ich liegen . . .«
Einmal, als ich bei ihm in Madeira war, wollte ich gern das Grab des letzten Kaisers von Österreich-Ungarn besuchen, der, nach Madeira verbannt, dort gestorben war. Mit einiger Mühe fanden wir dieses Grab. Es war eigentlich keines, eher eine in einer Kirche befindliche Kammer, in die man nach Erlegung eines Trinkgeldes von hinten hineinsehen konnte. Als GG von der schmalen Leiter herunterkletterte, die man für uns aufgestellt hatte, war er kreidebleich: Dieser Sarg in der winzigen Kammer, die fatal an die Abstellkammer für Besen und andere Haushaltungsgeräte erinnerte, bedeckt mit Visitenkarten von österreichischen Monarchisten, machte ihn schaudern. Er flüsterte: »Ich will verbrannt werden!« Seine Worte waren als Witz gedacht, doch wie makaber wirkten sie.

Aber er wollte ja nicht sterben. Er wollte leben. Er wollte, wie er nicht müde wurde, uns zu versichern, wenigstens versuchen, zu lernen, wie man lebt. Den Anfang sollte eine Weltreise machen. Er hatte die Welt so oft auf die Bühne gezaubert, nun wollte er sie wirklich kennenlernen. Was kannte er denn außer ein paar Orten, in denen er Urlaub gemacht hatte? Nun wollte er Tokio sehen, dort später vielleicht auch den ›Faust‹ spielen,

und Amerika ein bißchen ausführlicher betrachten – New York hatte ihn fasziniert –, aber vor allen Dingen wollte er den Osten kennenlernen, Singapur und – das kam immer wieder in seinen Gesprächen vor: Manila. Schon der Name Manila faszinierte ihn.
Später, nach seiner Rückkehr, würde er dann mit dem ›Konzert‹ eine Tournee machen, die Verträge waren schon abgeschlossen, er wollte auch die kleinen und kleinsten Orte besuchen. Es gab unter uns allerdings auch solche, die zweifeln, ob er diese Tournee je durchgehalten hätte, er, der für die Atmosphäre des Theaters, der Hotels so überaus empfindlich war.
Er beschäftigte sich mit der Frage, ob er später einmal, wie ihm von Karl Heinz Stroux und Erfurth vorgeschlagen, den ›König Lear‹ spielen sollte, jene größte Rolle für Charakterschauspieler, die so wenige von ihnen meistern. Der Chefdramaturg Penzoldt glaubte zuerst, es sei eine Laune und war ganz erstaunt, als GG zwei Tage später monierte, man habe ihm das Buch noch immer nicht besorgt. Später allerdings, er war schon in Madeira, erfuhr er, daß die Rolle von seinem Nachfolger bereits einem anderen Schauspieler vertraglich zugesagt war.
Er war während der letzten Spielzeit noch besonders aktiv, inszenierte und spielte ›Das Konzert‹ und ›Don Carlos‹, inszenierte Strindbergs ›Totentanz‹ – anläßlich des sechzigsten Geburtstages von Werner Hinz im Januar 1963 – und machte dann einen Plan wahr, den er schon lange mit sich herumgetragen hatte. Er inszenierte noch einmal den ›Hamlet‹.
Wir alle, die wir ihn kannten, hätten das wohl kommen sehen müssen. Sollte man sich seiner nicht »immer« als Hamlet erinnern? Hatte er das nicht hundertmal gesagt, ja, sogar veröffentlichen lassen? Und wie konnte er anders mit dem Stück identifiziert werden – er, der jetzt zu alt war, um den Hamlet selbst zu spielen – als durch eine Inszenierung?
Er wußte auch schon seit langem, wer den Hamlet bei ihm spielen sollte: ein junger Schauspieler, namens Maximilian Schell, der Jahre zuvor, als er in Essen engagiert war, von dort per Rad nach Düsseldorf gefahren kam – immerhin vierzig Kilometer –, um ihn im ›Herrenhaus‹ und im ›Marschlied‹ zu sehen. Dann schrieb Schell ihm einen begeisterten Brief, bekam aber keine Antwort. Das entmutigte ihn nicht. Er setzte sich hin und schrieb ein Theaterstück eigens für Gründgens: ›Die Stadt wird dunkel‹. Antje Weisgerber, die er in Berlin kennenlernte, erbot sich, GG das Stück zu überbringen. Und wieder geschah nichts.
Maximilian Schell, der lange schwankte, ob er Schauspieler oder Schriftsteller werden sollte – der Film interessierte ihn so sehr nicht –, erreichte schließlich doch, GGs Interesse zu erwecken. Die Folge: ein Telegramm, ob er in ›Sappho‹ von Lawrence Durrell mitspielen wolle. Schell fuhr also nach Hamburg, obwohl er eigentlich gar nicht frei war, vor allem, um Gründ-

gens kennenzulernen. Es kam zu einem interessanten Gespräch, es kam zu seiner Mitwirkung in ›Sappho‹, es kam sogar dazu, daß GG ihm eine Inszenierung in Aussicht stellte.

Schell machte dann einen bemerkenswerten Hamlet im Deutschen Fernsehen, den GG sich freilich nicht ansehen konnte, weil er um diese Zeit auf Madeira war. Bald darauf wurde Schell nach Hollywood geholt. Von Hollywood aus schrieb er Gründgens eine Karte: »Sehr verehrter Herr Gründgens, hätten Sie Lust, den ›Hamlet‹ mit mir zu machen? Viele Grüße Ihr Maximilian.«

Und erhielt wieder keine Antwort.

Erst ein Jahr später, als er ›Die Eingeschlossenen‹, einen Film nach dem Theaterstück von Sartre, in Hamburg drehte, rief er GG an und schlug ihm einen gemeinsamen Spaziergang vor. Den verhinderte das schlechte Wetter, und dann kam er zu Gründgens zum Tee. Man sprach von diesem und jenem, Schell war fasziniert von manchen Gedanken des großen Schauspielers und Regisseurs, dieser wiederum angenehm berührt, einen aufgeschlossenen jungen Mann zu finden, der keine Angst vor ihm hatte. Erst als Schell sich zum Fortgehen anschickte, meinte GG beiläufig: »Ich dachte eigentlich, Sie wollten mich nach dem ›Hamlet‹ fragen?«

Schell erklärte, Gründgens habe ihm ja nie geantwortet; Gründgens sagte ausweichend, er habe die Adresse von Schell nicht gekannt; Schell, der genau wußte, daß er seine Karte mit der Adresse versehen hatte, ließ das auf sich beruhen. Jedenfalls war ›Hamlet‹ jetzt endgültig im Gespräch. Und nachdem man eine Weile über diese oder jene Möglichkeit diskutiert hatte, sagte Schell: »Dann machen wir es doch?« Und GG antwortete: »Gut, machen wir es!«

Dies war der schnellste Vertrag, den GG je geschlossen hatte – und übrigens auch sein letzter. Es kam dann doch noch etwas dazwischen, nämlich, daß Gründgens aus italienischen Zeitungen entnahm, die ›Eingeschlossenen‹ seien sehr deutschfeindlich. An Schell, am 5. November 1962: »Ich will Ihnen nicht verhehlen, daß ich ein bißchen vor der deutschen Aufführung der ›Eingeschlossenen‹ zittere. Zwar wird der Bundes-Masochismus auch das fressen, aber ich persönlich würde in schwere Gewissenskonflikte kommen, wenn der Film, dessen Hauptdarsteller Sie sind, eine deutschfeindliche Tendenz hat. Es ist besser, ich schreibe Ihnen das gleich, ehe ich den Film gesehen habe, als daß ich es zu einem Zeitpunkt tue, der Sie völlig unvorbereitet trifft.«

Aber mit der Deutschfeindlichkeit des Films war es nicht so schlimm. Und dann, Anfang März 1963, begannen die Proben zu ›Hamlet‹. Sie verliefen ein wenig anders, als GG sie sich vorgestellt hatte. Es fing damit an, daß Schell, der zwar viele Jahre, aber seit längerer Zeit nicht mehr auf der

Bühne gestanden hatte, den Regisseur bat, ihm vierzehn Tage Zeit zu lassen, um sich sozusagen zu akklimatisieren. Auf der anderen Seite wußte Schell, daß er mit ersten Schauspielern arbeiten würde, mit der Hoppe, mit Schomberg, mit Ullrich Haupt. Wer hätte da nicht Lampenfieber gehabt? Aber es war ja nicht Lampenfieber, zumindest kam es Gründgens nicht so vor.

Es war etwas anderes.

Vielleicht bestand überhaupt keine Möglichkeit mehr, den so schnell arrivierten jungen Mann noch in ein Ensemble einzugliedern. Einmal schickte der etwas nervöse GG Penzoldt zu Schell – die vierzehn Tage waren schon längst vorbei –, und der sagte: »Jetzt müssen Sie aber mal richtig reinsteigen! Herr Gründgens beginnt, ein bißchen unruhig zu werden ...«

Schell war es nicht und wurde es auch nicht. Es kann nicht geleugnet werden, daß sich GG selten so unruhig zeigte wie bei diesen Proben zu ›Hamlet‹. Die Gewißheit, daß er für Schell, bei aller Begeisterung, die der junge Mann für ihn aufbrachte, nicht die absolute Autorität war, die eine Leistungssteigerung erzwungen hätte, irritierte ihn. Immer wieder kam es zu Diskussionen. Schell probierte etwa die Totengräberszene, nahm den Schädel des armen Yorik so auf und setzte ihn so nieder, wie ein Student der Medizin das tut.

GG reklamierte: »Sie müssen denken, daß Hamlet in einer halben Stunde selbst tot ist!«

Schell: »Das weiß er doch nicht!«

GG: »Aber er ahnt es!«

Oder da war die Diskussion über »Der Rest ist Schweigen!« Schell dachte sich, daß er hinstürze und mit dem letzten Atemzug die Worte noch herausbringe: »Der Rest ist Schweigen ...« – und ist schon tot.

GG: »Das ist sehr bestechend, aber es handelt sich doch hier um einen Menschen, der bewußt stirbt und bewußt sagt: ›Mein Rest ist Schweigen!‹ Also gewissermaßen eine Antwort auf ›Sein oder Nichtsein‹.« Kurz, Gründgens wollte den Satz bewußt ich-bezüglich, daher klar, ja, schön gesprochen hören.

Hinzu kam, daß das Ensemble, sonst bereit, für Gründgens durchs Feuer zu gehen, diesmal eine Art Abwehrstellung bezogen hatte. Warum sollte ein Außenstehender den Hamlet spielen, wenn es sich um die letzte Inszenierung von Gründgens in seinem eigenen Haus handelte – warum nicht einer aus dem Ensemble?

Reincke, der auch hätte mitspielen sollen, sagte ihm das geradeheraus ins Gesicht und weigerte sich, die ihm anvertraute Rolle zu übernehmen. Andere schwiegen, aber niemand war über den Stand der Dinge glücklich.

Am wenigsten war es schließlich GG. Um diese Zeit stand Maximilian

Schell im Mittelpunkt einer ihm selbst sehr unerwünschten Publicity-Kampagne, die sein privates Leben und das einer sehr bekannten exotischen oder halb-exotischen Prinzessin betraf. Dergleichen verabscheute Gründgens über alle Maßen. Aber was konnte er tun?
Und dann geschah es: Schell mußte nach Hollywood fliegen – für zwei Tage nur – es war seine Aufgabe, einer Filmgröße den »Oscar« zu überreichen – eine Hollywooder Tradition, daß derjenige es tut, der den betreffenden »Oscar« im Jahr zuvor erhalten hatte. Undenkbar, daß Schell sich dieser Pflicht hätte entziehen können.
GG, immer voll Verständnis für die Karriere seiner Schauspieler, sah das ein. Auf der anderen Seite war es aber unmöglich, zwei wichtige Ensembleproben ausfallen zu lassen.
Und so geschah es, daß Gründgens seinem verblüfften Ensemble am folgenden Morgen erklärte, er werde für diese beiden Tage die Rolle des Hamlet übernehmen, das heißt, natürlich nur die notwendigen Stichworte geben. Aber er gab nicht nur die Stichworte, er sprach den ganzen Text. Er sagte ihn nicht nur, er spielte die Rolle. Er war für zwei Tage Hamlet.
Und alles war verwandelt. Plötzlich gab es keine Diskussionen mehr über irgend etwas, plötzlich war, was er inszeniert hatte, nicht nur richtig, sondern selbstverständlich, plötzlich hatte seine Inszenierung ein geistiges Zentrum, einen Helden, jawohl, einen Helden, der sich bis zum Letzten konzentrierte und sich alles so schwer wie nur irgend möglich machte.
Wer sah noch, daß ein glatzköpfiger Mann von über sechzig Jahren auf der Bühne stand? Hamlet stand auf der Bühne.
Für die, die dabei sein durften, geschah ein Wunder. Sie sahen nicht mehr, was sie sahen, sie hörten nicht mehr, was sie hörten, sie sahen und hörten, was sie, nach Gründgens, sehen und hören sollten. Es war ein Akt der Verzauberung.
Als dann Schell zurückkehrte, als die Proben sich ihrem Ende näherten, wurde auch er ein wenig nervös, besonders da GG ihm überhaupt nichts mehr sagte. Er fragte: »Ja, wie haben Sie das gespielt?«
GG schüttelte den Kopf. Nein, das wolle er Schell nicht vorspielen, das hätte keinen Sinn gehabt, danach hätten die Leute nur gesagt, daß Schell Gründgens kopiere.
Eines Abends rief er mich an und schlug mir vor, nach Hamburg zu kommen, und als ich kam, sagte er: »Setz dich in die Probe!«
Das Stück lief durch. Er saß neben mir, aber er fragte mich überhaupt nichts. Nachher fuhren wir zu ihm und aßen eine Kleinigkeit. Ich wartete noch immer auf seine Fragen, aber sie kamen nicht. Plötzlich wurde mir klar: er hatte aufgegeben. Zum ersten Mal in seinem Leben mußte er hinnehmen, daß er das nicht verwirklichen konnte, was er sich vorgestellt hat-

te. Er begriff, daß der Hamlet, so wie er ihn sah, »sein« Hamlet, nicht auf der Bühne stand, sondern am Regiepult saß. Wir haben auch später nie darüber gesprochen, aber ich wußte trotzdem, was sich in ihm abspielen mußte: er würde also nicht als Hamlet in die Theatergeschichte eingehen. Die Nachfolgeschaft, die einzige Rettung eines Theatererlebnisses aus den Fesseln des Augenblicks, konnte nicht stattfinden. In ein paar Jahren schon würde sich keiner mehr seines Hamlets entsinnen.

Und dieser tiefe Pessimismus ließ ihn auch dann nicht los, als die Premiere – am 14. April 1963 – zumindest nach außen hin ein starker Erfolg wurde. GG kam nur einige wenige Male an die Rampe und verschwand dann. Er wollte sich noch von Maximilian Schell verabschieden, aber der stand beifallsumrauscht auf der Bühne und mußte immer wieder hinaus. Später erklärte er ihm: »Nehmen Sie es mir nicht übel, ich hätte Ihnen gern noch gratuliert, aber auf der Bühne, nein – das konnte ich nicht mehr.«

Mit einem Mal war ihm alles am Theater verleidet. Er hatte zu nichts mehr Lust. Er saß im Büro vor einem Stapel von Briefen und konnte sich nicht dazu überwinden, sie zu lesen. Zur Flickenschildt, die ins Büro kam: »Du kannst dir nicht vorstellen, wie mich das anekelt, diese Geschichten von allen diesen Menschen, und wie gleichgültig mir das alles geworden ist!«

Damals gelangten viele aus seiner Umgebung zu der Überzeugung, daß er trotz aller Verhandlungen und Versprechungen nie wieder nach Hamburg zurückkehren würde.

Aber bald sollte für ihn ja alles anders werden, bald würde er nach Madeira fahren und um die Welt. Er bereitete sich darauf vor wie auf ein großes Abenteuer. Er bestellte sich bei seinem Schneider viele neue Anzüge, bei seinem Hemdenmacher seidene Hemden, er ging wochenlang zu seinem Zahnarzt und ließ sich von acht Uhr vormittags bis sechs Uhr nachmittags behandeln. Er muß, laut Theo Lingen, der zur selben Zeit bei dem gleichen Zahnarzt in Behandlung war, furchtbar gelitten haben; es sollte nämlich so ungefähr alles neu gemacht werden, denn GG wollte »schöne Zähne«.

Und dann verschwand er. Während er die letzten Briefe unterschrieb, war er seiner langjährigen Sekretärin gegenüber ausgesprochen unliebenswürdig, die zu der Ansicht gelangen mußte, er habe es auf einen Krach abgesehen. Sie begriff erst später, daß er auf diese Art den Ausbruch von Sentimentalität verhindern wollte. Sie fuhr nach Hause und weinte bitterlich. Ein paar Wochen später erhielt sie einen Brief aus Madeira, der ebenfalls nicht gerade freundlich war. Sie schrieb zurück, sie sei froh, diesen Brief erhalten zu haben, denn hätte er nett geschrieben, würde sie ihn kaum wiedererkannt haben.

An das schwarze Brett am Bühneneingang ließ er am 10. Mai 1963 folgende Botschaft anbringen:
»Liebe Kollegen!
Sicher wird keiner von Euch, die Ihr mich nun so lange kennt, erwarten, daß ich Euch mit einer feierlichen Abschiedsrede langweile. Aber es ist mir doch ein Herzensbedürfnis, allen zu sagen, wie glücklich ich diese Hamburger Jahre war, und wie gern ich mit allen gearbeitet habe. Ich glaube nicht, daß die großen Aufführungen der letzten acht Jahre ohne die aktive Beihilfe jedes einzelnen Mitgliedes möglich gewesen wären.
Wenn ich auch überzeugt bin, daß mein Entschluß der einzig mögliche war, so möchte ich doch noch einmal sagen, daß ich vor meiner langen Ferienreise ein bißchen Abschiedsschmerz verspüre.
Ich freue mich, Sie alle in der übernächsten Spielzeit wiederzusehen und mit Ihnen arbeiten zu können.
Ich grüße Sie von Herzen und wünsche Ihnen alles Gute.«
Und dann war er fort.

In Madeira schlief er sich erst einmal aus. Dann setzte er seine Vorbereitungen für das »Leben« fort. Er dachte an alles. Peter Gorski sollte ihm eine kleine Wohnung in Hamburg besorgen, ein möglichst geräumiges Atelier mit einem Bad und einer Kochnische. Auch sollte Gorski das eine oder andere zur fälligen Pensionierung einleiten.
Nie war ihm Madeira so schön vorgekommen wie in diesem Sommer. Er hatte das Ehepaar Hinz eingeladen, bei ihm zu wohnen, und er war sehr glücklich, daß sie kamen. Er erzählte: »Wenn ich nachts so umherwandere und mir sage, hinter diesen Fenstern schlafen Freunde, ich bin umgeben von Menschen, dann fühle ich mich nicht mehr so allein.«
Er war wie verwandelt. Er konnte stundenlang mit anderen zusammen sitzen und uralte Theatergeschichten erzählen oder sie sich anhören. Dreimal die Woche fuhr er zu einer alten Engländerin, um Englisch zu lernen, kam dann zurück und erklärte den Freunden, er spräche überhaupt nur noch Englisch mit ihnen, und es machte ihn glücklich, daß die Lehrerin ihm sagte, er habe große Fortschritte gemacht. Aber ach, mit den Fortschritten war es nicht weit her. Als er an einem Abend gelegentlich eines Diners mit Leuten, die wirklich nur englisch sprechen konnten, in deren Sprache Konversation machen wollte, verstanden die anderen nur Bruchteile. Das machte ihn einen Augenblick stutzig, aber dann lachte er über sich selbst. Er sprach unausgesetzt von der bevorstehenden Reise, er erzählte jedem, was er über die Orte, die er besuchen wollte, in Büchern gelesen hatte, er las ihnen daraus vor, wußte über mancherlei Städte und Länder so genau Be-

scheid, als habe er schon jahrelang dort gelebt, als habe er bereits alle die Wunder erlebt, die er nie erleben sollte.
Trotzdem, als die Freunde nach Hamburg zurückfuhren, hatte er Tränen in den Augen.

Er war in Hochform, besser: er schien so. In Wirklichkeit war GG ein todkranker Mann, ahnte es, wollte es aber nicht wissen. Seine Ärzte wußten es schon seit Jahren. Wußten auch, daß eine Krankheit, jede Krankheit einen Menschen, dessen Beruf so von seinem Körper abhängig ist, doppelt und dreifach ängstigen, ja, verstören muß.
Medizinisch gesehen, handelte es sich um eine Entkalkung der Wirbelsäule, eine wachsende Gefäßsklerose, von der das Gehirn nicht betroffen war, übrigens eine medizinische Seltenheit, wohl nur dadurch erklärlich, daß er sich in ständigem geistigen Training befand, daß er unaufhörlich mit seinem Gehirn arbeitete. Im letzten Jahr bestand seine Halswirbelsäule nur aus Trümmern und seine Ärzte fragten sich manchmal, wie es ihm überhaupt möglich sei, seinen Kopf noch aufrecht zu tragen.
Daß er, um den heftigen Schmerzen zu entgehen, alle erdenklichen Medikamente schluckte, war begreiflich. Aber einer seiner Ärzte hat mir versichert: »Süchtig war er nie ...« Einmal stellte ihm dieser Arzt eine dicke Flasche, gefüllt mit Pillen, von denen er jeweils nur eine nehmen durfte, ins Krankenzimmer. Gründgens: »Wie, Sie wagen es, mir das vor die Nase zu setzen und mich in Versuchung zu führen, mich, der doch süchtig ist ...?«
Der Arzt lachte: »Sie sind überhaupt nicht süchtig.« Er war überzeugt davon, daß die sogenannte Süchtigkeit eine der unzähligen Komödien war, die GG sich und den anderen vorspielte. Das Schlimme war, daß sein Gesamtzustand sich unter keinen Umständen bessern und mit fast tödlicher – in des Wortes wahrster Bedeutung – tödlicher Sicherheit nur schlimmer werden würde. Und obwohl die Ärzte ihm das nicht ins Gesicht sagten, spürte GG das. Die dauernde Beobachtung des eigenen Leibes und dessen Funktionen hatten sicher eine gewisse Hypochondrie zur Folge, genau wie die Frage »Werde ich schlafen können?« Schlaflosigkeit geradezu provozierte.
GGs ständige Angst: »Wie kann ich es noch schaffen?«
Die Ärzte: »Durch seine ungeheuren Reserven an Vitalität und Energie schaffte er es in den letzten Jahren.«
Manchmal schaffte er es eben gerade noch.
Einer der Ärzte: »Ich saß in einer seiner Premieren. Mir wurde geradezu übel, als er die Bühne betrat, er ging so unsicher, sprach so undeutlich, ich dachte, das hält er keine zwei Minuten durch, da muß der Vorhang fallen;

aber genau diese zwei Minuten brauchte er, um sich in die Hand zu bekommen, dann hatte er sich eingespielt und war großartig.«

Das ständige Gerede über seine Gesundheit war auch eine Art Flucht vor anderen Problemen; es war nicht zuletzt eine Art Abschirmung gegen das Leben überhaupt, ein Wandschirm, den er, wann immer es nötig war, zwischen sich und die anderen stellen konnte.

Einer der prominentesten Ärzte Hamburgs: »Da kam er einmal zu mir, völlig verfallen, es schien, als sei er kaum noch in der Lage, sich gerade auf dem Stuhl zu halten. Ich war voller Mitleid. Wir sprachen über dies und das, dann kam die Rede auf einen Zeitungsartikel, der über ihn tags zuvor erschienen war und der irgend etwas Negatives über ihn enthielt. Plötzlich war Gründgens wie verwandelt, sprang auf, hielt eine Riesenrede, schimpfte, es sei ungeheuerlich, wie falsch die Leute informiert seien, hatte die Kraft, im Zimmer auf und ab zu laufen.

Trotzdem: ein todkranker Mann. Er hätte irgendwann in den letzten Jahren oder in den nächsten sterben können. Fortschreitende Entkalkung des Körpers bedeutet, daß die Gefahr einer inneren Blutung sich ständig steigert ...«

Er kam noch einmal nach München und traf dort Emmy Göring, der er erzählte, daß er im Februar eine Woche lang in München Theater spielen würde – die Tournee mit dem ›Konzert‹. »In dieser Woche hast du jeden Abend meine Loge und kannst alle deine Freunde einladen ... Ich weiß ja, wie gern du schenkst!«

Er rief noch die Bernoullis in Basel an, um ihnen Lebewohl zu sagen; er freue sich auf die Reise und er freue sich, sie in Basel wieder zu sehen.

Auch ich sprach ihn noch in München, und er berichtete bei dieser Gelegenheit von den unzähligen Hemden und Anzügen, die er für die Reise bestellt hatte; es war geradezu ein Modebericht. Dann ging er nach Hamburg zurück, und von dort begann die eigentliche Weltreise. Er flog – weil Gorski eine Inszenierung vorbereitete, von seinem zukünftigen Tournee-Assistenten Jürgen, der gerade die Schauspielschule absolviert hatte, begleitet – nach London, und von dort ging es am 15. September per Schiff via Southampton, Gibraltar, Neapel, Port Said, Aden nach Colombo. Dort blieben sie nur drei Tage, weil es so unerträglich heiß war.

Nächste Station: Singapur. Dort war es etwas besser, sie bummelten durch die erstaunliche Stadt, besuchten die drei großen Vergnügungsstätten. »The Happy World«, »The Great World« und »The New World«, die übrigens leer waren, da um diese Zeit gerade ein Streik stattfand. GG war sehr beeindruckt von allem, auch den Hotels – Klimaanlage und Swimmingpool –, und war geradezu hingerissen von einer Orchideenschau.

Nächste Station: Manila, von dem sich GG so viel erträumt hatte. GG fuhr ins Hotel, fand aber das Zimmer, das man ihm zeigte, indiskutabel; er blieb in der Halle sitzen, während sich Jürgen ein Taxi nahm und die Hotels abklapperte. Aber jedes kam ihm noch schlimmer vor als das vorhergehende, und so fuhr er wieder in das »Manila«-Hotel zurück. Dort hatte man inzwischen ein besseres Zimmer für GG gefunden, aber er war verärgert und verlor jeden Mut, als er erfuhr, daß er sechs Tage in Manila würde bleiben müssen – eine Impfung gegen Cholera war erforderlich, bevor man ihn nach Hongkong ließ, und die Impfung mußte vier oder fünf Tage alt sein.

Hinzu kam die Erschöpfung und die Tatsache, daß sein Magen seit Tagen nicht ganz in Ordnung war – das machte wohl die Hitze. Er äußerte plötzlich seltsame Zweifel: »Wie komme ich nur auf die Philippinen? Was mache ich eigentlich in Manila?« fragte er verstört.

Er beschloß ein wenig auszuruhen und riet seinem Begleiter, sich für den Abend selbständig zu machen. »Morgen lassen wir uns impfen, und dann werden wir sehen, was es hier überhaupt zu besichtigen gibt...«

Jürgen ging spazieren und kam zwischen neun und zehn Uhr abends ins Hotel. GG schlief, wurde aber wach, und sie plauderten eine Weile. Dann sagte GG schließlich: »Jetzt laß mich in Ruhe, ich habe Schlafmittel genommen, und wenn wir noch länger reden, so überspreche ich die Schlafmittel... Laß mich ausschlafen!«

Jürgen fuhr in die Bar hinunter – es fand gerade ein großer Ball im Hotel statt; er unterhielt sich mit einer deutschen Hostess und kam gegen Mitternacht in sein Zimmer, konnte aber nicht einschlafen, denn auf sein Bett schien geradewegs die Neonreklame eines gegenüberliegenden Geschäftshauses. So kam es, daß er um ein Uhr dreißig morgens ein Geräusch wie einen Fall hörte. Er sprang aus dem Bett, sah Licht im Schlafzimmer von GG, klopfte, bekam aber keine Antwort. GG war nicht in seinem Bett und nicht in seinem Zimmer. Jürgen wollte also die Tür zum Badezimmer aufmachen, aber das ging nicht so einfach; er mußte sich sehr anstrengen, um sie schließlich ein paar Zentimeter zurückzuschieben und sich durchzuzwängen. Dann sah er, daß GG auf dem Boden lag – ohne Besinnung. Er fühlte den Puls, er fühlte das Herz. GG lebte noch. Jürgen vermutete, es sei ihm übel geworden. Er versuchte, ihn wach zu rütteln. Vergeblich. Er sah die leichte Blaufärbung der Oberlippe, und dann kam es ihm so vor, als seien Puls und Atmung sehr schwach geworden. Er stürzte zum Telefon und verlangte nach einem Arzt. Dann legte er GG ein Kissen unter den Kopf und suchte ihn ins Bett zu bringen, war aber dazu nicht in der Lage. Jetzt erst fand er im Schlafzimmer jenes Kuvert, auf dem GG notiert hatte: »Ich glaube, ich habe zu viele Schlafmittel genommen, ich fühle mich etwas komisch, laß mich ausschlafen...«

Innerhalb von Minuten kam eine Krankenschwester, und gleich darauf war der Hotelarzt zur Stelle. Jürgen drängte ihn, GG eine belebende Spritze zu geben. Der Arzt machte die Spritze fertig, horchte nochmals das Herz des am Boden Liegenden ab und sagte dann: »Es hat keinen Sinn. Er ist tot!«

Wie sagte er nach der Inszenierung der Szene in ›Sappho‹ von Lawrence Durrell, in der ein Mann Gift nimmt und sich auf seinem Lager ausstreckt: »So werde ich auch einmal sterben. Niemand wird es bemerken ...«

Jürgen wollte es nicht glauben, er schrie den Arzt an, GG die Spritze auf jeden Fall zu verabreichen, was dann auch geschah.

Der Arzt telefonierte mit der Reception. Die Polizei wurde verständigt. Ein zweiter Arzt traf ein, der ebenfalls den Tod feststellte. Es kamen Männer, die behaupteten, sie seien Polizeiphotographen, aber sie waren Presseleute, denn wenig später wurde ein Photo veröffentlicht, das GG am Boden liegend zeigte, in einem Pyjama, dessen Oberteil sich ein wenig verschoben hatte – ein unwürdiges Bild, das ihn, der stets so sehr darauf gehalten hatte, sich der Öffentlichkeit nicht privat zu zeigen, tief geschmerzt haben würde.

Es erschien die Polizei, die Leiche wurde abgeholt und in das Gerichtsmedizinische Institut gebracht, wo man eine Autopsie vornahm. Und die ergab genau das, was die Hamburger Ärzte seit Jahren befürchteten, seit Monaten prophezeit hatten: Gründgens war an einer inneren Blutung gestorben oder, um es genauer zu sagen: an einer Magenblutung.

Der langjährige Freund und Adoptivsohn Peter Gorski wurde verständigt. Er mußte von Hamburg aus Anweisung geben, was mit der Leiche geschehen sollte. Übrigens gab es keine Alternative. In Manila muß eine Leiche nach drei Tagen verbrannt werden. Gorski stimmte dem bei, er wußte ja, daß Gründgens hatte verbrannt werden wollen.

Das war in den frühen Morgenstunden des 7. Oktober 1963.

Die Todesnachricht machte mit Blitzesschnelle die Runde. Noch bevor der Rundfunk sie brachte, noch bevor die Zeitungen sie veröffentlichten, erfuhren die Freunde, die Mitarbeiter es auf diese oder jene Weise. Im Theater war jedenfalls schon um zehn Uhr morgens bekannt, daß der »Chef« nicht mehr lebte. Die Probe zu den ›Lustigen Weibern von Windsor‹ wurde abgebrochen. Man saß still im Konversationszimmer. Viele, nicht nur Frauen, weinten.

Sie weinten im Theater in Düsseldorf, in den Theatern von Berlin, München, Wien, wohin immer sich die Schauspieler zerstreut hatten, die sich mit Recht als die »seinen« bezeichnen durften. Viele, darunter Ehmi Bessel,

Paul Hartmann, Imo Moszkowicz wollten es nicht glauben, warteten die Bestätigung durch Rundfunk und Presse ab.
Sie konnten sich eine Welt ohne Gründgens nicht vorstellen. Oder, wie sein Lieblingsschauspieler Gustav Knuth mir später sagte: »Wenn ich daran denke, sehe ich nur ein riesengroßes Loch vor mir.«
Ich selbst erfuhr den Tod meines Freundes durch eine Hamburger Zeitung, die mich anrief. Ich werde die Worte nie vergessen: »Sie schreiben uns doch den Nachruf, nicht wahr?«
Ich verstand nicht. »Den Nachruf?«
»Sie kannten Gründgens doch so gut ...«

In Manila wurde indessen durch die Deutsche Botschaft die Trauerfeier vorbereitet, die der Sitte gemäß in dem Raum eines Bestattungsinstituts in der Altstadt stattfinden sollte. Die Botschaft und das Goethehaus schickten Kränze. Der Geistliche und der Geschäftsträger sprachen nur kurz. Dann eine Schallplatte mit dem Hamletmonolog GGs. Zum Schluß der zweite Satz aus der Dritten Symphonie von Beethoven, der Trauermarsch. Fast sämtliche Mitglieder der Botschaft und des Goethehauses, Presse und Vertreter der deutschen Kolonie waren anwesend, etwa fünfzig bis siebzig Menschen – Fremde. Sie gingen zuletzt an dem geöffneten Sarg vorbei. Dann wurde der Sarg geschlossen und ins Krematorium gebracht. Ein paar Tage später schon konnte die Urne per Flugzeug nach Hamburg überführt werden. Sie wurde in einem Ehrengrab der Stadt Hamburg auf dem Ohlsdorfer Friedhof beigesetzt.

Auf der ganzen Welt herrschte Bestürzung und Trauer. Aus London, New York, Moskau, von der Académie Française kamen Beileidsschreiben. Überall in Deutschland, wo Gründgens gewirkt hatte, wurden Trauerfeiern abgehalten: in Berlin, in Düsseldorf, in Hamburg.
Das Schönste sagte der Senator für Wissenschaft und Kunst in Berlin, Professor Dr. Arndt:
»Gustaf Gründgens machte Theater zu einer Zeit, da im Welttheater Mörder im geraubten Pomp sich den Thron angemaßt hatten.
Mußte uns damals, als es für jeden, der nach der Willkür der rechtlosen Machthaber ausgestoßen wurde, und es schließlich für ein ganzes von falschen Herrschern verratenes Volk um Sein oder Nichtsein ging, mußte uns nicht damals das Theater Hekuba sein?
Wo spielte einer mit, als die Mörder Hof hielten? Spielte er denen zu Ge-

fallen, die sich zu Unrecht auf dem Thron breitmachten, für ihr Vergnügen und zwecks Vergoldung ihres unechten Ruhms? Oder wagte er, unter dem Anschein des Spiels die Wahrheit zu Wort kommen zu lassen, die in der Kunst der Dichtung zur Wirklichkeit wird?
Das war in einem hintergründigen Doppelsinn Gründgens' Widerspruch: hinter so vielen Masken niemandes Antlitz zu sein, nicht das ihm fremde Gesicht des Bösen zu maskieren, sondern zwischen allen Spiegeln, mit denen er sich umgab, das eigene Gesicht nie zu verlieren.
Dieses seiltänzerische Spiel über dem Abgrund jener Zeit war lebendiges Wagnis, war Wirklichkeit der Leistung und verlieh eine zauberische Macht, um vor dem Zugriff der Mörder, deren Augen geblendet wurden, den gequälten Menschen, die von Verfolgung bedroht waren, das Menschenmögliche an Schutz und Hilfe zuteil werden zu lassen.
Aus diesem Grunde muß es heißen: Gründgens' große Jahre sind nicht in der Finsternis jener Zeiten untergegangen; Gründgens' große Jahre in Berlin waren nicht durch jene Zeit groß, sondern entgegen einer bösen Zeit gut, weil seine Tage nicht nach der Uhr jener Zeiten abliefen, sondern Gegenstunden waren, die im Musischen das Menschliche retteten. Als diese Gegenstunden waren Gründgens' große Jahre auch der Zeit zuwider.«

Und dann, sehr schnell, kamen Gerüchte auf. Eine Zeitung schrieb: »Noch keine Klarheit über Gründgens' Tod!« Eine andere: »Polizei vermutet Selbstmord!«
Plötzlich vermuteten viele Selbstmord, obwohl das Ergebnis der Obduktion und auch die Diagnose seiner Hamburger Ärzte eindeutig gewesen waren. Die Polizei in Manila vermutete nichts dergleichen. Und keiner, der GG gekannt hatte, konnte auch nur die leisesten Zweifel daran hegen, daß es sich mit seinem Tod genau so verhielt, wie es seine Hamburger Ärzte hatten kommen sehen.
Nicht nur, daß GG Selbstmörder verachtete und in keinem einzigen Falle diese Verachtung verschwieg. Er wollte ja leben. Er wollte lernen zu leben! Er freute sich auf die Reise, er hatte englischen Unterricht genommen, er hatte wissen wollen, was man ihm früher oder später an Pension auszahlen würde, er dachte für die Zukunft an eine kleine Wohnung, er hatte sich neue Anzüge machen und neue Zähne richten lassen.
Und das alles, um die Welt zu täuschen? Um in Manila zu verschwinden?

Ich fuhr ein letztes Mal nach Zeesen hinaus, um das Haus zu besuchen, das ihm so viel bedeutet hatte, und das er nicht wiedererkennen würde; es ist ein Kinderheim geworden und in keinem erfreulichen Zustand. Ich sprach mit dem treuen Max Gebhardt, der noch immer da draußen lebt. Er erzählte mir, daß auch in Zeesen, wenngleich GG nun schon seit zwanzig Jahren fort sei, noch oft von ihm gesprochen würde, und daß die östlichen Zeitungen kein böses Wort über seinen Tod veröffentlicht hätten.
Ich besuchte das Grab der Mutter, kaum hundert Schritte vom Anwesen entfernt. Ich wußte, wie oft hatte er es gesagt, daß er hier begraben sein wollte. Hier neben der Frau, die er am innigsten geliebt hatte. Und einen Augenblick lang schien es mir, als liege er wirklich hier. Und ohne den Blick von dem Grab zu wenden, sah ich ihn noch einmal, sah ihn in vielen Gestalten an mir vorüberziehen: den jungen Schauspielschüler aus Düsseldorf, den ich nicht gekannt hatte, den Künstler, der sich auf der Bühne der Hamburger Kammerspiele ganz nach vorn spielte, den Partner Käthe Dorschs, der in einer Operette zum Star wurde, ich sah ihn, als er zum ersten Mal den Mephisto in Berlin spielte, und später den letzten Hamlet in Düsseldorf und in unzähligen anderen Rollen, während eines Spaziergangs auf Madeira, während einer Unterhaltung in seinem Hamburger Heim. Was bleibt denn von einem Schauspieler, wenn er nicht mehr auf der Bühne steht? Einmal hatte er zu dem Maler Helmut Weitz gesagt: »Du hast es gut, du malst ein Bild und stellst es in die Ecke. Ich kann nichts in die Ecke stellen ...«
Und immer wieder sah ich ihn als Hamlet, sah ihn in jener entscheidenden Szene, da er beschlossen hat, den bösen und mörderischen König durch die Vorführung eines Schauspiels zu entlarven – und was anderes hatte er denn in jenen entscheidenden Jahren des Dritten Reichs Abend für Abend versucht? Ich hörte ihn die Schlußworte des zweiten Aktes sprechen:

»Das Schauspiel sei die Schlinge,
In die den König sein Gewissen bringe.«

Und dann lief er von der Bühne. In den Kulissen warteten immer ein paar Menschen, um ihn, der ohne Gläser fast blind war, in der Finsternis aufzufangen, vielleicht ein Bühnenarbeiter oder sein Garderobier, immer in weißen Mänteln, meist Peter Gorski, der ihm schnell seine Brille aufsetzte.
Ich sah ihn, wie so oft, auch diesmal ins Dunkel laufen. Aber dieses eine, letzte Mal war niemand da, um ihn festzuhalten, und so lief er weiter, weiter, bis die unendliche Dunkelheit ihn auffing.

NAMENREGISTER

Namenregister

VERZEICHNIS DER ROLLEN UND INSZENIERUNGEN

Verzeichnis der Rollen und Inszenierungen

1918/19		
2.10.18	DEBUT (Fronttheater XXI A.K., Saarbrücken)	
	Jugendfreunde *Ludwig Fulda*	Philipp
Okt. 18	Faust I *Goethe*	Schüler
März 19	Rezitationsabend im Hotel ›Ritter Bodo‹	Mephistopheles
1919/20	SCHAUSPIELSCHULE, SCHAUSPIELHAUS DÜSSELDORF	
	Statisterie in vielen Stücken und Mitwirken in Dumont-Abenden	
	Hamlet *Shakespeare*	Osrick, Güldenstern, Priester
	Minna von Barnhelm *Lessing*	Riccaut
	Ein Sommernachtstraum *Shakespeare*	Thisbe
	Drei Zwillinge *Toni Impekoven/Carl Mathern*	Knäblein
	Kabale und Liebe *Schiller*	Kalb
	Hamlet *Shakespeare*	Erster Schauspieler
	Robert und Bertram *Gustav Räder*	Rolle
	DÜSSELDORFER FREILICHTBÜHNE (Gastspiele)	
	Hans Sachs Spiele	
	Was Ihr wollt *Shakespeare*	Curio, Fabio
	Hänsel und Gretel	Rolle
	Ein Sommernachtstraum *Shakespeare*	Puck
	Die Komödie der Irrungen *Shakespeare*	Antipholus
	Zriny *Theodor Körner*	Regie
1920/21	STÄDTISCHE BÜHNEN, Halberstadt	
	Die Nibelungen *Hebbel*	Dankwart
	Der ideale Gatte *Oscar Wilde*	Lord Caversham
	Dantons Tod *Büchner*	Paris, Payne, 2. Bürger
	Anatol *Arthur Schnitzler*	Max
	Maria Stuart *Schiller*	Paoulet
	Gespenster *Henrik Ibsen*	Pastor Manders
	Candida *Shaw*	Mill
	Das Wintermärchen *Shakespeare*	Kerkermeister, Schüler
	Musik *Frank Wedekind*	1. Student
	Fitzlifitz	Rentier Bummelmann
	Turandot *Nach Gozzi von Schiller*	Kanzler Pantalon

Egmont *Goethe*	Machiavell	
Schlacht der Heilande *Alfred Brust*	Schuster	
Der Magier *Johannes v. Guenther* Urauff.	Landsknecht	
Der Phantast	Luigi	
Lumpazivagabundus *Nestroy*	Tanzregie	
Die Hochzeit der Schäferin *Christian Lahusen*	Amynth und Tanzregie	
Kater Lampe *Emil Rosenow*	Waldarbeiter	
Einen Jux will er sich machen *Nestroy*	Knecht	
Das neugierige Sternlein	Zweites Irrlicht und Tanzregie	
Emilia Galotti *Lessing*	Marinelli	
Advent *August Strindberg*	Gespenst	
Die zärtlichen Verwandten *Roderich Benedix*	Dr. Wismar	
VEREINIGTE STÄDTISCHE THEATER, Kiel		**1921/22**
Emilia Galotti *Lessing*	Marinelli	**1922/23**
Glück im Winkel *Hermann Sudermann*	Orb	
Liebe *Wildgans*	Ein alter Herr	
Wilhelm Tell *Schiller*	Gessler, Harras	
Wallensteins Tod *Schiller*	Isolani	
Tasso *Goethe*	Herzog	
Tartuff *Molière*	Titelrolle	
Maria Stuart *Schiller*	Leicester	
Rosmersholm *Henrik Ibsen*	Mortensgard	
Die Braut von Messina *Schiller*	Manuel	
Belinde *Herbert Eulenberg*	Hyazinth	
Das Konzert *Hermann Bahr*	Dr. Jura	
Weihnachtsmärchen	Die Hexe	
Wie es Euch gefällt *Shakespeare*	Jacques	
Kleist *Hans Rehberg*	Titelrolle	
Untreu *Roberto Bracco*	Gino	
Die spanische Fliege *Franz Arnold / Ernst Bach*	Gerlach	
Journalisten *Gustav Freytag*	Sanden	
Störenfried *Roderich Benedix*	Graf	
Varieté *Heinrich Mann*	Fred O'Brixor	
Nacht	Gespenst	
Die letzten Masken *Arthur Schnitzler*	Besuch	
Cyprienne *Victorien Sardou*	Clarignac, Kellner	
Die versunkene Glocke *Hauptmann*	Ein Waldschrat	
Der König *Hanns Johst*	Oberhofzeremonienmeister	
Die fünf Frankfurter *Carl Rössler*	Fürst v. Klausthal-Agordo	
Götz von Berlichingen *Goethe*	Weislingen	
Weh dem, der lügt *Grillparzer*	Atalus	
Faust I *Goethe*	Mephistopheles	
Der, der die Maulschellen kriegt *Leonid Andrejew*	Graf Mancini	
Der verwandelte Komödiant *Stefan Zweig*	Chevalier	
Schlemihl *Alexander Zinn*	Schlenker	
Die Nibelungen *Hebbel*	Werbel	

		Jugend *Max Halbe*	Kaplan
	SCHLESWIG, ECKERNFÖRDE, KAPPELN (Gastspiele)		
		Maria Magdalena *Hebbel*	Leonhard
		Glückliche Ehe *Peter Nansen*	Jermer
		Gespenster *Henrik Ibsen*	Oswald
		Improvisationen im Juni *Max Mohr*	Zappe
1922/23	THEATER IN DER KOMMANDANTENSTRASSE, Berlin		
		Liebe und Trompetenblasen *Hans Sturm / Hans Bachwitz*	v. Karlstadt
		Der Geschlagene *Wilhelm Schmidtbonn*	Blinder
		Die Sprache der Vögel *Adolf Paul*	Sabud
		Der Tänzer unserer lieben Frau *Fr. Joh. Weinrich*	Rolle
		Schlemihl *Alexander Zinn*	Rolle
		Tasso *Goethe*	Herzog
		Julius Cäsar und seine Mörder	Antonius
		Katte *Hermann Burte*	Friedrich
		Schrei aus der Straße *Rolf Lauckner*, Urauff.	junger Blinder, Kellner, Sacha, Nuditätenhändler
		Glückliche Ehe *Peter Nansen*	Jermer
		Genty und Fanny Elsner	Besuch
		Gespenster *Henrik Ibsen*	Oswald
		Kabarett Größenwahn	Wandervogelszene
1923	HAMBURGER KAMMERSPIELE		
	8. 9.	Der Clown Gottes *H. W. Philipp*	Maler
	16. 9.	Matinée: Heinrich Heine – Der Politiker und Prophet	Rezitation
	22. 9.	Und das Licht scheint in der Finsternis *Tolstoi*	Ein junger Priester
	16. 9.	Reigen *Arthur Schnitzler*	Der Graf
	7.10.	Die Komödie der Irrungen *Shakespeare*	Ein Geister-beschwörer
	6.11.	Das Fossil *Carl Sternheim* Urauff.	Ago v. Bohna
	17.11.	Nocturno: Von Geistern und Gespenstern	Sprecher
	8.12.	Nebeneinander *Georg Kaiser*	Erster Herr
	22.12.	Der ewige Traum *Paul Kornfeld*	Mastyx
1924	HAMBURGER KAMMERSPIELE		
	11. 1.	Blindermanns Weltlauf *Robert Walter*	Guldenzier
	26. 1.	Die Zwillinge *Maximilian Klinger*	Grimaldi
	20. 2.	Der Gedanke *Leonid Andrejew*	Sawelow
	1. 3.	Die Fahrt nach Orplid *Wilhelm Schmidtbonn*	Matrose
	15. 3.	Palme oder der Gekränkte *Paul Kornfeld*	Palme
	5. 4.	Bocksgesang *Franz Werfel*	Der weißbärtige Bogoboj
	12. 4.	Nocturno: Erotiker	Sprecher
	16. 4.	Hans Sonnenstößers Höllenfahrt *Paul Apel*	Albert
	26. 4.	Belinde *Herbert Eulenberg*	Hyazinth
	8. 5.	Der Faun *Edward Knoblauch*	Lord Stonbury
	7. 7.	Prozeß Bunterbard *Max Brod*	Baron Gard

5. 8.	Rausch *August Strindberg*	Adolphe
8. 8.	Candida *Shaw*	Marchbanks
14. 8.	Franziska *Frank Wedekind*	Der Herzog
26. 8.	Geschäft ist Geschäft *Octave Mirbeau*	Xavier und Inszenierung
6. 9.	Was Ihr wollt *Shakespeare*	Junker Andreas von Bleichenwang
13. 9.	Herodes und Mariamne *Hebbel*	Joseph, Vizekönig
27. 9.	Kolportage *Georg Kaiser*	Acke u. Inszenierung
5.10.	Literarische Matinée: Heinrich Heine, der Dramatiker	Vorleser
11.10.	Komödie um Rosa *Antoine Angermayer*	Inszenierung
8.11.	Komödie der Worte *Arthur Schnitzler*	Edgar Gley
13.11.	Nach Damaskus (II. und III.) *August Strindberg*	Der Versucher
16.11.	Matinée: Gedächtnisfeier Anatole France	Vorleser
13.12.	Spiegelmensch *Franz Werfel*	Thamal

HAMBURGER KAMMERSPIELE 1925

3. 1.	Der Kreidekreis *Klabund* Urauff.	Pao, ein Prinz
22. 1.	Hassberg oder: Die neuen Karamasoffs *Nach Dostojewski v. Arthur Sakheim* Urauff.	Günther
25. 2.	Helden *Shaw*	Bluntschli und Inszenierung
28. 2.	Lesung: Sherlock Holmes und seine Ahnen, Kriminal- und Detektivgeschichten	Vorleser
23. 3.	Emilia Galotti *Lessing*	Hettore Gonzaga, der Prinz
9. 4.	Oscar Wilde *Carl Sternheim*	Titelrolle
4. 7.	Das Konzert *Hermann Bahr*	Dr. Jura u. Inszenierung
21. 8.	Der Snob *Carl Sternheim*	Titelrolle
5. 9.	Leonce und Lena *Büchner*	Prinz Leonce u. Inszenierung
20. 9.	Maß für Maß *Shakespeare*	Angelo
3.10.	Der Brief *Friedrich Kayßler* Urauff.	Klaus Sondelfing
22.10.	Anja und Esther *Klaus Mann*	Jakob u. Inszenierung
31.10.	Die Sendung Semaels *Arnold Zweig*	Bary
14.11.	Der Teufelspakt *Klabund* Urauff.	Der Tod
27.11.	Rumpelstilzchen	Regie
19.12.	Mensch und Übermensch *Shaw*	John Tanner

KOMÖDIENHAUS (Gastspiel)

12. 5.	Der Kronprinz *Sidney Garrick* Urauff.	Titelrolle
Aug.	Pension Schöller *Carl Laufs*	Eugen Rümpel u. Inszenierung

LÜBECK (Gastspiel)

	Der Kreidekreis *Klabund*	Pao, ein Prinz

OLDENBURG (Gastspiel)

	Wie es Euch gefällt *Shakespeare*	Jacques

1926 HAMBURGER KAMMERSPIELE

23. 1.	Dr. Knock *Jules Romains*	Titelrolle
31. 1.	Matinée: Romain Rolland	Vorleser
7. 2.	Matinée: Die Fünfzigjährigen Herbert Eulenberg – Wilhelm Schmidtbonn	Vorleser
25. 2.	Regina im Glas *Alfred Palitzsch* Urauff.	Zeckerdie und Regie
18. 3.	Der junge Aar (L'Aiglon) *Edmond Rolland*	Franz, Herzog v. Reichstadt
31. 3.	Die zärtlichen Verwandten *Roderich Benedix*	Bearbeitung u. Inszenierung
15. 5.	Wie es Euch gefällt *Shakespeare*	Jacques
6. 7.	Die beiden Herren der gnädigen Frau *Felix Gandera*	Georges u. Inszenierung
1. 9.	Frühlings Erwachen *Frank Wedekind*	Moritz Stiefel u. Inszenierung
9. 9.	Die lustigen Weiber von Windsor *Shakespeare*	Dr. Cajus
25. 9.	Sturmflut *Alfons Paquet*	Sawin
5.10.	Bunbury *Oscar Wilde*	Algernon Moncrieff u. Inszenierung
20.10.	Androclus und der Löwe *Shaw*	Inszenierung
12.11.	Duell am Lido *Hans Rehfisch*	Cederström
20.11.	Turandot *nach Gozzi von Schiller*	Kalaf, Prinz v. Astrachan
25.12.	Orpheus in der Unterwelt *Hector Gremieux / Jacques Offenbach*	Aristeus, Pluto, Bearbeit. u. Regie

THEATER IN DER JOSEFSTADT, Wien (Gastspiel)

23. 4.	Christinas Heimreise *Hofmannsthal*	Florindo

1927 HAMBURGER KAMMERSPIELE

8. 1.	Razzia *Hans Rehfisch*	Alex
4. 2.	Die zwei Abenteurer *nach Farquhar von Otto Zoff*	Aimwell
17. 2.	Kaspar Hauser *Erich Ebermayer* Urauff.	Titelrolle
26. 3.	Traumspiel *August Strindberg*	Advokat und Inszenierung
18. 4.	Robert und Bertram *Gustav Räder*	Bertram, Bearbeitung u. Inszenierung
25. 4.	Revue zu Vieren *Klaus Mann*	Allan u. Inszenierung
16. 5.	Germaine *Georges de Porto-Riche*	André Feriand u. Inszenierung
16. 6.	Die Pfarrhauskomödie *Heinrich Lautensack*	Inszenierung
1. 9.	Hoppla, wir leben! *Ernst Toller* Urauff.	Graf Lande
3. 9.	Papiermühle *Georg Kaiser*	Ernest Ollier u. Inszenierung
11. 9.	Cäsar und Cleopatra *Shaw*	Cäsar u. Inszenierung
29. 9.	Rasch, ein Kind *Margareth Mayo*	Inszenierung
15.10.	Hamlet *Shakespeare*	Titelrolle

21.10.	Blauer Dunst *Adolf Paul*	Alonzo u. Inszenierung
23.10.	Candida *Shaw*	Marchbanks
12.11.	Anatol *Arthur Schnitzler*	Titelrolle und Inszenierung
2.12.	Die goldene Gans, Weihnachtsmärchen	Inszenierung
25.12.	Die schöne Helena *Jacques Offenbach*	Paris, ein Filmschauspieler, Bearbeitung und Inszenierung

LEIPZIG (Gastspiel)

22. 4.	Revue zu Vieren *Klaus Mann* Urauff.	Allan
	Banditen *Offenbach*	Antonio und Inszenierung

KAMMERSPIELE DES DEUTSCHEN THEATERS, Berlin (Gastspiel)

2. 5.	Revue zu Vieren *Klaus Mann*	Allan

HAMBURGER KAMMERSPIELE **1928**

19. 1.	Dantons Tod *Büchner*	Danton u. Inszenierung
20. 2.	Spionage *H. R. Lenormand*	Jacques
13. 3.	Oktobertag *Georg Kaiser* Urauff.	Jean, der Leutnant u. Inszenierung
31. 3.	Pension Schöller *Carl Laufs*	Bearbeitung und Inszenierung
1. 4.	Der Arzt, sein Weib, sein Sohn *Hanns Henny Jahnn* Urauff.	Inszenierung
19. 4.	Der Snob *Carl Sternheim*	Christian Maske u. Inszenierung
14. 5.	Die schöne Magelone *Ludwig Tieck*	Lesung

KAMMERSPIELE, München

	Liebestrank *Frank Wedekind*	Schwiegerling u. Inszenierung

BERLIN

8. 7.	Der Prozeß Mary Dugan *Bayard Veiller*, Bearb.: *Rudolf Lothar*	Verteidiger

BERLINER THEATER

6. 9.	Der lebende Leichnam *Tolstoi*	Afremow

DEUTSCHES THEATER, Berlin

23.10.	Die Verbrecher *Ferdinand Bruckner* Urauff.	Ottfried

DEUTSCHES THEATER, Berlin **1929**

15. 2.	Die lustigen Weiber von Windsor *Shakespeare*	Pistol
15. 3.	Wann kommst Du wieder? *W. S. Maugham*, dt. von *B. Pogson*	Inszenierung
31. 8.	Der Unwiderstehliche *Geraldy Spitzer*	Inszenierung

	THEATER IN DER JOSEFSTADT, Wien		
	18. 4.	Die Verbrecher *Ferdinand Bruckner*	Ottfried
	29. 5.	Die oberen Zehntausend *W. S. Maugham, dt. v. B. Pogson*	Rolle
	KROLLOPER, Berlin		
	27. 9.	Spanische Stunde *Ravel, Franc-Nohain, Leonhard* Der arme Matrose *Milhaud, Cocteau* Urauff. Angélique *Nino v. Pappenheim* Deutsche Erstauff.	Inszenierung (3 Operneinakter)
	FILM	Das Erbe in Pretoria	Rolle
1930	DEUTSCHES THEATER, Berlin		
	12.11.	Zur gefl. Ansicht *Lonsdale, dt. v. Berstl*	Herzog v. Bristol, Inszenierung
	24. 1.	Victoria *W. S. Maugham, dt. v. Otto Zoff*	Frederick
	10. 6.	Iphigenie auf Tauris *Goethe*	Orest
	1. 9.	1914 *Georg Wilhelm Müller* Urauff.	Inszenierung
	7.10.	Elga *Hauptmann*	Starschenski
	10.11.	Die zärtlichen Verwandten *Roderich Benedix*	Inszenierung
	THEATER AM NOLLENDORFPLATZ (Gastspiel)		
	16. 1.	Menschen im Hotel *Vicki Baum*	Inszenierung
	KAMMERSPIELE DES DEUTSCHEN THEATERS, Berlin		
	11. 3.	Die liebe Feindin *Antoine, dt. v. Zuckerkandl*	Inszenierung
	LESSING-THEATER, Berlin		
	27. 3.	Haus Danieli *Alfred Neumann*	Großherzog
	FILME	Barcarole	Rolle
		Der Brand in der Oper	Dr. O. v. Lingen
1930	DEUTSCHES THEATER, Berlin		
	22. 1.	Pariser Platz 13 *Vicki Baum*	Inszenierung
	29. 1.	Elisabeth von England *Ferdinand Bruckner*	Bacon
	Sept.	Kabale und Liebe *Schiller*	Hofmarschall v. Kalb
	27.10.	Jemand *Franz Molnar* Urauff.	Inszenierung
1931	KROLLOPER, Berlin		
	25. 1.	Die Hochzeit des Figaro *Mozart*	Inszenierung
	THEATER AM SCHIFFBAUERDAMM, Berlin		
	12. 3.	Der Dompteur *Alfred Savoir*	Lord John Lonsdale
	THEATER AM KURFÜRSTENDAMM, Berlin		
	11. 4.	Alles Schwindel *Marcellus Schiffer*	Rolle und Inszenierung
	FILME	Luise, Königin von Preußen	König Friedrich Wilhelm III
		M	Der Schränker

	Yorck	Fürst Hardenberg	
	Danton	Robespierre	
	Der Raub der Mona Lisa	Rolle	
STAATSOPER, Berlin			
15.12.	Cosi fan tutte *Mozart*	Inszenierung	
THEATER IM ADMIRALSPALAST, Berlin			**1932**
17. 4.	Liselott *Künneke, Kessler, Stobitzer*	Herzog von Orleans	
STAATSOPER, Berlin			
26. 1.	Die Hugenotten *Meyerbeer*	Inszenierung u. Choreographie	
22. 9.	Der Rosenkavalier *Strauß*	Inszenierung	
STÄDTISCHE OPER, Berlin			
29. 5.	Die Banditen *Offenbach, Meilhac, Halevy*	Antonio, Bearbeitung u. Inszenierung	
FILME	Teilnehmer antwortet nicht	Fahrlehrer Nikolai	
	Die Gräfin von Monte Christo	Rolle	
	Eine Stadt steht Kopf	Regie	
STAATSTHEATER, Berlin			
2.12.	Faust I *Goethe*	Mephistopheles	
STAATSTHEAATER, Berlin			**1933**
21. 1.	Faust II *Goethe*	Mephistopheles	
13.10.	Das Konzert *Hermann Bahr*	Dr. Jura	
FILME	Liebelei	Graf	
	Ich glaub' nie mehr an eine Frau	Rolle	
	Hokuspokus	Staatsanwalt	
	Der Tunnel	Rolle	
	Die schönen Tage von Aranjuez	Rolle	
STAATSTHEATER, Berlin			**1934**
17. 1.	Der König *Hermann v. Boetticher*	Friedrich II	
15. 2.	Hundert Tage *Mussolini/Forzano*	Fouché	
30. 5.	Rebell in England *Schwarz*	Inszenierung	
26. 9.	Minna von Barnhelm *Lessing*	Riccaut u. Inszenierung	
26.10.	Das Glas Wasser *Augustin-Eugène Scribe*	Bolingbroke	
23.12.	König Lear *Shakespeare*	Inszenierung	
FILME	Die Finanzen des Großherzogs	Regie	
	So endete eine Liebe	Metternich	
	Schwarzer Jäger Johanna	Dr. Forst	
STAATSTHEATER, Berlin			**1935**
4.10.	Himmel auf Erden *Jochen Huth*	Jack u. Inszenierung	
7.11.	Egmont *Goethe*	Inszenierung	
16.11.	Thomas Paine *Hanns Johst*	König	
6.12.	Gyges und sein Ring *Hebbel*	Inszenierung	

	FILME	Pygmalion	Prof. Higgins
		Hundert Tage	Fouché
		Das Mädchen Johanna	König Charles VII.
1936	STAATSTHEATER, Berlin		
	21. 1.	Hamlet *Shakespeare*	Titelrolle
	3. 6.	Der tolle Tag *Beaumarchais*	Inszenierung
	27.10.	Hans Sonnenstößer *Paul Apel*	Hans u. Inszenierung
	5.12.	Don Juan und Faust *Grabbe*	Don Juan
	FILM	Eine Frau ohne Bedeutung	Lord Illingworth
1937	STAATSTHEATER, Berlin		
	9. 6.	Was Ihr wollt *Shakespeare*	Inszenierung
	29. 9.	Emilia Galotti *Lessing*	Prinz und Inszenierung
	29.10.	Die Kameliendame *Alexandre Dumas*	Inszenierung
	FILM	Capriolen	Jack Warren u. Regie
1938	STAATSTHEATER, Berlin		
	7. 4.	Der siebenjährige Krieg *Hans Rehberg* Urauff.	Friedrich d. Große u. Inszenierung
	29.10.	Der Arzt am Scheideweg *Shaw*	Dubedat
	1.12.	Südfrüchte *Marcel Pagnol*	Inszenierung
	SCHLOSS KRONBORG/Dänemark (Ensemble-Gastspiel)		
	19.–30. 7.	Hamlet *Shakespeare*	Titelrolle
	STAATSOPER, Berlin		
	12. 5.	Schneider Wibbel *Müller-Schlösser, Mark Lothar*	Inszenierung
	18.12.	Die Zauberflöte *Mozart*	Inszenierung
	FILM	Tanz auf dem Vulkan	Debureau
1939	STAATSTHEATER, Berlin		
	6. 4.	Die Königin Isabella *Hans Rehberg*	Inszenierung
	5. 5.	Richard II. *Shakespeare*	Titelrolle
	9.12.	Dantons Tod *Büchner*	St. Just u. Inszenierung
	FILM	Ein Schritt vom Wege	Regie
1940	STAATSTHEATER, Berlin		
	4. 4.	Fiesko *Schiller*	Titelrolle
	9. 5.	Cavour *Mussolini/Forzano*	Regie
	5. 9.	Wie es Euch gefällt *Shakespeare*	Inszenierung
	5.10.	Kirschen für Rom *Hans Hömberg* Urauff.	Lukull
	FILM	Zwei Welten	Regie
1941	STAATSTHEATER, Berlin		
	4. 5.	Julius Cäsar *Shakespeare*	Titelrolle

14. 6.	Alexander *Hans Baumann*	Titelrolle und Inszenierung	
11.10.	Faust I *Goethe*	Mephistopheles u. Inszenierung	
30.12.	Die lustigen Weiber von Windsor *Shakespeare*	Inszenierung	
STAATSOPER, Wien			
1.10.	Die Zauberflöte *Mozart*	Inszenierung	
FILME	Ohm Krüger	Lord Chamberlain	
	Friedemann Bach	Titelrolle	
STAATSTHEATER, Berlin			**1942**
22. 6.	Faust II *Goethe*	Mephistopheles u. Inszenierung	
LUFTGAUKOMMANDO, Norwegen (Ensemble-Gastspiel)			
	Das Konzert *Hermann Bahr*	Dr. Jura	
STAATSTHEATER, Berlin			**1943**
2. 1.	Iphigenie auf Tauris *Goethe*	Orest u. Inszenierung	
STAATSTHEATER, Berlin			**1944**
24. 7.	Die Räuber *Schiller*	Franz u. Inszenierung	
23. 9.	Rezitationsabend (Faust I Die Räuber)		
30. 9.	Rezitationsabend (Hamlet)		
DEUTSCHES THEATER, Berlin			**1946**
3. 5.	Der Snob *Carl Sternheim*	Christian Maske	
29. 5.	Stürmischer Lebensabend *Leonid Rachmaninow*	Vassili	
4.10.	Kapitän Brassbounds Bekehrung *Shaw*	Inszenierung	
22.12.	König Oedipus *Sophokles*	Titelrolle	
DEUTSCHES THEATER, Berlin			**1947**
3. 4.	Der Schatten *Jewgenij Schwartz*	Inszenierung	
10. 6.	Marquis von Keith *Wedekind*	Titelrolle und Inszenierung	
KABARETT			
	Alles Theater		
	Uhlenspiegel		
DÜSSELDORFER SCHAUSPIELHAUS			
15. 9.	König Oedipus *Sophokles*	Titelrolle	
7.11.	Die Fliegen *Jean-Paul Sartre*	Orest u. Inszenierung	
OPER, Düsseldorf			
16. 9.	Die Hochzeit des Figaro *Mozart*	Inszenierung	
DÜSSELDORFER SCHAUSPIELHAUS			**1948**
13. 4.	Die Möwe *Tschechow*	Trigorin u. Inszenierung	

20. 5.	Banditen *Offenbach*	Antonio u. Inszenierung
15. 9.	Zwei Herren aus Verona *Shakespeare*	Inszenierung
16. 9.	Frühlings Erwachen *Wedekind*	Inszenierung
19.10.	Der Snob *Carl Sternheim*	Christian Maske u. Inszenierung

OPER, Düsseldorf

14. 9.	Der Freischütz *Weber*	Inszenierung
6.12.	Der arme Matrose *Milhaud/Cocteau*	Inszenierung

1949 DÜSSELDORFER SCHAUSPIELHAUS

14. 1.	Tasso *Goethe*	Titelrolle und Inszenierung
13. 4.	Faust I *Goethe*	Mephistopheles u. Inszenierung
25.10.	Der Fall Windslow *Terence Rattigan*	Sir Robert Morton
22.12.	Hamlet *Shakespeare*	

OPER, Düsseldorf

8. 6.	Madame Butterfly *Puccini*	Inszenierung

EDINBURGH-FESTIVAL (Ensemble-Gastspiel)

	Faust I *Goethe*	Mephistopheles u. Inszenierung

1950 DÜSSELDORFER SCHAUSPIELHAUS

10. 2.	Der Familientag *T. S. Eliot*	Inszenierung
19. 9.	Der Prozeß *Kafka/Gide/Barrault*	Josef K. u. Inszenierung (mit Ulr. Erfurth)
9.12.	Die Coctail Party *T. S. Eliot*	Sir Henry u. Inszenierung

1951 DÜSSELDORFER SCHAUSPIELHAUS

29. 3.	Die Frau des Bäckers *Marcel Pagnol*	Inszenierung
13. 9.	Die Räuber *Schiller*	Franz und Inszenierung
16. 9.	Wie es Euch gefällt *Shakespeare*	Inszenierung
1.12.	Venus im Licht *Christopher Fry*	Inszenierung

MAGGIO MUSICALE FIORENTINO

6. 5.	Macbeth *Verdi*	Inszenierung
17. 5.	Genoveva *Robert Schumann*	Inszenierung

1952 DÜSSELDORFER SCHAUSPIELHAUS

5. 1.	Alpenkönig und Menschenfeind *Raimund*	Inszenierung
11. 4.	Faust I *Goethe* Wiederaufnahme	Mephistopheles u. Inszenierung
20. 4.	Heinrich IV *Pirandello*	Titelrolle und Inszenierung
18.10.	Bacchus *Cocteau*	Kardinal Zampi u. Inszenierung

MAGGIO MUSICALE FIORENTINO

8. 6.	Wilhelm Tell *Rossini*	Inszenierung
20. 6.	Dido *León Cavallo*	Inszenierung

DÜSSELDORFER SCHAUSPIELHAUS 1953

12. 9.	Wallensteins Tod *Schiller*	Wallenstein
14.10.	Der Gattenmord *Hans Rehberg*	Inszenierung
29.11.	Herrenhaus *Thomas Wolfe*	General Ramsay u. Inszenierung

DÜSSELDORFER SCHAUSPIELHAUS 1954

6. 2.	Kirschen für Rom *Hans Hömberg*	Lucull
30. 5.	Ende gut, alles gut *Shakespeare*	Inszenierung
15. 9.	Der Privatsekretär *T. S. Eliot*	Inszenierung
23.10.	Um Lucretia *Giraudoux*	Inszenierung

DÜSSELDORFER SCHAUSPIELHAUS 1955

15. 1.	Marschlied *John Whiting*	Ruppert Forster u. Inszenierung
23. 4.	Der Drachenthron *Wolfgang Hildesheimer*	Inszenierung

DEUTSCHES SCHAUSPIELHAUS, Hamburg

1. 9.	Wallensteins Tod *Schiller*	Wallenstein
3. 9.	Das kalte Licht *Carl Zuckmayer* Urauff.	Inszenierung
27.11.	Der Privatsekretär *T. S. Eliot*	Inszenierung

DEUTSCHES SCHAUSPIELHAUS, Hamburg 1956

26. 1.	Herrenhaus *Thomas Wolfe*	General Ramsay u. Inszenierung
17. 2.	Gedenkfeier Heinrich Heine – 100. Todestag	Lesung
26. 4.	Thomas Chatterton *Hanns Henny Jahnn* Urauff.	Inszenierung
12.10.	Nichts Neues aus Hollywood *Curt Goetz* Urauff.	Cliff Clifford u. Inszenierung

DEUTSCHES SCHAUSPIELHAUS, Hamburg 1957

21. 4.	Faust I *Goethe*	Mephistopheles u. Inszenierung
29. 9.	Der Entertainer *John Osborne* Deutsche Erstauff.	Archie Rice

BURGTHEATER, Wien (Ensemble-Gastspiel)

21./ 22. 6.	Herrenhaus *Thomas Wolfe*	General Ramsay u. Inszenierung

DEUTSCHE OPER AM RHEIN, Köln

17.11.	Macbeth *Verdi*	Inszenierung

DEUTSCHES SCHAUSPIELHAUS, Hamburg 1958

10. 1.	Dantons Tod *Georg Büchner*	Inszenierung
9. 5.	Faust II *Goethe*	Mephistopheles u. Inszenierung

	MAILÄNDER SCALA		
	19. 2.	Orpheus und Eurydike *Gluck*	Inszenierung
	SALZBURGER FESTSPIELE		
	26. 7.	Don Carlos *Verdi*	Inszenierung
1959	DEUTSCHES SCHAUSPIELHAUS, Hamburg		
	26. 2.	Don Juan und Faust *Grabbe*	Inszenierung
	30. 4.	Die heilige Johanna der Schlachthöfe *Brecht* Urauff.	Inszenierung
	31. 5.	Maria Stuart *Schiller*	Inszenierung
	4. 9.	Cäsar und Cleopatra *Shaw*	Cäsar u. Inszenierung (mit Karl Vibach)
	10.11.	Festaufführung zum 200. Geburtstag von Friedrich v. Schiller: Wallensteins Tod	Wallenstein u. Inszenierung
	21.11.	Sappho *Lawrence Durrell* Urauff.	Inszenierung
	LENINGRAD und MOSKAU (Ensemble-Gastspiel)		
	2.– 22.12.	Faust I *Goethe*	Mephistopheles u. Inszenierung
1960	DEUTSCHES SCHAUSPIELHAUS, Hamburg		
	21. 5.	Gyges und sein Ring *Hebbel*	Kandaules u. Inszenierung
	21.10.	Der Sturm *Shakespeare/Hans Rothe*	Prospero
	22.11.	Fräulein Julie *Strindberg*	Inszenierung
	22.12.	Von Bergamo bis morgen früh *Dieter Waldmann* Urauff.	Inszenierung
	FILM	Das Glas Wasser	Bolingbroke
1961	DEUTSCHES SCHAUSPIELHAUS, Hamburg		
	22.11.	Actis *Lawrence Durrell* Urauff.	Inszenierung
	25.12.	Don Gil von den grünen Hosen *Tirso de Molina*	Inszenierung
	NEW YORK im City Center Theatre (Ensemble-Gastspiel)		
	7.– 19. 2.	Faust I *Goethe*	Mephistopheles u. Inszenierung
	FILM	Faust	Mephistopheles
1962	DEUTSCHES SCHAUSPIELHAUS, Hamburg		
	9. 5.	Das Konzert *Hermann Bahr*	Albert Heink u. Inszenierung
	20.11.	Don Carlos *Schiller*	Philipp II. u. Inszenierung
1963	DEUTSCHES SCHAUSPIELHAUS, Hamburg		
	18. 1.	Totentanz *August Strindberg*	Inszenierung
	14. 4.	Hamlet *Shakespeare*	Inszenierung

Inhalt

Wer liest die Herderbücherei?

Neues aus Allensbach

Der Taschenbuch-Markt wächst munter weiter, die Herderbücherei wächst mit. Das haben die Allensbacher Meinungsforscher soeben ermittelt. Acht Millionen Erwachsene kann die Freiburger Taschenbuchredaktion jetzt als Publikum verbuchen, die unter 16jährigen nicht mitgerechnet, die man seit zwei Jahren mit einer eigenen „Schneckenbuch-Serie", mit Erfolg übrigens, anspricht.

Unter den deutschen Taschenbuch-Verlegern liegt Herder, wie ermittelt wurde, im guten Mittelfeld. Am „Mengenausstoß" kann das nicht liegen; denn während die Konkurrenten pro Monat bis zu 50 Titel „auf den Markt werfen" und dadurch auch ihre Bekanntheit hochschrauben, hält man in Freiburg eisern daran fest, nicht mehr als acht Novitäten monatlich in den Buchhandel zu schicken, die freilich handverlesen sind, fast nur Original-Ausgaben. Diesen Anspruch schätzen vor allem Personen mit weiterführender Schulbildung. Sie stellen 71% des Herderbücherei-Publikums.

Überdurchschnittlich viele Leser*innen* sind unter denen, die Herder als Taschenbuchverlag kennen. Schon 1973 und 1976 war den Meinungsforschern aufgefallen, daß die Freiburger im Vergleich zu anderen Taschenbuchverlagen den höchsten Frauenanteil haben. Das wird jetzt wieder bestätigt. Offenbar schlägt hier das besondere Engagement der Redaktion für den lebenskundlichen Bereich durch. Das aktuelle Angebot – inzwischen über 120 Titel – reicht vom „1 × 1 der Partnerschaft" bis zur „Konzentrations- und Entspannungsübung". Ziel ist die Entfaltung der Persönlichkeitskultur. Dafür sind Frauen besonders empfänglich.

Dagegen unterscheidet sich das Herderbücherei-Publikum von der konfessionellen Zusammensetzung kaum vom Publikum der Konkurrenten.

50% der Leser sind Protestanten, 40% Katholiken, 10% geben eine andere Konfession an oder bezeichnen sich als konfessionslos. Nähe oder Distanz zur Kirche haben kaum Einfluß auf die Bekanntheitsdichte.

1957 wurde die Herderbücherei als siebter deutscher Taschenbuch-Verlag gegründet. 1963 geriet sie erstmals in den Blick der Demoskopen. Der sechsjährige Newcomer war damals nur 470000 Personen ein Begriff. 17mal so viele Erwachsene, quer durch die Bundesrepublik, kennen heute Herder-Taschenbücher. Erfahrungsgemäß muß man etwa 1 Million Leser aus Österreich, Schweiz und Südtirol noch hinzuzählen. Eine solide Basis für die weitere Programmplanung.

Guido von Kaulla

„Und verbrenn' in seinem Herzen"

Die Schauspielerin Carola Neher und Klabund

Band 1037, 127 Seiten

Guido von Kaulla, Jahrgang 1909, Schauspieler und Schriftsteller, hat in einem 1971 erschienenen faktenreichen Buch „Brennendes Herz Klabund" Legende und Wirklichkeit dieses ungewöhnlichen Schriftstellerlebens dargestellt. Dabei war von Carola Neher auf nur zehn Seiten die Rede. Die 120 Seiten seines neuen Buchs wirken wie ein sorgfältig nachgearbeitetes Kapitel seiner Klabund-Biographie. Guido von Kaulla hält sich darin mit eigenen Meinungen und Wertungen äußerst zurück. Er zitiert und montiert Quellen: Briefe, Kritiken, Autobiographien, Klabunds Gedichte und seine Schlüsselnovelle „Die Silberfüchsin", Zeitungsberichte und Auskünfte, die er bei Augenzeugen eingeholt hat.

Er vermittelt ein Stück Zeitgeschichte und eine bittersüße Liebesgeschichte, die einem Liebesgedicht nahekommt: Aus geschickt arrangierten Dokumenten macht Guido von Kaulla fast so etwas wie einen kleinen Roman, dessen Farbigkeit, Atemlosigkeit und fieberhafte Stimmung von Klabund selber stammen könnten.

Georg Hensel in der „Frankfurter Allgemeinen"